9/12 ANS

L'encyclopédie

DOKÉO+ RÉALITÉ AUGMENTÉE

Direction de la publication : Dominique Korach
Direction éditoriale : Céline Charvet
Direction artistique : Jean-François Saada et Frank Sérac
Conception graphique : Jean-François Saada
Couverture : Lawrence Honoré et Lieve Louwagie
Édition : Mathilde Bonte-Joseph, Marie Baird-Smith, Cécile Jugla, Ariane Léandri
Maquette : Grégoire Bourdin, Frédéric Célestin, Céline Devillers, Thomas Gabison, Dollop/Frédérique Gaudin, Maryse Guittet, Agnès Lalle, Lieve Louwagie, Geneviève Pannetier, Colin Phu, France Voisin, Cécile Chaumet,Françoise Maurel, Albane Rouget
Recherche iconographique : Nadine Gudimard, Maryse Hubert, Gaëlle Mary, Christine Morel, Laurence Vacher
Fabrication : Lucile Davesnes-Germaine
Photogravure : FAP

AUTEURS

ANIMAUX
Philippe Dubois

SCIENCES DE LA TERRE
François Aulas
Isabelle Bouillot-Jaugey
Michèle Longour
Jean Roche

LE CORPS HUMAIN
Isabelle Bouillot-Jaugey

SCIENCES ET TECHNIQUES
François Aulas
Joël Lebeaume

HISTOIRE
Brigitte Coppin
Dominique Joly
Florence Maruéjol

ILS ONT MARQUÉ L'HISTOIRE
Odile Gandon
Catherine Picard

MONDE D'AUJOURD'HUI
Jacqueline de Bourgoing
Odile Gandon
Éric Janin
Michèle Longour

ARTS, LOISIRS, SPORTS
Julien Hirsinger

ILLUSTRATEURS

Anne Abile-Gal
Art Presse
François Ayroles
Pascal Baltzer
Robert Barborini
Denise Bazin
Yves Beaujard
Yves Besnier
Christophe Blain
Mathieu Blanchin
Stéphane Blanquet
Buster Bone
Matthieu Bonhomme
Marc Botta
Philippe Candé
Cécile Chaumet
Gismonde Curiace
Jacques Dayan
Ludovic Debeurme
Guillaume Decaux
Emmanuelle Étienne
William Fraschini
Louis Galante
Philippe Gauckler
Tony Grippo
Daniel Guerrier
Jean-Jacques Hatton
Christian Heinrich
Inklink
Christian Jégou
Jacky Jousson
Irina Karlukovska
Killofer
Christian Kingué Epanya
Stéphane Lacroix
Bruno Liance
Laurent Lolmède
Renaud Marca
Philippe Mignon
Olivier Nadel
Alexis Nesme
Jean-François Pénichoux
Claude Quiec
Rocco
Jong Romano
Jean-François Saada
Rémi Saillard
David Sala
Bruno Salamone
Olivier Schwartz
Benoît Springer
Nicolas Thers
Marie-Geneviève Thoisy
Michael Welply
Anne Wilsdorf
Nicolas Wintz
Tal Zana
Sacha Zielenkiewicz

Illustration de couverture :
Kilia

Nos remerciements à Brigitte Bouhet, Anne Delcourt, Aude Elfassi, Monique Flonneau, Élodie Giraud, Claude Marchand et Antoine Maselier, Clémence Sabbagh, Jules Sérac, Françoise Vibert-Guigue, Brune Bottero, Isabelle Repelin
et tout particulièrement à Marie-Odile Fordacq pour sa contribution à l'ouvrage.

ISBN : 978-2-09-253632-2

9/12 ANS

L'encyclopédie DOKÉO+

RÉALITÉ AUGMENTÉE

Nathan

10>57 Les animaux et les plantes

SOMMAIRE

Sciences de la terre

58>101

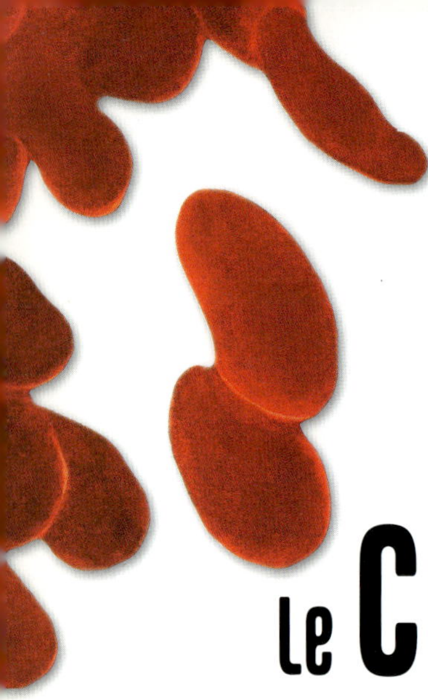

Le corps humain

102>131

Sciences et techniques

132>

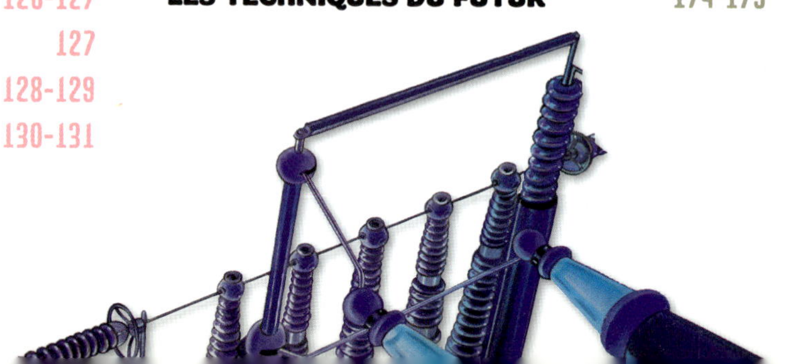

176>287

Histoire

288>341

Monde d'aujourd'hui

342>379

Arts, loisirs, sports

DOSSIER :

GUIDE PRATIQUE

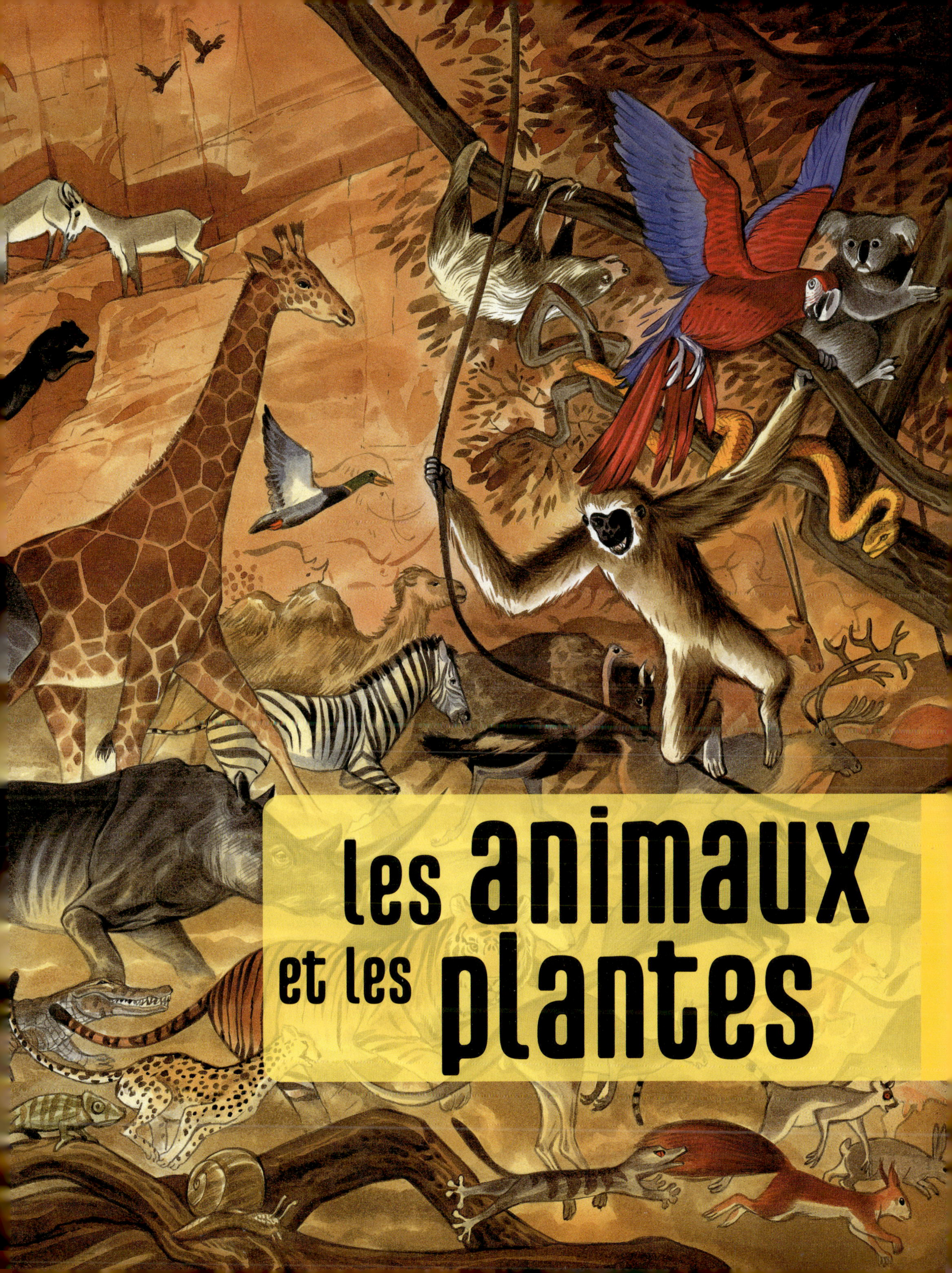

Les animaux et les plantes

LES DÉBUTS DE LA VIE

La Terre ne s'est pas faite en un jour ! Il lui a fallu beaucoup de temps et de multiples transformations pour permettre à la vie d'émerger. Une sacrée aventure...

- 4 500 MA* :
la Terre se forme à partir d'un nuage de gaz et de poussières d'étoiles qui circulent dans l'Univers. Aussitôt, cette boule de lave est bombardée par des météorites et soumise à une extrême chaleur.

- 3 800 MA :
début de la vie : dans les mers, apparues sans doute 200 millions d'années plus tôt, se développent des êtres unicellulaires, les bactéries.

- 3 000 MA :
apparition des cyano-bactéries (algues bleues) qui produisent de l'oxygène.

- 1 000 MA :
apparition des premiers organismes unicellulaires sexués, qui vont permettre l'émergence d'êtres vivants plus complexes.

- 600 MA :
apparition des premiers êtres pluricellulaires : des vers archaïques et les ancêtres des méduses et des anémones de mer.

- 500 MA :
véritable explosion de la vie. Apparition de nombreux invertébrés : des mollusques, comme l'ammonite, et des crustacés, comme le trilobite.

- 450 MA :
apparition des premiers vertébrés : les poissons, parmi lesquels le Drepanapsis. Leurs descendants directs existent toujours : ce sont les cœlacanthes et les dipneustes.

- 360 MA :
après les plantes et les insectes, les premiers vertébrés sortent de l'eau. **L'Ichtyostega** n'est plus un poisson et pas encore un amphibien.

- 320 MA :
apparition des premiers reptiles. Ils ressemblent à des petits lézards, comme **l'Hylonomus.**

> question d'enfant
>
> **Quelle est l'origine de la vie ?**
>
> Cette question reste au cœur des débats scientifiques. Pour certains, les molécules qui sont à l'origine de la vie seraient venues de l'espace, transportées par les météorites qui bombardaient la Terre. Pour d'autres, c'est dans les mers que se seraient produites les premières réactions chimiques permettant l'émergence de la vie... Mais ces deux hypothèses sont peut-être complémentaires.

*** MA :** *millions d'années.*

Les dinosaures

Les dinosaures sont des reptiles qui pondent des œufs. Au cours de leur règne, les trois périodes de l'ère secondaire (Trias, Jurassique, Crétacé), ils se sont multipliés et diversifiés. Ils peuvent être herbivores ou carnivores, bipèdes ou quadrupèdes, vivre en groupes ou chasser en solitaires.

- 225 MA : les premiers dinosaures sont petits et carnivores, armés de griffes et de dents redoutables. **L'Eoraptor** mesure 1,20 m.

- 170 MA : à cette époque, la végétation luxuriante permet l'apparition de gigantesques dinosaures herbivores aux longs cous, comme **le Cetiosaurus.**

- 80 MA : apparition des **tyrannosaures :** ces carnivores ne vivront que 5 millions d'années.

- 65 MA : extinction des dinosaures.

Trias : - 245 MA /- 200 MA **Jurassique : - 200 MA / - 145 MA** **Crétacé : - 145 MA / - 65 MA**

UNE GRANDE FAMILLE

800 : c'est le nombre de dinosaures connus. Voici une sélection des plus étonnants !

Parasaurolophus
- Amérique du Nord
- Crétacé supérieur
- Herbivore
- 10 m de long ; 5 tonnes

Dinosaure dit « à bec de canard ».

Iguanodon
- États-Unis, Europe, Mongolie
- Crétacé inférieur
- Herbivore
- 9 m de long ; 4 à 5 tonnes

Deinonychus
- Ouest des États-Unis
- Crétacé inférieur
- Carnivore
- 3 à 4 m de long ; 50 à 70 kg

Il a une griffe acérée aux pattes arrière.

Ouranosaurus
- Niger
- Crétacé inférieur
- Herbivore
- 9 m de long ; 2 tonnes

Sa crête dorsale régule la température de son corps.

Brachiosaurus
- États-Unis, Tanzanie
- Jurassique supérieur
- Herbivore
- 23 m de long ; 50 tonnes

Avec son long cou, il broute les feuilles en haut des arbres.

Triceratops
- Amérique du Nord
- Crétacé supérieur
- Herbivore
- 9 m de long ; 6 tonnes

Protoceratops
- Mongolie, Chine
- Crétacé supérieur
- Herbivore
- 2,7 m de long ; 177 kg

Herrerasaurus
- Amérique du Sud
- Trias supérieur
- Carnivore
- 3 m de long ; 300 kg

L'un des tout premiers dinosaures.

Dromaeosaurus
- Canada
- Crétacé supérieur
- Carnivore
- 1,80 m de long ; 15 kg

Velociraptor
- Chine, Mongolie
- Crétacé supérieur
- Carnivore
- 1,80 m de long ; 15 kg

Plateosaurus
- Europe • Trias supérieur
- Herbivore • 7 m de long ; 4 tonnes

L'un des premiers dinosaures de grande taille.

Compsognathus
- Europe
- Jurassique supérieur
- Carnivore
- 60 cm de long ; 2 à 3 kg

L'un des plus petits dinosaures.

Stegosaurus
- Amérique du Nord
- Jurassique supérieur
- Herbivore
- *9 m de long ; 2 tonnes*

Ses armes : un dos couvert de plaques osseuses et de gros piquants sur la queue.

Edmontosaurus
- Amérique du Nord, Asie
- Crétacé supérieur
- Herbivore
- 13 m de long ; 3,5 tonnes

Avec son bec de canard, il pousse de terribles beuglements !

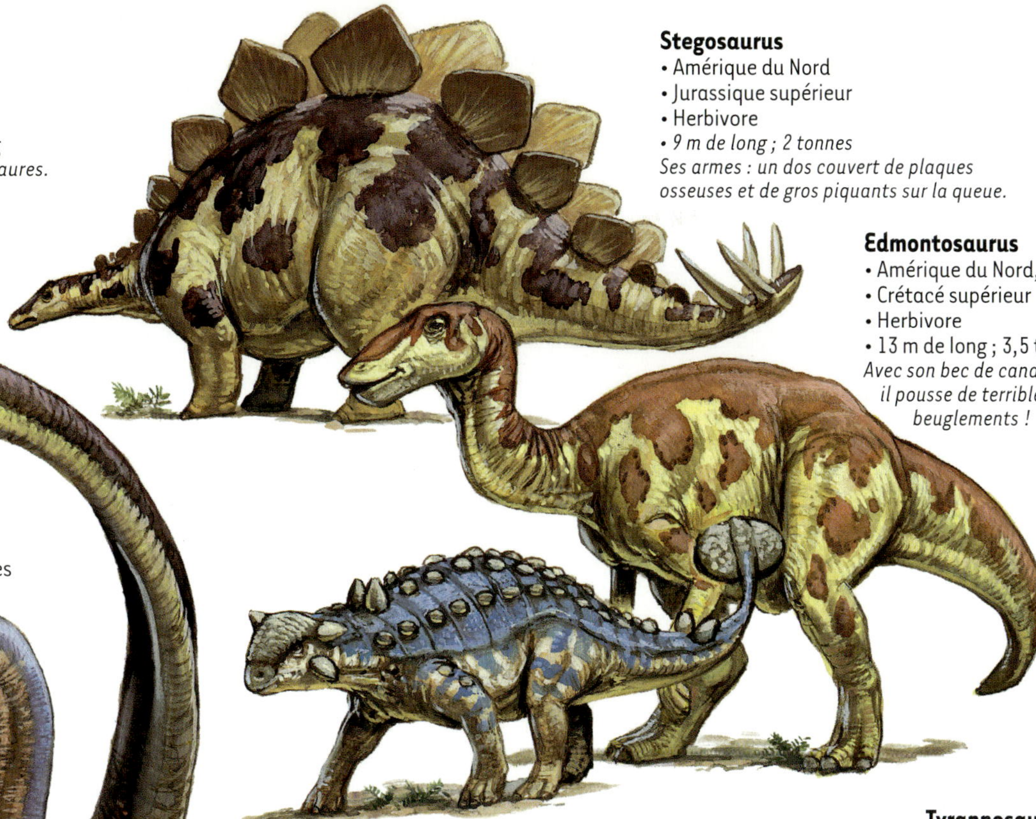

Diplodocus
- Amérique du Nord
- Jurassique supérieur
- Herbivore
- 27 m de long ; 10 tonnes

Sa longue queue lui sert de fouet.

Apatosaurus
- Amérique du Nord
- Jurassique supérieur
- 26 m de long ; 20 tonnes

Appelé aussi Brontosaurus. Ses pattes ressemblent à celles des éléphants actuels.

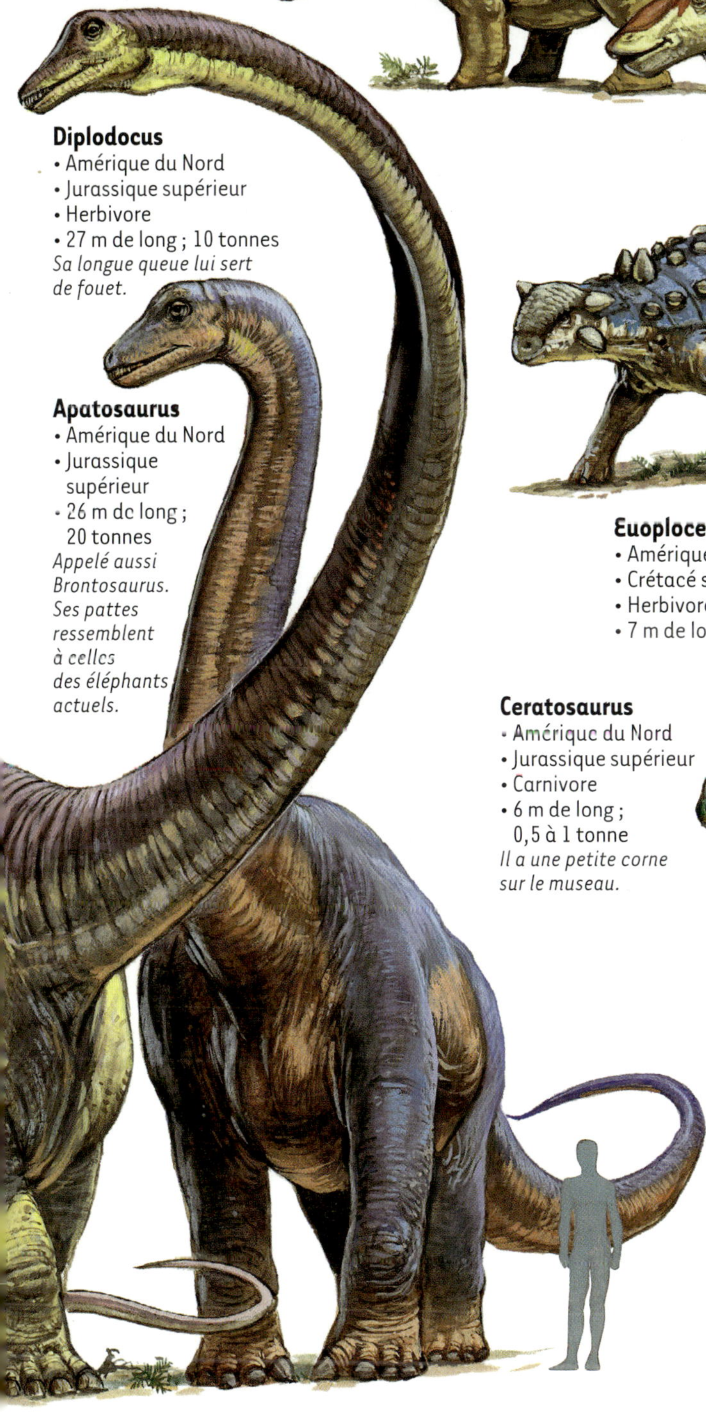

Euoplocephalus
- Amérique du Nord
- Crétacé supérieur
- Herbivore
- 7 m de long ; 2 tonnes

Tyrannosaurus rex
- Amérique du Nord
- Crétacé supérieur
- Carnivore
- 15 m de long ; 7 tonnes

Ceratosaurus
- Amérique du Nord
- Jurassique supérieur
- Carnivore
- 6 m de long ; 0,5 à 1 tonne

Il a une petite corne sur le museau.

Pachycephalosaurus
- Amérique du Nord
- Crétacé supérieur
- Herbivore
- 4 m de long ; 1 à 2 tonnes

Maiasaura
- Amérique du Nord
- Crétacé supérieur
- Herbivore
- 9 m de long ; 2 à 3 tonnes

PLUTÔT GRAND, LE PETIT !

La découverte de nids de Maiasaura nous a appris que les jeunes avaient une croissance très rapide.

1. À la naissance : 0,50 m.
2. À 1 mois : 1 m.
3. De 1 à 2 ans : plus de 3 m.
4. Entre 6 et 8 ans (adulte) : 9 m.

À LA FIN DU CRÉTACÉ

À cette époque, les continents se sont séparés et ont à peu près la même position qu'aujourd'hui. En Amérique du Nord, de paisibles herbivores cohabitent avec un terrible prédateur, le fameux Tyrannosaurus rex !

Maiasaura
Son nom latin signifie « bonne mère lézard ». La femelle Maiasaura fait un nid en forme de cuvette dans lequel elle pond 10 à 20 œufs. Elle s'occupe de ses petits et les nourrit de feuilles et de tiges coupées avec son bec de canard. Comme les oiseaux de mer actuels, les femelles nichent peut-être en colonies.

Struthiomimus
Son nom latin signifie « semblable à l'autruche ». Grâce à ses longues pattes arrière, ce dinosaure mesurant 3,5 m de long peut courir très vite (60 km/h) et échapper au Tyrannosaurus rex. Quand le troupeau se repose, un animal reste toujours aux aguets.

Triceratops
Son nom latin signifie « visage à trois cornes ». Face au puissant Tyrannosaurus rex, le Triceratops n'a que ses cornes acérées pour se défendre, car ses 6 tonnes l'empêchent de fuir. Il passe sans doute beaucoup de temps à manger des fougères et des arbustes avec ses dents broyeuses.

Avec les plantes à fleurs apparaissent des insectes pollinisateurs comme ces **abeilles Trigona.**

LA VÉGÉTATION

Les plantes à fleurs, dont les premières sont les magnolias, apparaissent au Crétacé il y a environ 100 millions d'années. Elles vont peu à peu devenir plus importantes que les arbres – cycas et ginkgos – qui régnaient jusqu'alors. Des fougères poussent au sol. Les herbes apparaîtront longtemps après l'extinction des dinosaures.

DES HERBIVORES BIEN ARMÉS

L'Ankylosaurus : des plaques osseuses, des pointes, des cornes et une queue terminée par une massue.

Le Styracosaurus : une collerette protectrice hérissée de longues épines.

Quetzalcoatlus
Avec son envergure de 12 m, ce reptile est le plus grand animal volant ayant jamais existé.

Tyrannosaurus rex
Son nom latin signifie « reptile tyran roi ». Avec ses 15 m de long et ses 6 m de haut, il a longtemps été considéré comme le plus grand carnivore de tous les temps. Mais on a retrouvé des dinosaures carnivores plus grands que lui. Ce chasseur solitaire, qui ne poursuit pas ses proies sur de longues distances, est sûrement aussi charognard. Il broie les os et arrache la chair de ses victimes avec ses dents longues de 20 cm.

LE CLIMAT

Il y a 100 millions d'années, il est chaud, proche de celui de la savane africaine actuelle. Après cette date, les températures baissent, et la fin du Crétacé est marquée par un très net refroidissement. Des différences de saisons apparaissent.

Pachycephalosaurus
Son nom latin signifie « lézard à tête épaisse ». Les mâles se combattent en heurtant la calotte osseuse qui surmonte leur tête. Le vainqueur obtient le droit de s'accoupler avec les femelles du troupeau et de régner sur le groupe.

DANS LES MERS

Ce reptile marin, l'Elasmosaurus, mesure 13 m : c'est le plus long des plésiosaures. Il vit près des côtes d'Amérique du Nord. Grâce à son long cou, il attrape des petits poissons.

LA CHASSE AUX DINOSAURES

Des fossiles de dinosaures ont été mis à jour sur tous les continents et dans les mers.

Encore des mystères...
Étudiés par les paléontologues, les spécialistes des êtres vivants de la Préhistoire, ces fossiles nous permettent d'en savoir toujours plus sur les dinosaures. Mais il reste beaucoup de mystères à éclaircir...

FOSSILE : MODE D'EMPLOI

Entraîné au fond d'une rivière, d'un lac ou de la mer, le cadavre d'un dinosaure a pu être conservé : il s'est fossilisé. Ce sont ces fossiles que traquent les paléontologues.

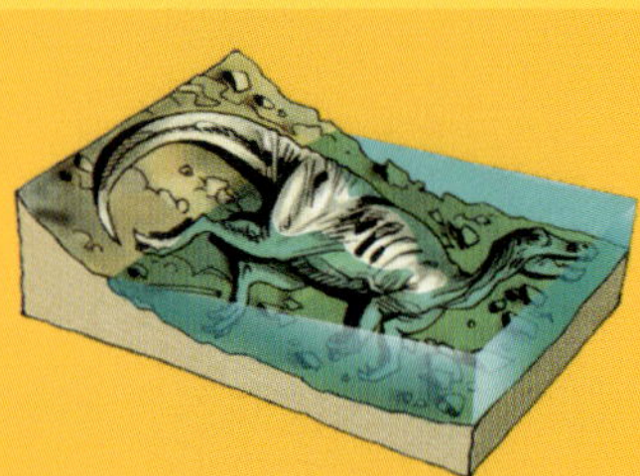

1 Au fond de l'eau, le corps est recouvert de sédiments : de la boue ou du sable. Les chairs se décomposent.

2 La couche de sédiments qui entoure l'animal durcit. Les os se transforment et deviennent peu à peu durs comme de la roche.

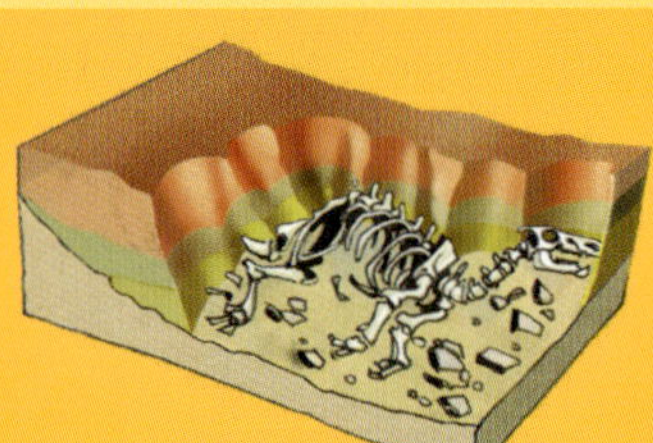

3 Le mouvement de l'écorce terrestre ou l'érosion des sols peuvent faire émerger le fossile à l'air libre.

Localisation des fossiles
On a retrouvé des fossiles partout sur la Terre. La Mongolie, les États-Unis et la Chine sont de véritables « gisements de dinosaures ». Des découvertes récentes ont même été faites dans l'Antarctique.

SANG CHAUD OU FROID ?

En 1993, le squelette d'un Thescelosaurus est exhumé aux États-Unis. Surprise : l'animal possède encore son cœur fossilisé ! Après examen, on s'aperçoit que celui-ci peut pomper le sang comme le cœur des animaux à sang chaud. Mais d'autres découvertes attestent que les dinosaures étaient à sang froid. Qui a raison ? La question reste entière !

métier Paléontologue

■ Dans son atelier, le paléontologue enlève les sédiments déposés sur le squelette.

Après des études de sciences naturelles, je me suis spécialisé en paléontologie. Je travaille à la fois sur le terrain et en laboratoire. Sur un site, avec une équipe de géologues et de techniciens, nous analysons d'abord le sol, car seuls certains types de roches recèlent des fossiles. Quand nous avons la chance de trouver un squelette, nous l'envoyons au laboratoire. Commence alors pour nous le lent et passionnant travail d'identification et de reconstitution.

DU DINOSAURE À L'OISEAU...

L'oiseau serait un dinosaure qui aurait pris son envol. Certaines similitudes de squelettes le prouvent.

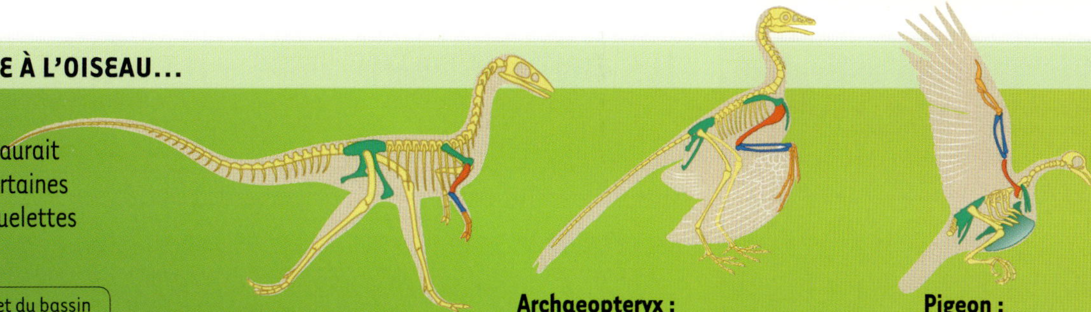

- os de l'épaule et du bassin
- os du bras
- os de l'avant-bras
- os de la main

Compsognathus : un dinosaure du Jurassique aux os creux comme les oiseaux.

Archaeopteryx : il a des plumes et des dents, et est capable de voler. Il fait le lien entre les dinosaures et les oiseaux.

Pigeon : il a, entre autres, gardé les griffes de ses ancêtres.

TOUTES SORTES DE FOSSILES !

La variété des fossiles permet de mieux connaître la morphologie et le mode de vie des dinosaures.

des coprolithes ou excréments : pour connaître leur alimentation.

des gastrolithes : pour connaître leur alimentation. Ces pierres contenues dans l'estomac de certains dinosaures servaient à broyer les aliments.

des dents : pour connaître leur alimentation.

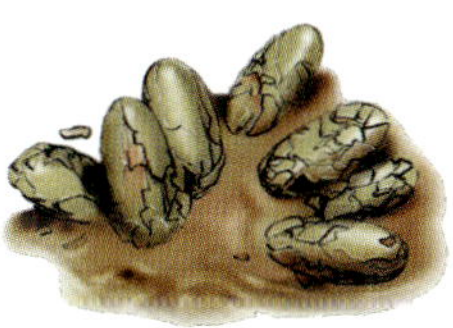

des œufs : pour connaître leur mode de reproduction.

des empreintes de pas : pour connaître leur allure.

À la Une

L'INFO CHOC AU QUOTIDIEN

PRIX FRANCE MÉTROPOLITAINE : 1 €

SURPRENANTE DÉCOUVERTE !

En 1824, W. Buckland, géologue anglais, étudie les os d'un grand reptile, exhumés en 1815. Il le baptise **Megalosaurus**, ce qui signifie lézard énorme. En 1825, G. Mantell, médecin anglais, découvre les dents d'un autre gros reptile qu'il nomme **Iguanodon**. En 1842, R. Owen, anatomiste anglais, provoque une révolution. Pour lui, l'Iguanodon et le Megalosaurus ne sont pas des reptiles comme les autres, mais **des dinosaures**, terme qu'il invente pour les désigner. Cette association de deux mots grecs *deinos* et *sauros* signifie « terrible lézard » !

■ Richard Owen

SUR LE TERRAIN

Voici une équipe de « chasseurs de dinosaures ». Après avoir sondé le sol à l'œil nu ou à l'aide de radars, ils ont réussi à détecter les traces d'un squelette. Le travail commence...

1re étape : dégager les os
Pour ce travail minutieux, on utilise des petits marteaux, des ciseaux à pierre, des curettes et des pinceaux. Si la roche est trop dure, un marteau-piqueur peut être nécessaire.

2e étape : préparation au transport
Avant l'envoi au laboratoire, on photographie la position des os qu'on numérote. Puis on les entoure d'une couche de plâtre protectrice. Des morceaux de roche sont parfois laissés autour des os. Leur analyse peut révéler des informations sur les tissus non osseux du dinosaure.

ILS ONT DISPARU

Il y a 65 millions d'années, tous les dinosaures disparaissent de la surface de la Terre. Si cette extinction reste encore une énigme, trois hypothèses sont avancées...

HYPOTHÈSE 1 : ÉRUPTIONS VOLCANIQUES

Elles auraient eu lieu pendant près de 500 000 ans en Inde. L'accumulation de cendres dans l'atmosphère aurait modifié le climat, et l'air serait devenu irrespirable à cause des gaz toxiques.

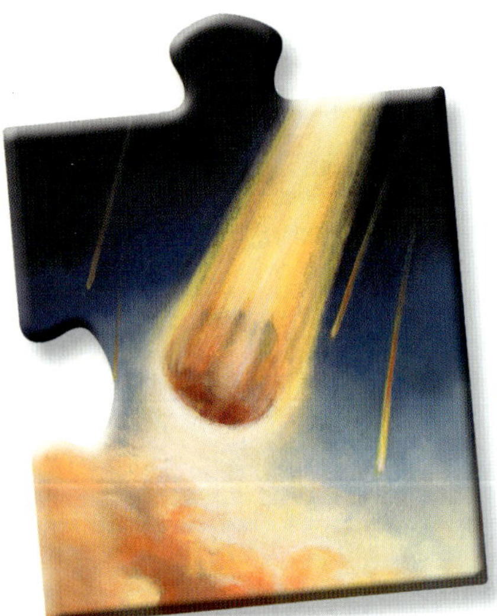

HYPOTHÈSE 2 : MÉTÉORITE(S)

Une météorite de 10 km de diamètre, voire plusieurs, aurait heurté la Terre. Conséquences : des raz-de-marée et surtout un énorme nuage de poussières, qui aurait occulté les rayons du Soleil et entraîné une chute des températures. Un indice : la découverte en 1990 au Mexique d'un cratère de 200 km creusé par une météorite il y a des millions d'années.

HYPOTHÈSE 3 : REFROIDISSEMENT DU CLIMAT

La séparation de l'Antarctique et de l'Australie aurait refroidi les eaux chaudes, provoquant un bouleversement du climat avec des différences de températures très importantes sur les continents. Cette hypothèse est sans doute la moins plausible.

ILS ONT SURVÉCU

C'est le cas de certains reptiles (crocodiles, lézards et tortues), amphibiens, oiseaux et mammifères !

Le Deinosuchus, un énorme crocodile, vivait au Crétacé.

Le Diatryma est un oiseau haut de 2,10 m. Il vivait il y a 60 millions d'années.

Le Megazostrodon, le plus vieux mammifère connu, vivait en Afrique il y a 220 millions d'années.

pour finir...

À VOIR

JURASSIC PARK
de Steven Spielberg (1993)

GÉANTS DES PROFONDEURS 3D, UNE AVENTURE PRÉHISTORIQUE
de Sean MacLeod Phillips (2003)

À LIRE

DINOSAURES, LES SEIGNEURS DE LA TERRE
Nathan, de Paul Barrett et José Luis Sanz

LES DINOSAURES SUR UN PLATEAU
Nathan, de Madeleine Deny

À VISITER

GALERIE DE PALÉONTOLOGIE DU MUSÉUM NATIONAL D'HISTOIRE NATURELLE
57, rue Cuvier – 75005 Paris

ZOO PRÉHISTORIQUE DE MARZAL
Quart Aven Marzal - 07700 Saint Remèze

ET SUR LE WEB

HTTP://WWW.MUSEE-PARC-DINOSAURES.COM/

HTTP://WWW.JURASSIC-WORLD.COM/

Les mammifères

Les mammifères sont apparus il y a 220 millions d'années. Alors nocturnes et de petite taille, ils vivent dans l'ombre des dinosaures. Quand ces derniers disparaissent, ils se diversifient en de nombreuses familles et deviennent à leur tour les maîtres du monde animal.

IL ÉTAIT UNE FOIS LE LION...

Le Patriofelis est l'ancêtre des carnivores. Mais les premiers vrais félins apparaissent il y a 20 millions d'années. Ils sont « équipés pour tuer » : les crocs acérés du Smilodon, un tigre à dents de sabre apparu il y a 5 millions d'années, sont redoutables.

IL ÉTAIT UNE FOIS L'ÉLÉPHANT...

Les premiers ancêtres des éléphants ne sont pas plus gros qu'un sanglier. Puis les espèces évoluent : elles grandissent, la trompe s'allonge et les défenses poussent.

Trilophodon

Moeritherium

Éléphant

CHRONOLOGIE D'APPARITION SUR TERRE :

- 65 MA* : apparition des premiers carnivores.

- 58 MA : apparition des ancêtres des chauves-souris.

- 55 MA : apparition des ancêtres des chevaux.

- 51 MA : apparition des ancêtres marins des baleines.

- 46 MA : apparition des ancêtres des éléphants.

- 42 MA : apparition des ancêtres des singes (et de l'homme !).

* **MA :** millions d'années.

IL ÉTAIT UNE FOIS LE CHEVAL..

Le premier « cheval » connu, l'Hyracotherium, n'est pas plus gros qu'un chien, il a 4 doigts aux pattes avant et 3 aux pattes arrière. 30 millions d'années plus tard, le Merychippus a grandi, ses pattes se sont allongées, il a encore 3 doigts, mais celui du milieu ressemble aux sabots des chevaux actuels.

Hyracotherium

Merychippus

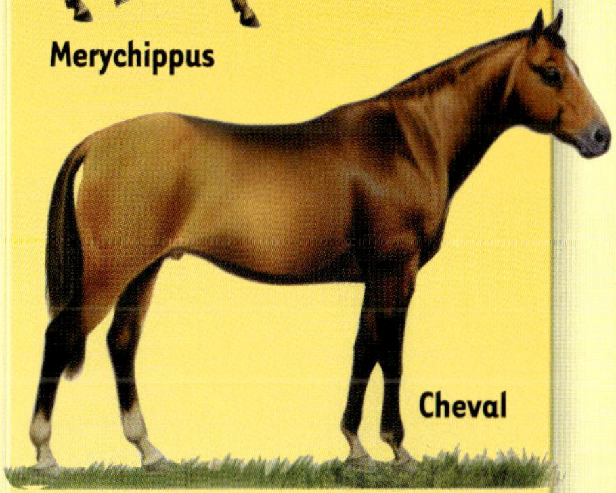
Cheval

L'échidné d'Australie est l'un des rares mammifères qui pond des œufs.
Ordre : Monotrèmes

Grand mangeur d'eucalyptus, **le koala** passe sa vie dans les arbres.
Ordre : Marsupiaux

La roussette est la géante des chauves-souris : elle a une envergure de 1,50 m.
Ordre : Chiroptères

L'homme est – paraît-il ! – le plus évolué des mammifères…
Ordre : Primates

Le gorille est l'un des plus proches parents de l'homme.
Ordre : Primates

Ce lémur malgache, **l'aye-aye,** attrape les insectes avec son long pouce préhensile.
Ordre : Primates

Le galéopithèque vole entre les arbres grâce à la membrane qui relie ses quatre membres.
Ordre : Dermoptères

QUI SONT-ILS ?

4 655 espèces de mammifères vivent sur la Terre, dans le ciel et les mers. Ces vertébrés sont considérés comme les plus évolués de tous les animaux. En raison de leur diversité, ils sont répartis en différents ordres. Ils ont cependant beaucoup de caractères communs.

À gestation variable

La plupart des mammifères sont placentaires : les petits se développent dans le ventre de leur mère en se nourrissant par le placenta. La durée de gestation varie selon les espèces.

Durées de gestation :

- **Lapin :** 30 jours
- **Chat :** 60 jours
- **Chien :** 63 jours
- **Gazelle :** 160 jours
- **Homme** : 270 jours
- **Vache :** 280 jours
- **Girafe :** 440-460 jours
- **Éléphant :** 600-660 jours

Pas facile de commencer sa vie après une chute de 2 m de haut ! C'est ce qui arrive pourtant au bébé girafe dont la mère accouche… debout. À peine est-il né que la girafe lèche son petit, l'aide à se lever, puis l'allaite.

Du lait et des soins

Les mammifères nourrissent leurs petits avec le lait coulant de leurs mamelles dès leur naissance. Ils leur fournissent aussi des soins, et ceci parfois pendant plusieurs années pour certains singes.

La musaraigne mange plus que son propre poids chaque jour.
Ordre : Insectivores

Le zèbre vit en troupeaux dans la savane africaine. À chaque espèce ses zébrures !
Ordre : Périssodactyles

Surnommé « vache marine », **le lamantin** est un herbivore qui vit dans les mers.
Ordre : Siréniens

Le grand fourmilier n'a pas de dents : il attrape les fourmis avec sa langue longue de 1 m !
Ordre : Xénarthres

Herbivore, **le lapin de garenne** a des incisives et des molaires qui poussent sans cesse.
Ordre : Lagomorphes

Dans les rivières, **le castor** bâtit des huttes avec des branches et de la boue.
Ordre : Rongeurs

Des « pieds » multifonctions

En fonction de la nature du sol sur lequel ils se déplacent, mais aussi selon leur régime alimentaire, les mammifères ont des doigts, des griffes ou des sabots.

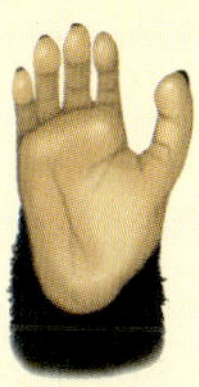

… des doigts, pour saisir et accomplir des gestes précis, se suspendre et se déplacer dans les arbres.

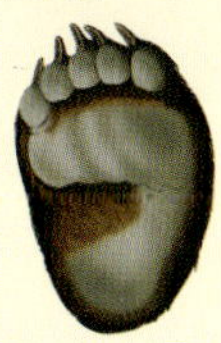

… des griffes, pour attraper, maintenir et dépecer les proies ou grimper aux arbres.

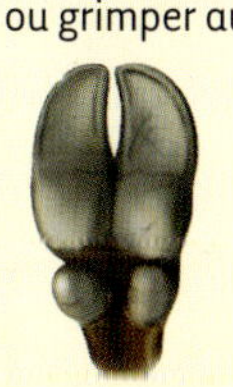

… des sabots, pour marcher longtemps sur des terrains accidentés ou mouvants.

Les bœufs musqués supportent les grands froids arctiques.

Au Sahara, **la gerboise** enfouie dans son terrier résiste à la chaleur.

À sang chaud

Qu'il fasse froid ou chaud dehors, les mammifères ont une température constante. On dit que ce sont des animaux à sang chaud ou homéothermes. Cette particularité leur permet de supporter tous les climats.
Un inconvénient : ils dépensent beaucoup d'énergie et ont besoin de manger davantage que les reptiles à sang froid.

Poilus !

La plupart des mammifères ont la peau couverte de poils. Cette couverture leur sert d'isolant thermique. Mais certains animaux, tel l'hippopotame, en sont presque dépourvus. D'autres ont des écailles, comme le pangolin, ou des piquants, comme le hérisson.

tigre **vache** **orang-outan** **zèbre**

Le serval est un grand chat, proche du lynx. Il vit en Afrique. et est surtout nocturne.
Ordre : Carnivores

L'hermine mange de tout : lapins, oiseaux, campagnols…
Ordre : Carnivores

Le morse fouille la vase avec ses défenses pour trouver des mollusques.
Ordre : Pinnipèdes

L'orque est le plus rapide des mammifères marins : 56 km/h.
Ordre : Cétacés

Qui pourrait penser que ce petit animal, **le daman,** est le plus proche parent de l'éléphant ?
Ordre : Hyracoïdes

L'éléphant d'Afrique est avec l'éléphant d'Asie le seul représentant de cet ordre.
Ordre : Proboscidiens

Le lama est utilisé comme animal de bât. Il vit dans les Andes, jusqu'à 5 000 m d'altitude.
Ordre : Artiodactyles

DES MAMMIFÈRES ÉTONNANTS

Les chauves-souris

Ce sont les seuls mammifères capables de voler. Elles vivent et chassent souvent la nuit. Pour se repérer dans l'obscurité, elles émettent des ultrasons dont l'écho leur permet de localiser les obstacles et les proies : c'est l'écholocation. Le jour, elles dorment dans des grottes, des caves ou des arbres. Au repos, elles se suspendent la tête en bas.

Une grotte peut abriter des millions de chauves-souris.

3 CHAUVES-SOURIS

La vampire vit en Amérique du Sud. Elle suce le sang du bétail.

Le nez-de-cochon thaïlandais est la plus petite chauve-souris.

On peut voir **la pipistrelle** chasser en ville.

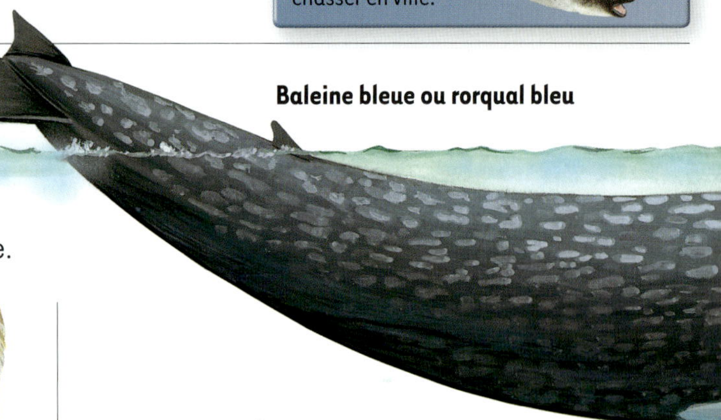

Baleine bleue ou rorqual bleu

4 MARSUPIAUX

De la taille d'un chat, **l'opossum de Virginie** habite les forêts d'Amérique.

Solitaire et craintif, **le wombat australien** vit dans un terrier.

Le diable de Tasmanie est carnivore. Il vit sur l'île de Tasmanie, en Australie.

Avec sa membrane « parachute », **le phalanger volant** fait des vols planés.

Les marsupiaux

Ils donnent naissance à des embryons qui finissent leur croissance dans la poche ventrale de leur mère.

1 **Le bébé kangourou** naît nu et aveugle. Il pèse moins de 1 gramme. Il suit le chemin de salive préparé par sa mère jusqu'à la poche marsupiale.

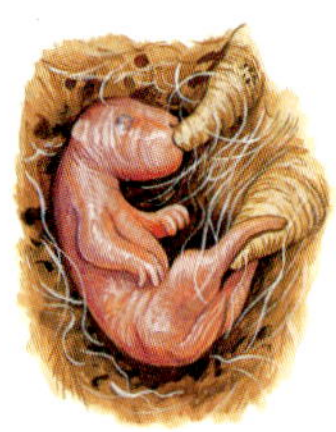

2 Là, il se fixe à la tétine pour finir sa croissance.

3 À 5 mois, le bébé kangourou passe la tête hors de la poche. À 1 an, il sort dehors, mais il peut retourner dans la poche en cas de danger ou pour téter.

Les monotrèmes

Représentés par l'ornithorynque australien et les échidnés d'Australie et de Nouvelle-Guinée, ce sont les seuls mammifères qui pondent des œufs.

La femelle **ornithorynque** pond 1 à 3 œufs.

Après leur naissance, les jeunes lapent pendant 4 mois le lait qui coule de la fourrure de leur mère.

L'ornithorynque est bien équipé pour nager et chasser dans l'eau des rivières.

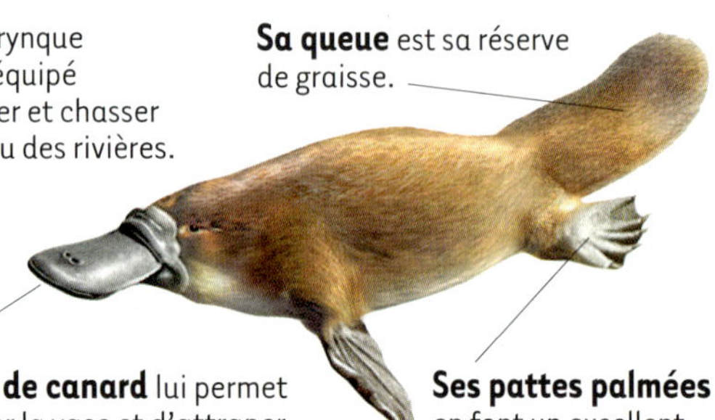

Sa queue est sa réserve de graisse.

Son bec de canard lui permet de fouiller la vase et d'attraper têtards, invertébrés et poissons.

Ses pattes palmées en font un excellent nageur.

5 CÉTACÉS

La baleine franche de Biscaye est une baleine à fanons qui peut peser 80 tonnes.

Le cachalot est le plus grand des cétacés à dents : 18 m.

Le narval mâle a une très longue dent qui lui a valu le surnom de « licorne ».

Le dauphin commun vit en bandes dans les mers tempérées et suit souvent les bateaux.

Le bélouga est tout blanc. Il vit dans les mers arctiques.

Les cétacés

Ils sont totalement adaptés à la vie aquatique. Pourtant, leurs ancêtres étaient sans doute terrestres. Aujourd'hui, ils sont représentés par les baleines à fanons, comme la baleine bleue, et les cétacés à dents, tels que les dauphins ou certaines baleines (cachalot et baleines à bec).

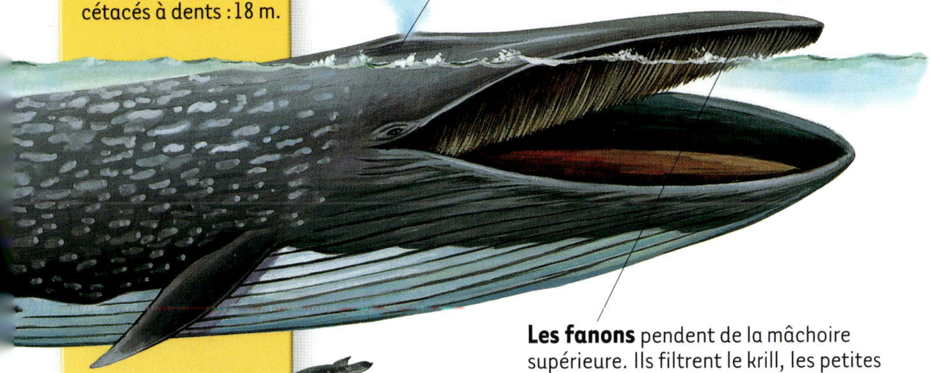

Comme tous les cétacés, la baleine bleue a une respiration pulmonaire. Avant chaque plongée, elle rejette par **l'évent,** l'orifice situé sur sa tête, un jet de vapeur d'eau.

Les fanons pendent de la mâchoire supérieure. Ils filtrent le krill, les petites crevettes dont elle se nourrit.

Les cétacés à dents se nourrissent de poissons, voire d'espèces plus grosses (requins, baleines) dans le cas de l'orque.

Les siréniens

Les trois espèces de lamantins et le dugong sont aussi des mammifères aquatiques. Ces herbivores vivent dans les eaux peu profondes des côtes et des estuaires. Ils sont aujourd'hui menacés.

dugong

Il était une fois...

Moby Dick*

Inquiétant et féroce, tel est le capitaine Achab. À la tête du Pequod, son navire baleinier, il mène ses hommes d'une main de fer. Une seule consigne pour eux : sillonner les mers du globe afin de harponner les baleines au mépris du danger. Une seule obsession pour Achab : retrouver Moby Dick, la baleine blanche qui lui a arraché une jambe, l'obligeant depuis à traîner une prothèse en ivoire. Quand sonne l'heure de la rencontre, la bataille est féroce entre Moby Dick et le capitaine... qui y perdra la vie.

* Moby Dick ou la Baleine blanche est un roman d'Hermann Melville.

LES LOUPS

Ce sont des canidés. Ils vivent en meutes dirigées par un couple de dominants. Un langage fait de postures et de gestes leur sert à exprimer leurs liens hiérarchiques.

FAIM DE LOUP

S'il peut, en période de disette, manger des baies, le loup est avant tout carnivore. Avec sa meute, qui peut compter 20 membres, il chasse les petits rongeurs, les oiseaux, les moutons et le gros gibier. Sa puissante mâchoire et ses 42 dents sont une arme efficace pour tuer et dépecer ses proies.

« Ouh, j'ai peur ! »
Le dominant, queue et oreilles dressées, montre les dents et se veut effrayant. Le dominé exprime la peur : il a les oreilles rabattues en arrière et la queue entre les pattes.

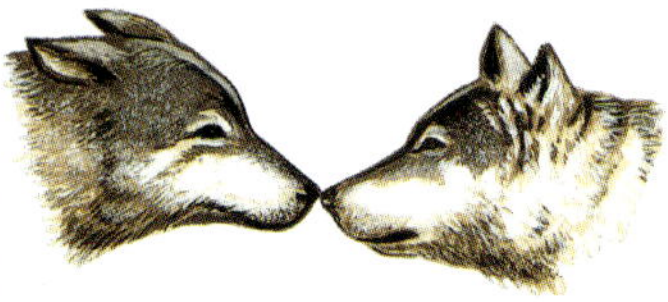

« Salut, chef ! »
Le dominé, queue basse et oreilles en arrière, renifle le museau du dominant, oreilles dressées et queue à l'horizontale.

« Je me soumets ! »
Le dominé est couché sur le dos, pattes en l'air. Il indique ainsi qu'il se rend et que le conflit est fini.

« Prêts à partir »
Les loups de la meute se frottent contre le dominant ; ils agitent leur queue et se lèchent les uns les autres.

5 AUTRES CANIDÉS

Dans les prairies d'Amérique du Nord, **le coyote** pratique la chasse collective.

Il existe 2 espèces de **chacals** en Afrique et en Asie. Ils sont à la fois chasseurs et charognards.

Dans la savane africaine, **le lycaon** chasse en meutes gazelles ou zèbres.

Le dingo, chien sauvage d'Australie, cohabite depuis toujours avec l'homme sur ce continent.

Roi de l'adaptation, **le renard roux** vit dans les forêts et s'aventure même dans les villes.

LES FÉLINS

Ces puissants carnivores sont souvent des chasseurs solitaires qui traquent leurs proies sur une zone délimitée. Chacun a développé sa propre technique de chasse...

Le tigre est le maître de l'affût. Tapi dans la végétation, souvent près d'un point d'eau, il attend sa proie. Une fois celle-ci repérée, il lui saute dessus et évite ainsi les folles courses poursuites.

La panthère, qui peut être tachetée ou, plus rarement, noire, chasse à l'affût et bondit sur ses proies, en général de jeunes individus ou des animaux âgés. Elle n'hésite pas à grimper aux arbres, surtout pour mettre sa nourriture à l'abri.

Chez **le lion,** ce sont les femelles qui chassent en groupes. Le mâle se contente de garder le territoire... et de venir manger le premier.

Le chat pêcheur, à l'affût, attrape des poissons, sans canne à pêche, mais d'un coup de patte très efficace.

Le guépard est capable de pointes de vitesse inégalées (jusqu'à 100 km/h), qui laissent peu de chance à ses proies. Mais comme tous les sprinters, il ne tient pas la distance !

6 AUTRES FÉLINS

En Inde et en Afrique, **le caracal,** un lynx très agile, peut sauter sur un oiseau volant à plus de 2 m de haut.

Le jaguar est le plus grand félin d'Amérique. Il nage aussi bien qu'il grimpe aux arbres. Il se nourrit de caïmans ou de singes.

Le chat sauvage d'Europe est un peu plus gros qu'un chat domestique. Il chasse à terre rongeurs et oiseaux.

Originaire d'Amérique, **le puma,** appelé aussi couguar, vit dans les plaines comme à 5 000 m d'altitude.

La panthère des neiges ou once vit dans les montagnes de Sibérie orientale, de Chine et de l'Himalaya. Son épaisse fourrure la protège du froid.

Le jaguarondi, un chat sauvage d'Amérique du Sud, vit dans les zones buissonneuses. C'est un chasseur rapide.

LES OURS

Dans la famille des ursidés, l'ours brun est parmi les plus grands... et les plus agressifs.

MAMAN OURSE A LA JOIE DE...

Alors qu'elle hiberne dans sa tanière, l'ourse met bas 1 ou 2 jeunes. À peine gros comme des rats, ils restent là jusqu'au printemps.

PAS TOUCHE !

Gare à la mère ourse : son instinct maternel est très développé ! Si elle sent ses petits menacés, elle peut les défendre avec férocité.

DRÔLE DE DÉMARCHE

L'ours marche l'amble : il avance ensemble les deux pattes du même côté. D'où son allure lourdaude...

BALOURD, L'OURS ?

Pas si sûr ! Il est capable d'escalader des terrains accidentés et de grimper aux arbres avec agilité.

Proche parent des ours, **le grand panda** vit dans les montagnes de Chine. Il mange seulement des pousses de bambous qu'il mâche pendant des heures. Il est menacé, car les forêts de bambous diminuent.

7 AUTRES OURS

En Amérique du Nord, **le grizzly** est une sous-espèce de l'ours brun. Ce grand ours pêche dans les torrents.

L'ours blanc ou polaire vit sur la banquise arctique et se nourrit de phoques et de poissons.

Herbivore, **l'ours à lunettes** vit surtout dans les arbres des montagnes andines.

Appelé aussi baribal, **l'ours noir** quémande sa nourriture aux automobilistes dans les parcs américains.

L'ours lippu est un grand amateur de termites : il les attrape avec ses lèvres ! Il vit dans le sous-continent indien.

Omnivore, **l'ours malais ou des cocotiers est le plus petit et le moins velu** des ours. Il vit en Malaisie et en Indonésie.

Omnivore, **l'ours à collier** vit en Asie tempérée. Il grimpe facilement aux arbres et nage bien.

7 AUTRES SINGES

Le nasique se caractérise par un nez qui, chez les vieux mâles, peut devenir très long. Il vit en bandes dans les forêts de Bornéo.

Dans la forêt amazonienne, le mâle **hurleur** pousse des cris portés par l'air sur des kilomètres à la ronde.

Le ouistiti à toupet blanc, petit singe amazonien aux oreilles en pinceaux, est très craintif.

Le mandrill, singe africain proche des babouins, a un museau bleu ciel et des fesses rouge vif.

Grâce à ses très longs membres, **le gibbon** vole de branche en branche dans les forêts asiatiques.

En Inde, **l'entelle,** considéré comme un singe sacré, se rencontre souvent autour des temples hindouistes.

L'orang-outan est un grand singe de Sumatra et Bornéo qui passe presque toute sa vie en haut des arbres.

LES SINGES

Parmi les singes, les primates supérieurs (orangs-outans, gorilles, chimpanzés...) sont les mammifères les plus évolués.

Sociaux !

Les chimpanzés, qui vivent en groupes, fabriquent et utilisent des outils. Ils communiquent par des mimiques et des cris. Les jeunes apprennent la vie sociale par le biais du jeu... Des comportements sociaux se transmettent de génération en génération.

PAROLES DE SINGES

Les chimpanzés expriment leurs émotions par des mimiques.

La mère chimpanzé montre à son jeune comment faire sa couche. Devenu indépendant, il saura fabriquer **son « lit »** tout seul.

Les chimpanzés passent des heures à **s'épouiller** les uns les autres. Si cette activité a une valeur hygiénique, elle sert aussi à empêcher les conflits et à renforcer les liens entre les membres du groupe.

À l'aide d'une brindille, le chimpanzé capture des termites. Afin que **son outil** soit plus efficace, il le taille patiemment.

Le chimpanzé ramasse de **la mousse :** il la presse comme une éponge pour boire l'eau dont elle est gorgée.

pour finir...

À VOIR

LE PEUPLE SINGE
de Gérard Vienne (1989)

UN JOUR SUR TERRE
d'Alastair Fothergill (2007)

À LIRE

CROC-BLANC
Nathan poche, de Jack London

ENCYCLOPÉDIE VISUELLE DES ANIMAUX,
Nathan

À VISITER

GRANDE GALERIE DE L'ÉVOLUTION DU MUSÉUM NATIONAL D'HISTOIRE NATURELLE
57, rue Cuvier 75005 Paris

ET SUR LE WEB

HTTP://WWW.ZOOBEAUVAL.COM/

HTTP://WWW.ZOODOUE.FR/START.PHP?LANG=FR

À CHACUN SON BEC

Les oiseaux ont des becs adaptés à leur régime alimentaire et à leur façon de chercher leur nourriture.

L'aigle royal a un bec acéré et crochu pour maintenir et déchiqueter ses proies.

Le flamant rose a un bec muni d'un filtre qui lui sert à recueillir le zooplancton dans les étangs salés.

Avec son bec retroussé vers le haut, **l'avocette** sabre l'eau pour attraper les animaux microscopiques.

Le bec-croisé a un bec dont les mandibules se croisent : efficace pour décortiquer les cônes des pins.

Le pélican a sous le bec une poche qu'il utilise pour stocker les poissons.

Avec son bec pointu comme un poignard, **le pic** perce l'écorce des arbres pour attraper les insectes.

Avec son bec épais, dur et coupant, **le perroquet** casse les noix et autres graines.

LES OISEAUX

Un corps couvert de plumes et les membres antérieurs transformés en ailes : ce sont les oiseaux. Il en existe environ 9 500 espèces.

Le manchot empereur vit au pôle Sud. Il ne vole pas, mais ses ailes en forme de nageoire en font un excellent nageur.

Partout !

Grâce au vol, les oiseaux ont pu coloniser tous les milieux : les mers et les habitats extrêmes, comme les pôles et les déserts, ainsi que les plus hautes altitudes.

Le kiwi ne vole pas. Son odorat développé lui permet de détecter les vers sous la terre.

La femelle **coucou** ne construit pas de nid. Elle pond un œuf dans le nid d'un autre oiseau qui le couve, puis nourrit le jeune.

L'aigle royal peut planer pendant des heures dans les courants d'air chaud.

Ils volent… oui, mais pourquoi ?

Leur corps est adapté au vol : ils ont des os creux, donc légers, et des muscles puissants utiles aux battements des ailes. Leurs plumes lisses les aident à mieux pénétrer l'air. Les rémiges au bout des ailes portent l'oiseau. Les rectrices de la queue servent de frein et de gouvernail.

ZOOM SUR LA PLUME

Elle permet le vol, mais elle protège aussi l'oiseau contre le froid et l'eau. Sa structure est complexe. De part et d'autre du tuyau central, la hampe, se trouvent les barbes, reliées entre elles par les barbules.

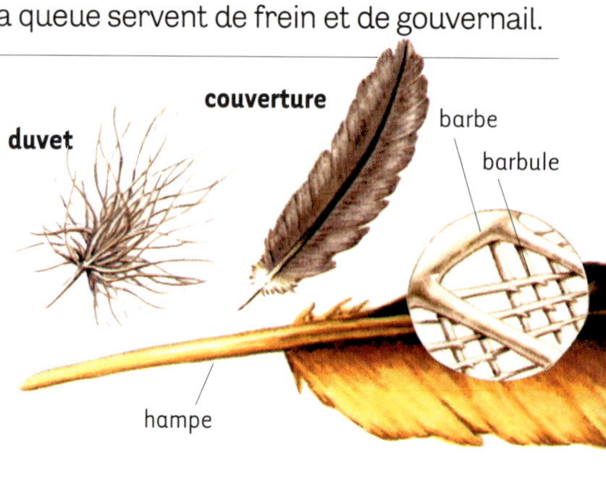

L'autruche est l'oiseau le plus lourd du monde (jusqu'à 156 kg). Elle ne vole pas, mais peut courir jusqu'à 65 km/h.

L'ara macao vit en groupes bruyants dans la forêt tropicale et se nourrit de noix. Très prisé des collectionneurs, il est aujourd'hui menacé.

La mouette tridactyle est un oiseau de mer qui vit en grandes colonies sur les faces escarpées des falaises.

Le toucan se nourrit de fruits. Très coloré, son bec énorme est creux… et donc très léger.

La chouette hulotte est un rapace nocturne qui niche dans le tronc des arbres. Elle chasse de nuit les rongeurs.

LES ŒUFS

Ils ont des formes, des couleurs et des tailles variées.

L'œuf du guillemot de Troïl : sa forme l'empêche de tomber du replat de la falaise où il est pondu.

L'œuf d'autruche : c'est le plus gros (plus de 17 cm de long et 1,8 kg).

L'œuf du todier de la Jamaïque : il est presque rond.

L'œuf du lagopède des saules : il a l'aspect du sol sur lequel il est pondu.

C'EST MOI LE PLUS BEAU !

Les mâles ont parfois un plumage plus coloré qui les aide à attirer les femelles lors de la parade nuptiale, la période de séduction amoureuse. Chez certains, cette livrée est constante, chez d'autres, elle disparaît à la fin des amours.

Le loriot d'Europe mâle est plus coloré que la femelle.

Les mâles des **paradisiers** de Nouvelle-Guinée ont de longues plumes colorées.

Le paon mâle étale sa queue garnie de beaux ocelles bleus devant la femelle. Efficace pour se faire admirer !

MACHINES VOLANTES

Incapables de voler, les hommes se sont inspiré des oiseaux pour créer… leurs machines volantes. Cette science prenant les animaux comme modèle pour élaborer des mécanismes divers s'appelle la bionique.

Les vautours, ces grandes « ailes volantes » qui planent en se servant des ascendances thermiques, ont inspiré les concepteurs du deltaplane.

Le colibri peut voler sur place et à reculons ! Les inventeurs de l'hélicoptère n'ont fait que reproduire cette invention géniale de la nature.

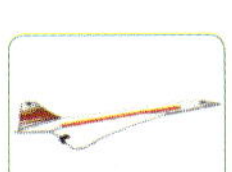

Le fou de Bassan, très aérodynamique avec ses longues ailes droites, son grand cou et son bec allongé, aurait inspiré les ingénieurs du *Concorde*.

rémige

PARCOURS DE GRANDES VOYAGEUSES

Les cigognes blanches d'Europe de l'Ouest peuvent faire des allers-retours de 10 000 km !

1 *Le grand départ a lieu en août ou septembre. Afin de ne pas avoir à survoler la mer, les cigognes passent par le détroit de Gibraltar. Pour certaines, le voyage s'arrête en Espagne.*

3 *Nouveau départ au milieu de l'hiver. Les cigognes remontent vers l'Europe. Beaucoup périssent en route, surtout dans les zones désertiques.*

2 *Arrivée en Afrique tropicale en plein hiver. Les cigognes séjournent dans la savane et autour des points d'eau, où elles retrouvent d'autres oiseaux (milans noirs, petits échassiers, hirondelles...) venus eux aussi d'Europe.*

LA MIGRATION DES OISEAUX

À dates fixes, des oiseaux quittent en vol groupé leurs zones de reproduction situées dans les régions tempérées ou arctiques, pour hiverner sous les tropiques ou dans les endroits préservés du froid. Volant de jour ou de nuit, ils font des milliers de kilomètres pour échapper au manque de nourriture.

SANS CARTE NI BOUSSOLE

Des millions d'oiseaux font chaque année le même voyage sans se tromper ! Des repères les aident à s'orienter : ils peuvent être célestes, comme le Soleil, la Lune ou les étoiles... ou terrestres, comme les mers, les montagnes, les fleuves ou les côtes. En outre, les pigeons voyageurs ont dans le cerveau des particules de magnétite. Cette sorte de boussole les rend sensibles au champ magnétique terrestre.

anecdote

Le mystère des hirondelles...

Autrefois, quand les hirondelles partaient à l'automne, on pensait qu'elles s'enfonçaient dans la vase au fond des étangs pour passer la mauvaise saison ! Un jour, quelqu'un eut l'idée d'attacher un fil rouge à la patte d'un oiseau, pensant qu'il reviendrait le printemps suivant avec un fil décoloré par l'eau. Il n'en fut rien et on imagina alors que les oiseaux s'envolaient peut-être vers des contrées plus accueillantes !

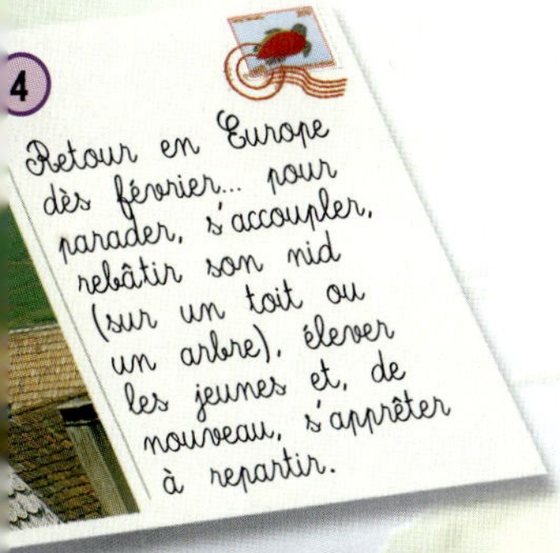

Chaque hiver, ce chevalier stagnatile – venu de la lointaine Sibérie – rejoint ce même petit bout de marigot africain.

FIDÈLES...

La fidélité au site d'hivernage ou au lieu de reproduction est l'un des mystères les plus étonnants de la migration.

Chaque printemps, l'hirondelle revient dans le même nid de la même étable du même village.

BÂTI POUR VIVRE DANS LES AIRS !

Le martinet noir vient nicher en Europe où il ne reste pas plus de trois mois au sol. Le reste du temps, il vole et parcourt en moyenne 1 million de km par an ! Il se nourrit en vol, il s'y accouple parfois et il dort en planant. Capable de voler jusqu'à 3 000 m d'altitude, il est aussi très rapide et peut faire des pointes à 100 km/h.

DES CHAMPIONS DE LA MIGRATION

La sterne arctique niche surtout au pôle Nord et hiverne au pôle Sud. Elle parcourt ainsi chaque année l'équivalent du tour de la Terre !

La grue du Japon niche en Sibérie et hiverne en Chine et au Japon, pays où elle symbolise la longévité et le bonheur.

Le traquet motteux niche au Groenland et est capable de traverser l'Atlantique d'une traite pour rejoindre l'Afrique en hiver.

Il arrive que certains jeunes **pouillots à grands sourcils** se trompent de route : partant de Sibérie, ils atteignent l'Europe de l'Ouest au lieu de... l'Asie du Sud-Est !

Chaque automne, **le bécasseau maubèche** qui niche au Canada traverse l'océan pour rejoindre les côtes atlantiques françaises ou britanniques.

Le puffin fuligineux niche au large de l'Amérique du Sud et migre, en faisant une grande boucle nord-sud, soit dans l'Atlantique, soit dans le Pacifique.

métier

Ornithologue

■ Comme l'ornithologue observe parfois des oiseaux de très loin, ses jumelles doivent lui permettre de faire une mise au point très rapprochée.

Je suis spécialisé dans l'étude de la migration des oiseaux. Avant, on ne pouvait que baguer les oiseaux pour connaître leurs parcours migratoires. Aujourd'hui, je dispose d'une palette d'outils beaucoup plus fiables. Grâce aux balises ARGOS, par exemple, on peut suivre la migration d'un oiseau quasiment heure par heure sans avoir à l'attraper. C'est cette balise, fixée sur son dos, qui donne, via les satellites, des informations sur sa position.

LES REPTILES

Tortues, crocodiles, sphénodons, serpents et lézards : voici les quatre groupes de reptiles. Ces vertébrés ont tous une carapace ou une peau couverte d'écailles. Ce sont des animaux à sang froid, incapables de réguler leur température.

LES TORTUES

Elles peuvent vivre longtemps : une tortue offerte au capitaine Cook aurait ainsi atteint les 189 ans. Elles pondent des œufs et abandonnent leurs jeunes à la naissance.

Terrestre, **la tortue grecque** se trouve dans le bassin méditerranéen et dans nos jardins. Elle peut vivre 80 ans.

Aquatique, **la caouanne** fréquente les mers chaudes où elle effectue de grandes migrations.

LES SERPENTS

Sans doute issus des lézards, les serpents avaient à l'origine des pattes qu'ils ont perdues. La reptation est devenue leur mode de déplacement : silencieux, il est idéal pour surprendre une proie. Carnivores, les serpents ont deux manières de tuer : par injection de venin ou par étouffement !

L'anaconda, un serpent constricteur
Comme les pythons, ce boa est un serpent primitif qui étouffe sa proie. Il a saisi ce jeune crocodile avec ses dents avant de s'enrouler autour de lui et de resserrer ses anneaux… jusqu'à ce que mort s'ensuive. Grâce à ses mâchoires qui s'écartent et à sa peau qui se distend, il pourra ensuite l'avaler en entier. La digestion durera plusieurs mois.

chiffres

3 000 : c'est le nombre d'espèces de serpents.

600 : c'est le nombre d'espèces venimeuses.

100 000 : c'est le nombre annuel de décès dus à une morsure de serpent.

3 cm, c'est la longueur des plus grands crochets : ceux de la vipère du Gabon.

4 AMPHIBIENS

Le crapaud géant vit en Amérique du Sud et peut peser 1 kg.

Le triton à crête porte une crête sur le dos à la saison des amours.

Cette « salamandre » mexicaine, **l'axolotl,** garde toujours son aspect de têtard.

La cécilie est une espèce tropicale qui vit sous terre.

LES AMPHIBIENS

Représentés par les cécilies, les tritons et les salamandres, les grenouilles et les crapauds, les amphibiens sont les plus anciens vertébrés terrestres. Ces animaux à sang froid vivent sur la terre ferme, mais la plupart ont besoin de retourner dans l'eau pour se reproduire.

QUE DE CHANGEMENTS !

Au printemps, la grenouille pond dans une mare. Pour pouvoir vivre à l'air libre, les larves (ou têtards), sorties des œufs vont devoir se transformer. C'est la métamorphose.

LES CROCODILES

Crocodiles, alligators, caïmans et gavials ont une peau écailleuse couverte de formations osseuses. Ils vivent à la fois sur terre et dans l'eau.

Le crocodile du Nil, long de 5 à 7 m, vit dans toute l'Afrique tropicale.

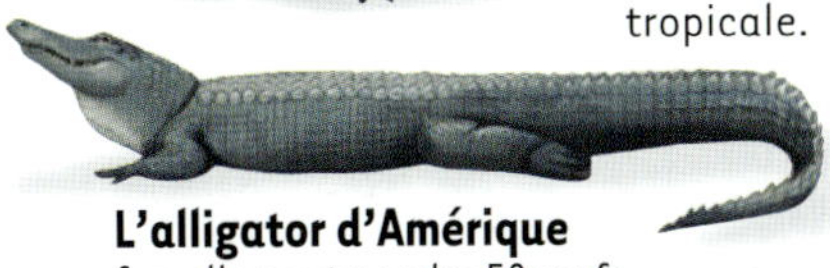

L'alligator d'Amérique femelle peut pondre 50 œufs dans un nid de brindilles surélevé.

LES LÉZARDS

Outre les lézards, cette famille comprend aussi les caméléons, varans, scinques et autres iguanes. La plupart sont carnivores.

L'iguane marin vit aux Galapagos. Malgré son aspect redoutable, il est inoffensif et se nourrit d'algues !

Le dragon volant est un lézard d'Asie du Sud-Est. Il peut « voler » avec sa membrane de peau.

Le crotale, un serpent venimeux
Avec sa langue, le crotale, ou serpent à sonnette, capte des odeurs analysées par l'organe de Jakobson situé à l'avant de son palais. Le rongeur est ainsi repéré. S'ensuit alors une attaque foudroyante : le crotale saisit l'animal avec sa gueule, plante ses crochets, qui sont creux et inoculent aussitôt le venin. Paralysée, la proie meurt peu après. Le serpent l'avale d'un seul coup.

Le crotale a, au bout de sa queue, un grelot de plaques osseuses qu'il secoue en cas de danger.

5 SERPENTS

Le cobra royal vit dans le Sud-Est asiatique. Son venin peut tuer un éléphant.

Africain, **le mamba noir** est arboricole, mais aussi terrestre. Il peut être très rapide.

Le python birman est un puissant serpent constricteur. Comme tous les pythons, il a de petites pattes arrière.

La couleuvre à collier vit en Europe. Non venimeuse, elle se nourrit de grenouilles et de rongeurs.

Le laticauda est un serpent de mer très venimeux, mais pas agressif.

① Au départ, le têtard a une longue queue pour nager et des branchies pour respirer.

② Apparition des pattes arrière.

③ Vers 3 semaines, apparition des pattes avant ; les branchies sont remplacées par les futurs poumons.

④ À 10 ou 11 semaines, la grenouille n'a plus de queue, mais des pattes bien formées : celles de derrière, plus longues, vont lui permettre de bondir sur la terre ferme.

UNE MAUVAISE RÉPUTATION

Le crapaud a souvent été accusé de tous les maux, comme téter les vaches, piller les nids, donner la rage aux chiens, faire tourner le vin et empoisonner tout ce qu'il touche ! Mais n'a-t-on pas raconté qu'un baiser pouvait le transformer en prince charmant ou qu'un caillou d'or aux pouvoirs merveilleux se cachait sous son crâne ?

LES POISSONS

Ils se divisent en trois groupes : les poissons primitifs sans mâchoire (lamproies et myxines), les poissons cartilagineux (requins et raies) et les poissons osseux, qui sont les plus nombreux.

ATTENTION, DANGER !

Surnommé « mangeur d'hommes », **le requin blanc** attaque rarement les humains et se nourrit plutôt de mammifères marins. Ses dents triangulaires et crénelées, qui se renouvellent sans cesse, sont redoutables.

La raie pastenague a sous la queue un dard dont la piqûre venimeuse est très douloureuse, mais non mortelle pour l'homme.

Cachée dans le sable, **la vive** laisse dépasser l'une de ses nageoires dorsales terminée par des aiguillons venimeux.

ANATOMIE D'UN POISSON OSSEUX, LA CARPE

La queue ou **nageoire caudale** sert de propulseur.

La ligne latérale est un organe sensoriel qui perçoit les ondes, les champs électriques…

DANS LES FLEUVES

Originaire d'Asie mineure, **la carpe commune** peut vivre environ un siècle.

Née dans la mer des Sargasses (Antilles), la jeune **anguille** migre vers les fleuves d'Europe ou d'Amérique. Puis elle repart pondre (et mourir) là où elle est née.

Le brochet se nourrit de poissons, de grenouilles ou d'oiseaux.

Le thon est un poisson migrateur qui vit en bancs.

L'hippocampe mâle possède une poche ventrale dans laquelle il incube les œufs jusqu'à leur éclosion.

La baudroie a une tête si laide que le poissonnier préfère la lui couper avant de la vendre sous le nom de lotte.

À cause de son rostre qui prolonge sa mâchoire supérieure, **l'espadon** est surnommé « poisson-épée ».

La murène attend sa proie cachée dans un rocher. Sa salive contient un poison dangereux.

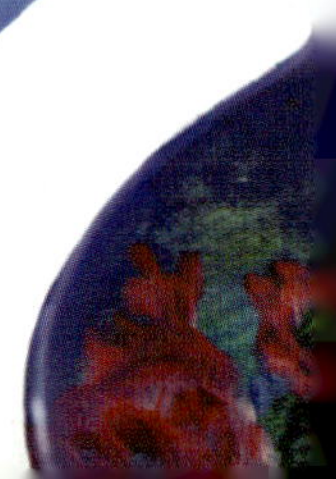

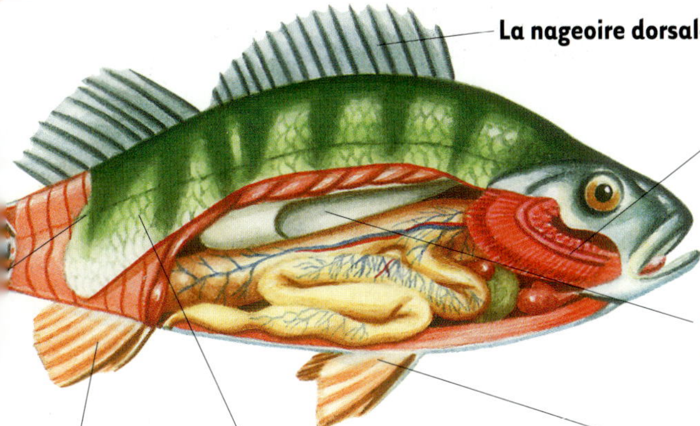

ILS VOLENT !

Dans les mers chaudes, les poissons volants, ou exocets, ont de grandes nageoires qui leur permettent de sauter hors de l'eau et de planer dans les airs. Avantage : ils échappent ainsi aux prédateurs comme les thons… Inconvénient : ils deviennent la proie des oiseaux !

ILS MARCHENT !

Les périophtalmes des mangroves tropicales vivent la plupart du temps à l'air libre. Ils respirent par la peau et se déplacent sur le sol ou sur les branches avec leurs robustes nageoires. Leurs yeux, protégés par une peau épaisse, supportent la lumière du Soleil.

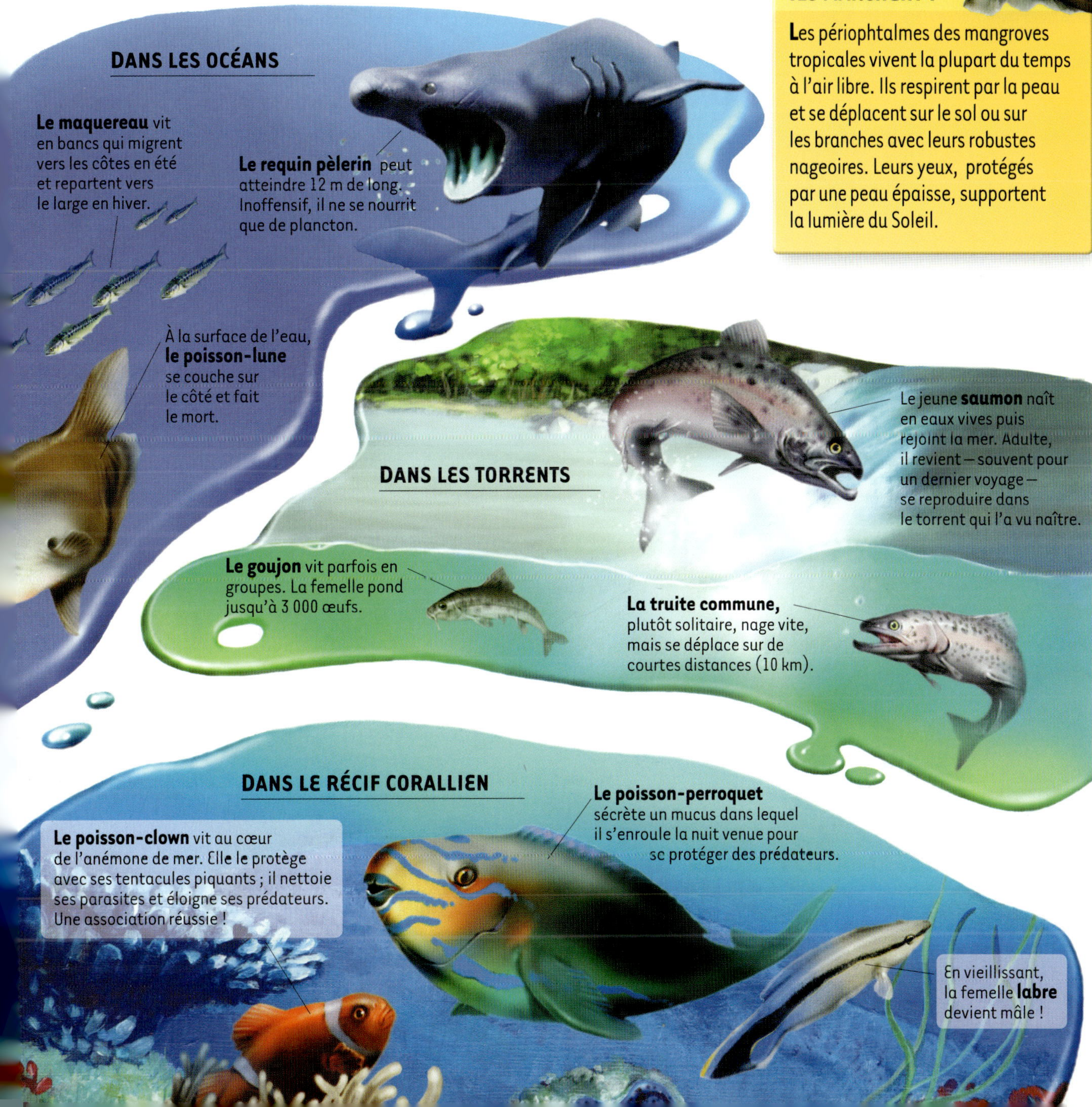

DANS LES OCÉANS

Le maquereau vit en bancs qui migrent vers les côtes en été et repartent vers le large en hiver.

Le requin pèlerin peut atteindre 12 m de long. Inoffensif, il ne se nourrit que de plancton.

À la surface de l'eau, **le poisson-lune** se couche sur le côté et fait le mort.

DANS LES TORRENTS

Le jeune **saumon** naît en eaux vives puis rejoint la mer. Adulte, il revient – souvent pour un dernier voyage – se reproduire dans le torrent qui l'a vu naître.

Le goujon vit parfois en groupes. La femelle pond jusqu'à 3 000 œufs.

La truite commune, plutôt solitaire, nage vite, mais se déplace sur de courtes distances (10 km).

DANS LE RÉCIF CORALLIEN

Le poisson-clown vit au cœur de l'anémone de mer. Elle le protège avec ses tentacules piquants ; il nettoie ses parasites et éloigne ses prédateurs. Une association réussie !

Le poisson-perroquet sécrète un mucus dans lequel il s'enroule la nuit venue pour se protéger des prédateurs.

En vieillissant, la femelle **labre** devient mâle !

... espèces de spongiaires
Éponges. Milieu marin. Ce sont les plus simples des animaux pluricellulaires : ils n'ont pas de système nerveux, ni d'organes différenciés.

... espèces de vers annelés
Vers de terre, sangsues, vers marins... Ce sont des animaux sans pattes au corps mou, qui vivent sous la terre, dans l'eau ou même dans les intestins humains dans le cas du ténia qui peut mesurer 2 à 3 m de long.

LES INVERTÉBRÉS

Ce sont tous les êtres vivants qui ne possèdent pas de squelette osseux interne. Considérés comme les moins évolués des animaux, les invertébrés sont de loin les plus nombreux sur la Terre : près de 1,5 million d'espèces.

... espèces d'insectes
Coccinelles, papillons, cigales... Milieux aérien et terrestre surtout. Caractérisés par un corps articulé en 3 parties (tête, thorax et abdomen), 6 pattes et parfois des ailes. Il reste peut-être encore autant d'espèces à découvrir.

... espèces de protozoaires
Amibes, paramécies et tous les animaux unicellulaires microscopiques. Milieu aquatique surtout.

Alien
L'intestin de l'homme abrite des amibes. Très utiles, ces parasites favorisent la digestion. Mais attention à l'eau des pays chauds : elle contient des amibes plus dangereuses qui provoquent des maladies, comme la dysenterie.

Drôles d'amours
Hermaphrodites, les escargots sont tour à tour mâles et femelles. Pour se reproduire, les mâles échangent leurs spermatozoïdes, puis deviennent femelles. Elles produisent alors des ovules qui sont fécondés par les spermatozoïdes qu'elles ont gardés.

... espèces de mollusques
Escargots, huîtres, moules, poulpes... Milieu marin surtout. Leur corps mou et visqueux est souvent protégé par une coquille.

Résistant, le scorpion !
En cas de guerre nucléaire, le scorpion pourrait survivre à l'homme : il est capable de supporter des doses de radioactivité mortelles pour les êtres humains.

... espèces d'arachnides

Araignées, scorpions et acariens. Milieu terrestre surtout. Ils possèdent 4 paires de pattes (contre 3 chez les insectes) et n'ont pas d'ailes.

Instinct maternel
Les femelles perce-oreilles ont un comportement exceptionnel chez les invertébrés. Après avoir surveillé attentivement leurs œufs, elles nourrissent leurs jeunes et s'occupent d'eux.

Une vie d'un jour ?
Une fois adulte, l'éphémère ne vit parfois que quelques heures et guère plus d'une semaine, alors que sa larve, elle, a souvent vécu 1 ou 2 ans.

... espèces d'échinodermes

Oursins et étoiles de mer. Milieu marin. Leur corps est formé de 5 parties identiques réunies autour d'un axe central.

Asticots
Les mouches pondent souvent leurs œufs sur des cadavres d'animaux. Les larves ou asticots qui en sortent se nourrissent alors de la chair animale.

Terrestre
Le cloporte est un crustacé, comme le homard. Une différence pourtant : il est terrestre.

... espèces de myriapodes

Appelés aussi mille-pattes, ils ont le corps divisé en segments et se caractérisent par un grand nombre de pattes. Le record : 750 pour l'illiacme.

... espèces de crustacés

Crevettes, crabes, écrevisses... Milieu aquatique surtout. Caractérisés par un corps recouvert d'une carapace articulée, 5 paires de pattes minimum et 2 paires d'antennes.

... espèces de cnidaires

Hydres, méduses, anémones de mer et coraux. Milieu marin surtout. Ils sont, comme les spongiaires, très primitifs.

LES INSECTES SOCIAUX

Les fourmis, les abeilles ou les termites vivent dans des sociétés organisées… et très performantes.

À chacun son rôle

Ces insectes sociaux partagent le travail nécessaire à leur survie. Ils sont regroupés par castes ou groupes sociaux. Chaque membre doit exercer la tâche qui lui est assignée : pondre, élever les petits, défendre le nid… À chaque fonction correspondent des caractères physiques particuliers.

La plupart des **abeilles** sont solitaires ; certaines, comme les abeilles domestiques, sont sociales et vivent en colonies dans des nids appelés ruches. Elles produisent le miel.

Beaucoup d'espèces de **guêpes** sont solitaires. Pourtant, les guêpes communes vivent en colonies dans des nids en bois mâché. Toute la colonie, sauf une jeune reine, meurt à l'automne.

Toutes les espèces de **termites** sont sociales. En Afrique, leurs nids, les termitières, sont des monticules de terre hauts de 6 m abritant jusqu'à 500 000 insectes. Le roi et la reine y vivent ensemble. La reine peut pondre 30 000 œufs par jour.

CHEZ LES FOURMIS NOIRES :

En été, mâles et femelles ailés s'accouplent en vol ou dans le sol. Une reine fécondée se pose dans une forêt. Elle perd ses ailes.

MÂLE
Taille : 7-8 mm

Plus petit que la reine, le mâle est ailé et a une vie très brève. Il ne sert qu'à la reproduction et meurt peu après avoir fécondé une femelle.

REINE
Taille : 12-13 mm

C'est la plus grosse. Elle peut vivre parfois plusieurs dizaines d'années. Elle ne fait que pondre et laisse les ouvrières s'occuper de ses œufs. Elle est installée dans une loge au centre de la fourmilière.

NAISSANCE DE LA FOURMILIÈRE

1 Elle creuse dans le sol une loge, la 1re pièce de la fourmilière. Elle pond. C'est la seule fois où elle s'occupe de ses œufs.

2 Devenues adultes, les ouvrières créent un réseau de galeries souterraines et de loges.

3 Les brindilles et la terre rejetées à la surface forment un dôme protecteur.

OUVRIÈRES
Taille : 3-4 mm

Elles sont stériles et ne volent pas. Outre la construction et l'entretien de la fourmilière, elles assurent toutes les tâches : chercher la nourriture, soigner et nourrir les larves... Pour effectuer ces travaux, certaines espèces, comme les fourmis esclavagistes, capturent des fourmis dans d'autres fourmilières et les transforment en esclaves.

SOLDATS
Taille : 3-4 mm

Assez semblables aux ouvrières, elles ont une grosse tête munie de puissantes mandibules, utiles pour défendre la fourmilière.

DES FOURMIS TRÈS ACTIVES

Comme les fourmis noires, **les fourmis d'Argentine** élèvent des pucerons. Elles les « traient » pour obtenir – et manger – le miellat, la sève sucrée des plantes prédigérée par les pucerons.

En Amérique du Sud, **les fourmis Atta ou champignonnistes** font pousser des champignons sur des morceaux de feuilles qu'elles ont transportés et mâchés. Elles mangent les racines de ces champignons.

Suspendues au plafond d'une galerie, certaines ouvrières des **fourmis pot-de-miel** servent de « garde-manger » : elles stockent dans leur abdomen des substances sucrées pour nourrir les autres fourmis de la colonie.

Info

Des antennes pour se reconnaître

Deux fourmis qui se croisent se tapotent les antennes : elles échangent des odeurs, des phéromones, et s'identifient ainsi. Chaque colonie a en effet sa propre odeur. Ce qui permet de repérer les étrangères et de les chasser!

E. Etienne

CINQ SENS… ET PLUS ?

Les 5 sens (vue, goût, ouïe, toucher et odorat) ont le même rôle chez les animaux et chez l'homme : les informer sur le monde qui les entoure. En fonction de leur habitat ou de leur manière de chasser, les animaux ont privilégié certains sens.

La chouette effraie, qui chasse de nuit, est capable de voir dans l'obscurité. Elle a, en outre, une ouïe excellente qui lui permet de repérer sa proie.

La vue

Les animaux ont souvent une meilleure vue que nous, mais nous percevons mieux qu'eux les couleurs. Entre les vers aveugles et le gorille qui voit presque comme nous, il y a un grand éventail de visions.

CE QUE NOUS VOYONS :

CE QU'ILS VOIENT :

Au bout de ses cornes, **l'escargot** a bien des yeux, mais selon les critères humains, on peut dire qu'il est quasiment aveugle. Il se repère donc à l'odorat.

L'abeille voit les formes moins bien que nous, mais distingue mille fois mieux les mouvements. Elle ne discerne pas le rouge, mais est sensible à l'ultraviolet, invisible pour nous.

Comme beaucoup de mammifères, **le taureau** ne voit pas bien les couleurs et sa vision est assez floue. Peu importe la couleur de la cape du toréador, puisque c'est son mouvement qu'il perçoit.

L'aigle a un système de grossissement intégré à ses yeux et voit le monde comme au travers de jumelles. Ceci n'est possible qu'avec une lumière vive. C'est pourquoi l'aigle ne vole qu'en journée.

CHAUD DEVANT !

Certains animaux « voient » leurs proies grâce à la chaleur qu'elles émettent sous forme d'ondes infrarouges. C'est le cas de certains serpents, comme **le crotale,** mais aussi des ours. Dans le Grand Nord, un homme à l'abri dans sa tente peut être repéré par un ours blanc, simplement par son émission d'infrarouges !

vision **infrarouge** d'un rongeur

L'odorat

Les animaux ont souvent un odorat plus puissant que le nôtre. Certains d'entre eux perçoivent ainsi les phéromones, ces substances chimiques sécrétées par leurs congénères, auxquelles notre nez est totalement insensible. Elles jouent un rôle considérable dans la communication animale.

Le bombyx mâle sécrète des phéromones sexuelles que la femelle sent jusqu'à plus de 1 km !

Comme tous les carnivores, **le guépard** mâle marque son territoire en urinant. Les autres mâles qui sentent les phéromones contenues dans son urine savent que cela signifie : « Attention, vous êtes chez moi ! »

Le toucher

Les animaux qui ont une vue et une ouïe médiocres compensent souvent ce handicap par un sens du toucher très développé. Pour cela, différents outils : chez les insectes, les antennes servent à communiquer. Quant aux mouches, elles utilisent leurs pattes pour identifier la nourriture sur laquelle elles marchent.

Les moustaches du **chat** sont de véritables outils tactiles, qui lui tiennent finalement lieu de « cinquième patte ».

Le museau en étoile de **la taupe** est très innervé. Un simple frôlement et elle identifie proies ou obstacles dans l'obscurité de son tunnel.

L'araignée mâle a une manière particulière de tapoter la toile avec ses pattes pour signifier à la femelle qu'il est un partenaire et non une proie.

Plus « sensés » que l'homme ?

Le requin chasse en percevant les ondes électriques que dégage sa proie, un chat perdu loin de chez lui est capable de faire des centaines de kilomètres pour retrouver sa maison ; des animaux comme le cheval sentent avant l'homme l'imminence d'un séisme. Nombreux sont les exemples de cette sensibilité extrême. Instinct, « 6e sens » ? Elle reste pour nous un mystère !

Grâce aux ampoules de Lorenzini, des capteurs situés le long de son museau, **le requin-marteau** détecte l'électricité émise par ses proies… qu'il n'est donc pas obligé de voir !

L'ouïe

Tu penses avoir une bonne oreille ? Détrompe-toi : contrairement à nous, certains animaux entendent des ultrasons (très aigus, au-dessus de 20 000 hertz) et des infrasons (très graves, en dessous de 20 hertz), et ceci parfois à des distances considérables.

L'ÉCHOLOCATION

Chauves-souris ou dauphins chassent au sonar. Ils émettent des ultrasons dont l'écho leur permet de repérer les proies ou les obstacles. Les chauves-souris captent l'écho avec leurs grandes oreilles, les dauphins avec leurs mandibules.

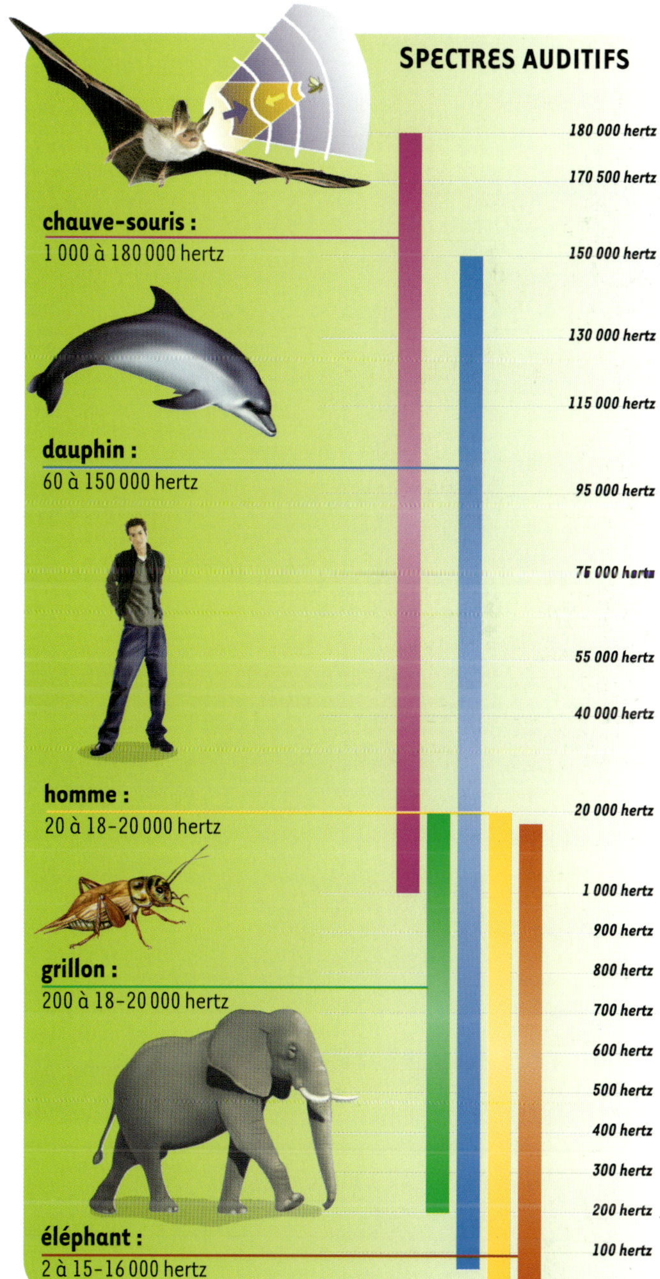

OBJECTIF : SURVIE !

Les proies n'ont guère le choix : ou bien elles essayent de passer inaperçues ou elles tentent de faire peur à leur prédateur avec des leurres.

Par sa couleur vive, **la dendrobate dorée** signifie que sa peau contient un venin mortel.

Attrapé par la queue, **le lézard des murailles** laisse celle-ci dans la bouche du prédateur surpris… et prend la fuite !

Cette mouche inoffensive, **la syrphe,** est « déguisée » en guêpe au dard redoutable…

La queue de **la chenille de la phalène du Costa-Rica** ressemble à une tête de serpent.

PRÉDATEURS ET PROIES

Dans la nature, un animal n'est pas prédateur ou proie, mais souvent les deux à la fois. Ainsi, un serpent peut être la proie d'un aigle et le prédateur d'un rongeur. Chacun forme les maillons d'une chaîne alimentaire. L'homme est au sommet de toutes ces chaînes.

EN FORÊT TROPICALE

Il faut voir avant d'être vu, se cacher pour se nourrir ou ne pas mourir. Jouer avec les ombres et les lumières, ce sont là les stratégies développées par les animaux de la jungle.

Le camouflage

Nombreux sont les animaux qui se camouflent en imitant les formes, la matière, les couleurs du paysage où ils vivent. En devenant invisibles, les prédateurs peuvent alors attaquer leurs proies par surprise. Quant aux proies, elles sont presque tranquilles…

Le caméléon modifie la couleur de sa peau selon son environnement et ses émotions. Avec sa très longue langue, il attrape les insectes, sans s'approcher d'eux.

OBJECTIF : ATTAQUE !

Les prédateurs déploient des trésors de ruse et multiplient les techniques pour capturer leur proie avec discrétion et aussi peu de dépense d'énergie que possible.

Au-dessus de sa bouche, **la baudroie** possède un leurre, un tentacule, qu'elle agite comme un hameçon pour attirer sa proie.

Le poisson archer projette sur les insectes des gouttes d'eau qui les déséquilibrent et les font atterrir directement dans sa bouche !

L'orque n'hésite pas à s'échouer sur la plage pour attaquer, par surprise, manchots ou otaries.

Danger en vue : **le poisson-porc-épic** ou **diodon** se gonfle et présente son corps tout rond couvert d'épines.

Sur les ailes du **grand papillon-chouette,** les ocelles imitent d'immenses yeux effrayants.

Le porc-épic marche à reculons vers son prédateur en lui montrant son dos couvert de piquants.

Le crapaud cornu est un lézard qui fait gicler du sang de ses yeux sur son prédateur.

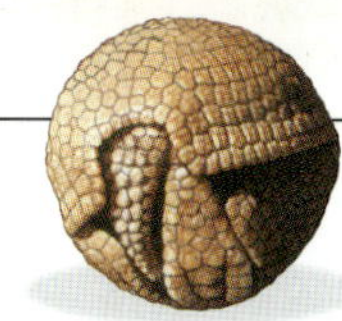

Apeuré, **le tatou** se met en boule. Ce « ballon » en plaques cornées devient alors insaisissable.

1 **Le phasme** est un insecte qui ressemble à une brindille.

2 3 **Le jaguar** et **l'ocelot** ont une fourrure tachetée qui se confond avec les clairs-obscurs.

4 **Le caïman** imite un tronc d'arbre mort.

AU PÔLE NORD

En hiver, beaucoup d'espèces sont blanches comme la neige, mais elles deviennent plus colorées quand revient l'été et que lichens et rochers se découvrent.

1 **L'ours polaire** est blanc toute l'année.

2 **Le lagopède** est brun moucheté en été et blanc en hiver.

3 **Le renard polaire** est brun-gris en été et blanc en hiver.

4 **Le lièvre arctique** est brun en été et blanc en hiver.

Le fourmilion creuse dans le sable une sorte d'entonnoir au fond duquel il attend que des insectes tombent pour pouvoir les gober.

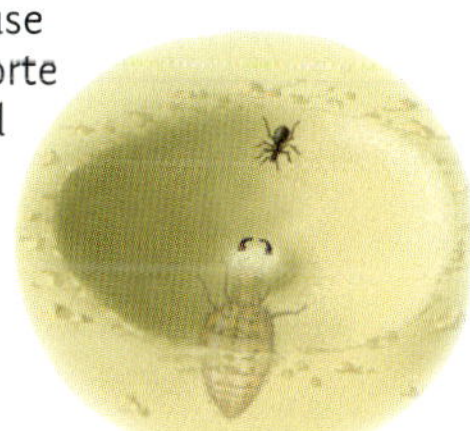

La vipère heurtante se cale contre une roche qu'elle utilise pour prendre son élan et sauter de façon foudroyante sur sa victime.

La mouche n'a pas vu la toile invisible. Sitôt prise dans ses fils, elle sera tuée par **l'araignée,** dissimulée tout près de son piège.

DES ANIMAUX QUI S'ADAPTENT

Les animaux sont les champions de l'adaptation ! Pour vivre dans des milieux extrêmes, ils ont développé des caractères physiques qui leur permettent de supporter les pires contraintes de leur environnement.

question d'enfant — C'est quoi, l'hibernation ?

En hiver, pendant plusieurs mois, certains animaux, comme le loir et la marmotte, hibernent. Ils s'endorment profondément, leur température baisse beaucoup, ils ne mangent plus et leur cœur bat au ralenti. Ils survivent grâce à leurs réservesde graisse. À leur réveil, ils sont amaigris : la marmotte perd ainsi un quart de son poids.

ANTIGEL

En Amérique du Nord, **les serpents-jarretières,** certaines tortues d'eau douce ou la grenouille des bois produisent une sorte d'antigel dans leur sang qui les empêche de geler totalement.

ÇA GÈLE !

Une bonne couche de graisse et une épaisse fourrure sont indispensables pour supporter les températures glaciales (jusqu'à - 50 °C !) du climat polaire.

Le phoque du Groenland passe beaucoup de temps dans l'eau où la perte calorique est plus rapide que dans l'air. Sous sa peau, une épaisse couche de graisse l'isole du froid.

La fourrure de **l'ours polaire** est formée de deux couches de poils : la première, blanche, lui sert d'isolant, et la seconde, dessous, toute noire, renvoie vers son corps une partie des calories qu'il perd.

Le renard polaire ne frissonne qu'à partir de - 70 °C. La majeure partie de sa fourrure est faite d'un duvet fin et très chaud.

Le morse a une peau très épaisse (2 à 4 cm) qui lui sert de « bouclier protecteur ».

FROID

À la Une

L'INFO CHOC AU QUOTIDIEN

PRIX FRANCE MÉTROPOLITAINE : 1 €

UNE RÉSISTANCE À TOUTE ÉPREUVE !

Les tardigrades, minuscules invertébrés de l'ordre des arthropodes, vivent dans l'eau. Et ils supportent TOUT !

- Plongez-les dans de l'hélium liquide à - 272 °C : ils survivent !
- Chauffez-les à 150 °C : ils survivent !
- Trempez-les dans de l'éther : ils sont toujours vivants !
- Une bonne radiation ionisante : pas morts !

Leur secret : dès qu'ils subissent un stress ou que l'eau manque, ils rentrent leurs pattes dans leur corps, se dessèchent, sécrètent une sorte d'enveloppe qui les entoure et attendent... une semaine, dix ans, cent ans, parfois plus ! Transformés en miettes poussiéreuses, ils peuvent être emportés par le vent, grimper à de hautes altitudes, faire le tour de la Terre et redescendre un beau jour dans un environnement meilleur.
C'est ainsi qu'on les trouve partout dans le monde.

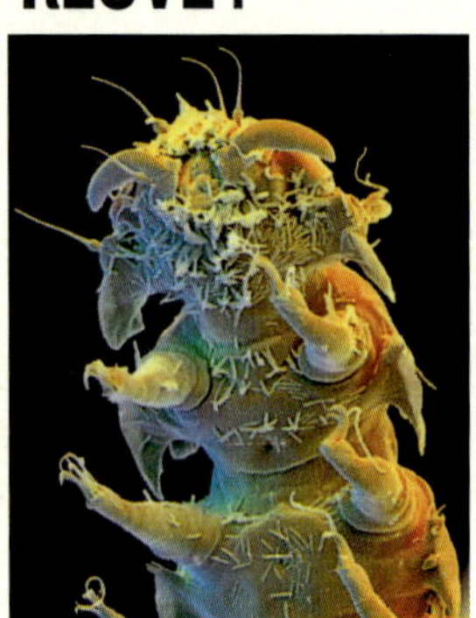

■ tête de **tardigrade** grossie 250 fois

AU FOND DES MERS

À plus de 10 000 m dans les profondeurs marines, les abysses, il fait nuit noire et la nourriture est rare. Certains poissons qui y vivent ont sur leur corps des organes phosphorescents, des leurres, qui servent à signaler leur présence et à attirer les proies : leurs mâchoires énormes ne leur laisseront aucune chance.

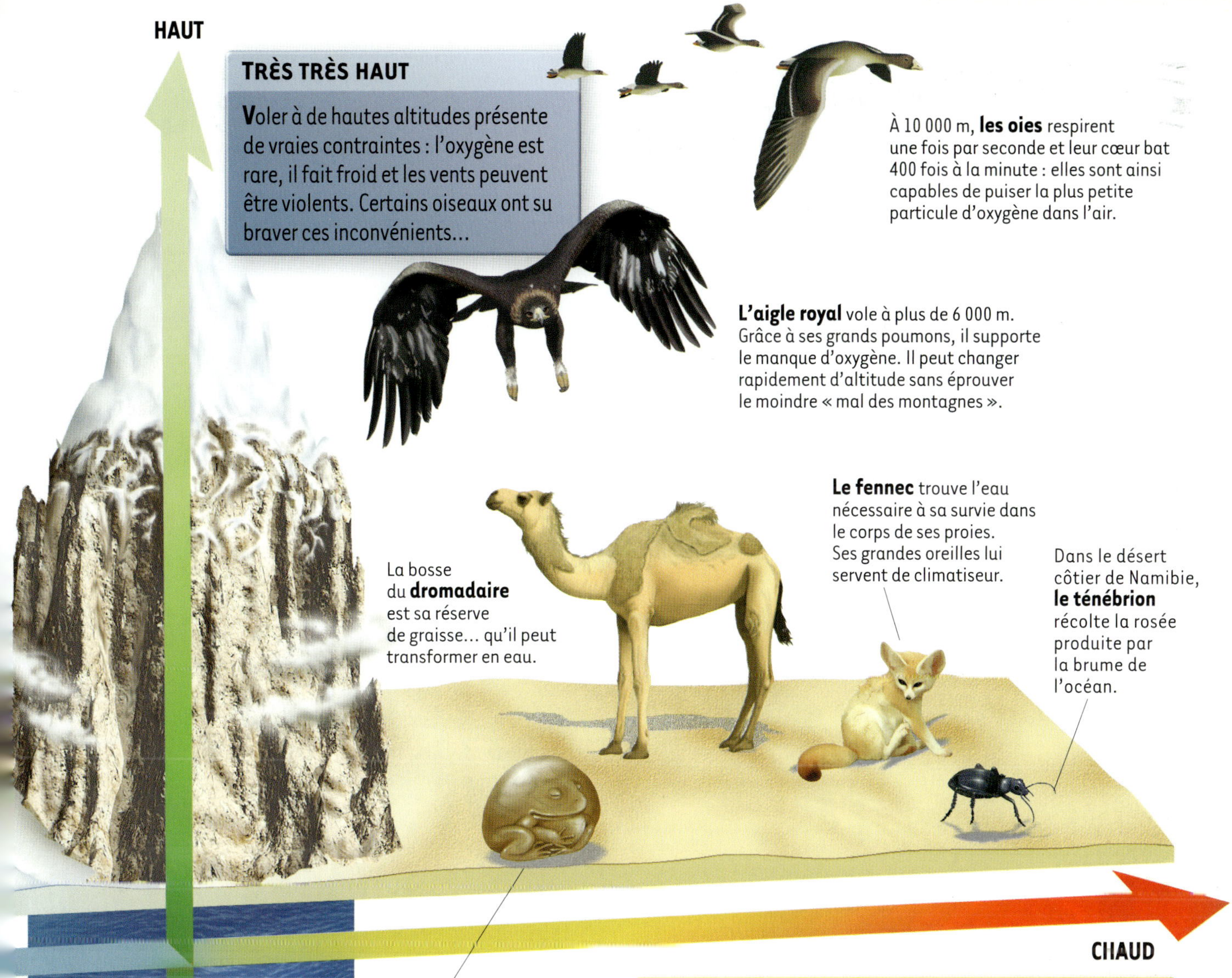

TRÈS TRÈS HAUT

Voler à de hautes altitudes présente de vraies contraintes : l'oxygène est rare, il fait froid et les vents peuvent être violents. Certains oiseaux ont su braver ces inconvénients...

À 10 000 m, **les oies** respirent une fois par seconde et leur cœur bat 400 fois à la minute : elles sont ainsi capables de puiser la plus petite particule d'oxygène dans l'air.

L'aigle royal vole à plus de 6 000 m. Grâce à ses grands poumons, il supporte le manque d'oxygène. Il peut changer rapidement d'altitude sans éprouver le moindre « mal des montagnes ».

La bosse du **dromadaire** est sa réserve de graisse... qu'il peut transformer en eau.

Le fennec trouve l'eau nécessaire à sa survie dans le corps de ses proies. Ses grandes oreilles lui servent de climatiseur.

Dans le désert côtier de Namibie, **le ténébrion** récolte la rosée produite par la brume de l'océan.

Le crapaud du désert d'Australie a une peau qui se régénère sans cesse : elle forme une barrière imperméable qui l'empêche de se dessécher.

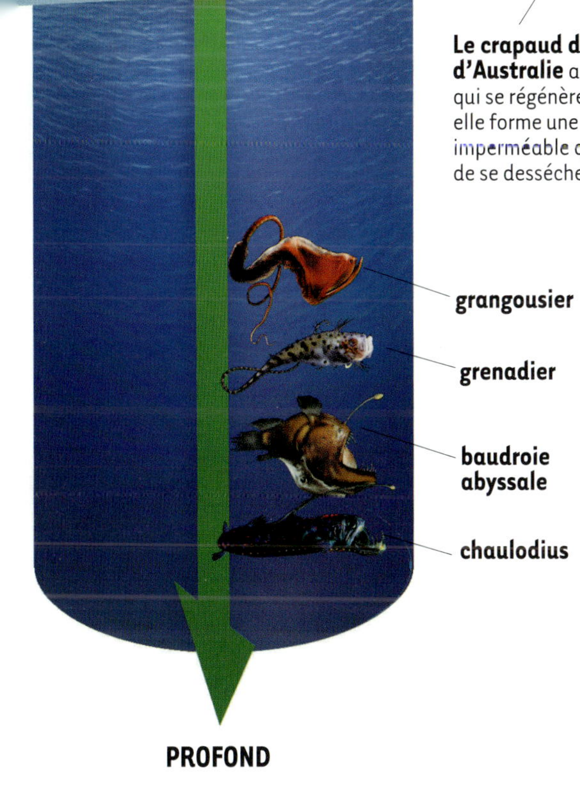

ÇA CHAUFFE !

Pour survivre dans les déserts, il faut savoir se passer d'eau. Ainsi, certains animaux ne boivent jamais. D'autres peuvent trouver de l'eau n'importe où et la consommer avec modération.

CES POISSONS QUI N'ONT PAS BESOIN D'EAU...

En Afrique, quand le marigot s'assèche, **les dipneustes** s'enfoncent dans la boue, sécrètent un cocon de mucus protecteur et entrent en léthargie.

Voici qu'un habitant du village prend de la boue pour faire des briques : des poissons sont attrapés en même temps.

Quand vient la saison des pluies, les briques « fondent » et les poissons, libérés, revivent. Le villageois n'en croit pas ses yeux !

OÙ ET QUAND ONT-ILS ÉTÉ DOMESTIQUÉS ?

Le chat : en Égypte il y a 4 000 ans.

Le cheval : en Eurasie ou au nord de la mer Noire il y a 3 à 5 000 ans.

La vache : au Proche-Orient il y a 8 000 ans.

La chèvre : en Mésopotamie il y a 8 500 à 9 500 ans.

Le mouton : au Proche-Orient il y a 8 500 ans.

Le lapin : en Europe occidentale aux XIVe – XVe siècles.

L'HOMME LES A DOMESTIQUÉS

Au Néolithique, quand il s'est sédentarisé, l'homme s'est aperçu qu'il tirerait un meilleur parti des animaux en les élevant. C'est le début de la domestication.

DU LOUP AU CHIEN

Ancêtre du chien, le loup est l'un des premiers animaux à avoir été domestiqué. Il y a environ 12 000 ans, l'homme a l'idée de le faire chasser pour lui. Il capture des jeunes et sélectionne les plus dociles, qui vont même lui servir de couvertures en hiver ! Cet auxiliaire de chasse devient un animal de garde, du troupeau d'abord, puis du logis, et enfin un animal de compagnie… qui jappe encore comme un jeune loup !

APPRENTI SORCIER…

En croisant les races, l'homme va diversifier et améliorer les espèces, afin qu'elles répondent au mieux à ses besoins. Il existe ainsi aujourd'hui 3 000 races de chiens aux qualités variées et aux rôles bien définis.

Le berger allemand : très obéissant, c'était à l'origine un chien de berger.

Le malamute : bien adapté au froid, c'est un chien de traîneau des régions arctiques.

Le greyhound : ce lévrier d'Arabie très rapide est utilisé pour chasser les gazelles.

Le beagle : loquace et doté d'un très bon flair, il chasse en meutes sanglier, chevreuil et cerf.

Le bichon maltais : petit, il fait un chien de compagnie idéal.

Le fox-terrier : robuste et vigoureux, il est utilisé pour chasser le renard.

Le doberman : sa puissante musculature en fait un très bon chien de garde.

La poule : en Chine il y a 3 000 à 5 000 ans.

Le porc : au Proche-Orient il y a 8 000 à 8 500 ans.

Le hamster : en Europe centrale il y a quelques siècles.

Le canari : aux îles Canaries, Madère, Açores il y a quelques siècles.

Le cochon d'Inde : en Amérique du Sud il y a 600 à 700 ans.

Le poisson rouge : en Chine il y a plus de 1 000 ans.

L'HOMME LES MET EN DANGER

La pollution et la destruction de leur habitat – notamment les forêts –, la chasse ou la pêche intensives sont les principales menaces qui pèsent sur les animaux.

Attention danger !
Depuis quelques siècles, ce phénomène de régression, et pire encore d'extinction des espèces s'accélère, si bien qu'aujourd'hui plus de 10 % des oiseaux et sans doute plus de 20 % des mammifères sont menacés de disparition.

question d'enfant

Que fait-on pour protéger les animaux ?

Des lois internationales visent à protéger les espèces là où elles vivent, à interdire leur déplacement, leur trafic et leur chasse. Ces dernières décennies, des parcs et réserves ont été créés à travers le monde dans le même but. Hélas, le braconnage et la déforestation se pratiquent encore sur ces zones protégées. Enfin, les zoos contribuent à la reproduction en captivité d'espèces gravement menacées à l'état sauvage.

À NOUS DE JOUER !

On chasse encore des animaux menacés pour fabriquer des bijoux, vêtements, et autres trophées. En refusant d'acheter ces produits, chacun peut, à son niveau, agir contre ces trafics illégaux.

L'esturgeon est chassé pour ses œufs qui donnent le caviar. À noter : une très forte diminution de ces poissons en mer Caspienne.

Le crocodile est chassé pour sa peau qui sert à faire des chaussures et des sacs à main.

L'éléphant est chassé pour l'ivoire de ses défenses qui sert à fabriquer bijoux, statuettes…

Les grands fauves sont chassés pour leur fourrure qui sert à faire des manteaux.

ILS SONT MENACÉS :

- **apollon** Europe tempérée
- **orang-outan** Bornéo
- **tigre de Sibérie** Chine et Sibérie
- **rhinocéros de Java** Java
- **tortue-luth** Océan Pacifique
- **albatros hurleur** Mers du Sud
- **ara de Spix** Brésil
- **loup d'Abyssinie** Éthiopie

RECORDS D'ANIMAUX

1 L'oiseau le plus rapide est **le faucon pèlerin :** plus de 180 km/h.

2 Le plus petit oiseau est **le colibri d'Helen :** 5,7 cm et 1,6 g.

3 Le mammifère le plus haut est **la girafe** mâle : 5,80 m.

4 Le mammifère le plus rapide est **le guépard :** 100 km/h

5 Le saut le plus haut est celui de **la puce :** 33 cm, soit 220 fois sa taille.

6 L'oiseau à la plus grande envergure est **l'albatros hurleur :** jusqu'à 3,63 m.

7 L'oiseau qui vole le plus haut est **le vautour :** près de 12 000 m.

8 Le plus grand et le plus gros mammifère est **le rorqual bleu :** 33 m et 130 tonnes, soit le poids de 26 éléphants d'Afrique.

9 Le plus grand invertébré est **le calmar géant :** 17,5 m.

10 Le mammifère qui plonge le plus profond est **le cachalot :** 2 400 m.

11 L'animal qui grandit le moins vite est **la Tindaria callistisormis,** palourde de l'Atlantique : 8 mm en 100 ans.

QUOI DE NEUF SUR LES ANIMAUX ?

Chaque année, des milliers d'espèces nouvelles sont découvertes... et on est loin d'avoir fini l'inventaire.

Censé avoir disparu il y a 70 millions d'années, **le cœlacanthe** a été retrouvé en 1938 en Afrique du Sud.

Le saola, une antilope, a été découvert au milieu des années 1980 au Vietnam.

Le tamarin-lion à face noire a été découvert au Brésil en1990. Il en resterait moins de 300.

La chevêchette du Pérou, une chouette minuscule, a été découverte en 1991.

12 Le battement d'ailes le plus rapide est celui du **moucheron Forcipomia :** 1 046 battements par seconde.

13 Le mammifère le plus paresseux est le **paresseux :** il dort 20 heures par jour.

14 Le plus gros mammifère terrestre est **l'éléphant d'Afrique :** 5 tonnes.

15 Le plus grand poisson est le **requin-baleine :** 15 m.

16 Le plus grand lézard est le **varan de Komodo :** 3,50 m.

17 La plus grosse araignée est la **mygale de Leblond :** 28 cm.

18 Le poisson le plus rapide est le **voilier :** 110 km/h.

19 Le plus long ver de terre est le **Macrochaetus :** 6,70 m.

20 L'oiseau le plus plumé est le **cygne tuberculé :** 25 216 plumes.

21 Le mammifère qui a la plus grosse portée est le **tenrec de Madagascar :** 31 jeunes.

22 Le plus grand reptile est le **python réticulé :** 10,70 m.

23 La plus grande différence de taille entre sexes est celle des **vers marins Bonellia :** femelle : 1 m / mâle : 1 mm.

ET SI ON FAISAIT REVIVRE DES ESPÈCES DISPARUES

Actuellement, des expériences sont tentées avec le thylacine ou loup marsupial, disparu depuis 1930. Des chercheurs essayent de récolter l'ADN de spécimens conservés et de le cultiver sur des bactéries-supports. Il serait alors possible, par de complexes clonages de cellules-porteuses, de les inséminer dans une espèce de marsupial proche du thylacine qui servirait de mère porteuse. Mais ce n'est pas encore fait…

question d'enfant

L'ADN, une révolution

L'étude de l'ADN des animaux a changé l'approche de leur classification. En analysant le patrimoine génétique de plusieurs microcèbes, apparemment une espèce unique de lémuriens de Madagascar, on s'est aperçu qu'ils appartenaient à sept espèces différentes.

LA GRANDE FAMILLE DES PLANTES

Les plus petites sont invisibles à l'œil nu, les plus grandes dépassent 115 m de haut. Certaines vivent sous l'eau, d'autres au sommet des montagnes. Aujourd'hui, environ 320 000 espèces existent sur notre planète.

LES CYANOBACTÉRIES

Ces organismes, apparus sur la planète il y a plus de 3 milliards d'années, ne sont pas vraiment des plantes, mais ce sont les premiers à pouvoir réaliser la photosynthèse. Confinées dans l'océan, elles ont transformé l'atmosphère en fabriquant de l'oxygène.

LES ALGUES

Elles vivent dans l'eau depuis 1 milliard d'années. Incapables de se tenir droites, elles n'ont ni racines, ni feuilles, ni fleurs, ni graines. Elles captent les rayons lumineux sous l'eau et sont rouges, brunes ou vertes selon les pigments qu'elles contiennent. Il en existe plus de 40 000 espèces.

LES MOUSSES

Ce sont les plus anciennes plantes terrestres : elles ont environ 400 millions d'années. Elles n'ont ni fleurs, ni graines, peu de racines et leurs feuilles minuscules sont capables d'absorber l'humidité de l'air. Il existe environ 25 000 espèces de mousses actuellement.

Les mousses vivent les pieds dans l'eau et à l'abri du soleil.

LES FOUGÈRES

Elles ont été les premières à former des forêts. Elles dépassaient 30 m de haut lorsqu'elles sont apparues il y a 350 millions d'années. Les 11 000 espèces actuelles sont de dimensions plus modestes, quoique certains spécimens tropicaux atteignent 30 m.

LES CONIFÈRES

Il y a 345 millions d'années apparaissent des plantes à graines : cet emballage protège l'embryon et lui permet d'attendre le bon moment pour germer. Les graines des conifères poussent toutes dans un cône, d'où leur nom.

Le premier **cèdre** du Liban, planté en France en 1734 par Bernard de Jussieu dans le Jardin des Plantes de Paris est toujours vivant !

Le ginkgo biloba est apparu il y a à peu près 160 millions d'années. C'est un des premiers arbres véritables de la planète.

LES PLANTES À FLEURS

Cette famille, apparue il y a 120 millions d'années, forme le plus grand groupe végétal. Elle regroupe aussi bien des arbres comme le chêne que des herbes comme l'ortie. Tous ont en commun de développer fleurs, fruits et graines.

Le noyer est originaire d'Asie. Premiers à le cultiver sur notre continent, les Romains en pressaient les noix pour obtenir de l'huile.

Il existe 250 espèces de **chênes** au monde. En France, on trouve surtout le chêne rouvre, le chêne pédonculé et le chêne pubescent.

Le marronnier d'Inde vient en réalité des Balkans et non d'Asie, comme l'imaginaient les botanistes au XVIe siècle.

La vanille est une orchidée grimpante d'Amérique tropicale. On cueille son fruit, la gousse.

Sur la côte nord ouest de l'Australie, on peut observer ce massif de millions de **cyanobactéries.**

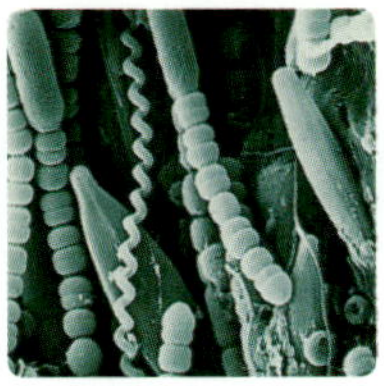

La photo de cette cyanobactérie a été grossie 352 fois.

L'algue rouge *(Chondrus crispus)* est utilisée sous forme de gel dans l'industrie alimentaire.

Cette algue verte *(Cladophora rupestis)* vit sur les côtes atlantique et méditerranéenne.

La laminaire digitée peut atteindre 3 ou 4 m de long.

Les fougères n'ont pas de graines mais de véritables racines. Leur tige contient un tube qui distribue l'eau aux feuilles.

Le camélia vient d'Asie. Une de ses espèces est cultivée pour ses feuilles : infusées dans l'eau, elles donnent du thé !

Le tournesol vient d'Amérique. Son cœur est en réalité composé d'une multitude de fleurs (le capitule) qui donneront les graines.

LES CHAMPIGNONS

Ils n'ont pas de chlorophylle. Pour se nourrir, certains décomposent les feuilles, d'autres vampirisent les insectes ou les arbres. Il en existe plus de 100 000 espèces différentes.

Le chapeau, ou carpophore, est la partie visible d'un champignon.

Les lamelles contiennent les spores. Quand les spores tombent sur le sol, ils germent et donnent naissance à des filaments + et -. Un champignon naît de la rencontre entre un filament + et un filament -.

Le plus grand mycélium (ou racines du champignon) recensé atteindrait 15 hectares.

PHALLUS IMPUDICUS, LE « SATYRE PUANT »

1. Le chapeau se développe sur le sol sous la forme d'un œuf.

2. Le pied grandit et porte le chapeau recouvert d'une gléba verte et puante vers le haut.

3. Les insectes, attirés par l'odeur, mangent la gléba et libèrent les spores dans la nature par leurs chiures.

4. De nouveaux champignons sont prêts à éclore.

TOUS DIFFÉRENTS !

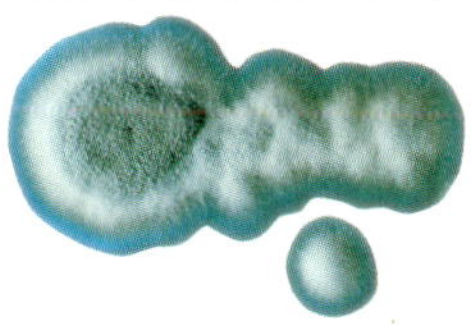

Les moisissures sont à l'origine de la fabrication des antibiotiques, des fromages et du pain.

Sous la pression d'une goutte d'eau, **la vesse de loup** explose et libère 2 000 milliards de spores.

La truffe du Périgord se nourrit des sucres fabriqués par les chênes.

L'étoile forme une boule quand il fait trop chaud.

L'amanite phalloïde est mortelle.

L'oreille de Judas se gonfle à la moindre pluie.

En forme de croûte, **le champignon bleu** recouvre le bois qu'il digère.

L'anthurus des archers serait venu d'Australie collé à la laine des moutons.

VIVANTES ET RÉSISTANTES

Les plantes ne sont pas des légumes ! Elles se défendent, se déplacent et concluent même parfois des pactes d'amitié avec certains animaux.

LES RECORDS

La plus grande fleur : la rafflésie. Elle mesure 1 m et pèse jusqu'à 7 kg.

La plus grande feuille : Victoria regiae. Elle mesure 2 m de diamètre.

Le plus vieil arbre : le pin Bristlecone, un pin américain, âgé de plus de 5 000 ans.

La plus grosse graine : le coco des mers qui pèse 10 kg.

ELLES S'ADAPTENT ET SE DÉFENDENT !

Les plantes ont trouvé des solutions pour conquérir les milieux les plus difficiles de la planète et repousser leurs pires ennemis : les herbivores.

Avec ses griffes coupantes, **l'agave** est aussi redoutable qu'une lame de rasoir pour ses prédateurs.

Les feuilles de **la cardère sylvestre** peuvent se transformer en douves, dans lesquelles se noient les insectes trop curieux.

Pour empêcher l'antilope de le grignoter, **l'acacia** fabrique une substance amère dans ses feuilles.

Les plantes comme **la tulipe, le narcisse ou le crocus** passent tout l'hiver à l'abri dans leur bulbe.

UN AN PAR CERNE

L'âge de l'arbre se lit à ses cernes ! Les cernes les plus épais traduisent une année pluvieuse, les plus fins une année sèche.

Le bois de santal blanc rentre dans la composition de certains **parfums.**

Dans **un crayon,** un étui en bois protège une fine tige en cire ou en graphite.

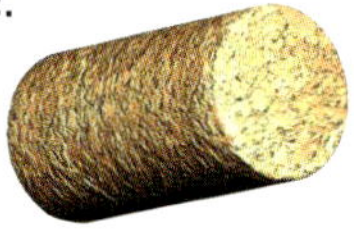

Le bouchon de liège provient de l'écorce du chêne-liège.

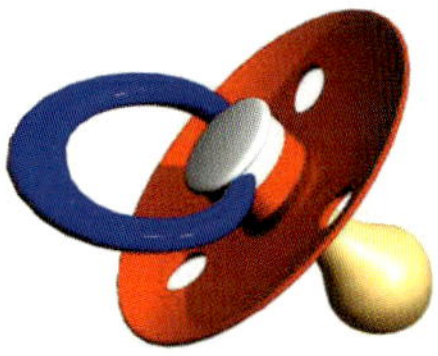

Le caoutchouc est extrait de la sève de l'hévéa.

UN BOIS À TOUT FAIRE !

Sans bois, l'homme n'aurait pas pu conquérir le monde. Le premier feu se fit avec quelques brindilles, la première traversée sur une barque…

MERCI LES PLANTES !

Elles nous soignent, nous nourrissent, nous habillent et fabriquent surtout l'oxygène que nous respirons !

La photosynthèse

Pour vivre, la plante fabrique des sucres dans ses feuilles. Ils sont conçus à partir de l'eau et des sels minéraux puisés par les racines, du gaz carbonique et du soleil capté par les feuilles. Ce processus est baptisé photosynthèse.

Soleil
Les pigments des feuilles piègent les radiations colorées du Soleil (surtout le rouge) pour réaliser la photosynthèse.

chlorophylle
Sans ce pigment vert des feuilles, la plante ne pourrait pas capter l'énergie solaire.

gaz carbonique
La plante en a besoin pour la photosynthèse. Elle le capte par des pores, les stomates, plus nombreux sur la face inférieure de ses feuilles.

oxygène
La plante puise l'eau par ses racines. Pendant la photosynthèse, la plante décompose les molécules d'eau et libère de l'oxygène dans l'air. Elle fabrique ainsi ses propres sucres.

LES PLANTES MÉDICINALES

Plus de 60 % des médicaments ont été conçus grâce aux plantes. Ainsi, l'aspirine provient du saule blanc. Aujourd'hui encore, des chercheurs parcourent la planète pour trouver des espèces aux pouvoirs miraculeux. Entre leurs mains, la plante la plus toxique peut se révéler bénéfique si on en fait une certaine utilisation.

Le genêt synthétise une pilule contraceptive pour limiter la population de ses ennemis, les moutons.

Les feuilles de **la sauge** sont recouvertes de petits poils pour empêcher les insectes de s'y poser.

Pour survivre sur les sols pauvres, **la droséra** se nourrit d'insectes.

Cette orchidée vit perchée en haut des arbres des forêts tropicales, car les arbres y sont si denses qu'il fait trop sombre sur le sol.

LES PLANTES TEXTILES

Vêtements, chapeaux, espadrilles... nous pourrions nous habiller de la tête aux pieds grâce aux plantes.

Les fibres sont extraites :

- (a) de graines comme le cotonnier,
- (b) de fruits comme la noix de coco,
- (c) de tiges comme le chanvre
- (d) et le lin,
- (e) ou de feuilles comme le sisal.

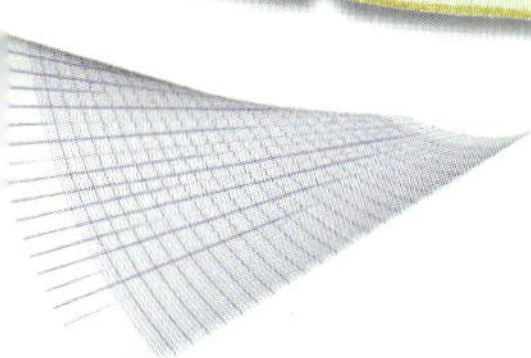

Le papier est du bois « cuit » par des substances chimiques, séché puis pressé.

Le teck, bois très dense, provient du tectona, un arbre tropical. Il sert à fabriquer les ponts des bateaux ou des meubles car il résiste au contact de l'eau et du sel.

Grâce à sa souplesse et à sa résistance, l'érable est utilisé dans la fabrication des **instruments de musique.**

FRUITS ET LÉGUMES

La fleur est l'organe sexuel de la plante. Fécondée par le pollen, elle se transforme pour donner naissance à des graines contenues dans des fruits... grâce auxquelles l'espèce se reproduit.

DES FLEURS

La tulipe, une fleur solitaire

L'orchis des marais, une inflorescence en épi

La carotte, une inflorescence en ombelle

Le delphinium, une inflorescence en grappe

Le bleuet, une inflorescence en capitule

DE LA GRAINE AU FRUIT : LA VIE DU CERISIER

Attirées par les couleurs vives des pétales, les abeilles se recouvrent de pollen.

Une étamine se compose d'un filet et d'un anthère. Un anthère contient jusqu'à 50 grains de pollen.

Déposé sur le stigmate par l'abeille, le pollen germe et féconde l'ovule.

Le pistil se compose d'un carpelle contenant les ovaires, d'un style et d'un stigmate.

Le stigmate est l'extrémité du pistil, dont la base contient l'ovule.

Le style conduit le pollen jusqu'au carpelle.

Cinq sépales protègent la fleur quand elle n'est encore qu'un bouton : c'est son manteau protecteur.

En mars, réveillé par la douceur printanière, il libère une fleur.

Le bourgeon a dormi tout l'hiver, protégé par une couche d'écailles.

Le jeune arbre offre ses premiers fruits vers l'âge de 5 ans.

Au printemps, la graine germe : une pousse apparaît.

LA POLLINISATION

(a) fleur de nénuphar

(b) colibri butinant un hibiscus

La majorité des fleurs portent des organes mâle (étamine) et femelle (pistil). Les étamines produisent le pollen. Le pistil contient les ovaires, à l'origine des graines. Pour que les graines se développent, il faut que le pollen soit transporté des étamines jusqu'aux stigmates par :

- (a) l'eau,
- (b) les insectes et les oiseaux,
- (c) le vent,
- (d) certains mammifères.

LE VOYAGE DES FRUITS

Pour coloniser un nouveau territoire, les graines de ces fruits empruntent parfois des moyens de déplacement très originaux !

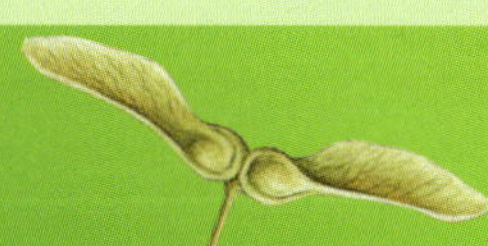

Le fruit de l'érable s'envole grâce à ses deux ailes.

Celui de la bardane s'accroche à nos chaussettes grâce à ses crochets.

La gousse du lupin, elle, projette ses graines en éclatant.

DES FRUITS

Le raisin est une baie. C'est un fruit charnu dont les graines (les pépins) se trouvent au centre de la pulpe.

Le citron est une hespéride : une baie dont la paroi est riche en essence (le zeste).

L'abricot est une drupe : un fruit charnu dont la graine est dans un noyau.

La framboise est un fruit composé de nombreuses drupes.

VOUS AVEZ DIT LÉGUMES ?

Pour les botanistes, les légumes n'existent pas ! En réalité, nous appelons légumes les plantes qui sont consommées salées. On ne mange pas toujours la même partie de la plante quand on déguste un légume.

1

2

Le légume peut être :

1 **une feuille :** la salade

2 **une fleur :** l'artichaut

3 **une graine :** le petit pois

4 **un fruit :** la courgette ou la tomate

5 **une racine :** la carotte ou la pomme de terre

6 **une tige :** l'asperge

6

5

4

3

Une fois la fécondation achevée, les pétales tombent et la fleur se fane.

Le fruit apparaît 40 à 60 jours plus tard. L'ovaire s'est chargé d'eau pour former la pulpe.

Le fruit rougit sous les rayons du soleil et attire les oiseaux avec sa chair sucrée. Mais dans son noyau, la graine est à l'abri des coups de becs.

À la fin de la saison, le fruit pourrit et tombe sur le sol.

La graine passe l'hiver dans son noyau, enfoui dans le sol.

c pomme mâle d'un pin

d chauve-souris « long-nez » sur une fleur Saguaro

DES GRAINES

La lentille est une graine présente dans notre alimentation.

La graine de **l'arachide** est écrasée pour donner de l'huile.

La graine du **cacaoyer** donne le chocolat.

La graine de **la moutarde** rehausse nos plats.

Après torréfaction et infusion, la graine du **caféier** est prête pour le café !

LES CÉRÉALES

Ce sont des graines de graminées, comme le riz, le blé, le maïs et le seigle. Cette famille de plantes est cultivée depuis plus de 10 000 ans.

LA CRÉATION DE ROSES

Avec l'hybridation, on obtient de nouvelles variétés de roses aux couleurs originales, ou plus résistantes aux parasites. Dix ans sont nécessaires pour obtenir une nouvelle rose intéressante.

On recueille le pollen d'une rose A. On enlève les étamines d'une rose B.

On dépose le pollen de la rose A sur les stigmates de la rose B.

La rose est protégée pour éviter la fécondation par d'autres pollens étrangers.

Le véritable fruit de **la pomme,** c'est son trognon ! On croque en fait dans le réceptacle charnu de la fleur.

Le pissenlit est un akène : un fruit sec qui contient une seule graine et qui ne s'ouvre pas.

Le pois est une gousse : un fruit sec. Il s'ouvre à maturité et laisse échapper ses graines.

Le maïs est un épi qui porte des fruits secs, les caryopses.

L'ananas est un fruit composé de baies abritées derrière des écailles.

sciences
de la Terre

OBJECTIF TERRE !

Vue de l'espace, la Terre n'est qu'une des huit planètes du système solaire… Mais les conditions qui y règnent sont si favorables que la vie s'y est développée comme nulle part ailleurs.

AUTOUR DU SOLEIL

La Terre n'est pas immobile : elle tourne sur elle-même, et autour du Soleil en même temps. Elle met 24 heures pour effectuer un tour sur son axe, 365 jours et 6 heures pour faire un tour complet autour du Soleil. Elle parcourt 940 millions de km à la vitesse d'environ 100 00 km/h en une année.

UN AIR UNIQUE

La large couche gazeuse qui entoure la Terre est son atmosphère. Elle contient principalement de l'azote et de l'oxygène. Ce mélange est unique : il n'existe dans aucune autre planète de la galaxie. L'oxygène provient des plantes qui captent le gaz carbonique et libèrent de l'oxygène.

question d'enfant

La Terre tourne-t-elle toujours de la même façon ?

Les mouvements de la Terre connaissent de petites variations : sa trajectoire (ou ellipse) autour du Soleil et l'inclinaison de son axe se modifient sur de très longues périodes. C'est ce qui permet d'expliquer les grands changements climatiques, comme les périodes de glaciation ou de réchauffement de la planète.

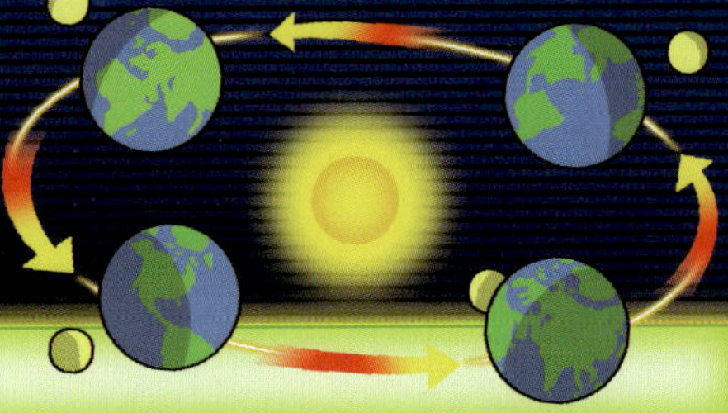

LES SAISONS

La Terre tourne autour du Soleil sur un axe légèrement incliné. À certaines périodes, une partie d'un hémisphère est plus près du Soleil et reçoit plus de lumière : c'est l'été. Six mois plus tard, cet hémisphère est plus loin du Soleil : c'est l'hiver, pendant que l'autre hémisphère est en été.

TEMPÉRATURE IDÉALE

La Terre n'est ni trop chaude ni trop froide. Sa position dans le système solaire, à 278 millions de km du Soleil, lui procure la bonne température. De plus, son atmosphère emprisonne une partie de la chaleur des rayons solaires. Sans elle, il y ferait 10 °C de moins !

LA PLANÈTE BLEUE

Vue de l'espace, la Terre doit sa couleur bleue aux mers et aux océans, qui occupent 71 % de toute sa surface, c'est-à-dire 360 millions de km². Aucune autre planète du système solaire ne contient autant d'eau. L'eau est présente à l'état gazeux dans l'atmosphère de la Terre.

CREUSE, PLATE OU EN BOÎTE ?

Il a fallu attendre le XVIIe siècle pour que tous les savants reconnaissent que la Terre est ronde et qu'elle tourne autour du Soleil.
Les peuples anciens ont imaginé des formes de la planète Terre parfois très farfelues :

3 continents seulement !
Sur ce document du XVe siècle, extrait du *Livre de la Propriété des choses, la Terre est* un disque terrestre entouré du fleuve océan. Seules l'Europe, l'Afrique et l'Asie sont représentées. Jérusalem est tout en haut, près de Dieu !

Attention au gouffre !
Certains pensaient que la Terre était plate, et entourée d'un grand trou dans lequel on risquait de tomber si l'on voyageait trop loin.

Terre en boîte
Pour les Incas, les premiers habitants du Pérou, la Terre ressemblait à une boîte carrée : le fond de la boîte était le sol, et le couvercle le ciel.

UN NOYAU BIEN ENTOURÉ

Si l'on ouvrait le globe en deux, on découvrirait un noyau entouré d'une chair, le manteau, qui contient deux parties principales, l'asthénosphère et la mésosphère, le tout recouvert d'une écorce appelée « croûte ».

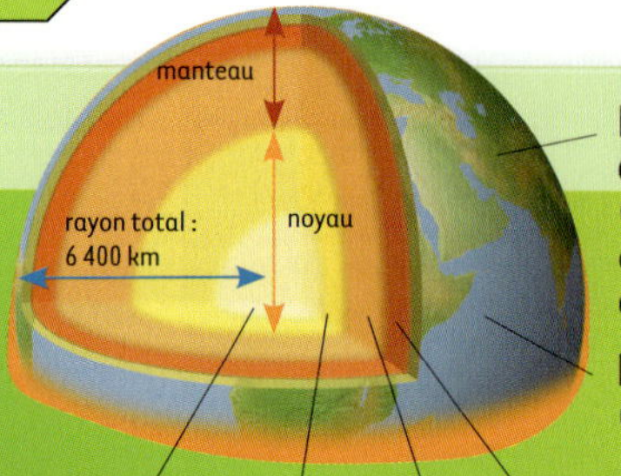

La croûte continentale (20 à 70 km d'épaisseur) est une écorce rocheuse qui forme les continents.

La croûte océanique (5 à 15 km d'épaisseur)

L'asthénosphère (600 km d'épaisseur) contient les roches fondues qui forment un magma visqueux.

Le noyau interne (1 200 km d'épaisseur) est sûrement solide.

Le noyau externe (2 200 km d'épaisseur) doit être liquide.

La mésosphère (2100 km d'épaisseur) est solide.

paysage de roches volcaniques

SOUS NOS PIEDS, UN MONDE MYSTÉRIEUX

Obscur et inquiétant, le sous-sol a longtemps effrayé les hommes.

Peur ou fascination ?

Chez les Grecs de l'Antiquité, le monde souterrain était le lieu des enfers. Les hommes condamnés par les dieux y étaient envoyés après leur mort pour subir des tortures éternelles. Hadès, le maître des lieux, possédait tous les métaux et toutes les pierres précieuses de l'Univers.

question d'enfant

Comment connaît-on le centre de la Terre ?

Il est impossible pour l'homme d'explorer le centre de la Terre, car la température du noyau atteint probablement 5 000 °C ! Les scientifiques étudient les ondes sismiques, ces vibrations créées par les secousses profondes à l'origine des tremblements de terre. Ces ondes ne se propagent pas de la même façon selon les matériaux et les roches qu'elles traversent. On a ainsi pu repérer les différentes couches du cœur de la Terre.

AVEC LES SPÉLÉOLOGUES...

Les spéléologues explorent toutes les cavités du sous-sol, souvent creusées par l'eau dans des roches calcaires. Par une réaction chimique, l'eau dissout, c'est-à-dire grignote la roche : elle s'infiltre dans les creux et forme des galeries, des puits, des grottes parfois immenses.

Certaines galeries n'ont aucune issue. Il faut alors se dégager à reculons de ces véritables goulots d'étranglement.

Les cavernes ont parfois été habitées par les hommes préhistoriques. Des fresques et des outils y ont été retrouvés.

Un aven est un trou profond, creusé à la surface d'un plateau calcaire par les eaux d'infiltration. L'eau des ruisseaux s'y introduit et s'écoule dans un gouffre de la grotte.

Après avoir dissous le calcaire, l'eau dépose de la calcite : une matière blanchâtre qui forme **les stalactites** et **les stalagmites.**

OÙ SE TROUVENT LES PIERRES PRÉCIEUSES ?

Les pierres précieuses se forment à de grandes profondeurs, là où les fortes chaleurs transforment les roches. Elles sont ramenées à la surface par le magma qui remonte ou les roches qui se soulèvent.

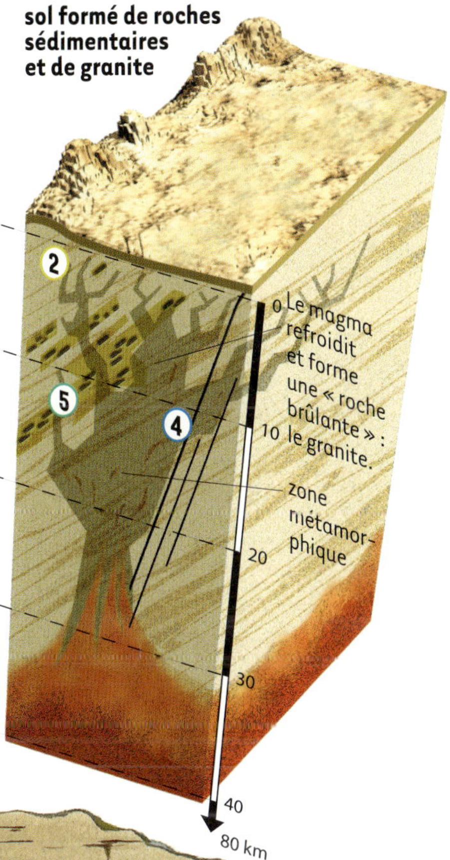

(1) Diamant

Il se forme à partir de particules de carbone, entre la croûte et le manteau. C'est le plus dur des minéraux.

• Lieu d'extraction : Afrique du Sud, Sibérie.

Les trésors de la Terre

Les hommes ont trouvé dans la croûte terrestre des métaux comme l'or, l'argent, le cuivre, le fer ; des minéraux, c'est-à-dire des pierres, comme l'opale, le diamant ou le quartz qu'on utilise pour fabriquer de nombreux produits. Dans les roches sédimentaires, ils ont découvert du charbon, du gaz naturel et du pétrole, qui proviennent de la longue décomposition de micro-organismes vivants.

(2) Or

C'est un des seuls métaux qu'on trouve à l'état pur.

• Lieu d'extraction : Amérique centrale, Colombie, Afrique de l'Ouest, Papouasie-Nouvelle-Guinée.

(3) Rubis

De la même famille que le saphir, il se forme dans des roches riches en aluminium. On l'utilise pour fabriquer certains rayons lasers.

• Lieu d'extraction : Birmanie, Thaïlande, Kenya.

(4) Saphir

Sa belle teinte bleue vient de la présence de fer et de titane. Il se forme au milieu de roches sédimentaires.

• Lieu d'extraction : Sri Lanka.

(5) Émeraude

Elle se forme dans du granite en refroidissement. Sa teinte verte vient de traces de chrome.

• Lieu d'extraction : Colombie, Zambie, Zimbabwe, Pakistan.

D'OÙ VIENT LA ROCHE QUI ROULE SOUS NOS PAS ?

Si c'est une **roche sédimentaire,** elle s'est formée par l'accumulation de sédiments arrachés aux paysages par l'eau et le vent. C'est dans ce type de roches que l'on peut trouver des fossiles. La Terre abrite aussi **des roches brûlantes** qui se sont formées dans le magma liquide des profondeurs, et **des roches métamorphiques,** qui ont été « cuites » et transformées par les fortes pressions du sous-sol.

Les torrents coulent en cascade et creusent des gouffres. Les plus profonds atteignent 1 500 m.

Quand l'eau rencontre une roche imperméable, elle forme **un lac.** Elle peut monter brusquement et prendre alors au piège les spéléologues.

Les rivières souterraines creusent **des grottes** parfois hautes d'une centaine de mètres, dont la voûte peut soudain s'écrouler.

Attention à **l'éboulement !** En s'effondrant, le plafond d'une galerie peut boucher la sortie d'un ensemble de grottes.

À la Une

L'INFO CHOC AU QUOTIDIEN

Prix France Métropolitaine : 1 €

LA BALADE DES CONTINENTS

Le 6 janvier 1912, le géophysicien Alfred Wegener a présenté sa théorie sur l'histoire de la Terre. Selon lui, les continents n'auraient pas toujours occupé la place qu'ils ont aujourd'hui sur les cartes. Unis il y a des millions d'années, ils se seraient ensuite éloignés les uns des autres, comme des radeaux à la dérive. Selon lui : « Les formes des continents, par exemple l'Afrique et l'Amérique du Sud, se correspondent comme les pièces d'un puzzle géant. De plus, on a retrouvé des fossiles d'animaux identiques sur des continents différents, comme le Lystrosaurus, un reptile qui vivait il y a 240 millions d'années. Cet animal est incapable de traverser un océan à la nage : c'est donc le continent sur lequel il vivait qui s'est déplacé ! »

■ Wegener lors d'une expédition au Groenland.

DES CONTINENTS À LA DÉRIVE

Partant des théories d'Alfred Wegener, des géophysiciens ont expliqué quand et comment les continents avaient dérivé.

Il y a 200 millions d'années : la Pangée est un continent unique.

Il y a 130 millions d'années : l'Afrique et l'Amérique du Nord se séparent. L'Inde se rapproche de l'Asie.

Il y a 10 millions d'années : l'Antarctique et l'Australie se sont séparés. L'Amérique et le Nord de l'Europe se sont éloignés.

UNE CROÛTE QUI BOUGE SANS CESSE

Les continents, les océans, les montagnes… tout est en mouvement sur la croûte terrestre.

Une croûte en morceaux

On peut comparer la croûte terrestre à une coquille d'œuf brisée (en plus solide et plus épaisse !) dont on aurait rassemblé les morceaux. Elle est formée d'une douzaine de plaques qui portent les continents et les océans, mais qui bougent lentement les unes par rapport aux autres.

Il y a environ 12 plaques :

1. Afrique
2. Eurasie
3. Amérique du Nord
4. Arabie
5. Inde-Australie
6. Antarctique
7. Philippines
8. Pacifique
9. des Cocos
10. des Caraïbes
11. Amérique du Sud
12. Nazca

Mouvement des plaques

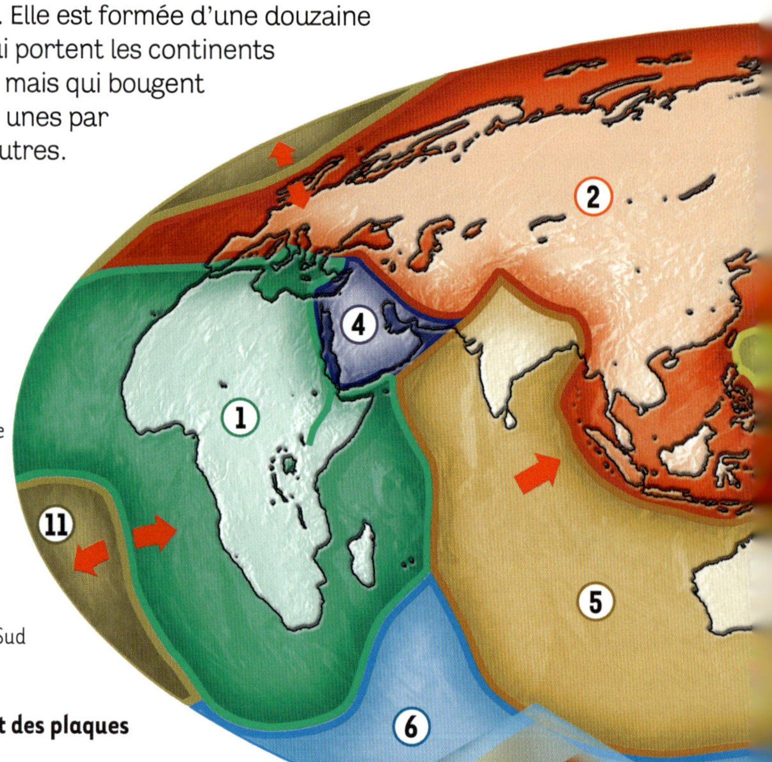

question d'enfant

Qu'est-ce qui fait bouger les continents ?

On sait aujourd'hui que les plaques rigides qui portent les continents et les océans flottent sur l'asthénosphère, la partie du manteau de la Terre formée de magma visqueux. Le bouillonnement de ces roches fondues, à 100 km sous nos pieds, provoque des courants qui font bouger les plaques. Les continents et les océans, pris sur ces plaques comme des morceaux de bois dans la glace, sont entraînés par ces courants.

LA SUBDUCTION

Quand une plaque glisse sous une autre, elle s'enfonce dans le manteau de la Terre. Comme il y fait plus de 1000 °C, la plaque se réchauffe, fond et se mêle au magma. C'est ce qui se passe au large du Japon où la plaque Pacifique plonge sous la plaque Eurasie.

LES FAILLES TRANSFORMANTES

Quand deux plaques coulissent l'une contre l'autre des failles peuvent apparaitre à la surface du sol. Ce mouvement détruit parfois les routes ou les habitations.

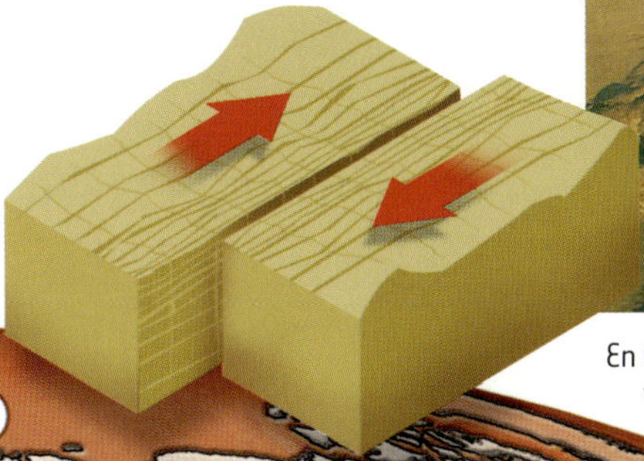

En Californie, la plaque Pacifique se déplace vers le nord, alors que celle de l'Amérique va vers le sud. **La faille de San Andreas** résulte du mouvement inverse de ces deux plaques.

LES DORSALES OCÉANIQUES

Quand deux plaques s'écartent une de l'autre au fond de l'océan, du magma remonte et comble l'espace, ou « rift », qui les sépare. Le magma refroidi crée une dorsale, qui agrandit les deux plaques. C'est ainsi que l'océan Pacifique s'élargit de 20 cm par an !

Des îles volcaniques peuvent surgir au niveau des dorsales océaniques, là où deux plaques s'éloignent l'une de l'autre. Ainsi, en 1963, sur la côte sud de l'Islande, **un volcan baptisé Surtsey** est surgi des eaux en deux jours, pour atteindre 40 m de haut et 550 m de long.

il était une fois...

L'Atlantide

En ce bel été de l'an 10 500 avant Jésus-Christ, tout le peuple atlante se pressait pour fêter le règne de l'Atlantide sur l'Égypte jusqu'aux îles du Nord de l'Atlantique. Atlas s'apprêtait à sacrifier un bélier quand un cri jaillit parmi le peuple. La statue géante du dieu de l'océan s'effondra, pendant que les colonnes des temples tremblaient à leur tour. Parvenu à son bateau, Atlas, effaré, aperçut la vague géante à l'horizon. Elle submergea les temples, les palais et toute la civilisation atlante. De l'Atlantide, il ne resterait donc qu'une légende : celle d'une île engloutie, qui dormirait toujours au fond de l'Atlantique...

La chaîne de l'Himalaya, en Asie, est faite de gigantesques strates de roches plissées et comprimées.

LA NAISSANCE DES MONTAGNES

Les Alpes, l'Oural, la chaîne de l'Himalaya... Ces montagnes ont jailli du choc de la rencontre entre deux plaques de croûte terrestre.

Attention au choc !

Quand deux plaques de la croûte terrestre portant des continents entrent en collision, leurs croûtes se compriment, se plissent, et s'élèvent lentement vers le haut. Ainsi naissent les montagnes.

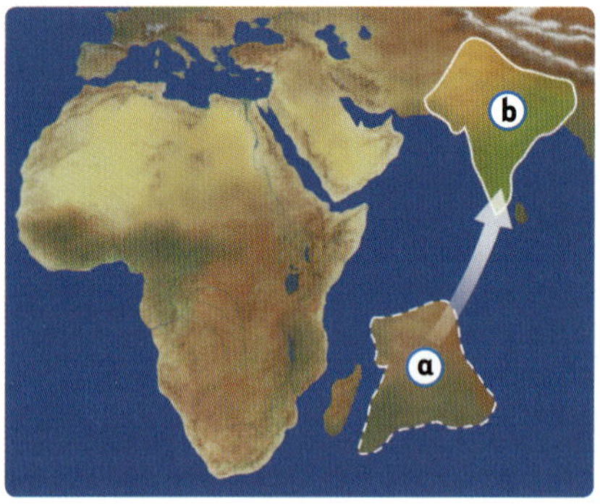

La formation de l'Himalaya :

ⓐ Il y a 70 millions d'années, la plaque portant l'océan Téthys et le continent indien s'est rapprochée de la plaque portant l'Asie.

ⓑ Il y a 15 millions d'années, la croûte océanique s'est enfoncée sous la plaque Asie et l'Inde est venue heurter le Tibet en exerçant une gigantesque poussée.

ALPES - ANDES - HIMALAYA : RECORDS EN CHAÎNES !

La chaîne des **Alpes,** en France, culmine à 4 807 m avec le mont Blanc. C'est le plus haut et le plus étendu des massifs montagneux d'Europe : 1 000 km de long et 250 km de large. La Cordillère des **Andes,** en Amérique du Sud, abrite son plus haut sommet à 6 959 m : l'Aconcagua. Elle couvre le tiers de l'Amérique du Sud : 8 000 km de long et parfois presque 500 km de large. L'Everest, à la frontière entre le Népal et le Tibet, avec 8 846 m d'altitude, est le plus haut sommet de l'**Himalaya** en Asie : 2 800 km de long et 500 km de large.

① MONTAGNES « BALLONS »

Lorsque les deux plaques sont parfaitement soudées, le mouvement de plissement s'arrête et l'érosion du vent, du gel arrondit les sommets. C'est le cas des montagnes anciennes formées il y a plus de 300 millions d'années comme l'Oural en Russie, le Massif central et les Vosges en France.

② PICS ACÉRÉS

Les « montagnes jeunes » se sont formées il y a moins de 65 millions d'années et continuent de subir des mouvements de plissement. C'est le cas des Alpes en Europe ou des Andes en Amérique du Sud.

chiffres

8 000 m ! Ce sera l'altitude **+ 5 000** des plus hauts sommets himalayens dans un million d'années si l'Himalaya continue de s'élever de 5 mm par an.

20 millions d'années : c'est l'âge de la chaîne des Alpes. Elle s'est formée lorsque la plaque portant l'Italie actuelle s'est enfoncée sous la plaque qui portait l'Europe.

10 023 m : c'est la hauteur totale d'une île volcanique d'Hawaii, Mauna Kéa, dont 3 815 m sont situés sous la mer.

LES VOLCANS

Ils laissent jaillir le feu comme si la Terre était en train de se détruire. Et pourtant, rien n'est plus naturel qu'un volcan !

Une soupape pour la Terre

Imaginez une soupe brûlante qui bouillonne en permanence sous la croûte terrestre. Ce magma a tendance à remonter vers la surface en profitant de tous les passages à travers la croûte. C'est pourquoi les volcans apparaissent surtout à la jointure entre deux plaques. En explosant, ils libèrent les gaz accumulés sous la surface de la Terre et les roches ou les cendres volcaniques forment des sols très fertiles où les hommes ont toujours aimé vivre malgré le danger.

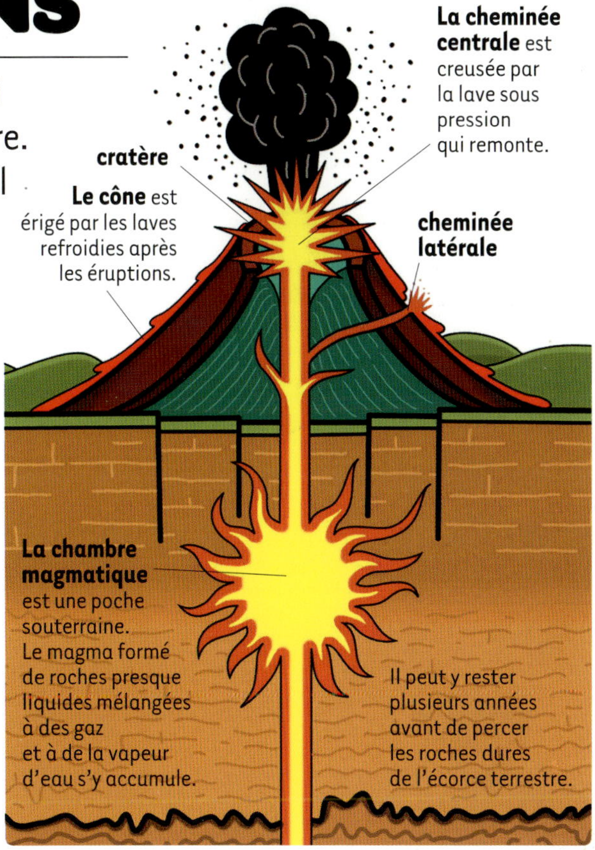

③ VOLCANS À LA CHAÎNE

Parfois, le magma perce la croûte terrestre au milieu d'une plaque, sans doute à cause d'une concentration de chaleur : ainsi naissent les « volcans de points chauds ». Leur lave, riche en fer et en magnésium, est presque liquide. Ce sont les volcans des îles Hawaii ou de l'île de la Réunion.

④ VOLCANS SOUS LA MER

Des volcans se forment le long des lignes appelées dorsales océaniques (sous la mer) ou rifts (sur la terre), là où deux plaques s'écartent l'une de l'autre. Le magma profite de cette cassure pour s'infiltrer jusqu'à la surface. En refroidissant, le magma durcit. La croûte s'agrandit ainsi, parfois de plusieurs centimètres par an, comme sur la dorsale Est Pacifique.

⑤ ÉRUPTIONS GÉANTES

Les volcans les plus spectaculaires naissent dans les zones de subduction, là où une plaque plonge sous une autre. Les roches de la plaque plongeante fondent. Le magma, qui contient de l'eau et beaucoup de gaz, remonte au bord de l'autre plaque sous l'effet de la chaleur et de la pression. De violentes explosions ont alors lieu, comme au Mont Saint Helens, au nord-ouest des États-Unis. Le lieu où une plaque s'enfonce sous une autre donne aussi naissance aux profondes fosses océaniques.

SOUS LE FEU DE L'ÉRUPTION

D'inquiétants grondements sourds et de petits nuages annoncent souvent la catastrophe. Le volcan va-t-il vomir de la lave ou exploser ?

Magma capricieux

Si le magma est de composition basaltique, le cratère vomit alors une lave liquide, qui peut s'écouler à plus de 50 km/h sans explosion ! Mais quand le magma est riche en silice, il bouche le cratère. La pression provoque alors une explosion : ce sont les éruptions les plus violentes.

Comment se forment les caldeiras ?

Une éruption violente peut détruire complètement le cône formé par le volcan. Après l'explosion, il ne reste parfois qu'un immense cratère, la caldeira.

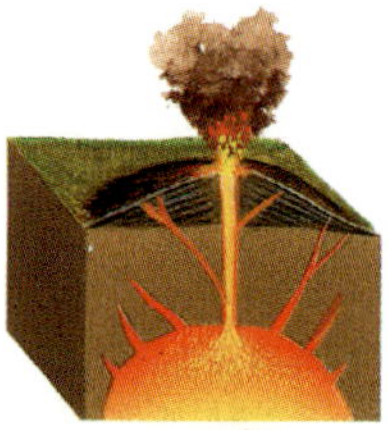

Le magma monte dans les cheminées et les fissures du volcan : l'éruption commence.

Juste après l'explosion, la pression des gaz diminue : **la lave** redescend dans la cheminée centrale.

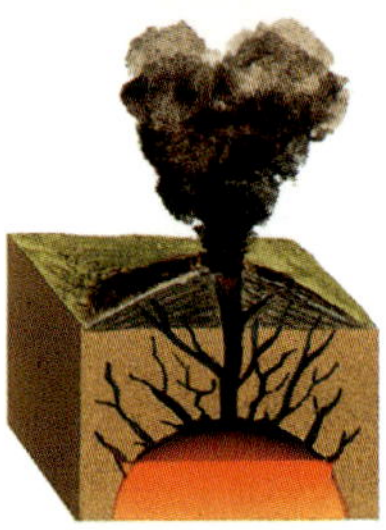

Après plusieurs jours d'éruption, **la poche principale** de magma se vide. Le volcan ne repose plus que sur du vide.

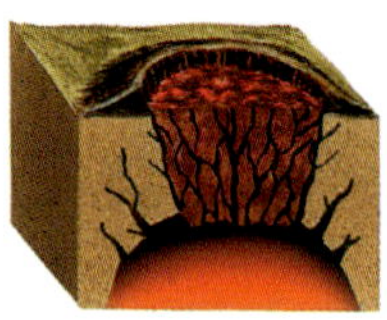

Le cône s'effondre et laisse la place à **une caldeira** de plus de 5 km de diamètre.

KRAKATAU : UN VOLCAN CANON !

Le 27 août 1883, les habitants de l'île Rodrigue dans l'océan Indien crurent entendre les coups de canon d'un navire en difficulté. Ce vacarme venait en fait de l'île de Krakatau située en Indonésie à 4 800 km de là ! L'éruption du volcan Perbuatan fut si violente qu'elle provoqua des vagues qui engloutirent des centaines de villages alentour.

chiffres

1500 volcans sont considérés comme actifs la surface de la Terre. Beaucoup sont des volcans sous-marins.

400 explosions atomiques, c'est la puissance de l'énergie dégagée par l'éruption du mont Saint Helens, dans l'ouest des États-Unis le 18 mai 1980.

1 200 °C, c'est la température de la lave qui sort du cratère d'un volcan en éruption.

De dangereux **nuages** chargés de vapeur d'eau, de gaz carbonique, d'hydrogène et de gaz sulfurés s'échappent du cratère.

Lors de certaines éruptions explosives, **une gerbe de cendres et de blocs** peut s'élever jusqu'à 25 km d'altitude.

La lave peut former **des coulées** de plusieurs kilomètres de long.

Les gaz sont recueillis dans des ampoules, ou **« seringues à gaz »**.

ATTENTION, DANGER !

Les éruptions s'accompagnent de manifestations variées, souvent asphyxiantes et meurtrières.

DES BOMBES ET DES ROCHES BRÛLANTES

Des bombes ou scories, ces roches entourées de matière visqueuse, jaillissent du cratère. Une pluie de pierres ponce peut aussi être projetée dans les airs.

DES NUÉES ARDENTES

Un énorme nuage de gaz et de cendres incandescentes dévale les pentes du volcan à 250 km/h, à la façon d'une avalanche.

DES COULÉES DE BOUE

Après l'éruption, des épaisseurs de cendres s'accumulent sur les pentes du volcan. La pluie les transforme en torrents de boue qui emportent routes et villages dans leur sillage.

métier Volcanologue

J'ai étudié la physique, la chimie, puis je me suis spécialisé en géologie, l'étude des roches. J'étudie et surveille les volcans : j'observe les cratères, filme les éruptions, recueille les roches volcaniques pour les regarder au microscope. Tout cela pour tenter de comprendre la cause des éruptions et prévoir à quel moment elles vont se produire. Mais ce métier est dangereux. Ainsi en 1991, les célèbres volcanologues français Maurice et Katia Krafft sont morts dans une nuée ardente, alors qu'ils filmaient l'éruption du volcan Unzen, au Japon.

■ Le scaphandre porté par le volcanologue est composé d'une matière isolante et d'un casque entièrement recouvert d'aluminium.

À la Une

L'INFO CHOC AU QUOTIDIEN

PRIX FRANCE MÉTROPOLITAINE : 1 €

DE LA NEIGE EN PLEIN ÉTÉ !

De brusques refroidissements de température sont survenus en plein été dans plusieurs lieux d'Europe et des États-Unis. Selon les spécialistes, ce changement climatique pourrait être lié aux éruptions de volcans de la ceinture de feu du Pacifique. Leurs violentes explosions projetteraient dans l'atmosphère un nuage de cendres capable de faire le tour de la Terre. Ce nuage peut alors modifier très brutalement le rayonnement du Soleil.

■ Sur ce tableau, William Turner illustre la brume jaune, cette poussière volcanique qui envahit l'Europe en 1815 à la suite de l'explosion du Tambora, en Indonésie. Un changement météorologique brutal s'ensuivit.

8 m : c'est l'épaisseur des cendres qui ont recouvert la ville de Pompéi, en Italie, détruite par l'éruption du Vésuve en 79 ap. J.-C.

28 000 en moins d'une minute, c'est le nombre de victimes après l'explosion de la montagne Pelée en 1902, à Saint-Pierre de la Martinique.

QUAND LA TERRE

Les séismes se forment à plusieurs dizaines de kilomètres sous nos pieds et leurs secousses sont capables de provoquer des dégâts colossaux en quelques instants.

Des plaques très remuantes

Là où les plaques de l'écorce terrestre se heurtent, s'écartent ou se frottent les unes contre les autres, naissent les tremblements de terre, ou séismes. Le mouvement de deux plaques ne se fait pas régulièrement, mais peut être libéré brutalement comme lorsqu'on relâche un élastique. Dans le sous-sol, cette énergie provoque de puissantes vibrations : quand elles arrivent à la surface, la Terre tremble.

L'ÉPICENTRE

C'est le point le plus proche du foyer à la surface du sol : c'est là que les dégâts sont les plus importants.

Le foyer est l'endroit du sous-sol d'où partent les vibrations.

Les ondes sismiques se propagent dans le sol à l'image des ronds que forme un caillou jeté dans l'eau.

- ondes secondaires
- ondes primaires
- ondes de surface

EN TURQUIE SANS LES NORMES PARASISMIQUES :

Dans les villes turques, peu de constructions ont été conçues selon des normes parasismiques. De plus, la population n'a pas été habituée à respecter les consignes de sécurité.

Les canalisations souterraines d'eau et de gaz se brisent, provoquant des inondations et des incendies.

Les fondations de cette école ont cédé dès les premières secousses : les murs s'écroulent comme un château de cartes.

Les objets lourds tremblent dans la classe, risquant de tomber et de blesser les enfants.

Les écoliers cèdent rapidement à **la panique** et s'enfuient en courant n'importe où.

question d'enfant

Peut-il y avoir un séisme là où il n'y en a jamais eu avant ?

Les zones du monde les plus menacées par les séismes sont situées juste au-dessus d'une ligne où deux plaques se rencontrent : sur la côte ouest de l'Amérique, en Alaska, tout autour du Pacifique, au Japon, en Méditerranée, dans les Balkans, en Turquie, en Iran. En France, ce sont surtout les régions des DOM-TOM (Réunion, Guadeloupe et Martinique) qui présentent des risques sismiques importants. Au-delà de ces régions à risque, les habitants peuvent dormir sur leurs deux oreilles.

L'ÉCHELLE DE RICHTER

Pour étudier la sismicité d'une région, on a défini une unité de mesure, appelée magnitude. Elle est liée à l'énergie souterraine dégagée par les ondes sismiques. L'échelle de Richter permet de classer les séismes, en comparant les énergies qu'ils libèrent pendant les secousses.

1 à 2 : seuls les sismographes peuvent détecter le séisme.

2 à 3 : seules quelques personnes au repos peuvent percevoir les vibrations.

TREMBLE...

chiffres

1 million de séismes sont détectés chaque année par les sismomètres.

95 % d'entre eux sont trop faibles ou trop profonds pour être perçus sur Terre.

9,5 sur l'échelle de Richter : c'est la plus grande magnitude jamais enregistrée pour un séisme. Il a eu lieu à Santiago du Chili en 1960 et a fait 5 000 victimes.

700 km : c'est à cette profondeur que naissent les séismes les plus profonds. Mais 95 % des tremblements de terre ont lieu à 60 km de la surface de la Terre.

220 000 : c'est le bilan approximatif des victimes du tsunami survenu le 26 décembre 2004 en Asie du Sud. Il a été provoqué par un séisme sous-marin d'une magnitude de 9,0.

Les meubles et les gros objets, ordinateurs, bibliothèque, sont fixés aux tables et aux murs pour ne blesser personne s'ils chutent.

Les vitres sont recouvertes d'un matériau qui empêche les morceaux de tomber quand elles se brisent.

AU JAPON : AVEC LES NORMES PARASISMIQUES

Les tremblements de terre y sont fréquents. On a donc construit des immeubles parasismiques qui résistent aux séismes de faible intensité. Toute la population fait régulièrement des exercices d'alerte et connaît les réflexes de sécurité.

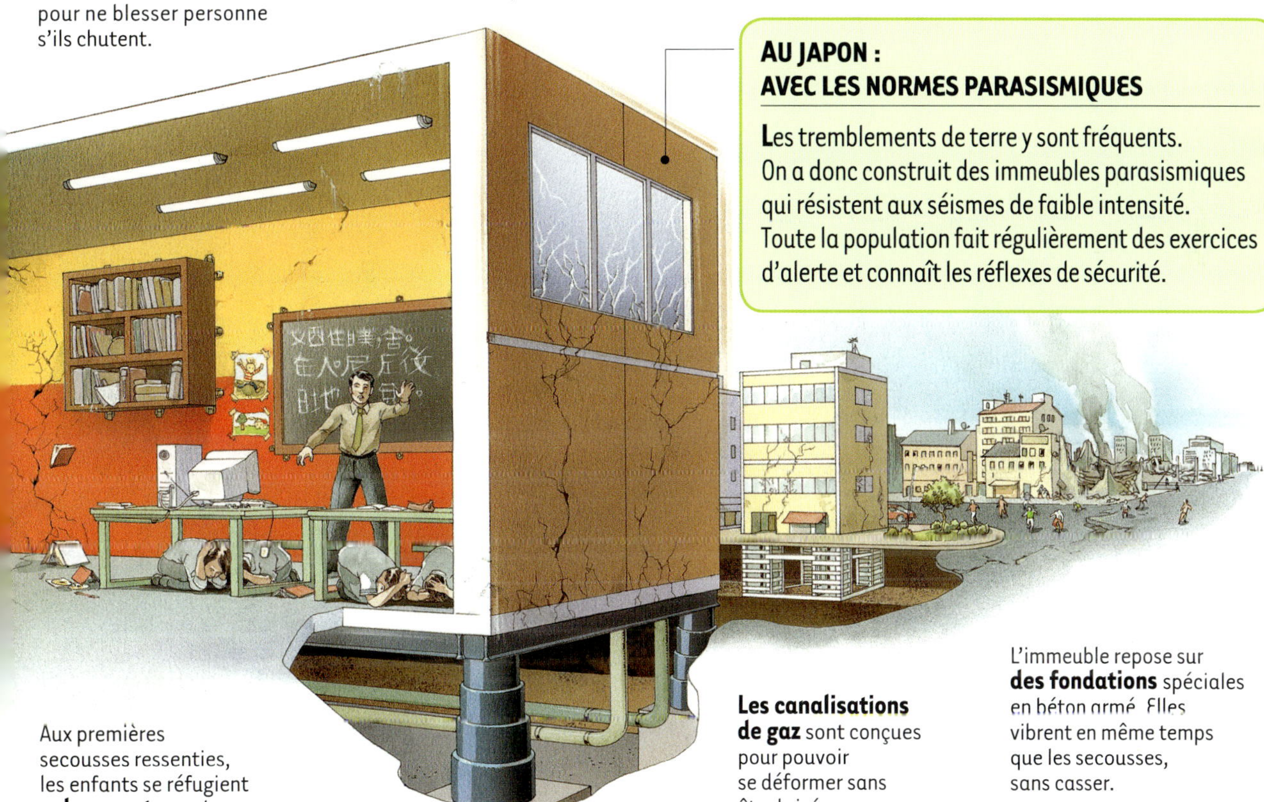

Aux premières secousses ressenties, les enfants se réfugient **calmement** sous leur bureau et se protègent la tête avec un coussin.

Les canalisations de gaz sont conçues pour pouvoir se déformer sans être brisées.

L'immeuble repose sur **des fondations** spéciales en béton armé. Elles vibrent en même temps que les secousses, sans casser.

3 à 4 : les objets se balancent, les portes, les fenêtres et la vaisselle vibrent.

4 à 5 : les vitres se fêlent, la vaisselle se casse. Presque tout le monde perçoit les vibrations.

5 à 6 : tout le monde perçoit les vibrations. Les murs se fissurent, quelques cheminées s'écroulent.

6 à 7 : maisons et immeubles s'effondrent, mais les constructions parasismiques restent debout.

7 et + : même les constructions parasismiques s'effondrent. Le sol se fissure, il y a des glissements de terrain.

PRÉVOIR LES SÉISMES ?

Partout dans le monde, des stations sismologiques guettent en permanence les moindres frémissements de la planète.

Peut mieux faire !

Par leurs mesures, les stations sismologiques permettent de situer exactement l'endroit où naît un séisme. On sait aussi comment ses ondes se propagent jusqu'au sol. Mais on n'est pas encore capable de prévoir l'arrivée d'un tremblement de terre grave, afin d'avertir et d'évacuer les habitants à temps.

APPAREILS EN TOUS GENRES

Depuis l'Antiquité, les hommes ont inventé des appareils pour détecter les moindres vibrations du sol : des réservoirs d'eau, des poteries, des pendules… Aujourd'hui, des appareils perfectionnés, les sismomètres, transforment les vibrations du sol en signaux électriques qui sont ensuite analysés par des ordinateurs.

Sismomètre chinois
À la moindre secousse, une boule tombe de la gueule du dragon dans la bouche des grenouilles.

Inclinomètre à eau
Les réservoirs mesurent les changements d'inclinaison du sol.

Rayons laser
Cette parabole envoie des signaux dans l'espace jusqu'à des satellites. Le temps mis par le signal pour revenir permet de détecter le moindre gonflement du sol.

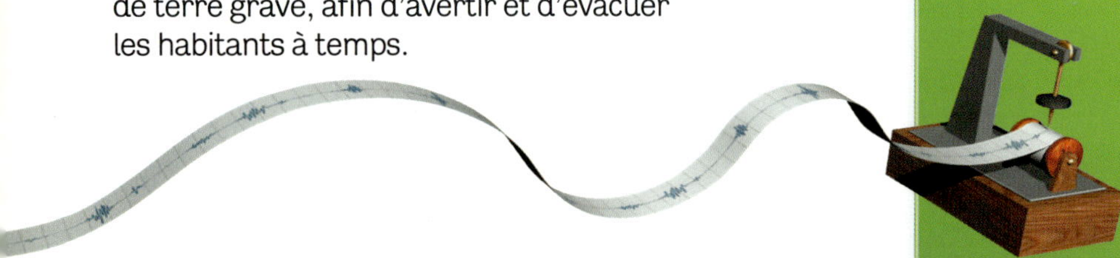

Sismomètre électromagnétique
Il enregistre les ondes sismiques sur des graphiques, les sismogrammes.

Le 18 septembre 1985, **Mexico,** construite sur les terres instables d'un ancien lac, est secouée par un séisme d'une magnitude de 8,1. La catastrophe provoque la mort de 20 000 personnes.

À **San Francisco,** le 17 octobre 1989, la secousse d'une magnitude de 7,1 dure 15 secondes et ébranle fortement les routes. Mais les constructions parasismiques restent debout : on compte 62 victimes.

Le 26 décembre 2003, un séisme de magnitude 6,6 sur l'échelle de Richter a secoué le sud-est de l'**Iran**. Le gouvernement iranien a estimé qu'environ 42 000 personnes ont perdu la vie à cette occasion.

LES TSUNAMIS

Un tremblement de terre qui se produit sous la mer peut tout à fait passer inaperçu. Mais parfois, les vibrations dégagées par les secousses créent un large mouvement d'ondulation de l'eau. Cette onde se propage à une vitesse de 800 à 900 km/h.

Au large, les bateaux ne perçoivent pas forcément la houle.

Sur le rivage, une énorme vague pouvant atteindre 30 m de haut peut soudain déferler.

L'eau de la Terre

Sans eau, la Terre ne serait plus la Terre : ses paysages, ses plantes, ses animaux ne pourraient pas exister. Pourtant, les réserves d'eau de la planète sont limitées. Et les hommes, de plus en plus nombreux, utilisent de plus en plus d'eau, pour leur consommation personnelle mais surtout pour leurs industries.

Très peu d'eau douce !
Les mers et les océans sont les grands réservoirs d'eau du monde. Mais l'eau douce que les hommes peuvent utiliser représente moins de 3 % de l'eau de la planète. Et sur cette quantité, il faut encore enlever l'eau gelée des glaciers. Finalement, les hommes doivent couvrir tous leurs besoins avec l'eau des lacs, des fleuves et des nappes souterraines : une goutte d'eau dans l'océan !

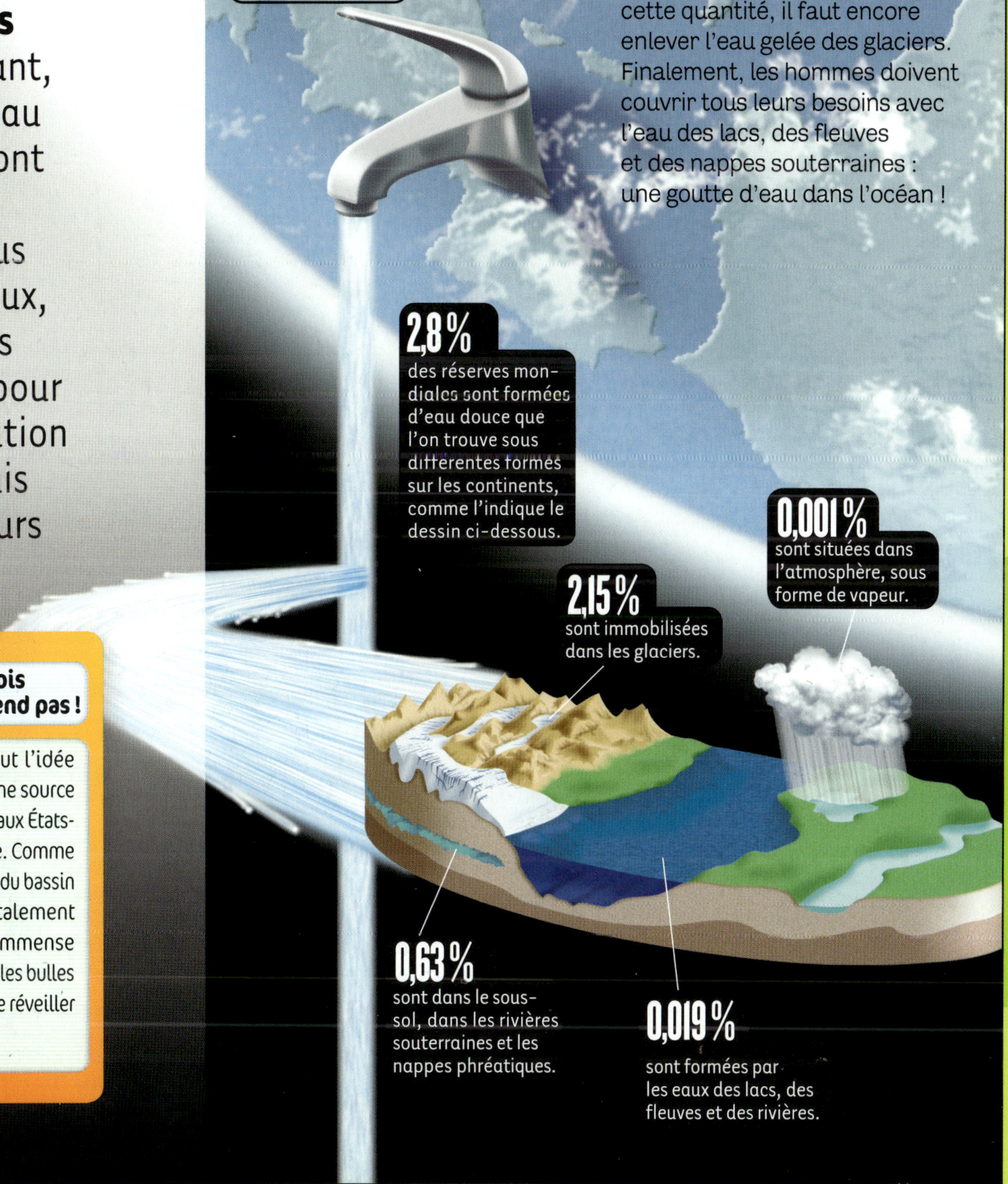

anecdote

L'eau jaillit parfois là où on ne l'attend pas !

En 1880, un Chinois eut l'idée d'utiliser l'eau chaude d'une source thermale de Yellowstone, aux États-Unis, pour sa blanchisserie. Comme il lavait le linge, toute l'eau du bassin où il se trouvait fut brutalement projetée en l'air en un immense geyser. On sait en effet que les bulles de savon ont la propriété de réveiller les geysers endormis.

LE CYCLE DE L'EAU

Sur la Terre, les eaux recommencent sans cesse le même voyage : des mers aux continents en passant par les nuages, c'est le cycle de l'eau.

Un cycle sans fin

Lorsque le Soleil brille, l'eau de la Terre s'évapore et forme des nuages. Ces nuages s'élèvent et finissent par donner de la pluie. L'eau de pluie s'infiltre dans le sol et alimente les fleuves qui reviennent dans les mers. Ce cycle n'a ni début ni fin mais comprend trois grandes étapes.

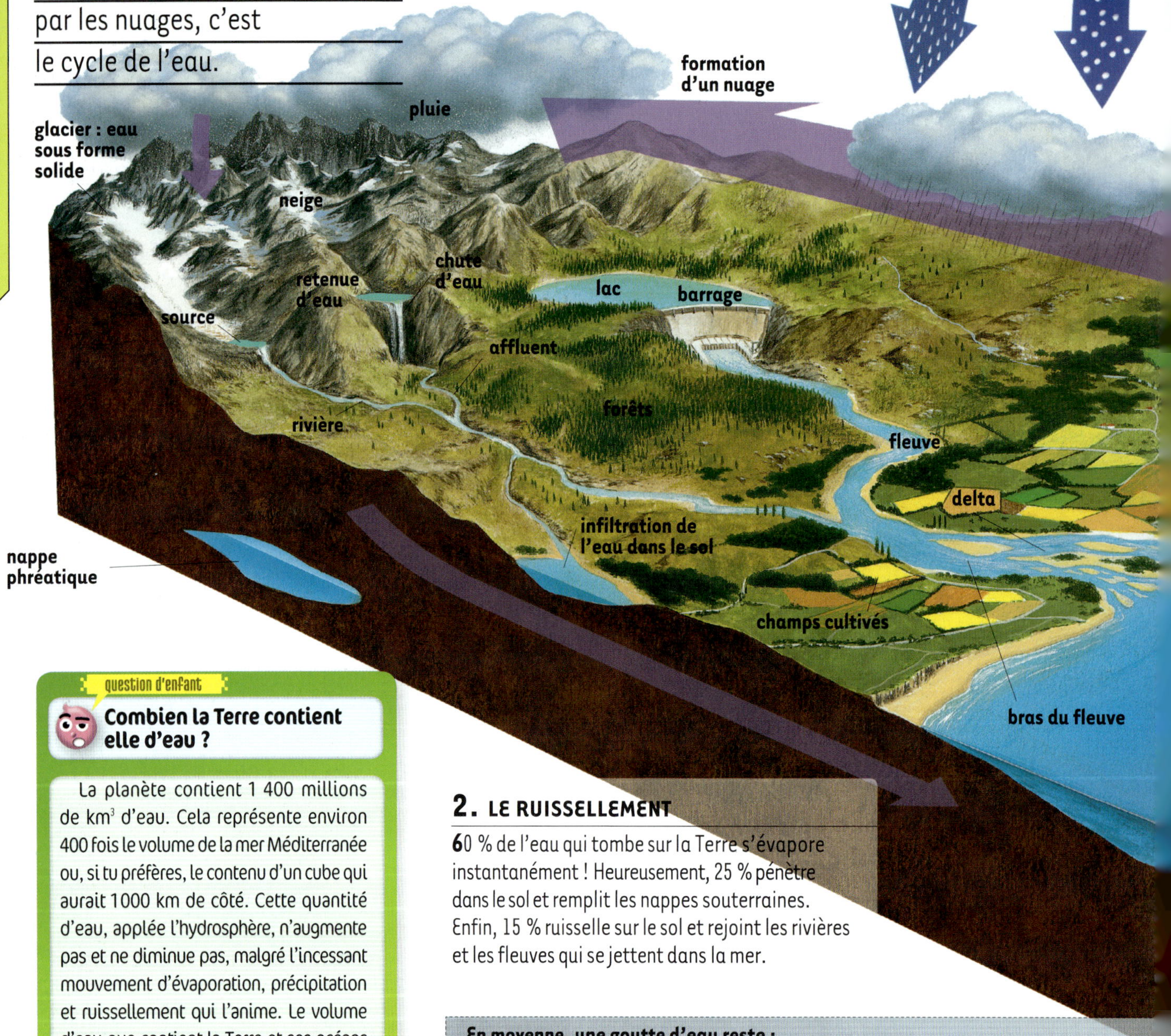

2. LE RUISSELLEMENT

60 % de l'eau qui tombe sur la Terre s'évapore instantanément ! Heureusement, 25 % pénètre dans le sol et remplit les nappes souterraines. Enfin, 15 % ruisselle sur le sol et rejoint les rivières et les fleuves qui se jettent dans la mer.

question d'enfant

Combien la Terre contient elle d'eau ?

La planète contient 1 400 millions de km³ d'eau. Cela représente environ 400 fois le volume de la mer Méditerranée ou, si tu préfères, le contenu d'un cube qui aurait 1000 km de côté. Cette quantité d'eau, applée l'hydrosphère, n'augmente pas et ne diminue pas, malgré l'incessant mouvement d'évaporation, précipitation et ruissellement qui l'anime. Le volume d'eau que contient la Terre et ses océans est donc exactement le même depuis environ 3 milliards d'années, où des pluies diluviennes ont façonné les continents et Les océans de la Terre.

En moyenne, une goutte d'eau reste :

8 000 ans sous forme de glace dans un glacier.

3 000 ans dans l'océan avant de s'évaporer.

1 400 ans dans une nappe souterraine avant de réapparaître à la surface.

15 jours à la surface du sol où elle ruisselle avant de pénétrer dans le sol ou de se jeter dans une rivière.

1. LES PRÉCIPITATIONS

Dans l'atmosphère, la vapeur d'eau s'élève et se refroidit. L'eau redevient alors liquide sous forme de minuscules gouttelettes qui constituent des nuages. Les nuages crèvent et laissent retomber l'eau sous diverses formes appelées précipitations.

ⓒ Neige
Les gouttelettes d'eau gèlent dans le haut du nuage et retombent sur un sol froid où la température est inférieure à 0 °C.

ⓐ Pluie
De minuscules gouttelettes contenues dans les nuages se rencontrent et forment des gouttes d'eau trop lourdes pour flotter en l'air.

ⓑ Grêle
Des cristaux de glace sont ballottés dans un nuage d'orage. L'eau gèle autour des cristaux et donne des billes de glace : les grêlons.

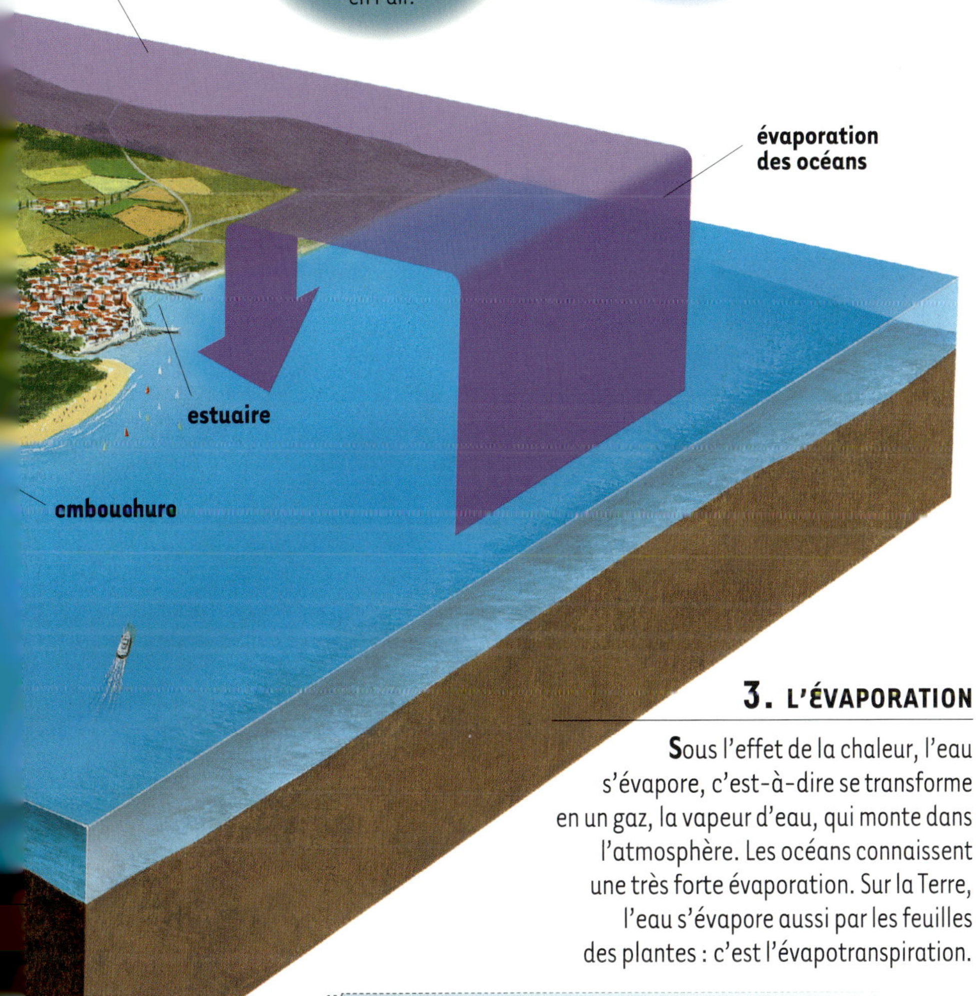

3. L'ÉVAPORATION

Sous l'effet de la chaleur, l'eau s'évapore, c'est-à-dire se transforme en un gaz, la vapeur d'eau, qui monte dans l'atmosphère. Les océans connaissent une très forte évaporation. Sur la Terre, l'eau s'évapore aussi par les feuilles des plantes : c'est l'évapotranspiration.

8 jours dans l'atmosphère sous forme de vapeur d'eau avant de rejoindre un nuage de pluie.

chiffres

7 000 km : c'est la distance que parcourt l'Amazone, le plus long fleuve du monde, en Amérique du Sud. C'est aussi le plus important en volume d'eau : il déverse chaque seconde 200 000 m^3 d'eau dans l'océan Atlantique.

1 620 m : c'est la profondeur du lac Baïkal, le plus profond du monde, situé en Sibérie.

Il était une fois...

La naissance du Gange

Il y a bien longtemps, l'Inde était dirigée par le roi Sagar qui avait 60 000 fils. Ils manquèrent un jour de respect à un saint homme qui, pour les punir, les réduisit en cendres. Désespéré, le roi Sagar interrogea les dieux. Ceux-ci lui répondirent : « Pour retrouver la vie, tes fils doivent être purifiés par les eaux de Ganga, la déesse-fleuve qui coule dans nos cieux. » Ganga craignait de descendre sur Terre. Le dieu Shiva lui proposa alors de glisser le long de son immense chevelure jusqu'aux pentes de l'Himalaya. Ganga s'écoula et, arrivée à l'Océan, elle répandit ses eaux sur les cendres des 60 000 princes qui, aussitôt, retrouvèrent la vie.

L'EAU ET LES HOMMES

Les hommes ont d'énormes besoins en eau : ils doivent boire, se laver, mais aussi arroser les champs et faire fonctionner les usines.

Des fleuves très recherchés

Les hommes se sont toujours installés là où l'eau était pure et abondante. Dans l'Antiquité, les grandes civilisations sont nées près des fleuves, comme l'Égypte au bord du Nil, ou Babylone entre le Tigre et l'Euphrate... Et aujourd'hui ? L'eau est plus précieuse que jamais, car nos besoins en eau augmentent d'année en année !

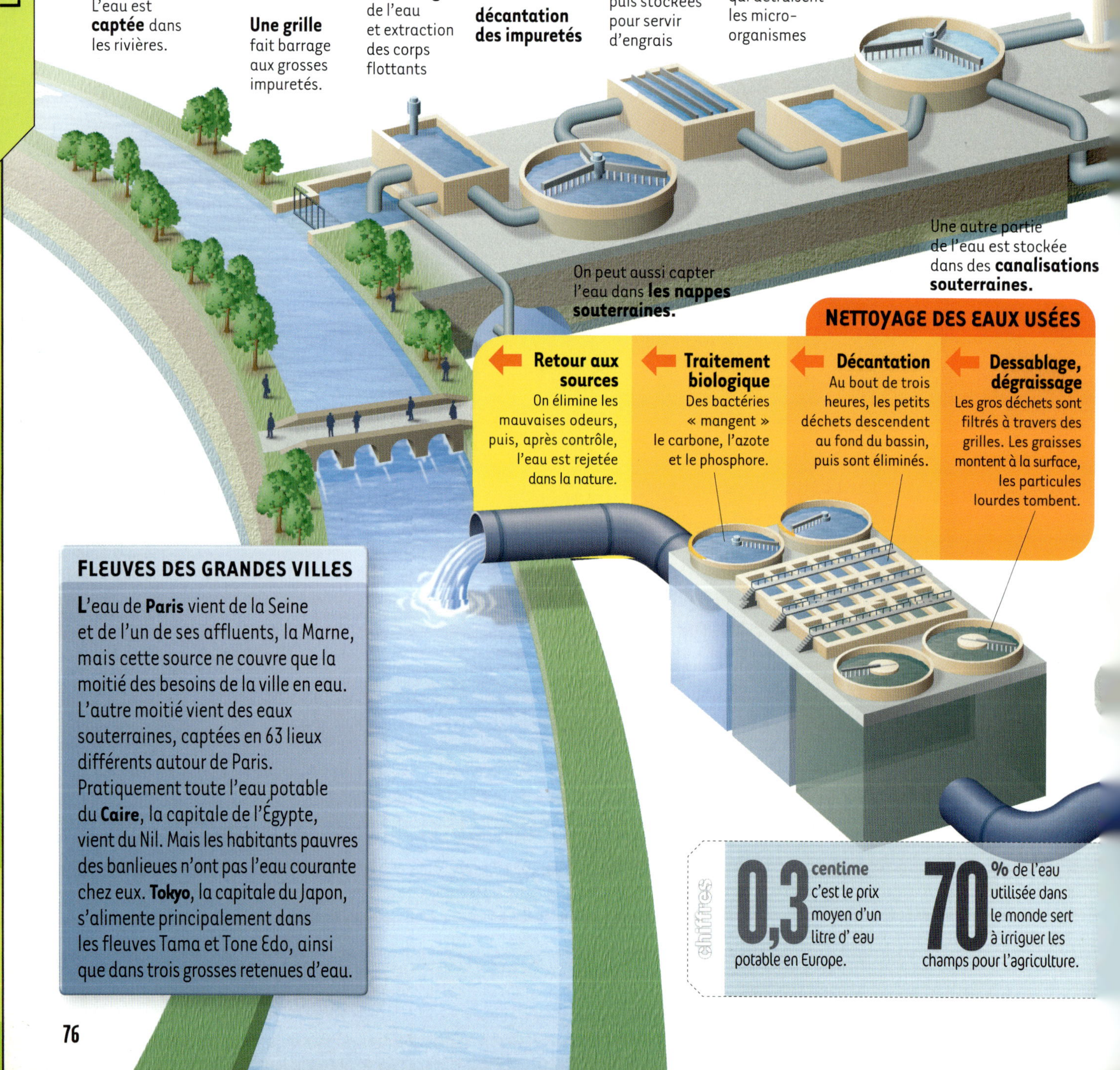

FLEUVES DES GRANDES VILLES

L'eau de **Paris** vient de la Seine et de l'un de ses affluents, la Marne, mais cette source ne couvre que la moitié des besoins de la ville en eau. L'autre moitié vient des eaux souterraines, captées en 63 lieux différents autour de Paris. Pratiquement toute l'eau potable du **Caire**, la capitale de l'Égypte, vient du Nil. Mais les habitants pauvres des banlieues n'ont pas l'eau courante chez eux. **Tokyo**, la capitale du Japon, s'alimente principalement dans les fleuves Tama et Tone Edo, ainsi que dans trois grosses retenues d'eau.

chiffres

0,3 **centime** c'est le prix moyen d'un litre d' eau potable en Europe.

70 **%** de l'eau utilisée dans le monde sert à irriguer les champs pour l'agriculture.

COMBIEN DE LITRES POUR FABRIQUER...

La plupart des usines ont besoin d'une grande quantité d'eau, surtout pour refroidir les machines et baigner les matériaux.

... une voiture : 35 000 litres

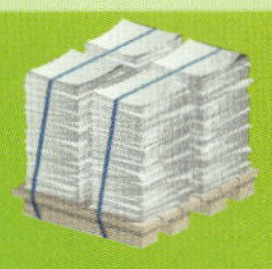

... une tonne de papier : 500 000 litres

... une tonne d'acier : 500 000 litres

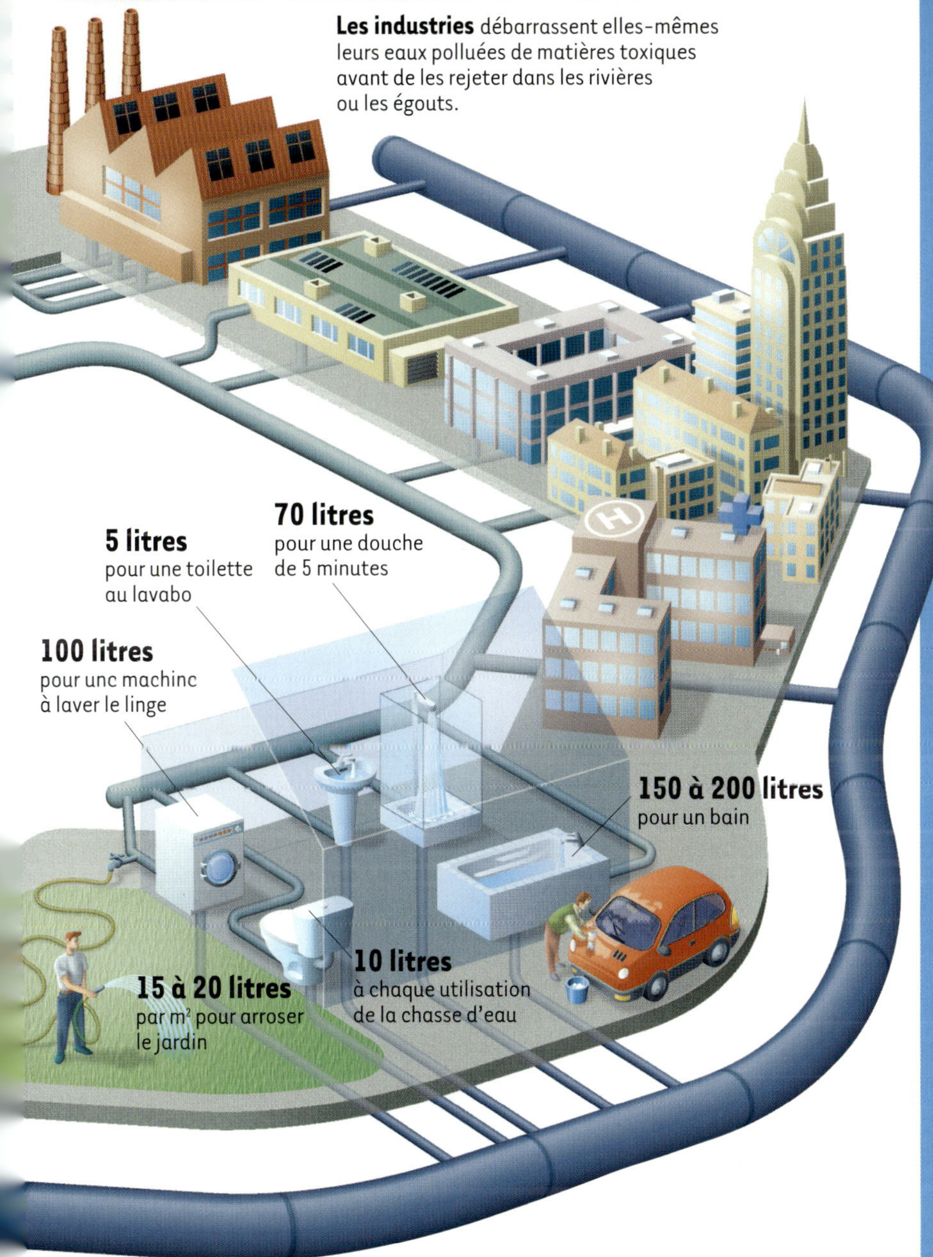

1 milliard d'hommes dans le monde n'ont que 20 litres d'eau par jour pour vivre normalement. Un Américain consomme en moyenne 300 litres d'eau par jour.

9 pays se partagent 60 % des ressources d'eau du monde : le Brésil, la Russie, les États-Unis, le Canada, la Chine, l'Indonésie, l'Inde, la Colombie et le Pérou. Israël ou l'Égypte sont, eux, particulièrement pauvres en eau.

Info

Bataille d'eau

Dans les régions sèches, l'eau est parfois un sujet de conflit. L'Inde et le Pakistan se disputent à propos des eaux de l'Indus, qui coule le long de leur frontière. La Syrie et l'Irak, traversés par le Tigre et l'Euphrate, reprochent à la Turquie d'avoir construit en amont un grand barrage qui retient les deux fleuves. L'eau n'est pas la seule raison des tensions entre ces peuples, mais c'est un sujet qui accentue leur mauvaise entente.

QUAND L'EAU VIENT À MANQUER

En 2025, l'eau risque de manquer, surtout au Moyen-Orient ou en Afrique. Aussi, de nouveaux moyens d'approvisionnement en eau douce et de nouvelles techniques d'irrigation ont été élaborés.

Dessalage
2 000 usines dans le monde dessalent de l'eau de mer. Elles sont situées dans des pays qui manquent d'eau, mais qui sont assez riches comme le Koweït et l'Arabie Saoudite, car ces techniques coûtent encore très cher.

Irrigation intelligente
Des chercheurs mettent au point des plantes qui poussent avec très peu d'eau, ainsi que des techniques d'irrigation qui utilisent moins d'eau.

Transport d'icebergs
On a déjà transporté ces immenses blocs d'eau douce des pôles jusqu'aux pays qui manquent d'eau. Cette solution n'est toutefois valable que pour les pays qui ont une ouverture sur la mer.

MYSTÈRES DE LA MER

Vagues, courants, marées, grands fonds... Les eaux des mers livrent peu à peu leurs secrets.

MARÉES CHANGEANTES

Le Soleil et surtout la Lune sont des astres qui attirent la Terre. Cette force d'attraction fait gonfler les eaux à la surface de la planète, et provoque les marées. C'est lorsque le Soleil, la Lune et la Terre sont alignés que les marées sont les plus fortes. On compare les amplitudes des marées entre elles, en les mesurant avec des coefficients.

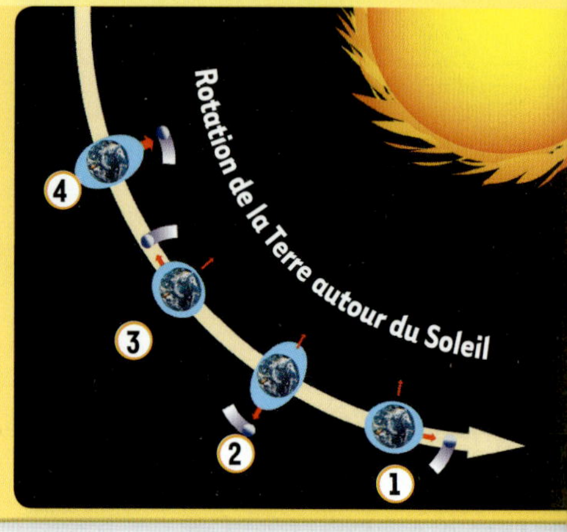

Challenge à battre !

En 1872, un grand vaisseau à voile, le **Challenger,** quitte les rivages de l'Angleterre pour le premier voyage d'étude des océans. Pendant quatre ans, des savants étudient les fonds, les eaux, les animaux marins. Depuis, les océanographes ont percé certains mystères de l'océan, mais il reste encore beaucoup à découvrir.

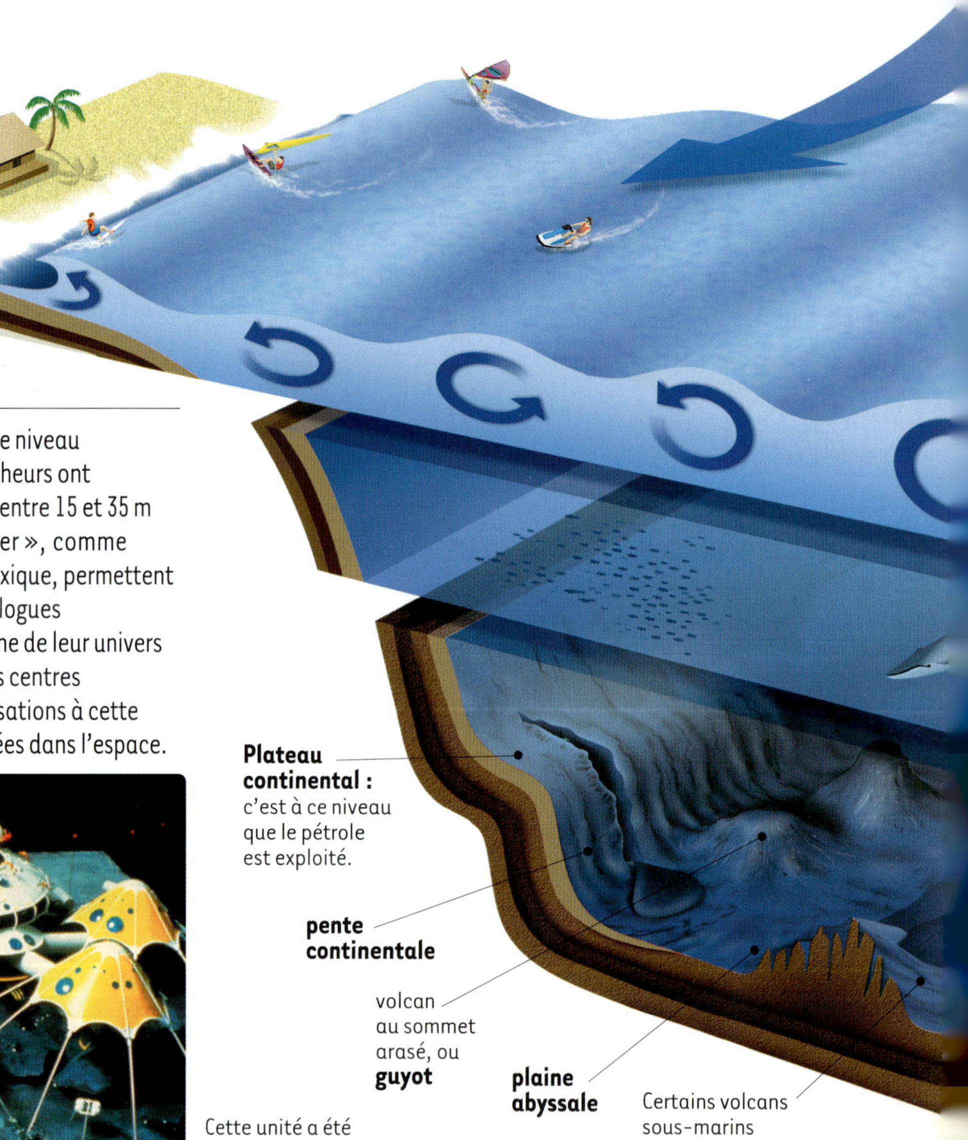

VIVRE À - 35 M DE PROFONDEUR ?

L'homme ne vivra sans doute jamais sous le niveau de la mer de façon durable. Mais des chercheurs ont imaginé des stations scientifiques situées entre 15 et 35 m de profondeur. Ces « maisons sous la mer », comme *Galathée* au Japon, ou *Hippocampe* au Mexique, permettent aux océanographes, biologistes ou archéologues de s'immerger plusieurs jours au cœur même de leur univers de recherche. De plus, elles intéressent des centres d'entraînement d'astronautes, car les sensations à cette profondeur sont similaires à celles éprouvées dans l'espace.

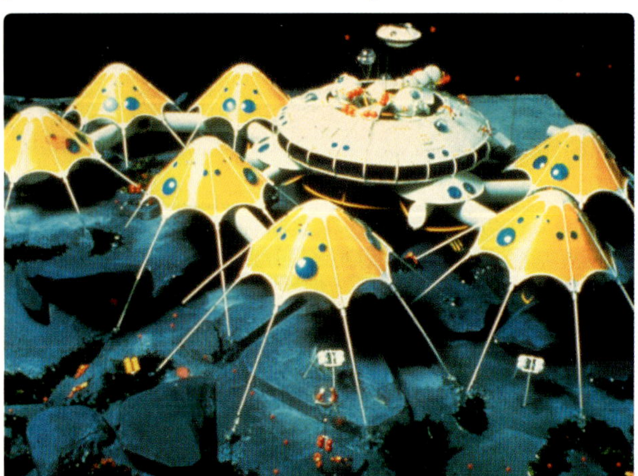

Cette unité a été imaginée dans les années 1980 par l'architecte Jacques Rougerie.

1 3 Le Soleil, la Lune et la Terre ne sont pas alignés, ce sont des périodes de faibles ou moyennes marées, ou « mortes eaux » (coefficient 60 environ).

2 4 Le Soleil, la Lune et la Terre sont alignés, ce sont des périodes de fortes marées, ou « vives eaux » (coefficient 110 environ).

LES VAGUES

La vitesse du vent et le temps pendant lequel il souffle déterminent la hauteur des vagues. Curieusement, l'eau ne bouge pas, mais décrit des cercles à l'intérieur de chaque vague. Lorsqu'elle arrive près des côtes, la vague est ralentie, sa crête s'enroule et elle se brise.

GULF STREAM : UN COURANT CHAUD

Les courants sont d'énormes masses d'eau poussées par les vents qui traversent les océans toujours dans le même sens. Le Gulf Stream, par exemple, est un courant chaud qui part de la mer des Caraïbes et parcourt l'océan Atlantique jusqu'au nord de l'Europe. Sans lui, le climat de la Bretagne ou de l'Irlande serait beaucoup plus froid !

LES ÉPAVES

Des engins sous-marins explorent les épaves englouties à des milliers de mètres de profondeur. Ainsi, en 1985, une équipe franco-américaine a retrouvé l'épave du *Titanic*. Ce dernier avait fait naufrage dans l'Atlantique 73 ans auparavant, en heurtant en pleine nuit un iceberg presque immergé ! Un robot équipé d'une caméra s'est faufilé à l'intérieur de l'épave et de nombreux objets ont été retrouvés.

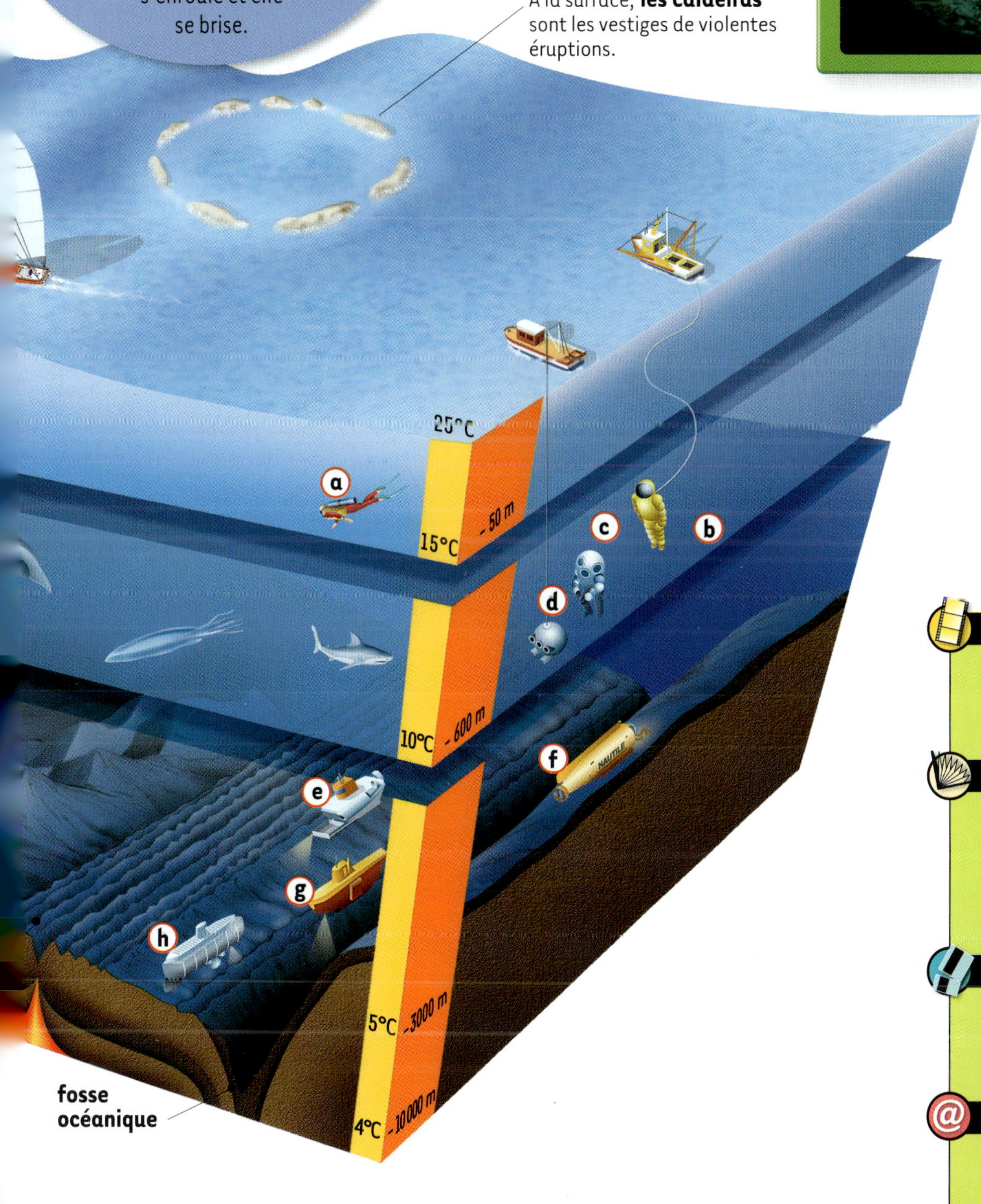

PLONGEURS, SUBMERSIBLES ET AUTRES MACHINES

- (a) plongeur : - 50 m
- (b) scaphandre autonome : - 400 m
- (c) robot « Jim » : - 610 m
- (d) sphère de Beebe : - 925 m
- (e) Alvin : 3 960 m
- (f) sous-marin Nautile : - 6 000 m
- (g) Archimède : - 9 945 m
- (h) bathyscaphe Trieste : - 10 916 m

pour finir...

À VOIR

ABYSS
de James Cameron (1989)

SIMBAD LE MARIN
de Richard Wallace (1947)

À LIRE

LE VIEIL HOMME ET LA MER
d'Ernest Hemingway, Nathan

VINGT MILLE LIEUES SOUS LES MERS
coll. Folio Junior, Jules Verne, Gallimard

LES OCÉANS
coll. Miroirs de la connaissance, Nathan

À VISITER

NAUSICAA
Centre national de la Mer, à Boulogne-sur-Mer

OCÉANOPOLIS
Centre d'Information sur l'Eau de Brest

ET SUR LE WEB

HTTP://WWW.CIEAU.COM/JUNIOR/

HTTP://WWW.EAURMC.FR/JUNIORS/

QUEL TEMPS VA-T-IL FAIRE ?

Les hommes ont toujours cherché à comprendre, puis à prévoir les changements climatiques.

GARE AUX DIEUX !

Pour les peuples anciens, tous les phénomènes météorologiques venaient des dieux. Chez les Grecs, la foudre était l'arme de Zeus, le roi des dieux. Au Moyen Âge, on interprétait l'arc-en-ciel, le vent ou l'orage comme des messages envoyés par Dieu. Enfin, chez les Scandinaves, le dieu guerrier Thor était à l'origine du tonnerre.

PERTURBATION EN VUE

Quand une masse d'air chaud rencontre une masse d'air froid, l'air chaud, plus léger, s'élève : une dépression se crée. Les nuages arrivent dans un ordre précis : des cirrus apparaissent, puis des cirrostratus, suivis d'altostratus qui s'épaississent en nimbostratus. Parfois, certains nuages peuvent aussi annoncer le beau temps.

1 Cumulonimbus Les orages et les tornades se forment dans ces hauts nuages, à 15 000 m d'altitude.

2 Cirrus Ils se présentent comme des filaments et sont constitués de cristaux de glace en suspension.

3 Cirrostratus Vers 6 000 m, ils forment un voile avec des traînées blanchâtres qui ressemblent à des cheveux.

4 Altostratus Ils apparaissent comme un épais matelas grisâtre ou bleuté qui peut couvrir tout le ciel.

5 Nimbostratus Très gris, ils cachent complètement le soleil et apportent la pluie.

6 Cumulus Ils ressemblent à de gros choux-fleurs blancs, et annoncent le soleil après la pluie.

7 Strato-cumulus Ces gros rouleaux gris provoquent souvent de faibles pluies.

8 Stratus À moins de 2 000 m, ils donnent un ciel bas et gris et apportent de la bruine.

PREMIÈRES OBSERVATIONS

Peu à peu, les hommes ont mis au point des instruments scientifiques d'observation et de mesure.

Dès 300 après J.-C., **la girouette** permet de repérer d'où vient le vent.

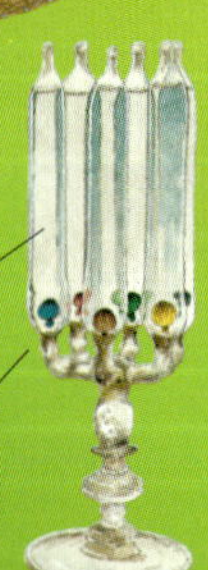

Torricelli invente **le baromètre** en 1644 : un tube de mercure mesure la pression de l'air.

Les billes montent ou descendent selon la température sur **ce thermomètre** de 1592.

chiffres

1 million de gouttelettes s'agglutinent pour former une goutte d'eau à l'intérieur d'un nuage.

45 000 : c'est environ le nombre d'orages qui éclatent chaque jour dans le monde.

1,9 kg : c'est le poids d'un grêlon tombé au Kazakhstan en 1959.

LE SOLEIL EN SPECTACLE

En traversant l'air, les nuages, des cristaux de glace ou les gouttes de pluie, les rayons du Soleil sont déviés et décomposés. Les effets en sont parfois très spectaculaires.

Arc-en-ciel
Les gouttes de pluie réfléchissent la lumière du Soleil en sept couleurs : rouge, orange, jaune, vert, bleu, indigo et violet.

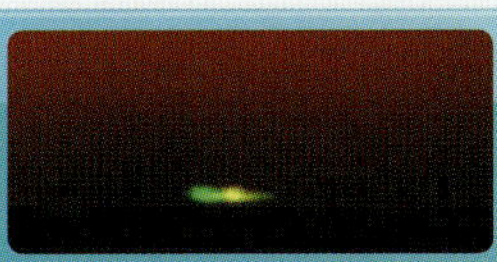

Le rayon vert
C'est un arc-en-ciel au coucher du Soleil. Le rouge s'est enfoncé à l'horizon : l'œil ne voit plus que le vert.

Les faux Soleils
Le Soleil semble entouré de frères jumeaux car ses rayons se reflètent dans des cristaux de glace.

Gloires
Quand un avion vole entre le Soleil et un nuage de glace, son ombre, ou « gloire », apparaît sur le Soleil.

De l'espace, **les satellites** transmettent des informations sur les nuages, la température, la direction et la force des vents.

Les ballons-sondes mesurent au fil de leur ascension la température, la pression et l'humidité à différents niveaux.

LIRE UNE CARTE MÉTÉO

Les lignes circulaires s'appellent « isobares » : tous les points sur une même ligne ont la même pression.

Le « D » indique les zones de **basses pressions** (dépressions) apportant le mauvais temps.

Le « A » signale **les hautes pressions** (anticyclones), qui apportent souvent du beau temps.

Les fronts, marqués par des traits épais, indiquent la frontière entre masses d'air chaud et d'air froid.

Les lignes se resserrent : **le vent** souffle plus fort.

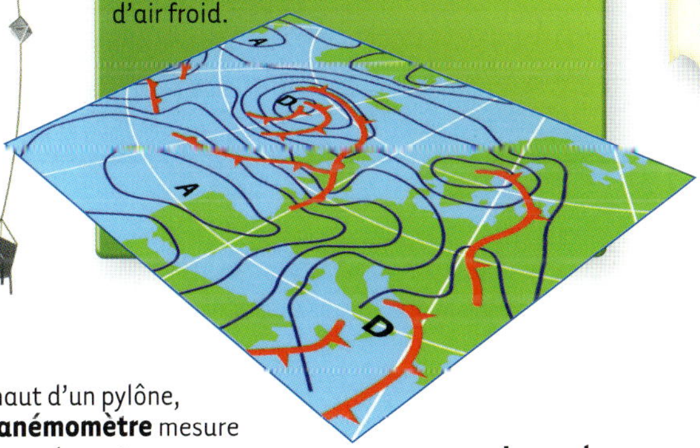

À la Une

L'INFO CHOC AU QUOTIDIEN

PRIX FRANCE MÉTROPOLITAINE : 1 €

NUIT BLANCHE AU CENTRE MÉTÉOROLOGIQUE DE TOULOUSE

Lorsque nous écoutons la météo le matin, nous ne nous doutons pas de tout le travail que ce bulletin a occasionné. En effet, les ordinateurs du centre météorologique de Toulouse, l'un des plus grands centres météo de France, reçoivent à chaque instant des milliers et des milliers de données en provenance des ordinateurs de toute la planète. Mais ces données doivent être triées et analysées pour être utilisées. C'est le travail des prévisionnistes. Ils travaillent toute la nuit pour transmettre au petit matin leur analyse aux autres centres de France et aux journalistes spécialistes de la météo.

■ Les techniciens reportent les informations collectées sur d'immenses cartes.

UN RÉSEAU UNIVERSEL

Plus de 3 000 stations météo dans le monde, parfois automatiques, sont interrogées régulièrement par des ordinateurs qui diffusent aussitôt ces données dans le monde entier. Les météorologistes de toute la planète communiquent selon une heure, l'heure UTC, et un code, le code météorologique commun.

En haut d'un pylône, **un anémomètre** mesure la force du vent, et **une girouette** donne sa direction.

Les météorologiste logent dans l'observatoire.

Dans de petits abris, **des thermomètres** enregistrent la température et **des hygromètres** l'humidité.

Les radars renseignent sur les pluies qui tombent à 200 km à la ronde.

Le pluviomètre enregistre sur 24 h la hauteur des précipitations.

L'héliographe est une boule de cristal qui mesure la durée d'ensoleillement d'une journée.

L'antenne parabolique envoie des informations à l'Organisation météorologique mondiale.

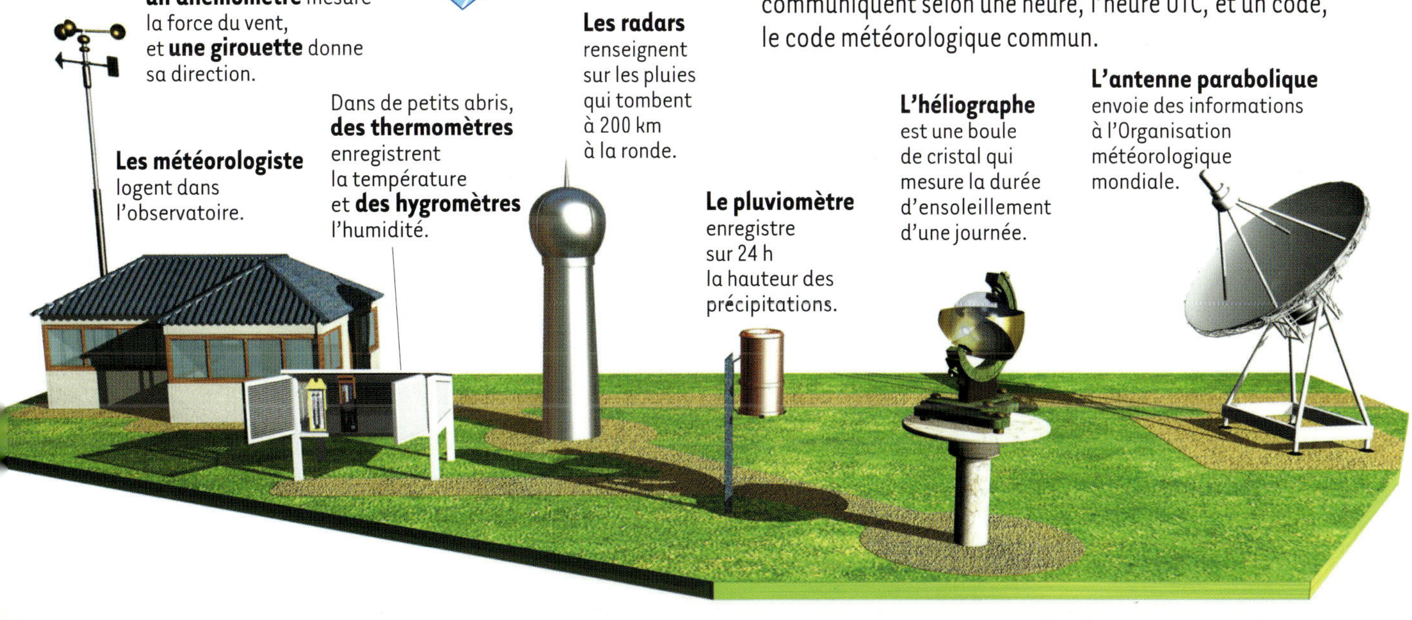

DANS L'ŒIL DU CYCLONE

ÇA DÉMÉNAGE !

Ils portent alternativement des noms de fille et de garçon, et naissent au-dessus des eaux chaudes des mers tropicales. En s'élevant, ils font se condenser des courants d'air humide allant jusqu'à 650 km de diamètre. Le cyclone (Antilles), l'ouragan (Amérique du Sud) ou le typhon (Asie) parcourt alors des kilomètres avec des pluies et des vents furieux de 350 km/h.

Œil du cyclone
Dans l'œil du cyclone, au centre du tourbillon, le ciel est bleu et la mer calme sur plusieurs kilomètres ! Tout autour, les nuages peuvent former une couronne de 500 km de diamètre.

Foudre
La foudre tombe lorsque des particules électriques se sont accumulées à la base d'un gros cumulonimbus.

Trombes et tornades
La tornade et sa forme maritime, la trombe, sont des tourbillons d'air chaud de petite taille, mais de très forte intensité (jusqu'à 500 km/h).

LES RAVAGES D'EL NIÑO

À peu près une fois tous les dix ans, les vents du Pacifique s'inversent et un courant marin chaud baptisé El Niño se dirige vers l'Amérique du Sud. L'arrivée d'eaux si chaudes au large du Pérou tue tous les poissons et bouleverse les climats : le Brésil et le centre des États-Unis connaissent des sécheresses, des tempêtes tropicales s'abattent sur le Pacifique et la mousson en Inde en est affaiblie.

Patinoire géante !
Il y a 20 000 ans, à la fin de la dernière glaciation, d'immenses glaciers couvraient tout le nord de l'Europe.

LES CLIMATS DU MONDE

Ils sont influençables
Les climats définissent le temps qu'il fait dans une région sur une longue période. Plus la région est proche de l'Équateur, plus elle reçoit de soleil. Mais la latitude n'est pas tout : les terres situées près des océans sont plus humides et bénéficient d'un climat plus doux. L'altitude et le relief ont enfin aussi leur influence.

Marcher sur l'eau…
Il y a 12 000 ans, la mer ne séparait pas encore le Nord de l'Asie et de l'Amérique. Un passage de glace reliait alors les deux continents.

LES CAPRICES DES VENTS

Le vent est un déplacement d'air. L'air chaud, plus léger, a tendance à monter, alors que l'air froid descend. Plus les différences de température et de pression sont grandes, plus le vent est fort… Chaque climat, chaque région a ses vents qui apportent le soleil ou la pluie, le froid ou la sécheresse.

La mousson souffle sur le sud de l'Asie et apporte durant les six mois d'été des pluies torrentielles.

Le mistral, violent, froid et sec, s'engouffre dans la vallée du Rhône et en Méditerranée.

Le blizzard balaie les régions polaires de son souffle glacé et très violent.

Le sirocco souffle du Sahara vers la Méditerranée un air sec et brûlant.

Les alizés soufflent tout autour du globe, d'est en ouest, entre les Tropiques et l'Équateur.

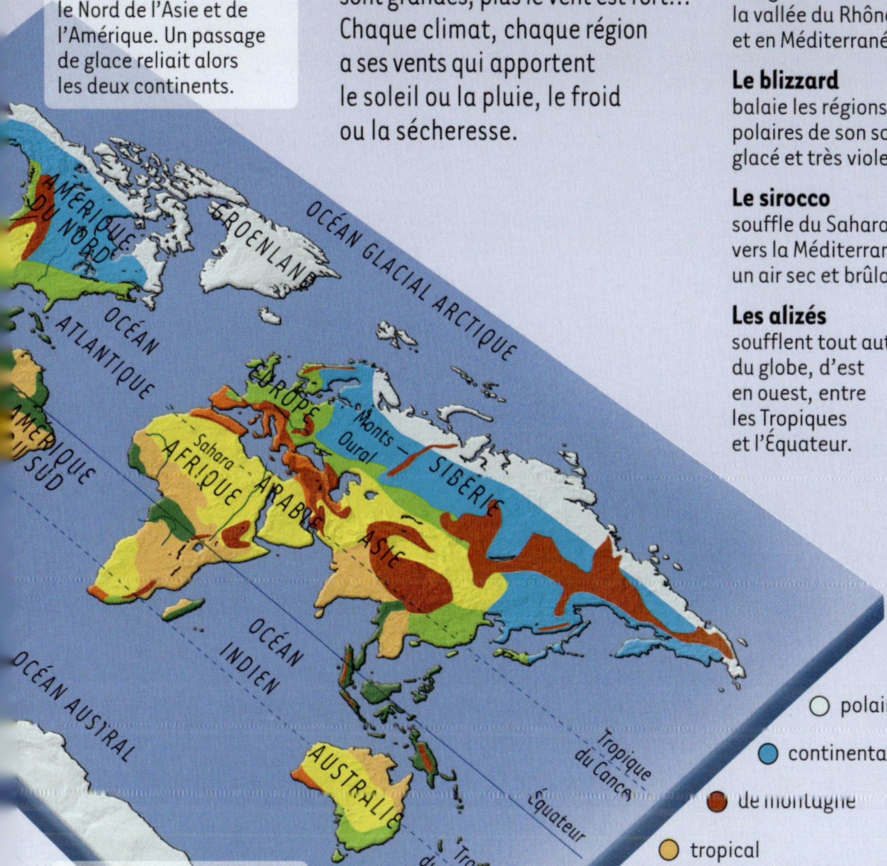

Nager au Sahara ?
Il y a 8 000 ans, le Sahara n'était pas un désert : des crocodiles nageaient dans ses lacs car il y régnait un climat tropical humide !

DES CLIMATOLOGUES AU PÔLE SUD !

La Terre a connu de nombreux changements de climat. Pour les étudier, les savants analysent les roches, puis pratiquent des prélèvements en profondeur dans les glaces accumulées depuis des milliers d'années sur le continent Antarctique.

HUIT CLIMATS

On repère aujourd'hui huit climats principaux dans le monde, même si certaines régions ont un climat intermédiaire. Des zones très éloignées géographiquement peuvent avoir le même climat.

Climat polaire
Hiver glacial (jusqu'à - 70 °C), été froid, faibles précipitations. Toundra en été.

Climat continental
Hiver froid et sec, été très chaud (jusqu'à 40 °C). Forêts nordiques.

Climat de montagne
Très froid en hiver, neige en altitude. Végétation étagée.

Climat tropical
Chaud, une saison sèche, une saison humide (pluies abondantes). Savane et forêts tropicales.

Climat équatorial
Chaud et humide tous les jours de l'année. Jungle.

Climat méditerranéen
Hiver doux, été chaud et sec. Maquis.

Climat tempéré
Doux et pluvieux. 4 saisons : printemps, été, automne, hiver. Prairies et forêts de feuillus.

Climat désertique
Déserts très chauds ou très froids, absence de pluies. Végétation rare.

PAYSAGES DE LA TERRE

Si la Terre est si belle, c'est grâce à ses milliers de paysages dessinés par les eaux, les terres, les plantes et le Soleil…

Des éléments très influents

Au départ, les mouvements de l'écorce terrestre font surgir les reliefs. Les eaux sculptent des côtes, des vallées, des grottes et des lacs. Les climats déterminent la végétation. Ainsi se forment les principaux types de paysages.

question d'enfant

Les paysages que j'aime peuvent-ils changer ?

Tous les paysages évoluent. L'écorce terrestre, toujours en mouvement, fait apparaître des failles ou naître des volcans. L'érosion du vent et des eaux creuse des vallées, ronge les falaises, arrondit les sommets ou transporte des alluvions qui s'accumulent pour former des deltas ou des îles.

Les « marteaux de Thor », en Amérique du Nord, ont été sculptés pendant des milliers d'années par l'érosion.

Les plus hautes falaises de granit d'Europe, à Moher, en Irlande, atteignent 215 m à l'O'Briens Tower.

Les paysages de glace des pôles prennent parfois un aspect étonnant.

Les rochers de la baie d'Along, au Vietnam, trônent majestueusement dans des eaux peu profondes.

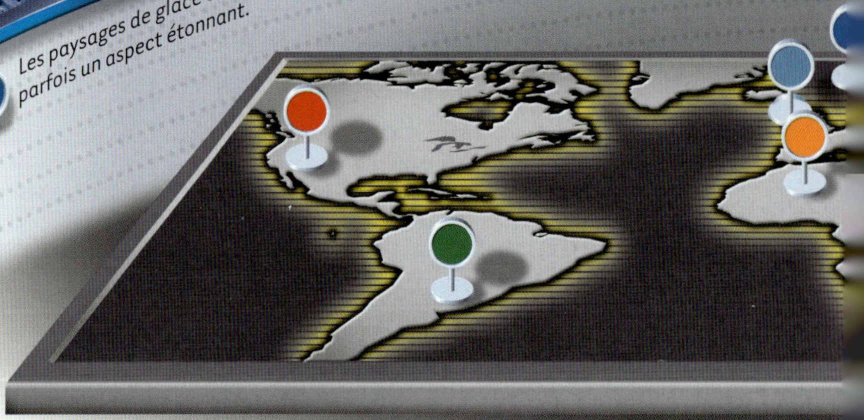

MER, GLACE ET VENT ATTAQUENT !

Les paysages qui nous sont familiers ne coulent pas forcément des jours paisibles. Sur des dizaines, parfois des milliers d'années, ils ont à subir les assauts quotidiens de la mer, des rivières, de la pluie, du vent ou de la glace. Ils s'usent littéralement à leur contact, laissant apparaître de nouveaux paysages dans lesquels on peut lire les traces du passé si l'on est attentif. Arches calcaires, vallées en U et cheminées de fée sont le résultat spectaculaire de paysages modifiés par les éléments naturels.

FALAISES CALCAIRES : quand la mer gagne du terrain !

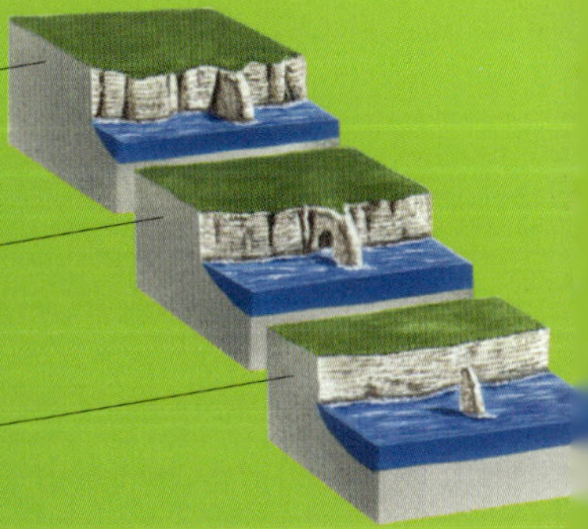

Les vagues de tempête attaquent et creusent la base de la roche calcaire des falaises escarpées. La falaise s'éboule, parfois en pans entiers.

Il se forme des aiguilles, des arches et des cavités. Quelques arches se transforment en aiguilles quand leur toit s'éboule à son tour.

Les vagues finissent par se heurter aux roches plus dures, et les creux sont comblés : le littoral devient rectiligne.

C'est en Océanie, dans l'océan Indien, que se trouvent ces atolls féériques.

À Bali, en Indonésie, les cultures en terrasses permettent d'exploiter les terres volcaniques fertiles.

En Afrique, les dunes du Sahara, le plus vaste désert du monde, sont sans cesse balayées par des rafales de vent.

Entre le Brésil et l'Argentine, en Amérique du Sud, l'Iguaçu se jette dans le Paraná en vertigineuses chutes de 108 m de haut.

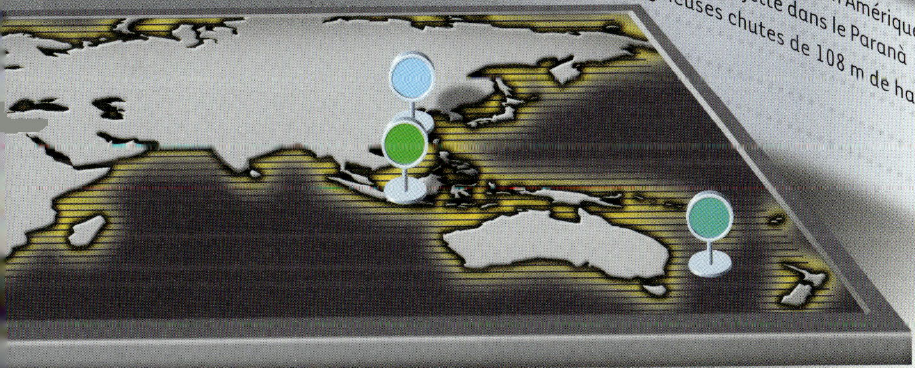

chiffres

11 % de la surface terrestre est couverte par des glaciers ou des calottes glaciaires. Ce chiffre atteignait 30 % lors de la dernière glaciation.

30 % environ des terres de la planète sont des déserts ou des semi-déserts.

680 m : c'est l'altitude moyenne des terres de la planète situées au-dessus du niveau de la mer.

23 % des terres émergées du globe (soit 3,1 milliards d'hectares) sont couvertes par les forêts. Mais cette proportion ne cesse de diminuer.

2 km : c'est l'épaisseur de la calotte glaciaire à certains endroits de l'Antarctique. Si cette calotte fondait, le niveau de la mer s'élèverait de 55 m…

2 500 km : c'est la longueur de la Grande Barrière, le plus grand récif de corail du monde situé au large de l'Australie.

120 m : c'est la hauteur qu'atteignent les plus hautes falaises calcaires, comme à Étretat en France, à Douvres en Angleterre, et sur la côte sud de l'Australie.

VALLÉES EN U : les vestiges d'anciens glaciers

CHEMINÉES DE FÉE : les traces d'anciens volcans

QUAND L'HOMME TRANSFORME LA NATURE

Aujourd'hui, c'est l'action de l'homme qui modifie le plus les paysages et les milieux naturels.

ÉCOSYSTÈME

C'est un milieu naturel comme la mer, la montagne ou encore la forêt, dans lequel toutes les espèces, animales et végétales, dépendent les unes des autres. Lorsqu'un élément de ce milieu est modifié ou disparaît, l'équilibre tout entier de ce même milieu est alors immédiatement menacé.

Un équilibre menacé

Depuis l'invention de l'agriculture, les hommes défrichent les forêts, cultivent les sols, arrachent ou plantent des haies et aménagent les milieux naturels. Les progrès économiques et techniques ont permis de construire des routes, de creuser des tunnels et de créer des villes. Mais à chaque étape, c'est l'équilibre d'un écosystème qui est menacé.

IL FAIT BIEN TROP FROID OU BIEN TROP HUMIDE… MAIS ILS Y VIVENT !

Certains peuples, malgré des conditions de vie très hostiles, n'ont pas cherché à modifier le milieu dans lequel ils vivaient : ils s'y sont adaptés et l'ont respecté.

Les Inuits du Canada
Ces chasseurs du Groenland ont su s'adapter à des températures de - 40 °C. Autrefois, vêtus de fourrures de phoques, ils s'abritaient dans des igloos ou des cabanes en os de baleine.

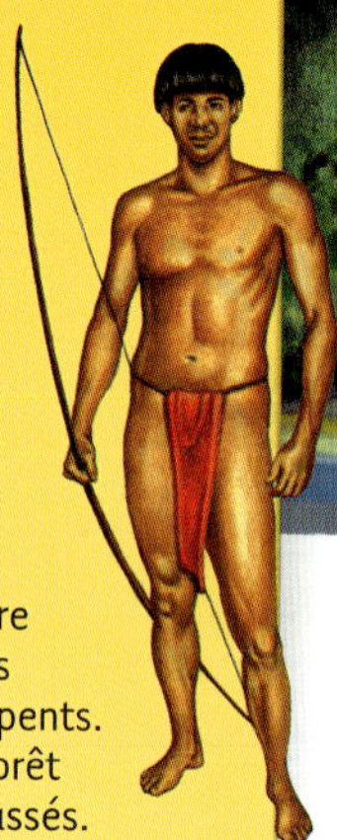

Les Indiens d'Amazonie
Malgré l'extrême humidité et le peu de ressources de la forêt, ils survivent et utilisent même certaines plantes comme remèdes contre les piqûres d'insectes et les morsures de serpents. La destruction de la forêt les a presque tous chassés.

DES FORÊTS ABATTUES

Pour obtenir de plus grosses récoltes, l'homme abat des forêts et dégage des champs de plus en plus vastes. Dans certaines régions, il arrache les haies qui poussaient là naturellement auparavant.

DES TERRES AMÉNAGÉES

Peu à peu, des hommes ont aménagé des terres pour les cultiver. Ils pratiquent les cultures en terrasses dans les régions de montagne, en agençant avec des pierres de petits terrains plats le long des grandes pentes abruptes.

LA VILLE : UN NOUVEAU PAYSAGE

Quand ses industries se sont développées, l'homme a eu besoin de créer des routes et des villes. C'est ainsi qu'il a bouleversé les paysages sur des dizaines de kilomètres en aménageant par exemple le littoral pour accueillir de puissants navires, ou en creusant le sous-sol pour y loger de gigantesques parkings !

AU CŒUR DE LA NATURE

Les peuples traditionnels ne transformaient pas leur milieu naturel : ils utilisaient toutes ses ressources, vivant de chasse, de pêche et de cueillette.

À la Une

L'INFO CHOC AU QUOTIDIEN

PRIX FRANCE MÉTROPOLITAINE : 1€

POUR OU CONTRE LE BARRAGE DES TROIS GORGES ?

En Chine, la construction du barrage des Trois Gorges, haut de 185 m, sur le fleuve Yangzi, a suscité un débat. Ce barrage est censé fournir la même énergie électrique que 18 réacteurs nucléaires. Il doit régulariser le cours du fleuve et en éviter les crues. Pourtant, beaucoup se sont opposés à cet édifice, car 4 500 villages ont été submergés et deux millions de personnes déplacées. Enfin, les espèces non aquatiques sauvages impossibles à déplacer risquaient elles aussi la noyade.

■ Vue plongeante sur le plus haut barrage du monde (185 m), dont la production électrique a débuté en 2003.

DES VALLÉES ENGLOUTIES

Dans les régions montagneuses, l'homme construit des barrages pour produire de l'électricité et provoque alors parfois l'inondation de vallées entières.

LE DÉSERT : UN PAYSAGE À L'ÉTAT BRUT

Froids ou chauds, mais tous déserts !

Le désert s'étend là où il tombe moins de 25 cm de pluie par an. La plupart, comme le Sahara, sont brûlants, mais d'autres sont froids. Certains connaissent des écarts thermiques spectaculaires, comme le désert de Gobi, en Asie centrale, où il peut faire + 35 °C le jour et - 35 °C la nuit.

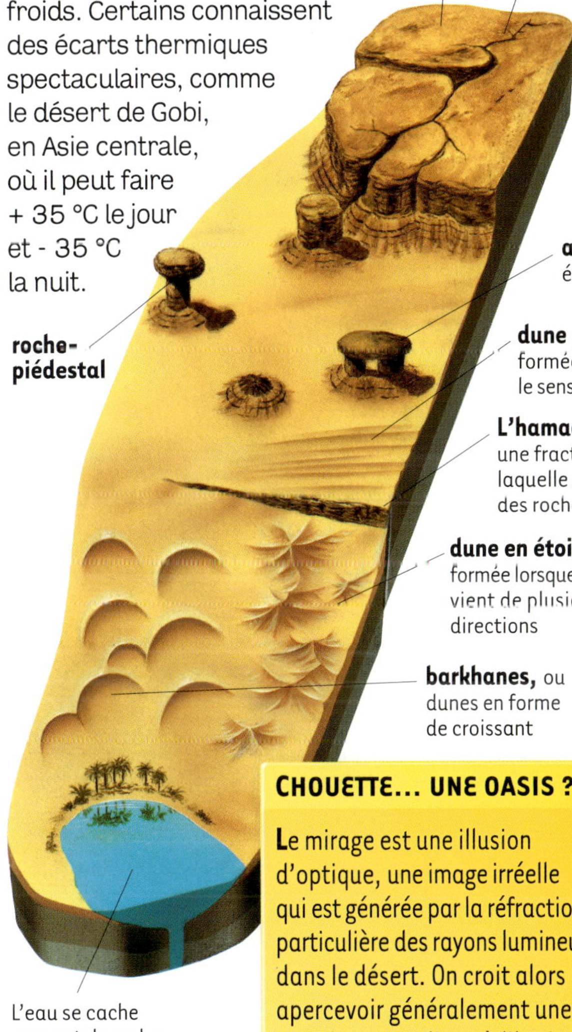

CHOUETTE... UNE OASIS ?

Le mirage est une illusion d'optique, une image irréelle qui est générée par la réfraction particulière des rayons lumineux dans le désert. On croit alors apercevoir généralement une grande nappe d'eau à l'horizon. Mais ce n'était qu'un rêve, il faudra encore patienter pour se désaltérer !

L'atmosphère a 1 000 km d'épaisseur, mais elle comporte plusieurs couches : la troposphère, la stratosphère, la mésosphère, la thermosphère et l'exosphère.

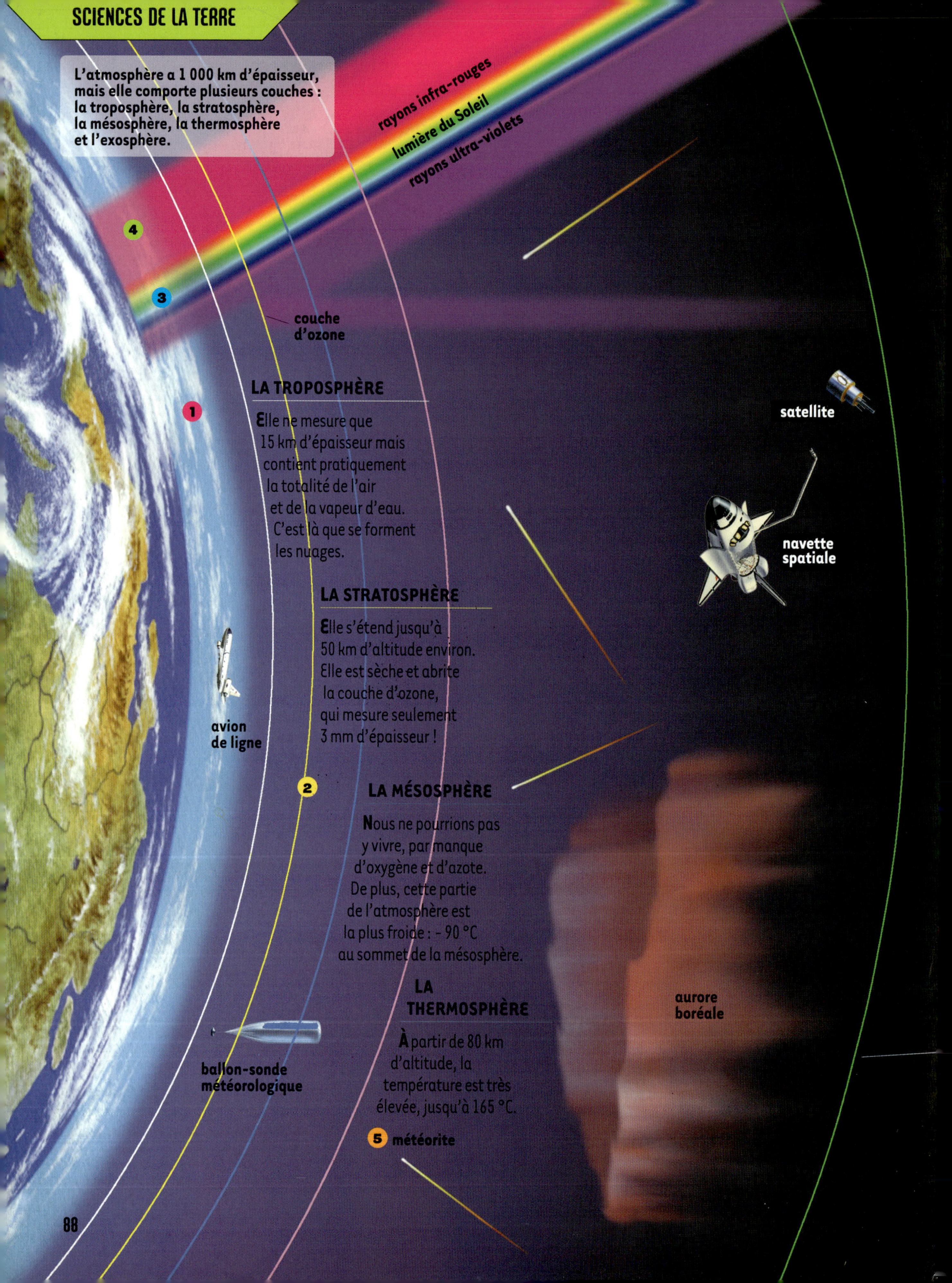

LA TROPOSPHÈRE

Elle ne mesure que 15 km d'épaisseur mais contient pratiquement la totalité de l'air et de la vapeur d'eau. C'est là que se forment les nuages.

LA STRATOSPHÈRE

Elle s'étend jusqu'à 50 km d'altitude environ. Elle est sèche et abrite la couche d'ozone, qui mesure seulement 3 mm d'épaisseur !

LA MÉSOSPHÈRE

Nous ne pourrions pas y vivre, par manque d'oxygène et d'azote. De plus, cette partie de l'atmosphère est la plus froide : - 90 °C au sommet de la mésosphère.

LA THERMOSPHÈRE

À partir de 80 km d'altitude, la température est très élevée, jusqu'à 165 °C.

5 BONNES RAISONS D'AIMER L'ATMOSPHÈRE

1 ELLE CONTIENT DES GAZ INDISPENSABLES

L'atmosphère contient 78 % d'azote, 21 % d'oxygène, et d'autres gaz comme l'argon, le méthane, le dioxyde de carbone (ou gaz carbonique), l'hélium... Ce mélange gazeux permet la respiration des êtres vivants. La présence d'un peu de vapeur d'eau assure aussi la circulation de l'eau entre les océans et les continents.

2 ELLE FILTRE LES RAYONS NOCIFS DU SOLEIL

La stratosphère contient une fine et précieuse couche d'ozone. Ce gaz joue le rôle d'un filtre protecteur. Il absorbe les rayons ultra-violets du Soleil (UV) qui sont dangereux pour les êtres vivants et les empêche d'atteindre le sol.

3 LA COULEUR BLEUE DU CIEL

Si le ciel nous semble bleu, c'est grâce à l'atmosphère. La lumière solaire, composée des couleurs de l'arc-en-ciel, est déviée dans toutes les directions par l'atmosphère, puis un peu absorbée par l'air. La couleur bleue est celle qui est le moins absorbée. Elle se diffuse et donne au ciel sa couleur. Moins il y a d'air, plus le ciel est foncé, jusqu'au noir de l'espace.

L'EXOSPHÈRE

Elle commence à partir de 480 km : les gaz y sont de plus en plus rares et finissent par se perdre dans l'espace entre les planètes.

4 ELLE FAIT RÉGNER UNE TEMPÉRATURE VIVABLE

L'atmosphère joue le rôle d'une serre : les rayons du Soleil la traversent et viennent chauffer la surface de la Terre. Notre planète renvoie les rayons infrarouges. Piégés par les molécules de gaz carbonique et de vapeur d'eau de la troposphère, ils ricochent à leur tour vers la Terre. La chaleur est comme emprisonnée, ce qui adoucit la température.

5 C'EST UN BOUCLIER CONTRE LES MÉTÉORITES

Plus d'un million de tonnes de matériaux en provenance de l'espace se dirige chaque année vers la Terre. Heureusement, ces météorites sont freinées par le frottement de l'air lorsqu'elles rentrent dans l'atmosphère : la plupart se dispersent en une pluie de poussières ou d'étincelles, qu'on appelle des « étoiles filantes ».

NAVETTES SPATIALES EN VUE

Lorsqu'elle rejoint la Terre, une navette spatiale rentre dans l'atmosphère à 27 000 km/h, ce qui produit un échauffement qui pourrait la faire fondre en quelques instants ! Le ventre, le nez et le bord des ailes de l'engin sont pour cela recouverts de tuiles à base de silice qui résistent à la chaleur.

LES AUTRES PLANÈTES DU SYSTÈME SOLAIRE N'ONT PAS TOUTES LA MÊME ATMOSPHÈRE :

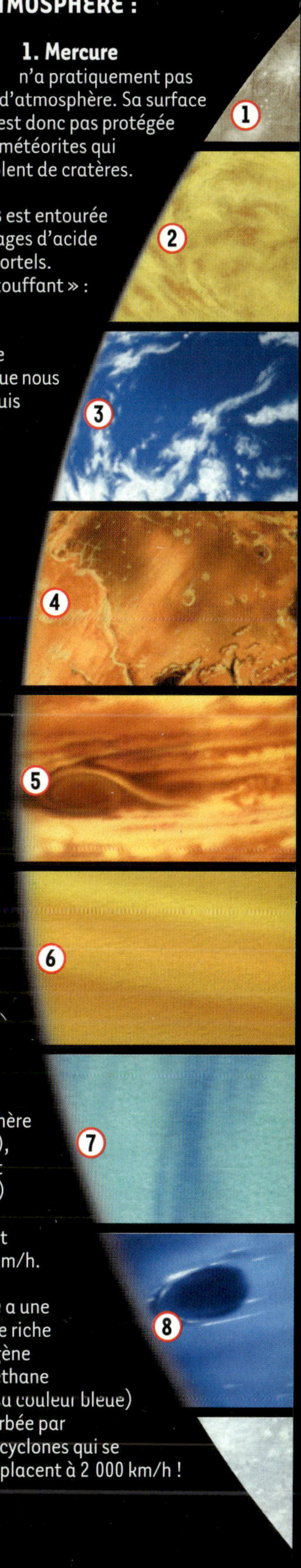

1. Mercure n'a pratiquement pas d'atmosphère. Sa surface n'est donc pas protégée des météorites qui la criblent de cratères.

2. Vénus est entourée d'épais nuages d'acide sulfurique mortels. Et il y fait « étouffant » : plus de 450 °C.

3. La Terre a une atmosphère telle que nous la connaissons depuis environ 4,6 milliards d'années.

4. Mars a une atmosphère ténue composée de gaz carbonique, d'azote et d'argon. Il y a très peu d'oxygène et de vapeur d'eau. La température ne dépasse pas 0 °C.

5. Jupiter a une atmosphère d'hydrogène (90 %) et d'hélium (10 %) dont la composition est très proche de la nébuleuse qui a donné le système solaire.

6. Saturne est une boule de gaz géante avec 75 % d'hydrogène et 25 % d'hélium. Ses anneaux sont situés bien au-delà de son atmosphère.

7. Uranus possède une épaisse atmosphère d'hydrogène (83 %), d'hélium (15 %) et de méthane (2 %) formant de gros nuages qui filent à plus de 350 km/h.

8. Neptune a une atmosphère riche en hydrogène et en méthane (d'où sa couleur bleue) perturbée par des cyclones qui se déplacent à 2 000 km/h !

LA TERRE EN DANGER

Eau, air, terre… De tous côtés, les équilibres de la planète sont menacés. Aujourd'hui, la Terre est devenue fragile : il faut la protéger.

1. LA DÉFORESTATION

Dans les régions sèches d'Asie, d'Afrique ou d'Amérique, les hommes doivent abattre des forêts pour cultiver de nouvelles terres. Mais ces parcelles s'appauvrissent et sont vite abandonnées. Les pluies emportent alors les sols qui ne sont plus retenus par les racines des arbres. Et le désert s'installe, irrémédiablement.

Des solutions : organiser l'exploitation de la forêt, reboiser là où c'est possible.

2. LES PLUIES ACIDES

Les usines et les automobiles rejettent des gaz qui se mêlent à l'eau des nuages et forment de l'acide sulfurique et nitrique. Des pluies, acides comme du jus de citron, retombent à des kilomètres de là, détruisant les feuilles des arbres et les sols, empoisonnant même les poissons des lacs.

Des solutions : obliger les usines à filtrer les fumées qu'elles rejettent, utiliser des carburants plus propres pour les véhicules.

3. LES GAZ À EFFET DE SERRE

De nombreux gaz dégagés par les usines, la combustion du charbon et l'utilisation du pétrole ont tendance à réchauffer le climat. En effet, ils augmentent le phénomène naturel de l'effet de serre qui emprisonne la chaleur autour du globe. Si la température augmente de 1 à 4 °C d'ici 2100, cela pourrait faire fondre les glaces, monter le niveau des mers, modifier les courants marins et provoquer des inondations.

Des solutions : développer des carburants qui dégagent moins de gaz carbonique, remplacer charbon et pétrole par des sources d'énergie propres (solaire ou éolienne), planter des forêts, car les arbres absorbent le gaz carbonique.

VOICI À QUOI LA VIE POURRAIT RESSEMBLER SUR TERRE

1. Le désert gagnerait du terrain.

2. L'air deviendrait irrespirable.

3. Des inondations engloutiraient certaines régions.

Un rythme épuisant !

Pendant des milliers d'années, les hommes ont exploité les richesses de la Terre sans aucun souci. Mais depuis cent ans, la population a beaucoup augmenté et les hommes se sont mis à produire plus. Pour cela, ils ont puisé, parfois trop, dans les ressources de la Terre.

SI L'HOMME NE PROTÈGE PAS L'ENVIRONNEMENT

4. Les rayons du Soleil seraient extrêmement dangereux pour l'homme.

5. L'eau douce deviendrait une denrée rare.

6. Les voitures n'auraient plus d'essence pour fonctionner.

4. UN TROU DANS LA COUCHE D'OZONE

Des gaz contenant du chlore (chlorofluorocarbones, ou CFC) détruisent la couche d'ozone de l'atmosphère qui nous protège des rayons UV du Soleil. Déjà, un immense trou s'agrandit au-dessus de l'Antarctique, détruisant le plancton de l'océan. Chez l'homme, les rayons UV sont à l'origine de cancers et de maladies des yeux.

Des solutions : remplacer les CFC utilisés dans les réfrigérateurs, les bombes aérosols, les mousses plastiques par d'autres produits.

5. LA POLLUTION DES RIVIÈRES

Les lacs, les rivières et les fleuves, ces sources d'eau à partir desquelles l'homme s'approvisionne en eau douce, sont salies par les industries et les engrais mis dans les sols. Les mers ne sont pas épargnées. Elles sont polluées par les rejets industriels et les produits pétroliers. Plusieurs espèces vivantes marines sont ainsi menacées de disparition.

Des solutions : limiter les rejets industriels dans les eaux, obliger les industries à nettoyer leurs eaux usées. Interdire les constructions et les usines polluantes sur le littoral.

6. L'ÉPUISEMENT DES RESSOURCES

En 2020, les réserves de pétrole, donc d'essence du monde, devraient être presque épuisées. De même, de nombreux minerais et matières premières comme le bois, l'uranium ou le gaz naturel risquent de manquer. Car l'homme consomme en quelques années des matériaux que la Terre a mis des siècles à fabriquer.

Des solutions : économiser les ressources existantes, développer la recherche de nouvelles énergies, autres que solaire ou éolienne.

AU SECOURS DE LA TERRE

Depuis plusieurs années, les chercheurs, les responsables politiques et aussi les simples citoyens réagissent pour sauver la Terre.

Info

Les sommets de la Terre

Les pays du monde entier se réunissent depuis 1972 pour trouver des moyens de moins polluer l'atmosphère. Ces sommets mondiaux ont permis par exemple de limiter partout dans le monde l'utilisation des gaz aérosol (qui endommagent la couche d'ozone). Ils ont aussi encouragé la recherche de nouvelles énergies.

Cette photo satellite montre les zones où la forêt a été déboisée.

LE SATELLITE SPOT, UN SUPER-PHOTOGRAPHE

Les satellites français Spot 1, 2 et 4 (ou Satellite pour l'Observation de la Terre) gravitent depuis 1986 à 830 km de hauteur. Ils font le tour de la Terre en 30 jours environ et transmettent des images numériques sur l'avancée des déserts, l'état des fleuves ou des forêts.

Plonge dans ta poubelle ! Dans certaines villes, on propose le tri des déchets pour faciliter leur recyclage. Ainsi, on fabrique moins d'objets nouveaux et on économise les ressources naturelles. Alors regarde, parmi tous les déchets de la poubelle de ta cuisine, ceux qui vont être transformés.

COMBIEN DE TEMPS METTENT-ILS POUR SE DÉGRADER DANS LA NATURE ?

ET TOI, QUE PEUX-TU FAIRE ?

Regarde Robert : il se prend pour le sauveur de la Terre ! Parfois il exagère, mais toi aussi tu peux agir contre la pollution en suivant quelques consignes.

Ne pas gaspiller l'eau.

Utiliser les transports en commun ou le vélo, plutôt que la voiture.

Trier tes déchets.

Acheter de préférence des produits recyclables et des bombes non polluantes.

Ne pas jeter n'importe quoi dans la nature.

L'astronomie

L'astronomie est l'étude des corps célestes qui composent l'Univers : planètes, lunes, étoiles, galaxies… D'où viennent les étoiles qui brillent dans le ciel ? Pourra-t-on voyager un jour dans l'espace ? Sommes-nous seuls dans l'Univers ? Que de questions sans réponses !

Nez en l'air, les astronomes
Depuis des milliers d'années, avec leurs seuls yeux puis avec des lunettes et des télescopes, les astronomes observent le ciel. Ils cherchent à comprendre comment les astres se forment, évoluent et disparaissent.

Composition des comètes
Les comètes sont constituées de résidus des matériaux du système solaire formé il y a 4,5 milliards d'années : eau, cailloux, poussière. Leur chevelure est formée de particules arrachées par les rayons du soleil.

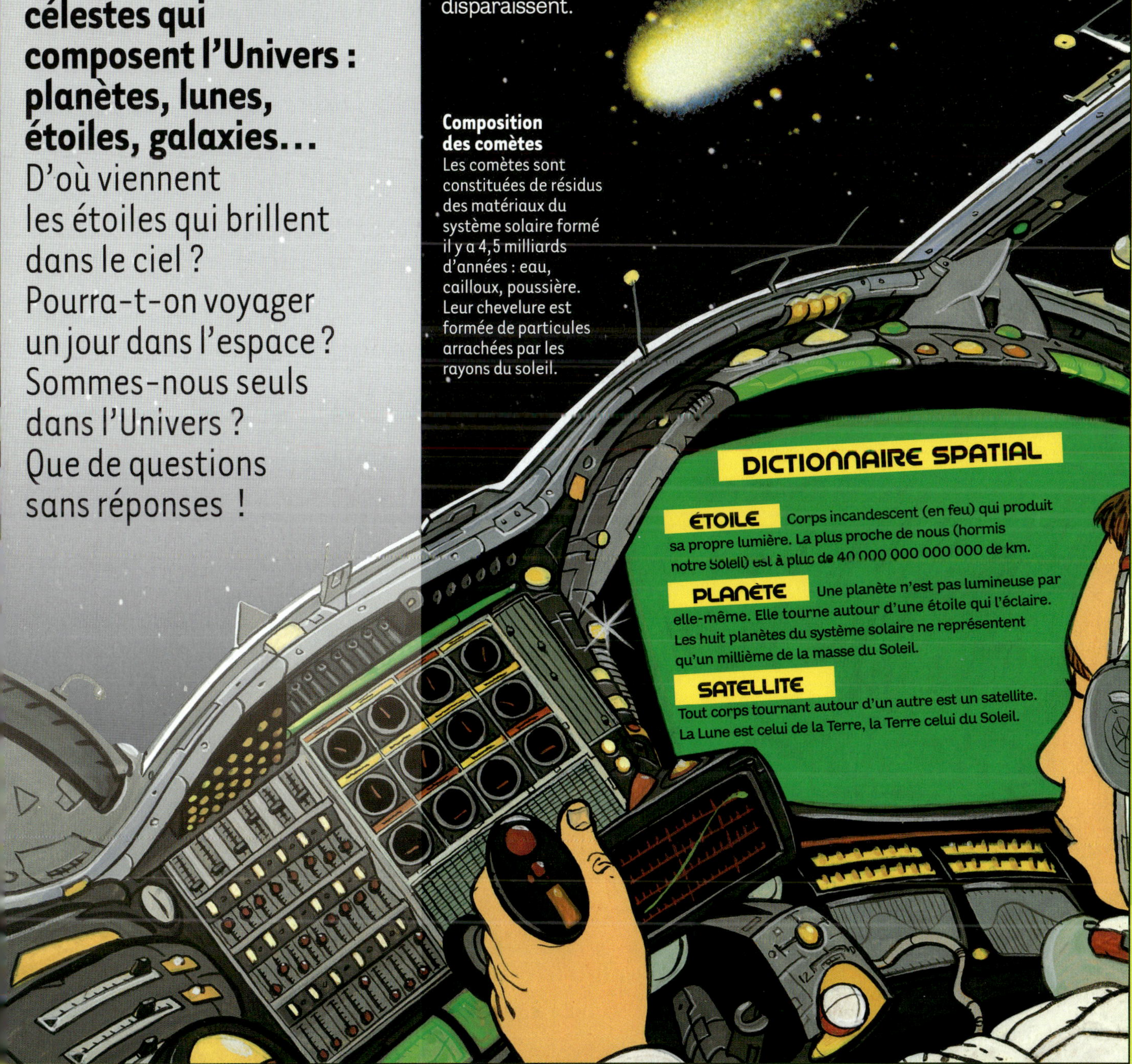

DICTIONNAIRE SPATIAL

ÉTOILE Corps incandescent (en feu) qui produit sa propre lumière. La plus proche de nous (hormis notre Soleil) est à plus de 40 000 000 000 000 de km.

PLANÈTE Une planète n'est pas lumineuse par elle-même. Elle tourne autour d'une étoile qui l'éclaire. Les huit planètes du système solaire ne représentent qu'un millième de la masse du Soleil.

SATELLITE Tout corps tournant autour d'un autre est un satellite. La Lune est celui de la Terre, la Terre celui du Soleil.

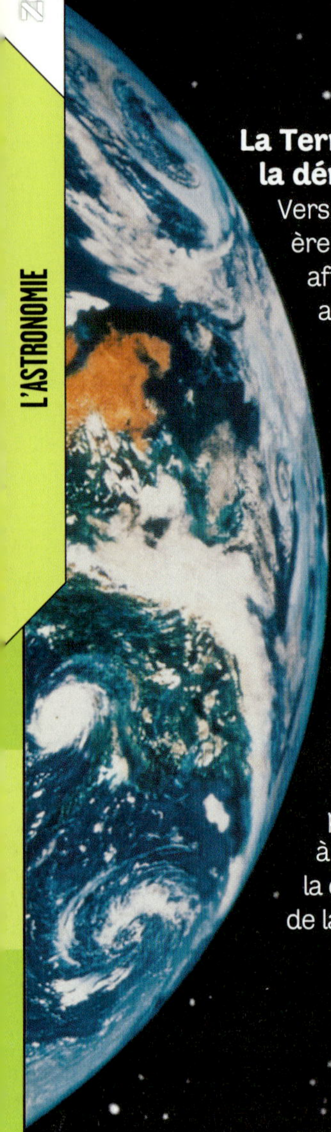

La Terre est ronde : la démonstration

Vers 550 avant notre ère, le Grec Pythagore affirme que la Terre a été créée par les dieux, donc avec une forme parfaite et ronde. 300 ans plus tard, Aristarque, le grand astronome grec, remarque en observant une éclipse que la Terre possède une ombre circulaire. Or, l'objet qui a une ombre circulaire, quelle que soit sa position est la sphère. Près de 50 ans plus tard, Ératosthène parvient enfin à mesurer la circonférence de la Terre.

L'AVENIR MOUVEMENTÉ DE LA TERRE

De nombreux dangers guettent notre planète. L'activité industrielle humaine dérègle par exemple son climat et perturbe son équilibre. Une météorite géante pourrait la détruire partiellement en la percutant. Enfin et surtout, dans environ 5 milliards d'années, elle sera probablement engloutie par le Soleil transformé en étoile géante rouge.

À la Une

L'INFO CHOC AU QUOTIDIEN

PRIX FRANCE MÉTROPOLITAINE : 1 €

UNE ATTIRANCE TRÈS GRAVE !

Madame Deneb Kaïtos est astronome à l'observatoire de la Côte. Elle nous explique pourquoi la Lune ne tombe pas sur la Terre : « Pour comprendre, imaginons quelques expériences. Lançons une balle. Elle tombera en décrivant une courbe. Si nous la lançons très fort, elle tombera très loin. Lancée à la vitesse de 28 500 km/h, notre balle tombera le long de la courbure de la Terre : elle sera satellisée ! C'est ce qui se passe avec la Lune : elle tombe autour de la Terre ! Même si la Lune s'éloigne de nous de quelques mètres par siècle, elle ne nous quittera pas : la Terre et la Lune sont solidement liées par les lois de la gravitation, découvertes il y a 300 ans par Isaac Newton. »

DES INSTRUMENTS POUR SCRUTER LE CIEL

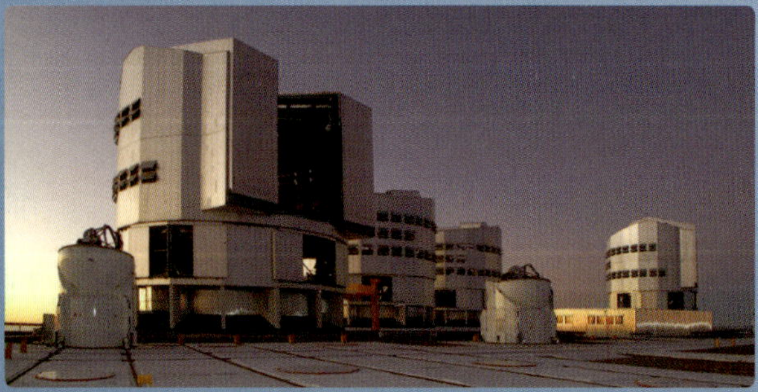

Installé au Chili, le **VLT** (Very Large Telescope) est équipé de quatre énormes télescopes dont le plus grand a un diamètre de plus de huit mètres. Grâce à leur grande taille, ces télescopes captent davantage de lumière et voient de plus petits détails de l'univers.

Les télescopes sont des entonnoirs à lumière. Plus la surface du miroir ou de la lentille du télescope est grande, plus l'on récolte de lumière et plus l'image est précise. On agrandit ensuite l'image en un point (le foyer) avec une loupe, l'oculaire.

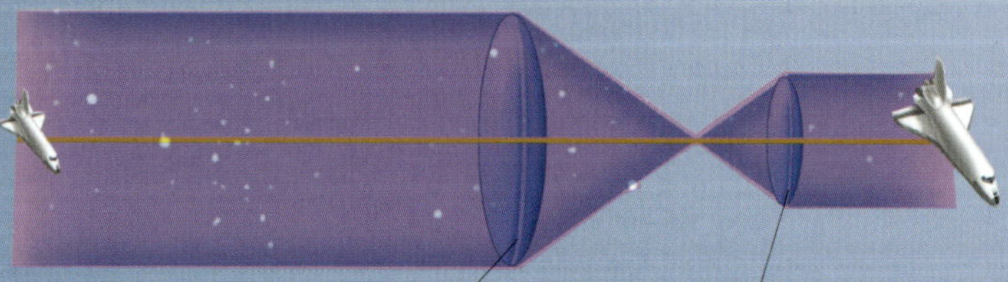

DE LA TERRE À LA LUNE

La Terre et la Lune sont attirées l'une par l'autre. La Lune tourne autour de la Terre en 28 jours : c'est un satellite de la Terre et son astre jumeau. Leurs destins sont liés.

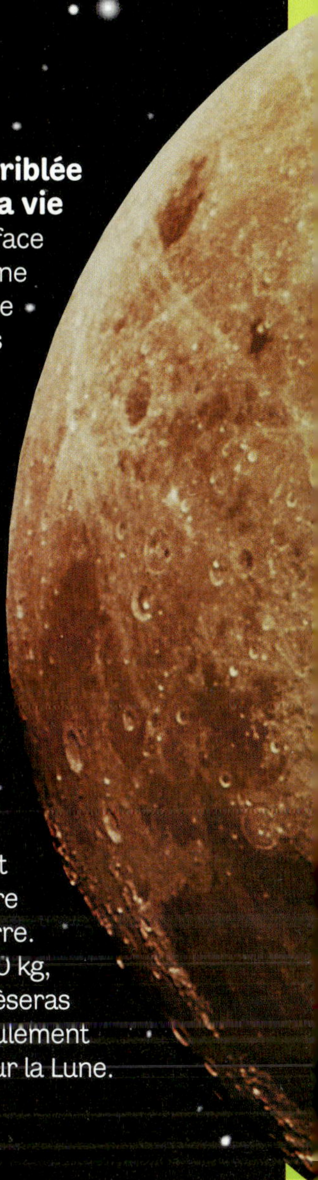

Criblée pour la vie
La surface de la Lune est constellée de cratères dus à des impacts de météorites. Comme il n'y a pas d'air, pas d'eau et donc pas d'érosion, les cratères restent inchangés.

Perte de poids garantie!
Sur la Lune, la pesanteur est six fois moindre que sur la Terre. Si tu pèses 30 kg, tu en pèseras seulement 5 sur la Lune.

LA FORMATION DE LA LUNE

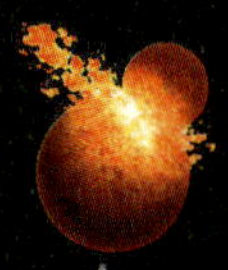

On imagine qu'une énorme météorite a percuté la Terre.

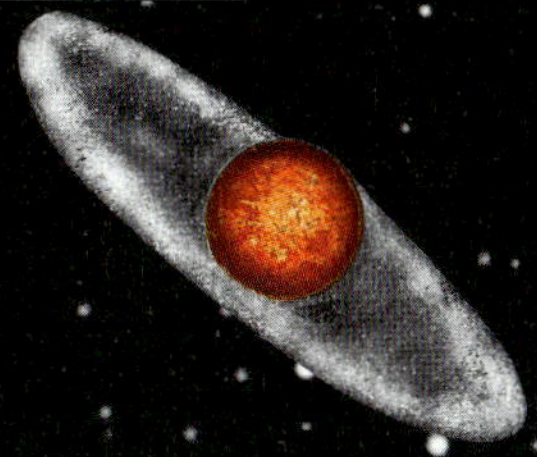

Une partie des débris éjectés a été satellisée autour de la Terre.

Rochers et poussières se sont agglomérés pour donner un nouvel astre : la Lune.

QU'EST-CE QU'UNE ÉCLIPSE ?

Quand la Lune passe entre la Terre et le Soleil, elle masque exactement le Soleil. Elle est pourtant 400 fois plus petite que le Soleil, mais 400 fois plus proche de lui que la Terre.

À la différence d'un télescope, un **radiotélescope** ne donne pas d'image visuelle de ce qu'il observe : c'est une gigantesque oreille à ondes « radios ». Les dix grandes paraboles du Very Large Baseline Array situé au Nouveau-Mexique « écoutent » l'univers.

ASTRONOMIE SPATIALE

L'atmosphère terrestre déforme les images de l'Univers observées de la Terre par les astronomes. C'est pourquoi les astronomes envoient aujourd'hui des télescopes dans l'espace.

À l'abri des perturbations de l'atmosphère, à 500 km d'altitude, le télescope spatial **Hubble** photographie le ciel depuis 1990 avec une précision et une qualité inégalées.

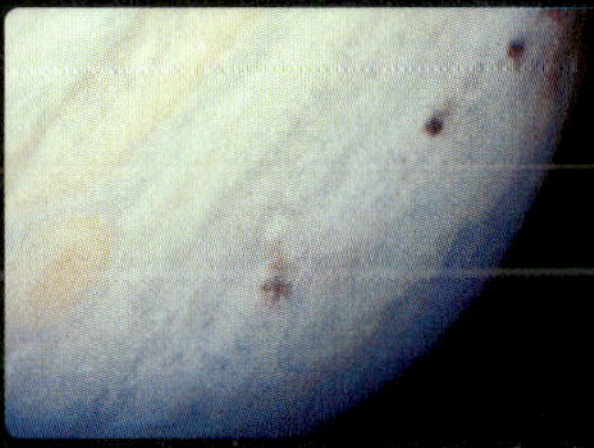

Les perturbations de l'atmosphère de **Jupiter** sont désormais visibles.

Dans ce **nuage stellaire,** les points lumineux sont des Soleils en cours de formation.

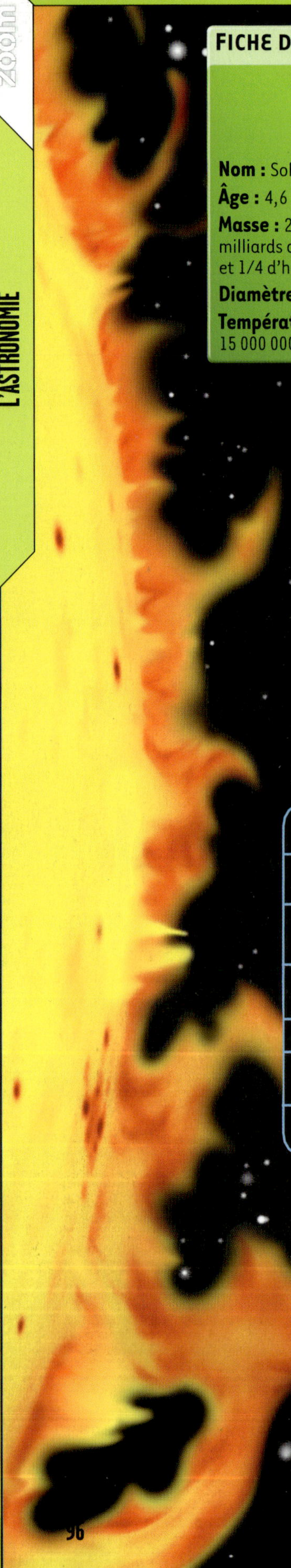

FICHE D'IDENTITÉ DU SOLEIL

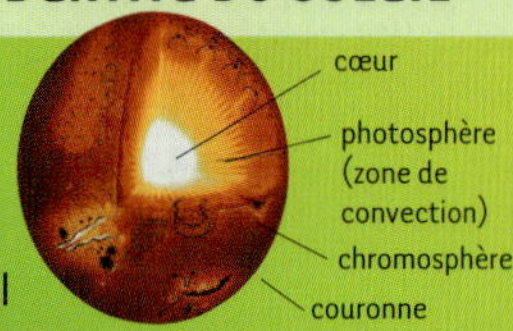

Nom : Soleil

Âge : 4,6 milliards d'années

Masse : 2 000 000 000 000 000 000 milliards de tonnes (dont 3/4 d'hydrogène et 1/4 d'hélium)

Diamètre : 1 392 000 km

Température : 6 000 °C en surface, 15 000 000 000 °C dans le cœur.

LE SOLEIL EN 5 MILLIARDS D'ANNÉES

Le Soleil brûle ses réserves d'hydrogène. Quand elles seront épuisées, le cœur du Soleil s'effondrera sur lui-même

Le cœur se rallumera et le Soleil deviendra une étoile géante rouge qui grossira jusqu'à engloutir Mercure et Vénus.

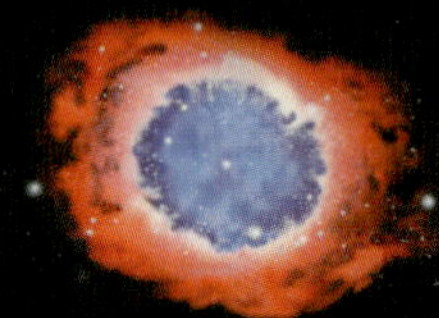

La Terre sera calcinée. Après quelques millions d'années, le Soleil formera une bulle de gaz chauds et lumineux, une « nébuleuse planétaire ».

Mercure
Sa surface a un aspect très proche de celui de la Lune.

Vénus
L'Étoile du Berger à l'atmosphère brûlante (400 °C).

Terre
La seule planète qui accueille de la vie.

Mars
Elle porte le nom du dieu de la guerre à cause de sa couleur rouge sang.

	MERCURE	VÉNUS	TERRE	MARS
Type de planète	tellurique*	tellurique	tellurique	tellurique
Distance au Soleil (en millions de km)	58	108	150	228
Durée de la révolution (en jours)	88	224,7	365,25	687
Durée de la rotation sur elle-même	58,65 jours	243 jours	23 h 56 mn 04 s	24 h 37 mn
Diamètre en km	4 880	12 100	12 760	6 790
Masse par rapport à la Terre (en kg)	0,055	0,815	1	0,11
Nombre de satellites	0	0	1	2

*tellurique = rocheux

Protubérances
Le cœur du Soleil chauffe comme une vraie chaudière. D'énormes bulles de matière éclatent à la surface, et produisent de grandes arches de plusieurs centaines de milliers de kilomètres.

Vent solaire
Lors des éruptions solaires, des particules issues des gaz surchauffés composant le Soleil sont éjectées à la vitesse de 1,5 million de km/h. C'est le vent solaire.

GALILÉE ET LES LUNES DE JUPITER

Un soir de janvier 1610, Galilée découvre trois astres au bout de sa lunette à proximité de Jupiter. Quelques jours après, il en voit quatre à des endroits différents ! Il en conclut que ces astres sont des lunes de Jupiter, que tous les astres ne tournent pas autour de la Terre et que, contrairement à ce que dit l'Église, la Terre n'est pas le centre de l'Univers. Pour cette découverte Galilée sera emprisonné !

Enfin, il se contractera de nouveau pour devenir une étoile « naine blanche » qui s'éteindra progressivement.

LA RONDE DES PLANÈTES

Le mouvement et l'aspect des planètes a toujours intrigué les astronomes. Aujourd'hui, des sondes se posent à la surface de la plupart d'entre elles et l'on connaît les principales caractéristiques de chacune.

Cette photo est prise en pause pendant toute une nuit.

LONGUE OBSERVATION À L'ŒIL NU

Lorsqu'on reste toute une nuit à regarder le ciel, les étoiles bougent ! En réalité, elles sont fixes, mais c'est la Terre qui tourne. Une seule étoile reste à la même place : l'étoile polaire, située dans la Petite Ourse, une constellation en forme de casserole.

Jupiter
La plus grosse planète du système solaire.

Saturne
La plus lointaine des planètes visibles à l'œil nu.

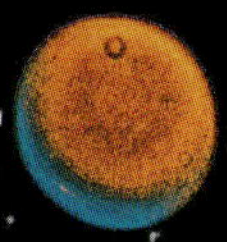

Uranus
Son axe de rotation, littéralement couché sur son orbite est trois fois plus penché que celui de la Terre.

Neptune
En 1848, le Français Leverrier a prouvé son existence sans la voir, mais uniquement par ses calculs.

	JUPITER	SATURNE	URANUS	NEPTUNE
Type de planète	gazeuse	gazeuse	gazeuse	gazeuse
Distance au Soleil (en millions de km)	778	1 428	2 884	4 525
Durée de la révolution (en années)	11,87	29,51	84,66	166,38
Durée de la rotation sur elle-même	9 h 48 mn	10 h 12 mn	16 h 18 mn	18 h 12 mn
Diamètre en km	142 940	120 540	51 120	49 530
Masse par rapport à la Terre (en kg)	317,83	95,16	14,5	17,2
Nombre de satellites	16	24	15	8

LES ANNEAUX DE SATURNE

Les 100 000 petits anneaux de Saturne sont constitués d'une multitude de poussières, de grains et de blocs de glace. Leur diamètre total est de 274 000 km. Ce sont en réalité les débris d'une lune qui n'a pas réussi à se former.

LEXIQUE

Amas :
Les étoiles sont souvent regroupées en amas dans l'Univers. Les amas ouverts contiennent quelques dizaines d'étoiles jeunes. Les amas globulaires, sphériques, se composent de dizaines de milliers de très vieilles étoiles.

Année-lumière :
Elle mesure la distance que la lumière parcourt en une année, à la vitesse de 300 000 km par seconde, soit 10 000 miliards de kilomètres.

Exo-planète :
Planète qui tourne autour d'une autre étoile que le Soleil. On en connaît près de trois cents aujourd'hui. Certaines sont telluriques (ou rocheuses) et ressemblent à la Terre.

Nébuleuse :
Une nébuleuse est un gigantesque nuage de gaz et de poussière. La nébuleuse diffuse contient de toutes jeunes étoiles.
La nébuleuse planétaire est une bulle de gaz très chaud et brillant, reste de la mort explosive d'une étoile.
Une galaxie compte plusieurs dizaines de milliards d'étoiles. Le Soleil, étoile banale, se situe en bordure de notre galaxie, la Voie lactée.

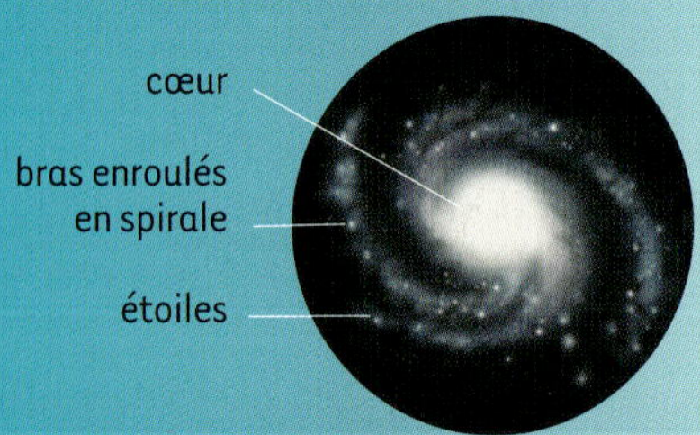

L'UNIVERS

Il a fallu du temps et des instruments puissants aux astronomes pour scruter le ciel, résoudre le mystère des étoiles et découvrir les grandes structures de l'Univers…
Et ce n'est pas fini !

LE BIG-BANG

Avant, il n'y avait rien. Et puis, il y a 15 milliards d'années, on ne sait pourquoi, l'univers est né dans une grande explosion : ce fut le début de l'énergie, de la matière et du temps.

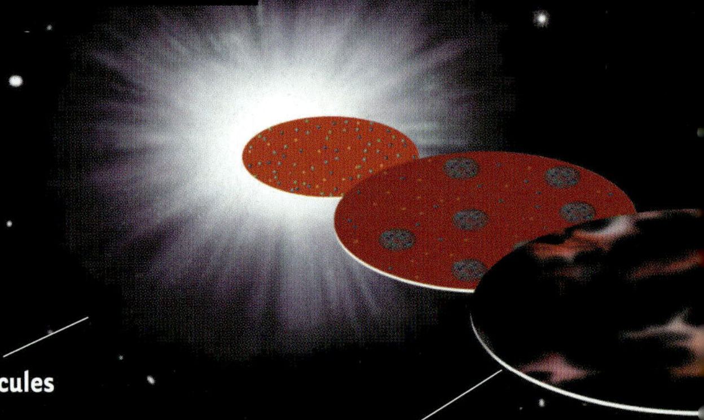

Explosion primordiale : l'Univers très chaud était tellement concentré que la distance Terre-Soleil n'aurait pu se chiffrer en millimètres.

En quelques fractions de seconde, **les particules** comme les électrons, les protons et les neutrons se sont formées.

L'expansion et le refroidissement ont permis la formation des **premiers nuages de gaz.**

Des galaxies sont nées de ces nuages avec des étoiles en leur sein.

Vue de la Terre, **la Voie lactée** est une traînée blanche composée de milliards d'étoiles.

HISTOIRES D'UNIVERS

Au fil de l'histoire, les hommes ont élaboré des théories très différentes pour expliquer la naissance de l'Univers.

Au Ve millénaire, **les Sumériens** imaginèrent la Terre comme un disque plat entouré de mer, le ciel comme une immense sphère de métal, le Soleil, la Lune, les planètes et les étoiles remplis d'air. L'union de l'air et la Terre était à l'origine de la création de l'homme. Au-delà du monde visible s'étendait un océan cosmique, mystérieux et infini.

MYSTÈRE ET BOULE DE GOMME !

Il reste bien des mystères en astronomie, des énigmes que les astronomes les plus savants ne parviennent pas encore à expliquer. Leur résolution ferait faire un grand progrès dans la compréhension de l'Univers.

Masse manquante
Les astronomes savent mesurer la masse des galaxies. Mais la masse d'un amas de galaxies est dix fois plus importante que la somme de toutes les masses des galaxies qui le composent ! Où est passée la masse manquante ?

Trous noirs
La mort des étoiles les plus massives produit des corps tellement denses, que même la lumière ne peut parvenir à s'en échapper.

métiers

Astronome

Il observe les astres pour en déterminer la position, le mouvement et la constitution.

Astrophysicien

Astronome spécialisé dans l'étude des corps célestes, il utilise toutes les ressources de la physique pour comprendre l'Univers.

Planétologue

Ces astronomes spécialisés dans l'étude de la nature des planètes sont appelés « marsologues », « mercurologues », ou géologues (du grec *geo,* « Terre »)...

Aujourd'hui, **les amas de galaxies** sont séparés par de très grands vides, sans rien autour.

À l'avenir, **l'Univers va continuer à s'agrandir,** ses éléments à s'éloigner. Il va se refroidir et se vider. Toutes les étoiles vont finir un jour par s'éteindre.

Les Égyptiens pensaient qu'au début, il y avait le chaos, de l'eau boueuse inerte et stérile. Puis du néant surgit Atoum, qui créa la lumière. En s'unissant à sa propre ombre, il créa Shou, le dieu de l'air, en le crachant. Ensuite, il vomit Tefnout, la déesse de l'humidité. Shou et Tefnout engendrèrent enfin Geb, la Terre, et Nout, le ciel.

Pour **les Africains Bushmen,** le dieu créateur s'est créé lui-même, puis a créé l'eau, la Terre, le ciel et les hommes. Il vit dans le ciel, entouré de ses femmes et de ses enfants. Il agit sur la vie quotidienne des hommes par l'intermédiaire d'un dieu secondaire.

LA CONQUÊTE DE L'ESPACE

Depuis le premier lancement d'un satellite en 1957, la grande aventure a commencé. Les hommes ont d'abord marché sur la Lune. Aujourd'hui, ils préparent les missions habitées sur Mars et explorent Vénus, Mercure et Titan. Pourrons-nous un jour aller au-delà du système solaire ?

L'INDUSTRIE DE L'ESPACE

La Station Spatiale Internationale est un véritable meccano. En 2008, le premier cargo européen Jules Verne s'est arrimé à la station, à 400 km de la Terre. Il a transporté cinq tonnes de fret : du carburant, de l'eau, de la nourriture, des vêtements et de l'oxygène pour l'équipage de la station spatiale internationale, des pièces détachées pour le laboratoire européen Columbus... et deux livres de Jules Verne !

ILS VEULENT TOUS VOLER

Voler, libre comme l'oiseau, vers le ciel et les étoiles, est un vieux rêve de l'humanité. Au cours de l'histoire, écrivains, savants et inventeurs ont eu des idées originales, parfois même loufoques pour y parvenir.

Dans le livre d'Edmond Rostand, *Cyrano de Bergerac* (1897), le héros part explorer le système solaire grâce à **des réacteurs fonctionnant à la rosée !**

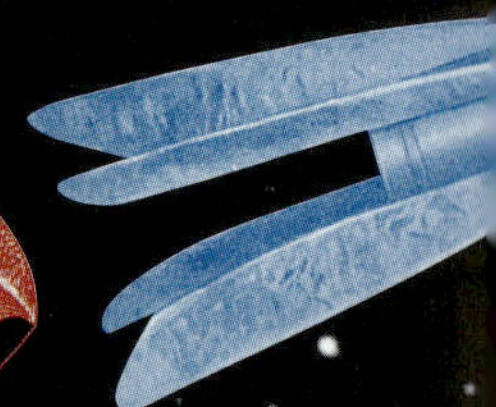

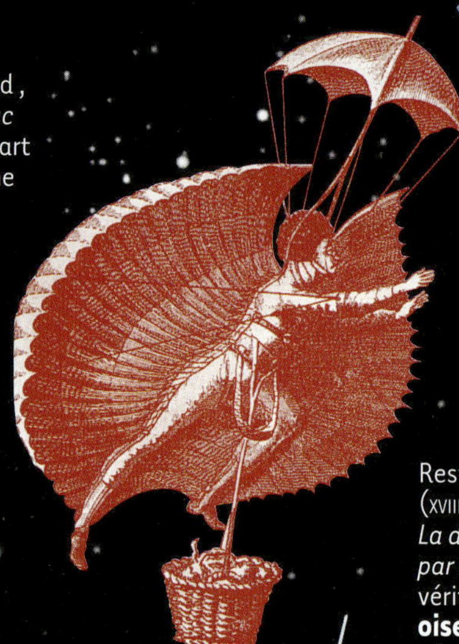

Restif de la Bretonne (XVIIIe siècle), imagine *La découverte australe par un homme volant,* véritable **homme-oiseau,** cousin d'Icare.

Dans son film *Le voyage dans la Lune (1902),* Georges Méliès envoie des hommes dans **un « canon monstre »** vers l'espace.

Les astronautes sont équipés pour résister à des **températures de + 100 °C à - 200 °C.**

C'est la cabine spatiale **Apollo 11** qui a transporté Neil Armstrong et Edwin Aldrin sur la Lune.

Un premier pas qui a enclenché la découverte des autres planètes du système solaire.

ON A MARCHÉ SUR LA LUNE !

« Un petit pas pour l'homme, un grand pas pour l'humanité », clame l'astronaute américain Neil Armstrong, quand il pose le pied sur la Lune le 21 juillet 1969. C'est l'aboutissement de dix ans de travail acharné à la NASA pour mettre au point tous les appareils nécessaires à la vie d'un homme sur la Lune.

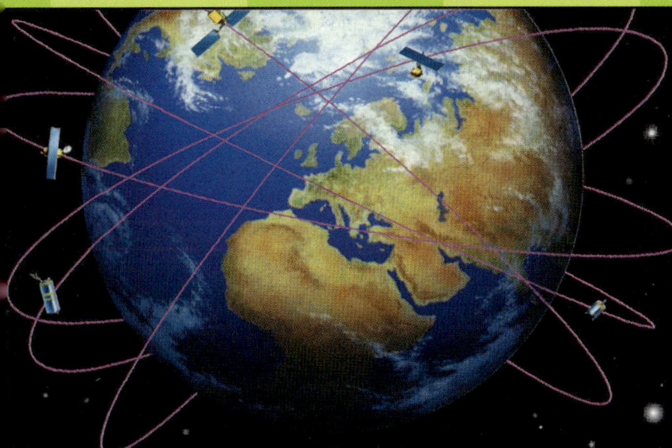

Les navettes spatiales tournent sur une **orbite** à 400 km du sol. Les satellites géo-stationnaires (météo, communication), eux, tournent à 36 000 km d'altitude.

La fusée GIRD a été construite par les Russes dans les années 1930. Elle s'inspire de la conception de la fusée moderne par Constantin Tsiolkovski en 1883.

Le Grec Samosate (200 av. J.-C.) avait imaginé **un vaisseau spatial** tiré par des aigles.

Dans la mythologie grecque, **Icare,** le fils de Dédale, s'est approché si près du Soleil, que la cire avec laquelle il avait collé des plumes sur ses bras a fondu.

MYSTÉRIEUX OVNI

Ces Objets Volants Non Identifiés font rêver ou parfois peur. Mais il s'agit seulement de ballons sondes, nuages aux formes bizarres, satellites usagés ou avions en cours d'essai… dommage !

LE SETI

Avec ce programme international (Search for Extra-Terrestrial Intelligence), des dizaines de milliers d'ordinateurs, reliés par Internet, analysent d'éventuels signaux émis de l'espace par des extraterrestres… Sans succès pour l'instant, mais qui sait ?

SOMMES-NOUS SEULS ?

Sur les milliers de planètes encore inconnues de notre galaxie, il se peut que certaines soient habitées par des extra-terrestres. Les hommes leur ont déjà imaginé bien des visages !

Le féroce martien de *Mars attack*

Le gentil E.T.

Le sage Yoda de *L'Empire contre-attaque*

DES RÊVES ET DES DÉFIS

Le lancement et le contrôle de satellites artificiels n'ont plus vraiment de secrets pour les hommes. Les promenades dans l'espace et les excursions en apesanteur autour de la Terre sont déjà des réalités. L'objectif d'un vol habité pour Mars vers 2030 est le nouveau le défi de tous les grands pays développés.

pour finir…

À VOIR

2001, L'ODYSSÉE DE L'ESPACE
de Stanley Kubrick (1968)

MISSION TO MARS
de Brian de Palma (2000)

APPOLO 13
de Ron Howard (1995)

À LIRE

L'UNIVERS
coll. Grands Horizons, Nathan

PATIENCE DANS L'AZUR, L'ÉVOLUTION COSMIQUE
d'Hubert Reeves, coll. Poche, Seuil

À VISITER

CITÉ DU CIEL ET DE L'ESPACE
avenue Jean-Gonord,
31000 Toulouse

ET SUR LE WEB

HTTP://WWW.LYOBA.CH/ETOILE-DES-ENFANTS/

HTTP://WWW.ASTRO-RENNES.COM/INDEX.PHP

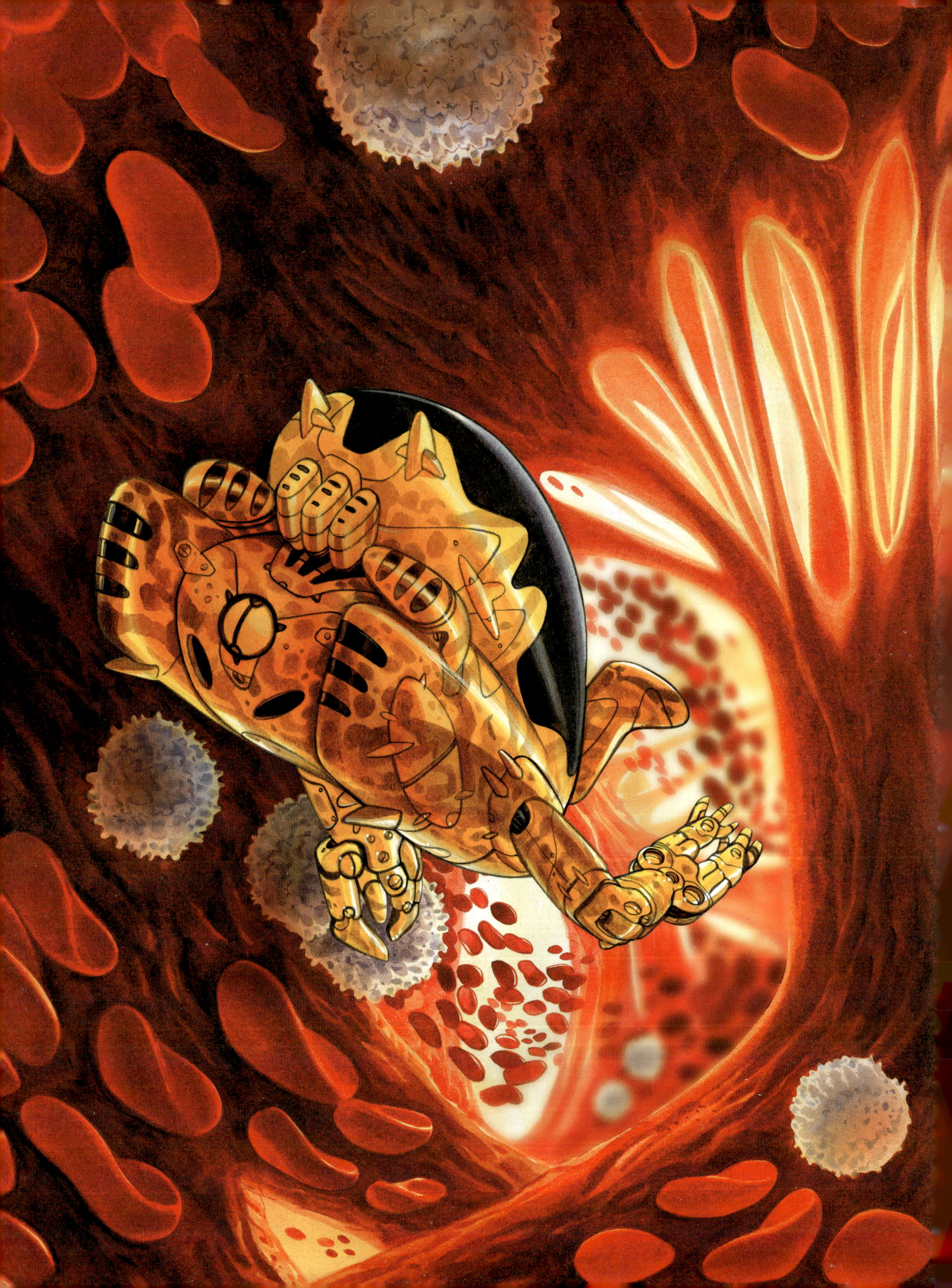

le Corps Humain

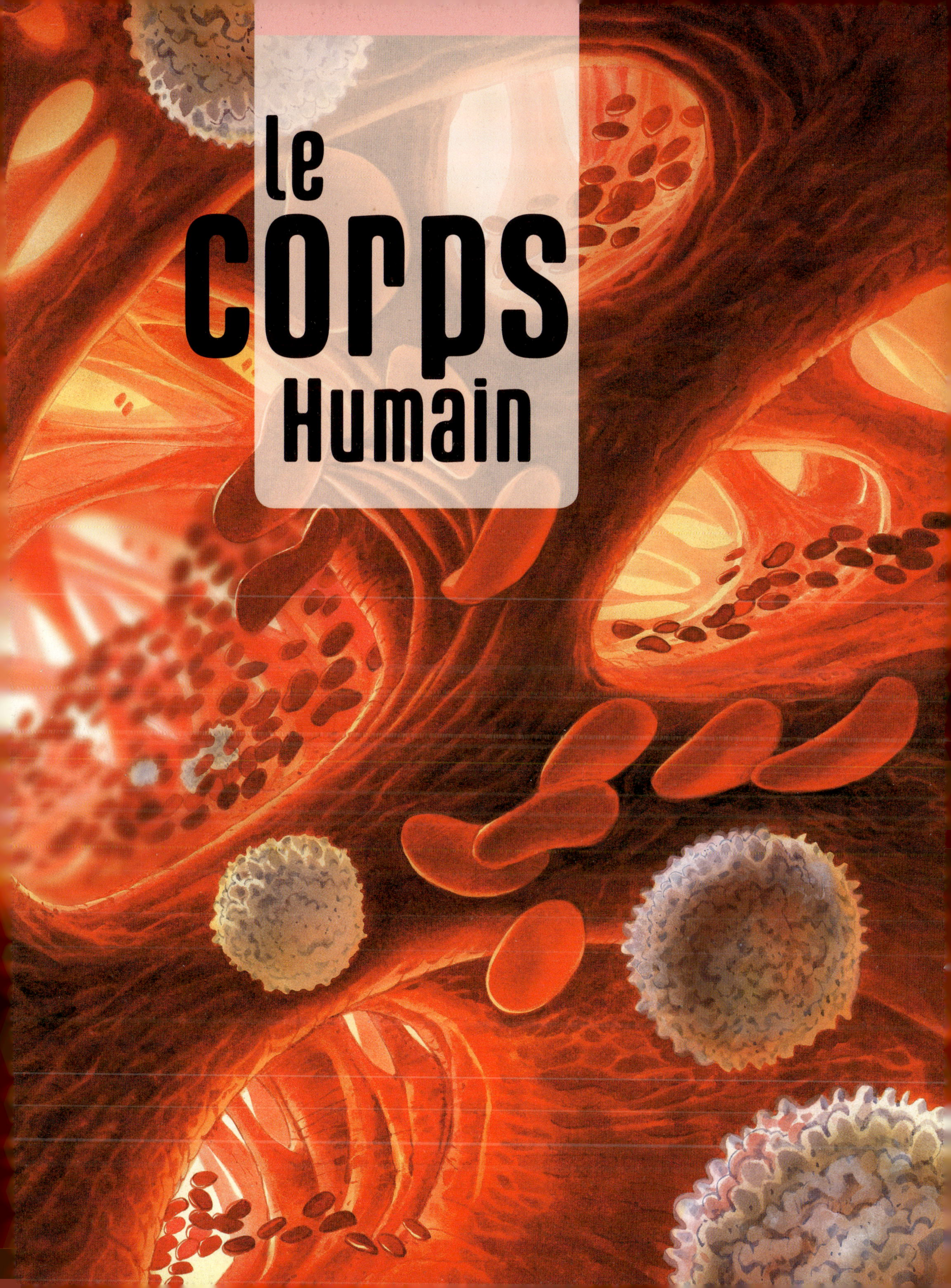

LES OS

Depuis le XIXe siècle, nous avons gagné 15 cm. Les os de nos jambes se sont allongés. L'hérédité et une meilleure alimentation expliquent ce développement !

L'articulation de l'épaule, conçue comme une lampe d'architecte, est ronde. Nous pouvons faire des moulinets avec nos bras.

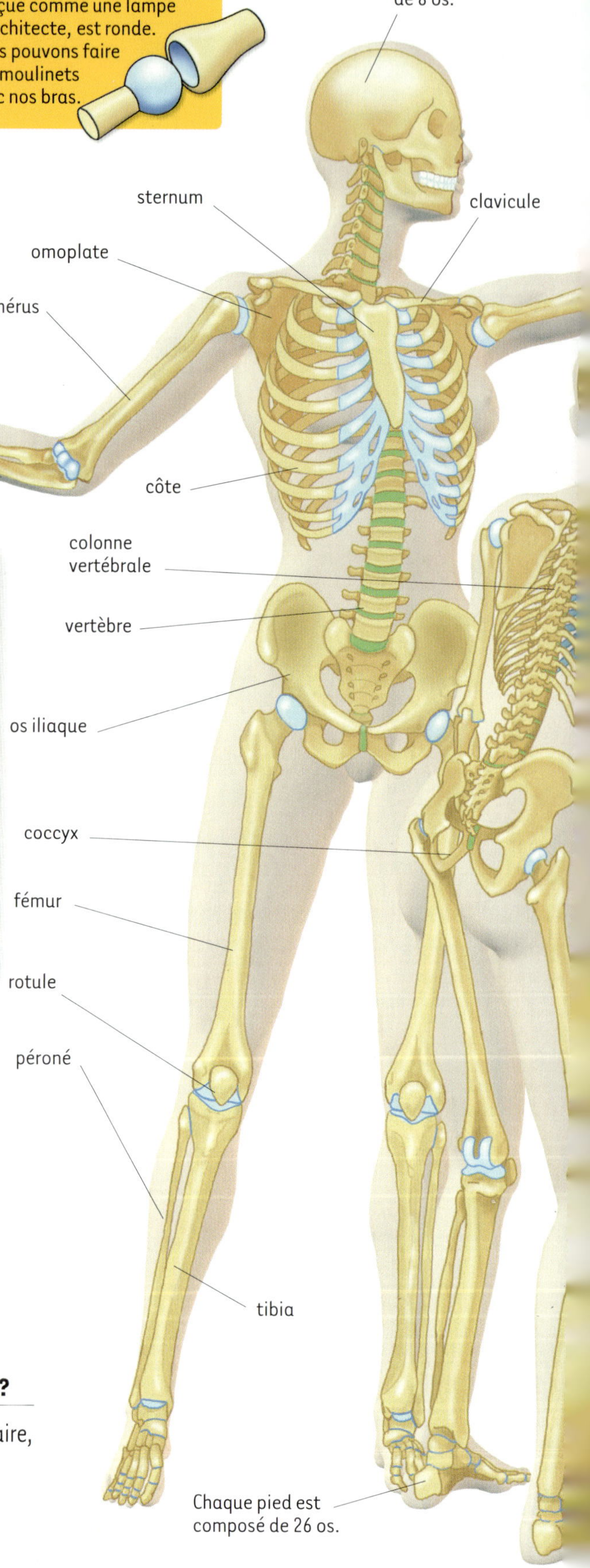

Il y a un os !

Le squelette n'a pas toujours le même nombre d'os. À la naissance, nous en avons tous 300 ; adultes nous n'en comptons plus que de 198 à 214. Car pendant la croissance, les os qui, jusque-là étaient séparés par du cartilage, se soudent et chez certains individus, ils se regroupent plus que chez d'autres.

NOUS AVONS PERDU NOTRE QUEUE !

Le coccyx serait tout ce qui nous reste d'une queue perdue au cours de l'évolution. En contrepartie, nous avons gagné un bassin qui soutient certains de nos organes et nous permet de marcher droit.

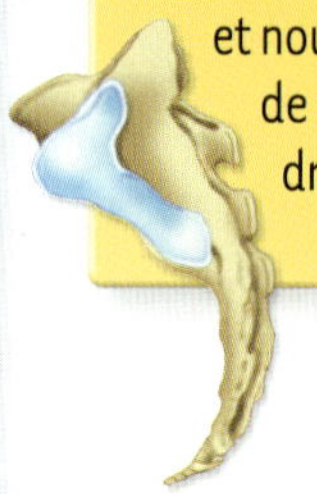

LA TOUR EIFFEL DANS LE FÉMUR

Le fémur est le plus grand os du squelette : il mesure jusqu'à 50 cm. C'est aussi le plus résistant. Ce « tube » est constitué un peu comme du béton armé. Sa structure a d'ailleurs été copiée par un ingénieur pour concevoir les pieds de la tour Eiffel !

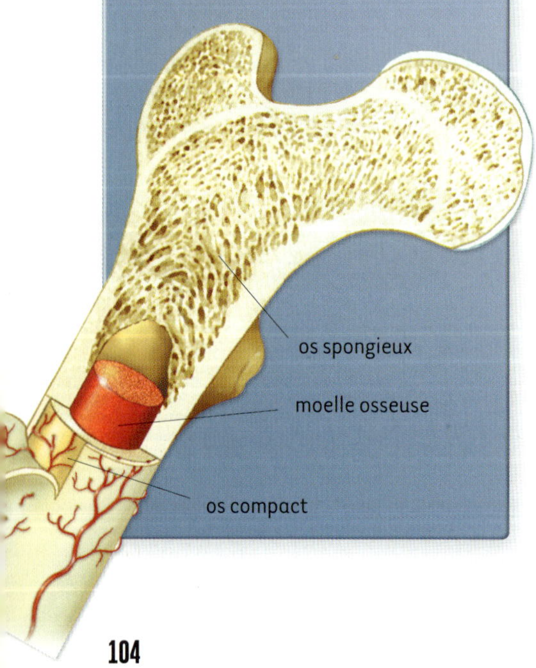

L'articulation du genou fonctionne comme une porte. Nous replions nos jambes dans un sens seulement.

COMMENT GRANDISSENT LES OS ?

Jusqu'à notre 25e anniversaire, ils s'allongent par leurs extrémités constituées d'un tissu mou.

LES MUSCLES

Plus de 600 muscles nous permettent de marcher, de parler selon notre bon vouloir. Mais d'autres sont indépendants de notre volonté : les muscles de l'intestin travaillent ainsi constamment à la digestion.

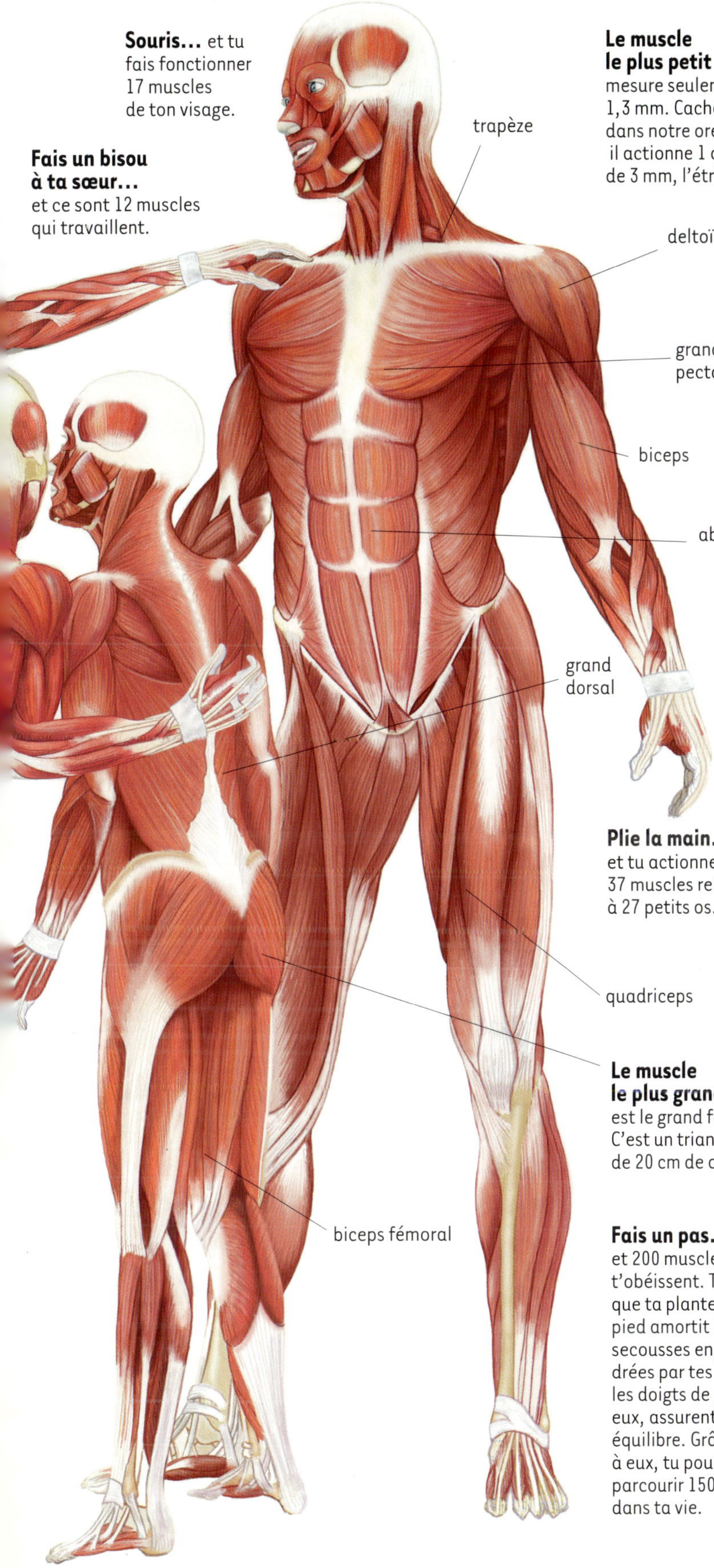

Souris... et tu fais fonctionner 17 muscles de ton visage.

Fais un bisou à ta sœur... et ce sont 12 muscles qui travaillent.

Le muscle le plus petit mesure seulement 1,3 mm. Caché dans notre oreille, il actionne 1 os de 3 mm, l'étrier.

Plie la main... et tu actionnes 37 muscles reliés à 27 petits os.

Le muscle le plus grand est le grand fessier. C'est un triangle de 20 cm de côté.

Fais un pas... et 200 muscles t'obéissent. Tandis que ta plante de pied amortit les secousses engendrées par tes pas, les doigts de pieds, eux, assurent ton équilibre. Grâce à eux, tu pourras parcourir 150 000 km dans ta vie.

COMMENT FONCTIONNE UN MUSCLE ?

Les muscles ne font que se contracter et se détendre. Tous les os sont donc dotés de 2 muscles opposés. Quand l'un se contracte, il oblige l'autre à se détendre.

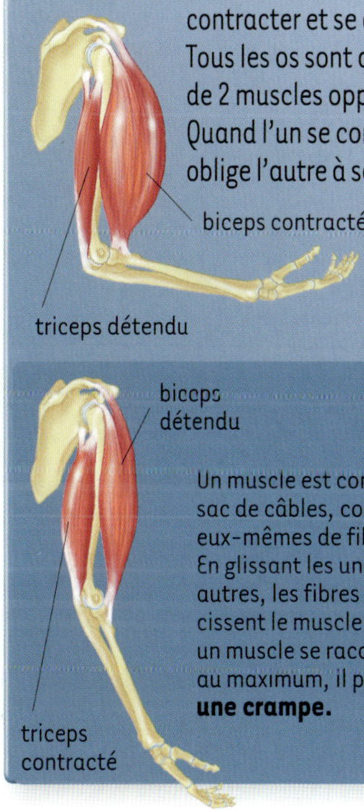

Un muscle est comme un sac de câbles, composés eux-mêmes de fibres. En glissant les unes sur les autres, les fibres raccourcissent le muscle. Quand un muscle se raccourcit au maximum, il provoque **une crampe.**

QUAND LES MUSCLES ONT DES BOBOS...

Après un exercice trop violent, il arrive que les fibres se déchirent sous l'effort. Le muscle peut être légèrement déchiré (c'est une élongation) ou totalement fracturé (c'est une rupture).

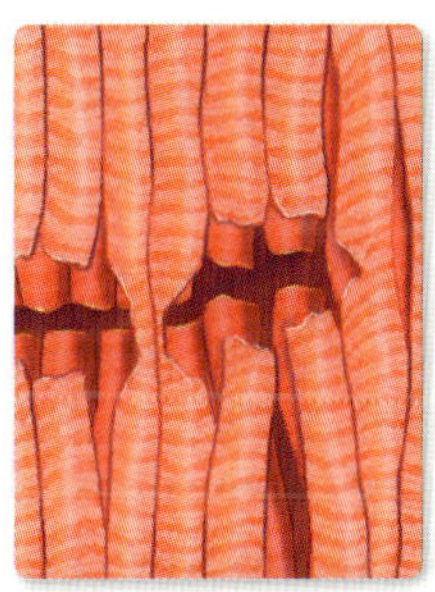

Le muscle est partiellement déchiré. C'est un **claquage.**

LES NERFS

Un nerf est constitué de millions de cellules nerveuses, les neurones. Elles sont reliées par des ponts, les synapses. Le courant électrique passe ces ponts par l'intermédiaire de substances chimiques.

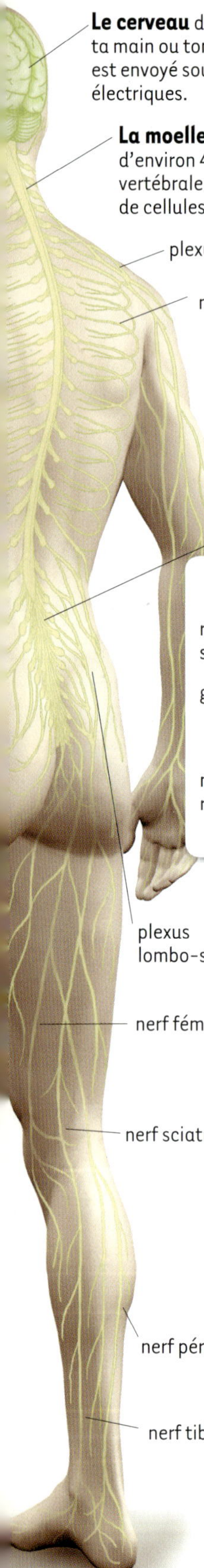

Le cerveau donne les ordres pour actionner ta main ou ton pied par exemple. Cet ordre est envoyé sous la forme de décharges électriques.

La moelle épinière est un « tuyau » d'environ 40 cm contenu dans la colonne vertébrale. Il renferme des millions de cellules nerveuses.

plexus brachial

nerfs du tronc

Les nerfs partent de la moelle et se ramifient dans notre corps pour former en tout 150 000 km de « câbles ».

nerf médian

queue de cheval

plexus lombo-sacré

nerf fémoral

nerf sciatique

nerf péronier

nerf tibial

Détail d'une vertèbre

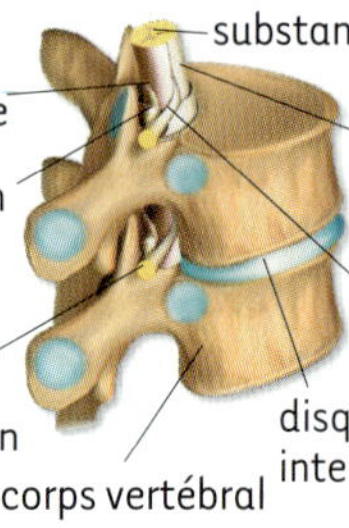

Marche !

Le cerveau commande aux muscles des pieds de se contracter. Une décharge électrique part du cerveau pour gagner la moelle épinière : sa vitesse atteint 400 km/h. Puis, elle emprunte un grand nerf qui circule dans la jambe à 120 km/h. Enfin, elle gagne les nerfs du pied à 2 km/h !

C'EST QUI QUI COMMANDE ?

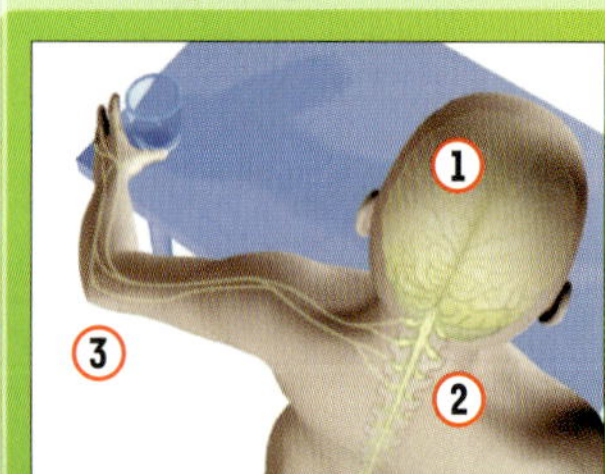

1. cerveau = volonté : émission du message
2. moelle épinière = transmission
3. nerfs moteurs = action sur les muscles

Prendre un verre d'eau est un acte volontaire. En moins de 1 seconde, l'ordre du cerveau est enregistré et exécuté par les muscles de la main. Mais les sportifs bien entraînés réduisent ce temps : un gardien de but réagit en 0,3 seconde !

Quand on pose accidentellement la main sur une plaque chauffante, on réagit en moins de 0,05 seconde, sans en avoir conscience. Car ce n'est pas le cerveau mais la moelle épinière qui est à l'origine de **ce réflexe.**

1. douleur = message
2. nerf sensitif = transmission
3. moelle épinière = réflexe
4. nerf moteur = action sur les muscles du bras
5. retrait de la main

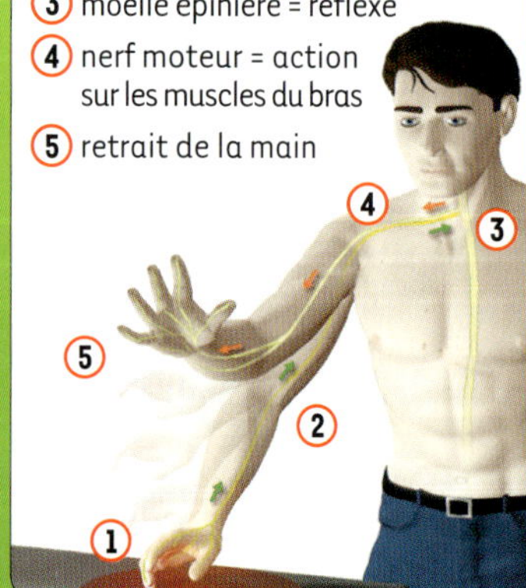

Les 2 hémisphères gèrent nos pensées, notre langage, notre mémoire et notre intelligence. Nous savons peu de choses sur leurs pouvoirs. Il n'existe pas un site précis de la parole, de la vue, de la mémoire. Nos souvenirs sont entreposés dans des « bibliothèques » éparpillées dans tout le cerveau. Se souvenir d'un événement, c'est donc retrouver tous les livres qui s'y rapportent !

Impossible de danser sans **un cervelet !** De la taille d'une mandarine, il contrôle l'équilibre et coordonne tous les mouvements. C'est notre boussole interne.

Le tronc cérébral qui relie le cerveau à la moelle épinière est notre pilote automatique. Il contrôle nos réflexes et toutes les activités vitales de notre corps comme les mouvements de notre cœur.

LE CERVEAU

Il compte plus de 100 000 milliards de cellules nerveuses soit le nombre d'étoiles dans notre galaxie… Si l'on mettait bout à bout toutes les fibres nerveuses du cerveau, on aurait un fil qui ferait 200 fois le tour de la Terre.

UN CERVEAU EN 3 PARTIES :

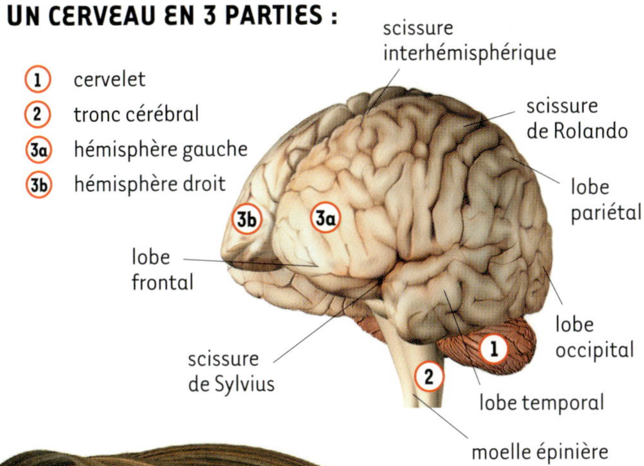

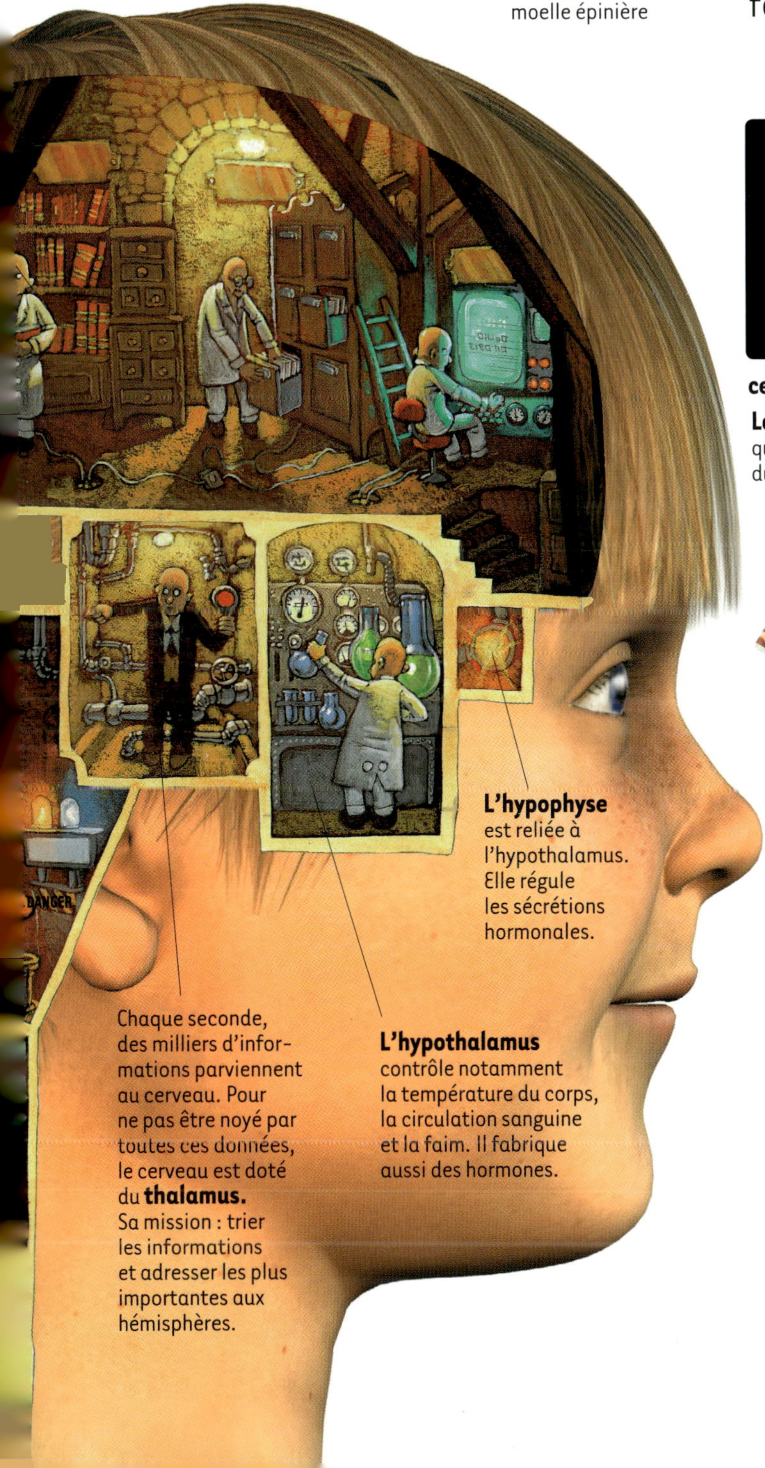

L'hypophyse est reliée à l'hypothalamus. Elle régule les sécrétions hormonales.

Chaque seconde, des milliers d'informations parviennent au cerveau. Pour ne pas être noyé par toutes ces données, le cerveau est doté du **thalamus.** Sa mission : trier les informations et adresser les plus importantes aux hémisphères.

L'hypothalamus contrôle notamment la température du corps, la circulation sanguine et la faim. Il fabrique aussi des hormones.

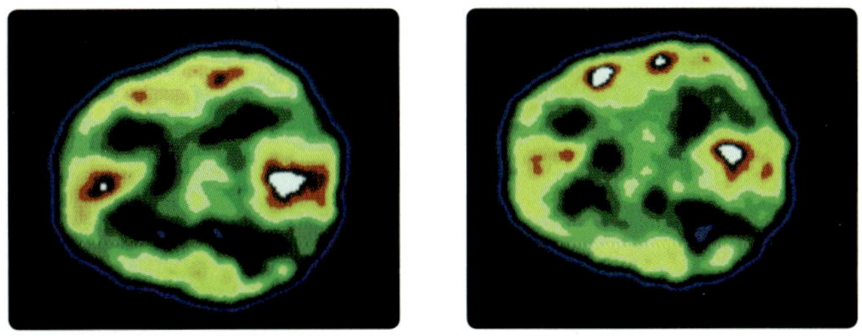

cerveau au repos **cerveau en activité**

La tomographie est un examen radiologique plus précis que le scanner. Il permet de mettre en évidence les zones du cerveau en activité.

LE TEST DE MÉMOIRE

Regarde pendant 20 secondes ces objets. Puis ferme les yeux et cite-les de mémoire. 1 heure plus tard, tu les as oubliés. En revanche, tu es capable de mémoriser longtemps un numéro de téléphone. C'est ainsi que l'on distingue la mémoire courte de la mémoire longue.

LE SANG ET LE CŒUR

Le cœur est le moteur de la circulation sanguine. Gros comme le poing, ce muscle est si puissant qu'en se contractant 75 fois par minute, il propulse le sang dans les artères et dans les veines à une vitesse moyenne de 2 km/h.

QUE DU MUSCLE !

Le cœur est un muscle creux divisé en 2 par une cloison. Le côté gauche pompe le sang riche en oxygène, tandis que le droit propulse le sang pollué par le gaz carbonique.

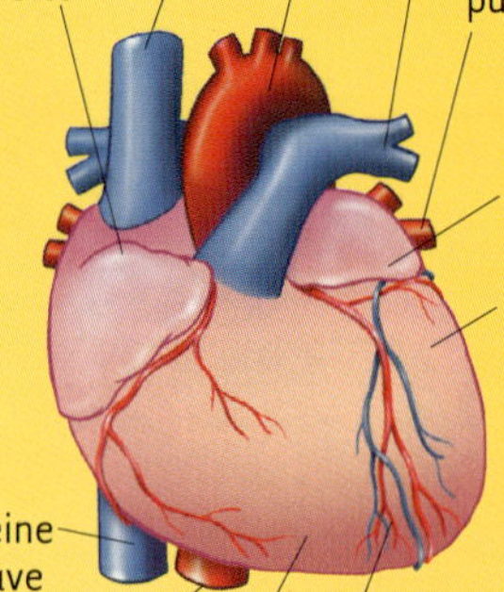

coupe transversa le du cœur

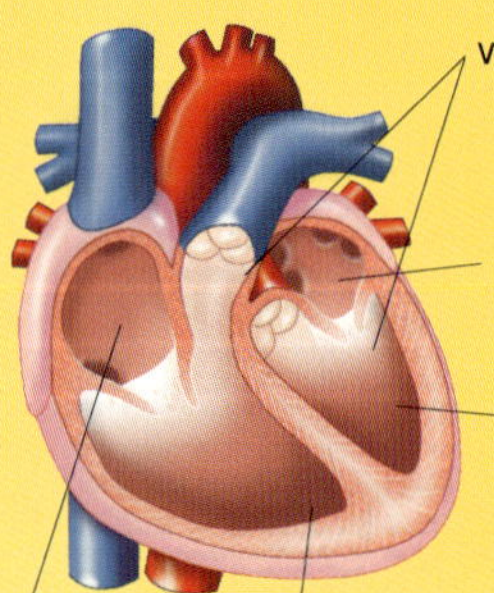

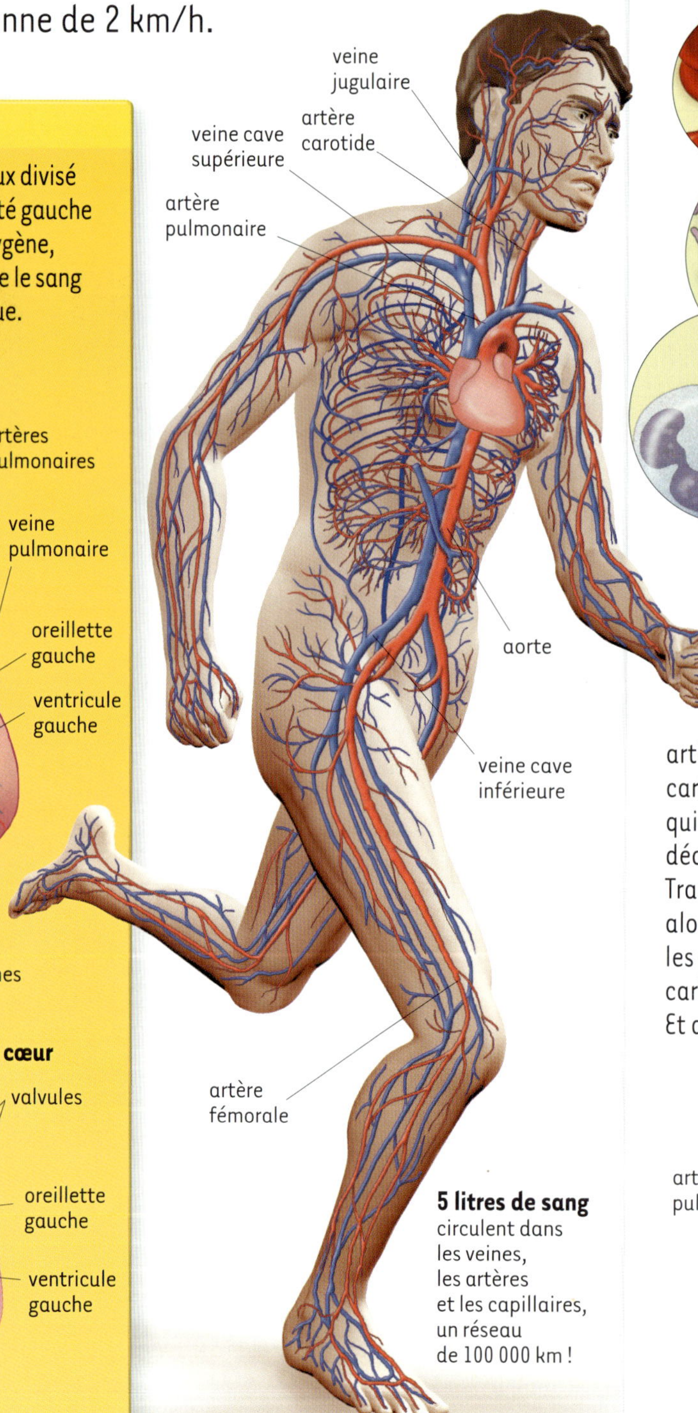

5 litres de sang circulent dans les veines, les artères et les capillaires, un réseau de 100 000 km !

ANALYSE DU SANG

Le sang est composé d'un liquide appelé plasma, et de différents petits éléments. Sa couleur est due à un pigment rouge, l'hémoglobine, contenue dans les globules rouges.

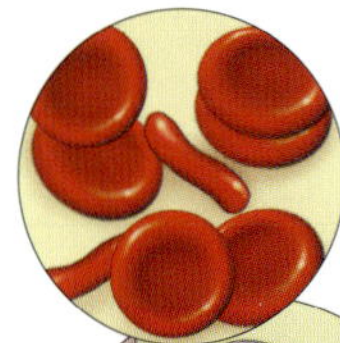

25 000 milliards de globules rouges transportent l'oxygène que nous respirons vers les organes de notre corps.

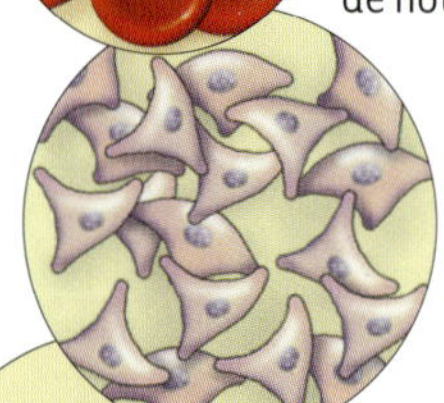

1 250 milliards de plaquettes interviennent dans le phénomène de la coagulation.

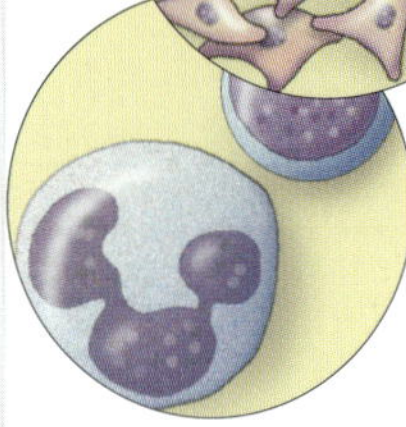

35 milliards de globules blancs ont pour mission de défendre notre organisme contre les microbes.

LIVRAISON À DOMICILE

Le sang circule selon un sens précis. Quand il passe par les poumons pour faire le plein d'oxygène, il emprunte des artères. Il distribue ensuite ce carburant à tous les tissus du corps, qui en profitent pour rejeter leurs déchets, comme le gaz carbonique. Transformé en éboueur, il emprunte alors des veines pour retourner vers les poumons, se décharger du gaz carbonique et récupérer de l'oxygène. Et ainsi de suite...

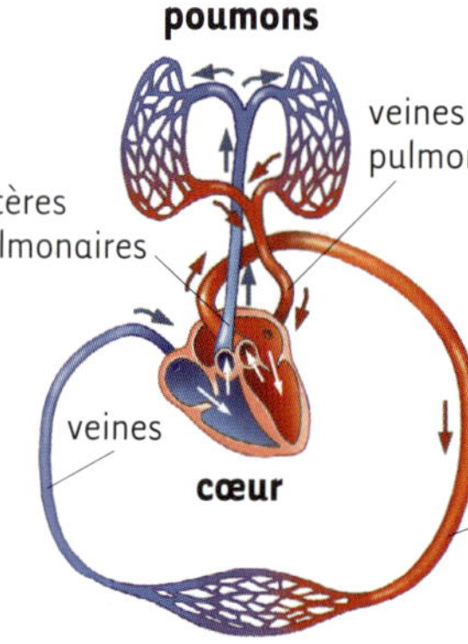

GROUPES SANGUINS ET TRANSFUSIONS

De petites différences sur les globules rouges ont permis de distinguer quatre grands groupes sanguins. Comme certains groupes sont incompatibles, les médecins vérifient toujours le groupe sanguin avant d'effectuer une transfusion.

groupe sanguin A

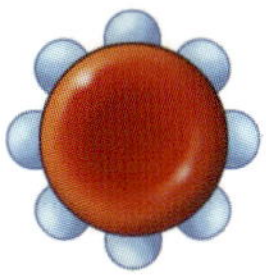

groupe sanguin B

groupe sanguin AB

groupe sanguin 0

POURQUOI SAIGNES-TU QUAND TU T'ÉCORCHES ?

Notre peau est parcourue de capillaires de l'épaisseur d'un cheveu. Ce sont des tuyaux si fins que les globules rouges y passent en file indienne.

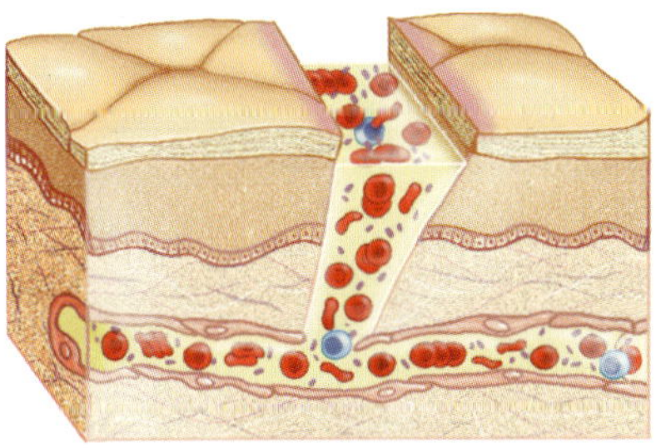

Quand tu te fais une écorchure, **un vaisseau se déchire,** laissant s'échapper un peu de sang.

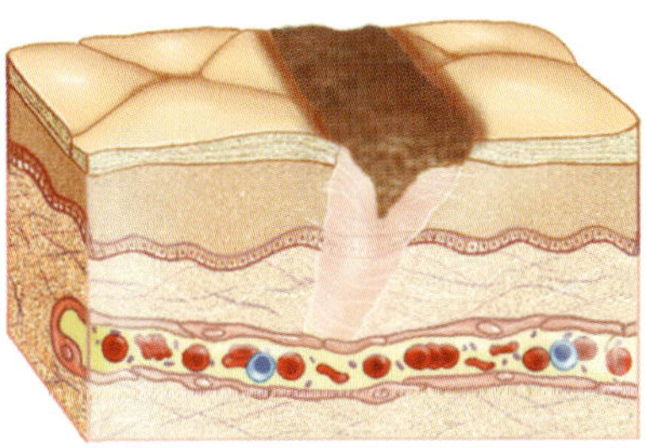

Les plaquettes les plus proches de la blessure s'agglutinent et forment un « bouchon » qui stoppe le saignement en 3 à 8 mn.

LES HORMONES

Ce sont des substances chimiques, plus de 50 au total, qui transportent des messages dans tout le corps par l'intermédiaire des vaisseaux sanguins.

Au cœur de la cible

Les hormones sont fabriquées par les glandes, qui sont elles-mêmes sous le contrôle du cerveau. Les hormones ont pour mission d'agir sur une cible précise. Le cortisol par exemple, fabriqué par les glandes surrénales, agit pour nous réveiller le matin. Mais il arrive que certaines personnes souffrent de maladie car un de leurs organes n'arrive pas à produire une hormone.

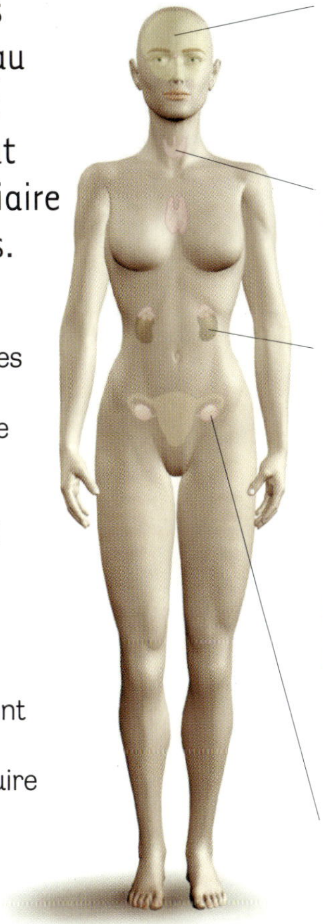

Les principales glandes :

L'hypophyse est la glande la plus importante. Elle intervient pour la croissance, la production de sperme ou d'ovules, lors de l'accouchement...

La glande thyroïde produit des hormones qui contrôlent le taux de calcium, la consommation d'énergie...

Les glandes surrénales produisent l'hormone qui contrôle le taux de sel dans le sang ainsi que l'adrénaline.

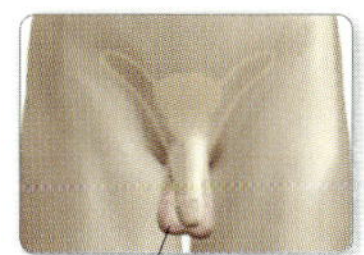

Les testicules fabriquent l'hormone sexuelle mâle.

Les ovaires sécrètent les hormones sexuelles féminines.

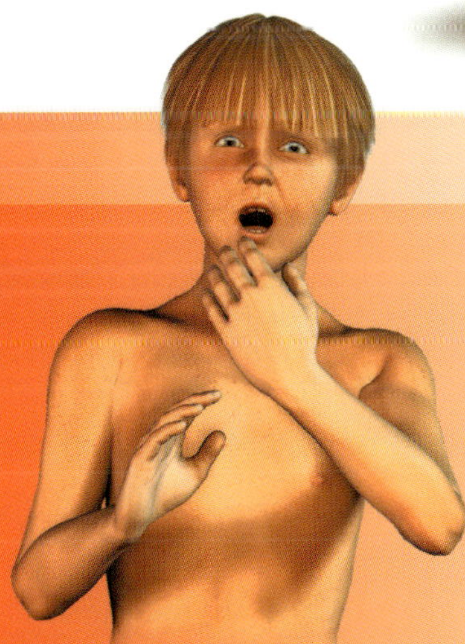

LES EFFETS DE LA PEUR

Une frayeur, ton pouls s'accélère et tu deviens blême. À l'origine de ces transformations : une hormone baptisée « adrénaline ». Sa mission : provoquer l'oxygénation des muscles qui seront fin prêts pour une fuite rapide !

L'adrénaline monte et...

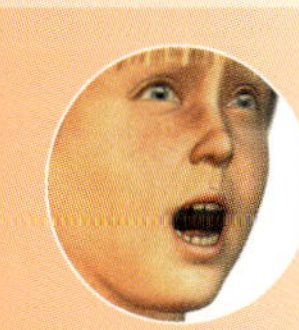

... la peau blanchit. Le sang quitte la surface du corps pour réduire les pertes en cas de blessure.

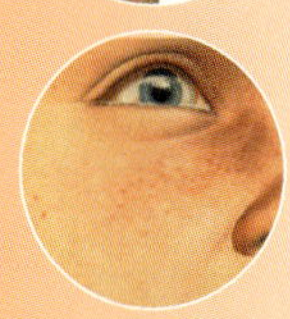

... les pupilles se dilatent pour une meilleure vision périphérique.

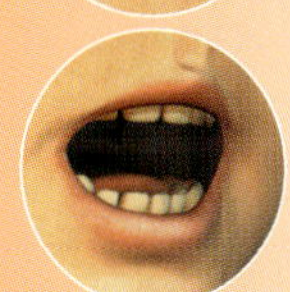

... le souffle s'accélère pour oxygéner le sang et les muscles.

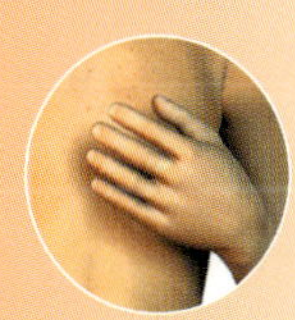

... le cœur s'affole pour envoyer davantage de sang vers les muscles.

LES POUMONS ET LA RESPIRATION

Quelle est la première chose que fait un nouveau-né ? Il respire. Cet automatisme permet aux cellules du corps de recevoir l'oxygène dont elles ont besoin pour libérer de l'énergie.

Échange oxygène contre gaz carbonique

Deux poumons nous permettent de capter l'oxygène de l'air et de rejeter le gaz carbonique que notre corps produit en permanence. Ces échanges gazeux, qui composent la respiration, sont orchestrés par un muscle, le diaphragme.

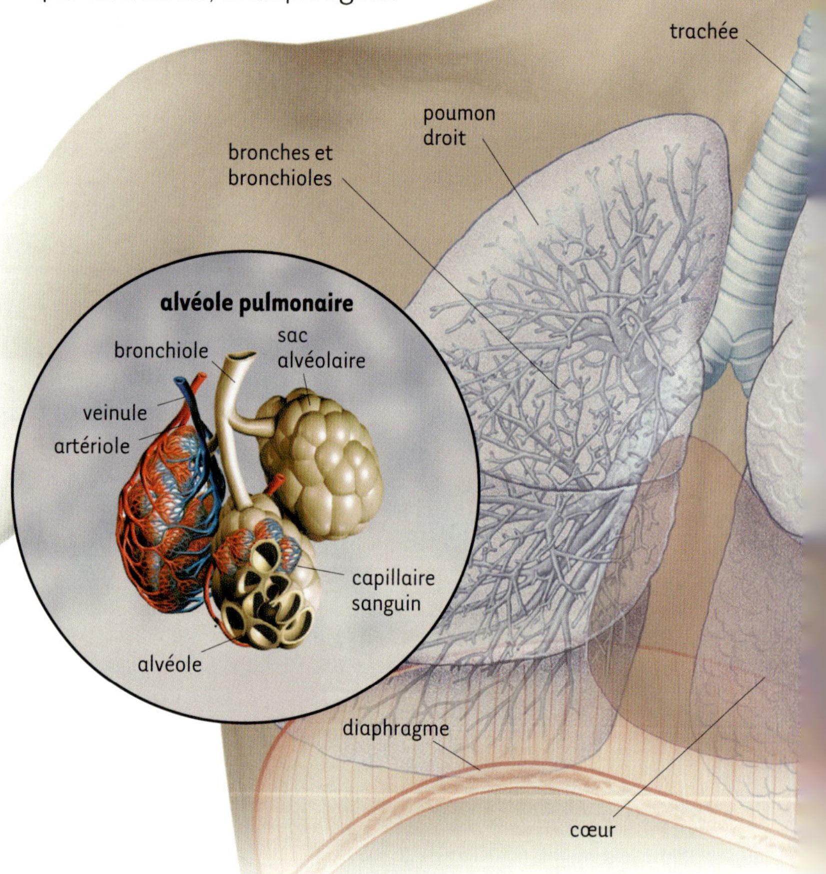

TRANSPORT AÉRIEN

Nous inspirons-expirons 26 000 fois dans la journée pour faire circuler dans nos poumons 13 000 litres d'air.

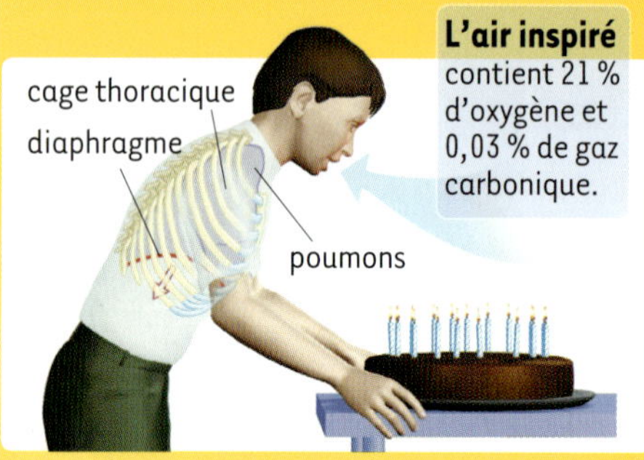

L'air inspiré contient 21 % d'oxygène et 0,03 % de gaz carbonique.

Quand le diaphragme se contracte, la cage thoracique s'élargit et les poumons se gonflent d'air : **c'est l'inspiration.**

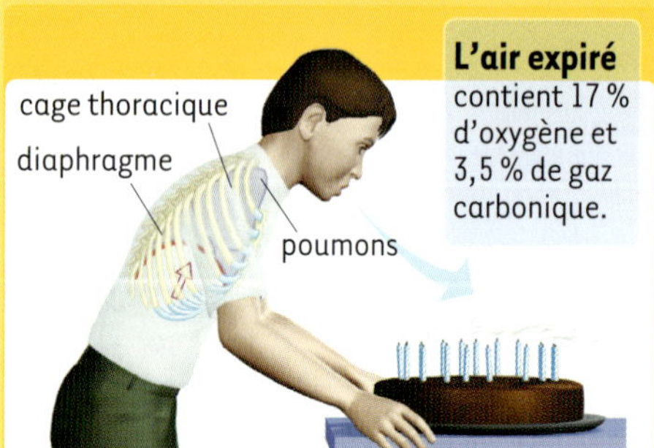

L'air expiré contient 17 % d'oxygène et 3,5 % de gaz carbonique.

Quand le diaphragme se détend, il remonte et se soulève. Les poumons diminuent alors de volume et expulsent un air chargé de gaz carbonique : **c'est l'expiration.**

La respiration, un réflexe vital

Nous sommes tous capables de nous arrêter de respirer quelques secondes, mais dès que la moelle épinière estime qu'il y a danger, elle enclenche le pilotage automatique et nous fait respirer, quelle que soit notre volonté.

Le trajet de l'air

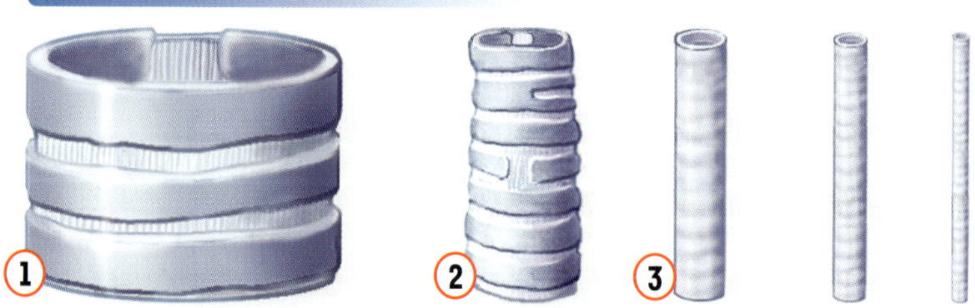

L'air que nous avalons emprunte un toboggan : **la trachée** ① ...

... qui se divise en 2 avenues principales : **les bronches** ② ...

... qui donnent sur 32 rues : **les bronchioles principales** ③ ...

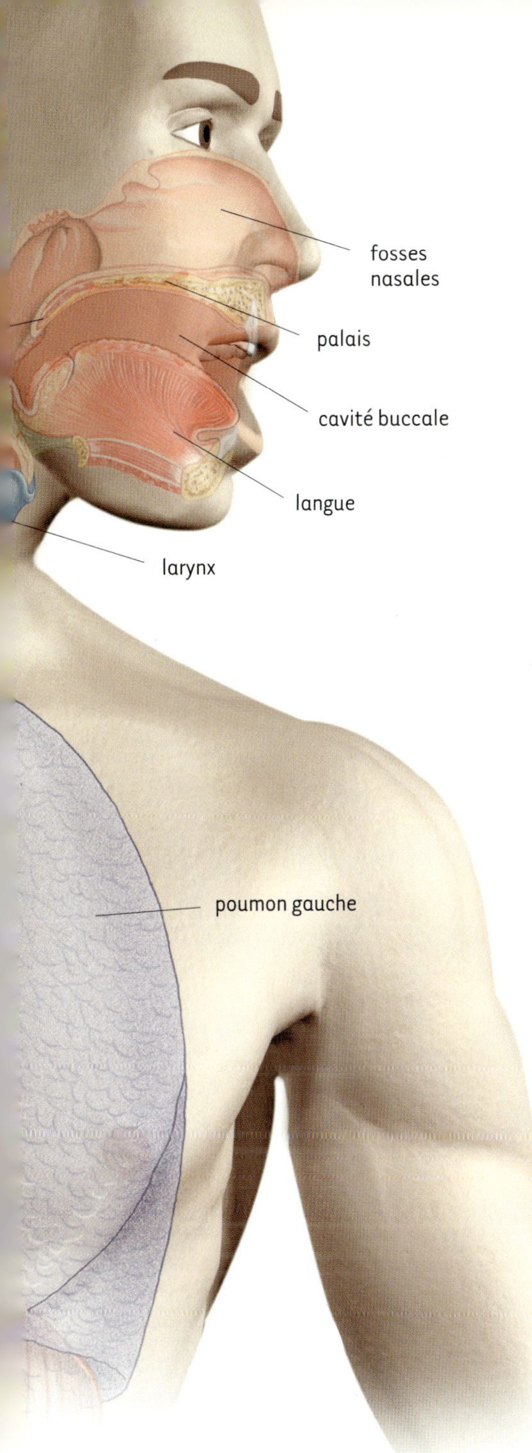

LA VOIX

Le bruit se transforme en voix quand lèvres et langue sont à la bonne place pour prononcer voyelles et consonnes à la vitesse de 1 200 km/h.

UN INSTRUMENT À VENT

Quand on expire de l'air, celui-ci remonte vers le larynx. Là, 2 muscles se contractent : ce sont les cordes vocales. Elles émettent un son qui est amplifié par les résonateurs (bouche, fosses nasales). Avec l'âge, le larynx se modifie, ce qui explique les différences de voix entre un bébé, un adolescent ou un vieillard. Mais il peut y avoir d'autres facteurs comme le tabac ou les hormones.

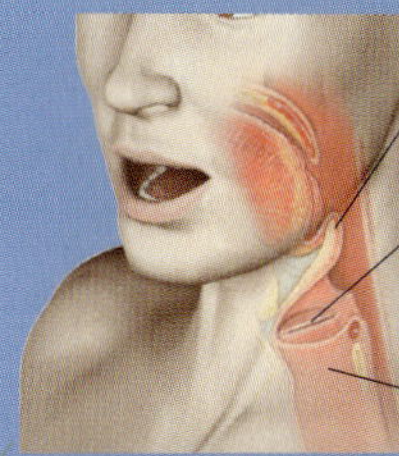

Serrées l'une contre l'autre, les cordes vocales produisent **des sons aigus.**

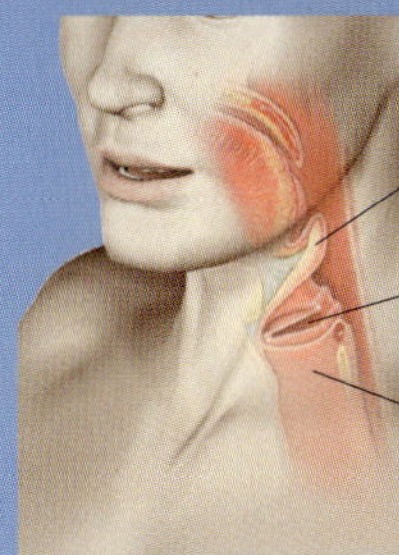

Éloignées, elles produisent **des sons graves.**

AU TRAVAIL !

Dis « ah ! » sans reprendre ton souffle : tu tiens au maximum 25 secondes. Une cantatrice, elle, peut vocaliser pendant une minute sans inspirer ! Son secret : 5 heures d'exercices respiratoires par jour.

parler à quelqu'un : **50** décibels

parler très fort : **80** décibels

chanter : **100** décibels

une cantatrice : jusqu'à **120** décibels

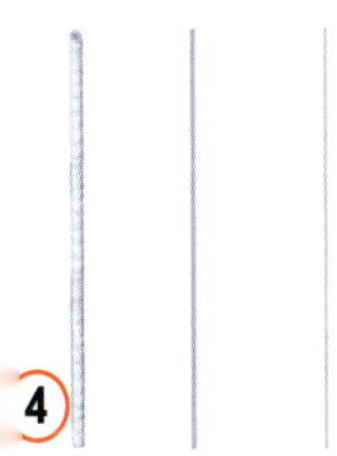

... qui se séparent en 500 000 ruelles : **les bronchioles secondaires** (4)...

... qui s'achèvent en 500 millions d'impasses : les alvéoles. C'est au niveau de ces impasses (de 0,2 mm de diamètre) que l'oxygène de l'air est récupéré par le sang et que ce dernier se débarrasse de ses déchets gazeux.

LARYNX HAUT PERCHÉ

C'est la longueur et l'épaisseur des cordes vocales qui déterminent le type de voix. Au moment de la puberté, le larynx finit de descendre : la voix mue, ce qui s'entend surtout chez les garçons ! Mais il reste toujours un peu plus haut perché chez les filles... et la voix aussi par conséquent !

question d'enfant

Pourquoi les bébés ne parlent-ils pas ?

Ils naissent avec un larynx situé trop haut pour jouer son rôle de caisse de résonance. Mais vers 1 an et demi, le larynx migre vers le bas et... les bébés articulent.

NOS ORGANES DES SENS

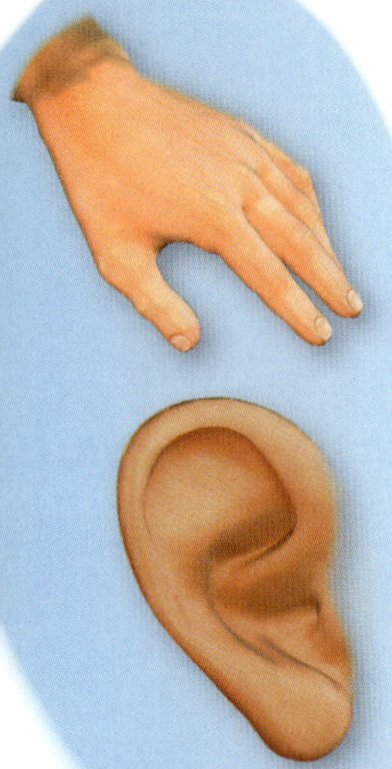

L'homme est souvent décrit avec 5 principaux sens : la vision, le toucher, le goût, l'odorat et l'ouïe. Mais en réalité, il y en a plus...

L'oreille nous permet non seulement d'entendre, mais surtout de nous déplacer sans tomber : elle est le siège du sens de l'équilibre. Le toucher nous donne des informations sur la chaleur, le froid, la douleur... Les muscles, les tendons et les articulations sont pourvus de récepteurs appelés propriocepteurs. Ils renseignent le cerveau sur la position et les mouvements de chaque partie du corps. Ainsi, même les yeux fermés, on est capable d'applaudir ou de porter les mains à la bouche.

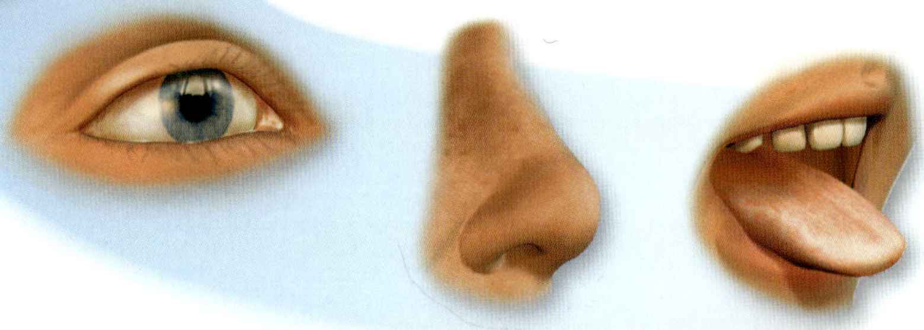

LA PEAU ET LE TOUCHER

Cette surface qui pèse 2 à 3 kg joue le rôle d'un imperméable. Elle retient l'eau de nos tissus et de nos organes. Sans elle, nous nous dessècherions.

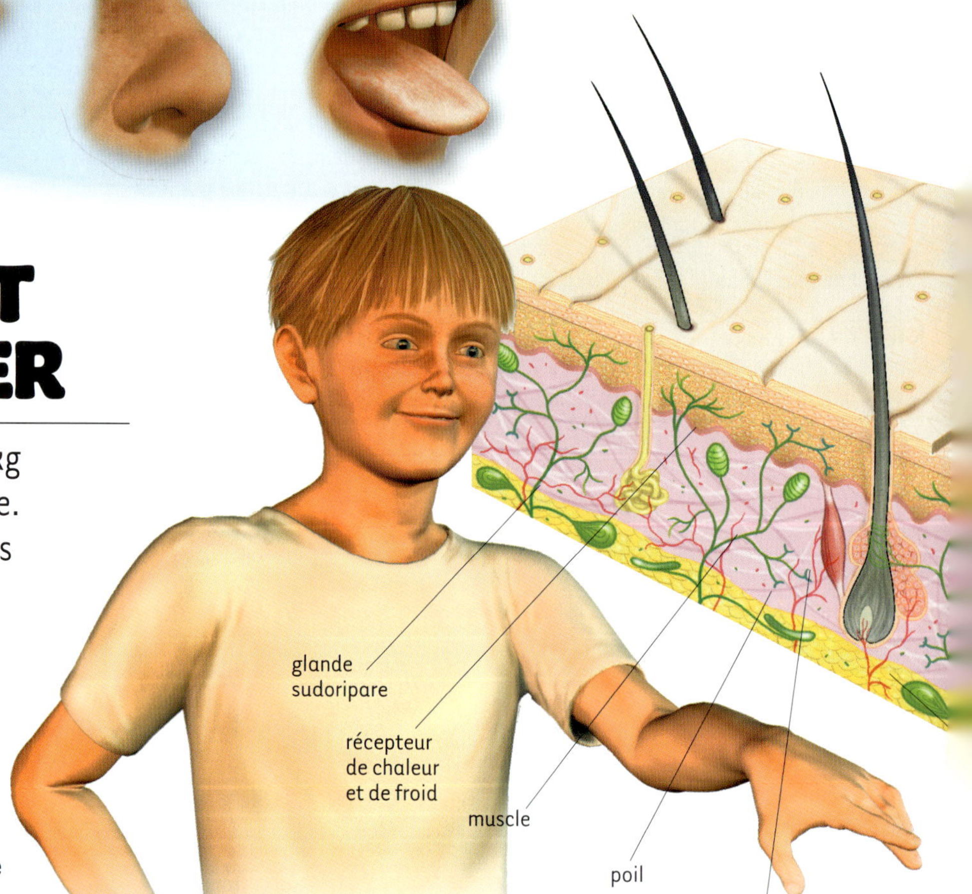

Barrage contre le monde

Grâce à ses milliers de détecteurs, la peau enregistre toutes les sensations de pression, de chaleur, de froid... Elle fait office de barrière contre les rayons du soleil grâce à ses pigments. Elle a aussi ses habitants permanents, poussières et microbes, qu'aucun lavage ne peut éliminer totalement.

ÉPAISSEUR VARIABLE

Si on dépliait la peau qui recouvre notre corps, nous aurions une « serviette » de 2 m^2 ! Son épaisseur varie de 0,5 mm pour les paupières à 4 mm sous la plante des pieds.

DÉTECTEURS DE SENSATIONS

La piqûre
Il faut 0,9 seconde pour qu'1 des 3,5 millions de détecteurs de piqûres informe notre cerveau du danger !

La caresse du vent
Le vent déclenche un léger mouvement sur les quelques 1 à 5 millions de poils de notre corps, et nous en ressentons les effets.

La chaleur
Plus de 30 000 détecteurs sont spécialisés dans la détection de la chaleur. En moins de 0,16 seconde, nous sommes avertis.

La pression
Enfouis dans le derme, 500 000 détecteurs de pression sont prêts à repérer un coup et à nous en informer en 0,12 seconde.

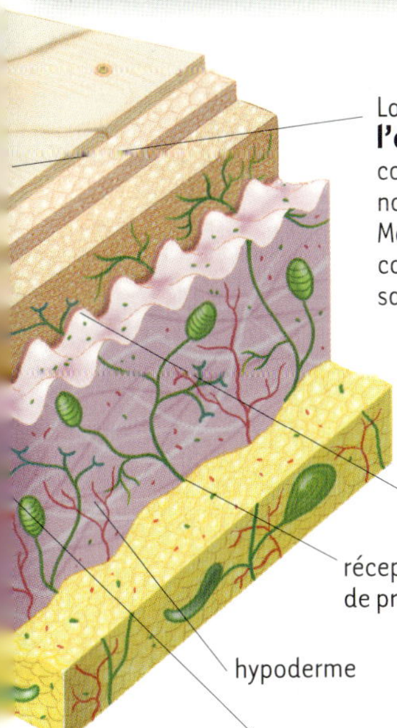

La surface de la peau s'appelle **l'épiderme.** Les cellules qui le composent sont éliminées quand nous nous lavons par exemple. Mais cette couche se renouvelle constamment, car la peau fabrique sans cesse de nouvelles cellules.

Le derme, placé entre l'épiderme et l'hypoderme, est la partie vivante de la peau. Il est constitué de fibres élastiques. Il contient aussi les récepteurs qui produisent la sensation du toucher.

NOUS N'AVONS PAS TOUS LA MÊME COULEUR DE PEAU

Nous n'avons pas tous la même quantité de mélanine, un pigment qui protège la peau du soleil. Quand une « peau blanche » s'expose au soleil, elle fabrique davantage de colorant et elle bronze. Des peuples ont la peau sombre pour la même raison : comme ils vivent dans des régions où il fait beau toute l'année, leur peau est noire. Ils ne « débronzent » jamais car la concentration de mélanine est aussi héréditaire.

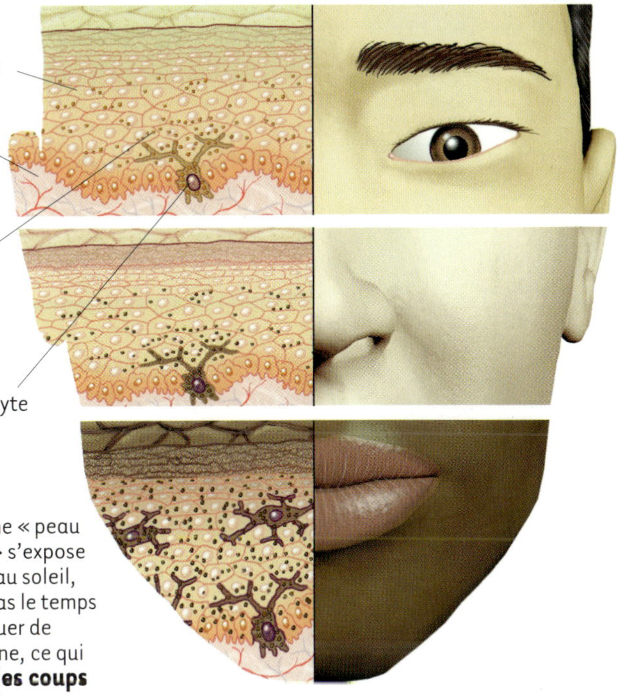

Lorsqu'une « peau blanche » s'expose trop vite au soleil, elle n'a pas le temps de fabriquer de la mélanine, ce qui explique **les coups de soleil.**

QUAND LE CERVEAU SE TROMPE

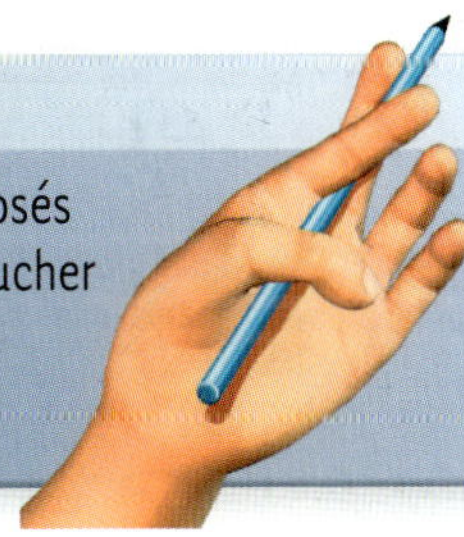

Si nous tenons un stylo avec les côtés opposés de 2 doigts, nous avons la sensation de toucher 2 objets différents, car le cerveau n'a pas l'habitude d'analyser ce geste.

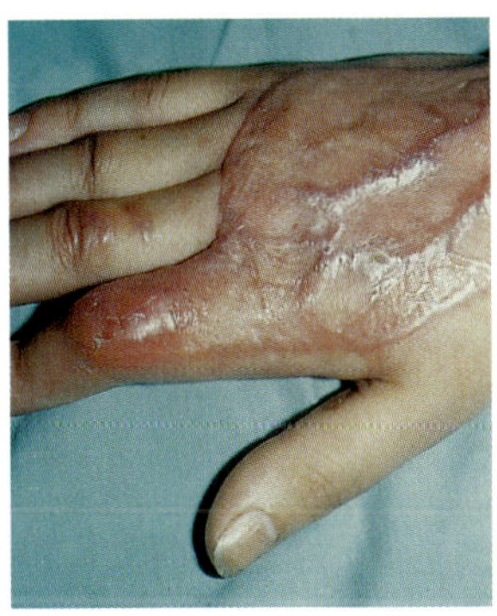

Les premières greffes de peau ont été réalisées au XIXe siècle.

La greffe de peau
Elle est pratiquée dès qu'il y a brûlure au 2e degré. Le médecin prélève des lamelles de peau sur une partie du corps intacte (généralement la cuisse ou le cuir chevelu). Mais lorsque la peau est trop endommagée, il faut la cultiver. C'est le cas pour les grands brûlés. On prélève 2 cm² de peau (souvent sous la plante des pieds) qui sera cultivée *in vitro*. En 4 semaines, on obtient 1 m² de peau. Cette technique permet d'éviter le rejet et réussit la plupart du temps.

L’équilibre
Le liquide contenu dans les canaux semi-circulaires bouge lorsque nous nous déplaçons. Un message est alors envoyé au cerveau qui en renvoie un aux muscles afin qu’ils s’adaptent.

D’où vient le mal de mer ?
Le bateau tangue et le liquide qui remplit les petits tubes bouge en tous sens. Le cerveau est d’autant plus perturbé que nos yeux lui montrent un paysage qui bouge dans un autre sens. Trop secoué pour analyser la situation, le cerveau nous donne ce fameux mal de mer.

D’où vient le tournis ?
Les récepteurs vestibulaires sont sensibles aux accélérations. C’est pourquoi après un tour de manège ou lorsque nous tournons sur nous-mêmes, nous avons du mal ensuite à reprendre nos repères. En revanche, la Terre tourne et nous ne le sentons pas. Dans un avion, nous n’avons pas le tournis car la vitesse est constante.

L’OREILLE ET L’OUÏE

Écartées l’une de l’autre de 15 cm, nos oreilles ne perçoivent pas le son en même temps. Ce décalage nous permet de trouver l’origine d’un bruit.

Le circuit d’un son

L’oreille externe capte les sons qui empruntent un tuyau, le conduit auditif. Arrivés au bout du tuyau, les sons viennent frapper une « peau de tambour », le tympan. En vibrant, cette peau tape sur 3 minuscules os. Ils s’agitent si fort qu’ils font osciller un liquide contenu dans les canaux semi-circulaires. Ce liquide frappe les petits capteurs de sons. Et ces derniers envoient un message électrique au cerveau.

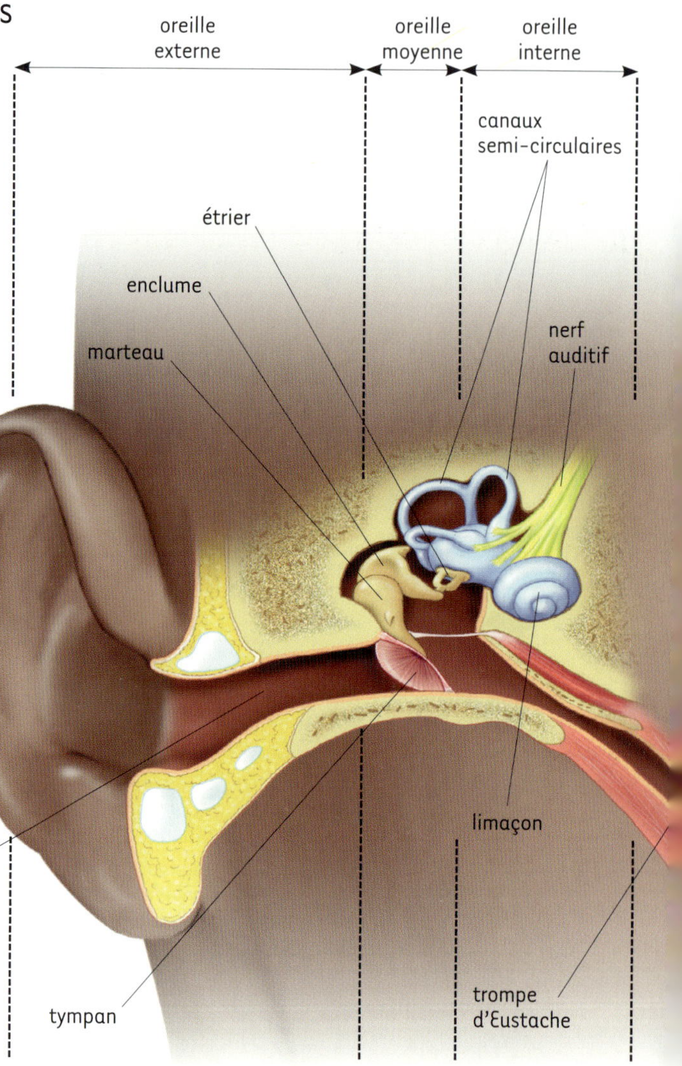

LES BRUITS DE LA RUE

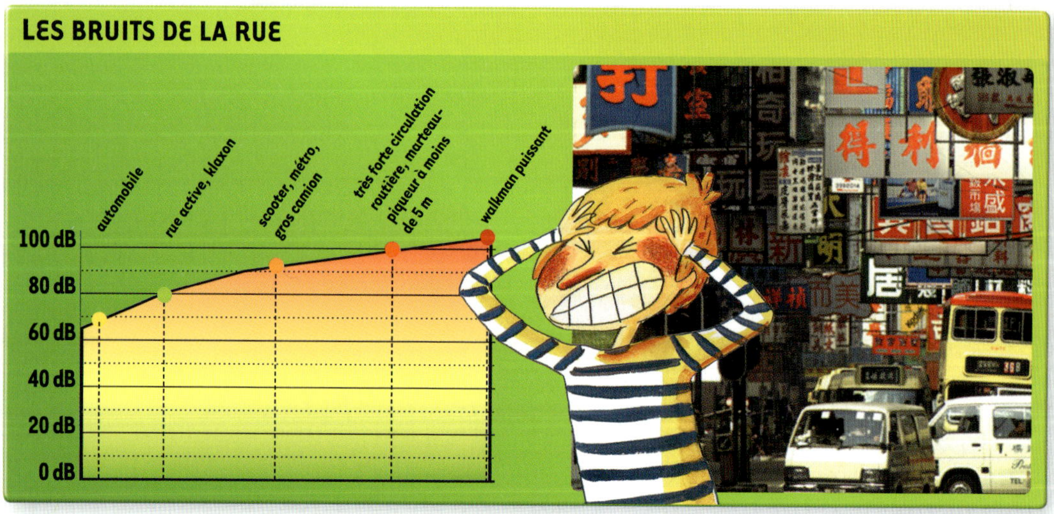

L'ŒIL ET LA VISION

Nous sommes capables de repérer un objet à 1,5 km et de distinguer 10 millions de teintes différentes ! Le secret de notre vision se cache au fond de nos yeux...

2 yeux pour quoi faire ?
Les yeux sont des « billes » de 2,5 cm de diamètre. Chacun pèse 8 g environ. Si nous pouvons voir avec un seul œil, nous avons besoin des deux pour estimer les distances et vivre en 3 dimensions.

LES PROTECTIONS DE L'ŒIL

Nos yeux sont fragiles. Mais ils ont des outils qui les protègent efficacement.

1. **Les sourcils** empêchent les gouttes de sueur de tomber dans les yeux.
2. Dès qu'un objet touche l'un de **nos 320 cils,** nos paupières se ferment automatiquement.
3. **Les paupières** se ferment toutes les 5 secondes. Grâce à ce mouvement, des larmes produites par des glandes cachées sous les paupières humidifient la surface des yeux.

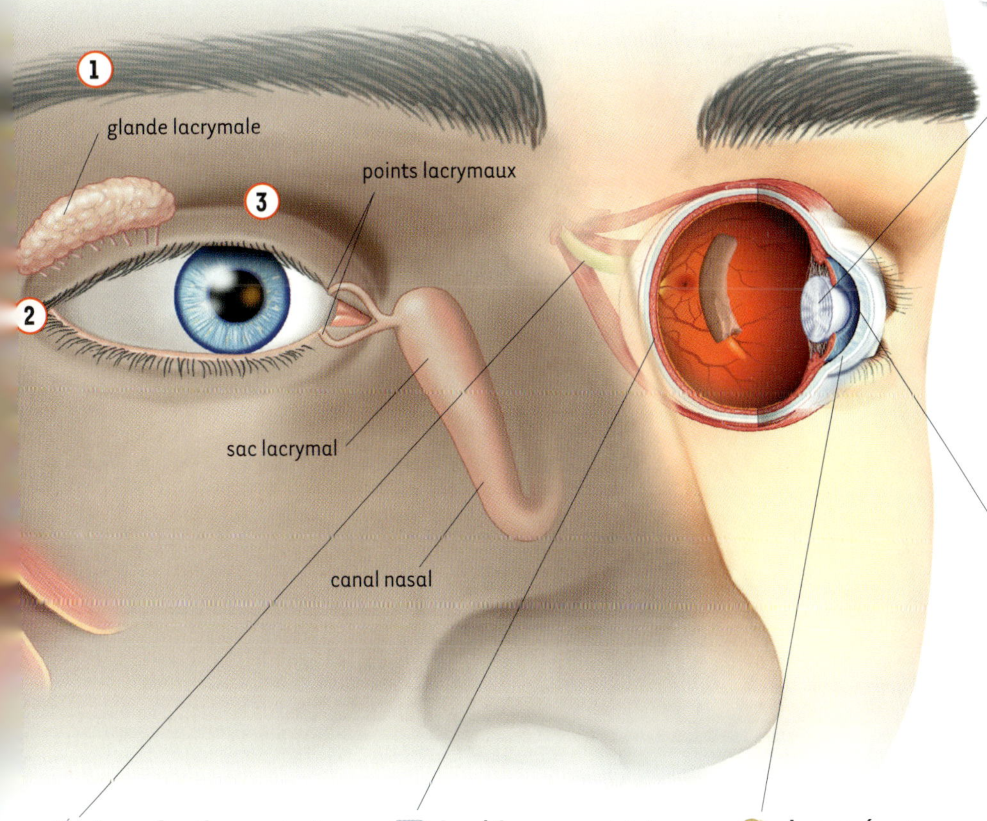

Le cristallin est la lentille de notre œil. Il oriente les rayons lumineux sur un écran. Cette lentille se déforme sans cesse grâce à des muscles. Quand on regarde un objet de loin, le cristallin s'amincit sur sa longueur, et quand on examine un objet de près, il s'épaissit. Cette accommodation nous permet de voir les objets nets.

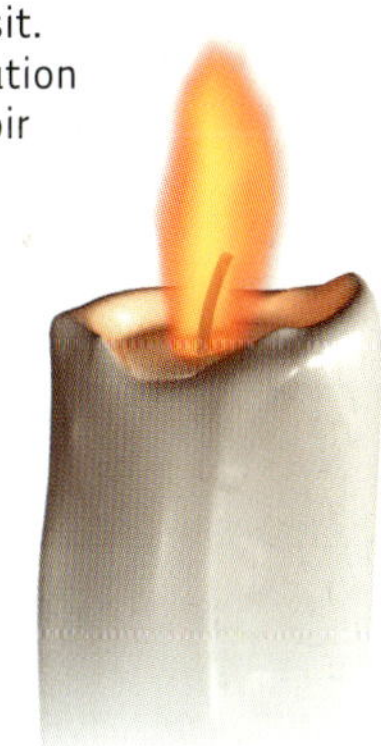

La pupille est un filtre à lumière. Quand il fait sombre, elle s'élargit pour laisser passer la lumière. Au contraire, en plein soleil, elle rétrécit pour que le fond de l'œil ne soit pas brûlé par les rayons solaires.

Le nerf optique, qui relie l'œil au cerveau, est constitué de 800 000 câbles. L'image formée sur la rétine est envoyée au cerveau sous la forme d'impulsions électriques le long de ce nerf.

La rétine est un mini-écran qui tapisse le fond de l'œil. C'est sur cet écran que l'image se forme. Cette image, par le jeu des lentilles, est à l'envers. Mais notre cerveau l'analysera à l'endroit.

La cornée est une peau transparente qui laisse passer la lumière, mais qui protège l'intérieur de l'œil. Légèrement arrondie, elle concentre les rayons lumineux sur la pupille.

LES CAPTEURS D'IMAGES

La rétine est tapissée de deux types de capteurs d'images. Certains n'ont pas besoin de beaucoup de lumière pour fonctionner : ce sont 125 millions de microscopiques « bâtonnets » qui fabriquent des images en noir et blanc. Ils nous permettent ainsi de voir la nuit. D'autres ont besoin de beaucoup de lumière : ce sont 7 millions de petits « cônes » qui enregistrent les couleurs.

Les bâtonnets permettent la vision dans des conditions de faible éclairage et une vision à angle très large.

question d'enfant

Pourquoi pleurons-nous ?

Les narines absorbent chaque minute 0,3 mm³ de larmes. Mais il arrive, sous le coup d'une émotion, d'en fabriquer plus de 10 mm³ : nous reniflons ! Et si l'on dépasse 100 mm³, les larmes coulent sur les joues...

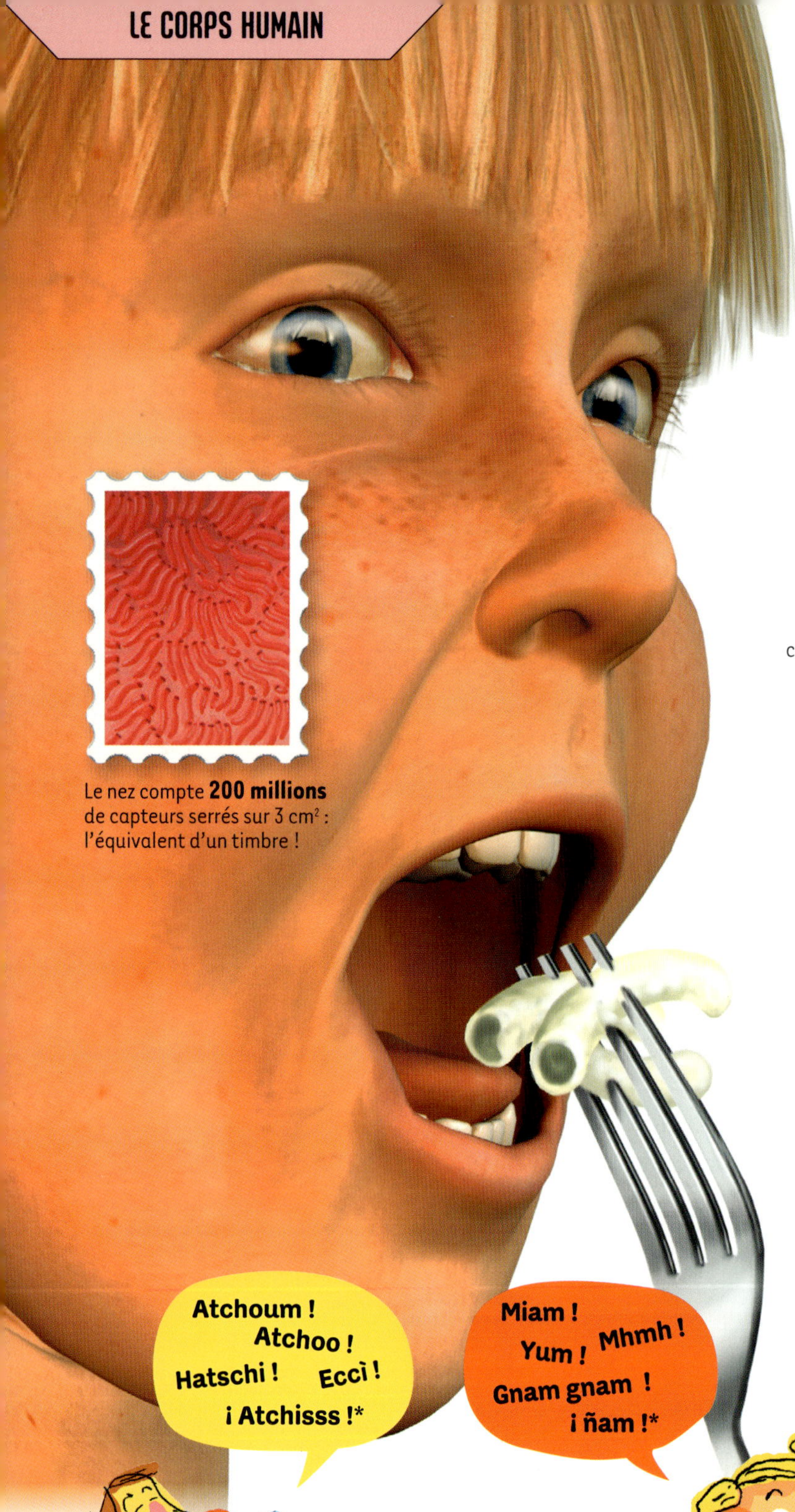

LE GOÛT ET L'ODORAT

Nous goûtons avec la bouche, nous sentons avec le nez. Mais en réalité, nez et bouche sont liés. Les odeurs des aliments circulent dans le pharynx pour atteindre le nez.

Le nez compte **200 millions** de capteurs serrés sur 3 cm² : l'équivalent d'un timbre !

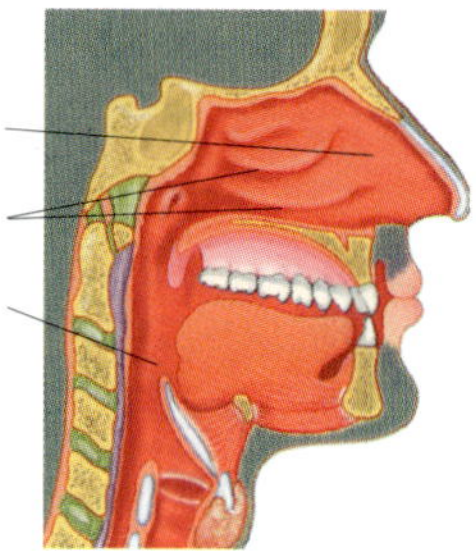

Notre système olfactif
Les cornets dirigent l'air inspiré vers le pharynx. Les décharges électriques provoquées par les molécules odorantes traversent la cavité nasale pour atteindre le bulbe olfactif.

Nous sentons l'air

Quand nous aspirons l'air par le nez, les odeurs, composées de molécules, se collent au plafond de la cavité nasale. Elles sont alors détectées par des capteurs. Excités, ces derniers envoient des décharges électriques au cerveau qui analyse les sensations.

ATCHOUM !

Les poils du nez retiennent la poussière et les microbes. Quand les envahisseurs sont trop nombreux, ils sont rejetés à la vitesse de 170 km/h : c'est l'éternuement !

* français, anglais, allemand, italien, espagnol.

LA LANGUE

Elle pèse à peine 50 g mais contient 17 muscles qui pétrissent les aliments. Résistante, elle ne brûle pas quand on avale sa soupe à 65 °C et ne gèle pas quand on mange une glace. Les petites boules que l'on voit sur la langue sont les papilles gustatives. Elles captent la saveur de chaque aliment.

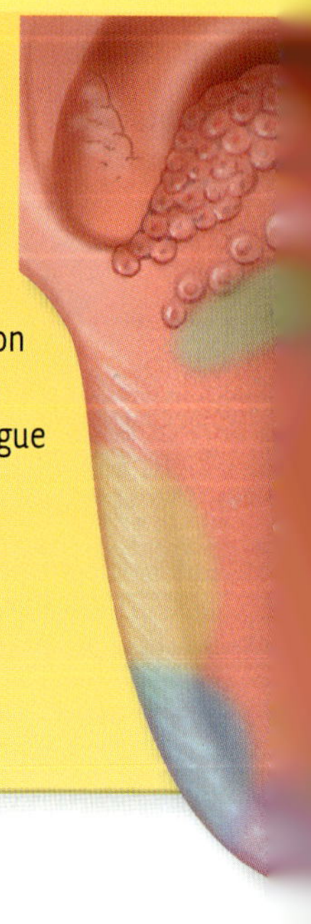

L'HOMME N'EST PAS UN NEZ !

Il faut que l'air contienne 500 millions de molécules par m³ pour que l'homme perçoive une odeur. En comparaison, le chien détecte une odeur avec 2 500 fois moins de molécules. C'est pourquoi il nous aide à trouver les blessés sous la neige, en cas d'avalanche, par exemple.

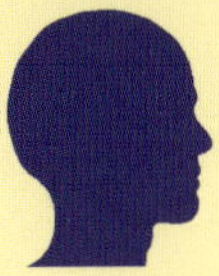

L'homme
détecte 3 000 odeurs.

Le chien
détecte 100 000 odeurs.

Les papillons
(type bombyx du mûrier)
détectent leur congénère
à plus de 10 km.

Le cochon
a 6 000 papilles gustatives.

Comment distinguons-nous les odeurs ?

On suppose qu'il existe entre 10 et 30 types de capteurs d'odeurs différents. Chacun de ces types sont des serrures qui fonctionnent uniquement avec les bonnes clés : les molécules odorantes. Une odeur excitera donc quelques capteurs, sur les 200 millions que nous avons. Et le cerveau identifiera spécifiquement ce que nous sentons...

Les odeurs et le souvenir

L'odeur d'un gâteau... et on se souvient de ces fameuses vacances ! Le nez se souvient car des nerfs olfactifs sont en contact avec des régions du cerveau qui interviennent dans l'émotion.

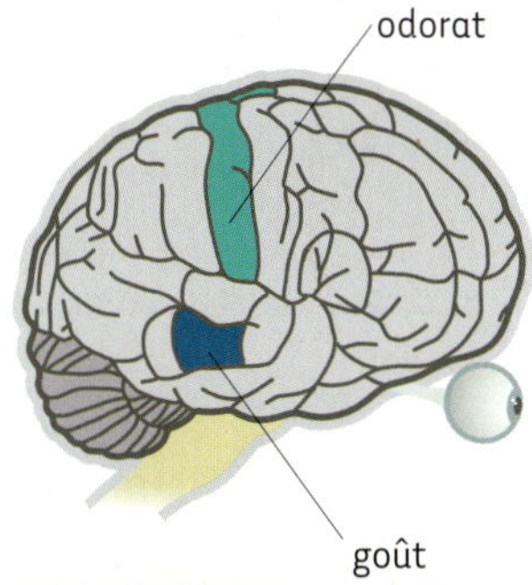

LES RELATIONS ENTRE VISION ET ODORAT

Fais-toi bander les yeux et tente d'identifier les aliments que l'on te propose. Tu le feras sans difficulté ! La vision n'est pas nécessaire au goût.

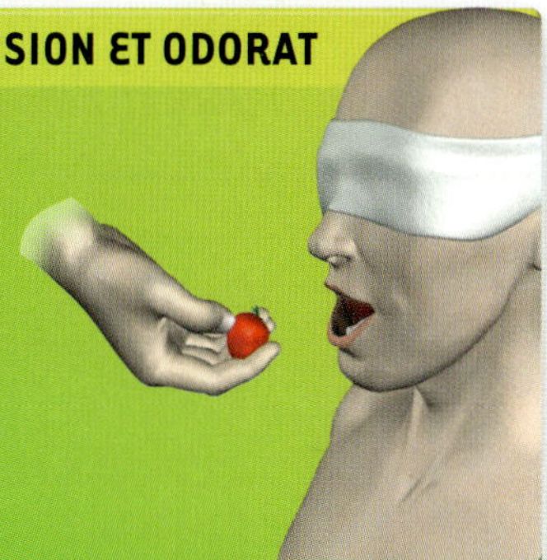

Complique l'expérience : les yeux toujours bandés, bouche-toi le nez : l'identification devient nettement plus difficile. L'odorat est donc intimement lié au goût. Tu peux aussi le constater quand tu es enrhumé !

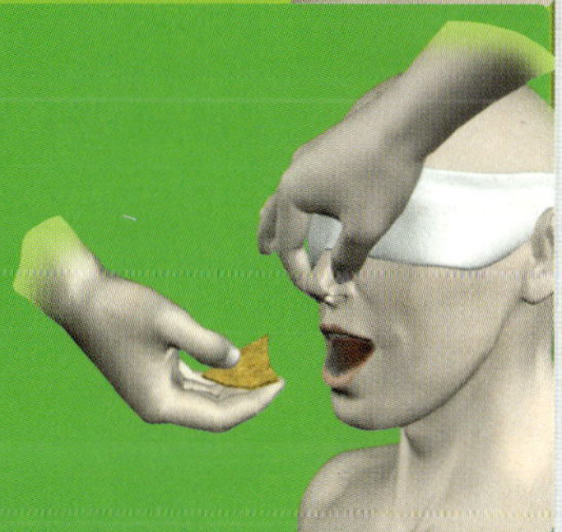

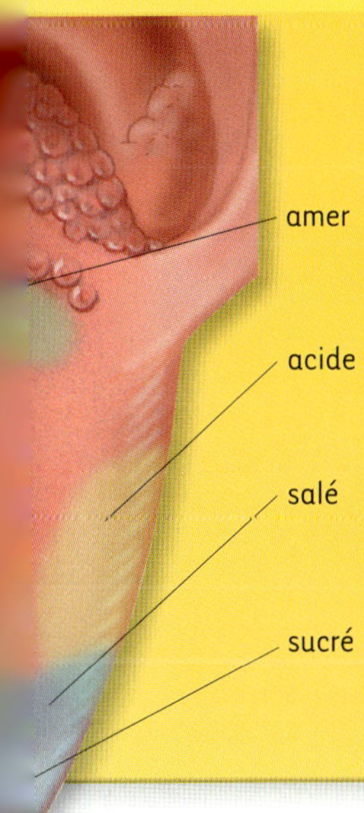

Les 4 saveurs
Le goût des aliments est décrypté par 3 000 papilles. Certaines détectent ce qui est acide, d'autres le sucré, d'autres l'amer ou encore le salé. Équipées de nerfs, elles avertissent le cerveau, qui analyse la sensation. Une fois l'aliment avalé, les glandes salivaires nettoient nos papilles et nous ne sentons plus rien.

LE GOÛT DANS LE MONDE

Nous avons tous les mêmes papilles et pourtant, nos goûts sont différents. Certains peuples raffolent d'insectes grillés, d'autres de cuisine très pimentée... Car dès notre plus jeune âge, nous sommes habitués à manger certains aliments. Le goût, c'est aussi une question d'éducation !

Les piments contiennent de la vitamine A et C en grande quantité ainsi que des sels minéraux.

Les insectes sont une source de protéines. Ils sont donc bons pour la santé... Mais attention ! Ne sont comestibles que les insectes dont le goût et l'odeur à l'état naturel sont agréables.

GRILLE CALORIQUE (kcal pour 100 g d'aliments)

steak grillé : 386 kcal

gigot rôti : 225 kcal

saucisson : 560 kcal

jambon : 302 kcal

poulet : 150 kcal

thon : 225 kcal

crevettes : 100 kcal

carottes : 32 kcal

haricots : 39 kcal

petits pois : 70 kcal

L'ALIMENTATION

Nous devons manger plusieurs fois par jour, car les aliments fournissent à notre corps l'énergie dont il a besoin pour fonctionner.

3 carburants indispensables

Les protéines sont utiles pour développer nos muscles et notre mémoire. Elles sont aussi indispensables à la croissance et dans la lutte contre les microbes. Le poisson, la viande et les œufs sont riches en protéines.

Les lipides fournissent l'énergie nécessaire à nos muscles et à notre croissance. Le beurre, l'huile, les cacahuètes et les frites sont très riches en lipides.

Les glucides alimentent le système nerveux et donnent de l'énergie aux muscles. On les trouve par exemple dans les céréales, les pommes de terre, le sucre, les bonbons, les pâtes et les gâteaux.

LA DÉPENSE CALORIQUE

La valeur énergétique de tous les aliments se mesure en kilocalories (kcal). Par exemple, 1 g de lipide correspond à 9 kcal. Et un adolescent a besoin chaque jour de 1 800 kcal pour vivre et « bouger ».

Pour lire cette page, tu brûles 5,3 kcal.

1 match de foot : 600 kcal

1 heure de ski : 900 kcal

1 heure de marche : 90 kcal

1 heure de natation : 700 kcal

1 heure de randonnée : 350 kcal

1 nuit de sommeil : 600 kcal

1 heure assis à ne rien faire : 42 kcal

1 heure à nettoyer ta chambre : 260 kcal

Le foie fabrique la bile, qui agit sur la digestion des graisses. De plus, il filtre le sang provenant de l'intestin et récupère le sucre, les graisses, etc.

CE QUE NOUS MANGEONS EN UNE VIE

Nous mangeons 50 tonnes d'aliments dans notre vie, au cours de plus de 87 000 repas. Et nous passons à table l'équivalent de 8 années !

Au menu :
21 000 baguettes + 500 kg de beurre
+ 190 kg de confiture + 6 000 kg de pommes de terre + 1 200 kg de bœuf + 1 700 kg de volaille
+ 8 000 kg de légumes
+ 500 kg de pâtes
+ 600 kg de poisson et crustacés
+ 1 200 kg de fromage
+ 17 000 œufs
+ 4 800 kg de fruits frais
+ 7 000 litres de lait !

L'OBÉSITÉ

Manger trop par rapport à ses besoins et à son activité physique peut nous rendre obèse. Car le corps stocke le surplus d'aliments sous forme de graisse. L'obésité est dangereuse pour la santé : un excès de poids fatigue le cœur.

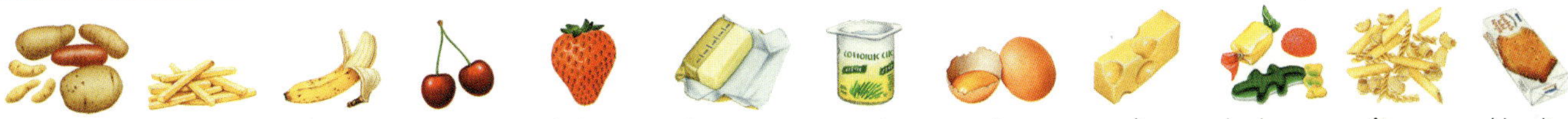

p. deterre : 85 kcal
frites : 400 kcal
bananes : 90 kcal
cerises : 77 kcal
fraises : 40 kcal
beurre : 761 kcal
yaourt : 45 kcal
œuf : 160 kcal
gruyère : 390 kcal
bonbons : 378 kcal
pâtes : 375 kcal
biscuits : 450 kcal

LA DIGESTION

Malaxés dans la bouche, les aliments sont transformés dans notre corps pour donner glucides, lipides et protéines. C'est ce qu'on appelle la digestion.

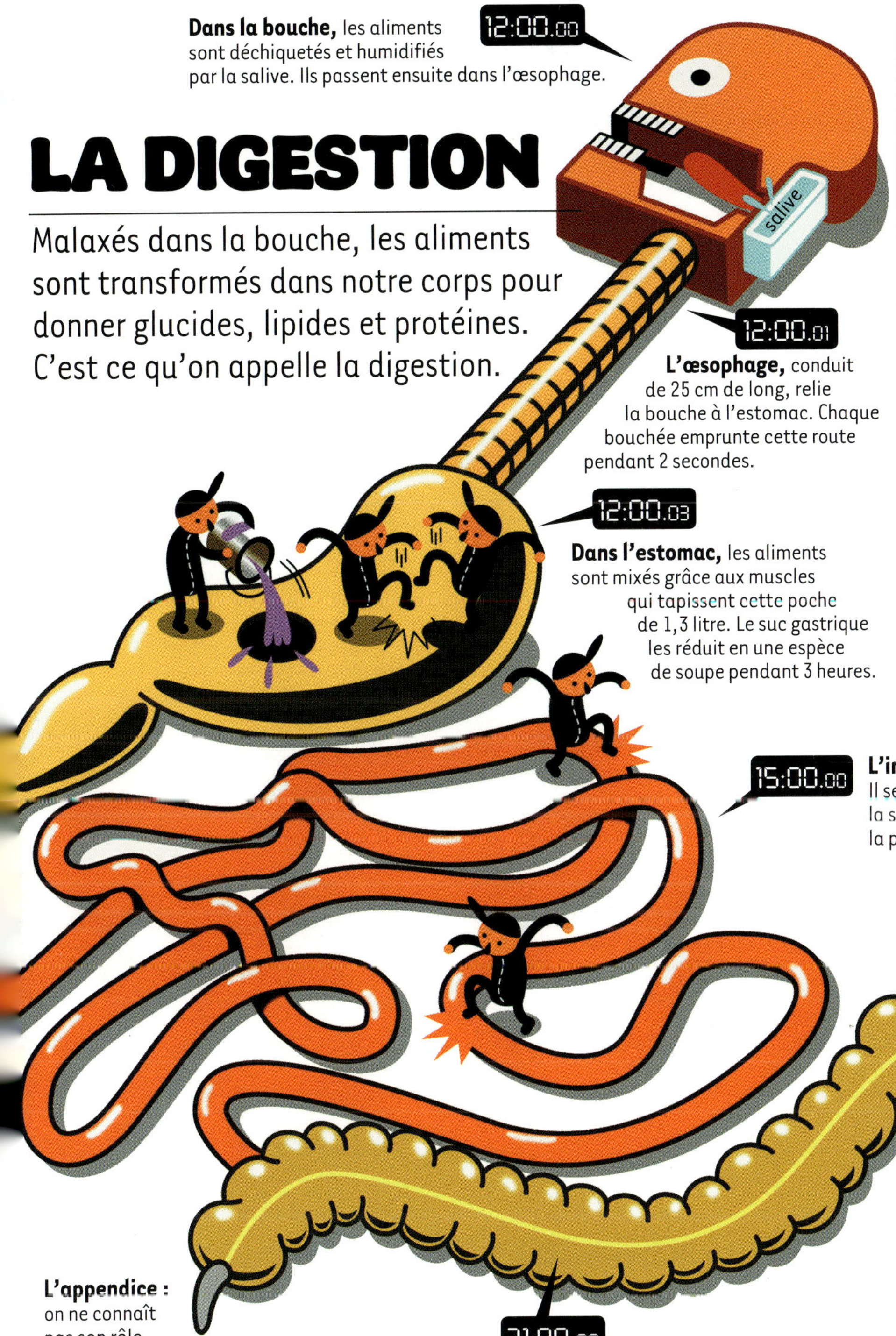

Dans la bouche, les aliments sont déchiquetés et humidifiés par la salive. Ils passent ensuite dans l'œsophage.

L'œsophage, conduit de 25 cm de long, relie la bouche à l'estomac. Chaque bouchée emprunte cette route pendant 2 secondes.

Dans l'estomac, les aliments sont mixés grâce aux muscles qui tapissent cette poche de 1,3 litre. Le suc gastrique les réduit en une espèce de soupe pendant 3 heures.

L'intestin grêle est un tuyau de 8 m de long. Il se contracte 13 fois par minute pour dégrader la soupe en molécules. Celles-ci, absorbées par la paroi, donnent l'énergie nécessaire à nos organes.

L'appendice : on ne connaît pas son rôle, mais quand il s'enflamme, c'est l'appendicite. Il est nécessaire d'opérer.

Les déchets qui n'ont pas été absorbés se retrouvent dans le côlon. Ce tube a pour mission de récupérer le maximum d'eau.

Il faut entre 6 heures et demie et 24 heures pour que les aliments ingérés soient évacués, après avoir traversé le côlon et gagné le rectum, sous forme de selles.

LES FONCTIONS DE NOS DENTS

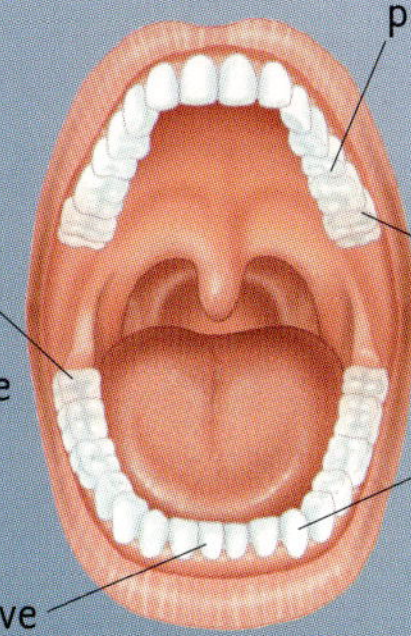

Composées d'ivoire recouvert d'émail, les dents ont leur spécialité : les 8 incisives coupent, les 4 canines arrachent, les 8 prémolaires et les 12 molaires broient. Certains ont en plus 4 autres molaires : les dents de sagesse.

L'APPAREIL URINAIRE

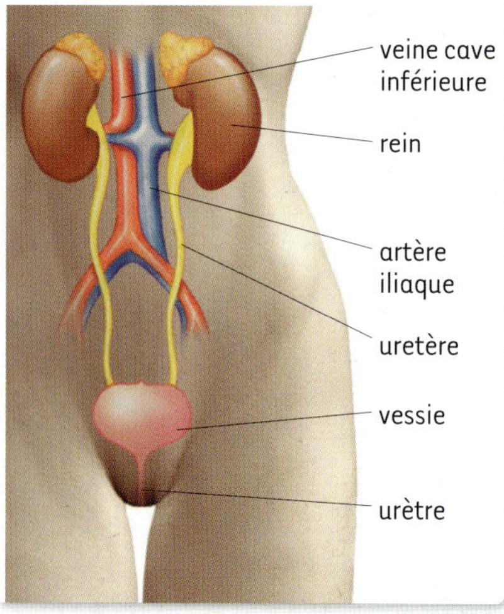

LES REINS

Les reins trient les déchets du sang et assurent leur rejet à l'extérieur de notre corps : c'est l'urine. Il faut absolument l'éliminer car elle contient des substances toxiques.

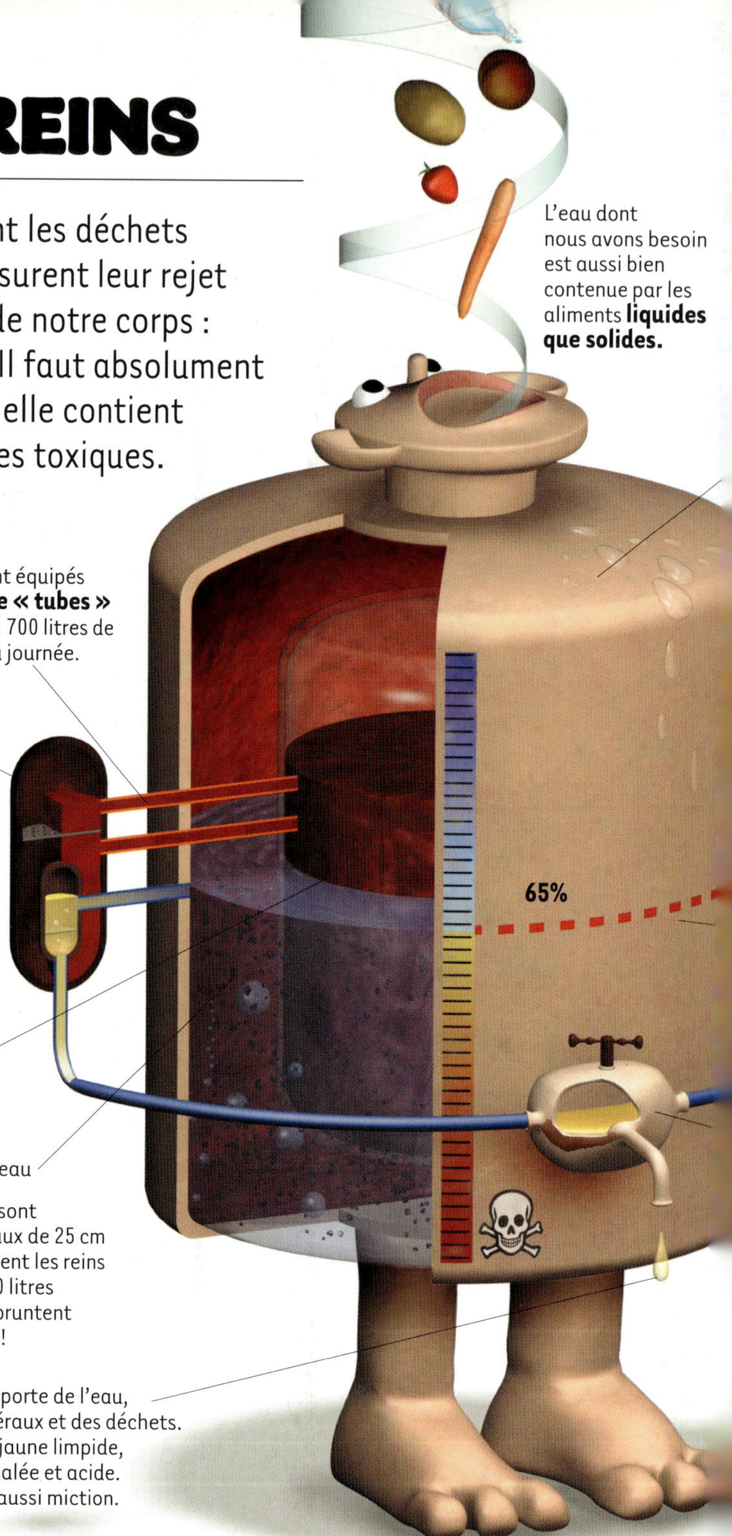

Les uretères sont des petits tuyaux de 25 cm de long qui relient les reins à la vessie. 540 litres d'urine les empruntent chaque année !

L'urine comporte de l'eau, des sels minéraux et des déchets. Elle est d'un jaune limpide, légèrement salée et acide. On l'appelle aussi miction.

Sélection des meilleurs éléments

Ces 2 « haricots » de 150 g filtrent chaque minute 1 litre de sang pour le nettoyer. Les déchets sont alors dirigés vers la vessie où ils sont expulsés avec de l'eau : c'est l'urine, qui représente 1,5 à 2 litres de liquide. Les substances utiles, comme le glucose, repartent dans le sang. Les reins travaillent si bien qu'un petit pipi correspond à 180 litres de sang filtré !

L'EAU ÉLIMINÉE PAR JOUR

dans les selles : 0,2 litre

dans les urines : 1,5 litre

dans la transpiration : de 0,6 litre sous climat tempéré à 4 litres sous les tropiques

dans la respiration : 0,2 litre (ce qui explique le panache de buée quand il fait froid)

Nous devons boire régulièrement car nous perdons plus de 2,5 litres de liquide par jour, en transpirant, en respirant, en urinant…

EAU ET SEL SOUS CONTRÔLE

Notre corps est composé à 65 % d'eau. Elle est absolument nécessaire à nos cellules. C'est pourquoi ce taux ne doit jamais varier. Ce sont les reins qui régulent les pertes et les apports d'eau. Si l'on boit trop, les reins produisent davantage d'urine et inversement. Ils régulent aussi la quantité de sel.

LA COMPOSITION EN EAU

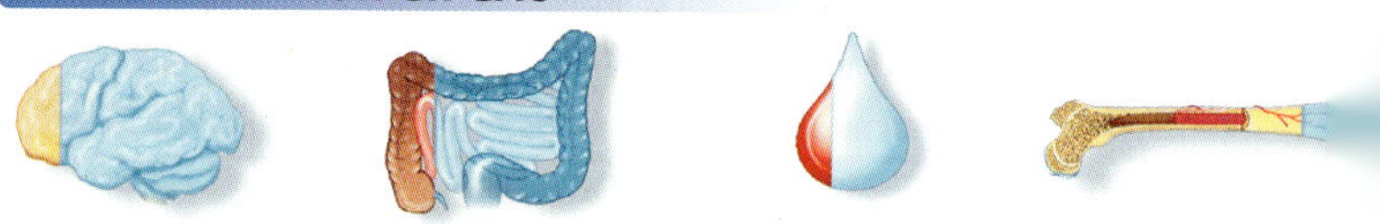

du cerveau : **85 %**

des intestins : **80 %**

du sang : **75 %**

des os : **20 %**

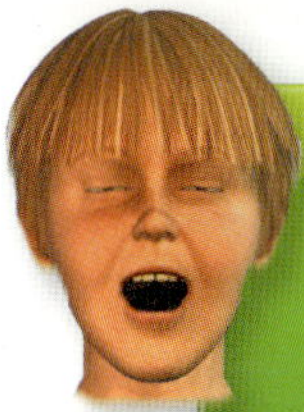

LE BÂILLEMENT

Regarde ce dessin. Compte 6 secondes et… tu bâilles. Le bâillement est contagieux, mais il n'indique pas forcément une envie de dormir. Les athlètes avant une compétition, les écoliers avant un contrôle bâillent aussi ! Ce serait un moyen de réveiller le cerveau pour être prêt au bon moment.

La sueur est composée d'eau, de sels minéraux, de calories et de déchets.

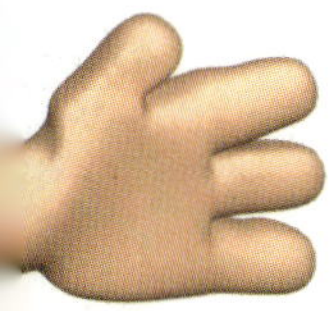

Seuil limite en dessous duquel nous avons besoin de nous réhydrater… Nous avons soif.

La vessie est une poche qui contient jusqu'à 3 litres d'urine. Mais généralement, notre besoin d'aller aux toilettes se fait sentir dès qu'elle est remplie de 0,5 litre d'urine.

UN BÉBÉ FAIT PIPI DANS SA COUCHE

… parce qu'avant 2 ans, il ne sait pas contrôler les muscles de sa vessie.

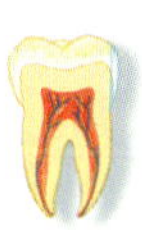

des dents :

0,2 %

LE SOMMEIL

Nous avons besoin de dormir afin de permettre à notre corps et à notre cerveau de se reposer. Mais nous ne dormons pas tous au même rythme : un bébé a besoin de 18 heures de sommeil tandis qu'un adulte se contente de 8 heures.

À quoi servent les rêves ?

Ils seraient une manière de revivre ou de mémoriser des moments de la journée. Mais il est si difficile de les étudier que l'on n'a toujours pas compris à quoi ils servaient !

« PASSER UNE NUIT BLANCHE »

Cette expression remonte au Moyen Âge. À l'époque, les hommes devaient passer une nuit à prier, avant d'être faits chevaliers. Et comme ils étaient entièrement habillés de blanc, on disait qu'ils passaient une nuit blanche ! Aujourd'hui, le terme est toujours utilisé pour désigner une nuit sans sommeil.

LES PHASES DU SOMMEIL

Il existe 2 types de sommeil : le sommeil profond et le sommeil paradoxal, baptisé aussi sommeil des rêves. Nous passons la plus grande partie de la nuit en état de sommeil profond. Mais 3 ou 4 fois, ce sommeil est entrecoupé par des phases de rêves.

LE DÉROULEMENT D'UNE NUIT : UNE ALTERNANCE DE PHASES

L'endormissement est une période très courte.

Le sommeil profond : des phases de 90 mn se succèdent au cours de la nuit. Le cerveau et le cœur fonctionnent au ralenti. La température de notre corps baisse légèrement. C'est le moment où l'organisme récupère.

Le sommeil paradoxal : ce sont des phases de 20 mn environ. Nos yeux bougent sous les paupières, nos doigts remuent, notre respiration s'accélère et notre cerveau s'active. C'est lors de cette phase que nous rêvons.

La dernière phase de sommeil profond est la plus courte : 60 mn environ. Si nous nous réveillons alors que nous sommes en état de sommeil paradoxal, **nous nous souvenons de nos rêves.**

LE SOMNAMBULISME

Ce mot signifie « marcher en dormant ». C'est une anomalie du sommeil. Généralement, un somnambule se lève sans en avoir conscience au cours d'un sommeil profond. Mais la plupart du temps, la personne retourne ensuite dans son lit et quand elle se réveille, elle ne se souvient de rien.

LA REPRODUCTION

Les bébés sont tous fabriqués selon la même recette : ils proviennent de l'union d'un ovule et d'un spermatozoïde. De ce mariage naît un œuf qui se développe en un beau bébé en 9 mois.

L'APPAREIL GÉNITAL MASCULIN

En permanence, les spermatozoïdes sont fabriqués en74 jours dans les 2 testicules. Dès qu'un spermatozoïde est prêt, il rejoint les autres dans l'épididyme. Ils attendent le grand jour !

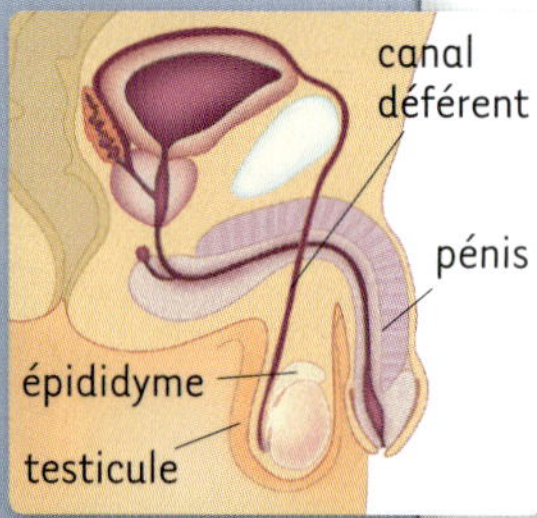

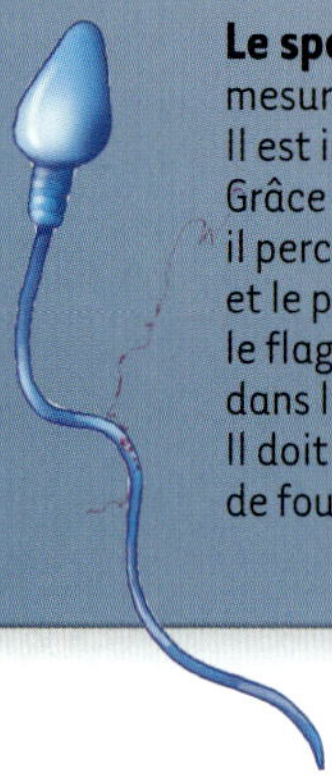

Le spermatozoïde mesure 0,06 mm. Il est invisible à l'œil nu. Grâce à sa tête « foreuse », il perce la peau de l'ovule et le pénètre. Avec sa queue, le flagelle, il se propulse dans l'utérus de la femme. Il doit donner 1 000 coups de fouet pour avancer de 1 cm.

UN MOMENT INTIME

La conception d'un bébé commence par un moment très intime entre une femme et un homme. Ils font l'amour : le pénis de l'homme pénètre dans le vagin de la femme.

LA COURSE FOLLE

200 millions de spermatozoïdes environ sont libérés dans le vagin de la femme. Ils doivent maintenant parcourir… 15 à 18 cm !

L'APPAREIL GÉNITAL FÉMININ

Contrairement à l'homme qui produit sans cesse des spermatozoïdes, la femme naît avec un stock de 4 millions d'ovules. Ceux-ci doivent grandir dans les 2 ovaires pour être matures.

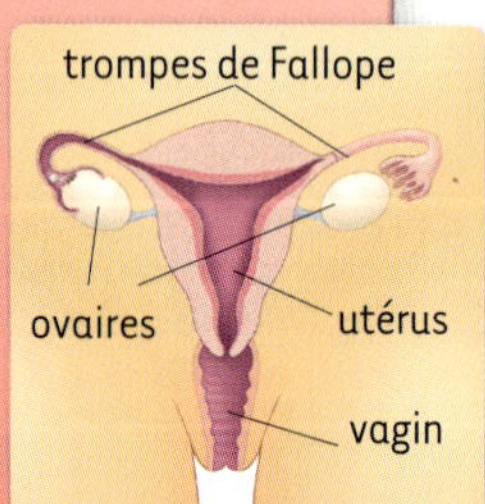

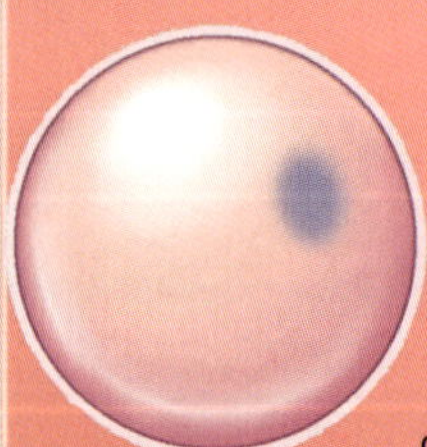

L'ovule est une boule de 0,2 mm de diamètre. Il est donc visible à l'œil nu, contrairement au spermatozoïde. Après la puberté, un ovule est expulsé chaque mois par l'ovaire pour être happé par la trompe de Fallope.

MOI, DES DÉFAUTS ?

Environ la moitié des spermatozoïdes ont de légers défauts qui les rendent incapables de féconder un ovule. D'autres peuvent avoir des défauts plus importants : absence de flagelle, double tête, rapidité faible…

Les obstacles

(1) Dans le vagin, **90 millions** de spermatozoïdes sont tués par des globules blancs.

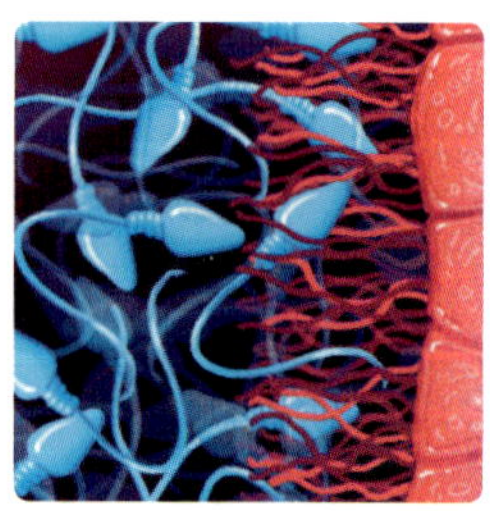

(2) **Des millions** de spermatozoïdes sont bloqués dans les microscopiques cils de l'utérus.

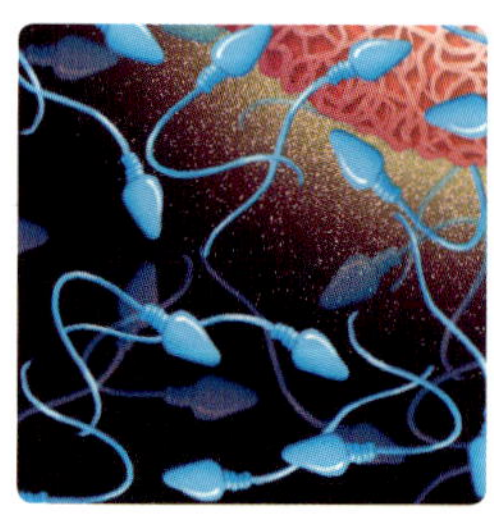

(3) **Une centaine** seulement de spermatozoïdes arrive dans la trompe de Fallope où se trouve l'ovule ! Ils auront dû donner 20 000 coups de fouet !

Le développement du bébé

4 cellules : les noyaux de l'ovule et du spermatozoïde fusionnent. Quelques heures après commence la division en cellules : 2, puis 4, puis 8, etc.

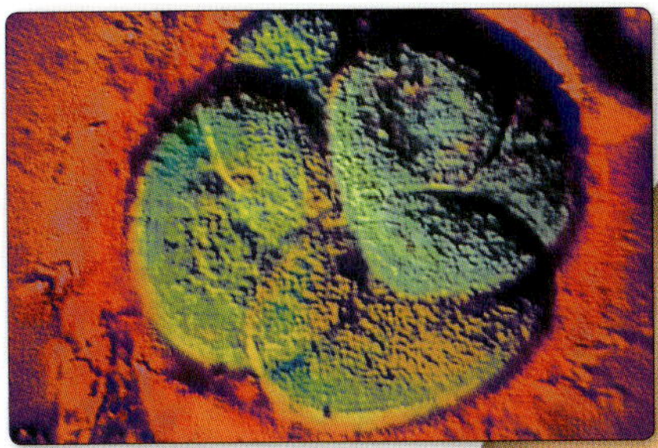

3 mois : le bébé bouge dans le ventre de sa mère. Il a déjà tous ses organes. Mais il lui faudra attendre encore 6 mois avant de sortir, le temps de grossir et de grandir.

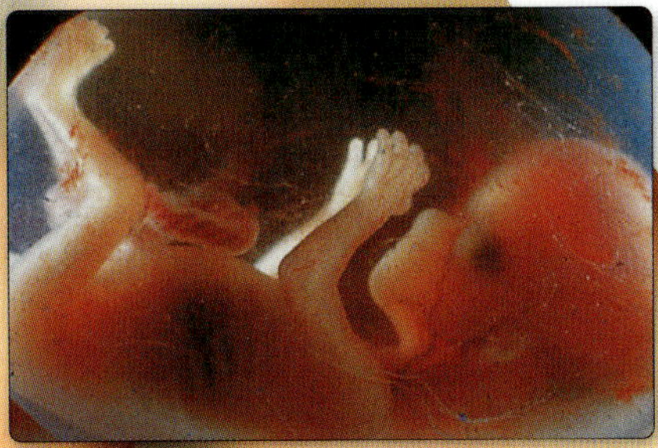

6 mois : le fœtus perçoit les bruits. Ses cheveux poussent. Il a encore la place de se retourner et il commence à sucer son pouce !

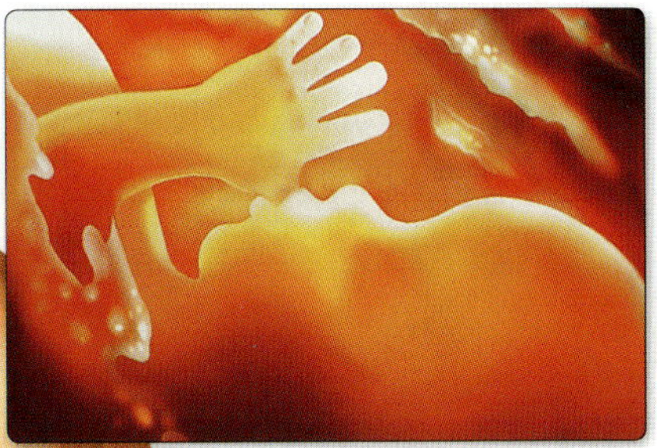

4

3

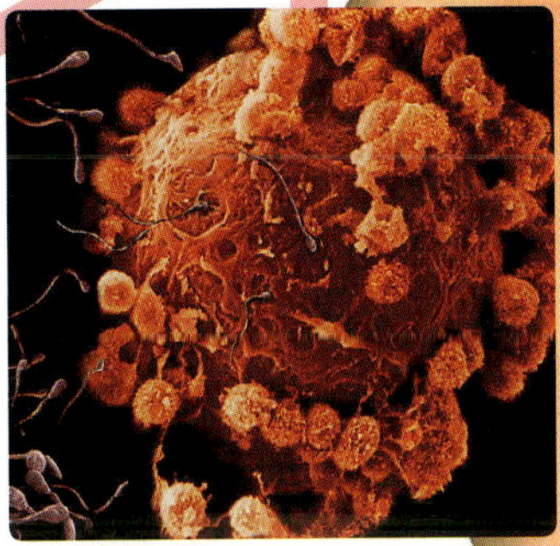

24 HEURES POUR RÉUSSIR

Un seul spermatozoïde entre dans l'ovule. Dès que la fécondation est faite, l'ovule se transforme, empêchant les autres spermatozoïdes de le pénétrer. Mais la durée de vie d'un ovule n'est que de 24 heures. S'il n'a pas été fécondé dans ce délai, il sera expulsé au moment des prochaines règles.

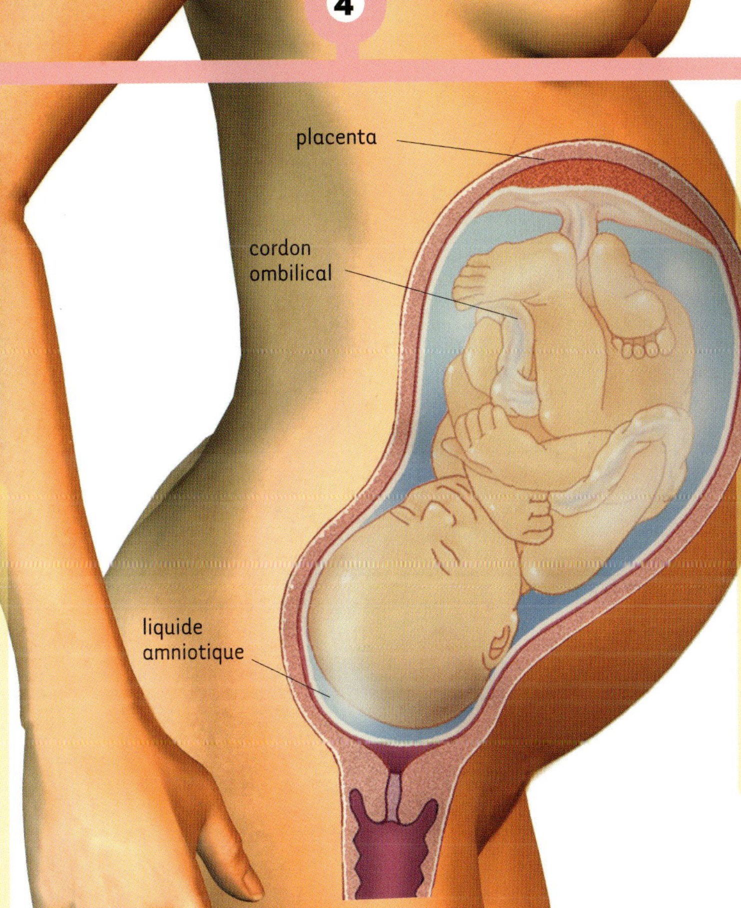

LE BÉBÉ DANS LE VENTRE DE SA MÈRE

Il se développe dans une poche pleine d'eau. Ce liquide, le liquide amniotique, le protège des chocs. Sa maman lui fournit sa nourriture et son oxygène par l'intermédiaire du placenta puis du cordon ombilical. Après la naissance, ce cordon est coupé, mais on conserve une cicatrice : c'est le nombril.

5

LES RÈGLES

Un ovule est expulsé chaque mois par l'ovaire. L'utérus se prépare à recevoir un œuf fécondé : il s'enrichit de vaisseaux sanguins. S'il n'y a pas fécondation, la paroi utérine se dégrade et libère le sang qu'elle contenait : ce sont les règles.

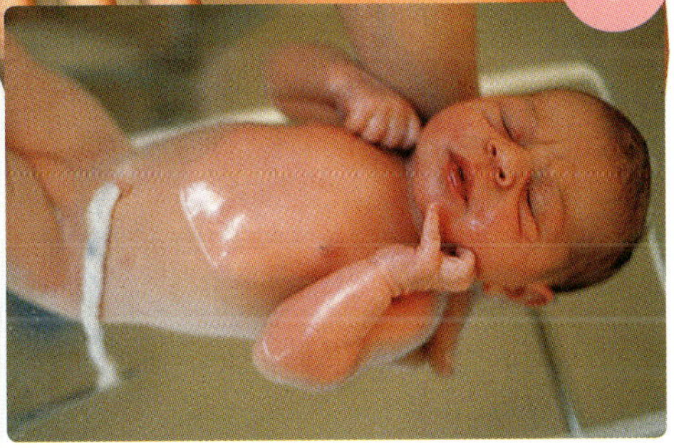

9 MOIS : L'HEURE DE NAÎTRE...

Au bout de 40 semaines de grossesse, le « couloir » qui relie l'utérus au vagin s'élargit pour laisser passer le bébé sous l'effet des contractions. En général, la tête sort en premier, le reste du corps suit facilement. Le bébé pousse alors son premier cri : il respire désormais grâce à ses poumons.

LA GÉNÉTIQUE

Comme un château constitué de grains de sable, notre corps est composé d'éléments microscopiques : les cellules. On en compte 220 milliards.

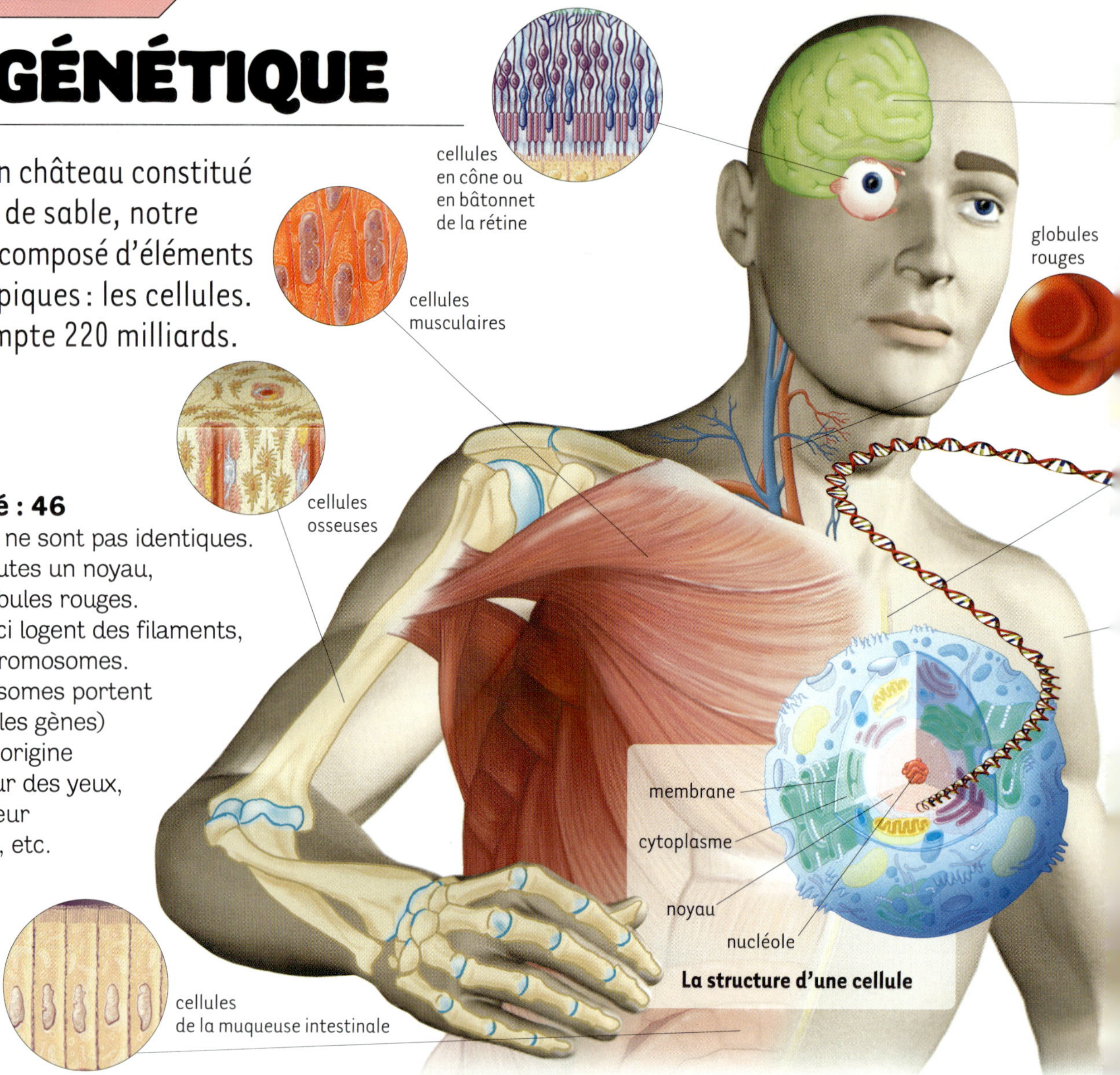

Chiffre clé : 46

Les cellules ne sont pas identiques. Elles ont toutes un noyau, sauf les globules rouges. Dans celui-ci logent des filaments, baptisés chromosomes. 46 chromosomes portent des codes (les gènes) qui sont à l'origine de la couleur des yeux, de la longueur des cuisses, etc.

POURQUOI SOMMES-NOUS DIFFÉRENTS ?

Les yeux de ton père, le menton de ta mère : tu as des points communs avec tes parents, tes frères ou tes sœurs. Et pourtant tu es différent. Comment l'expliquer ?

Tirage au sort

Tu es le résultat de la fécondation d'un ovule par un spermatozoïde, qui contenaient eux-mêmes la moitié des chromosomes maternels et la moitié des chromosomes paternels. Tu hérites donc d'une partie des gènes de ton père et une autre de ta mère. Sans être leur copie, tu leur ressembles par de nombreux points ! Et si tu es différent de tes frères et sœurs, c'est parce que ce ne sont pas toujours les mêmes gènes qui sont sélectionnés lors de la fabrication des ovules et des spermatozoïdes.

LA COULEUR DES YEUX

Elle est déterminée par les gènes hérités de tes parents. Mais les gènes ne sont pas tous égaux entre eux : le caractère « yeux bleus » s'efface devant « yeux marron ». On dit qu'il est récessif. Le caractère « yeux marron » est dit dominant. Pour avoir des yeux azur, il faut donc que tes 2 parents t'aient donné chacun un gène « bleu ».

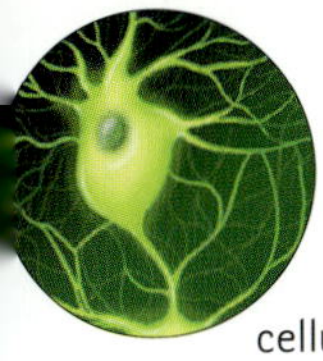

cellule nerveuse

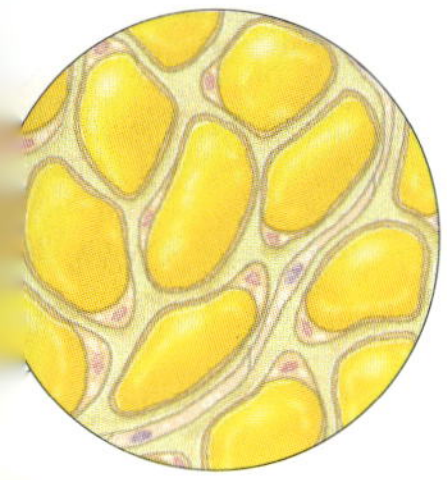

cellules adipeuses (graisse)

Les maladies génétiques

Il arrive que des gènes soient défectueux et se transmettent des parents aux enfants. Ce sont des maladies dites héréditaires, comme la myopathie (caractérisée par une atrophie des muscles) ou l'hémophilie (qui entraîne une mauvaise coagulation du sang).

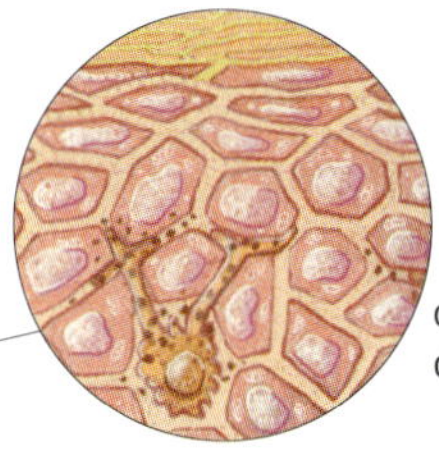

cellules de la peau

À la Une

L'INFO CHOC AU QUOTIDIEN

PRIX FRANCE MÉTROPOLITAINE : €

LA POLICE **SUR LA TRACE** DU VOLEUR

Hier, vers 15 heures, un voleur s'est introduit dans le coffre de la banque centrale. Avant même de l'avoir attrapé, la police l'a déjà identifié. En effet, l'homme a laissé la trace de ses empreintes digitales et quelques cheveux. « Nous avons tous des empreintes digitales différentes, puisque nous sommes génétiquement différents. C'est pourquoi il a été possible d'identifier le voleur en relevant ses empreintes digitales laissées sur un coffre, expliquait l'inspecteur de police. De plus, avec les cellules des cheveux, nous avons extrait l'ADN et établi une carte génétique, elle aussi caractéristique. Nous l'avons comparée avec nos fichiers de police et nous savons aujourd'hui qui est le voleur. »

L'ADN, QU'EST-CE QUE C'EST ?

Mis bout à bout, les chromosomes formeraient un filament de 1 m de long ! Ce fil est composé d'une longue chaîne de molécules appelée ADN (acide désoxyribonucléique). Chaque molécule d'ADN contient toutes les informations pour fabriquer une cellule.

XX OU XY ?

Nos 46 chromosomes sont regroupés par paire. Les 2 chromosomes d'une paire sont identiques sauf pour la paire numéro 23. Chez les filles, les 2 chromosomes sont en forme de X, mais chez les garçons, l'un est X, et l'autre est Y. Les filles sont donc des XX et les garçons des XY !

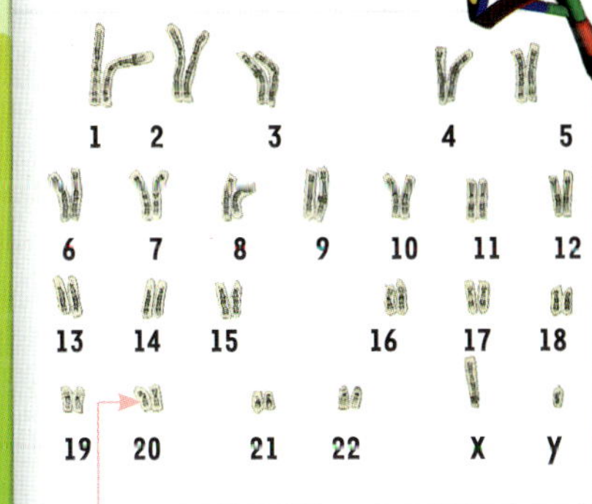

Le caryotype est la représentation organisée des chromosomes. La paire 23 comporte 2 chromosomes différents : X et Y. C'est un garçon.

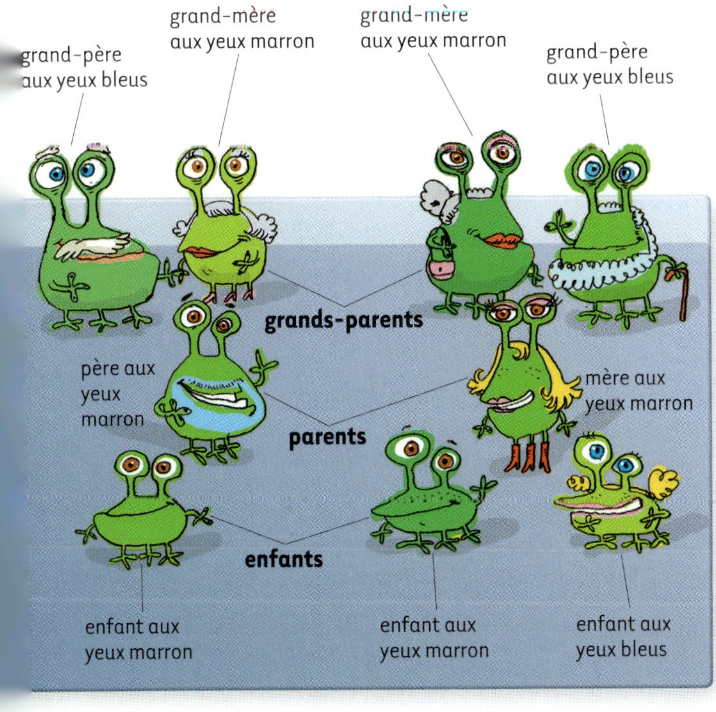

Chacun de nos chromosomes porte **80 000 codes.** Autrement dit, chaque cellule renferme 3,6 millions d'informations. Empile 12 *Dokéo* et tu auras une idée de la véritable bibliothèque entreposée dans chacune de tes cellules !

GRANDIR

On grandit jusqu'à l'âge de 20 ans mais pas à un rythme régulier. C'est entre 1 et 2 ans, puis entre 10 et 18 ans que nous grandissons le plus.

Papa, dis-moi combien tu mesures...

On suppose que notre taille est un caractère héréditaire. Tu as plus de chance d'être grand si tes parents le sont eux-mêmes. Mais une alimentation équilibrée et une bonne santé contribuent aussi à la croissance.

À 2 ans, le bébé a grandi de 35 cm depuis sa naissance : il mesure 85 cm. Et il pèse environ 15 kg.

À partir de 10 ans pour les filles, **de 12 ans** pour les garçons, nous grandissons de 10 cm par an.

On s'arrête de grandir **vers 20 ans** et heureusement ! Si on continuait de pousser au même rythme, on afficherait 6 m de haut !

LA PUBERTÉ

Elle a lieu entre 10 et 14 ans chez les filles, 12 et 16 ans chez les garçons. Le corps se transforme, et la croissance s'accélère. Chez le garçon la voix mue et la barbe pousse. Chez les filles, les seins s'arrondissent et les règles apparaissent.

NOUS SOMMES PLUS GRANDS LE MATIN QUE LE SOIR

Quand on se lève, on affiche 0,5 à 1,5 cm de plus que le soir. Car dans la journée, les os de la colonne vertébrale ont tendance à s'affaisser les uns sur les autres.

question d'enfant

Combien mesurerai-je adulte ?

Multiplie par deux le chiffre de ta taille à l'âge de 2 ans (pour un garçon) et de 18 mois (pour une fille) et tu auras une idée de ta taille à l'âge adulte.

Les plus grands et les plus petits de la planète

Les Tutsis du Rwanda et du Burundi (Afrique) sont les peuplades les plus grandes du monde. Les pygmées Mbutis du Zaïre (Afrique) sont les plus petits. Mais il existe aussi des différences entre les personnes d'une même région du monde...

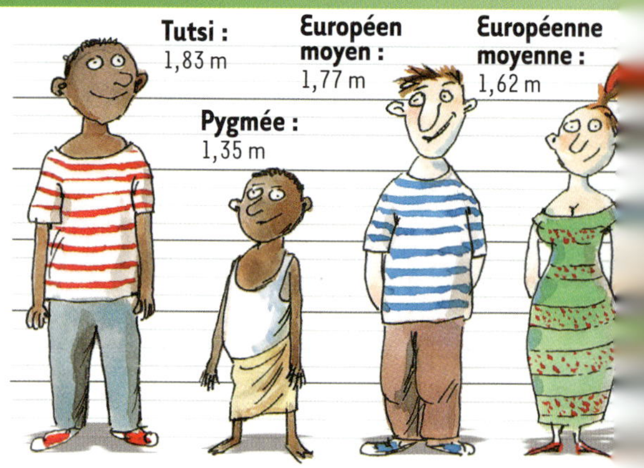

VIEILLIR

On pense que les cellules de notre corps ont une durée de vie précise. Quand elles ne sont plus remplacées, nous vieillissons. Cela commence vers l'âge de 20 ans, c'est-à-dire dès que nous avons cessé de grandir. Mais cela ne se voit pas tout de suite…

Les effets de la vieillesse
Entre 20 et 70 ans, nous rapetissons et nous grossissons. Nous perdons jusqu'à 5 cm, car les disques qui séparent les os des vertèbres se tassent. Un quart de la masse musculaire (6 kg de muscles) disparaît au profit de la graisse.

LA PEAU SE RIDE

Notre peau perd un peu de son eau. Les fibres d'élastine qui lui donnent son élasticité se dégradent. Elle est donc moins souple. Elle a aussi tendance à s'amincir, aussi finit-elle par se rider. À force de sourire, des plis se forment entre le nez et la bouche. Et à force de froncer les sourcils, le front se plisse !

photo macroscopique de **la peau**

LES CHEVEUX DEVIENNENT BLANCS

Les glandes qui fabriquent les pigments de nos cheveux cessent de fonctionner. Sans colorants, les cheveux sont blancs.

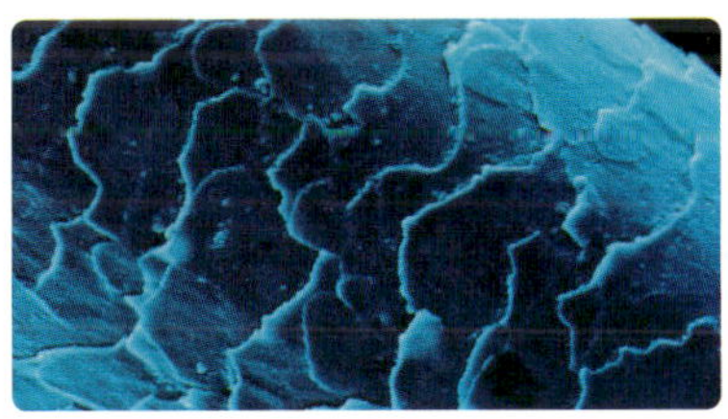

photo macroscopique d'**un cheveu**

homme plus and : 37 m

La femme la plus grande : 2,32 m

La femme la plus petite : 65 cm

L'homme le plus petit : 57 cm

LES FEMMES VIVENT PLUS LONGTEMPS QUE LES HOMMES

En France, les femmes vivent en moyenne jusqu'à 81 ans et les hommes jusqu'à 76 ans. Peut-être parce qu'elles font plus attention à leur santé…

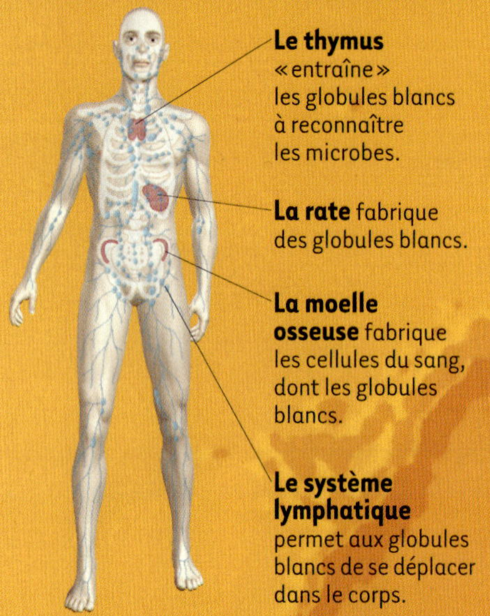

LES MALADIES

Nous vivons dans un monde plein de microbes. Certains sont inoffensifs, d'autres dangereux. Mais notre corps est paré pour se protéger des envahisseurs. L'ensemble de nos défenses s'appelle le système immunitaire.

35 MILLIARDS DE GLOBULES BLANCS PROTECTEURS

Il en existe plusieurs types et chacun a une fonction bien précise. Cette équipe d'attaquants se développe dans la moelle osseuse et dans le thymus, situé derrière le sternum et devant la trachée. Elle circule ensuite dans le sang et le système lymphatique pour gagner la zone attaquée.

Première alerte

On tombe parfois malade quand des microbes (virus ou bactéries) réussissent à nous infecter. Notre corps se défend alors en produisant des globules blancs et en se réchauffant : nous avons la fièvre.

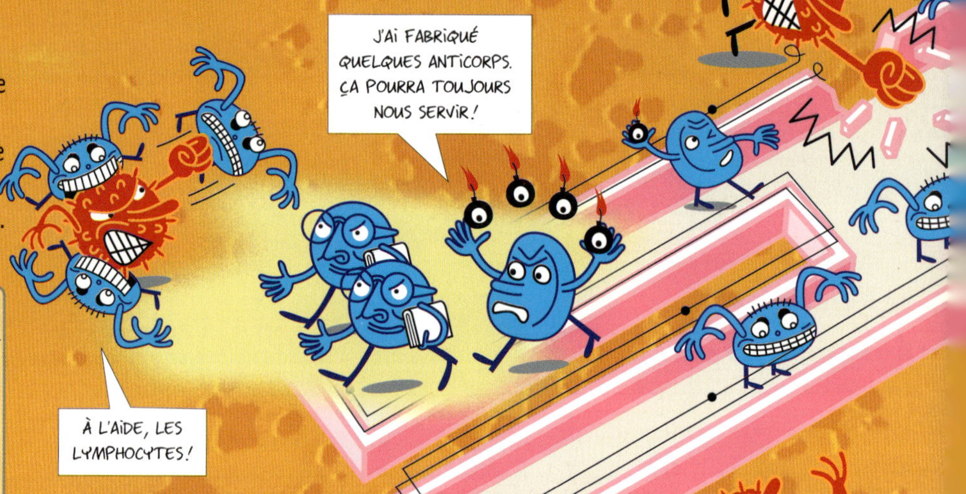

L'attaque

Les lymphocytes reconnaissent l'ennemi, appelé aussi antigène, car celui-ci ne porte pas le « drapeau » que toutes nos cellules arborent.

NOTRE ARMÉE

Les macrophages

Ce sont des cellules qui entourent les microbes et les digèrent. En cas d'échec, ils font appel aux lymphocytes.
Une fois la bataille finie, ce sont eux qui font le ménage : ils se nourrissent des envahisseurs terrassés qui restent.

Les lymphocytes T

Ce sont des globules blancs qui attaquent « à main nue » les microbes. Ils les encerclent et les digèrent.

Les lymphocytes B

Ils terrassent l'ennemi en fabriquant des anti-corps. Ces substances se fixent sur les microbes et les paralysent.

LES MOYENS DE DÉFENSE

La vaccination

Un vaccin contient le virus ou la bactérie à l'origine de la maladie. Mais ces microbes sont « endormis », ils ne sont donc pas dangereux. La vaccination a pour objectif de les mettre en contact avec nos globules blancs : ceux-ci mémorisent l'ennemi et attaqueront très vite les microbes le jour où ils tenteront de nous infester.

Les antibiotiques

Il n'existe pas de vaccins pour toutes les maladies. Dans ce cas, le médecin peut prescrire des antibiotiques : ces substances chimiques empêchent la croissance des bactéries et facilitent donc le travail des globules blancs. Parfois même, elles les détruisent. Mais les antibiotiques ne sont pas efficaces contre les virus…

La peau est notre premier système de défense qui stoppe les envahisseurs. Quand une écharde se plante dans la main, elle est recouverte d'une horde de bactéries qui passent à l'attaque.

SERRER LA MAIN

Quand on donne une poignée de mains, on met en contact 16 millions de microbes qui vivent à la surface de notre paume, même propre ! Tous ces microbes ne sont pas dangereux mais il faut continuer à se laver les mains.

LES MALADIES ET LEURS ORIGINES

Maladies provoquées par des bactéries :

L'angine se traduit par une inflammation de la gorge.

La coqueluche provoque une toux intense.

Le tétanos provoque de graves contractions musculaires.

Maladies provoquées par des virus :

La varicelle se reconnaît aux boutons rouges.

La rubéole se manifeste par des ganglions enflés et des boutons.

La rougeole se manifeste par des taches rouges et une toux.

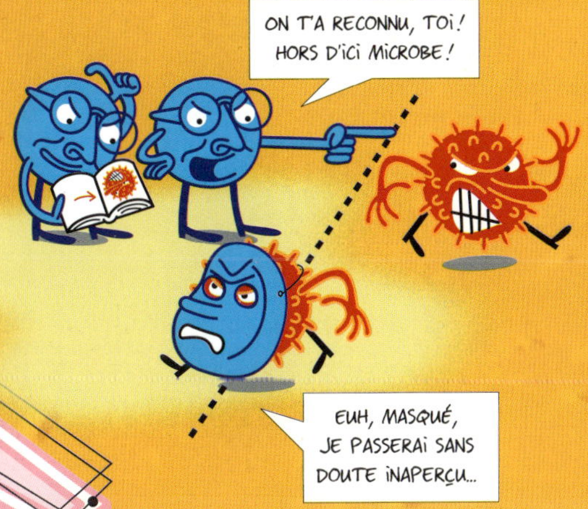

Virus masqué
Certains virus changent de forme et nos globules blancs ne les reconnaissent pas tout de suite. C'est pourquoi nous avons parfois la grippe 2 fois dans l'hiver.

LE SIGNAL D'ALARME : LA FIÈVRE

La fièvre nous signale un danger mais permet aussi de tuer par la chaleur les microbes les plus sensibles. Toutefois, au-delà de 40 °C, elle devient dangereuse pour notre santé.

1. Quand les microbes attaquent, les globules blancs sécrètent une substance chimique pour avertir notre cerveau. Notre thermostat se règle alors sur 39 °C.

2. Pour faire monter la température, les muscles de notre corps se contractent : ce sont les frissons. Les petits muscles qui sont dans notre peau travaillent aussi : ils hérissent les poils et nous avons la chair de poule !

3. Les vaisseaux sanguins de la peau rétrécissent. Il y a donc moins de sang qui se refroidit au contact de l'air. Et nos joues, elles, sont bien pâles puisqu'elles sont moins irriguées.

LES MÉCHANTS

Les bactéries

Elles peuvent se développer pratiquement partout. Elles s'infiltrent dans le corps par la salive, le nez, la gorge, une plaie, la nourriture… Toutes ne sont pas dangereuses pour la santé. Certaines vivent dans notre tube digestif sans que nous nous en apercevions.

Les virus

Ils « hibernent » la plupart du temps, mais quand ils se réveillent, ils ont besoin de pénétrer dans un être vivant. Là, ils produisent 100 millions de descendants en 3 jours. Le sida est une très grave maladie provoquée par des virus qui s'attaquent directement aux globules blancs.

POURQUOI AVONS-NOUS DES CROTTES DE NEZ ?

Les poils des narines forment un tapis roulant qui oriente les poussières vers le pharynx pour les empêcher d'aller jusqu'aux poumons. Quand ce tapis est surpeuplé, les poussières s'agglomèrent et forment de petites crottes, que l'on peut chasser tout en respectant les bonnes manières !

POURQUOI LES CHEVEUX ÉCLAIRCISSENT-ILS AU SOLEIL ?

Sous l'effet des rayons du Soleil, les petites écailles qui recouvrent le cheveu s'écartent les unes des autres. L'oxygène de l'air détruit alors facilement les pigments qui donnent sa couleur à la chevelure.

Notre

HYGIÈNE, SOINS, SANTÉ :

À QUOI SERVENT LES ONGLES ?

Formés d'une substance dure, la kératine, les ongles protègent l'extrémité des doigts. Ils poussent de 0,15 mm par jour. Mais si on ne les coupait pas, ils ne dépasseraient pas 65 cm de long car leur croissance finit toujours par s'arrêter.

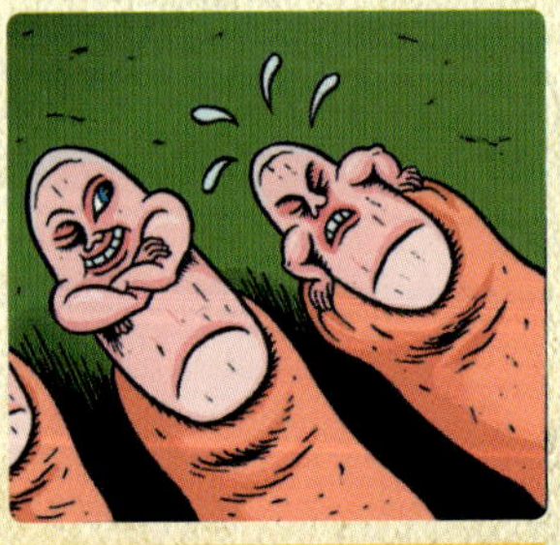

COMMENT POUSSENT LES CHEVEUX ?

Un cheveu se développe à partir d'une poche de la peau, le follicule, à raison de 0,35 mm par jour. Si nous n'allions jamais chez le coiffeur, notre chevelure atteindrait plus de 9 m pour un homme et 10 m pour une femme (puisque les femmes vivent plus longtemps que les hommes !) Un calcul théorique car le cheveu meurt généralement au bout de 6 ans. Fatigué, il tombe en 3 semaines. Mais tous ne meurent pas en même temps : entre 15 et 100 rendent l'âme chaque jour pour être remplacés par des neufs. Cela ne se remarque pas puisque nous comptons entre 90 000 cheveux (pour un roux) et 140 000 cheveux (pour un brun).

POURQUOI TOUSSE-T-ON ?

Si l'air est trop pollué, les cils des narines sont « débordés » par une masse de poussières : de petits nerfs envoient alors un message d'alerte à la moelle épinière qui provoque la toux.

LA BROSSE À DENTS

La brosse à dents a été inventée au XVe siècle par les Chinois. Les Anglais l'ont adoptée les premiers en Europe. Les Français ne l'ont maniée qu'à partir du XIXe siècle.

COMMENT LES CARIES DENTAIRES SE DÉVELOPPENT-ELLES ?

200 ESPÈCES de bactéries différentes colonisent la bouche. Elles se nourrissent de nos repas et de notre salive. Or ces locataires ont la particularité de transformer en acides les sucres que nous grignotons. Ces acides attaquent l'émail et finissent par provoquer des caries.

LES PRODUITS D'HYGIÈNE

(EN FRANCE PAR AN ET PAR PERSONNE)

5,5 SAVONNETTES

3 FLACONS DE SHAMPOING

3 TUBES DE DENTIFRICE

POURQUOI TRANSPIRONS-NOUS ?

Au cours d'une activité physique, nos muscles travaillent et produisent de la chaleur. Or le corps s'efforce de maintenir sa température entre 36,5 °C et 37,5 °C. Si ces températures sont dépassées, la moelle épinière et l'hypothalamus (situé dans le cerveau) ordonnent aux 2 à 5 millions de « cheminées », les glandes sudoripares, d'évacuer de l'eau chaude : c'est la sueur.

COMMENT UNE BOSSE SE FORME-T-ELLE ?

Quand on reçoit un coup sur la tête, des petites veines de la peau éclatent sous le choc. Le sang qu'elles libèrent, bloqué par les os, se concentre alors sous la peau qui gonfle en une belle bosse.

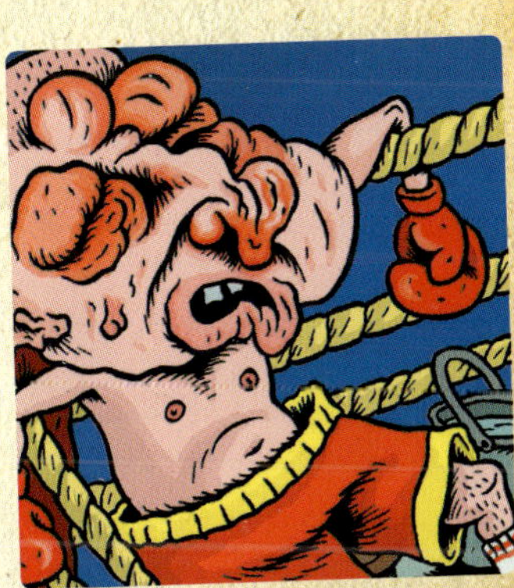

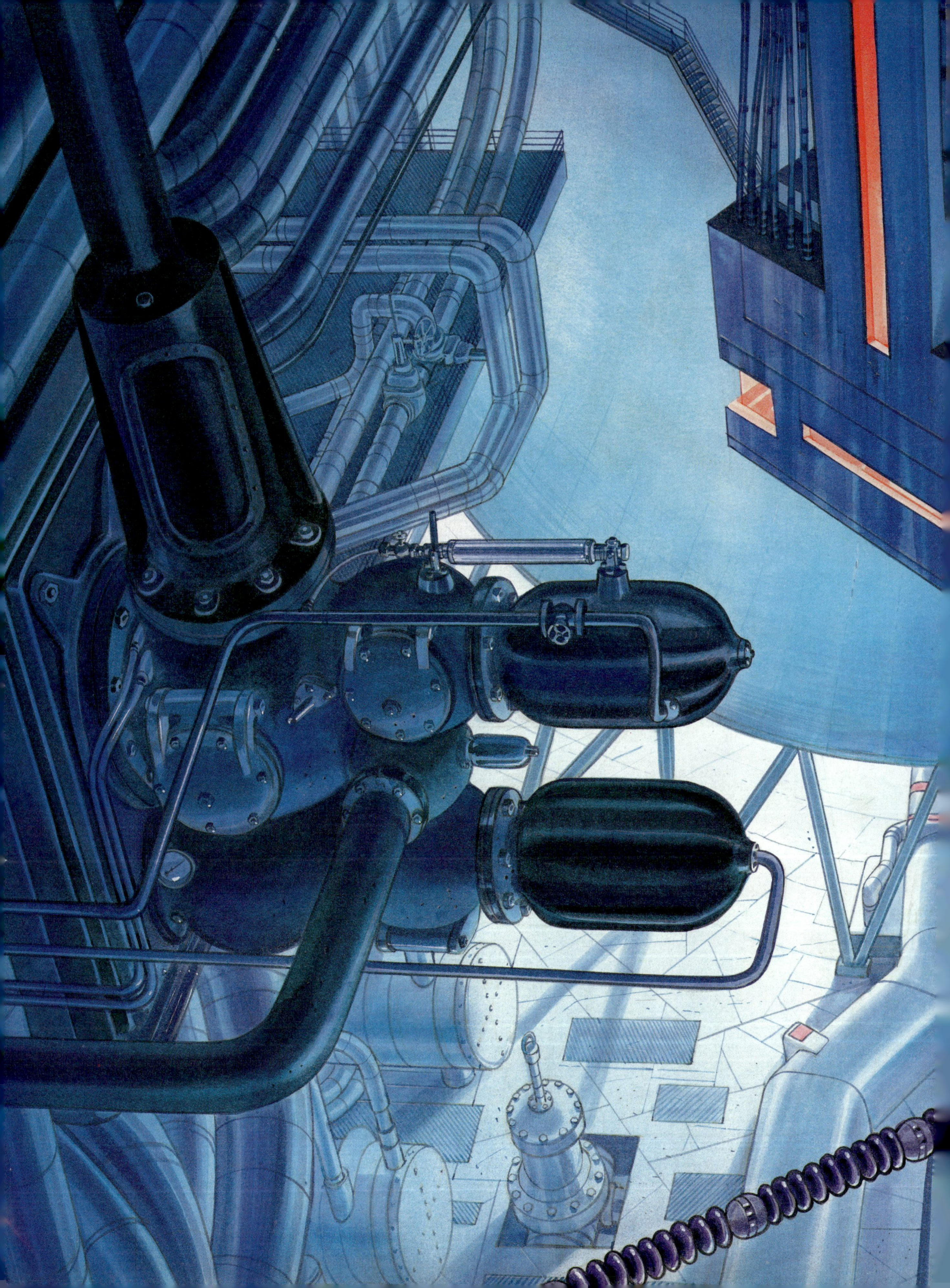

sciences et techniques

LA LUMIÈRE ET LES COULEURS

La lumière est blanche ou colorée, visible ou invisible. Bien qu'elle soit immatérielle, c'est un matériau exceptionnel que nous utilisons aussi bien pour la chirurgie que pour la photographie, l'astronomie…

La lumière blanche

C'est un mélange de lumières colorées. Pour t'en rendre compte, regarde un arc-en-ciel. Les gouttes d'eau de pluie fonctionnent comme des prismes qui décomposent la lumière blanche en sept couleurs : rouge, orange, jaune, vert, bleu, indigo, violet.

La couleur des objets

Les objets réfléchissent une partie de la lumière blanche. C'est pourquoi ils ont une couleur. Dans le noir, les objets ne sont pas éclairés : ils sont invisibles.

Les rayons gamma proviennent des étoiles ou des explosions atomiques. Ils peuvent être dangereux.

Les rayons X permettent de voir à travers la matière opaque. On les utilise en radiographie, pour voir l'intérieur du corps humain, par exemple.

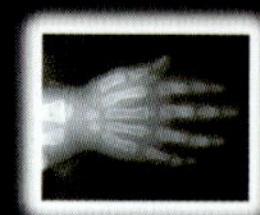

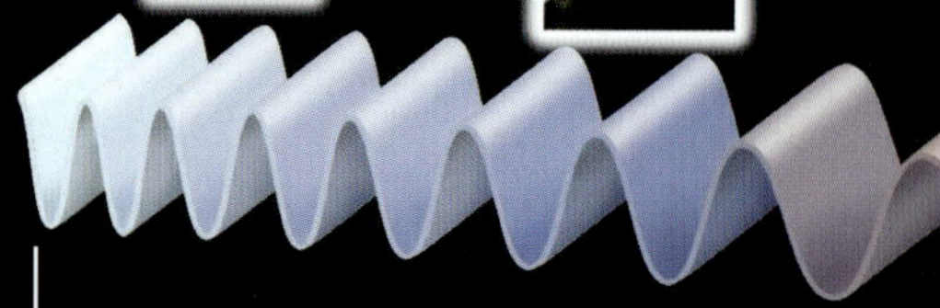

Le spectre électromagnétique

Il est constitué de toutes les ondes lumineuses qui existent autour de nous, des rayons gamma aux grandes ondes. La lumière est la partie visible de ces ondes. Les lumières invisibles sont détectées par des appareils.

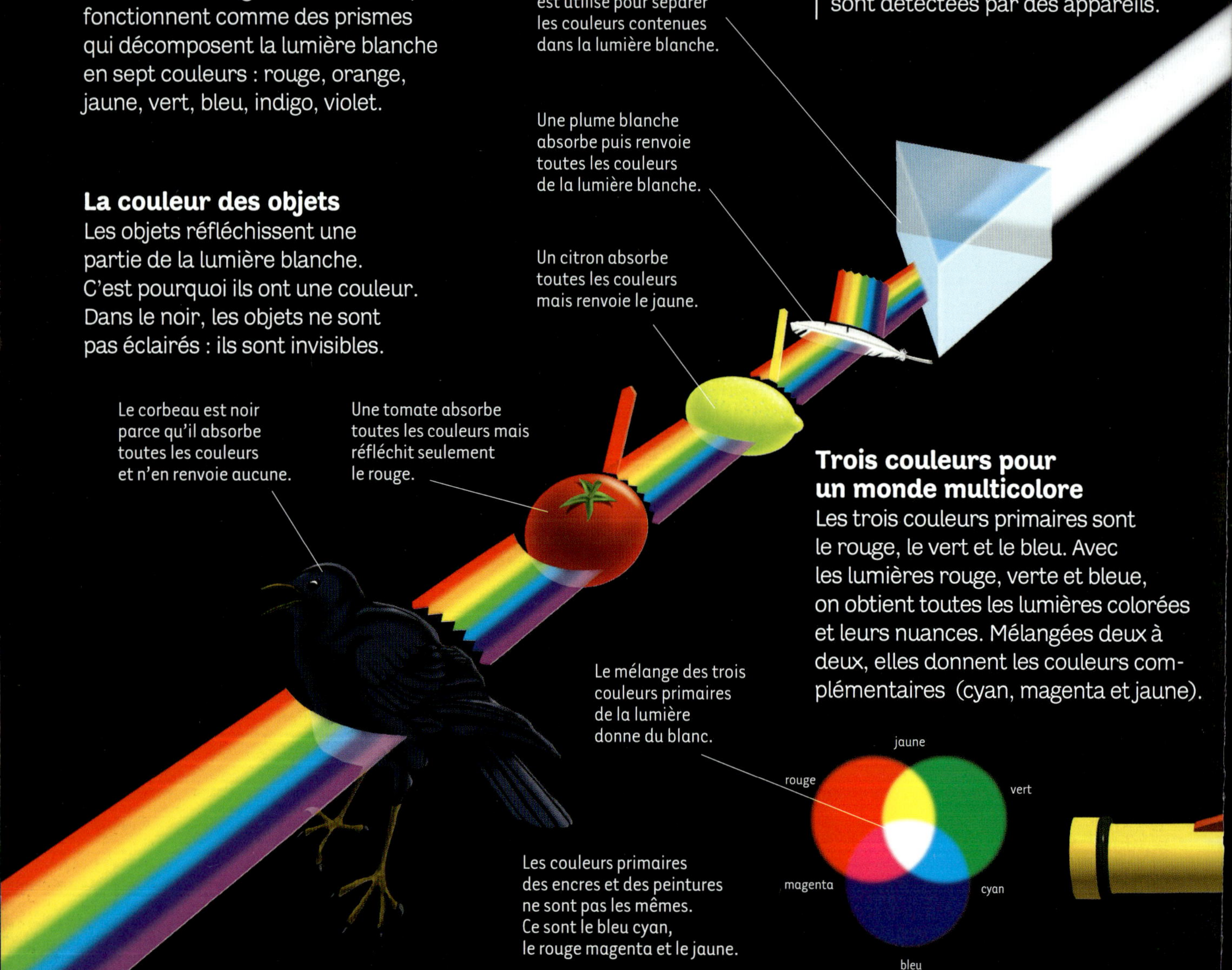

Le prisme de verre ou de plastique transparent est utilisé pour séparer les couleurs contenues dans la lumière blanche.

Une plume blanche absorbe puis renvoie toutes les couleurs de la lumière blanche.

Un citron absorbe toutes les couleurs mais renvoie le jaune.

Une tomate absorbe toutes les couleurs mais réfléchit seulement le rouge.

Le corbeau est noir parce qu'il absorbe toutes les couleurs et n'en renvoie aucune.

Trois couleurs pour un monde multicolore

Les trois couleurs primaires sont le rouge, le vert et le bleu. Avec les lumières rouge, verte et bleue, on obtient toutes les lumières colorées et leurs nuances. Mélangées deux à deux, elles donnent les couleurs complémentaires (cyan, magenta et jaune).

Le mélange des trois couleurs primaires de la lumière donne du blanc.

Les couleurs primaires des encres et des peintures ne sont pas les mêmes. Ce sont le bleu cyan, le rouge magenta et le jaune.

Les rayons ultra-violets, émis par le Soleil et les lampes à bronzer, sont dangereux, à haute dose, pour la peau.

Les couleurs de **la lumière** n'ont pas toutes la même longueur d'onde. Le rouge a la plus longue, le violet la plus courte.

Les objets chauds (ou les personnes) dégagent **des rayons infra-rouges.**

Émis par les fours à **micro-ondes,** ces rayons échauffent l'eau des aliments. Ils sont aussi utilisés par les radars.

Les ondes courtes transportent la voix au téléphone ou les images de la télévision.

Les grandes ondes, utilisées pour la transmission radio, sont aussi émises par de nombreux corps célestes.

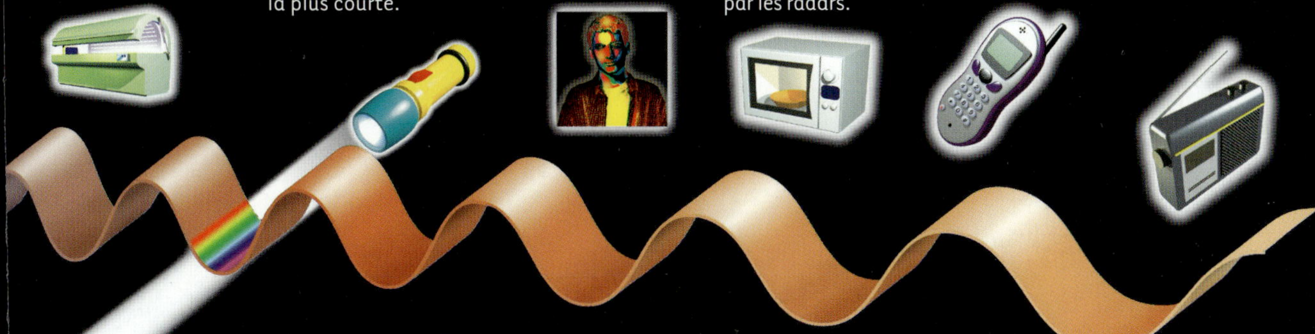

Toujours pressée !

La lumière voyage en ligne droite. Sa vitesse est de 300 000 km/s dans l'air, 225 000 km/s dans l'eau et 200 000 km/s dans le verre.

Quand un objet opaque est frappé par la lumière, il l'absorbe. Derrière apparaît la marque de ce manque de lumière : c'est **l'ombre.**

LE LASER

C'est une lumière d'une seule couleur. Elle forme un faisceau dont les bords restent parallèles. On l'utilise pour la lecture des CD et des DVD, pour nettoyer des monuments, en astronomie (pour mesurer la distance Terre-Lune)... Il est si puissant qu'il peut même découper des métaux.

Nettoyage de dents au rayon laser sur un félin... empaillé bien sûr !

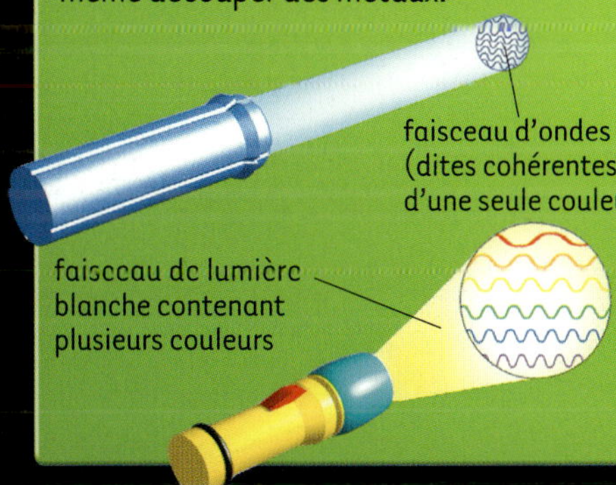

Rétine de l'œil recollée au rayon laser (chirurgie optique).

La lentille convexe fait converger la lumière en un seul point : le foyer.

La lentille concave fonctionne à l'inverse d'une lentille convexe. Elle est divergente et écarte les rayons lumineux.

Le miroir renvoie la lumière dans une autre direction que celle reçue.

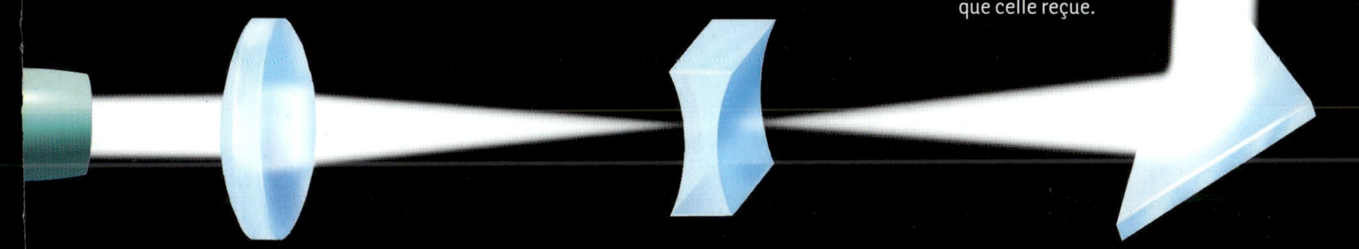

LE SON

Le son est une vibration. Quand tu parles, tu émets un son qui fait vibrer les molécules d'air. Les vibrations se propagent aux molécules les plus proches jusqu'au tympan de ton interlocuteur.

La vitesse du son

Le son ne se transmet pas uniquement dans l'air. Qu'il soit aigu ou grave, il se propage à des vitesses différentes selon la densité du matériau qui le transmet.

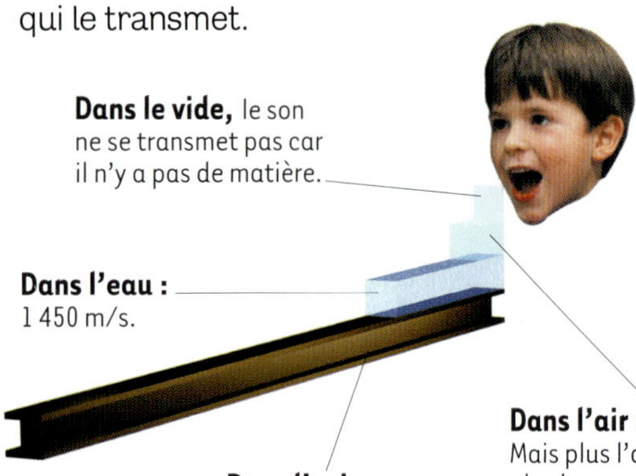

Dans le vide, le son ne se transmet pas car il n'y a pas de matière.

Dans l'eau : 1 450 m/s.

Dans l'air : 340 m/s. Mais plus l'air est chaud, plus le son se propage vite.

Dans l'acier : 5 050 m/s.

La fréquence

La fréquence d'un son se mesure en hertz (1 Hz = 1 vibration par seconde).

Fréquence aiguë
Quand les vibrations se succèdent rapidement, le son est aigu.

Fréquence grave
Quand les vibrations d'un son se succèdent lentement, elles produisent un son grave.

DES UTILISATIONS DU SON

Le sonar a été inventé pendant la Seconde Guerre mondiale. Un bateau envoie des ultrasons dans l'eau. Il enregistre l'écho du son rebondissant sur un sous-marin, un banc de poissons, une épave... et, ainsi, les localise. Il suffit ensuite de faire apparaître l'image de l'objet détecté sur un écran. Cette technique sert aussi à dresser les cartes des fonds marins.

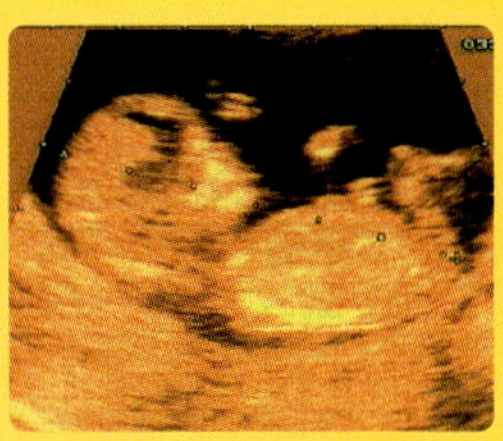

La même technique permet de visualiser un bébé dans le ventre de sa mère: c'est **l'échographie.**

LE MICROPHONE

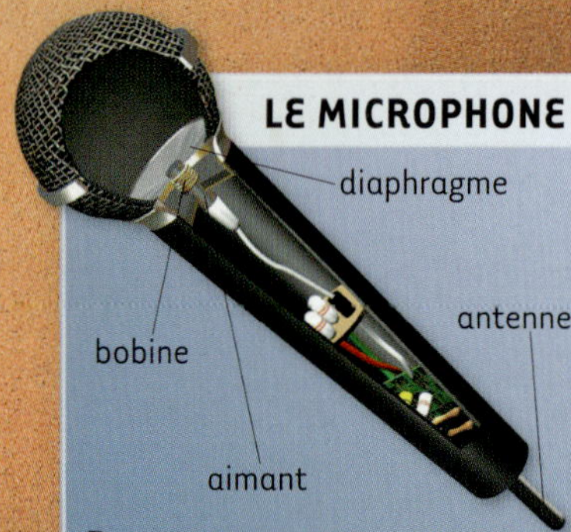

Dans le micro, une membrane vibre au moindre bruit (comme un tympan). Celui-ci déclenche un signal électrique qui est ensuite amplifié puis restitué par le haut-parleur.

L'ingénieur façade
Il règle le son pour les musiciens. On dit qu'il fait la balance des retours de scène.

La salle de concert

La qualité d'une salle dépend de son acoustique. Il faut calculer comment les matériaux qui la composent et le public absorberont ou renverront le son : les matériaux mous absorbent le son, les durs les renvoient. Dans une bonne salle, on peut parler sans micro et être entendu de partout.

L'ACOUSTIQUE ACTIVE

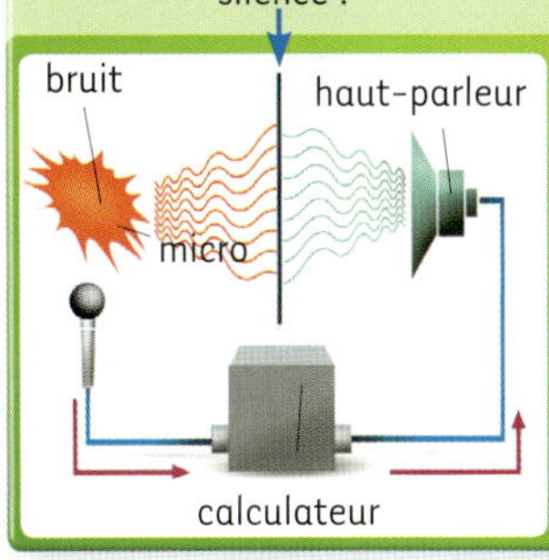

Pour éliminer un son désagréable (ventilateur, vibrations...), un calculateur analyse le son puis envoie à sa rencontre une onde exactement opposée. Quand les deux ondes se rencontrent, elles s'annulent... et le son disparaît.

Le timbre

Un son ne contient pas qu'une seule fréquence. Les autres sont appelées des harmoniques. Ce mélange d'ondes sonores est propre à un instrument ou à une voix, ce qui permet de les reconnaître facilement.

L'ingénieur du son doit avoir l'ouïe fine et bien connaître les techniques de prise de son ainsi que l'acoustique. C'est lui qui mélange les sources sonores de manière à ce que chaque instrument soit identifiable par le public.

LE HAUT-PARLEUR

C'est une membrane en carton en forme d'entonnoir qui vibre sous l'action d'un champ magnétique et d'un courant électrique provenant de l'amplificateur. Ce mouvement est transmis à l'air environnant sous forme de vibration sonore.

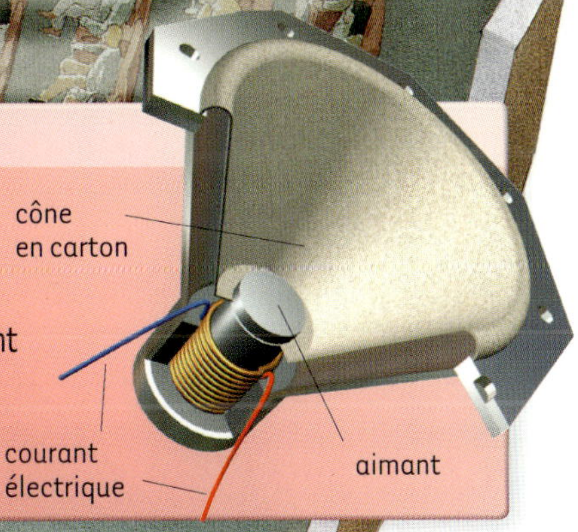

question d'enfant

Qu'appelle-t-on le « mur du son » ?

Il arrive qu'un avion aille plus vite que le son de ses réacteurs. À Mach 1, (environ 1 000 km/h), l'avion rejoint les ondes qu'il émet. Quand il les traverse, il franchit le « mur du son » et produit un « bang » caractéristique.

Une énergie peut en cacher une autre !
Pour avancer, se chauffer, s'éclairer, il faut... de l'énergie ! Elle se trouve sous de multiples formes. Elle ne se perd jamais, car elle se transforme en une autre forme d'énergie ou est transférée vers autre chose.

L'ÉNERGIE SE TRANSFORME...

- en énergie électrique
- en énergie lumineuse
- en énergie chimique
- en énergie cinétique
- en énergie thermique

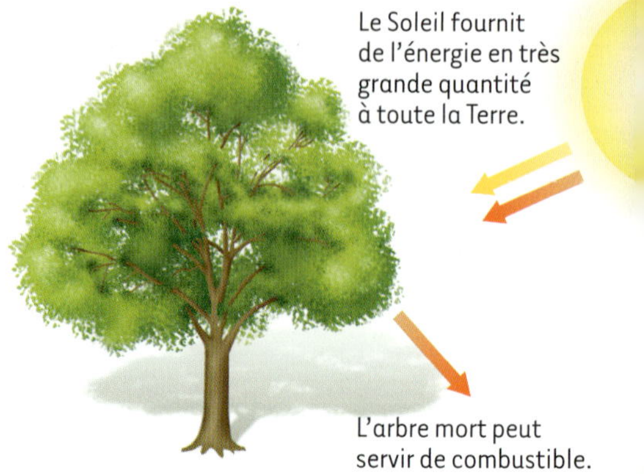

Le Soleil fournit de l'énergie en très grande quantité à toute la Terre.

L'arbre mort peut servir de combustible.

L'ÉNERGIE

La plupart de l'énergie que nous utilisons provient du Soleil : vent, pétrole, bois, chutes d'eau... Seuls le combustible nucléaire et les sources chaudes émanent de la Terre.

Objectif : électricité

L'énergie la plus utilisée est l'électricité. C'est une énergie propre mais elle ne peut pas être stockée ; elle doit être produite selon les besoins. À la maison, brancher une prise ou appuyer sur un interrupteur nécessite la production d'électricité dans une centrale.

CENTRALE THERMIQUE

Charbon, pétrole ou gaz naturel sont brûlés pour produire de la vapeur. Puis une turbine et un alternateur fabriquent l'électricité. Les cheminées de ces centrales rejettent des gaz polluants.

CENTRALE HYDRAULIQUE

L'eau des barrages, des rivières ou des fleuves est gratuite et toujours renouvelée. Les usines hydroélectriques sont donc économiques mais elles défigurent souvent le paysage.

FAIS LA CHASSE AU GASPI !

Toujours plus nombreuses et efficaces, les machines sont devenues indispensables à la vie quotidienne. Mais il faut apprendre à s'en servir « intelligemment » pour ne pas dépenser d'énergie inutilement.

Éteins la lumière dès que tu quittes une pièce.

Utilise des lampes basse consommation. Économie par rapport à une lampe à incandescence : **70 %**

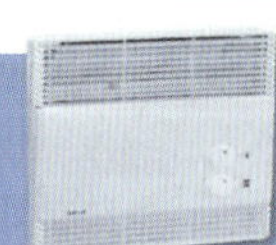

Règle la température à 16 °C la nuit dans ta chambre. Économie par rapport à 22 °C : **60 %**

Branche le lave-vaisselle sur le programme économique : **25 %** d'économie.

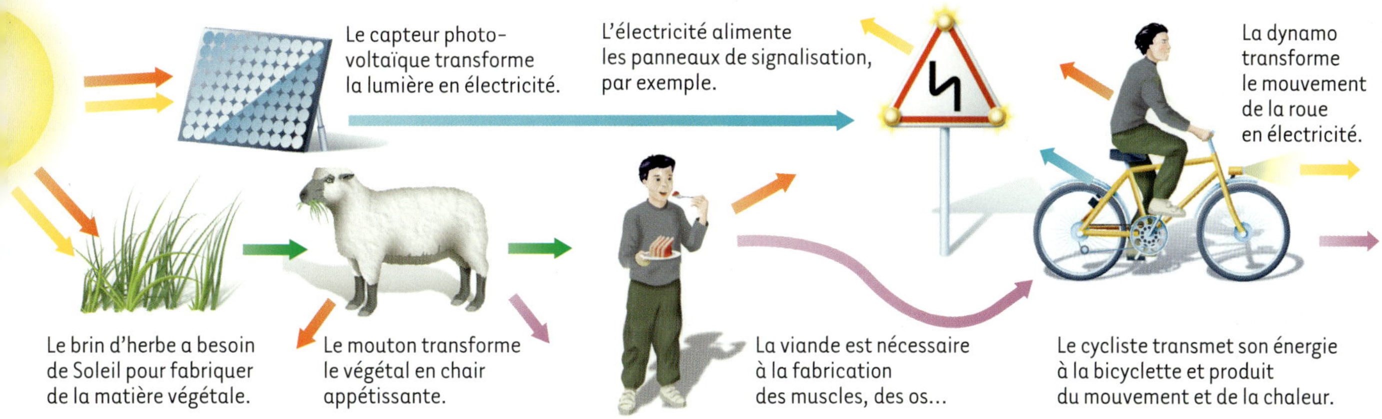

2%

CENTRALE SOLAIRE

Quand le Soleil frappe les capteurs photo-voltaïques, un faible courant électrique s'en échappe. C'est l'électricité branchée sur le Soleil. Mais la nuit, plus rien !

CENTRALE ÉOLIENNE

Le vent fait tourner des hélices de plus de 30 m de diamètre perchées sur des mats de 100 m de haut ! C'est écologique, mais imposant et intermittant.

CENTRALE GÉOTHERMIQUE

L'eau chaude est pompée dans les entrailles de la Terre. On en extrait la chaleur pour fabriquer de l'électricité ou pour chauffer des villes.

15%

CENTRALE NUCLÉAIRE

Dans une cuve étanche, les atomes d'uranium se désintègrent et dégagent beaucoup de chaleur. La vapeur produite entraîne un alternateur. Mais les déchets produits sont très toxiques.

question d'enfant

Quelles seront les sources d'énergie pour le développement durable ?

Les ressources mondiales en gaz et pétrole baissent (ce sont des sources d'énergie non-renouvelables) mais les besoins sont de plus en plus grands. Comment faire ? Le soleil, le vent, la biomasse, les marées et l'hydrogène (pour fabriquer de l'électricité dans les piles à combustible), sans oublier les sources d'énergie nucléaire propre sont en plein développement pour la période de l'après pétrole.

Éteins tous les appareils qui souvent restent en veille et donc consomment de l'énergie pour rien.

Dégivre tous les trois mois ton réfrigérateur : 4 cm de givre c'est une consommation de **50%** d'énergie en plus.

Télévision éteinte entre 2 utilisations : **30 %** d'économie.

Ordinateur éteint entre 2 utilisations : **70 %** d'économie.

L'ÉNERGIE NUCLÉAIRE

En France, 80 % de l'énergie électrique est produite par les 58 réacteurs des 19 centrales nucléaires.

Explosion contrôlée

L'énergie nucléaire est contenue dans le noyau des atomes. Lorsqu'ils explosent (réaction de fission), les noyaux produisent une très grande quantité de chaleur que l'on peut récupérer pour produire de l'électricité.

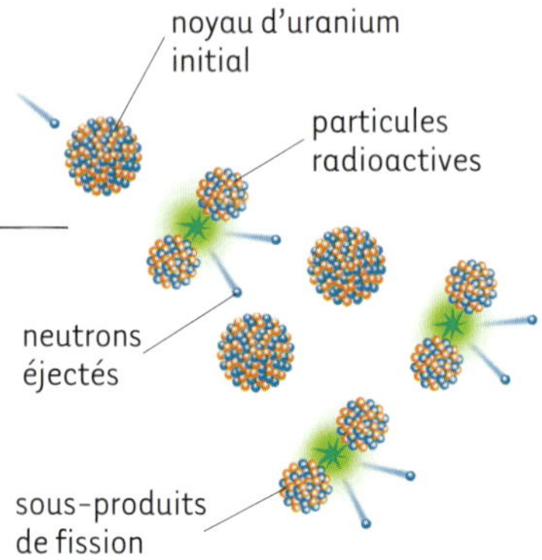

DANS LE RÉACTEUR

Quand un noyau d'atome d'uranium explose, il produit des neutrons qui vont faire éclater d'autres noyaux d'uranium. Cette réaction en chaîne peut être très violente (bombe) ou contrôlée (centrale électrique).

POUR LE NUCLÉAIRE

Certains pays comme la France parient sur le nucléaire pour produire beaucoup d'électricité à faible coût.

Puissance : une seule centrale nucléaire peut alimenter en électricité plusieurs villes. 1 kg d'uranium produit autant d'énergie que 35 tonnes de charbon.

Pollution : le nucléaire ne brûle pas de combustible fossile. Il ne produit pas de CO_2 et ne réchauffe pas l'atmosphère par effet de serre.

Gisement : les ressources en combustible nucléaire sont très importantes, bien plus que le pétrole (épuisé dans 100 ans environ) ou le gaz naturel (environ 200 ans).

Durée de vie : une centrale nucléaire peut fonctionner pendant 40 ou 50 ans en produisant une électricité très bon marché.

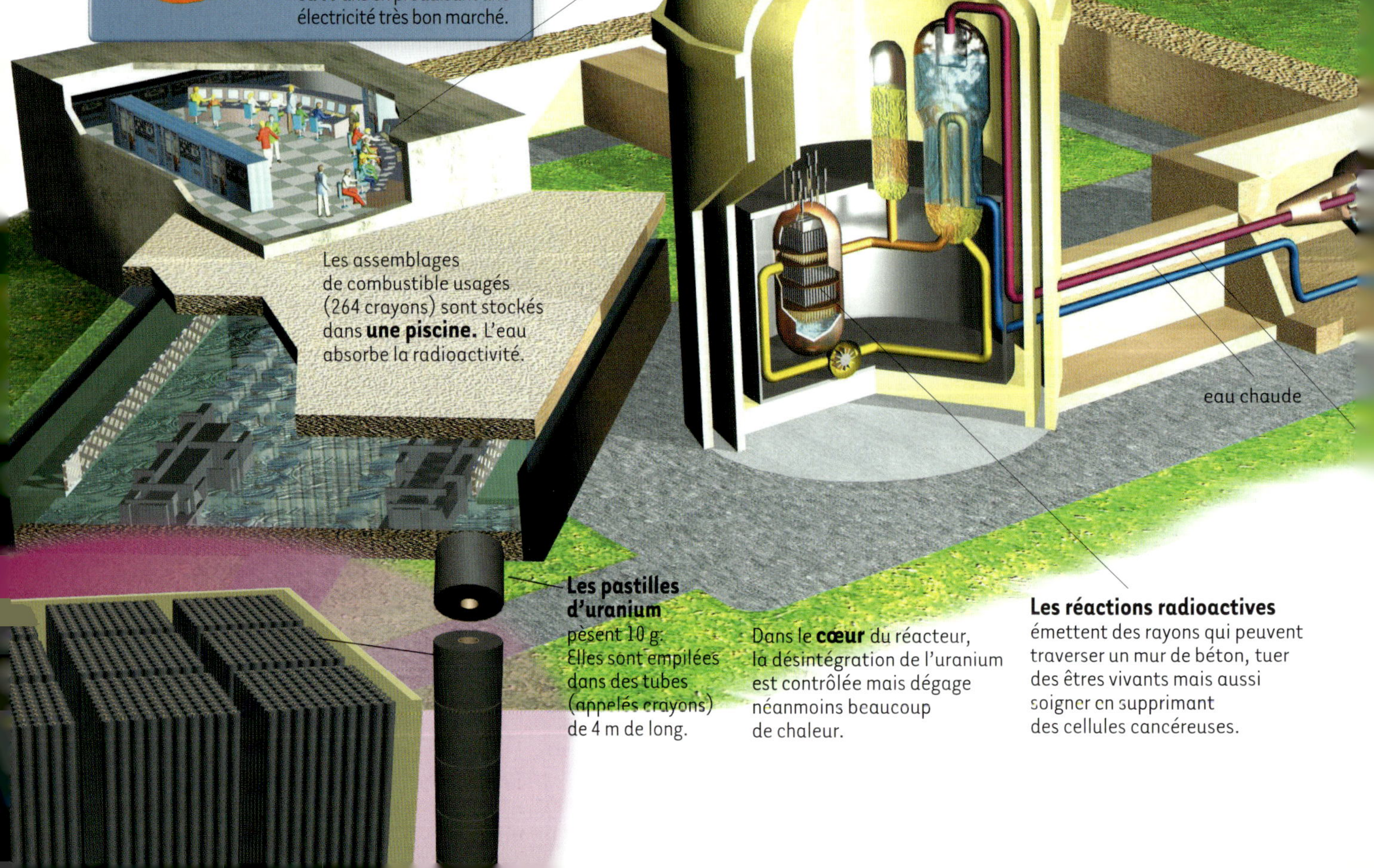

QUE D'EAU, QUE D'EAU !

Les centrales utilisent beaucoup d'eau pour refroidir le réacteur et transporter la chaleur vers la turbine. C'est pourquoi elles sont toujours installées près des fleuves ou en bord de mer.

centrale nucléaire de Penly en Seine-Maritime

PROTECTION OBLIGATOIRE

Pour intervenir dans le cœur de la centrale, les opérateurs se protègent de la radioactivité dangereuse par des combinaisons étanches.

L'ACCIDENT DE TCHERNOBYL

En 1986, le réacteur n° 4 de la centrale ukrainienne de Tchernobyl a explosé, répandant sur toute l'Europe un nuage radioactif. De nombreuses personnes sont mortes des suites de l'irradiation, ce mal invisible qui tue lentement. Des villes entières (Gomel, Pripiat) sont toujours contaminées et interdites à la population. La centrale a été définitivement fermée fin 2000.

CONTRE LE NUCLÉAIRE

Certains pays comme la Suède ou l'Allemagne ont décidé d'arrêter toutes leurs centrales par crainte des accidents dangereux.

Pollution : des produits radioactifs très toxiques peuvent s'échapper des centrales et contaminer les populations et l'environnement.

Déchets : les réactions de fission produisent des déchets. Faut-il les stocker à l'air libre, les enterrer, les retraiter ? Personne ne sait. Donc arrêter tout de suite est plus prudent.

Durée de vie : les déchets radioactifs peuvent être dangereux pendant plusieurs dizaines de milliers d'années ! Il ne faut pas léguer ce problème à nos descendants.

Transport : les matières radioactives sont transportées par avion, camion ou bateau à travers le monde. Un accident de parcours peut se transformer en catastrophe.

Info

Guerre ou paix ?

La première utilisation du nucléaire a eu lieu en 1945. Deux bombes atomiques lancées par les Américains sur Hiroshima et Nagasaki ont mis fin à la Seconde Guerre mondiale. Mais elles ont tué 100 000 Japonais.

LA FORCE MAGNÉTIQUE

Force invisible, agissant à distance, le magnétisme est créé par des aimants naturels ou artificiels. Il est utilisé dans la vie de tous les jours.

Au centre de la Terre

Un noyau de métal fondu très dense tourne sur lui-même mais moins vite que l'écorce terrestre. Ce mouvement crée un champ magnétique. La Terre se comporte alors comme un aimant avec deux pôles, orientés Nord-Sud, qui ne correspondent pas tout à fait aux pôles géographiques Nord et Sud.

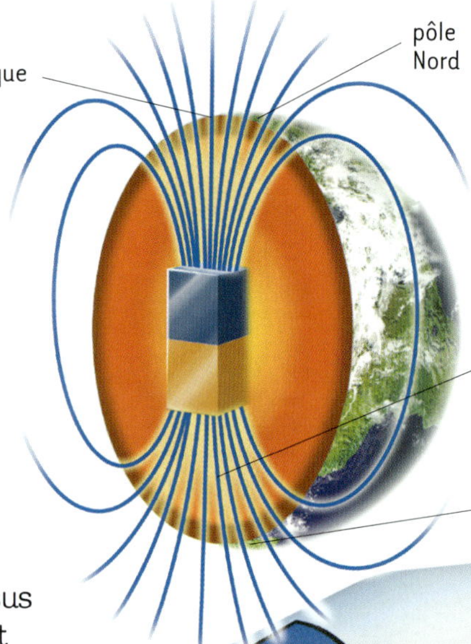

Le champ magnétique est la zone où s'exerce la force de l'aimant.

Quelle que soit sa forme, un aimant possède un pôle nord et un pôle sud.

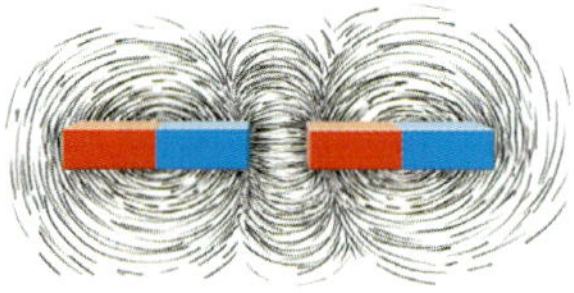

Les pôles de nom opposé s'attirent.

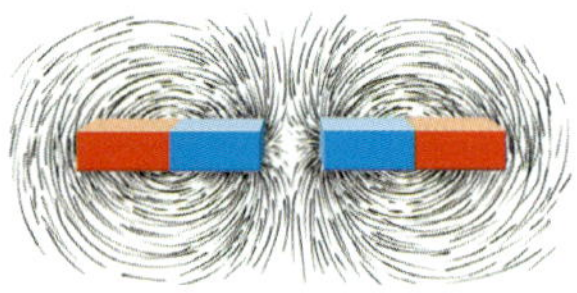

Les pôles de même nom se repoussent.

La lévitation magnétique

La force de certains aimants est telle qu'elle permet de faire flotter un train à quelques centimètres au-dessus de la voie. Le train peut aller bien plus vite puisqu'il n'est plus freiné par les frottements des roues sur la voie... et il est silencieux ! Les aimants puissants sont si chers que ce type de train n'est pas encore répandu.

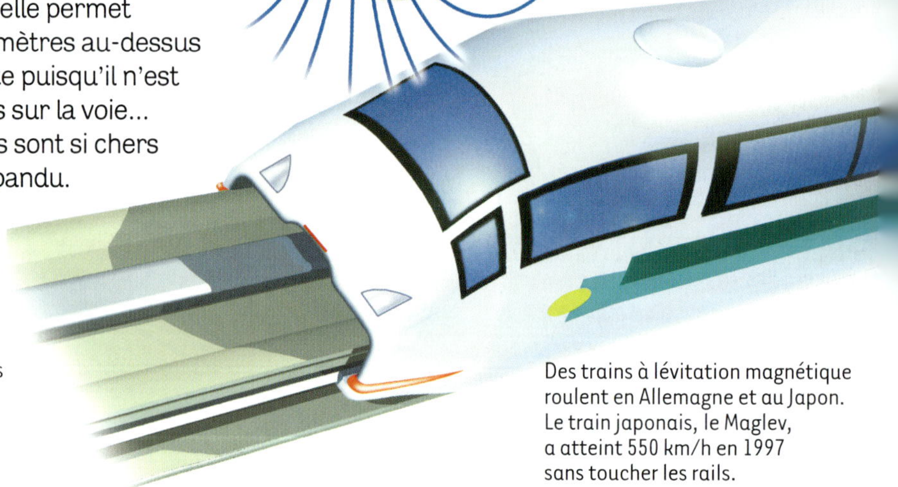

Lévitation contrôlée
Par un jeu d'attirance et de répulsion des aimants du train sur la voie, l'écart entre les deux parties reste toujours le même.

Des trains à lévitation magnétique roulent en Allemagne et au Japon. Le train japonais, le Maglev, a atteint 550 km/h en 1997 sans toucher les rails.

question d'enfant

Pourquoi avions et bateaux coulent-ils dans le Triangle des Bermudes ?

Dans l'océan Atlantique, au large des États-Unis, des anomalies magnétiques font perdre le Nord aux boussoles. Elles indiquent de fausses directions. Les avions et les bateaux se perdent et, à court de carburant, s'abîment en mer...

FABRIQUE TA BOUSSOLE

Il faut :
- une soucoupe remplie d'eau
- un bouchon
- une aiguille
- un aimant.

1. Frotte l'aiguille sur l'aimant, toujours dans le même sens, pour l'aimanter.

2. Place le bouchon sur l'eau de la soucoupe.

3. Pose délicatement l'aiguille sur le bouchon. Celui-ci tourne et l'aiguille s'oriente dans la direction Nord-Sud.

L'AURORE BORÉALE

Lors des éruptions solaires, le vent solaire est éjecté avec force du Soleil. En arrivant vers la Terre, il est dévié par le champ magnétique et percute les molécules d'air, produisant ainsi d'immenses draperies de lumières vertes, rouges ou bleues.

Les aimants au quotidien

Les bandes magnétiques des cassettes vidéo, des billets de train... sont tapissées d'aimants. Quand ils passent dans un champ magnétique, les aimants gardent en mémoire leur orientation. C'est l'enregistrement. Pendant la lecture, les orientations stockées sur la piste magnétique sont restituées.

La bande magnétique d'une carte de paiement contient des milliards d'aimants.

L'ÉLECTROMAGNÉTISME

Quand le courant passe...

... dans un morceau de métal, il le transforme en aimant : c'est l'électro-aimant. Tout moteur électrique fonctionne avec un électro-aimant.

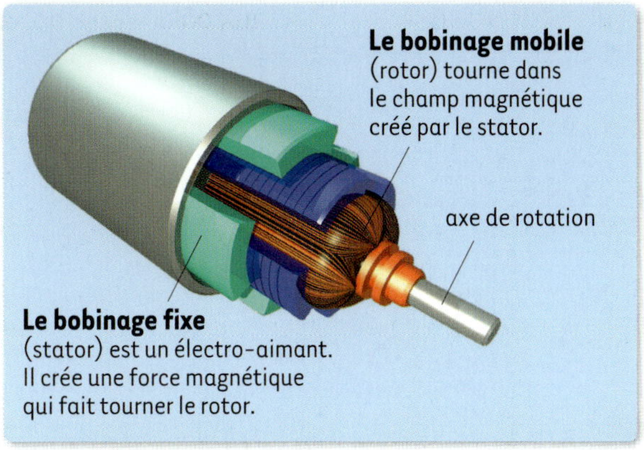

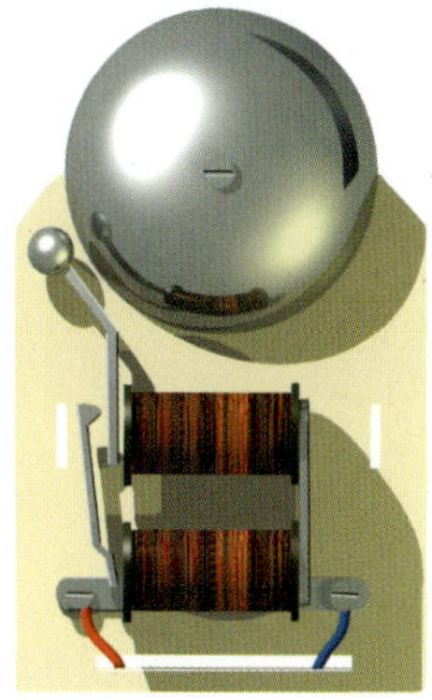

Dans **les sonnettes traditionnelles,** un électro-aimant attire puis repousse le battant de la sonnerie plusieurs fois par seconde.

Le moteur d'**un robot ménager** entraîne la courroie (en rouge) qui fait tourner l'axe central. Celui-ci, muni de divers accessoires, permet d'avoir plusieurs machines en une seule : râpe, mixeur, hachoir...

La voiture électrique est silencieuse, propre, et en plein développement. Il faut aujourd'hui 4 heures environ pour recharger les batteries d'une voiture électrique. Actuellement, en roulant à une vitesse moyenne de 130 km/h, le conducteur d'une voiture électrique peut parcourir environ 250 km sans recharger les batteries de son véhicule.

Bientôt, **des nanoseringues** seront envoyées dans nos vaisseaux sanguins pour détruire les caillots de sang.

LA NANOTECHNOLOGIE

Elle a pour but de fabriquer des machines en assemblant directement des atomes (un nanomètre est égal à un millionième de millimètre). Les chercheurs espèrent fabriquer des nanomoteurs et des puces d'ordinateurs très petits et très rapides pour soigner le corps humain, traiter la pollution...

L'ÉLECTRICITÉ

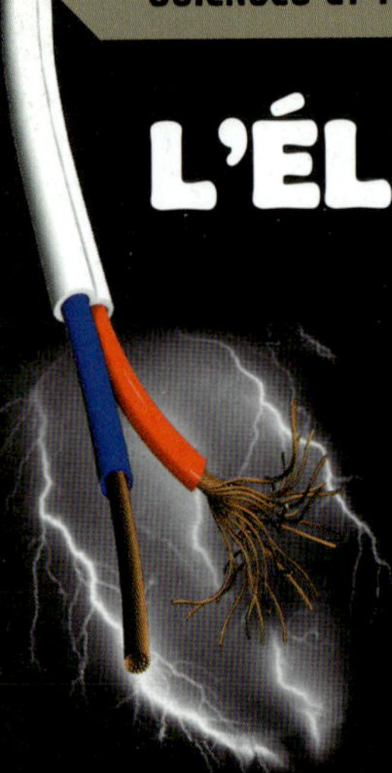

Clic sur l'interrupteur : la lumière jaillit. Très loin, une centrale électrique doit fabriquer le courant nécessaire à chaque instant car l'électricité ne se stocke pas.

UN RÉSEAU GÉANT

Toutes les installations électriques sont raccordées à un immense réseau qui relie les centrales aux utilisateurs. Si une centrale s'arrête, une autre prend le relais.

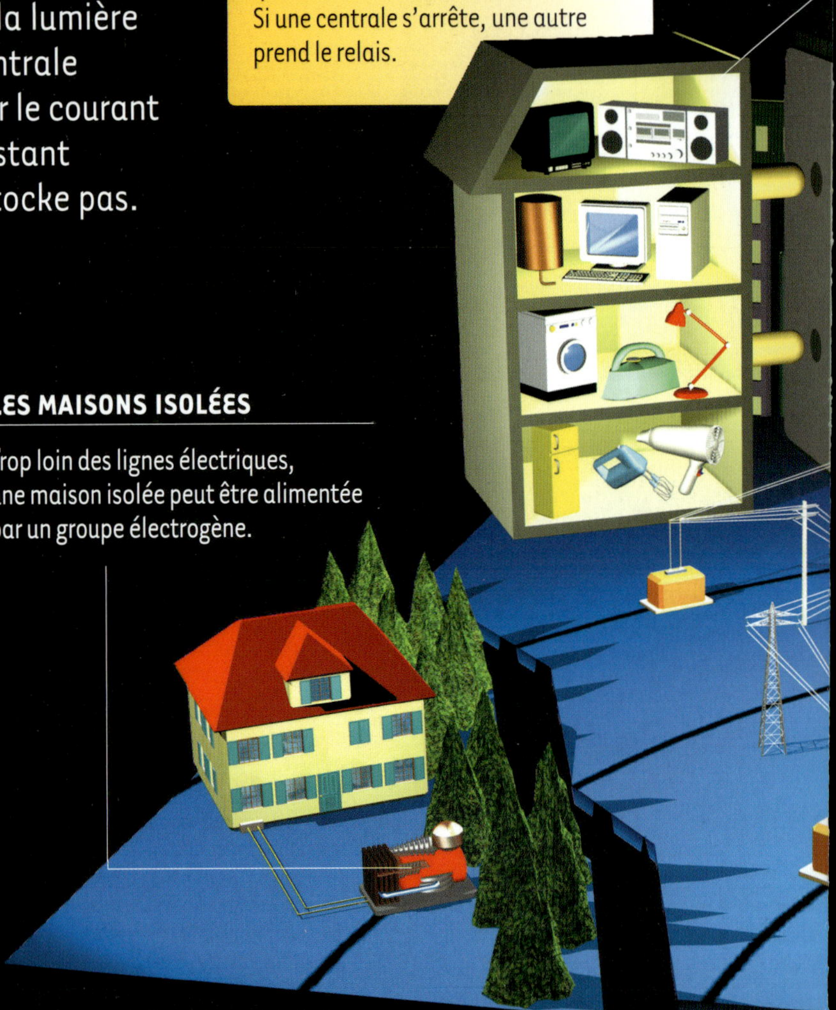

LES MAISONS ISOLÉES

Trop loin des lignes électriques, une maison isolée peut être alimentée par un groupe électrogène.

La lampe à LED
Sous l'effet du courant électrique, des électrons s'agitent dans le matériau semi-conducteur de chaque LED. Cette agitation génère des photons, c'est-à-dire des grains de lumière. Ces lampes consomment peu car elles ne chauffent pas, à la différence des lampes à incandescence, qui éclairent grâce à l'échauffement d'un filament.

La pile
Une réaction chimique entre les deux électrodes, séparées par une substance pâteuse, produit du courant. Composées de métaux toxiques (mercure, manganèse...), les piles doivent être recyclées.

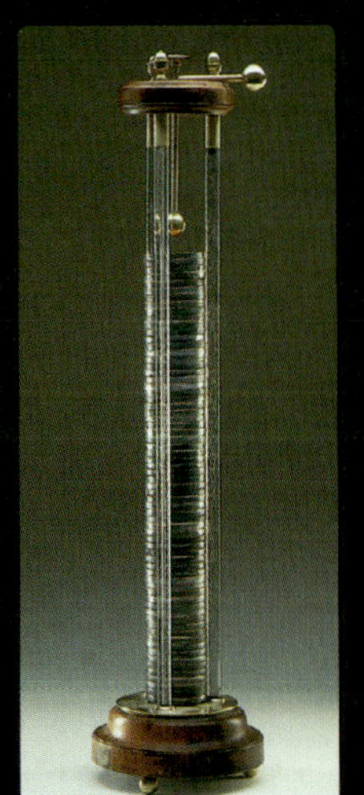

LA PREMIÈRE PILE

En 1800, Volta réalisa la première pile en empilant dans un tube de verre des disques de zinc et de cuivre, séparés par des morceaux de tissu imprégnés d'un mélange acide. Le contact entre les deux métaux créa du courant électrique. C'était une pile humide.

LES APPAREILS DOMESTIQUES

Dans la maison, un courant à basse tension (220 volts) arrive au compteur. Une prise de terre protège l'installation et les habitants. Ensuite, le courant est distribué à tous les appareils.

L'HÔPITAL

Ici, la vie des malades dépend de nombreux appareils électriques. Si une panne survient, une petite centrale indépendante (groupe électrogène) démarre automatiquement. Elle est alimentée par un moteur à essence.

1 À la sortie des centrales, le courant électrique est produit à une Très Haute Tension (THT de 400 000 volts).

2 Transformateur à moyenne tension (63 000 volts). Le voltage doit baisser progressivement pour être utilisable.

3 Transformateurs à basse tension (380 volts). L'électricité peut enfin être distribuée dans les maisons.

centrale hydro-électrique

éolienne

centrale nucléaire

centrale thermique

pylônes THT

question d'enfant

Pourquoi les oiseaux ne s'électrocutent-ils pas ?

Le danger n'existe que si l'on touche deux fils ou un fil et la terre. Pas de risque pour les oiseaux sauf pour les plus grands d'entre eux : les cigognes, par exemple, créent avec leurs pattes et leurs ailes un court-circuit.

Isolants ou conducteurs ?

Le plastique, le bois ou le papier ne conduisent pas le courant : ce sont des isolants. Les métaux, l'eau et même le corps humain le conduisent bien. Si trop d'électricité traverse le corps, les muscles se contractent, se tétanisent et c'est l'électrocution, parfois mortelle.

Attention **aux appareils électriques** dans le bain : eau et électricité ne font pas bon ménage !

L'eau des rivières ou des piscines conduit le courant électrique de la foudre. Il ne faut jamais se baigner pendant un orage.

Les objets métalliques sont de bons conducteurs de l'électricité. Il faut éviter de toucher les prises avec.

La foudre est attirée par le métal et les pointes. Pendant l'orage, ne t'abrite jamais sous un arbre isolé !

métier

Lignard

■ Pour devenir lignard, il faut passer un bac pro ou un bac STI génie mécanique, puis être recruté par EDF.

J'installe ou je répare les lignes électriques. Je suis toujours dehors, à monter sur des pylônes, à raccorder des câbles dans des situations acrobatiques. L'hélicoptère me dépose dans une nacelle suspendue au câble électrique à réparer. Même si je travaille en toute sécurité, il ne faut pas avoir le vertige pour boulonner des pièces à 50 m de haut. Parfois aussi, je travaille au sol car nous enfouissons de plus en plus de lignes pour qu'elles ne défigurent pas le paysage.

DE L'AIR !

La Terre est enveloppée d'une couche d'air, l'atmosphère, d'environ 1 000 k m d'épaisseur.

La pression atmosphérique

L'épaisseur de l'atmosphère applique une force sur toute chose. Cette pression est due aux molécules d'air qui s'agitent en tous sens autour de nous.

Pour ouvrir une bouteille sous vide, il faut faire pénétrer un peu d'atir à l'intérieur en soulevant la capsule avec le manche d'une cuiller. La pression intérieure devient alors la même qu'à l'extérieur.

Lors du décollage et de l'atterrissage, la pression de l'air varie brutalement. La membrane du tympan de l'oreille se déplace sous la différence de pression… et ça fait mal !

tympan

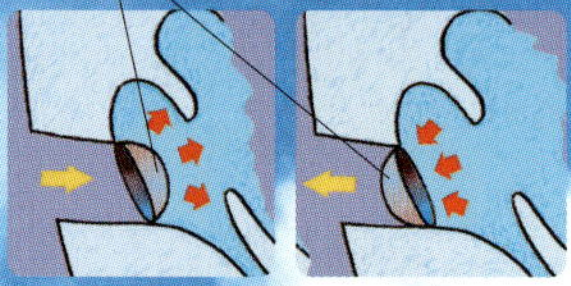

Quand tu aspires un liquide avec une paille, l'air est moins dense dans celle-ci. La pression atmosphérique pousse sur le liquide contenu dans le verre et il monte dans la paille.

LA PRESSURISATION

La pression de l'air diminue avec l'altitude. Pour que les passagers puissent respirer normalement pendant le vol, de l'air comprimé est injecté dans l'avion : c'est la pressurisation.

En cas de **dépressurisation** de la cabine, des masques à oxygène tombent automatiquement devant le passager.

De **l'air sous pression** est enfermé dans les pneus qui servent d'amortisseurs lors de l'atterrissage.

DE L'EAU !

L'eau est un corps que l'on trouve presque partout : dans les êtres vivants, sur et sous la Terre, et même dans l'espace !

L'eau sous pression est un puissant décapant.

Un bateau flotte parce que son poids est plus faible que la poussée d'Archimède : une force verticale dirigée de bas en haut est égale au poids du liquide déplacé.

Au congélateur, une bouteille en plastique remplie d'eau à ras bord se déforme et peut même exploser. Car **la glace** tient plus de place que l'eau liquide.

Les glaçons flottent car la glace est plus légère que l'eau.

Pour un insecte, l'eau est une surface élastique et dure : la **peau de l'eau** est due à la tension qui unit les molécules d'eau.

L'eau pure **gèle** à 0°C. Les mélanges (vin, soda, eau salée…) gèlent à - 20°C ou - 30°C.

Pour fabriquer de **l'eau gazeuse,** on ajoute du gaz carbonique sous pression à l'eau, une fois qu'elle a été purifiée.

COMPOSITION DE L'AIR

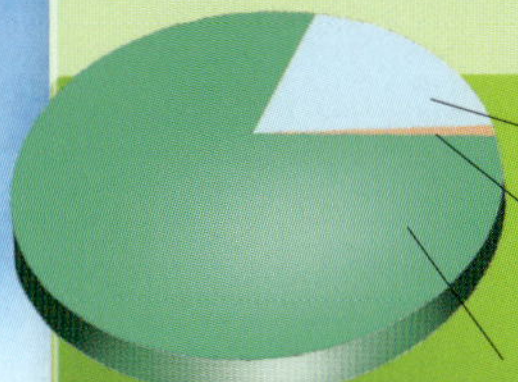

Poids : un litre d'air pèse 1,3 g. L'air présent dans une pièce de 5m x 4m x 3m pèse donc 78 kg, l'équivalent du poids d'un homme !

VRAIMENT VIDE

Le vide spatial est un milieu hostile. Il n'y a plus d'air pour filtrer les rayonnements nocifs du Soleil, ni pour en tempérer la chaleur : il fait 200 °C au Soleil et - 150 °C à l'ombre. Un cosmonaute est donc obligé de sortir dans l'espace avec une combinaison où l'air est à la bonne pression.

AVION, VOLE !

L'avion ne s'appuie pas sur l'air pour voler. Il est aspiré vers le haut. En effet, les ailes bombées créent une dépression, un manque d'air sur le dessus de l'aile. La pression atmosphérique est alors plus forte sous l'aile qu'au-dessus. L'avion est aspiré. C'est l'effet de portance.

AIR CHAUD, MONTE !

Une montgolfière est une grande poche légère destinée à piéger de l'air chaud. Car plus l'air est chaud, plus il est léger : il s'élève donc facilement dans l'atmosphère. Pour descendre, il suffit de vider un peu d'air chaud.

LA MOLÉCULE D'EAU ALIAS H_2O

- Peut être salée ou douce, plate ou gazeuse.
- Recouvre **71 %** de la surface de la Terre.
- **Existe en 3 états :** liquide, solide, gazeux.
- **Signes particuliers :** inodore, incolore. Pas de forme propre, incompressible.

Il ne faut jamais mélanger eau et électricité car l'eau **conduit** l'électricité, ce qui peut provoquer des accidents mortels.

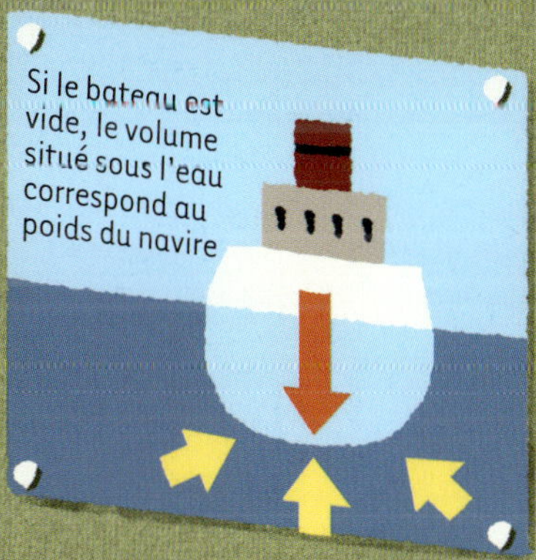

La vapeur d'eau sous pression est utilisée pour cuire (cocotte-minute) ou alimenter des machines comme les alternateurs qui produisent l'électricité.

Le niveau de l'eau indique toujours l'horizontale.

Dans une tige de fleur, l'eau monte jusqu'aux feuilles par de fins canaux : c'est **la capillarité.**

L'eau **dissout** de nombreuses substances (sucre, sel...). Plus l'eau est chaude, plus la dissolution est rapide.

LE FEU

Le feu est une réaction de combustion. Il transforme la matière en gaz et en cendres et dégage de la chaleur.

MATIÈRES INFLAMMABLES

Le plastique : en brûlant, il dégage des fumées toxiques.

L'essence : s'enflamme ou explose à la première étincelle.

Le gaz : très inflammable, explosif même.

Le bois : brûle régulièrement et longtemps.

MATIÈRES ININFLAMMABLES

Le béton : mélange de ciment, de gravier et d'acier, il fond à plus de 1 500 °C.

Le verre : résultat de la fusion du sable, il résiste à plus de 1 000 °C.

Le fer : il se liquéfie au-delà de 1 500°C.

En écopant la surface d'un lac, **le canadair** remplit sa soute avec 5 000 litres d'eau. Mélangés à un retardateur de feu de couleur rouge, ils seront largués au cœur du brasier.

ÉTUDE D'UNE FLAMME

fumée noire : imbrûlés et résidus de combustion

partie jaune : 500 °C

partie rouge : 1 000 °C

partie bleue : 2 000 °C

Pour ralentir la réaction de combustion, il faut **refroidir le foyer** avec de l'eau ou de la neige carbonique à - 90 °C.

Le feu : ami ou ennemi ?

Il est utile pour cuire les aliments, fabriquer des matériaux comme le fer ou le verre ou pour se chauffer pendant l'hiver. Mal maîtrisé, il peut détruire forêts, villes et récoltes.

Les camions-citernes, utilisés pour les feux de forêt, ont une réserve de 3 000 litres d'eau environ.

Bottes, casque à double visière, masque respiratoire, gants et veste constituent **la tenue ignifugée** des pompiers. Elle les protège de la chaleur qui peut atteindre 500 °C.

Le pare-feu est une zone déboisée. Le feu n'y trouve plus rien à brûler sauf si le vent transporte des braises au-delà.

LA CONQUÊTE DU FEU

Depuis la Préhistoire, l'homme cherche à transformer la matière par le feu.

1,5 million d'années av. J.-C. : l'homme sait faire du feu.

2000 av. J.-C. : apparition de la métallurgie.

VIIIe s. ap. J.-C. : invention du feu d'artifice par les Chinois.

1852 : invention des allumettes par les Suédois.

XIXe siècle : invention du chalumeau pour découper le métal.

Comment fonctionnent les machines ?

L'homme évolue dans un monde de machines qu'il a inventées et fabriquées. Plus performantes que les premiers outils manuels, ces machines l'assistent dans toutes ses actions et l'aident même à en imaginer et à en produire de nouvelles.

Avec **une poulie fixe,** il faut tirer aussi fort que la charge opposée.

Avec une poulie fixe et une poulie mobile, la charge est divisée par deux. Mais il faut tirer la corde deux fois plus.

On peut diviser à volonté la résistance **en multipliant le nombre de poulies.** Mais ce que l'on gagne en force, on le perd toujours en déplacement.

LES POULIES

Pour monter un très lourd fardeau ou tendre les voiles d'un bateau, il faut vaincre le poids ou la résistance de la charge. Le travail est plus facile grâce au palan composé de poulies fixes et de poulies mobiles, mais il faut utiliser plus de corde.

LES MÉCANISMES

Les mécanismes transmettent ou transforment les mouvements. Les pièces tournent, se déplacent, oscillent, changent de sens… plus ou moins vite.

L'ESCALIER MÉCANIQUE

Il se compose d'une bande sans fin de marches sur des rails parallèles. Aux extrémités, ils se séparent et les marches s'aplatissent.

LE DÉJEUNER MACHINAL

Quelques tours de manivelle pour démarrer, de bon matin, c'est fondamental. Tous les mécanismes de cette machine décrivent des mouvements… délicieux !

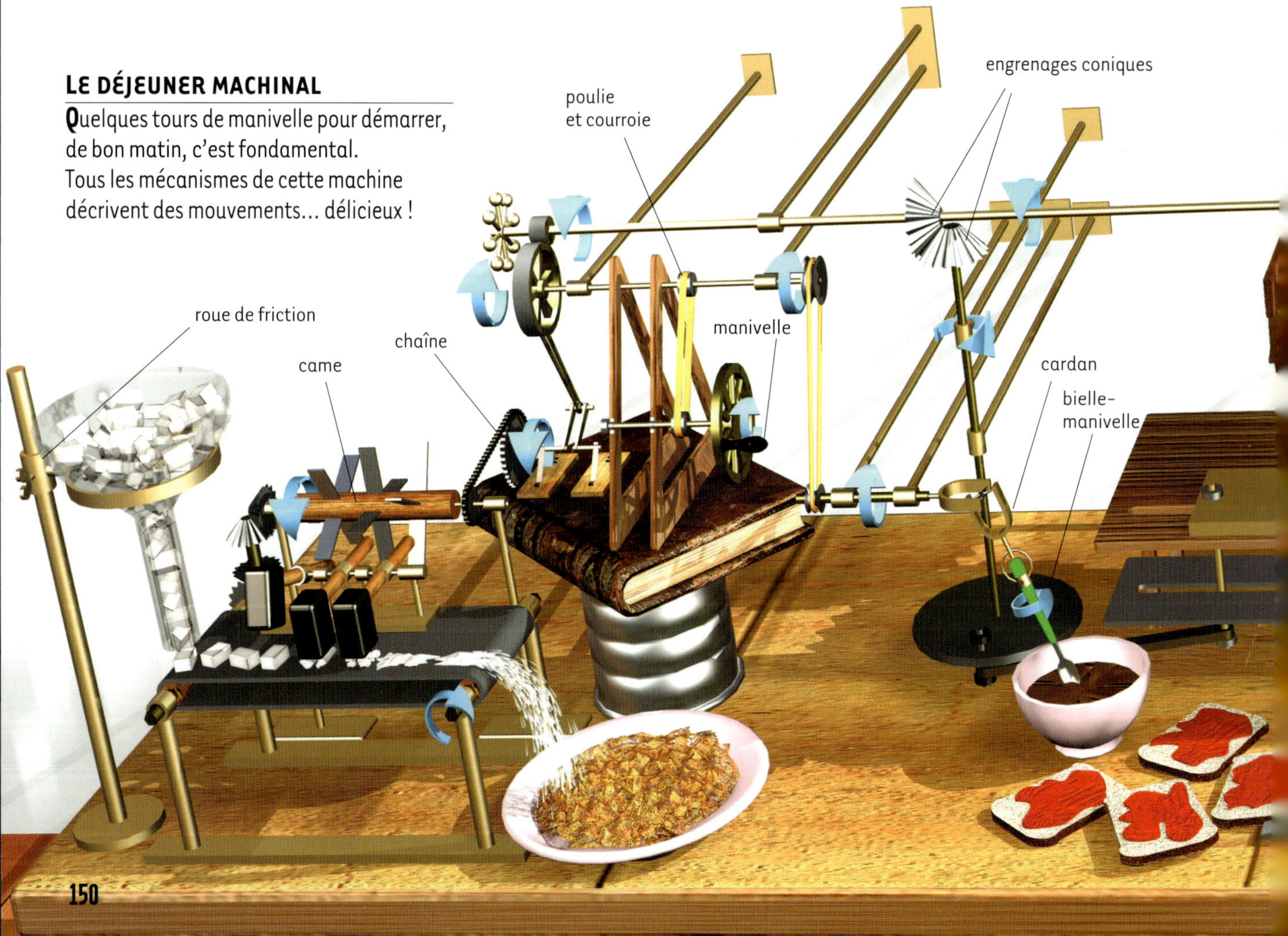

L'ERGOT

En tournant, l'ergot coulisse dans la rainure et la fait osciller. Il commande les mouvements alternatifs de la brosse.

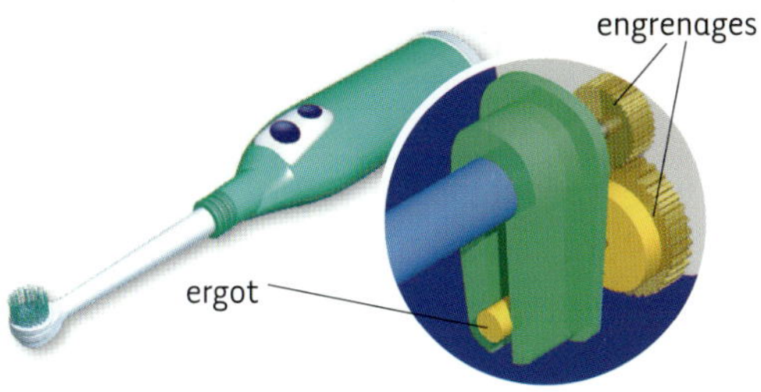

LE RESSORT À GAZ

Il permet de régler la chaise en hauteur. L'air comprimé dans le tube limite une descente brutale.

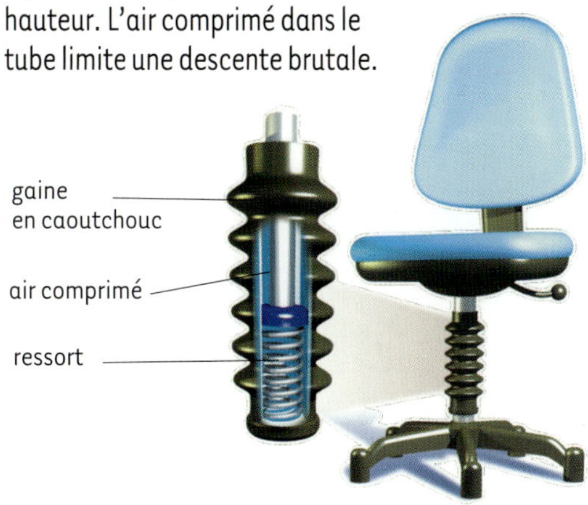

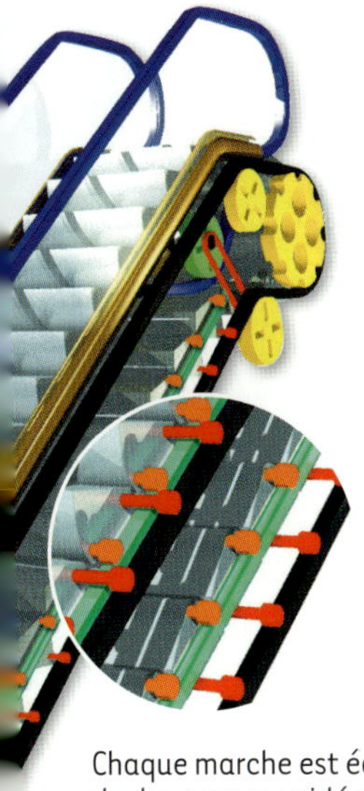

Chaque marche est équipée de deux roues guidées dans deux rails. En haut et en bas, grâce à la position des rails, les marches s'abaissent pour devenir planes.

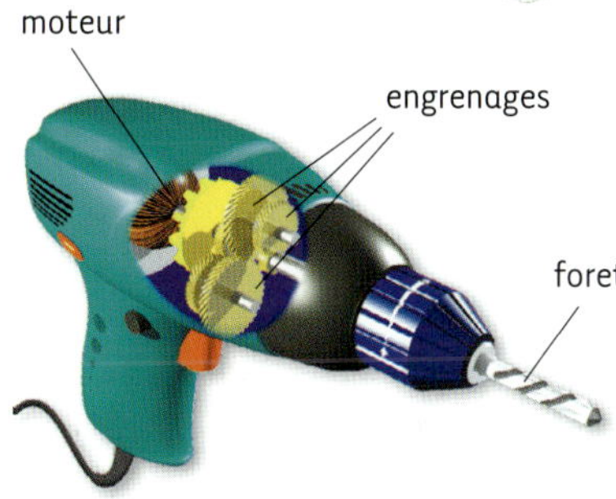

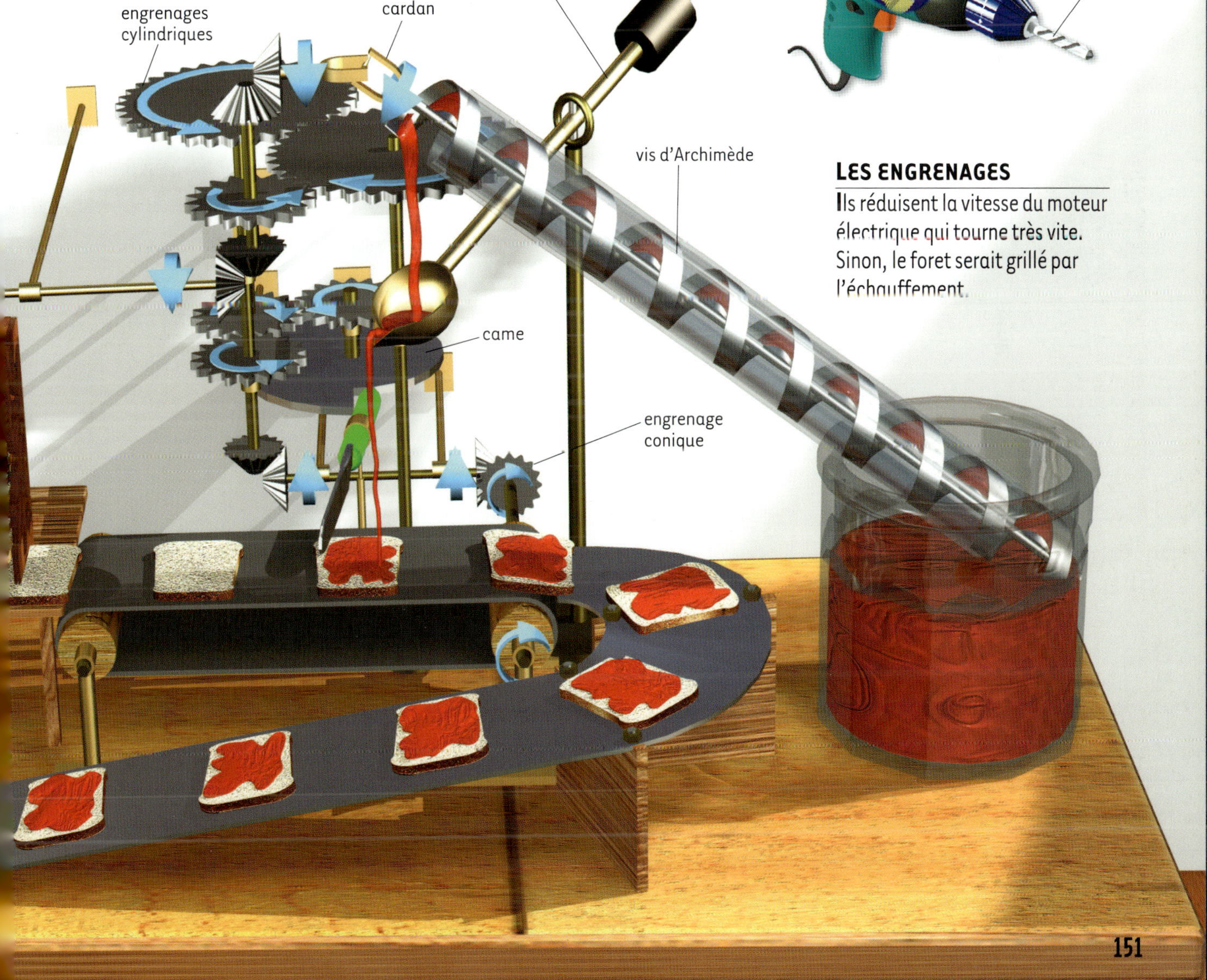

LES ENGRENAGES

Ils réduisent la vitesse du moteur électrique qui tourne très vite. Sinon, le foret serait grillé par l'échauffement.

LE FONCTIONNEMENT D'UN ASCENSEUR

Le moteur électrique actionne la poulie qui déplace la cabine de haut en bas ou de bas en haut. Elle est guidée par des galets et un rail sur les côtés de sa cage.

Le contrepoids équilibre la charge de la cabine.

Le bouton d'appel commande la mise en route du moteur et le déplacement de la cabine.

Les parachutes sont disposés régulièrement le long de la cage. En cas de rupture du câble, ces butées basculent et stoppent la cabine.

MONTER ET DESCENDRE

Câbles, poulies, moteurs, plates-formes et contrepoids sont les cinq composants fondamentaux de tous les appareils de levage, déjà connus en Égypte ancienne. Mais dominer la hauteur demande surtout de vaincre... la peur des usagers.

question d'enfant

Que se passe-t-il quand plusieurs personnes appellent l'ascenseur ?

Un microprocesseur analyse l'ensemble des commandes et des appels. Selon la position de l'ascenseur, il choisit l'ordre de priorité des arrêts.

À LA CONQUÊTE DES SOMMETS

Les téléskis, les télésièges et les téléphériques prennent de la hauteur... sans se fatiguer. Ils utilisent tous des câbles en acier et des poulies ainsi que de puissants moteurs électriques.

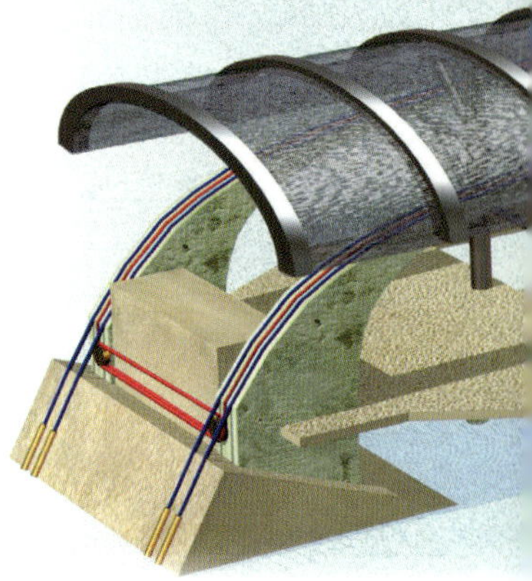

L'INVENTION DU PARACHUTE

Elisha Graves Otis a imposé l'invention de l'ascenseur en 1854 grâce à la démonstration de l'efficacité de son dispositif de sécurité : le parachute. Son assistant trancha d'un coup de hache le câble de la cabine située à plus de 12 m de hauteur et... la cage fut bloquée instantanément !

À LA CONQUÊTE DES ÉTAGES

Deux principes seulement ont été utilisés dans les ascenseurs : une cabine déplacée par un câble et une plate-forme soulevée par de l'eau sous pression. Mais l'aventure continue... avec des hauts et des bas !

Pas d'ascenseur dans les mines...

Au XIXe siècle, ce sont des chevaux qui tractaient le charbon dans les mines. Ils étaient prudemment descendus dans un filet, la tête rabattue et attachée sur le flanc afin de passer dans le puits. Ils ne remontaient plus jamais, sauf lorsqu'ils mouraient.

Info

Le téléphérique : bon à tout faire

Les premiers téléphériques ont été construits au XIVe siècle mais leur véritable développement date du milieu du XIXe siècle. Ils ont été utilisés par les bûcherons pour transporter du bois et des chevaux. Ils transportent des hommes depuis 1908 seulement.

Un téléphérique utilise deux sortes de câbles : des câbles fixes et porteurs sur lesquels roulent les poulies de la cabine et des câbles tracteurs qui déplacent les deux cabines opposées.

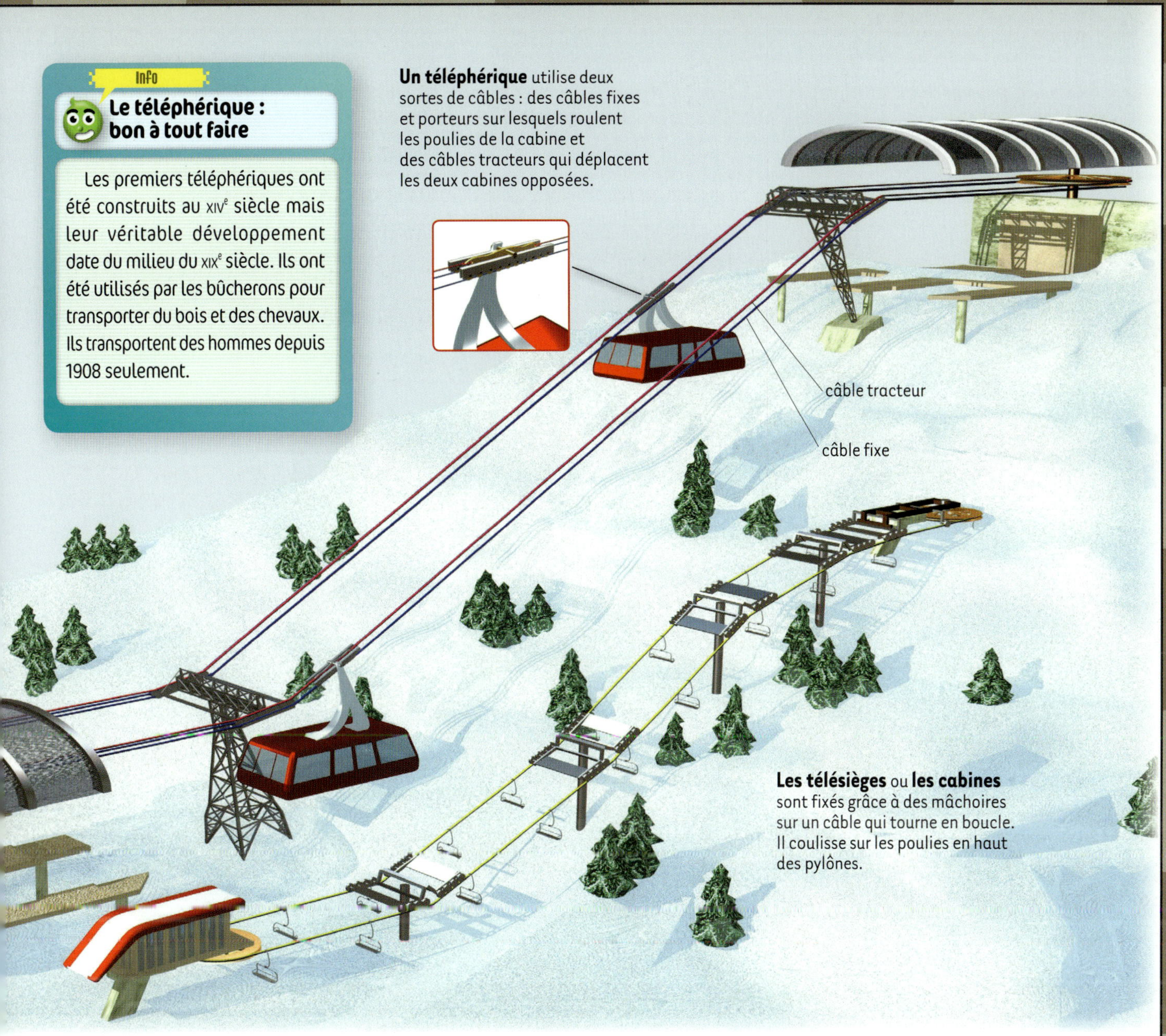

Les télésièges ou **les cabines** sont fixés grâce à des mâchoires sur un câble qui tourne en boucle. Il coulisse sur les poulies en haut des pylônes.

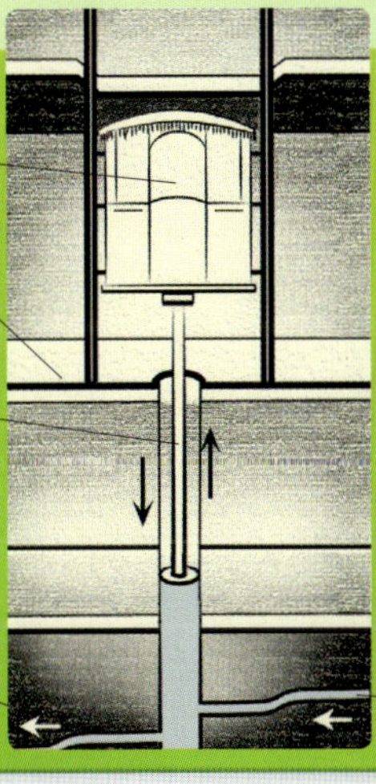

1867 : l'ascenseur hydraulique

Il n'y a ni câble, ni poulie, ni moteur. Lorsque l'eau remplit la colonne, le piston est poussé et la cage monte. Pour la descente, l'eau est évacuée dans un réseau souterrain. Cette solution exige des quantités d'eau très importantes, des pompes et des canalisations performantes. L'augmentation du prix de l'eau est à l'origine de son abandon et du succès de l'ascenseur électrique.

ET DANS LE FUTUR ?

Plusieurs cabines sans câble dans la même cage d'ascenseur, avec chacune ses moteurs, c'est le système Odyssée. Tandis qu'une cabine descend, une peut monter et une autre se mettre en attente sur le côté. L'ascenseur ne se déplace plus seulement verticalement, mais aussi horizontalement.

LES OBJETS DU QUOTIDIEN

Comment fonctionnent tous ces objets indispensables à notre vie ? Que masquent leurs boîtiers ? Quel est leur mystère ?

DE PLUS EN PLUS PLATES !

Sur un écran, l'image en couleurs est une série de points obtenus par un mélange de trois lumières : bleue, verte et rouge.

1940 : des électrons sont bombardés sur les points vert, bleu et rouge de l'écran.

1980 : les cristaux liquides orientent la lumière au travers de trois filtres colorés.

1999 : dans un écran à plasma, un mélange gazeux se transforme en 3 couleurs.

question d'enfant

Pourquoi la télécommande n'allume-t-elle pas le téléviseur du voisin ?

Une pression sur un bouton de la télécommande déclenche un signal électrique codé transmis par une diode infrarouge. Le téléviseur compare le code avec celui qu'il a dans sa mémoire. Si c'est la bonne télécommande, le récepteur interprète alors le message : changement de chaîne, augmentation du volume…

Sur les toits, **les antennes** reçoivent les ondes : un très faible courant électrique transmis au téléviseur.

Chaque jour, **la pendule radio-pilotée** reçoit une impulsion émise par une horloge atomique qui donne l'heure précise.

Faire du froid, c'est absorber de la chaleur ! À l'intérieur d'un très long tube qui parcourt **le réfrigérateur,** un liquide se transforme en gaz en absorbant la chaleur des aliments. À l'arrière, le gaz redevient liquide et la chaleur est dégagée.

Dans **le four à micro-ondes,** les micro-ondes agitent à très grande vitesse les molécules d'eau des aliments, ce qui provoque leur réchauffement.

Pour le lavage, l'essorage et le séchage, un moteur entraîne le tambour. Grâce aux capteurs qui mesurent la température, le niveau d'eau et la propreté du linge, **la machine à laver** devient un robot à laver.

Machines branchées

Elles sont branchées sur le réseau électrique ou alimentées par des piles ou des batteries. Des moteurs les animent ou bien des circuits électroniques transforment des signaux invisibles, les ondes.

Dans un **lecteur MP3,** la musique est téléchargée dans la mémoire. Elle est ensuite amplifiée pour être écoutée par son utilisateur.

Tout en un ! Le clavier du **téléphone portable** est remplacé par un écran tactile. Il permet de commander les multiples fonctions intégrées : appareil photo, recepteur radio, lecteur MP3, connexion à Internet. Cet appareil communique avec les autres machines par des liaisons « Wifi » ou « Bluetooth ».

La communication entre **téléphones portables** s'effectue grâce à des ondes émises par le combiné et relayées par des antennes placées sur les immeubles.

L'explosion de la téléphonie mobile est due à la miniaturisation des appareils. 43 millions de Français ont un téléphone portable, soit plus de 70% de la population !

Dans **le grille-pain,** le filament parcouru par le courant électrique devient rouge et chaud. À la température préréglée atteinte, la tranche de pain est éjectée.

Un **poste de radio** reçoit les ondes par son antenne. Elles sont amplifiées jusqu'au haut-parleur.

VERS DES RADIOS MINIATURES

Tous les objets deviennent de plus en plus petits grâce aux progrès de l'électronique : des composants miniatures qui consomment moins d'énergie.

1900 : les composants des radios sont volumineux et séparés.

1950 : les postes deviennent portables grâce aux piles.

1970 : le transistor, puis la puce électronique, rendent la radio miniature.

LA VOITURE

Une voiture est une auto… mobile !
Elle transporte son moteur et son carburant.
Inventée à la fin du XIXe siècle, elle ressemblait aux voitures tirées par des chevaux…
mais les chevaux étaient devenus mécaniques.

Une machine complexe

De nombreux fils électriques alimentent les phares, les essuie-glaces, la climatisation… Des mécanismes transmettent et transforment les mouvements du moteur, du volant, des pédales. Des tuyaux conduisent l'essence, le liquide de refroidissement et évacuent les gaz d'échappement.

1 DÉMARRER

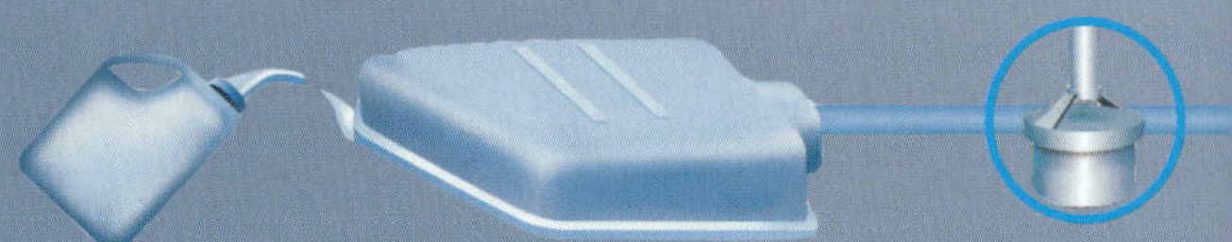

L'essence du réservoir est pompée vers le carburateur.

Dans **le carburateur,** l'essence se mélange avec de l'air.

La clé n'est qu'un interrupteur. Elle met en service le circuit électrique.

La batterie alimente le démarreur et produit les étincelles des bougies.

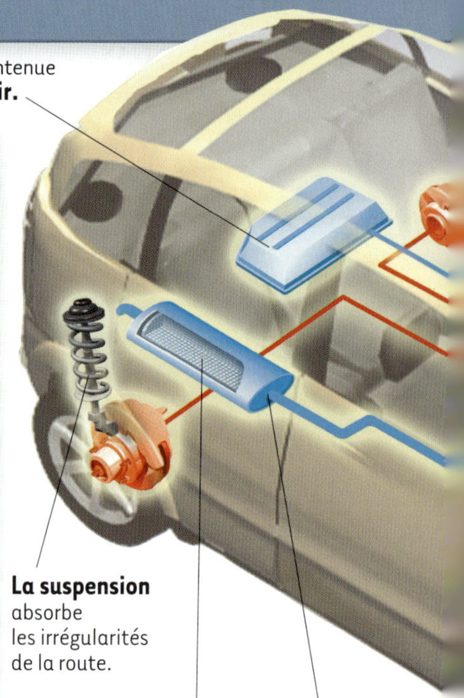

L'essence est contenue dans **le réservoir.**

La suspension absorbe les irrégularités de la route.

Les gaz nocifs sont transformés dans **le pot catalytique** en produits moins dangereux.

Les gaz se détendent dans **le silencieux…** pour que la voiture ne fasse pas de bruit.

2 PASSER UNE VITESSE

1. Il faut appuyer sur **la pédale d'embrayage** puis…

2. … sélectionner la première vitesse avec **le levier de vitesse.**

3. Il faut ensuite relâcher la pédale et accélérer. La voiture ne se contente plus de ronronner… **elle roule !**

QUE SE PASSE-T-IL SOUS LE CAPOT ?

La boîte de vitesse fonctionne comme un dérailleur. Selon les engrenages associés, les roues tournent plus ou moins vite et la voiture a plus ou moins de puissance.

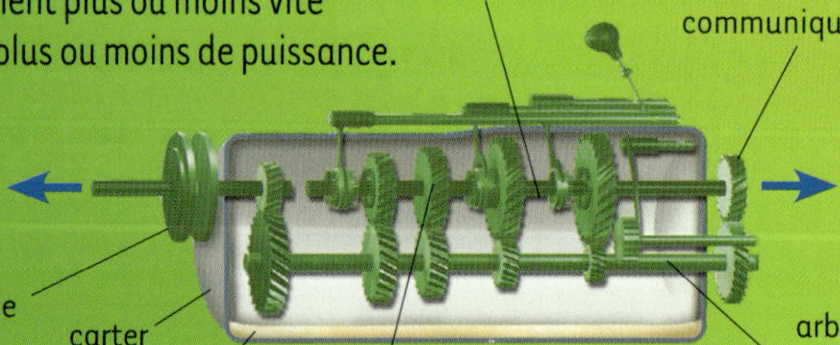

Les pignons de l'arbre primaire tournent en permanence. Quand on actionne le levier de vitesse, on choisit un pignon sur l'arbre secondaire.

L'AIRBAG

Il se déploie en cas d'accident. Le choc est enregistré par des capteurs placés dans la voiture. Cette information déclenche le gonflage des sacs.

Le gonflage est provoqué par une réaction chimique qui produit une bouffée de gaz.

L'AÉRODYNAMISME

Le profil des voitures est devenu de plus en plus aérodynamique, c'est-à-dire qu'elles offrent moins de résistance à l'air. Elles consomment moins d'essence.

UN CYCLE EN 4 TEMPS

Les pistons font des mouvements de va-et-vient : plus de 50 par seconde ! Un mécanisme de bielle-manivelle transforme ce mouvement : le moteur tourne.

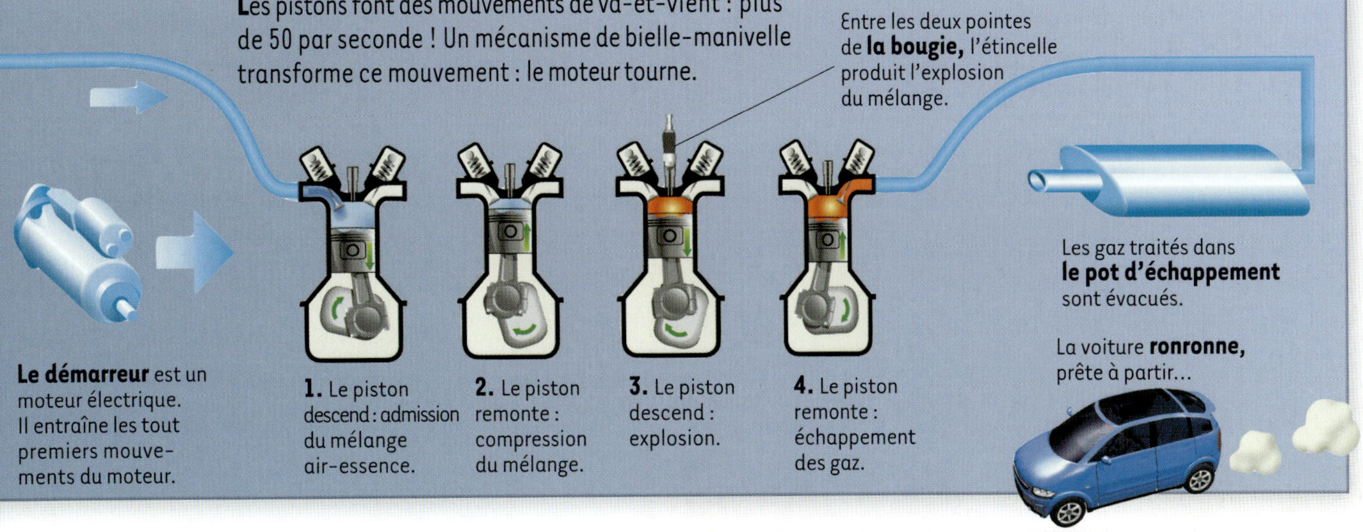

3 FREINER

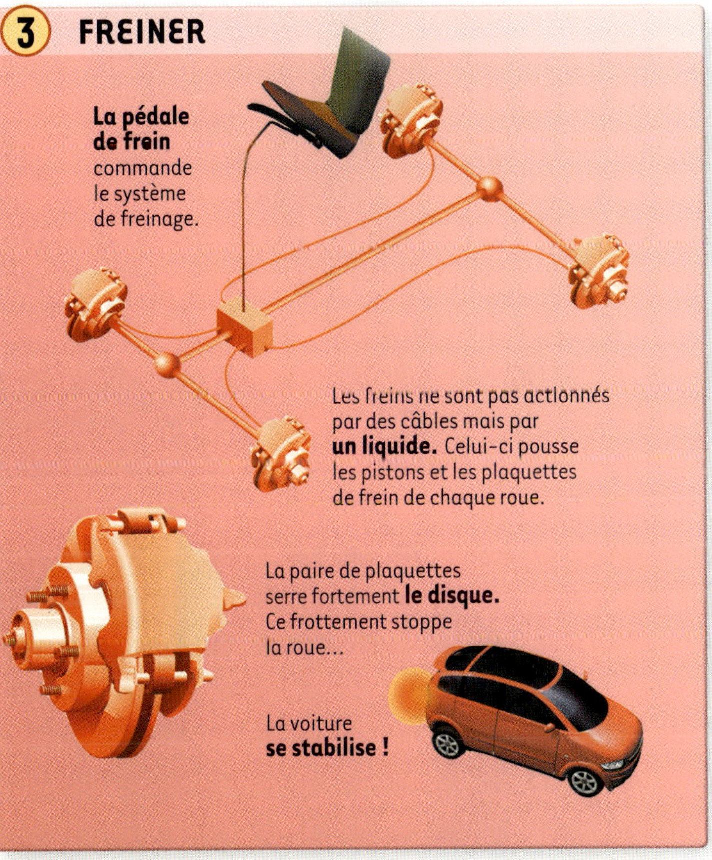

Reinastella, Renault, 1929

Modèle futuriste !

LA VOITURE HYBRIDE

Une voiture hybride fonctionne avec deux sources d'énergie différentes. Au démarrage, il suffit d'appuyer sur l'accélérateur pour que le moteur électrique propulse le véhicule. Le moteur à essence prend ensuite le relais. En roulant, les batteries se rechargent.

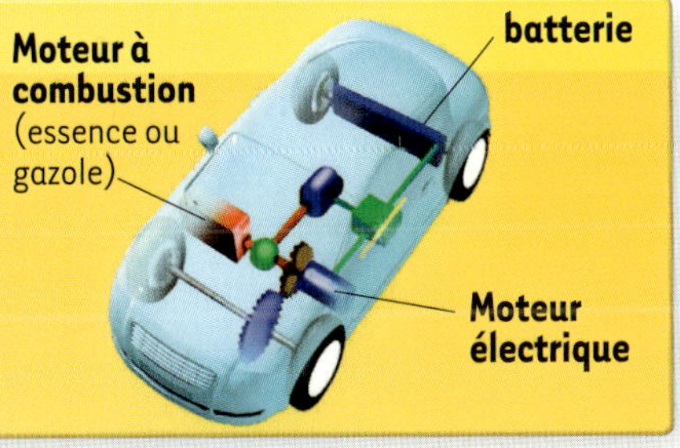

LA BICYCLETTE

C'est un mécanisme composé de plus de 1 500 pièces assemblées.

1818 : **la draisienne** Le guidon fait son apparition.

1839 : **le vélocipède** de MacMillan. Il est équipé de pédales.

1861 : **le grand Bi** La roue avant devient démesurée.

1869 : **la transmission par chaîne** de Guilmet.

Étonnante machine !

La bicyclette est un moteur à deux temps : quand une jambe est tendue, l'autre est pliée ; une pédale en bas, l'autre en haut... et les roues tournent. Dès qu'elle roule, elle est en équilibre !

LES FREINS

Le câble actionne les mâchoires munies de patins en caoutchouc. La roue ainsi fortement serrée se bloque.

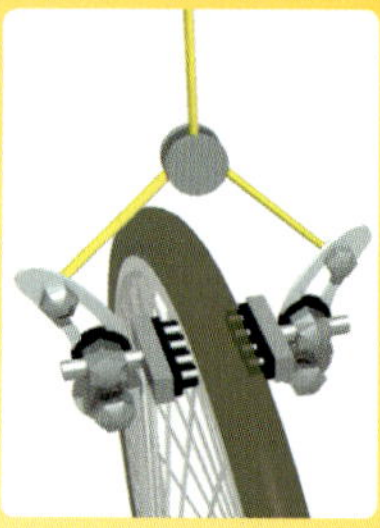

Le développement des sports et des loisirs dans la deuxième partie du XXe siècle génère de nouveaux vélos : **VTT, citybike...**

LES AMÉLIORATIONS :

1891 : les pneus sont démontables.
1908 : le dérailleur permet de s'adapter au relief de la route.
Viendront ensuite la selle à ressort, les freins à mâchoires, la sonnette...

LE DÉRAILLEUR

Le cycliste change sa vitesse en choisissant la meilleure combinaison de pignons avec des dents plus ou moins nombreuses.

Sur le plat ou en descente : **grand développement** (un tour de pédale produit près de dix tours de roues).

En côte : **petit développement** (un tour de pédale ne permet d'avancer que d'une faible distance).

DE BIEN CURIEUX ENGINS...

D'habitude, dans **un tandem,** les personnes pédalent l'une derrière l'autre. Ici, elles sont côte à côte.

Pédaler en **position couchée** est plus confortable et moins dangereux en cas de chute ! Généralement, ces vélos sont équipés d'un drapeau pour qu'on les repère dans la circulation.

le vélo profilé (pour les compétitions)

La caméra numérique saisit le mouvement en une succession d'images, chacune définie par un ensemble de pixels codés selon leur position et leur couleur. La caméra transforme aussi les paroles en sons codés.

LES COMPOSANTS DE L'ORDINATEUR

1. **L'horloge** rythme les actions du microprocesseur. Elle envoie des impulsions régulières. À chaque impulsion, une action est accomplie.
2. **La mémoire vive** assure le stockage temporaire de l'information lors de l'exécution d'un programme. Elle s'efface à chaque extinction de l'ordinateur.
3. **La mémoire morte** contient les programmes nécessaires au démarrage de l'ordinateur. Elle ne s'efface jamais.
4. **La carte vidéo** permet l'affichage à l'écran. Selon ses performances, elle effectue les calculs nécessaires pour améliorer l'image.
5. **La carte son** permet de convertir l'information sonore codée numériquement en un signal analogique audible.
6. **La carte Wifi** permet à l'ordinateur d'être connecté sans fil au réseau Internet

LES PÉRIPHÉRIQUES EXTERNES

Ils étendent la communication de l'ordinateur : entrée d'information (par la souris, par exemple) ou sortie d'information (par l'imprimante...).

L'ORDINATEUR

Un ordinateur transforme, stocke, transmet des informations codées en milliards de 0 et 1… en quelques nanosecondes. Ce sont des informations numériques.

Analogique ou numérique ?

Tout ce que saisit la caméra (sons et images) correspond à des ondes lumineuses ou sonores. Ces ondes sont des informations dites analogiques. Le microprocesseur les reçoit sous forme numérique. Pour ressortir dans les enceintes ou sur l'écran, ces informations doivent être retranscrites en signaux analogiques par les cartes son ou vidéo.

A signal analogique

N signal numérique

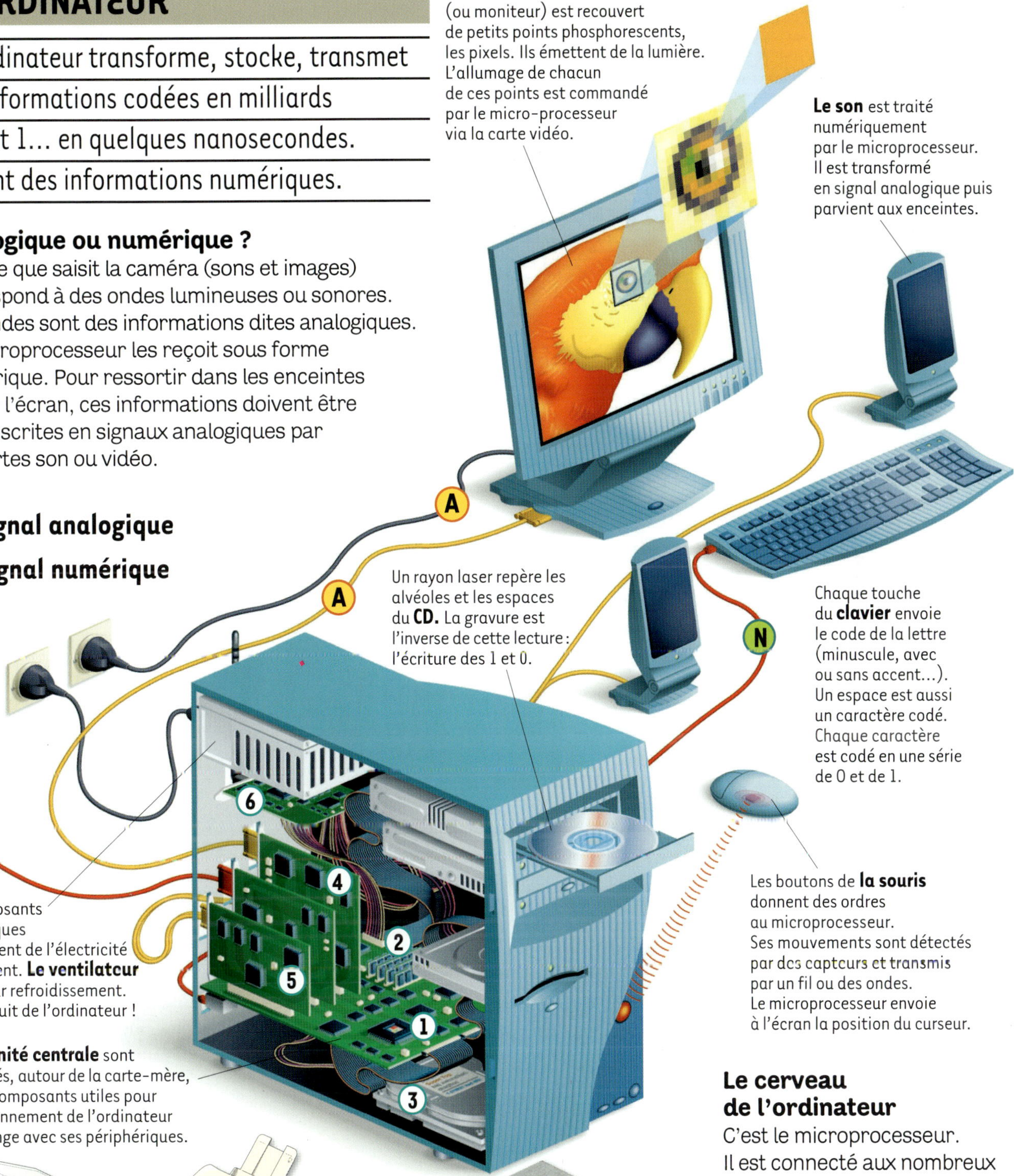

L'écran de l'ordinateur (ou moniteur) est recouvert de petits points phosphorescents, les pixels. Ils émettent de la lumière. L'allumage de chacun de ces points est commandé par le micro-processeur via la carte vidéo.

Le son est traité numériquement par le microprocesseur. Il est transformé en signal analogique puis parvient aux enceintes.

Un rayon laser repère les alvéoles et les espaces du **CD.** La gravure est l'inverse de cette lecture : l'écriture des 1 et 0.

Chaque touche du **clavier** envoie le code de la lettre (minuscule, avec ou sans accent…). Un espace est aussi un caractère codé. Chaque caractère est codé en une série de 0 et de 1.

Les composants électroniques consomment de l'électricité et chauffent. **Le ventilateur** assure leur refroidissement. C'est le bruit de l'ordinateur !

Les boutons de **la souris** donnent des ordres au microprocesseur. Ses mouvements sont détectés par des capteurs et transmis par un fil ou des ondes. Le microprocesseur envoie à l'écran la position du curseur.

Dans l'unité centrale sont rassemblés, autour de la carte-mère, tous les composants utiles pour le fonctionnement de l'ordinateur et l'échange avec ses périphériques.

Le cerveau de l'ordinateur

C'est le microprocesseur. Il est connecté aux nombreux composants de l'unité centrale, elle-même reliée à l'écran, au clavier et aux autres périphériques par des câbles. Toutes les informations passent par lui.

Le scanner analyse ligne à ligne le document et le traduit en pixels. Ils sont codés selon leur position et leur couleur.

L'imprimante à jet d'encre projette des gouttelettes d'encre sur le papier. Dans l'imprimante laser, l'encre en poudre est déposée électrostatiquement sur le papier.

Sur des supports numériques comme les clés **USB**, les disques optiques **(CD, DVD)** ou holographiques **(HVD)**, dont la capacité de stockage augmente régulièrement, **l'information** se transporte facilement.

ORDINATEURS EN RÉSEAU

Les ordinateurs sont partout ! Certains sont bien visibles mais d'autres sont dissimulés dans l'ascenseur, la voiture... Reliés entre eux, ils forment des réseaux invisibles.

Sur le réseau Internet

Des milliards d'ordinateurs sont interconnectés. Chacun d'entre eux est identifié par une adresse électronique. De gros ordinateurs (serveurs et routeurs) mis à disposition par des entreprises spécialisées (les fournisseurs d'accès) permettent ces dialogues de machine à machine.
Les abonnés de la planète, quels que soient le lieu et le moment, échangent des informations, des sons, des images...

Info

Danger sur Internet

En raison de leur ouverture, les réseaux d'ordinateurs sont très vulnérables. Les pirates peuvent accéder à des informations secrètes, les modifier ou les détruire. De même, tout un réseau peut être contaminé par des virus injectés par malveillance. La recherche des moyens de protection vise à améliorer leur sécurité.

CONNEXION FLUIDE

Pour passer d'un ordinateur à l'autre, l'information emprunte fibres optiques, câbles ou satellites.

AU SUPERMARCHÉ

Les caisses enregistreuses sont connectées à l'ordinateur de gestion des stocks, lui-même relié aux fournisseurs, aux fabricants et aux transporteurs.

DANS LA CUISINE

Il suffit de choisir ses menus sur un site de recettes. Le réfrigérateur connecté signale alors à un cybermagasin la liste de courses qu'il faut livrer.

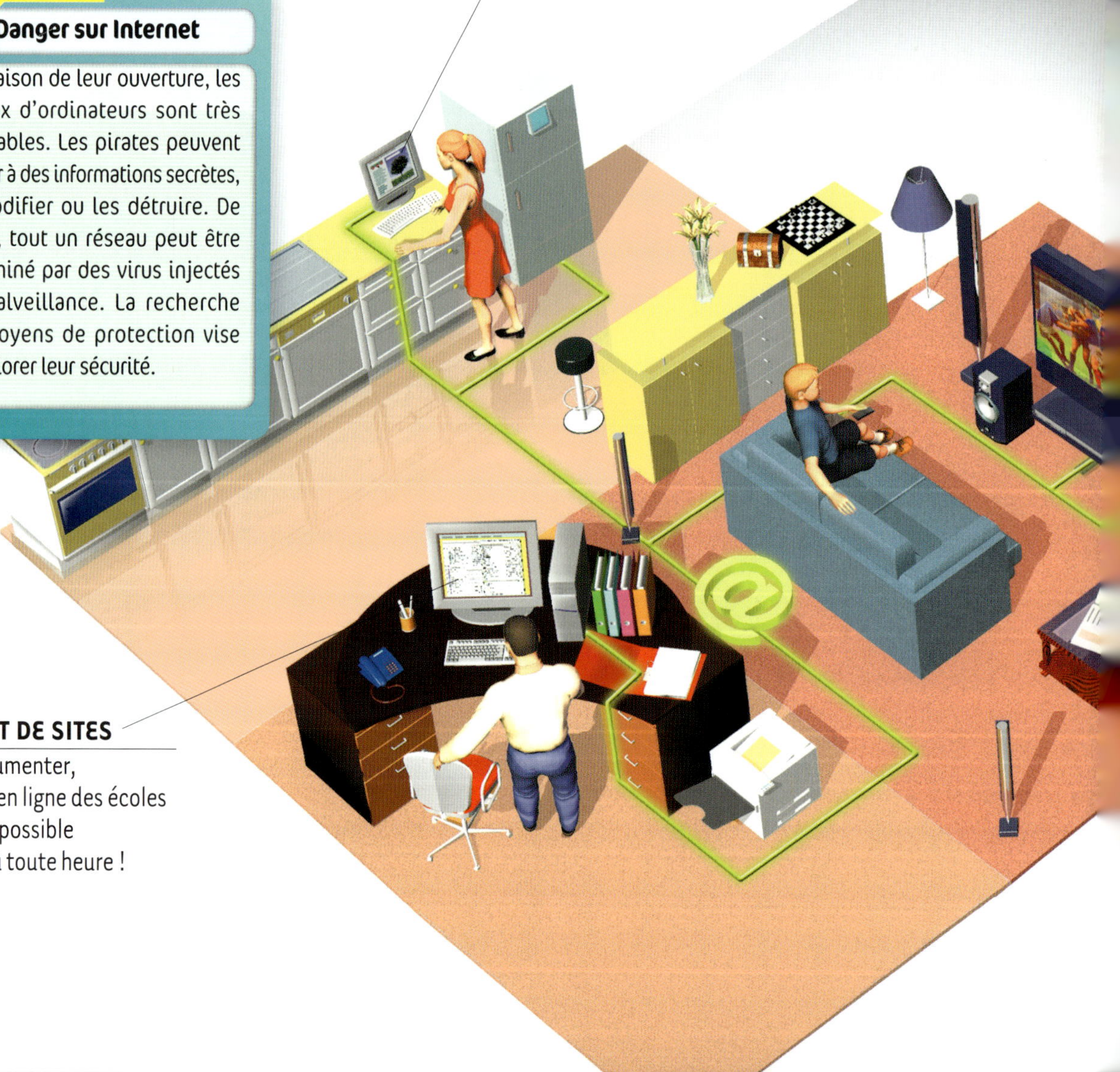

CONSULTATION DE JOURNAUX ET DE SITES

S'informer, se documenter, accéder aux cours en ligne des écoles virtuelles, tout est possible de son fauteuil et à toute heure !

Le Web
C'est une invention suisse permettant d'effectuer des recherches par thème en explorant différents sites.
Un clic sur un terme, une image ou un bouton suffit pour transporter l'utilisateur sur un nouveau site.
C'est la navigation sur la toile.
La recherche est facilitée par des moteurs de recherche, ces logiciels qui repèrent tous les sites et tous les documents dans lesquels un ou plusieurs mots sont mentionnés.

FEUX DE CIRCULATION

Les feux sont commandés par un ordinateur central informé en permanence du trafic grâce à des caméras et à des capteurs intégrés dans la chaussée.

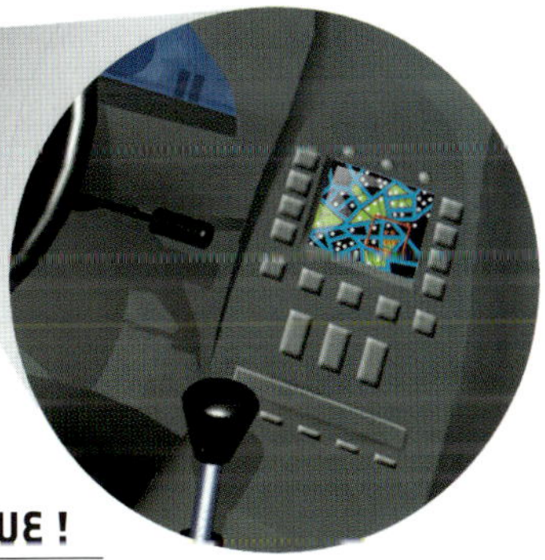

LA VOITURE, ORDINATEUR DE BORD

L'ordinateur de bord assiste le conducteur en l'informant du fonctionnement de la voiture. En liaison avec la localisation GPS, les sites de cartes routières, de garages et de restaurants, l'ordinateur propose automatiquement le meilleur itinéraire en fonction des souhaits du chauffeur.

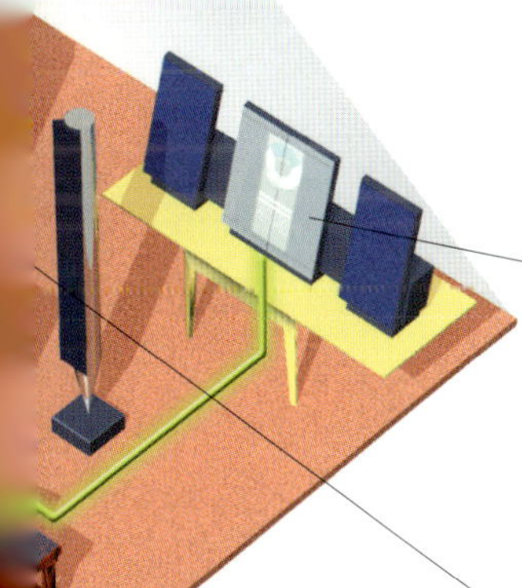

EN AVANT, LA MUSIQUE !

Accéder à tous les sites musicaux, télécharger ses mélodies préférées, en composer ou les arranger, c'est possible aussi.

COMME AU CINÉMA

Il suffit de se connecter pour suivre l'actualité cinématographique du monde entier et choisir le programme de son home cinéma.

CARTE BANCAIRE

Les cartes de paiement permettent d'acheter et d'effectuer à distance toutes les opérations bancaires.

pour finir...

À LIRE

INVENTIONS GÉNIALES ET DÉLIRANTES
coll. Mégascope, Nathan, de Joël Lebeaume

VACANCES D'ENFER.COM
coll. Lune noire, Nathan, de Gérard Douet

À VISITER

CNAM
292, rue Saint-Martin
75003 PARIS

LA CITÉ DES SCIENCES ET DE L'INDUSTRIE
30, avenue Corentin Cariou
75019 PARIS

ET SUR LE WEB

CYBERSCIENCES-JUNIOR.ORG/INDEX6.ASP

WEBENCYCLO.COM

TOUT SE MESURE !

Mesurer, c'est comparer les choses pour mieux les utiliser. Tous les pays se sont mis d'accord, en 1960, pour utiliser les mêmes mesures basées sur le mètre, le kilogramme, la seconde et l'ampère (système MKSA).

Des mesures sur mesure

La mesure a été inventée sur les bords du Nil il y a plus de 4 000 ans pour attribuer à chacun sa parcelle après la crue annuelle. Elle devient universelle avec les travaux des savants de la Révolution française en 1795. Maintenant, ce sont les vibrations des atomes qui donnent l'unité de temps ou de longueur.

POIDS

Unités
- 1 g = 1 000 mg
- 1 kg = 1 000 g
- 1 quintal = 100 kg
- 1 tonne = 1 000 kg

Le poids est lié à la force d'attraction qui attire les corps vers la Terre. Il peut varier suivant le lieu. Un objet d'1 kg sur Terre pèse 333 kg sur Saturne. Sur la Lune, il pèsera 180 g (environ 6 fois moins que sur la Terre) car l'attraction y est moins forte. La masse est une quantité de matière. Elle ne varie pas, même sur une autre planète.

LONGUEUR

Unités
- 1 nanomètre = 1 milliardième de m
- 1 micromètre = 1 millième de mm
- 1 cm = 10 mm
- 1 m = 1 000 mm
- 1 km = 1 000 m

En astronomie :
- 1 année-lumière = 9 461 milliards de km
- 1 parsec = 3,26 années-lumière

La mesure des longueurs se fait à l'aide du mètre (et de ses unités dérivées, du millimètre au kilomètre). Pour mesurer l'infiniment petit ou l'infiniment grand, il a fallu créer d'autres mesures : le micromètre (pour l'épaisseur des cheveux), l'angström (pour la taille des atomes)...

La distance Terre-Lune :
380 000 000 m.

Elle peut se calculer avec un rayon laser. La lumière met plus de deux secondes pour aller sur la Lune, s'y refléter et revenir.

une puce :
0,001 m

une molécule composée d'atomes :
0,0000000001 m

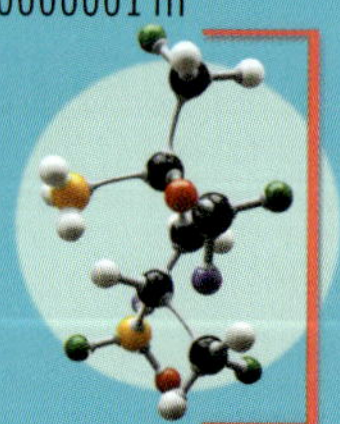

TEMPS

Pour mesurer le temps universel (TU), on se réfère à l'année (course de la Terre autour du Soleil) ou aux jours (365,2422 révolutions de la Terre sur elle-même en un an). Le découpage en mois, semaine, heure... provient des habitudes prises par les hommes au cours de l'histoire.

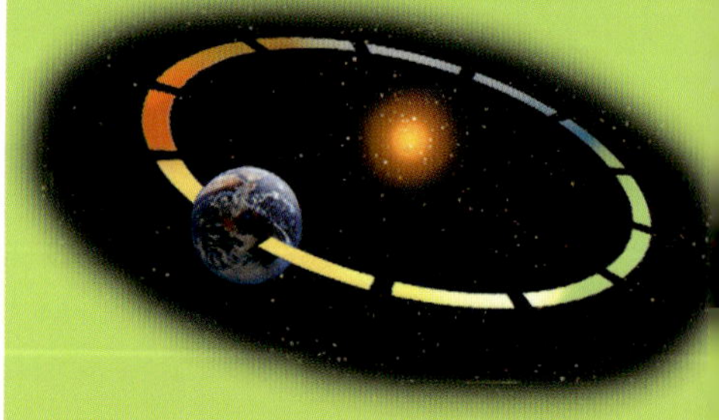

SURFACE

Unités
- 1 cm^2 = 10 mm x 10 mm
- 1 m^2 = 100 cm x 100 cm
- 1 hectare = 100 m x 100 m = 10 000 m^2
- 1 km^2 = 1 000 m x 1 000 m = 1 million de m^2

Mesurer une surface, c'est multiplier une largeur par une longueur.

VOLUME

Unités
- 1 millilitre = 0,001 l
- 1 l = 1000 ml
- 1 hectolitre = 100 l
- 1 dm^3 = 1 l
- 1 m^3 = 100 000 cm^3 ou 1 000 l

10 cm x 10 cm x 10 cm = 1 dm^3

Le volume est l'espace occupé par un corps. Il se mesure en litres ou en mètres cubes (et leurs dérivés).

NOURRITURE

Manger est nécessaire pour sauter, courir, grandir... L'énergie contenue dans les aliments se mesure en calories ou en kilocalories (1 000 calories) ou bien en joules ou kilojoules. Une ration alimentaire équilibrée, c'est environ 2 000 cal par jour.

ÉLECTRICITÉ

La puissance d'une lampe électrique domestique se mesure en watt, celle d'une centrale nucléaire en gigawatts (giga = milliard). La tension du réseau est de 220 volts, celle d'un éclair de foudre se chiffre en mégavolts (méga = million).

OPINION

Comment mesurer l'opinion publique sans interroger tout le monde ? Les questions sont posées à quelques passants pris au hasard. Les réponses à ce sondage permettent d'évaluer l'opinion de toute une population.

ÉCONOMIE

Les économistes mesurent la bonne (ou mauvaise) santé de l'économie d'un pays grâce à des données comme la richesse produite, les marchandises exportées, l'épargne de la population ou la valeur de la monnaie.

INTENSITÉ DES SONS

Le bruit se mesure en décibels (dB), vibration de l'air perçue par le tympan. À partir de 80 dB, **le bruit** devient dangereux pour la santé.

AUDIMAT

L'indice d'écoute mesure le nombre de téléspectateurs devant leur poste de télévision ou de radio à un instant précis. La personne a un boîtier chez elle et clique dessus pour indiquer la chaîne qu'elle regarde.

ERREUR FATALE

En l'an 2000, une fusée s'est écrasée sur la planète Mars parce qu'un ingénieur a confondu son altitude en mètres (système international) avec une altitude en pieds (un pied, dans le système américain, équivaut à 32 cm environ).

Le calendrier

Le calendrier actuel élaboré par Jules César (- 46 av. J.-C.), a été fixé par le pape Grégoire en 1582. Les musulmans et les juifs suivent un calendrier lunaire où les mois ont 28 jours.

Année bissextile

Pour rattraper l'erreur accumulée chaque année, on ajoute un jour tous les 4 ans (le 29 février) : c'est l'année bissextile.

DATATION

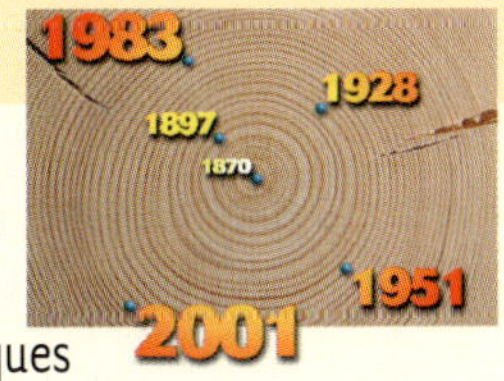

La mesure du temps passé utilise de nombreuses techniques comme la dendrochronologie qui compte les cernes des arbres, les méthodes du carbone 14 ou de l'uranium-thorium qui comptent la désintégration de certains atomes en fonction du temps.

TENSION ARTÉRIELLE

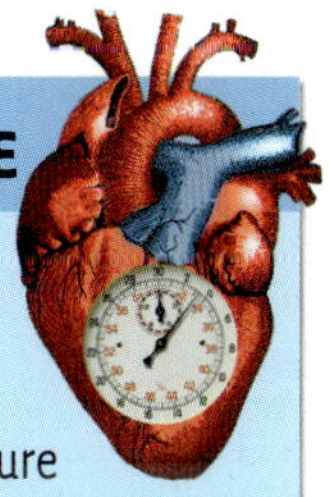

Dans les artères, le sang est sous pression, poussé par la contraction du cœur. La tension artérielle se mesure en une pression correspondant à la hauteur en millimètres d'une colonne de mercure. 12 de tension correspond à 12 mm de mercure.

ACUITÉ VISUELLE

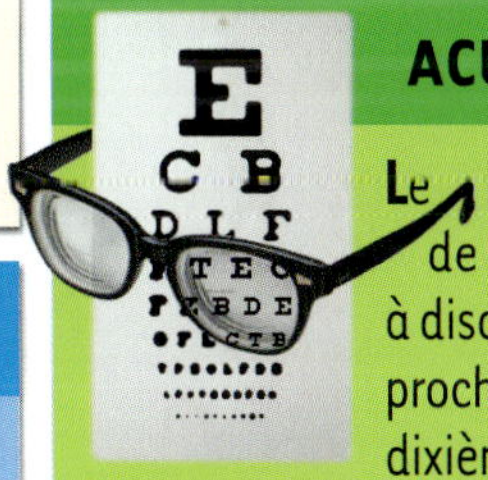

Le pouvoir séparateur de l'œil (ou capacité à discerner deux points proches) se mesure en dixièmes. C'est l'ophtalmologiste qui mesure l'acuité visuelle par des tests de lecture.

QUOTIENT INTELLECTUEL (QI)

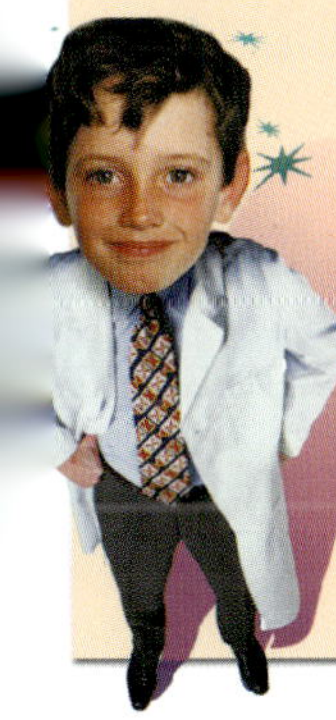

Le QI prétend mesurer l'intelligence. Il mesure en fait la capacité à répondre à des questions de logique ou de mathématique. Mais il existe sept autres formes d'intelligence (musicale, affective, spatiale...) que personne ne sait vraiment mesurer.

VITESSE

Mesurer une vitesse, c'est mesurer la distance parcourue en un temps donné, par exemple des mètres par seconde ou des kilomètres par heure.

La lumière fulgure à 300 000 km/seconde.

L'escargot sprinte à 10 cm par minute.

TEMPÉRATURE

Elle mesure la chaleur, due à l'agitation des atomes. Elle s'exprime en degrés Celsius (ou Fahrenheit). Le zéro absolu est à - 273 °C, l'immobilité atomique.

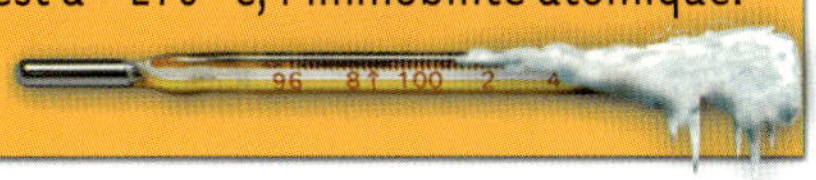

TOUJOURS PLUS VITE !

La durée de la **traversée de l'Atlantique** a été divisée par 250 en 5 siècles.

Santa Maria (1492) 37 jours | **Le Savannah** (1819) 29 jours | **Le France** (1957) 5 jours

3 INVENTIONS RÉVOLUTIONNAIRES

① LA ROUE

Utilisée d'abord pour les tours de potier, la roue transforme les traîneaux en chariots et en chars 3 000 ans avant J.-C.

② LA MACHINE À VAPEUR

Le déplacement des véhicules ne dépend plus du vent ou des animaux, mais d'un moteur… transporté !

③ LES MOTEURS

Les moteurs électriques, à explosion, les turbo-réacteurs… augmentent la vitesse mais ils permettent aussi de se déplacer dans l'espace, sur l'océan…

LES TRANSPORTS : PLUS LOIN, PLUS VITE !

Se transporter pour découvrir le monde, c'est bien. Se faire transporter, c'est encore mieux ! Sans les moyens de transport, l'homme n'aurait pas pu conquérir tous les espaces.

Le tournant du XIXe siècle

Un tronc d'arbre flottant sur l'eau et un homme qui rame avec ses mains est sans doute l'image du premier moyen de transport. De ce radeau à l'aéroglisseur, du parachute à la navette spatiale, du traîneau à la voiture solaire, les engins de transport ont constamment été améliorés. À partir de la fin du XIXe siècle, ils sont devenus très performants en raison des inventions techniques et des découvertes scientifiques.

bœuf attelé à un chariot à roues, 2000 avant J.-C. | **brouette chinoise,** 200 ap. J.-C. | **attelage** (char à plusieurs roues), 1500 | **carrosse,** 1600

tronc creusé, 7000 avant J.-C. | **barque égyptienne,** 4000 avant J.-C. | **caravelle portugaise,** 1500

La vitesse de déplacement a été multipliée par 500 en un siècle.

marche : 5 km/h | **bicyclette :** 30 km/h | **Great Britain :** 75 km/h | **voiture :** 130 km/h

LES AVIONS DE DEMAIN

Les futurs avions ne voleront pas plus vite qu'aujourd'hui, soit à 900 km/h. Mais les projets augmentent leur capacité (jusqu'à 1 000 passagers), leur autonomie (plus de 15 000 km sans escale) et leur confort.

L'**A380** est commercialisé par Airbus depuis octobre 2007. Il peut transporter jusqu'à 800 passagers, soit deux fois plus qu'un avion habituel. Certaines versions « luxe » de cet avion contiennent des salles de gymnastique, des casinos et un bar.

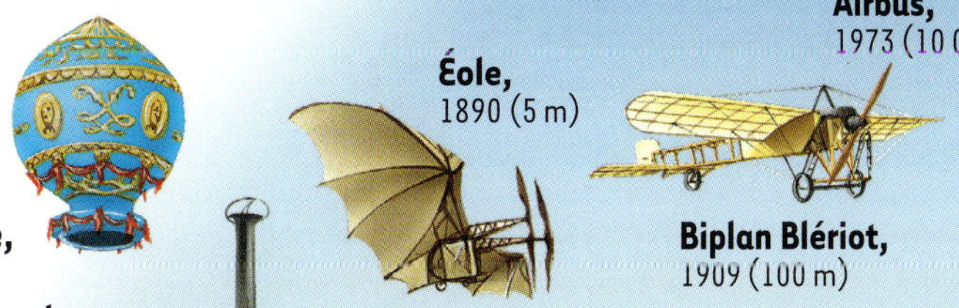

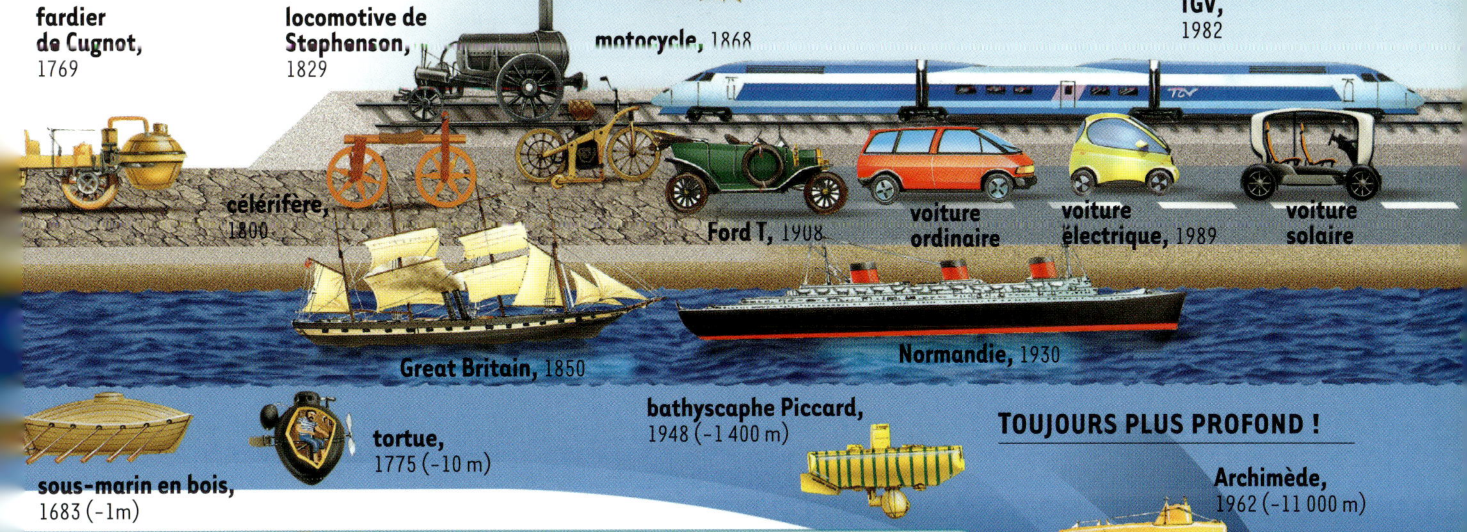

MERCI LA CHIMIE !

La chimie, c'est la science de la transformation de la matière. Les chimistes associent des produits, en inventent de nouveaux et les produisent en grande quantité. Sans eux pas d'essence, de plastique, de chewing-gum… Quelle cuisine !

LEXIQUE

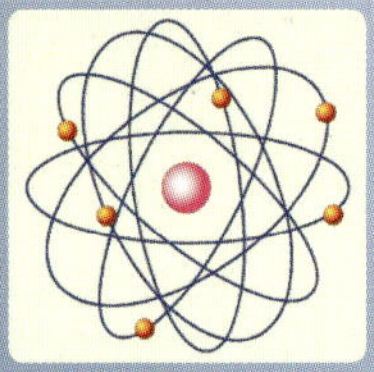

Atome : c'est la plus petite partie d'une matière. Une centaine d'atomes différents constituent toute la matière de l'univers.

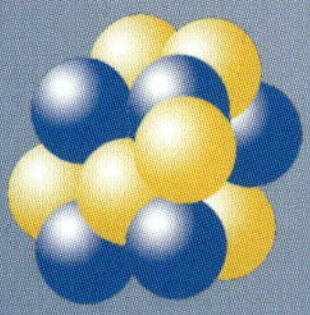

Molécule : composées de quelques atomes fortement liés entre eux, les molécules façonnent les caractéristiques des matières.

FABRIQUE DE LA GALALITHE

1. Fais chauffer 1/2 litre de lait dans une casserole puis verse deux cuillères à café de vinaigre. Remue.
2. Le mélange forme une pâte blanchâtre. Laisse refroidir puis filtre sur un mouchoir placé sur une tasse.
3. Rince et essore bien le plastique obtenu. Modèle une figurine et fais-la durcir dans un four tiède (100 °C).

NETTOYER AVEC DU SAVON…

La molécule du savon se décompose en deux parties : la tête s'accroche à la graisse et remonte à la surface. La queue permet à l'ensemble de se dissoudre dans l'eau.

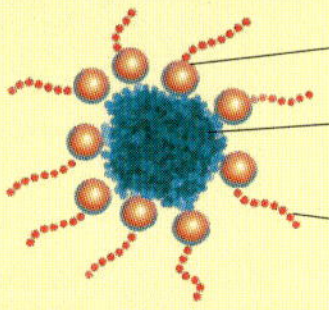

LA ROUILLE

Elle est produite par la réaction chimique de l'oxygène, contenu dans l'air, sur le fer. Le fer devient rougeâtre et poudreux.

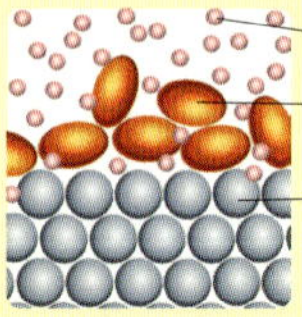

MONTER UNE MAYONNAISE…

… c'est créer une émulsion, mélange de gouttes d'huile et d'eau. Or huile et eau ne se mélangent pas. Mais certaines molécules du jaune d'œuf entourent les gouttes d'huile et la mayonnaise prend !

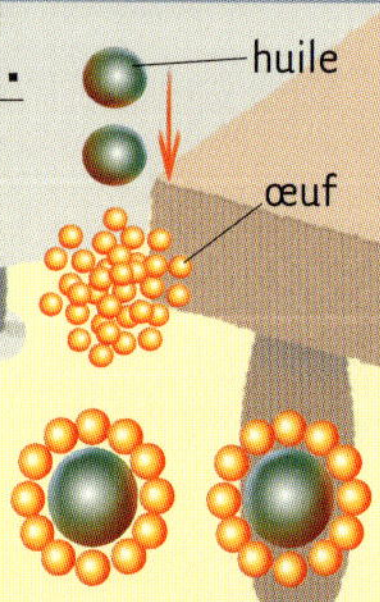

anecdote

Et que ça saute !

En 1867, le physicien suédois Alfred Nobel travaille à la stabilisation de la nitroglycérine. Ce produit explose dès qu'on l'agite. Lors de ses essais pour la mise au point de la dynamite, il fait exploser plusieurs fois son laboratoire. Détonant, non ?

Touche-à-tout

Le chimiste sait transformer ou recréer toutes les matières, qu'il s'agisse de vêtements, de nourriture, de matériaux… pour le confort et la santé de tous.

Théorie : dans son laboratoire, le chimiste invente de nouvelles molécules. Il cherchera ensuite à quoi elles peuvent bien servir.

Parfumerie : le chimiste recrée les parfums naturels. I n'a plus besoin d'alle cueillir des fleurs pou en extraire l'essence.

FAIRE GONFLER LA PÂTE...

Dans la pâte du gâteau, la levure chimique ou la levure de boulanger produit du gaz carbonique sous l'effet de la chaleur. Des bulles se forment. Elles font lever la pâte.

BATTRE DES BLANCS EN NEIGE...

... c'est emprisonner de petites bulles d'air dans le blanc. Liquide et transparent, le blanc d'œuf devient solide et blanc.

QUELLE EFFERVESCENCE !

Dans le cachet, le médicament aspirine est mélangé à un corps qui, plongé dans l'eau, se dissout en émettant des bulles de gaz carbonique.

Agroalimentaire : les additifs, les colorants et les conservateurs artificiels (E330, E471...) rendent la nourriture... meilleure ?

Police scientifique : donnez-lui de la terre, elle vous dira d'où elle vient ; un rouge à lèvre, elle en saura la marque...

Pharmacie : dans les plantes ou leurs éprouvettes, les chercheurs trouvent des molécules-médicaments. Il leur faut 10 ans environ.

Industrie : tous les jours, de nouveaux produits chimiques sortent des usines : plastiques, engrais, caoutchouc, peintures...

À la recherche de l'or

Brusquement, en 1382, l'écrivain public Nicolas Flamel devient très riche. Il achète 30 maisons, fait construire chapelles et hôpitaux. À Paris, on murmure qu'il a découvert le secret de la Pierre philosophale, cette préparation secrète capable de changer le plomb en or et de donner l'Élixir de longue vie. Pendant des années, seul au fond de son atelier, il a manié cornues et creusets, mélangé mercure et soufre, pour tenter d'aboutir à la richesse. Était-il un savant ou un charlatan ? Les deux, peut-être..

PÉTROLE ET DÉRIVÉS

Depuis le début du XXe siècle, le pétrole est une source d'énergie et une matière première pour la pétrochimie. Mais cet or noir existe en quantité limitée...

3 PROPRIÉTÉS DU PÉTROLE

- Le pétrole brut est visqueux, malodorant et de couleur brune.
- Il n'existe pas un seul pétrole mais différents pétroles dont la composition varie selon le pays d'origine.
- Le pétrole contient du carbone et de l'hydrogène : des hydrocarbures.

Petroleum ou huile de pierre

Le pétrole résulte de la lente dégradation d'animaux et de végétaux, il y a plus de 500 millions d'années. Cette pâte s'est infiltrée dans une roche-réservoir, une sorte d'éponge minérale. Le pétrole ne se présente donc pas comme un liquide dans des nappes souterraines, mais mélangé à des roches.

MARÉE NOIRE

Comme le pétrole ne se dissout pas dans l'eau de mer, l'agitation des marées divise les nappes en plaques qui se déposent sur les plages et les rochers. On recherche toujours des techniques pour lutter contre cette pollution.

Info

Comment repère-t-on les gisements de pétrole ?

Les vues aériennes ne suffisent pas. Il faut alors « écouter » le sol. Le plus souvent, on fait détoner un explosif et on mesure les échos. Ces mesures donnent des indications sur la nature du sol. Mais ce n'est qu'en forant qu'on est sûr de la présence de pétrole. On se trompe six fois sur sept !

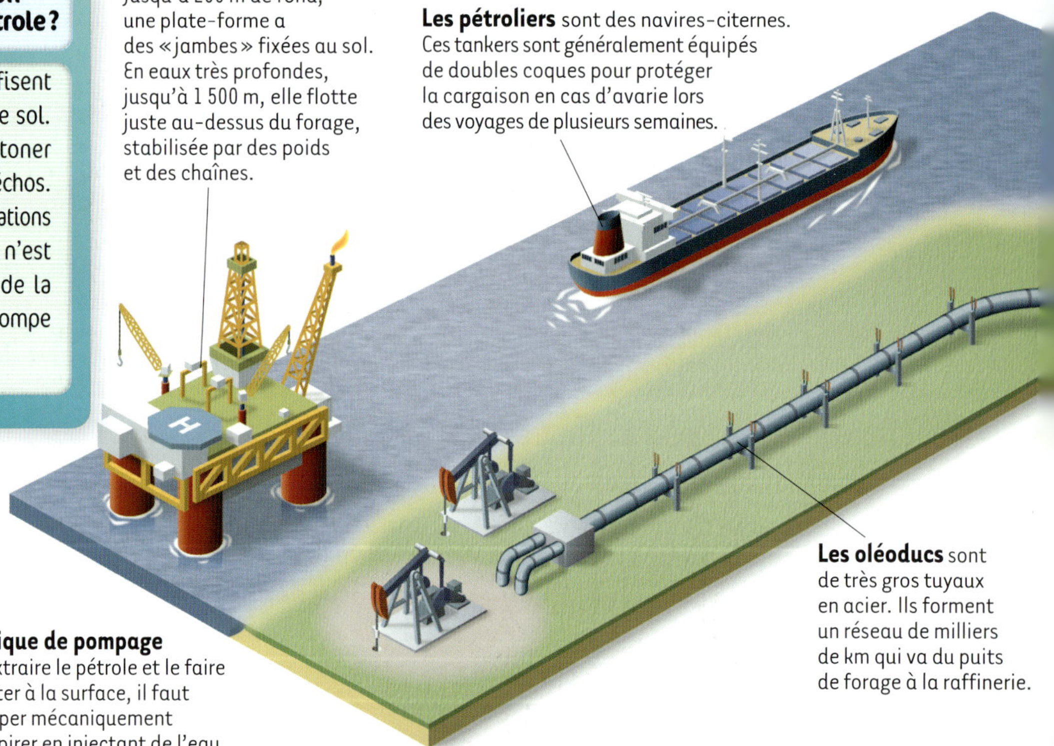

Technique de forage
Jusqu'à 200 m de fond, une plate-forme a des « jambes » fixées au sol. En eaux très profondes, jusqu'à 1 500 m, elle flotte juste au-dessus du forage, stabilisée par des poids et des chaînes.

Les pétroliers sont des navires-citernes. Ces tankers sont généralement équipés de doubles coques pour protéger la cargaison en cas d'avarie lors des voyages de plusieurs semaines.

Les oléoducs sont de très gros tuyaux en acier. Ils forment un réseau de milliers de km qui va du puits de forage à la raffinerie.

Technique de pompage
Pour extraire le pétrole et le faire remonter à la surface, il faut le pomper mécaniquement ou l'aspirer en injectant de l'eau.

Forer un puits de pétrole à plus de 10 km de profondeur exige de traverser les différentes couches de roches plus ou moins dures grâce aux énormes dents **du trépan.**

L'HISTOIRE DU PÉTROLE

À l'époque de Toutankhamon, les dieux égyptiens sont **embaumés** avec le bitume recueilli dans les gisements à fleur de terre.

Le bitume est également utilisé pour rendre **étanches** les embarcations. L'Arche de Noé est ainsi asphaltée.

chiffres

90 % du pétrole brut est transformé en combustible.

25 % du pétrole brut raffiné donne de l'essence pour les automobiles.

140 000 000 000 tonnes : pétrole déjà consommé.

150 000 000 000 tonnes : réserves prouvées.

230 000 000 000 tonnes : estimation des réserves à découvrir.

2100 date d'épuisement des ressources ?

QUE DEVIENT LE NAPHTA ?

Il est expédié dans une usine pétrochimique. À 850 °C, l'éthylène, le styrène et autres produits issus du naphta sont séparés. Ils subissent ensuite de nombreux traitements et deviennent des matières plastiques sous forme de granules. Puis ils sont transformés par soufflage, moulage ou extrusion dans une machine.

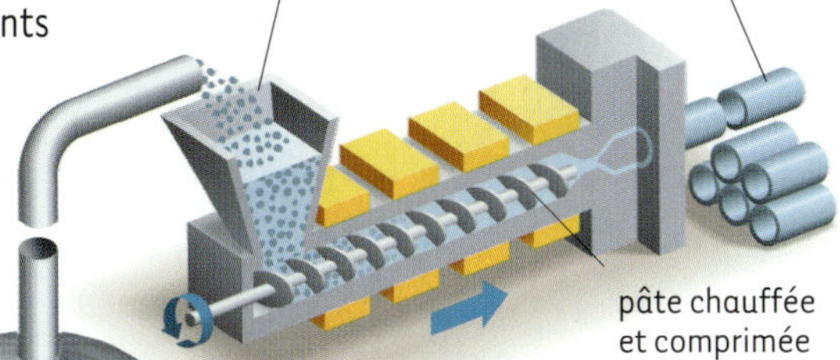

LA MACHINE À FABRIQUER DES TUBES EN PLASTIQUE

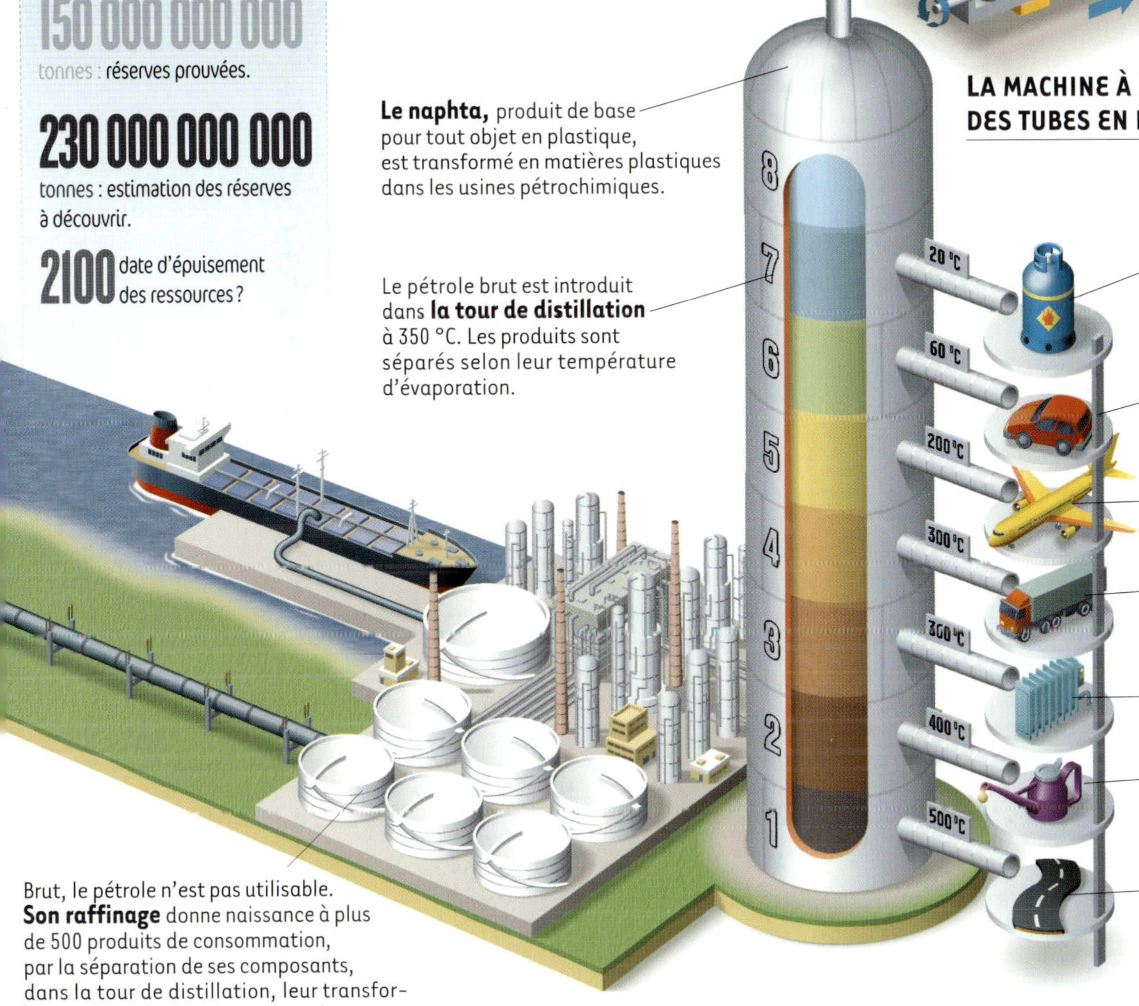

Le naphta, produit de base pour tout objet en plastique, est transformé en matières plastiques dans les usines pétrochimiques.

Le pétrole brut est introduit dans **la tour de distillation** à 350 °C. Les produits sont séparés selon leur température d'évaporation.

PRODUITS DÉRIVÉS

Le butane et le propane alimentent les appareils de chauffage et de cuisson.

L'essence est traitée pour être le carburant des voitures.

Le kérosène est indispensable pour tous les avions.

Les camions, les tracteurs et quelques trains roulent au **gazole.**

Le fioul est principalement utilisé pour le chauffage.

Les huiles servent à lubrifier les mécanismes et les machines.

Le bitume est l'élément essentiel des revêtements routiers.

Brut, le pétrole n'est pas utilisable. **Son raffinage** donne naissance à plus de 500 produits de consommation, par la séparation de ses composants, dans la tour de distillation, leur transformation, leur épuration ou leur mélange.

En 1859, l'Américain Drake effectue **le premier forage.** Bientôt, les derricks se multiplient, les chercheurs d'or... noir aussi !

Le pétrole est très utile pour **l'éclairage.** Au début du XXe siècle, lorsque le charbon devient plus rare, c'est une source d'énergie.

Les années 1960 sont celles de l'explosion **des matières plastiques.** Depuis, la pétrochimie en invente chaque année.

Depuis les années 2000, on recherche des **solutions alternatives** plus propres et moins coûteuses. Ce sont les années après-pétrole.

MATÉRIAUX D'HIER ET D'AUJOURD'HUI

Pourquoi réaliser un pot à lait en terre qui risque de se casser, ou en métal qui risque de brûler ? Mieux vaut créer le matériau adapté à son usage !

Du naturel à l'artificiel

Les hommes ont longtemps choisi parmi les matériaux disponibles dans la nature. Puis ils ont effectué des mélanges, des assemblages ou des traitements afin d'améliorer leurs performances. Avec les matières plastiques, la gamme des matériaux n'a jamais cessé d'augmenter.

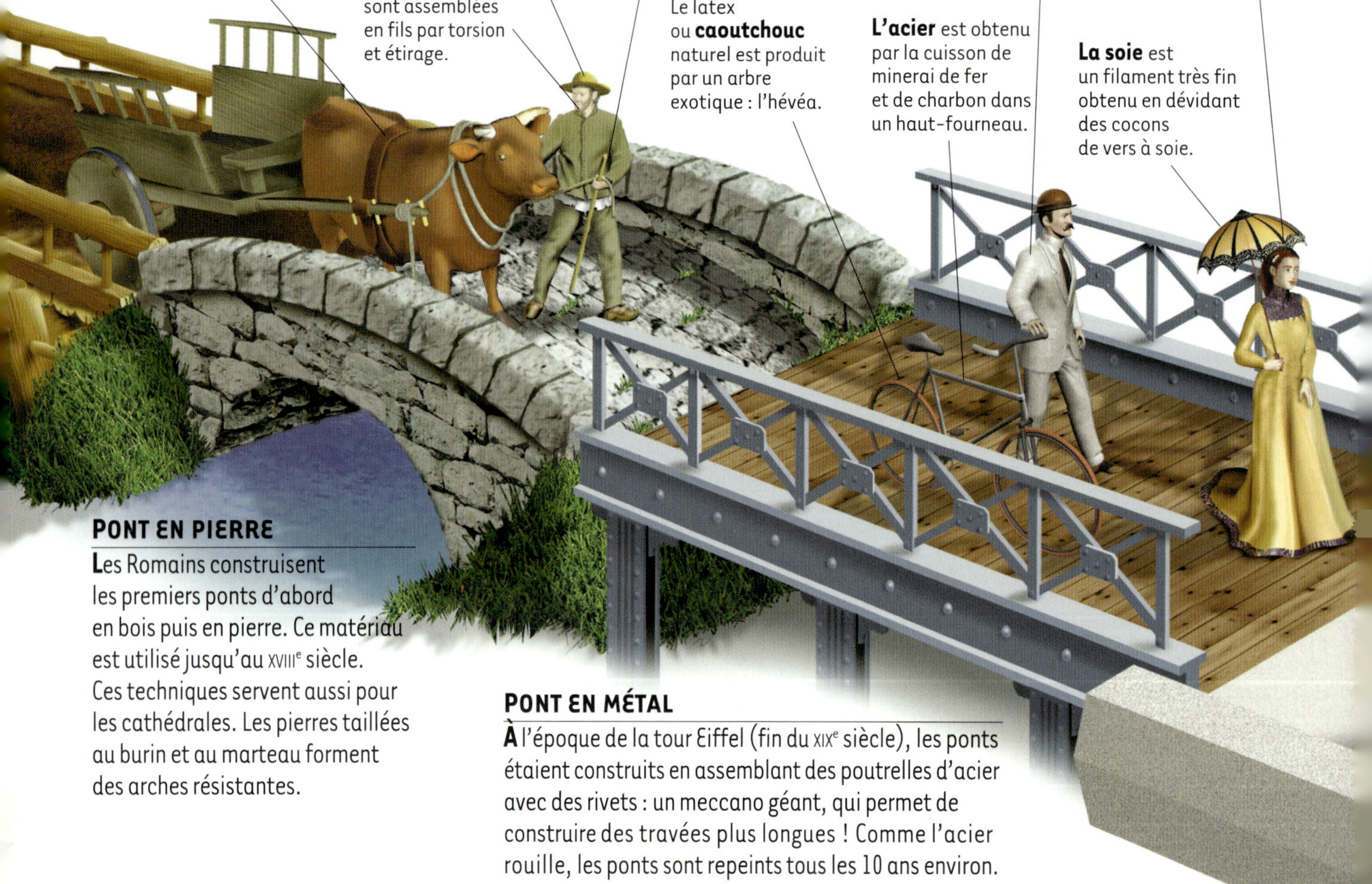

PONT EN PIERRE

Les Romains construisent les premiers ponts d'abord en bois puis en pierre. Ce matériau est utilisé jusqu'au XVIIIe siècle. Ces techniques servent aussi pour les cathédrales. Les pierres taillées au burin et au marteau forment des arches résistantes.

PONT EN MÉTAL

À l'époque de la tour Eiffel (fin du XIXe siècle), les ponts étaient construits en assemblant des poutrelles d'acier avec des rivets : un meccano géant, qui permet de construire des travées plus longues ! Comme l'acier rouille, les ponts sont repeints tous les 10 ans environ.

LEXIQUE

Alliage
C'est un mélange de métaux. Du cuivre et de l'étain font du bronze, du cuivre et du zinc donnent du laiton. Avec du nickel et du chrome, l'acier devient inoxydable.

Composite
C'est un matériau renforcé par un autre : fils ou fibres de carbone, de verre, de métal… Ainsi, sa résistance est améliorée.

Matériaux actifs
Du verre qui s'assombrit au contact du Soleil, de la peinture qui se recompose en cas de rayure, ou du béton autonettoyant et même dépolluant… ce sont des matériaux dits actifs

Céramiques
Les céramiques sont des poudres cuites à très haute température. Les lames de couteau ou les prothèses dentaires sont plus dures et plus légères qu'en acier.

Kevlar®, Goretex®, Nylon®, Plexiglas®…
sont des marques commerciales de matières plastiques.

Le papier redevient papier ou se transforme en carton.

Le recyclage des matériaux

Certains matériaux sont biodégradables : ils ne polluent pas et se détruisent naturellement. D'autres matériaux ont besoin d'être traités pour ne pas salir la planète. Ils sont valorisés après transformation en d'autres produits : les bouteilles d'eau minérales deviennent tuyaux, revêtement de route et même... pull-over.

POURQUOI TOUS LES MATÉRIAUX SONT-ILS DES POLY... ?

Les matières plastiques sont obtenues en assemblant de toutes petites molécules en très grandes chaînes. Les produits chimiques de base comme le styrène ou l'éthylène deviennent polystyrène, polyéthylène... *Poly* signifie plusieurs en grec.

AUTREFOIS - AUJOURD'HUI

Les nouveaux matériaux améliorent les performances des objets : légèreté, solidité, anticorrosion...

Les lunettes

Deux verres montés sur du fil d'acier : une réalisation délicate.

En titane et polycarbonate, les lunettes sont plus légères.

La poupée

Une perruque de cheveux naturels collée sur une tête en porcelaine.

Des fils de polyamide cousus sur une tête en polychlorure de vinyle : bien moins cher !

La raquette

Boyaux de chat. Tension limitée et risque de rupture sur des frappes fortes.

Cordes en polyamide plus résistantes pour des smashes à près de 200 km/h.

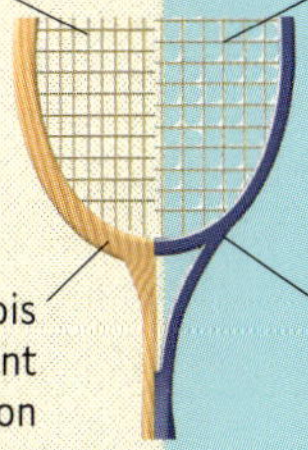

Lamelles de bois collées qui se déforment avec la tension du cordage.

En fibre de carbone, le cadre est plus léger, moins déformable et sans vibration.

Le Nylon® est un filament en polyamide qui imite la soie. Il est très résistant.

Le PVC (ou polychlorure de vynil) est imperméable. Il est facilement produit en feuilles.

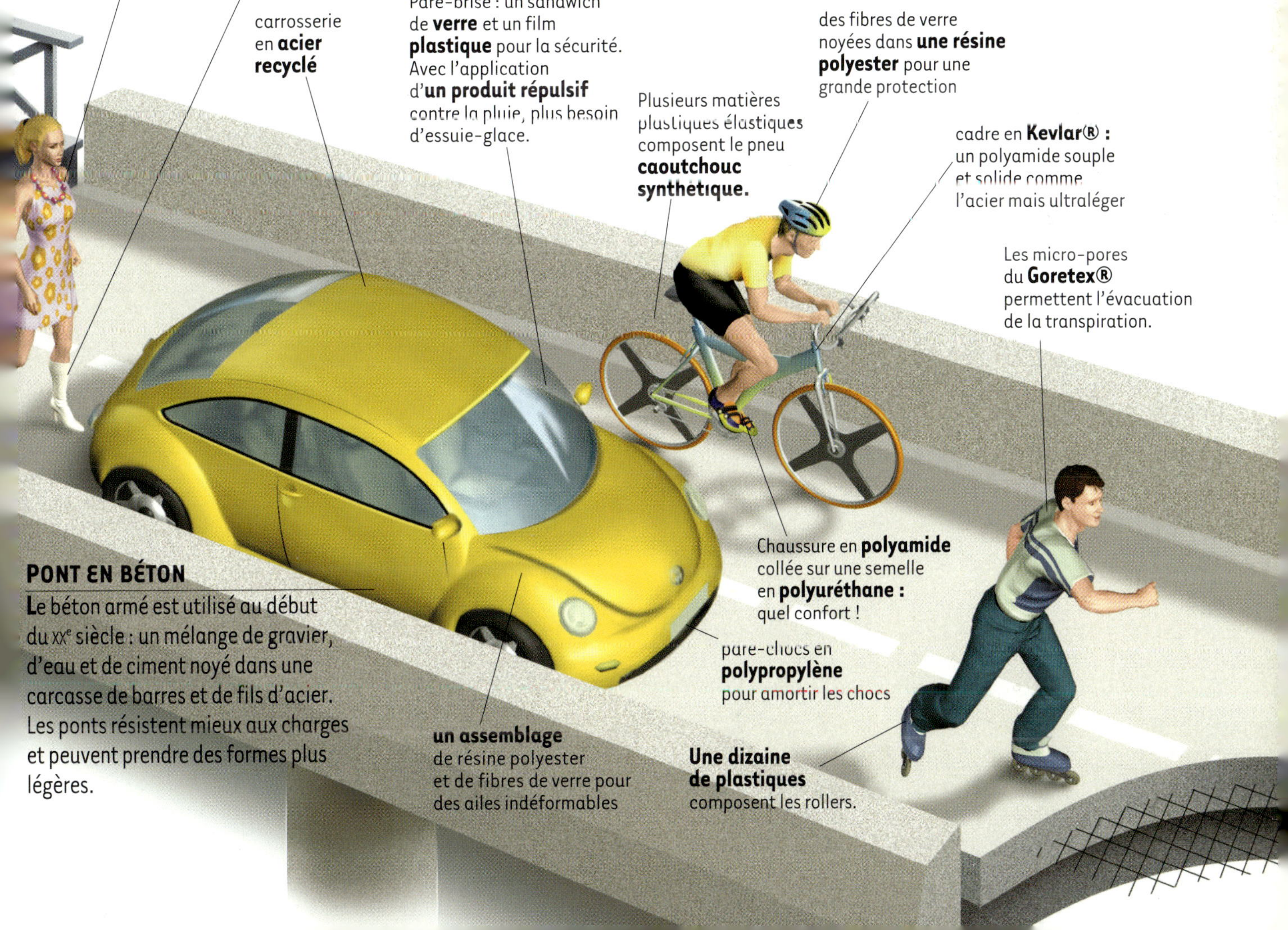

PONT EN BÉTON

Le béton armé est utilisé au début du XXe siècle : un mélange de gravier, d'eau et de ciment noyé dans une carcasse de barres et de fils d'acier. Les ponts résistent mieux aux charges et peuvent prendre des formes plus légères.

LES INVENTIONS

Des idées, un peu de hasard et de génie, beaucoup de patience et de travail sont à l'origine de toutes les inventions.

TOUT S'INVENTE !

Certaines inventions sont grandes, d'autres petites… mais si toutes les nouveautés n'existaient pas, il faudrait les inventer !

1778 : la chasse d'eau actionnée par une poignée.

1809 : les conserves Nicolas Appert révolutionne la conservation des aliments.

1863 : le croissant Inventé à Vienne, en souvenir d'une victoire contre les Turcs.

1867 : la dynamite Inventeur : Alfred Nobel. Sa fortune finance le prix Nobel.

1875 : le sucre en morceaux Avant 1875, il fallait casser le sucre vendu sous forme de pains.

1876 : le ketchup Une couleur, une saveur, une bouteille !

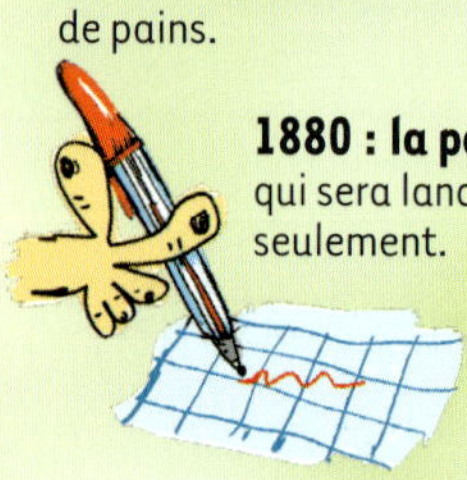

1880 : la pointe bic qui sera lancée en 1949 seulement.

1921 : la gomme pour l'encre et le crayon.

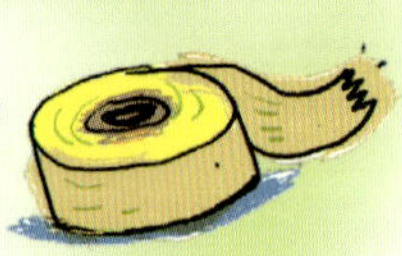

1925 : le scotch inventé pour faciliter la peinture des carrosseries.

1934 : le caddie Son invention précède celle du supermarché.

1936 : le Monopoly L'idée de génie d'un chômeur qui rêvait de devenir riche.

1948 : le hamburger et le fast-food Une nouvelle façon de manger internationale.

1986 : l'appareil photo jetable L'appareil photo devient un prêt-à-photographier.

2001 : l'iPod La musique se télécharge et s'écoute partout.

Rêve ou réalité ?

Parfois grâce à une illumination, une observation, l'imagination transforme un rêve en une invention de génie. Mais toute idée ne devient pas forcément une invention technique, brevetée et reconnue. Souvent l'idée est plus simple que la réalisation.

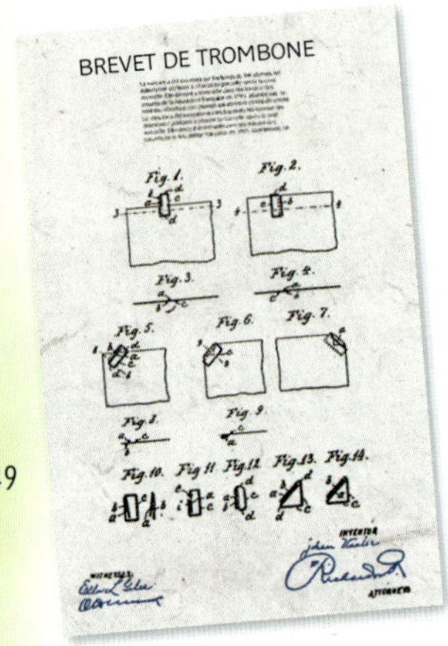

BREVETS

Avant l'invention du trombone, on assemblait les feuilles avec des épingles. Les brevets successifs attestent ses petits progrès mais surtout les améliorations des machines pour les fabriquer. Chaque brevet protège l'inventeur. Il garantit légalement la paternité de cette nouvelle idée et interdit la copie et la contrefaçon.

1899 : Johan Vaaler brevète le premier **trombone** pour assembler des feuilles sans faire de trou.

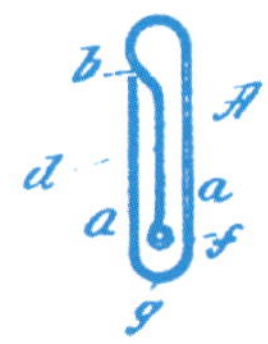

1900 : Cornelius Brosman ajoute une petite boucle qui protège le papier.

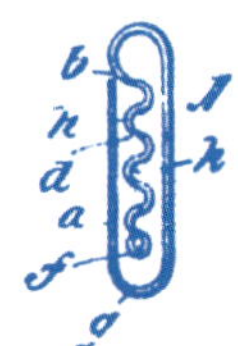

La même année, il propose une forme plus gracieuse.

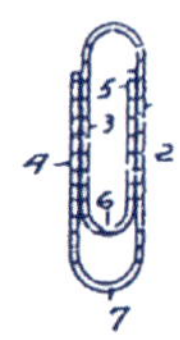

1922 : Clarence Collette réalise le trombone avec deux boucles.

QUAND L'INVENTION FAIT PEUR

Les inventions font souvent peur car elles plongent dans l'inconnu. Avec les premières locomotives, on craignait qu'une vitesse supérieure à 40 km/h ne détruise les cellules du corps. Vers 1900, on pouvait lire dans les chambres d'hôtel sur une pancarte :

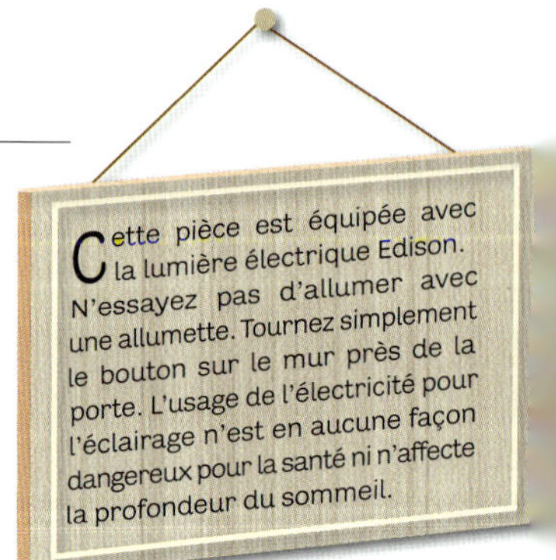

Info

Une illumination : le Post it®

Tous les dimanches, Art Fry chante dans la chorale d'une cathédrale américaine et s'agace des bouts de papier qui marquent ses pages, mais tombent. En 1974, il pense soudainement à cette colle très peu adhésive découverte par un de ses collègues mais sans intérêt… sauf pour réaliser ces marque-pages dont personne ne pourrait se passer aujourd'hui !

LE DENTIFRICE

Avant 1841, date de l'invention de la pâte dentifrice en tube, on utilisait de la poudre vendue en boîte. En 1958, on invente les rayures : la pâte blanche sort par le trou central et la pâte rouge sur les côtés ! Facile à fabriquer : on dose la pâte colorée, on remplit avec la pâte blanche et on ferme le tube, mais pas par le bouchon !

COMMENT FAIT-ON LES RAYURES ?

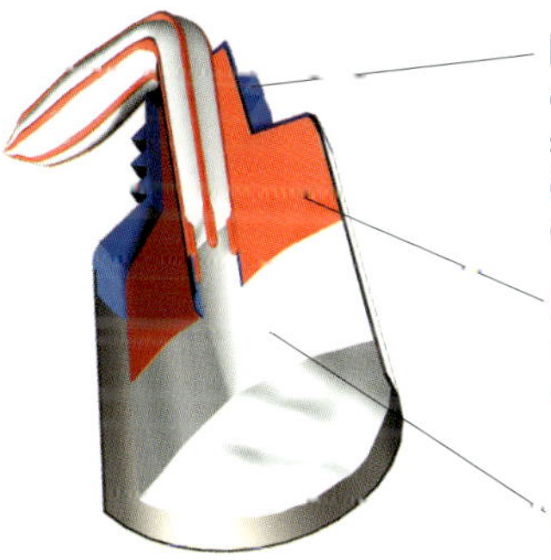

QUAND DES PROCÉDÉS DE FABRICATION FONT DÉFAUT

Inventer une nouveauté, c'est aussi inventer les procédés de sa fabrication industrielle. Réaliser le polyéthylène dans une éprouvette n'a demandé que cinq ans. Mais il a fallu près de quinze ans pour trouver les moyens techniques de son industrialisation. Les machines explosaient !

L'INVENTION DU VELCRO

Un jour de 1948, en Suisse, avant de partir pour un dîner, Mme de Mestral est désespérée car la fermeture à glissière de sa plus belle robe est coincée ! Georges, son mari, tente de la réparer… Impossible !

Quelques mois plus tard, de retour d'une promenade, Georges, occupé à enlever de petites graines accrochées à ses chaussettes et aux poils de son chien, repense à l'incident de la robe. Ces graines : voilà une solution géniale !

Il observe au microscope ces graines de bardane : recouvertes d'une multitude de crochets, elles s'agrippent aux boucles des vêtements. Georges imagine alors une fermeture composée d'une bande de crochets et d'une bande de boucles.

En 1957 seulement, il réussit à produire industriellement cette fermeture révolutionnaire, après de nombreux essais pour trouver le meilleur matériau, le nombre idéal de crochets…

Cette fermeture facile devient immédiatement indispensable pour les vêtements, les chaussures de sport… Tout le monde retient ce nom magique, velcro, formé des mots velours et crochets.

LES TECHNIQUES DU FUTUR

De tout temps, les futurologues ont imaginé le monde de demain : serait-il merveilleux ou sinistre ? En tout cas, vraiment extraordinaire...

Ça a marché
Grâce aux innovations techniques, certains rêves du futur sont déjà une réalité.

Ça n'a pas marché
D'autres idées demeurent des projets ; certaines n'ont plus beaucoup d'avenir.

L'utilisation de ces inventions est encore incertaine.

Prévisions imprévisibles

Ces idées de l'avenir s'inspirent des connaissances disponibles et des techniques émergentes. Mais prévoir leur réussite est particulièrement délicat, car même si on parvient à réaliser ces nouveautés, encore faut-il qu'elles soient acceptées !

Machine à remonter le temps
Réaliser une machine à remonter le temps pour revivre le passé et changer le fil de l'histoire : un rêve pour longtemps inaccessible.

Clones
Bien que la technique de production des clones soit presque au point, les hommes refusent de l'utiliser pour eux-mêmes.

UNE JOURNÉE DE LUNIX EN 2050

Les repères du temps ont changé... les heures et les minutes n'étaient pas assez précises. On ne dit plus 8 h 22 mais « temps 24945 » : désormais chaque seconde compte !

LA VIE EN L'AN 2010

S'HABILLER

Grâce aux nouveaux textiles, les chemises sont infroissables, les maillots de bain toujours secs ou bronzants... Avec les substances chimiques intégrées, les foulards sont parfumés et les slips antibactériens...

APPRENDRE

Les environnements numériques de travail se généralisent. À la maison ou en classe, l'accès aux ressources documentaires, aux logiciels interactifs et aux cours en ligne permet d'apprendre d'une façon interactive. Le cartable numérique et l'école virtuelle facilitent l'aide personnalisée d'un élève par un professeur.

LA ROBOTIQUE

On choisit déjà ses vêtements en les essayant à l'écran. À l'époque des images de synthèse, des robots sculptent les prothèses dentaires à partir de l'empreinte numérique de la dent à remplacer.

L'apprentissage sans effort

Utiliser des machines pour apprendre sans effort reste impossible car l'intelligence, même artificielle, exige plus qu'un simple gavage d'informations !

La conquête de la Lune

Jules Verne avait anticipé le voyage de la Terre à la Lune dès la fin du XIXe siècle. Mars est déjà explorée.

L'homme réparé, l'homme artificiel

Culture de peau, greffes de cœur artificiel ou de puces électroniques : des techniques accumulées depuis les Grecs… pour une nouvelle vie.

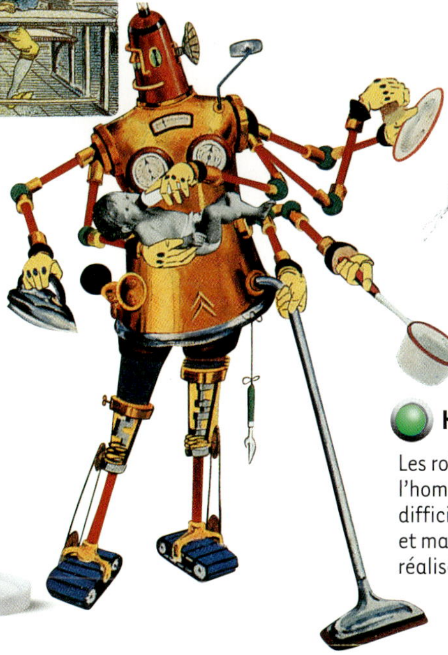

Hommes-robots

Les robots pour remplacer l'homme dans les tâches difficiles, fatigantes et machinales : un rêve réalisé dès 1980.

La nourriture en gélules

Depuis 1970, on sait faire des aliments à base de gélules, d'odeurs en bombes et de poudres en sachets. Mais la gourmandise… résiste !

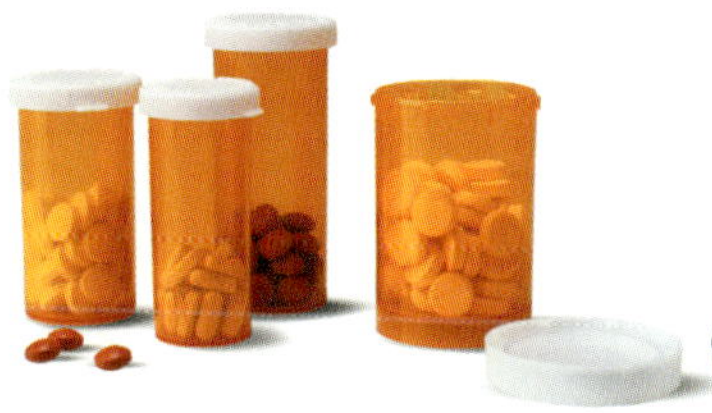

L'ALIMENTATION-SANTÉ

Les aliments qui soignent, appelés « alicaments », sont lancés : boissons antirides, bonbons enrichis de calcium, yaourts préventifs de l'infarctus… Les emballages sont plus pratiques : le café chauffe dès qu'on décapsule la tasse !

L'HABITAT

L'espérance de vie progresse d'un an tous les quatre ans. L'augmentation de la population mondiale impose un nouvel habitat actuellement imaginé avec des tours géantes ou des cités conquises sur la mer et les océans.

LES JEUX

Grâce aux lunettes écrans, on peut jouer de la musique, mais aussi pratiquer des sports avec des adversaires virtuels. Les jeux collectifs sont surtout en ligne sur le réseau internet.

histoire

Les objets retrouvés dans l'épave (cruches, coupes, artillerie, tonnelets de poudre...) sont remontés dans un panier ou à l'aide de ballons gonflés d'air, puis envoyés au laboratoire. Il a fallu 4 500 plongées pour étudier et reconstituer la *Lomellina*.

LES FOUILLES SOUS L'EAU

En 1979, les restes d'un navire sont repérés en Méditerranée. Une équipe de plongeurs-archéologues commence la fouille, qui va durer 5 ans. Ils dégagent le sable et la vase avec un aspirateur géant, puis mesurent chaque élément de la coque qui est quadrillée avec des tiges de fer. Les objets en bois sont trempés dans un bain de cire qui les empêche de se transformer en poussière.

La Lomellina fit naufrage le 15 septembre 1516 avec 300 hommes à bord, au large des côtes françaises. C'était un bateau gênois appartenant à de riches commerçants.

MÉTIER : ARCHÉOLOGUE

Les archéologues sont des explorateurs tout-terrain. Ils doivent avoir du flair, de la méthode et surtout, beaucoup d'obstination. Leur but ? Percer les grands secrets de l'histoire...

Les momies sont enterrées avec leurs objets quotidiens pour relier le monde des morts et celui des vivants.

LES FOUILLES SOUS TERRE

Sonia Guillèn étudie les momies du peuple chiribaya qui a vécu au Pérou vers l'an 1000. La terre aride a préservé dans un état exceptionnel d'innombrables momies. Pour les trouver, l'archéologue repère les creux à la surface du sol : ils indiquent la présence d'une tombe. Dessins, photos et relevés de mesures sont effectués. La taille du bassin et les objets trouvés dans la tombe permettent d'affirmer s'il s'agit d'un homme ou d'une femme. En analysant la forme et le tartre des dents, on détermine l'âge et le régime alimentaire (maïs et patates douces).

LES FOUILLES DE GROTTES

Jean-Marie Chauvet découvre par hasard en 1994 une grotte préhistorique à la Combe d'Arc en Ardèche. Les peintures qui ornent ses parois remontent à plus de 20 000 ans ! Il a pris d'infinies précautions pour ne rien abîmer et ne détruire aucune empreinte. Des experts effectuent des relevés, font des moulages de toutes les empreintes laissées sur le sol, emballent les silex, prélèvent des traces de peintures pour analyser leur composition et multiplient les photographies.

La calcite est un dépôt calcaire qui se forme sur les parois des grottes. Avec le temps, elle fait disparaître les peintures ou les gravures préhistoriques. Les archéologues l'enlèvent avec une fraise de dentiste.

question d'enfant

Comment dater les objets ?

Il existe deux solutions : **1.** tout organisme vivant contient du carbone 14. Sa quantité diminue de moitié tous les 5 568 ans. On mesure donc le temps écoulé en fonction de la quantité de carbone 14 qu'un objet contient. **2.** La thermoluminescence permet de mesurer le rayonnement lumineux de pierres contenant du quartz (silex, pierres de foyer). Son intensité dépend du temps écoulé.

La Préhistoire

La Préhistoire couvre l'immense période qui s'étend des origines de l'homme (environ - 3 millions d'années) à l'invention de l'écriture (3700 av. J.-C.). Pour la reconstituer, les archéologues travaillent comme de vrais détectives à partir des maigres indices qui ont résisté à l'usure du temps, enfouis dans les couches profondes du sol.

la dame de Brassempouy
Landes
On a retrouvé de nombreuses **statuettes féminines** sculptées dans l'ivoire, l'os ou la pierre.

des flûtes et une rhombe
Dordogne
L'homme de Cro-Magnon invente les premiers instruments de musique.

Des traces de pas figées dans la roche volcanique permettent de déterminer le poids et le mode de locomotion utilisé.

les pas de Laetoli
Tanzanie

PAS À PAS

Il y a 1 million d'années, les hommes sont passés d'Afrique en Europe. Puis ils ont progressivement peuplé toute la Terre. On a retrouvé leurs traces un peu partout (●).

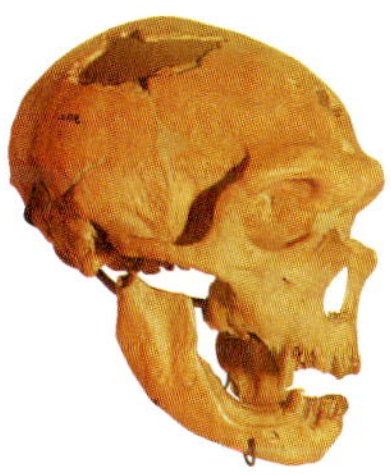

On peut connaître la taille du **cerveau** en étudiant les mâchoires. Les mâchoires et les dents nous renseignent aussi sur le mode alimentaire de nos premiers ancêtres.

crâne de l'homme de Néandertal
vallée du Neander (Allemagne)

squelette de Lucy
Éthiopie

Le squelette permet de déterminer la taille, le poids et la façon dont marchaient les premiers hommes.

les pointes de harpon
Pyrénées orientales
En taillant l'os, les premiers hommes fabriquent des armes des sagaies, des aiguilles à coudre...

LA GRANDE AVENTURE DE L'HOMME

D'où vient l'homme ? Qui sont ses plus lointains ancêtres ? Pour étudier ses origines, il faut remonter à l'époque où apparaissent des mammifères appelés primates. Ceux-ci vivent dans les forêts et grimpent aux arbres.

Nos origines : un vrai casse-tête

L'homme ne descend pas en droite ligne d'une espèce. Au fil du temps, les espèces disparaissent ou évoluent en transmettant des caractéristiques (position verticale de la colonne vertébrale...). De plus, ce que l'on avance peut être remis en cause par une découverte, comme celle de l'hominidé retrouvé en 2000 au Kenya. Vieux de 6 millions d'années, il serait plus évolué que les australopithèques, considérés jusqu'à maintenant comme les aïeux de l'humanité.

GRANDE FORÊT OU SAVANE ?

Vers - 8 millions d'années, l'Afrique se casse en deux, parcourue du nord au sud par une faille de 6 000 km de long. De l'Éthiopie au Malawi, les vallées du Rift et leurs contreforts forment une barrière géographique et climatique. À l'ouest, la grande forêt persiste. Mais à l'est, elle s'assèche et se transforme en savane, aux espaces plus ouverts.

⑤ HOMO ERECTUS

Descendant d'Homo habilis, il apparaît en Afrique vers - 2 millions d'années. De là, il part vers d'autres continents, l'Asie et l'Europe, à la recherche de proies devenues rares à la suite de l'assèchement du climat en Afrique.

⑦ HOMO SAPIENS SAPIENS

Il semble descendre de l'Homo erectus africain. Dès - 50 000 ans, il s'installe en Australie puis colonise l'Amérique. En Europe, il est connu sous le nom d'homme de Cro-Magnon. Il supplante l'homme de Néandertal, vers - 35 000 ans.
C'est notre ancêtre direct.

⑥ L'HOMME DE NÉANDERTAL

À partir de - 500 000 ans, des populations d'Homo erectus isolées en Europe évoluent vers un type humain particulier, Homo sapiens ou homme de Néandertal. Sa robustesse lui permet de survivre dans des climats froids. On le retrouve au Moyen-Orient. Mais il s'éteint sans descendance.

① LES PRIMATES

Parmi les primates, des mammifères apparus vers - 65 millions d'années, les hominoïdes, se caractérisent par une vie sociale organisée et une grande agilité. Ce sont les grands singes.

② LES SINGES ET LES HOMINIDÉS

Vers - 8 millions d'années, suite à l'effondrement de la croûte terrestre en Afrique, les grands singes se séparent en deux groupes : les singes (chimpanzés et gorilles) à l'ouest, dans la forêt, et les lointains ancêtres des hommes (les hominidés) à l'est, dans la savane.

③ LES AUSTRALOPITHÈQUES

À l'est de l'Afrique, entre - 4 et - 3 millions d'années, les grands singes s'adaptent en se tenant debout sur leurs pattes arrière.

④ HOMO HABILIS

La première espèce rattachée au genre auquel nous appartenons, le genre Homo, apparaît entre - 3 et - 2,5 millions d'années. Il s'agit d'Homo habilis, l'homme habile, considéré comme l'inventeur de l'outil car des éclats de pierre taillés ont été retrouvés près de ses ossements. L'Homo rudolfensis, l'Homme du lac Rodolphe, appartenant au même genre, le côtoie.

question d'enfant

Avons-nous un lien avec les singes ?

98 % de nos gènes sont identiques à ceux des chimpanzés et des gorilles. Quand cette parenté est découverte, au XIXe siècle, elle est très mal acceptée. Car elle ne correspond pas aux enseignements de la Bible qui situe l'origine de l'homme en 4004 av. J.-C.

LES PREMIERS HOMMES

Capables de marcher le corps redressé sur leurs deux jambes et de fabriquer des outils, les plus anciens ancêtres de l'homme parcourent les savanes d'Afrique avant de s'aventurer plus loin.

Dans la savane, **les australopithèques** sont bipèdes. Mais si une bête sauvage attaque, ils se réfugient dans les arbres.

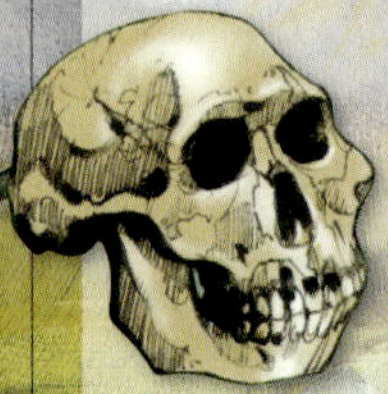

HOMO HABILIS

Famille : hommes
Âge : entre 3 et 2,5 millions d'années
Taille : 1,20 à 1, 50 m
Poids : 30 à 40 kg
Volume du cerveau : 600 à 700 cm^3

Traces : Kenya, Éthiopie, Tanzanie.
Menu : feuilles, fruits, racines et viande : antilope, crocodile, éléphant (trouvés morts).
Mode de vie : en groupes de façon assez organisée.
Signes particuliers : incisives et canines développées.

Les premiers hommes entrent en scène avec l'apparition des Homo habilis et des Homo rudolfensis.

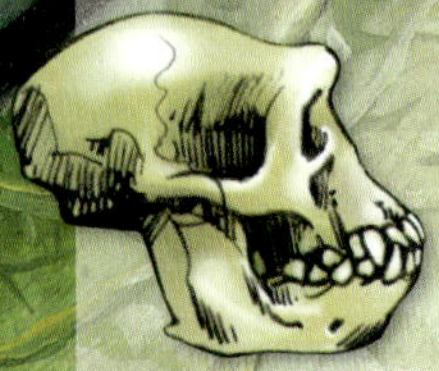

AUSTRALOPITHÈQUES

Famille : australopithèques
Âge : 3 millions d'années
Taille : 1 m à 1,50 m
Poids : 25 à 50 kg
Volume du cerveau : 340 cm^3

Traces : Éthiopie, Tchad.
Menu : feuilles, fruits, tubercules, vers, insectes.
Mode de vie : en groupes.
Signes particuliers : mâchoire étroite vers l'avant, nez écrasé, bourrelet osseux au-dessus des yeux.

Ce ne sont plus tout à fait des singes mais pas encore des hommes. Ils forment une grande famille qui évolue lentement.

ALLUMER LE FEU

L'homme connaît le feu avant de savoir l'allumer. Vers - 500 000 ans, Homo erectus en produit en frottant très rapidement deux morceaux de bois. L'homme peut désormais éloigner les animaux dangereux, durcir des pointes de lances en bois, cuire ses aliments, se chauffer et s'éclairer.

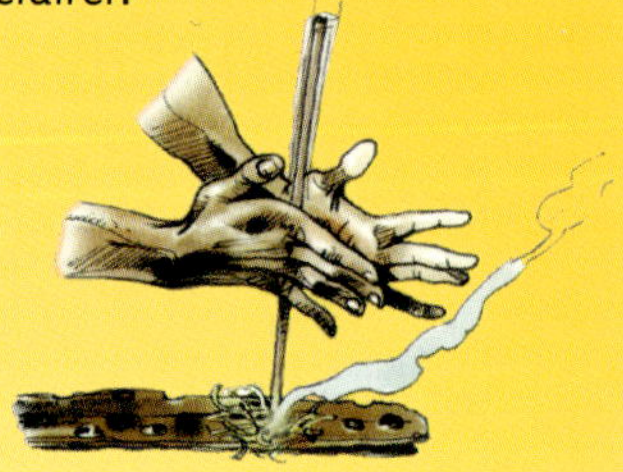

Cette technique provoque un échauffement suffisant pour enflammer une touffe d'herbes sèches.

HOMO RUDOLFENSIS

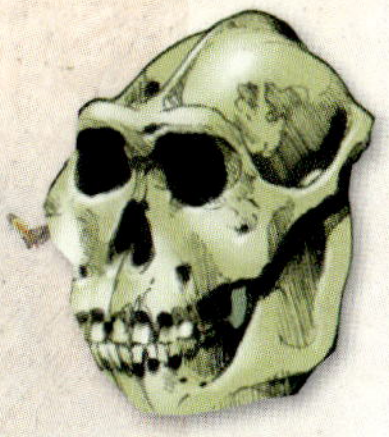

Famille : hommes
Âge : entre 2,5 et 2 millions d'années
Taille : 1,20 à 1,50 m
Poids : 30 à 40 kg
Volume du cerveau : 600 à 700 cm^3

Traces : près du lac Rodolphe, au Kenya.
Menu : très végétarien.
Mode de vie : en groupes assez organisés.
Signes particuliers : mâchoires énormes.

Les hommes sont plus grands et leur cerveau est plus volumineux. Ils maîtrisent bien la marche sur leurs deux jambes.

DU GALET AU BIFACE

Homo habilis se contente d'éclats ou de galets aux arêtes tranchantes qu'il utilise pour fendre des os ou couper les racines et les fruits. Avec les éclats de pierre, il découpe les carcasses d'animaux trouvés morts. Homo erectus est le premier à fabriquer des bifaces, silex taillés de chaque côté. Avec leurs tranchants, il peut couper, percer, creuser, racler.

En frappant d'un coup sec le bord d'un galet, on obtient un éclat.

Grâce à ses côtés tranchants, le biface est aussi coupant que du verre.

Homo habilis construit des huttes de branchages pour être au chaud la nuit, à l'abri des bêtes sauvages.

Bonne chasse ! **Ces Homo erectus** ont réussi à tuer un buffle. Après l'avoir dépecé avec un biface, ils le feront cuire au camp.

HOMO ERECTUS

Famille : hommes
Âge : 2 millions d'années
Taille : 1,70 m
Poids : 70 kg
Volume du cerveau : 1 000 cm^3

Traces : Afrique (de l'Est, du Sud, du Nord), Europe (Géorgie, Italie, Espagne, Allemagne, Grande-Bretagne, France), Asie (Chine et Indonésie).
Menu : fruits, racines, poisson, viande crue ou cuite.
Mode de vie : en groupes. Apparition du langage et maîtrise du feu.
Signes particuliers : bourrelet osseux continu au-dessus des yeux, front fuyant.

Il s'aventure vers l'Asie et l'Europe au climat froid grâce à la maîtrise du feu. Grand chasseur, il traque le gibier à l'aide de pièges et d'armes.

L'HOMME DE NÉANDERTAL

L'homme de Néandertal est isolé en Europe où sévit un froid intense. Il côtoie cependant l'homme de Cro-Magnon pendant des centaines d'années avant de disparaître mystérieusement vers - 35 000 ans.

Ancêtre ou cousin ?

L'homme de Néandertal serait-il notre ancêtre, à nous Européens ? On sait que l'homme de Néandertal a voyagé. Ses traces ont été retrouvées jusqu'en Asie centrale. En Israël, il cohabite pendant 30 000 à 40 000 ans avec les ancêtres de Cro-Magnon. Y a-t-il eu métissage entre les deux groupes ? Nul ne le sait.

Info

Néandertal enterre ses morts

Les Néandertaliens sont les premiers hommes à enterrer leurs morts comme l'attestent les nombreuses sépultures retrouvées. Il s'agit de fosses où des restes humains sont entourés ou recouverts d'objets : bois de daim, pierres plates ou pollens révélant la présence de fleurs. Est-ce là l'expression d'une croyance en l'au-delà ?

Avec ses tonnes de viande, **le mammouth** offre de quoi nourrir la tribu pendant toute la saison ! Ses défenses servent de charpentes aux cabanes et sa fourrure, de couvertures bien douillettes. Tout est bon dans le mammouth !

Perché sur des échafaudages, l'homme de Cro-Magnon peint sur les parois des grottes, à la lueur de lampes à graisse, des animaux, des mains, d'étranges silhouettes... Cet art devait avoir une signification magique et religieuse. On pense que ces grottes étaient **des lieux de culte.**

HOMO SAPIENS SAPIENS

On l'appelle aussi Cro-Magnon. Il nous ressemble beaucoup car il est notre ancêtre direct. À partir de - 30 000 ans, il supplante tous les autres hommes et s'installe sur tous les continents.

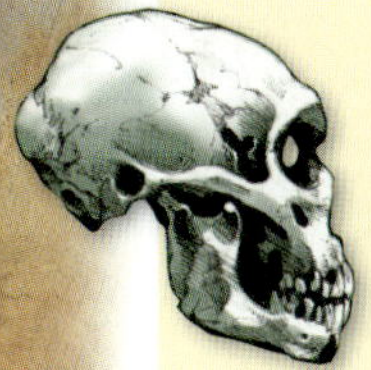

HOMME DE NÉANDERTAL

Famille : hommes
Âge : de 200 000 à 35 000 ans
Taille : 1, 60 m
Poids : 70 kg
Volume du cerveau : 1 400 cm^3

Traces : Europe, Moyen-Orient et Asie centrale.

Menu : poissons, fruits et gros gibier des pays froids : mammouth, bison, rhinocéros laineux, renne...
Mode de vie : vit dans des abris rocheux ou des cabanes recouvertes de peaux de bêtes et d'ossements de mammouth.
Signes particuliers : front bas, nez saillant, bourrelet osseux proéminent au-dessus des yeux, corpulence massive.

Plus doué que ses prédécesseurs, il taille des pierres avec précision. Il travaille les éclats pour obtenir pointes et grattoirs.

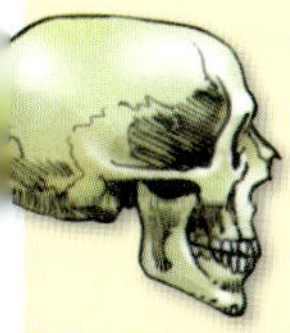

HOMO SAPIENS SAPIENS

Famille : hommes
Âge : né il y a 100 000 ans
Taille : 1,70 m
Poids : 70 kg
Volume du cerveau : 1 500 cm^3

Traces : dans le monde entier.
Menu : poissons, fruits, racines, champignons, gros gibier et petit gibier (canard, oie, perdrix des neiges).
Mode de vie : groupes organisés dont les individus sont spécialisés dans des tâches : chasse, cueillette, pêche, taille des outils.
Signes particuliers : pommettes saillantes, menton pointu, jambes plus longues que les bras, silhouette élancée.

Il est la seule espèce d'homme qui subsiste, capable de vivre partout sur la Terre. Son évolution est-elle terminée ?

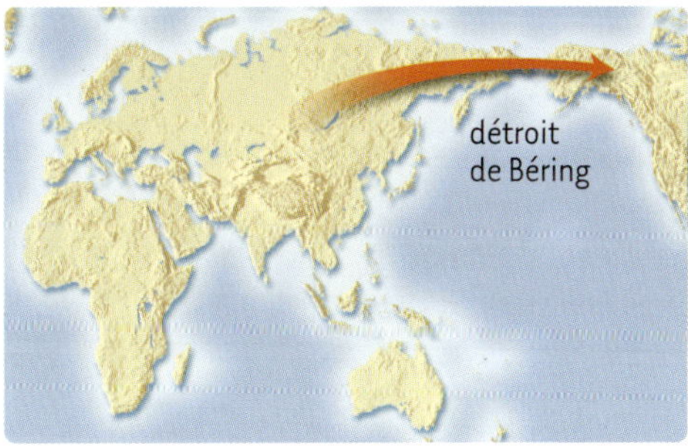

La découverte de l'Amérique
L'abaissement du niveau des mers permet aux Homo sapiens sapiens de franchir à pied sec le détroit de Béring, qui sépare l'Asie de l'Amérique. Ils s'installent rapidement sur ces nouvelles terres.

CRO-MAGNON L'ARTISTE

L'homme de Cro-Magnon tire profit de tout ce que la nature lui offre. Il joue de la musique, se pare de colliers et de bracelets et réalise ses premiers chefs-d'œuvre. Il n'utilise plus seulement la pierre comme ses prédécesseurs mais aussi le bois, l'os ou l'ivoire.

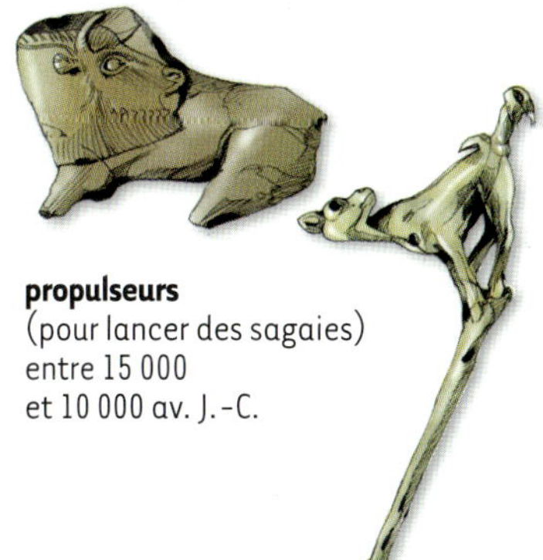

propulseurs (pour lancer des sagaies) entre 15 000 et 10 000 av. J.-C.

lampe à graisse taillée dans la pierre vers 15 000 av. J.-C.

pointe de sagaie en forme de feuille de laurier vers 20 000 av. J.-C.

aiguille taillé dans l'os vers 15 000 av. J.-C.

herminette (sorte de hache) vers 10 000 av. J.-C.

PREMIERS PAYSANS, PREMIERS ARTISANS

Vers 10 000 av. J.-C., les hommes du Moyen-Orient sont les premiers à produire leur nourriture en élevant le bétail et en cultivant la terre.

Premiers villages

L'agriculture se diffuse et bouleverse la vie des hommes. Ils s'installent dans des villages et deviennent sédentaires car ils doivent surveiller le bétail et prendre soin de leurs cultures.

DES PIERRES DRESSÉES

De - 4000 à - 2000 en Europe occidentale, les hommes dressent de gigantesques monuments en pierre : des dolmens en forme de table ou des menhirs, des pierres alignées ou disposées en cercle. Pourquoi ? Sans doute pour honorer leurs morts et leurs dieux.

Stonehenge, Angleterre.
Ces pierres disposées en arc de cercle servaient peut-être d'observatoire astronomique.

Comment ériger des menhirs ?
Les blocs de pierre sont détachés des parois avec des coins de bois. Ils sont glissés sur des poutres de bois, tirés par des centaines d'hommes puis dressés avec des cordes et des poutres.

Les villages : de longues maisons rectangulaires en bois et en boue séchée mêlée à de la paille abritent plusieurs familles.

L'agriculture : on cultive des céréales comme l'orge, le blé, l'amidonnier. Des légumes (pois et lentilles) améliorent le menu.

L'élevage : moutons, chèvres, porcs et bœufs sont domestiqués. Ils fournissent, en plus de leur viande, du lait, du cuir ou de la laine.

L'artisanat : les potiers font leur apparition ainsi que les tisserands : la laine est utilisée pour tisser des étoffes qui seront teintes.

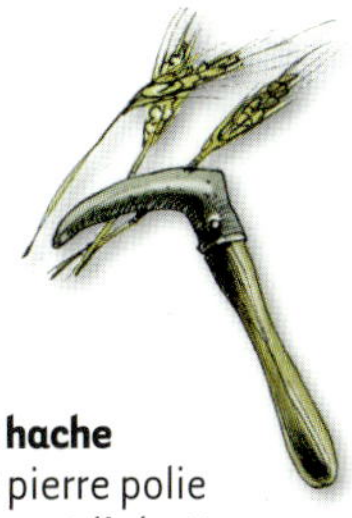

La hache en pierre polie permet l'abattage des arbres et la construction des charpentes des maisons.

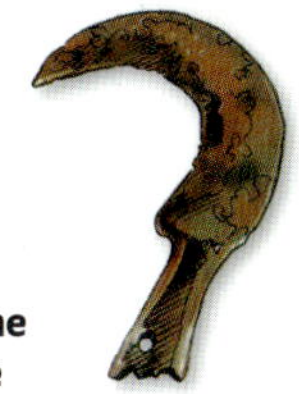

Avec **une faucille** à lame de silex, on coupe les épis d'orge et de blé qui donnent du **pain** et des bouillies.

L'ÂGE DES MÉTAUX

La métallurgie apparaît il y a 9 000 ans. Elle favorise les échanges, car les gisements de cuivre et d'étain sont très rares.

Artisans et guerriers

Les orfèvres façonnent des bijoux avec l'or et le cuivre, que l'on trouve dans la nature. En fondant dans un four cuivre et étain, les bronziers obtiennent du bronze. Il permet de forger des armes et des outils efficaces. Le contrôle des mines et des routes commerciales favorise l'apparition des guerriers qui dominent désormais la société.

Le bronzier verse le métal en fusion dans un moule. Maître du feu, il est respecté et craint, à l'égal d'un magicien.

1. épée en bronze
2. bouclier au décor martelé
3. bracelet torsadé
4. fibule (sorte de broche)
5. torque : collier porté surtout par les guerriers
6. pointe de lance en bronze

Avec de l'argile cuite au feu, on obtient **des pots** pour transporter l'eau et conserver des fruits et des grains.

pour finir...

À VOIR

LA GUERRE DU FEU
de Jean-Jacques Annaud (1981)

L'ODYSSÉE DE L'ESPÈCE
de Jacques Malaterre (2003)

À VISITER

MUSÉE DES ANTIQUITÉS NATIONALES
Place du Château
78103 Saint-Germain-en-Laye

SITE DE CARNAC
56340 Carnac

ET SUR LE WEB

HTTP://WWW.TAUTAVEL.CULTURE.GOUV.FR/

HTTP://WWW.CULTURE.GOUV.FR/CULTURE/ARCNAT/LASCAUX/FR/

3200 av. J.-C. → 476

- 3200 / - 3000
Apparition de l'écriture *(p. 190 ; p. 344)*.

- 2600
Pyramides de Gizeh en Égypte (p. 194-195).

- 2400
Édification des premières cités de la civilisation de l'Indus *(p. 192)*.

- 2000
Début de l'âge du bronze en Europe.

- 1730
Hammourabi devient roi de Babylone *(p. 190-191)*.

- 1344
Akhenaton instaure avec son épouse Néfertiti le culte d'un dieu unique : le dieu Soleil Ato
(p. 194-195).

- 447 / - 432
Édification du Parthénon à Athènes *(p. 209)*.

- 332
Alexandre le Grand fonde Alexandrie en Égypte, qui deviendra la plus grande ville du monde connu *(p. 212)*.

- 264 / - 146
Guerres puniques entre Rome et Carthage, les deux plus grandes cités du bassin méditerranéen *(p. 216)*.

- 221
Début de la construction de la Grande Muraille de Chine *(p. 192)*.

- 58 / - 51
Jules César conquiert la Gaule *(p. 216)*.

- 27
Octave est nommé Auguste et fonde l'Empire romain.

- 5
Naissance de Jésus-Christ *(p. 204)*.

30 / 313
Persécutions des chrétiens dont la religion apparaît comme une menace pour les religions polythéistes traditionnelles de l'Empire romain *(p. 220-221)*.

79
L'éruption du Vésuve ensevelit Pompéi et Herculanum.

Vers 105
Invention du papier par les Chinois.

Vers 300
Essor de la civilisati maya et de celle de Teotihuacan au Mex *(p. 237)*.

De l'invention de l'écriture à la chute de Rome

LA MÉSOPOTAMIE

Au Proche-Orient s'étend une région appelée le Croissant fertile. Elle est le berceau de la civilisation. L'agriculture y est née vers 7850-7500 av. J.-C. Son histoire est dominé par la civilisation de Sumer et les empires de Babylone et d'Assyrie.

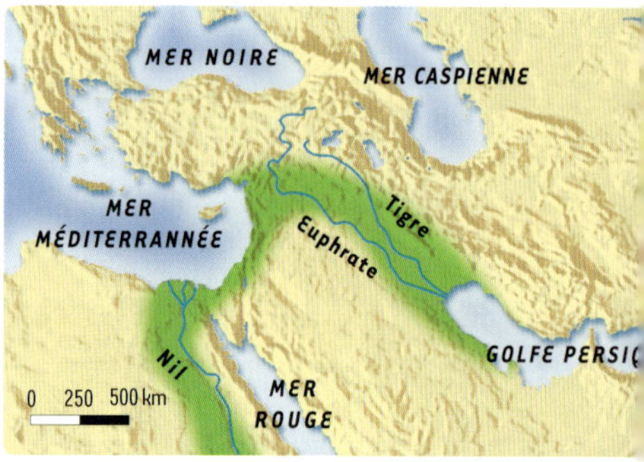

La Mésopotamie, dont le nom signifie «pays compris entre deux fleuves», le Tigre et l'Euphrate, occupe la plus grande partie du **Croissant fertile.**

La roue apparaît à Sumer vers 3500 av. J.-C. Elle sert à fabriquer des poteries. Quelques siècles plus tard, on l'adopte pour les véhicules.

Vers 3300 av. J.-C., les Sumériens inventent l'écriture. Il s'agit d'abord de dessins, remplacés ensuite par les multiples signes en forme de clous de **l'écriture cunéiforme.**

Vers 1755 av. J.-C., Hammourabi fait rassembler les décisions de justice en un recueil appelé **le Code d'Hammourabi** (le premier recueil de lois de cette importance).

Vers 1700 av. J.-C., les scribes mésopotamiens composent **L'Épopée de Gilgamesh.** Elle relate les aventures légendaires d'un vrai roi de la ville sumérienne d'Uruk qui part à la recherche de l'immortalité.

Formé de 22 consonnes, **l'alphabet phénicien** est l'ancêtre du nôtre. Les Grecs emprunteront cet alphabet aux Phéniciens. Ils le transformeront de façon à obtenir 17 consonnes et 7 voyelles, 24 lettres en tout.

SUMER

Dès la fin du IVe millénaire, des cités-États se développent à Sumer (sud de la Mésopotamie). Les Sumériens érigent les ziggourats, tours à étages bâties en briques de terre crue. Les peuples de la région adopteront l'écriture, les dieux, l'art et l'architecture sumériens.

BABYLONE

Le roi Hammourabi (1792-1750 av. J.-C.) soumet la Mésopotamie et la Syrie. Il fonde le premier empire de Babylone et met en place une administration efficace qui assure la prospérité du royaume. Son immense palais est à la mesure de sa puissance.

LA PHÉNICIE

Établis sur la côte de la Méditerranée (à Tyr, Sidon, Byblos...), les Phéniciens tirent leur richesse du commerce et de la navigation. À partir de 1000 av. J.-C., ils fondent des comptoirs, comme la célèbre Carthage (Tunisie).

LES 7 MERVEILLES DU MONDE

Vers le IIIe siècle av. J.-C., les Grecs dressent un inventaire des merveilles du monde. La liste que nous connaissons en compte sept :

1 Les pyramides de Gizeh (Égypte)
2 Les jardins suspendus de Babylone (Irak)
3 Le temple d'Artémis à Éphèse (Turquie)
4 La statue de Zeus à Olympie (Grèce)
5 Le mausolée d'Halicarnasse (Turquie)
6 Le colosse de Rhodes (Grèce)
7 Le phare d'Alexandrie (Égypte)

On ne peut qu'imaginer l'aspect des jardins de Babylone car ils ont disparu depuis l'Antiquité.

Roi des démons des vents, **Pazuzu** offre un aspect terrifiant avec son visage monstrueux, ses griffes et sa queue de scorpion. Il vient en aide aux femmes enceintes et aux mères et les protège de la redoutable déesse Lamashtu qui menace leurs enfants.

La tour de Babel est la ziggourat de Babylone complétée par Nabuchodonosor. Elle atteint 90 m. Au sommet se trouve un temple où l'on célèbre des cérémonies visant à maintenir la création du monde. Elle a été entièrement détruite au fil des siècles.

L'ASSYRIE

Les Assyriens dominent le Proche-Orient entre 911 et 612 av. J.-C. Ils possèdent un armement redoutable : glaives, poignards, chars montés par des soldats en cotte de mailles... Pour assiéger les villes, ils utilisent des catapultes et des béliers.

NINIVE

Sous Assourbanipal (669-631 av. J.-C.), l'empire atteint sa plus grande puissance. Le roi habite un superbe palais à Ninive, la capitale. Il possède une très riche bibliothèque.

LA NOUVELLE BABYLONE

Les Babyloniens, entre autres, détruisent Ninive en 612 av. J.-C. Les souverains de Babylone reforment un empire. Le roi Nabuchodonosor (604-562 av. J.-C.) fait de Babylone la plus vaste capitale de ce temps. Palais, jardins et ziggourats embellissent la cité.

L'INDUS

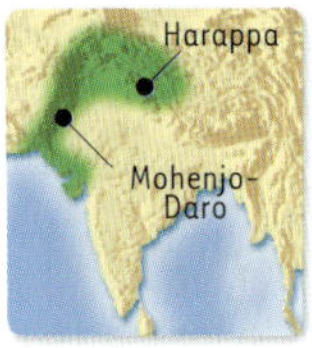

Entre 2600 et 1800 av. J.-C., les habitants de la vallée de l'Indus (le Pakistan actuel) créent une brillante civilisation. Ils bâtissent des villes en briques de terre crue qui jouissent d'un confort et d'une hygiène alors inconnus.

Harappa et Mohenjo-Daro, les deux villes principales de l'Indus, prospèrent grâce à l'agriculture. Les terres produisent suffisamment de richesses pour entretenir d'habiles artisans et des commerçants intrépides. Ces derniers se rendent, en bateau, très loin de leur pays pour acheter des matières premières comme le lapis-lazuli ou la turquoise et vendre par exemple des parures en or et cornaline.

LA CHINE ANCIENNE

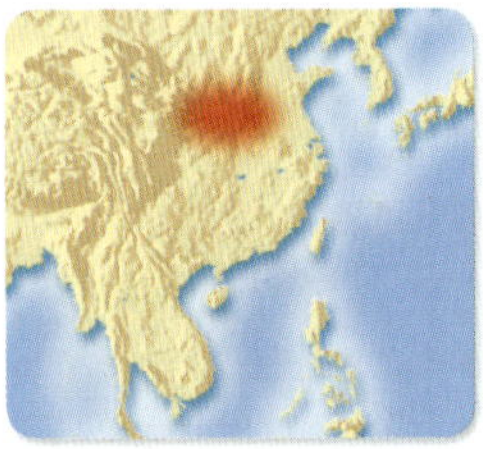

C'est dans la Chine du Nord qu'émergent les premiers royaumes du pays et que sont posés les fondements de la culture chinoise.

UN DRAGON POUR ROI

D'après la mythologie, la dynastie des Xia, la première de Chine, aurait été fondée par Yu. Dragon ou créature mi-homme mi-dragon, Yu aurait maîtrisé les eaux de l'inondation avant d'accéder au trône vers 2200 av. J.-C. Cette histoire explique pourquoi les empereurs de Chine sont l'incarnation de cet animal fantastique.

chiffres

LA GRANDE MURAILLE DE CHINE

Plus de **5 000 km :** longueur (qui avoisinait jadis les 10 000 km).

6 à 8,70 m : hauteur.

4,5 m : largeur au sommet de la muraille. Cinq chevaux peuvent y avancer de front.

20 000 tours de guet et 10 000 tours pour envoyer des signaux lumineux subsistent aujourd'hui.

LA NAISSANCE DE L'EMPIRE

En 221 av. J.-C., l'empereur Qin Shi Huangdi unifie pour la première fois l'immense territoire de la Chine. Il organise l'Empire qui devient riche et prospère.

Pour protéger la Chine des envahisseurs étrangers, Qin Shi Huangdi remplace les murs de défense existants par **la première muraille continue.** Elle sera complétée au fil des siècles.

L'Égypte ancienne

En Égypte, les pluies sont très rares. Sans le Nil, qui le traverse sur un millier de km, ce pays ne serait qu'un immense désert. Aujourd'hui, les terres habitables n'occupent que 4 % de la surface de l'Égypte. Vers 5000 av. J.-C., à la fin de la Préhistoire, les hommes sont venus s'installer au bord de ses rives verdoyantes.

La Basse-Égypte, au nord, est occupée par le vaste delta du Nil. C'est dans cette partie du pays, au bord de la Méditerranée, que les rois grecs installeront leur capitale : Alexandrie.

Autrefois, les bords du Nil étaient couverts d'épais fourrés de papyrus et de lotus. Ils donnaient asile aux ibis sacrés, aux hippopotames et aux redoutables crocodiles, **animaux** qui ont aujourd'hui disparu d'Égypte.

La Haute-Égypte, au sud, est une étroite vallée, bordée par des chaînes de montagnes arides et des déserts. Au fil du Nil, elle égrène ses prestigieux monuments : pyramides et temples de Karnak, Louqsor, Deir el-Bahari, Philae…

Dès l'Ancien Empire (2700-2200 av. J.-C.), les Égyptiens ont exercé leur contrôle sur une partie de **la Nubie,** au sud de leur pays. Les pharaons l'ont dotée de nombreuses constructions, dont le spectaculaire temple d'Abou Simbel, œuvre de Ramsès II.

LA BASSE-ÉGYPTE

symboles : le papyrus et la couronne rouge

déesse protectrice : Ouadjet, le cobra

LA HAUTE-ÉGYPTE

symboles : le lotus et la couronne blanche

déesse protectrice : Nekhbet, le vautour

LES PHARAONS

En égyptien, *per aa* signifie « grande maison » et désigne le palais royal depuis 1450 av. J.-C. Les Égyptiens utilisent aussi cette expression pour parler du roi, son occupant.

QUI EST LE PHARAON ?

Le pharaon est le personnage le plus puissant d'Égypte. Propriétaire de toutes les terres, des mines et des carrières, il cède la jouissance des champs aux grandes administrations, aux temples et à quelques grands dignitaires qui les font cultiver par les paysans. Chef du gouvernement, le roi dirige le pays avec l'aide de ministres et de conseillers. Il est aussi le chef de l'armée et le premier prêtre du pays.

le pharaon **Toutankhamon** (1354-1343 av. J.-C.) et sa femme **Ankhésenamon**

À QUOI RECONNAÎT-ON LE PHARAON ?

Il porte souvent le *pschent* : couronnes blanche et rouge réunies. Sur le devant de la couronne se dresse le cobra protecteur. Il ceint le némès en tissu. Au menton, il arbore une fausse barbe droite. Elle diffère de celle des dieux qui est recourbée. Dans ses mains, il tient 2 sceptres, le crochet et le fouet.

Saqqarah (2680 av. J.-C.) : la pyramide du roi Djéser, est formée de 6 gradins.

LES DIEUX

Mi-hommes, mi-bêtes, les dieux égyptiens ont parfois des formes surprenantes.

Certains ressemblent à **des hommes** comme Ptah et Atoum, dieux créateurs du monde, ou Amon, le chef de tous les dieux.

D'autres ont **un corps d'homme et une tête d'animal** comme Thot, le dieu de l'écriture, à tête d'ibis, Rê-Horakhty, le dieu du Soleil, à tête de faucon ou Sobek, dieu des eaux, à tête de crocodile.

Parfois, ils sont représentés par **des animaux** comme la vache Hathor, déesse de l'amour, le chien Anubis, dieu de la momification, ou l'hippopotame Thouéris, protectrice des femmes.

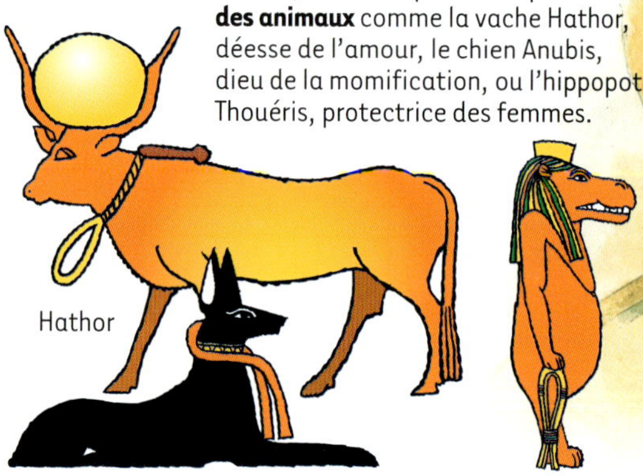

LES MONUMENTS

Pendant 3 000 ans, les Égyptiens ont bâti des monuments colossaux que l'on peut encore, pour certains, admirer.

pyramides de Gizeh (2590-2500 av. J.-C.) : il a fallu 20 ans pour construire la pyramide de Khéops.

Deir el-Bahari (1470 av. J.-C.) : le temple de la reine Hatchepsout s'étage sur 3 terrasses.

Karnak (1700-1400 av. J.-C.) : le plus grand temple d'Égypte est dédié au chef de tous les dieux.

Abou Simbel (1260 av. J.-C.) : Ramsès II fait creuser un temple dans les falaises de Nubie. Les colosses sont aussi taillés dans la roche.

500 pharaons égyptiens environ

C'est une estimation faite par le prêtre Manéthon au IIIe siècle av. J.-C. Il les a répartis en 31 dynasties ou familles. Les historiens ont ensuite regroupé celles-ci en grandes périodes. Les plus brillantes sont :

- **l'Ancien Empire** (2700-2200 av. J.-C.),
- **le Moyen Empire** (2000-1650 av. J.-C.),
- **le Nouvel Empire** (1550-1070 av. J.-C.).

Djéser

Montouhotep II

Thoutmosis III

Ramsès III

Alexandre le Grand

C'ÉTAIT QUAND DÉJÀ ?

VERS 3100 AV. J.-C.,
le roi Narmer/Ménès réunit la Haute et la Basse-Égypte en un seul royaume. C'est le début de l'histoire de l'Égypte.

VERS 2680 AV. J.-C.,
Djéser érige la première pyramide à degrés.

VERS 2590 AV. J.-C.,
Khéops édifie à Gizeh la première pyramide géométriquement parfaite, haute de 146,50 m (137 m aujourd'hui).

EN 2033 AV. J.-C.,
Montouhotep II met fin à une très longue période de troubles et restaure l'unité du pays.

ENTRE 1479 ET 1457 AV. J.-C.,
une femme, **Hatchepsout,** gouverne l'Égypte. Elle envoie une expédition au pays de Pount, pour rapporter de l'encens.

À PARTIR DE 1457 AV. J.-C.,
Thoutmosis III bâtit un puissant empire.

EN 1344 AV. J.-C.,
Aménophis IV/Akhénaton impose à l'Égypte un dieu unique, Aton, le disque solaire. Après sa mort, les Égyptiens retrouvent leurs dieux traditionnels.

DE 1279 À 1213 AV. J.-C.,
Ramsès II règne 66 ans sur l'Égypte.

EN 1177 AV. J.-C.,
Ramsès III sauve son pays de l'invasion des redoutables Peuples de la Mer, originaires de la côte turque.

EN 332 AV. J.-C.,
Alexandre le Grand, roi de Macédoine, conquiert l'Égypte. Une dynastie grecque règne sur le pays jusqu'à la mort de la reine Cléopâtre en 30 av. J.-C.

LA MOMIFICATION

Pour que le mort revive dans l'Au-delà, les Égyptiens pensent que son corps doit être conservé. C'est pourquoi ils ont mis au point la momification.

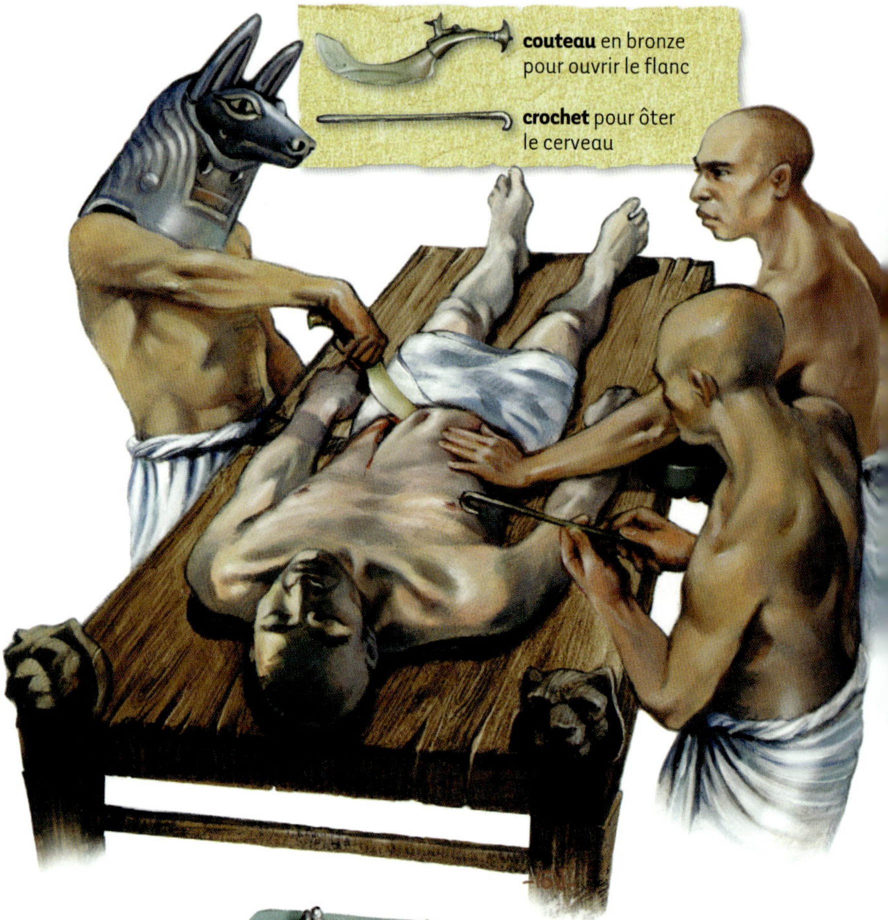

1 Réception du cadavre
Les prêtres embaumeurs nettoient le corps. Ils ôtent le cerveau à l'aide d'un crochet glissé dans le nez, puis incisent le flanc gauche avec un couteau pour extraire le foie, l'estomac, les poumons et les intestins. Les viscères sont traités à part et déposés dans des vases appelés canopes. Le cœur, siège de l'âme, n'est pas retiré.

Vases canopes figurant les quatre fils d'Horus
Gebehsénouf à tête de faucon garde l'intestin, Doumoutef à tête de babouin, l'estomac, Mset à tête d'homme, le foie, et Hapy à tête de chien, les poumons.

sachets de **natron**

2 Une pincée de sel…
Puis les prêtres recouvrent le corps de natron sec, un sel, dans lequel il se dessèche pendant 40 jours. Pour que la déshydratation soit parfaite, ils placent même des sachets de natron dans le ventre du défunt.

LES FUNÉRAILLES

Le défunt est accompagné jusqu'à sa tombe par une longue procession. En tête marchent les prêtres qui rendent le culte. La barque symbolise le voyage sur l'eau jusqu'à Osiris.

mobilier nécessaire au défunt dans l'Au-delà — pleureuses — barque funéraire

Les amulettes protègent le mort des forces maléfiques.

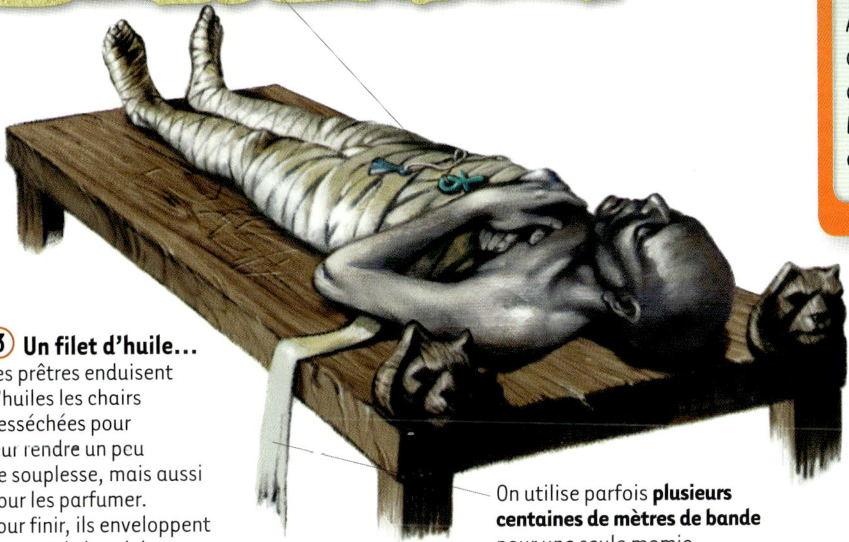

③ Un filet d'huile…
Les prêtres enduisent d'huiles les chairs desséchées pour leur rendre un peu de souplesse, mais aussi pour les parfumer. Pour finir, ils enveloppent le corps de bandelettes. Il faut 70 jours pour préparer une momie.

On utilise parfois **plusieurs centaines de mètres de bande** pour une seule momie.

Anecdote

Un pharaon qui sent le poisson ?!

Vers 1100 av. J.-C., les autorités ne parviennent plus à protéger la Vallée des Rois et ses trésors. Les voleurs abîment les momies des pharaons pour s'emparer de leurs bijoux. Pour protéger les dépouilles, on les cache dans un abri. Retrouvées en 1881, elles sont envoyées au musée du Caire. Au cours du voyage, les momies passent aux douanes intérieures. Le douanier, perplexe, cherche ce type de « produits » sur sa liste de marchandises. Mais elles n'y figurent pas. Qu'à cela ne tienne ! Il les classe sous la rubrique « poissons séchés » !

Les momies ainsi préparées se conservent des siècles durant. Comme par exemple la momie du roi **Séthi Ier,** père de Ramsès II.

④ Derniers préparatifs
On place un masque funéraire sur le visage bandé. Celui-ci n'est pas un vrai portrait du défunt. La momie est ensuite déposée dans son cercueil.

Info

On emballe aussi les animaux

On ne momifie pas que les hommes. Certains animaux tenus pour sacrés sont aussi embaumés. Chats, ibis, faucons sont ainsi envoyés dans l'Au-delà pour porter des messages aux dieux auxquels ils sont consacrés.

LA PESÉE DE L'ÂME

Dans l'Au-delà, l'âme du défunt est soumise au jugement du tribunal d'Osiris. Le cœur est pesé. Celui-ci doit être plus léger que la plume de justice pour que l'âme puisse entrer dans le royaume d'Osiris. Dans le cas contraire, un monstre, la déesse Ammout à tête de crocodile et corps de lionne et d'hippopotame dévorera le cœur.

Sur les plateaux, le cœur du défunt et la plume.

LES PYRAMIDES

Les Égyptiens sont très préoccupés par la mort. C'est pourquoi ceux qui en ont les moyens, comme le roi et les plus riches, la préparent avec beaucoup de soin.

Pour monter au ciel

Les pharaons de l'Ancien Empire (2700-2200 av. J.-C.), tels Khéops, Khéphren et Mykérinos, font ériger de gigantesques tombeaux en forme de pyramide. Cette forme représente les rayons du soleil que doit gravir l'âme du roi pour rejoindre Rê-Horakhty, le dieu du Soleil, au ciel. Elle emprunte le même chemin pour redescendre se nourrir sur Terre.

Le jour de l'enterrement du roi, la procession funéraire emprunte cette chaussée montante. À l'autre bout, près d'un port relié au Nil par un canal, se trouve **le temple de la Vallée** ou temple bas. C'est là que se déroule la momification.

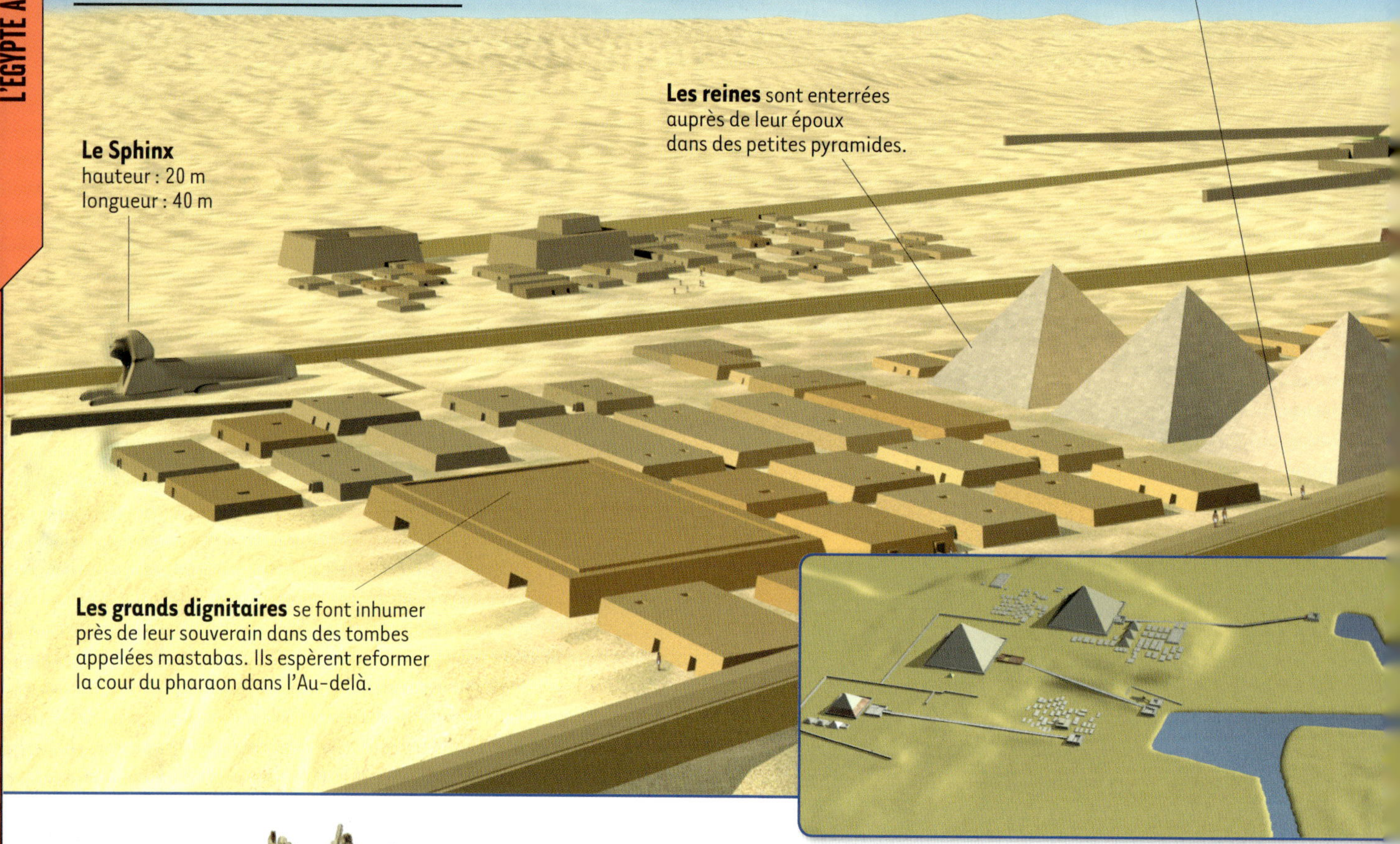

Les reines sont enterrées auprès de leur époux dans des petites pyramides.

Le Sphinx
hauteur : 20 m
longueur : 40 m

Les grands dignitaires se font inhumer près de leur souverain dans des tombes appelées mastabas. Ils espèrent reformer la cour du pharaon dans l'Au-delà.

Pour extraire les pierres dans les carrières et les tailler, les ouvriers de l'époque des grandes pyramides n'ont que des outils en pierre très dure, comme la dolérite ou le silex, et des ciseaux de cuivre.

double crochet et **boule** en dolérite.

pierre servant de **marteau**

hache

ciseau pour tailler la pierre

autre modèle de **ciseau**

Le complexe funéraire de Khéops

1. projet de chambre funéraire
2. projet de chambre funéraire
3. chambre funéraire
4. grande galerie
5. passage des voleurs

Pour transporter les blocs de pierre, les ouvriers utilisent **des traîneaux de bois** qui glissent sur des rondins de bois. Ensuite, il leur faudra monter le long d'une rampe en terre pour ériger la pyramide.

Info

L'un des mystères des Pyramides

Les Égyptiens tiraient les blocs de pierre sur des rampes et des échafaudages en briques de terre crue. Mais on ne sait toujours pas aujourd'hui quelle était la forme de ces rampes. Étaient-elles perpendiculaires à la pyramide, ou l'entouraient-elles ?

il était une fois...

Le dieu ressuscité

Le dieu Osiris régnait jadis sur la Terre avec justice et bonté. Son frère Seth, jaloux, le tua pour s'emparer du trône et il jeta son cadavre dans le Nil. Désespérée, Isis, l'épouse d'Osiris, partit à la recherche du corps. Avec l'aide du dieu Anubis, à tête de chien, qui confectionna la première momie, elle ramena Osiris à la vie. Mais le dieu ne put retourner sur la Terre. Il devint le roi du monde des morts.

À L'ÉCOLE DES SCRIBES

PEU DE LETTRÉS

Les filles n'allant pas à l'école, elles restent à la maison avec leur mère. Mais tous les garçons n'y vont pas non plus, loin de là. Seuls ceux qui deviendront fonctionnaires ou prêtres apprennent à lire et à écrire. Ces lettrés ne représentent pas plus de 5 % de la population. Les garçons commencent leur scolarité entre 5 et 10 ans.

LES OUTILS DU SCRIBE

1. mortier pour broyer les pigments
2. godet à encre
3. calames en roseau
4. rouleau de papyrus
5. palette à pigments noirs et rouges
6. couteau à papyrus
7. étui à papyrus

L'ÉCRITURE HIÉROGLYPHIQUE COMBINE 3 SORTES DE SIGNES :

Les idéogrammes ou signes-idées représentent un mot ou une idée (comme chez nous, le dessin du téléphone qui évoque cet appareil dans les lieux publics).

Les phonogrammes ou signes-sons notent un son.

Les déterminatifs sont des signes qui ne se prononcent pas. Ils se placent à la fin d'un mot pour indiquer s'il s'agit d'un verbe, d'un adjectif ou d'un nom, s'il est pluriel ou singulier.

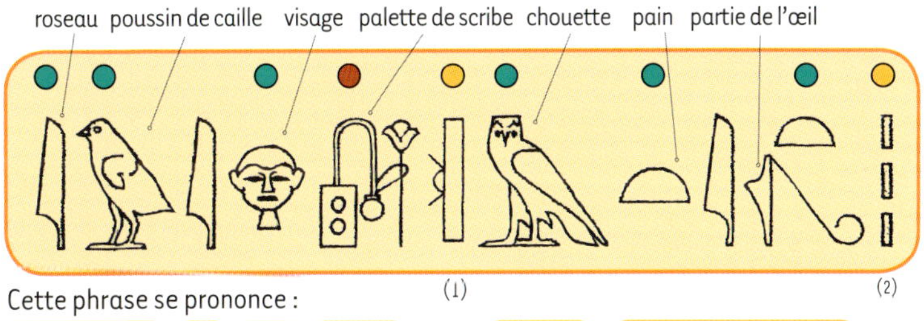

Cette phrase se prononce :

iou | i | cher | schr | m | tiout

Traduction : *j'écris les hiéroglyphes.*

1. Ce signe, déterminatif du verbe, associé à « palette », signifie « écrire ».
2. Ces trois traits déterminent le pluriel, ici du mot « hiéroglyphes ».

L'ÉGYPTOLOGIE

C'est la science qui étudie l'Égypte ancienne et tout ce qui témoigne de la vie quotidienne des Égyptiens.

Le génial Champollion

En 1822, après de longues années de recherche, le Français Jean-François Champollion parvient enfin à déchiffrer les hiéroglyphes grâce à la pierre de Rosette. Sur celle-ci est écrit un texte en trois langues. À l'aide du grec qu'il connaît, Champollion traduit le hiéroglyphique. Il dévoile ainsi un secret enfoui depuis quatorze siècles.

question d'enfant

Reste-t-il des découvertes à faire ?

Le sol égyptien est loin d'avoir livré toutes ses merveilles. Ainsi récemment, on a dégagé près des pyramides de Gizeh 630 tombeaux appartenant aux artisans qui ont travaillé dans ce cimetière et des statues commandées par Ramsès II.

À la Une

L'INFO CHOC AU QUOTIDIEN

PRIX FRANCE MÉTROPOLITAINE : 1 €

UN ARCHÉOLOGUE COMBLÉ

Howard Carter est désespéré. Voici cinq ans qu'il fouille la Vallée des Rois à la recherche de la tombe de Toutankhamon. Et toujours rien. Lord Carnarvon, l'Anglais qui finance les fouilles, a annoncé qu'il se retirerait du projet après cette saison. C'est alors que la chance sourit à Carter. En novembre 1922, il découvre l'entrée de la sépulture. Mais reste-t-il quelque chose à l'intérieur ? Ou a-t-elle été pillée dès 1100 av. J.-C. comme les autres tombes de la Vallée des Rois ? Pour le savoir, Carter fait un trou dans la seconde porte de la sépulture. Puis, il glisse une bougie dans l'espace qui s'étend derrière. Et il retient son souffle. « Que vois-tu ? lui demande, impatient, Lord Carnarvon, qui se tient à ses côtés. – De l'or partout qui scintille », répond Carter, qui vient de faire l'une des plus sensationnelles découvertes archéologiques du monde.

■ Carter penché sur l'ouverture du tombeau

Le sarcophage contient **3 cercueils** emboîtés. Le dernier est en or massif.

4 chapelles funéraires en bois doré protègent le sarcophage en quartzite de Toutankhamon.

pour finir...

À VOIR

LA MOMIE
de Stephen Sommers (1999)

CLÉOPÂTRE
de Joseph Mankiewicz (1963)

À LIRE

CONTES ET LÉGENDES DE L'ÉGYPTE ANCIENNE
Roy Lewis, Actes Sud

L'ÉGYPTE DES PHARAONS
coll. Miroirs de la connaissance, Nathan

À VISITER

MUSÉE DU LOUVRE
(département des Antiquités égyptiennes)
99, rue de Rivoli 75001 Paris

ET SUR LE WEB

WWW.KIDADOWEB.COM/HISTOIRE-ENFANTS/EGYPTE-ENFANTS/

HTTP://WWW.STUDENTSOFTHEWORLD.INFO/JEUX/EGYPT/MENU_JEU_EGYPT_FR.HTML

HTTP://WWW.EGYPTOS.NET/EGYPTOS/HIEROGLYPHES/NOM-EN-HIEROGLYPHES.PHP

LE JUDAÏSME

C'est la première religion de l'humanité fondée sur la croyance en un Dieu unique. Elle est pratiquée par les juifs, les descendants des Hébreux de l'Antiquité.

LE LIVRE :

LA TORAH

Constituée des 5 premiers livres de la Bible, elle présente l'histoire et la religion des Hébreux. Chaque jour, le croyant en récite des passages.

LE LIEU :

LA SYNAGOGUE

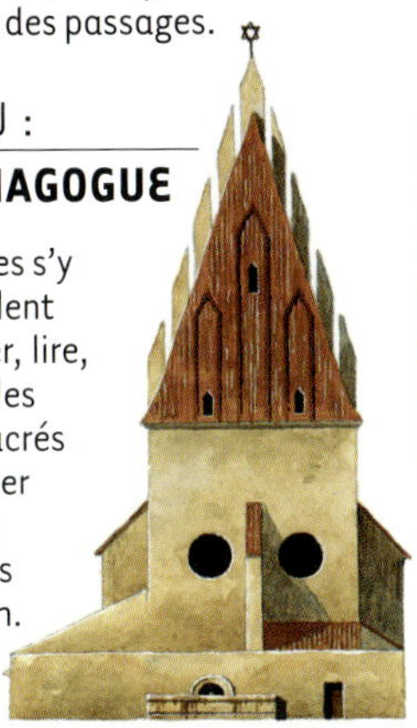

Les fidèles s'y rassemblent pour prier, lire, méditer les textes sacrés et célébrer les fêtes aux côtés du rabbin.

LES FÊTES :

HANOUKKA

C'est la fête des Lumières. Elle est célébrée au mois de décembre. Elle dure 8 jours. On allume une bougie chaque jour.

LA PÂQUE, *ou PESSAH,*

Célébrée au printemps, rappelle la sortie d'Égypte des Hébreux. Elle réunit la famille autour d'un repas rituel appelé seder.

JOUR DE REPOS :

SAMEDI

Le jour du **shabbat,** le samedi, est un jour de repos. Un office est célébré à la synagogue.

D'après la Bible, Abraham est un chef de tribu nomade. Sur l'ordre de Dieu, il s'installe dans le pays de Canaan entre 2000 et 1800 av. J.-C. Les Hébreux s'engagent à vénérer Dieu et à lui obéir.

Joseph est un descendant d'Abraham, devenu ministre du pharaon, en Égypte. Grâce à lui, les Hébreux viennent dans ce pays vers 1650 av. J.-C., attirés par sa prospérité.

Après plusieurs siècles, ils sont réduits en esclavage. Dieu ordonne à Moïse de les délivrer et envoie des calamités (les 10 plaies) pour obliger le pharaon à les laisser rejoindre la terre de leurs ancêtres.

Sous la conduite de Moïse, les Hébreux traversent le désert du Sinaï, au cours d'un long exode (vers 1200 av. J.-C.). Dieu renouvelle avec eux l'Alliance et dicte les lois auxquelles ils doivent obéir.

Établis en terre de Canaan, les Hébreux fondent le royaume d'Israël vers 1000 av. J.-C. À Jérusalem, la capitale, s'élève le Temple, où ils vénèrent Dieu. Il contient les tablettes des lois.

Le temple de Jérusalem est détruit par les Romains en 70 ap. J.-C. Dans les pays où ils se sont dispersés, les juifs affrontent vexations et persécutions.

UNE CÉRÉMONIE :

LA BAR MITZVA

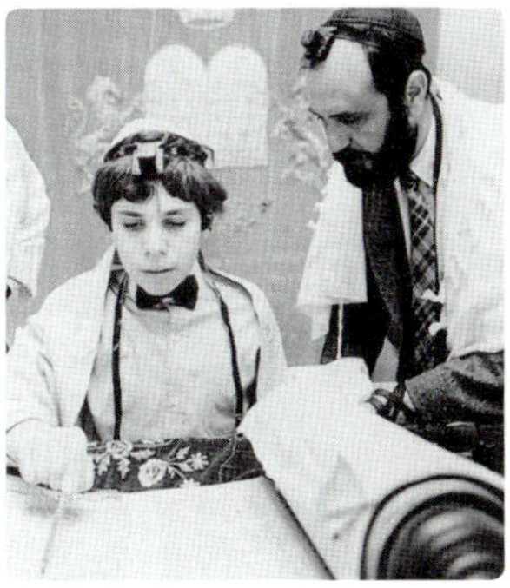

Elle se déroule à la synagogue, le samedi suivant le jour des 13 ans d'un adolescent. Il devient un fidèle à part entière. Pour la première fois, il porte le châle de prière, le talith et au bras gauche et au front, des petits étuis noirs, les tefillin, qui contiennent des extraits de la Torah.

LES OBJETS RELIGIEUX :

La kippa est la calotte portée par les juifs pratiquants.

La menorah, ou chandelier à sept branches, est le symbole du judaïsme.

Le shofar est un instrument formé d'une corne de bélier. Il retentit le jour du Nouvel An et à la fin de Yom Kippour, la plus grande fête juive.

La coupe du **kidouch** est le gobelet de vin béni lors du repas que l'on sert au début du shabbat.

La main de lecture est utilisée pour lire la Torah.

LE CHRISTIANISME

Issue du judaïsme, cette religion s'appuie sur l'enseignement de Jésus. C'est elle qui rassemble, dans le monde, le plus grand nombre de fidèles.

LE LIVRE :

LA BIBLE

Elle est composée de l'Ancien Testament (la Bible des juifs) et du Nouveau Testament comprenant les quatre Évangiles, les Actes des Apôtres, les Épîtres et l'Apocalypse.

LE LIEU :

L'ÉGLISE

Les chrétiens s'y rassemblent chaque dimanche, lors des fêtes et des événements qui rythment leur vie. Le prêtre ou le pasteur préside les cérémonies.

LES FÊTES :

Elles rappellent les événements de la vie de Jésus.

Pâques, au printemps, évoque sa résurrection. Elle est précédée du Vendredi saint, le jour de sa crucifixion et de sa mort.

La fête de **Noël**, le 25 décembre, célèbre sa naissance. En souvenir de l'étable où il est né, on installe une crèche à l'église et chez soi.

JOUR DE REPOS

DIMANCHE

Les chrétiens assistent à la messe. Après la lecture de la Bible, la communion rappelle le dernier repas de Jésus.

La vie et l'enseignement de Jésus sont rapportés dans les Évangiles. Jésus, fils de Marie et de Joseph, naît à Bethléem en Palestine vers l'an 5 avant notre ère.

À l'âge de 30 ans environ, il parcourt la Palestine avec ses fidèles, les disciples. Il se dit « fils de Dieu » et annonce la venue prochaine du règne de son père.

Mais Jésus inquiète les chefs religieux juifs qui refusent de voir en lui le Messie annoncé par la Bible. Ils le dénoncent aux Romains, les occupants de la Palestine.

À 33 ans, Jésus est condamné à mort et cloué sur une croix comme les esclaves ou les brigands. Il est crucifié sur le mont Golgotha à Jérusalem puis mis au tombeau.

Ses disciples appelés apôtres affirment qu'il est ressuscité trois jours plus tard et qu'il est resté parmi eux quarante jours avant de monter au ciel.

Cinquante jours après Pâques, c'est la Pentecôte : les apôtres reçoivent l'Esprit-Saint (le souffle de Dieu) et sont invités à parcourir le monde pour diffuser le message de Jésus.

Divisions

Au cours de l'histoire, les chrétiens se divisent. Ils forment aujourd'hui trois groupes : catholiques, protestants et orthodoxes. Même si des divergences les opposent, tous partagent la foi en Jésus-Christ.

UNE CÉRÉMONIE :

LE BAPTÊME

Au-dessus des fonts baptismaux, le prêtre verse de l'eau sur le front de l'enfant (ou de l'adulte). Il entre ainsi dans la communauté chrétienne.

LES OBJETS

RELIGIEUX :

L'encensoir sert à faire brûler de l'encens lors de certaines cérémonies.

Le calice contient du vin et de l'eau, symboles du sang du Christ pendant le sacrement de l'eucharistie.

La croix est le symbole du christianisme. Elle rappelle la crucifixion de Jésus.

Les burettes sont des petites ampoules contenant le saint chrême, une huile bénite.

L'ISLAM

C'est la troisième grande religion fondée sur la croyance en un Dieu unique. Elle est née en Arabie. Ceux qui pratiquent l'islam s'appellent musulmans.

LE LIVRE :
LE CORAN

Il contient les paroles qu'Allah a révélées à Mahomet. Chaque jour, les fidèles les récitent et les méditent.

LE LIEU :
LA MOSQUÉE

Les musulmans y prient et y célèbrent les fêtes. L'imam prêche et dirige la prière. Tout musulman instruit peut exercer cette fonction.

LES FÊTES :

L'Aïd al-Kabir clôt le pèlerinage à La Mecque et l'année musulmane. À cette occasion, un mouton est immolé et partagé au cours d'un repas familial.

L'Aïd al-Fitr marque la fin de la période de jeûne du ramadan qui dure un mois. Cette fête réunit la famille qui partage gâteaux et sucreries.

JOUR DE REPOS
VENDREDI

Au milieu du jour, toute activité cesse. C'est le moment de la prière solennelle à la mosquée.

Mahomet est né vers 570 à La Mecque, en Arabie. Il guide à travers le désert des caravanes qui transportent des marchandises.

À 40 ans, alors qu'il médite dans une grotte, l'ange Gabriel lui apparaît pour lui annoncer que Dieu ou Allah fait de lui son messager et lui ordonne de prêcher.

Mahomet convertit son entourage mais doit quitter la Mecque en 622. Il se réfugie à Médine. Cette fuite (hégire) marque le point de départ du calendrier musulman.

À Médine, Mahomet rassemble la première communauté musulmane et lance le « djihad », la guerre sainte contre les ennemis d'Allah.

En 630, Mahomet soumet les habitants de La Mecque et obtient le ralliement des tribus d'Arabie. Il meurt en 632.

Les Arabes se lancent à la conquête d'immenses territoires pour propager l'islam mais des divisions liées à la succession du prophète les déchirent.

L'ÉCOLE CORANIQUE

Les enfants y étudient le Coran et les règles de la pratique religieuse appelées les « cinq piliers de l'islam » :

1 la profession de foi récitée lors des cinq prières quotidiennes,

2 la prière cinq fois par jour,

3 le jeûne pendant le mois du ramadan,

4 l'aumône versée aux pauvres,

5 le pèlerinage à La Mecque que tout musulman doit effectuer une fois dans sa vie.

LES OBJETS
RELIGIEUX :

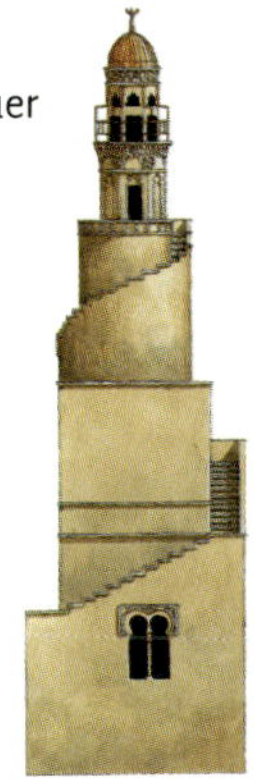

Le minaret est la tour de la mosquée où le muezzin appelle cinq fois par jour à la prière.

La fontaine, dans la cour de la mosquée, permet de faire ses ablutions (de se purifier) avant la prière.

le tapis de prière

Le mihrab dans la salle de prière de la mosquée est une niche indiquant la direction de La Mecque.

L'HINDOUISME

L'hindouisme est la religion majoritaire de l'Inde où elle est née il y a plus de 3 000 ans.

Shiva

MENER UNE VIE EXEMPLAIRE

Les hindous croient en une infinité de dieux qui sont les visages multiples d'un être suprême d'où naît toute chose, en devenir perpétuel. Ainsi, l'âme de chaque individu est soumise à des réincarnations successives. Plusieurs vies précèdent la naissance. Après la mort, l'âme gagne un autre corps. Pour obtenir une meilleure renaissance, l'hindou se doit de mener une vie exemplaire en priant, en honorant les dieux et en se purifiant.

Vishnou

Brahma

bain dans le fleuve sacré, **le Gange**

Le dieu **Ganesh** symbolise la sagesse et le savoir.

LE BOUDDHISME

Issu de l'hindouisme, le bouddhisme est fondé par le Bouddha.

Lhassa, capitale du bouddhisme tibétain

UN IDÉAL DE SAGESSE

Le bouddhisme propose une voie de salut permettant à chaque individu d'être délivré des réincarnations successives. Il enseigne que tout désir doit être anéanti car il est la source des souffrances. Il faut mener une vie pure et maîtriser son esprit en tendant toujours vers le bien. On peut alors atteindre le nirvana, un état de paix absolu. À l'origine, le bouddhisme est davantage une discipline de sagesse qu'une religion.

De nombreux bouddhistes considèrent **le Bouddha** comme un dieu. Ils vénèrent les statues qui le représentent souvent en position de méditation.

L'ANIMISME

En Amérique, en Océanie et en Afrique noire, de nombreux peuples sont animistes.

DES RELIGIONS DE LA NATURE

Ces peuples croient que les êtres animés ou inanimés possèdent une âme et que la nature est peuplée de bons ou de mauvais esprits.

Pour les Indiens hopis, **les poupées kachinas** sont des êtres surnaturels qui protègent ceux qui les possèdent.

Les masques **Dogons** (Mali) rendent présentes des forces invisibles. Ils évoquent des ancêtres dont les exploits sont revécus.

Les peintures sur sable des **Indiens navajos** visent à maintenir des rapports harmonieux avec les esprits.

En peignant, **les Aborigènes** d'Australie entrent en communication avec les héros qui créèrent le monde.

LA VIE À ATHÈNES p.208
LES DIEUX p.210
LES HÉROS p.210
ALEXANDRE LE GRAND p.212
MERCI, LES GRECS ! p.212

La Grèce antique

La civilisation grecque s'épanouit à partir du VIIIe siècle av. J.-C. grâce aux échanges commerciaux mais aussi culturels avec l'Europe, l'Afrique et l'Asie. Elle atteint son apogée au Ve siècle av. J.-C.

UNE STRUCTURE IDENTIQUE

Chaque cité est indépendante. Elle comprend une ville, des villages proches, la campagne environnante et souvent un port. Les habitants obéissent aux mêmes lois et prient les mêmes dieux. Les plus célèbres des cités grecques sont Sparte, Thèbes, Corinthe et surtout Athènes.

LE PIRÉE, PORT D'ATHÈNES

Les marchands s'y affairent. Les esclaves chargent les navires de vin, d'huile d'olive et de poteries qui sont vendus dans tous les pays méditerranéens. D'autres navires arrivent, les cales remplies de métaux, de bois et de blé, car les terres cultivables sont rares en Grèce.

LA VIE À ATHÈNES

Dans leur cité, les Athéniens mènent une vie simple et réservent le luxe aux temples et aux bâtiments publics. Ils se réunissent à l'occasion de grandes fêtes religieuses au cours desquelles processions, représentations théâtrales et concours sportifs sont organisés.

LE CULTE DU CORPS

Le corps nu, enduit d'huile, les jeunes Athéniens s'entraînent dans la cour carrée du gymnase, la palestre. Lors de compétitions, les meilleurs d'entre eux affrontent les athlètes d'autres cités. Les épreuves les plus célèbres ont lieu tous les 4 ans à Olympie : ce sont les jeux Olympiques.

L'épreuve reine, les 5 épreuves du pentathlon

lancer du disque

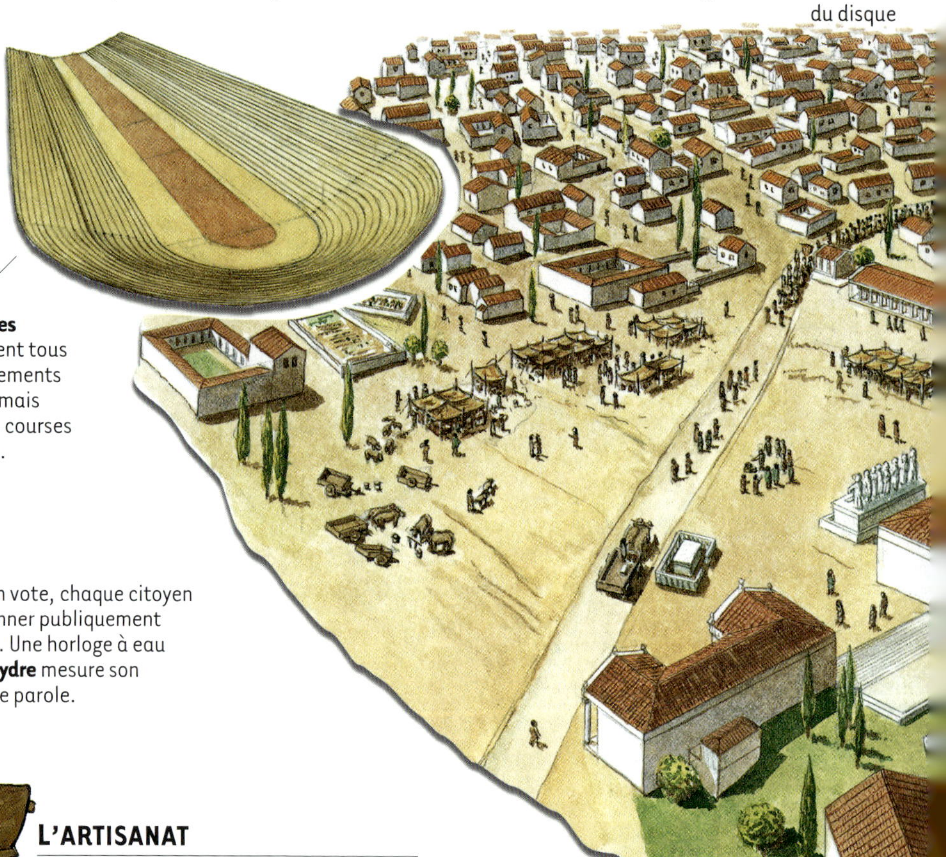

Les stades accueillent tous les événements sportifs mais aussi les courses de chars.

Avant un vote, chaque citoyen peut donner publiquement son avis. Une horloge à eau ou **clepsydre** mesure son temps de parole.

LA DÉMOCRATIE ATHÉNIENNE

À Athènes, seuls les hommes libres, nés de parents athéniens, sont des citoyens. Égaux devant la loi, ils participent par le vote aux décisions qui concernent les affaires de la cité. Cette nouvelle façon de gouverner s'appelle la démocratie. Les femmes, les étrangers et les esclaves n'ont pas le droit de voter.

L'ARTISANAT

Dans les ruelles étroites et tortueuses, les artisans travaillent dans leurs échoppes en plein air : cordonniers qui font des sandales sur mesure, charpentiers, tisserands, forgerons… Le quartier du Céramique regroupe les potiers. Ils façonnent de nombreux récipients en argile qui sont ensuite décorés par des peintres. Héros, dieux grecs ou scènes de la vie quotidienne y sont représentés.

La technique des **silhouettes noires sur fond d'argile rouge** date du VIIe siècle av. J.-C. Christ. Au siècle suivant, les peintres inventeront la technique des silhouettes rouges sur fond noir.

LA GUERRE

Il n'y a pas d'armée permanente. Chaque citoyen peut combattre mais il doit payer son équipement. Si les plus riches sont cavaliers, beaucoup sont hoplites : ils combattent à pied et portent des armes très lourdes, un bouclier et un javelot. Les plus pauvres sont rameurs à bord de trières, navires à trois rangs de rames.

style dorique

DES ARCHITECTES HORS PAIR

En l'honneur de leurs dieux, les Grecs édifient des temples imposants, en harmonie avec le paysage. Un fronton sculpté et peint repose sur des colonnes qui peuvent être de 3 styles différents.

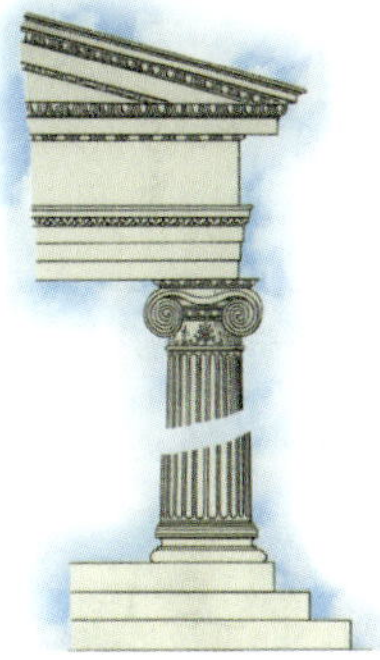

style ionique

style corinthien

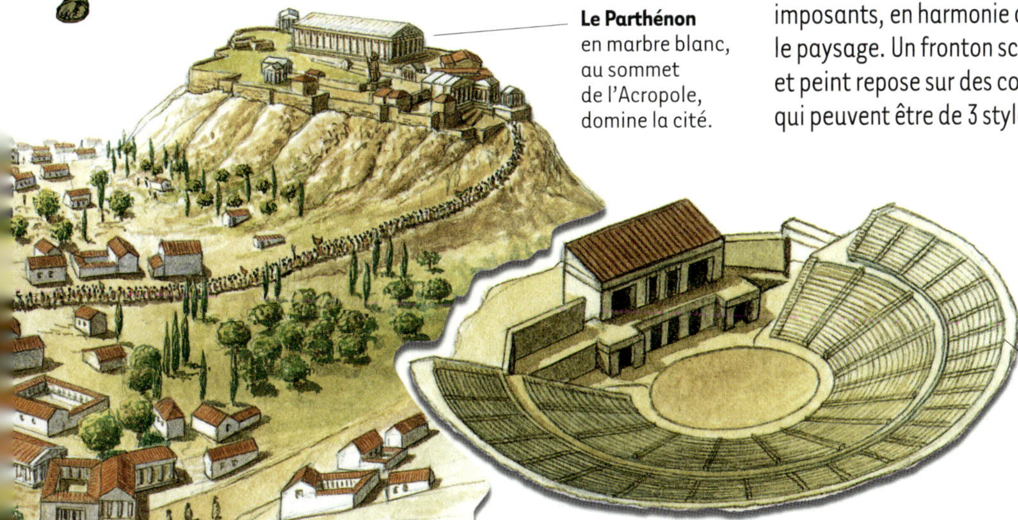

Le Parthénon en marbre blanc, au sommet de l'Acropole, domine la cité.

Les théâtres en demi-cercle sont adossés à la pente d'une colline. Même au dernier rang, les spectateurs entendent parfaitement.

Les masques ont toujours **la bouche ouverte** pour que la voix du comédien puisse être entendue tout en haut des gradins.

masque de tragédie

masque de comédie

LE THEATRE

Lors des fêtes organisées en l'honneur de Dionysos, le dieu de la vigne, on donne des pièces de théâtre du lever au coucher du Soleil. Les acteurs sont tous des hommes. Ils portent des masques. La comédie est destinée à faire rire. La tragédie, plus grave, décrit la vie de personnages historiques ou de légende.

Lors de la procession des **Panathénées,** toute la population se rend à l'Acropole, temple dédié à Athéna, la déesse protectrice de la cité. Cette fête a lieu tous les 4 ans.

Info

Les philosophes

Ces penseurs apprennent à leurs disciples à réfléchir sur la place de l'homme dans le monde et sa destinée. Les plus célèbres d'entre eux sont Socrate et son disciple Platon, ainsi qu'Aristote.

LES DIEUX

Les Grecs pensent que des dieux nombreux et invisibles les entourent.

Hadès, dieu des morts et des Enfers dont la porte est gardée par le chien Cerbère.

Artémis, déesse de la Lune et de la chasse, sœur jumelle d'Apollon.

Zeus, roi de l'Olympe et dieu du ciel. Il fait tomber la foudre.

Héra, déesse des femme mariées et des affa de la mais

Déméter, déesse des moissons et des récoltes.

Apollon, dieu de la musique et de la poésie.

Arès, dieu de la guerre.

DES DIEUX BIEN HUMAINS

Immortels et tout-puissants, les dieux vivent au sommet de l'Olympe, la montagne la plus haute de Grèce. Ils forment une grande famille. À l'image des hommes, ils ont des qualités et des défauts. Ils sont amoureux, jaloux, se mettent en colère, se disputent... Ils se mêlent aussi beaucoup de la vie des humains ! Les mythes et les légendes racontent leurs aventures.

LES HÉROS

Les héros grecs, demi-dieux, ont un courage exemplaire.

HÉRACLÈS

Il est le fils de Zeus et d'une mortelle. Déjà tout petit, il fait preuve d'une force surhumaine en étouffant deux serpents placés dans son berceau. Plus tard, afin d'expier le meurtre de sa femme et de ses enfants, il doit accomplir 12 travaux pour son cousin Eurysthée.

1. Tuer le lion de Némée.

2. Couper les têtes de l'hydre de Lerne.

3. Capturer le sanglier d'Érymanthe.

6. Nettoyer les écuries d'Augias.

7. Dompter le taureau de Crète.

8. Capturer les juments du roi Diomède.

9. Rapporter la ceinture de la reine des Amazones.

10. Capturer les bœu du géant Géryon.

Hermès, messager des dieux et protecteur des voyageurs.

Poséidon, armé de son trident. Il règne sur les mers.

héna, esse l'intelligence de la guerre, otectrice Athènes.

Aphrodite, déesse de la beauté et de l'amour.

Héphaïstos, dieu des forgerons. Ses ateliers sont les volcans.

LA PYTHIE

Les Grecs viennent à Delphes pour prier le dieu Apollon et lui demander conseil. Ses réponses sont données par une femme, la Pythie. Après avoir mâché des feuilles de laurier, elle entre en transe. Des prêtres interprètent ses cris et ses paroles confuses.

4. Capturer la biche aux bois d'or.

5. Tuer les oiseaux mangeurs d'hommes du lac de Stymphale.

11. Cueillir les pommes d'or du jardin des Hespérides.

12. Enchaîner Cerbère, le chien à trois têtes, gardien des Enfers.

LA LÉGENDE D'ULYSSE

L'*Odyssée* raconte le retour d'Ulysse dans sa patrie, l'île d'Ithaque, après la guerre de Troie. Poursuivi par la haine de Poséidon mais protégé par Athéna, il met dix ans à rentrer après avoir vaincu les périls de la mer et vécu de multiples aventures.

Il était une fois…

Au matin du monde

Au tout début des temps, surgit un jour du chaos Gaïa la Terre qui s'unit à son fils, Ouranos, le Ciel. Naquirent alors de nombreux enfants qui étaient tous des monstres : les Titans, les Cyclopes et des géants à cent bras. Cronos, l'un d'entre eux, devint le maître, après avoir tué son père Ouranos. Il dévorait tous ses enfants à leur naissance, de peur d'être détrôné. Un seul put être sauvé, Zeus, le futur roi des dieux, remplacé par une pierre emmaillotée que Cronos avala tout rond !

ALEXANDRE LE GRAND

En 336 av. J.-C., Alexandre devient roi de Grèce. Il a 20 ans. Dès 334 av. J.-C., il se lance à la conquête de l'Asie sur son cheval Bucéphale...

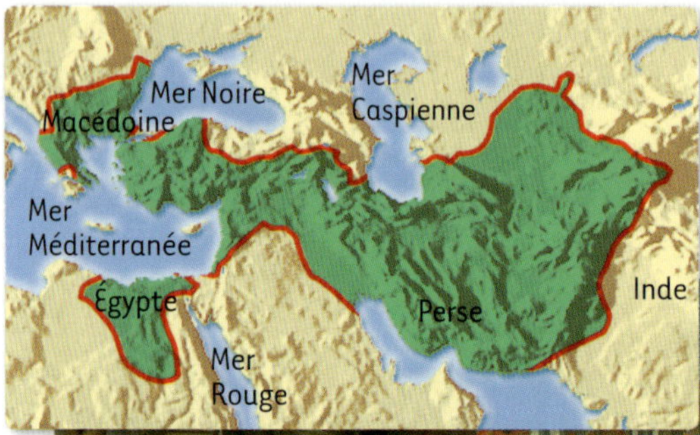

À l'âge de 32 ans, en 324 av. J.-C., Alexandre défile en grand triomphateur dans la ville de Babylone, ancienne capitale perse.

UN HOMME DE CONQUÊTE

En quelques années, il devient maître d'un immense empire qui s'étend jusqu'en Inde. Mais poussé par ses soldats exténués, il rentre à Babylone en 324 av. J.-C. Il y meurt 2 ans plus tard. Ses généraux se disputent le pouvoir et se partagent les territoires conquis.

MERCI, LES GRECS !

La Grèce antique, berceau du monde européen, nous a transmis un héritage culturel si riche que des traces subsistent encore aujourd'hui.

Histoire en grec veut dire enquête. C'est en reconstituant les événements tels qu'ils se sont passés, à la manière d'un détective, qu'Hérodote fut **le premier des historiens.** Il est considéré comme le père de l'histoire.

Hippocrate, le plus célèbre des médecins grecs, fixe les règles de base de **la médecine.** Depuis cette époque, tous les médecins prêtent le serment d'Hippocrate : ils s'engagent à respecter la vie et à venir en aide aux malades. Leur emblème est le caducée où figure un serpent, attribut du dieu grec de la médecine.

Les premières **pièces de monnaie** sont apparues au VIIe siècle av. J.-C. dans les cités grecques d'Asie. Peu à peu, leur usage s'est généralisé, même si elles étaient différentes d'une cité à l'autre.

Les Grecs font progresser de façon spectaculaire **la géométrie et les mathématiques.** Thalès, Euclide énoncent de grands principes. C'est surtout grâce à Pythagore que sont créés au VIe siècle av. J.-C. la table de multiplication, le système décimal...

À Athènes, au Ve siècle av. J.-C., **la démocratie** est inventée. Les citoyens de la cité se réunissent et participent à la vie politique en votant à main levée les grandes décisions. Aujourd'hui, nous élisons des députés. Ils voteront pour nous ensuite.

pour finir...

À VOIR

TROIE
de Wolfgang Petersen (2004)

JASON ET LES ARGONAUTES
de Don Chaffey (2000)

À LIRE

CONTES ET RÉCITS DES HÉROS DE LA GRÈCE ANTIQUE
de Christian Grenier coll. Contes et légendes, Nathan

LA GRÈCE ANCIENNE
coll. Miroirs de la connaissance, Nathan

L'ODYSSÉE
Homère, traduit par Sylvie Perceau coll. Carrés classiques, Nathan

À VISITER

MUSÉE DU LOUVRE
(département des Antiquités grecques)
99, rue de Rivoli 75001 Paris

MUSÉE DES BEAUX-ARTS DE LYON
20, place des Terreaux 69001 Lyon

MUSÉE DE L'ARLES ET DE LA PROVENCE ANTIQUES
Presqu'île du cirque romain, BP 205, 13 635 Arles

ET SUR LE WEB

HTTP://WWW.CHEZ.COM/PERIPATOI/

HTTP://WWW.E-OLYMPOS.COM/INDEX.PHP?MENU=MAISON

LES CELTES

Grands et moustachus, ils montent à cheval mieux que personne. Ils constituent l'une des plus anciennes civilisations d'Europe. Ce sont… les Celtes !

Cavaliers intrépides, les Celtes combattent à cheval, sans étrier ni fer à cheval, et organisent de spectaculaires courses de char. Les chefs des tribus sont enterrés avec leur char.

QUI SONT-ILS ? D'OÙ VIENNENT-ILS ?

Vers 1000 av. J.-C., des cavaliers sont arrivés d'Europe centrale, menant femmes et enfants vers les plaines fertiles de l'ouest. C'est un ensemble de tribus, parfois rivales, mais unies par la même langue et la même religion.

OÙ HABITENT-ILS ?

Quand ils s'installent dans les forêts, ils construisent des maisons en bois ou en torchis. Ils s'établissent aussi sur les collines. Ils y construisent des villes fortifiées, les oppida. Elles sont protégées par des murailles de poutres, de cailloux et de terre. À l'intérieur, chaque quartier a sa spécialité.

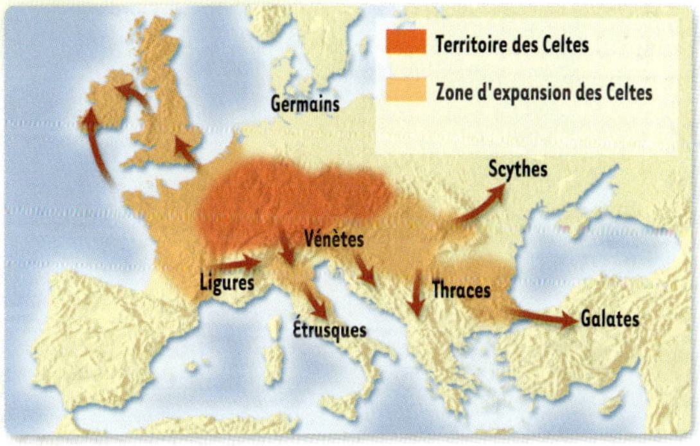

Expansion des Celtes du VIe au IIIe siècle av. J.-C. Ils ont d'abord gagné l'Allemagne et la Suisse. Au Ve siècle av. J.-C., ils occupent l'Europe entière.

UNE NOUVELLE TECHNIQUE

Les Celtes savent travailler le minerai de fer afin d'obtenir un métal plus solide que le bronze. Leurs épées de fer à double tranchant ont grand succès à travers toute l'Europe. Ce sont aussi de fabuleux artisans. Le prince de Horsdorf (Allemagne), mort en 525 av. J. -C., portait des chaussures ornées d'or et les a même emportées dans sa tombe.

Les artistes celtes couvrent d'or **les casques,** les pommeaux des épées…

Les hommes nobles ou guerriers portent des colliers en or torsadé, **les torques.**

Les orfèvres fabriquent **des miroirs** en bronze poli, ornés d'entrelacs.

DIEUX ET HÉROS CELTES

Les dieux sont dans la nature

Tant pis pour Obélix : les Celtes n'élèvent pas de menhirs, qui datent de l'époque néolithique. Ils vénèrent la Terre Mère et leurs monuments sont les arbres, les sources et les rivières où ils déposent des offrandes.

Certains dieux sont communs à toutes les tribus celtiques comme Taranis, Toutatis (ou Teutates) et Esus. Ces 3 dieux principaux qui commandent le ciel, la guerre et la nature sont honorés par des sacrifices humains. Quant à la déesse Épona, elle emporte l'âme des défunts vers l'éternité.

À LA FOIS PRÊTRES ET PHILOSOPHES

Les druides détiennent un immense savoir qu'ils transmettent par oral. Ils interprètent les lois et dirigent les fêtes qui rythment les saisons : celle de « Samhain », au 1er novembre, marque le Nouvel An. Elle est arrivée jusqu'à nous, sous le nom d'Halloween !

UN LIVRE EN OR

Jamais conquise par les Romains, l'Irlande est restée imprégnée de culture celte. Les moines de l'abbaye de Kells, vers 800, ont réalisé un livre qui témoigne de cet art magnifique.

VERCINGÉTORIX, LE GRAND ROI DES BRAVES

Il est **le chef des Arvernes,** une tribu du centre de la Gaule. Il réussit à rassembler autour de lui les tribus gauloises.

En 58 av. J.-C. commence la conquête de la Gaule par Jules César. Pour paralyser les Romains, Vercingétorix les prive de vivres et les harcèle partout où ils sont.

Mais il se fait encercler avec 80 000 hommes dans **l'oppidum d'Alésia** qui résiste pendant 2 mois avant de se rendre.

César réduit à l'esclavage tous les guerriers celtes et emmène Vercingétorix à Rome pour le faire exécuter en **46 av. J.-C.**

Rome

Qui aurait pu prévoir le destin exceptionnel de cette modeste cité blottie au pied de ses 7 collines ?

En 5 siècles, grâce à ses soldats qui conquièrent de vastes territoires, elle s'impose comme la capitale d'un immense empire et domine le monde antique.

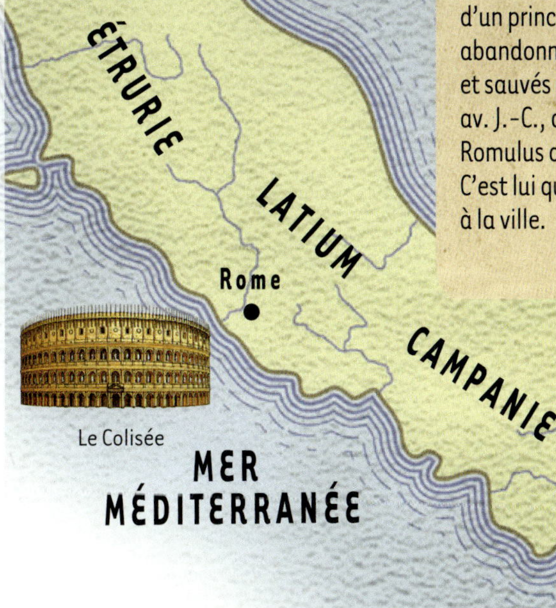

Le Colisée

LA FONDATION DE ROME

Selon la légende, Rome aurait été fondée par les jumeaux Rémus et Romulus, descendants d'un prince grec. Ils auraient été abandonnés à leur naissance et sauvés par une louve. En 753 av. J.-C., au cours d'une dispute, Romulus aurait tué son frère. C'est lui qui aurait donné son nom à la ville.

UN PEUPLE SOUS INFLUENCE

Les Latins sont les habitants du Latium. C'est là que naît Rome. Ils empruntent au peuple étrusque, installé en Italie centrale, ses techniques de construction et d'artisanat, son organisation militaire et certaines de ses croyances. Ils doivent aussi beaucoup aux Grecs dont certains sont installés au sud de l'Italie dans des cités riches et puissantes depuis le VIIIe siècle av. J.-C.

L'Etna

DU CHANGEMENT !

Les Romains expérimentent différents régimes politiques : la Royauté, la République et l'Empire. Sous la République, les assemblées de citoyens élisent les magistrats qui gouvernent Rome. Dans le régime impérial, l'empereur concentre tous les pouvoirs.

800 av. J.-C. : premières traces d'occupation sur le site de Rome.

509 av. J.-C. : Brutus fait tomber le dernier roi étrusque. Début de la République.

343-30 av. J.-C. : les soldats romains conquièrent l'Italie et le bassin méditerranéen.

98-117 : l'Empire romain n'a jamais été aussi vaste que pendant le règne de l'empereur Trajan.

476 : les Barbares mettent Rome à sac. Il ne reste plus que la partie orientale de l'Empire, autour de Constantinople.

À LA CONQUÊTE DU MONDE

Pendant 5 siècles, l'armée romaine est presque invincible et avance toujours plus loin. Son secret ? La discipline de ses soldats et le génie militaire de ses généraux.

ENNEMI PUBLIC N°1

En 201 av. J.-C., le général carthaginois Hannibal a l'audace de lancer son armée à travers les Alpes pour battre les Romains en Italie. Ses 40 000 soldats sont accompagnés de 37 éléphants. Mais le froid est rude, la marche en montagne pénible. Quand ils déferlent sur l'Italie, il ne reste que 26 000 hommes et 12 éléphants. Le nouveau général romain appelé à la rescousse, Scipion, force alors Hannibal à revenir en Afrique. À Zama, près de Carthage, il écrase l'armée carthaginoise en 202 av. J.-C. La cité est détruite et déclarée maudite à jamais.

Un triomphe !

Debout sur son char d'apparat, le chef victorieux célèbre son triomphe en défilant au cœur de Rome. Il est suivi par le long cortège des prisonniers, ainsi que par les chariots débordant de butin. Pour être accueilli ainsi, il faut avoir tué 5 000 ennemis et avoir agrandi le territoire romain.

En août 46 av. J.-C., **Jules César** célèbre ses victoires en offrant au peuple romain 4 défilés militaires et 40 jours de fêtes.

LES GÉNÉRAUX

Ils font leurs preuves sur les champs de bataille avant de devenir de grands hommes politiques.

Marius (157-86 av. J.-C.) est 7 fois consul après avoir battu des peuples germaniques.

Jules César (101-44 av. J.-C.) tient sa toute-puissance de sa conquête de la Gaule en 51 av. J.-C. Dictateur à vie, il meurt assassiné.

Trajan (53-117) conquiert la Roumanie, la Jordanie et l'Irak actuels. Les Romains le considèrent comme le meilleur des empereurs.

Hadrien (76-138) est un empereur pacifique Il fait construire une ligne de défense autour de l'Empire.

l'Empire romain au IIe siècle
Aux frontières menacées, les Romains ont construit une ligne fortifiée appelée le *limes*.

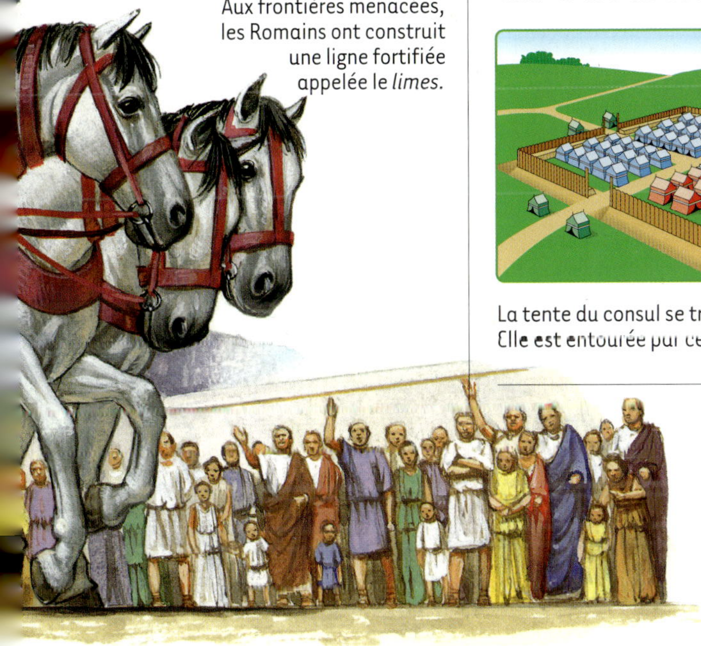

L'ARMÉE

Le soldat est fier d'appartenir à la meilleure armée du monde qui le loge, le nourrit, l'habille et le soigne. Volontaire, il s'engage pour 20 ans.

Le camp

Avant d'assiéger une ville, les soldats dressent un camp fortifié, quadrillé par deux voies perpendiculaires. Au centre se trouve le quartier général. Tout autour, les tentes des soldats qui conservent leur ordre de bataille.

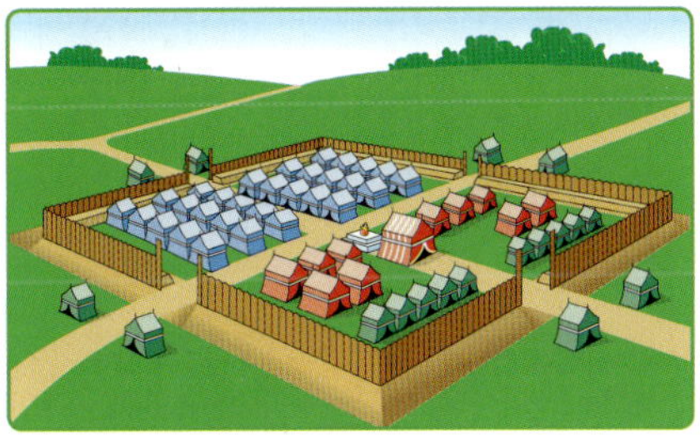

La tente du consul se trouve au centre du **camp.** Elle est entourée par celles des officiers.

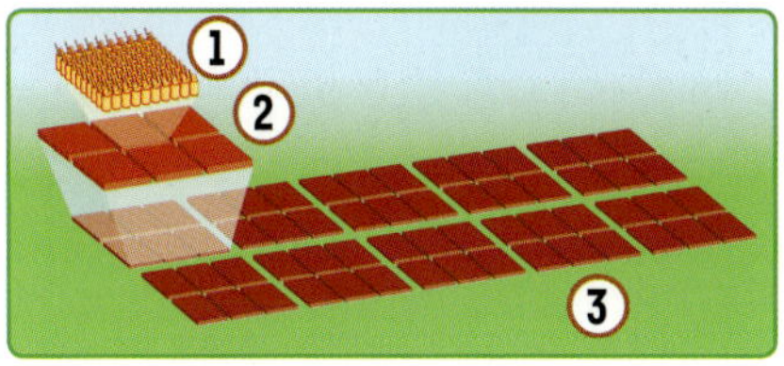

1. **Une centurie** rassemble 100 légionnaires.
2. **Une cohorte** est formée de 6 centuries.
3. **La légion** est divisée en 10 cohortes. Elle rassemble donc 6 000 hommes.

la tenue du légionnaire
L'équipement complet pèse environ 35 kg.

LES ARMES DE SIÈGE ET DE DÉFENSE

tour montée sur roues
À l'assaut, un pont s'abaisse. Les soldats, massés à l'intérieur, se précipitent sur l'adversaire.

Le bélier sert à enfoncer les défenses ennemies.

La catapulte lance des pierres ou des flèches à plus de 200 m.

Cette colonne d'assaut a la forme d'une **tortue.** Les soldats sont protégés par leur bouclier et avancent en toute sécurité. Ce mur de fer est invulnérable.

Dioclétien (245–305) réorganise l'Empire affaibli et menacé à ses frontières et lance des persécutions contre les chrétiens.

Constantin (270-337) fait de Constantinople (ou Byzance) la nouvelle capitale de l'Empire. Il décrète la liberté de toutes les religions.

UNE JOURNÉE À ROME

Au cœur de Rome se dressent de beaux monuments en pierre et des maisons vastes réservées aux plus fortunés. Ailleurs, on s'entasse dans des immeubles sans confort.

SUR LES PAS DE MARCUS

Chaque matin, ce riche marchand règle ses affaires après avoir donné des ordres à ses esclaves qui s'occupent de la maison. Puis il gagne le centre de la ville en se frayant un chemin dans les ruelles encombrées de chariots et de petits marchands ambulants.

Tôt le matin, Marcus, le chef de famille, fait des offrandes aux dieux devant l'autel familial.

Les latrines publiques peuvent accueillir plusieurs personnes en même temps.

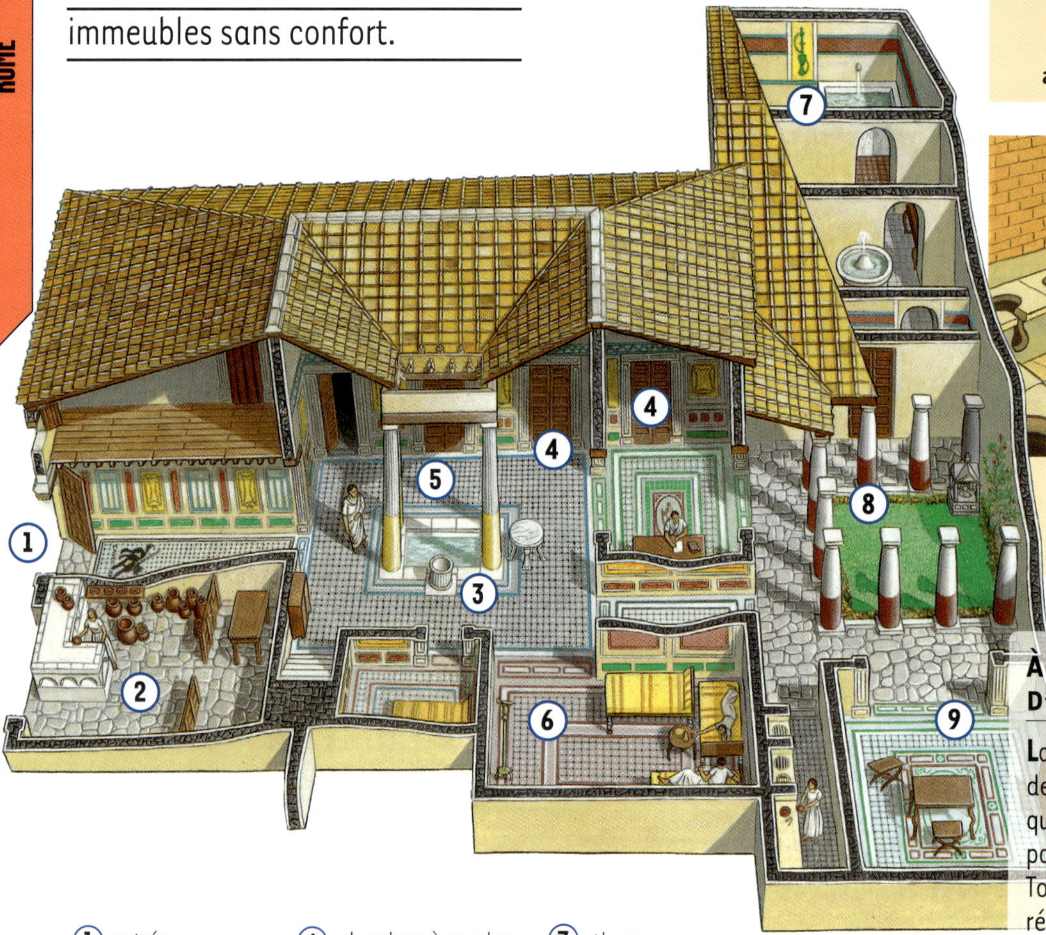

1. entrée
2. cuisine
3. lararium (autel des dieux du logis, les dieux lares)
4. chambres à coucher
5. atrium
6. triclinium (salle à manger)
7. thermes
8. péristyle
9. tablinium (pièce de réception)

À L'INTÉRIEUR D'UNE MAISON

La maison est aménagée autour de l'atrium, orné d'un bassin qui recueille l'eau de pluie tombant par une ouverture dans le toit. Tout autour se trouvent les pièces réservées à la vie de famille : salle à manger, chambres et cuisine. Au fond, un péristyle, une cour ouverte bordée de colonnes, s'ouvre sur un jardin décoré de fontaines, de statues et de massifs de fleurs.

LES DIEUX

Les Romains honorent de nombreux dieux, mais Jupiter reste pour eux le plus grand de tous.

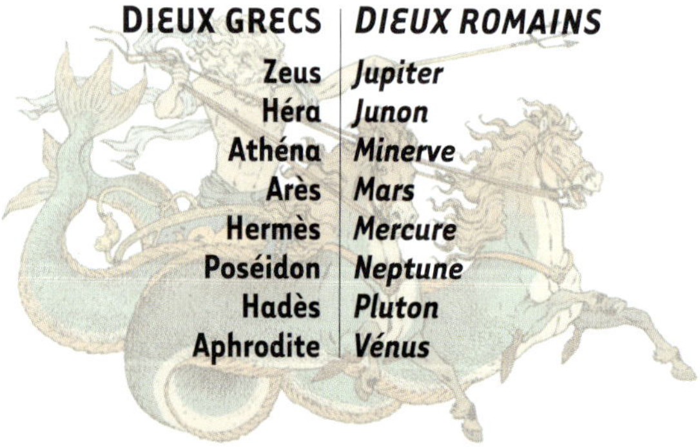

DIEUX GRECS	*DIEUX ROMAINS*
Zeus	*Jupiter*
Héra	*Junon*
Athéna	*Minerve*
Arès	*Mars*
Hermès	*Mercure*
Poséidon	*Neptune*
Hadès	*Pluton*
Aphrodite	*Vénus*

DES DIEUX TRÈS SOLLICITÉS

Ils les consultent sans cesse et recherchent leur protection en organisant de grandes cérémonies autour des temples dressés en leur honneur.

Il se rend au forum, la grande place publique, pour discuter des affaires de la cité et connaître les dernières nouvelles.
Il est salué par un magistrat que des esclaves portent dans une litière.

Aux thermes, Marcus plonge dans l'eau froide du frigidarium après avoir transpiré dans le caldarium.

Dans la rue, il s'arrête chez le barbier pour se faire raser.

En fin d'après-midi, il se rend chez un ami pour dîner. Au menu, tétines de truie, autruche bouillie et fricassée de roses que les convives dégustent allongés, avec leurs doigts. Entre chaque plat, des musiciens et des danseurs les divertissent.

chiffres

1,2 million d'habitants, c'est la population de Rome au IIe siècle ap. J.-C. C'est la ville la plus peuplée du monde connu.

30 000, c'est le nombre de dieux, déesses et divinités que les Romains vénèrent.

4 000 c'est le nombre de soldats qui assurent la police dans Rome pendant la journée.

LES GRANDS TRAVAUX

Pendant 5 siècles, une grande partie de l'Europe vit à l'heure romaine. Aujourd'hui, de multiples traces subsistent.

Chaque grande ville possède **un théâtre,** un odéon pour les concerts, un cirque pour les courses de chars et un amphithéâtre pour les combats de gladiateurs.

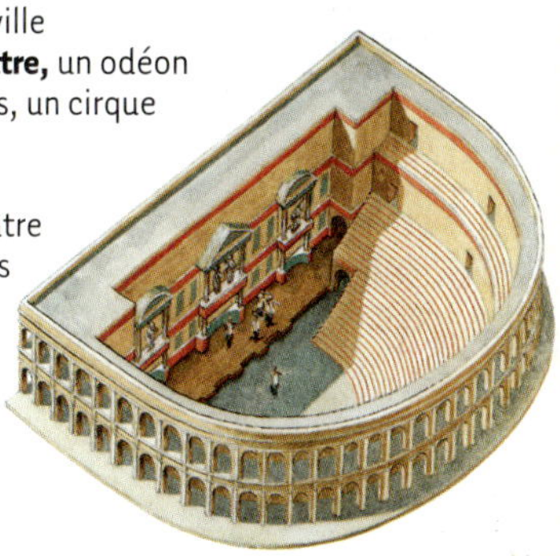

Un réseau de 90 000 km de **routes** en pierre relie les villes principales de l'Empire. Beaucoup de routes actuelles empruntent leur tracé.

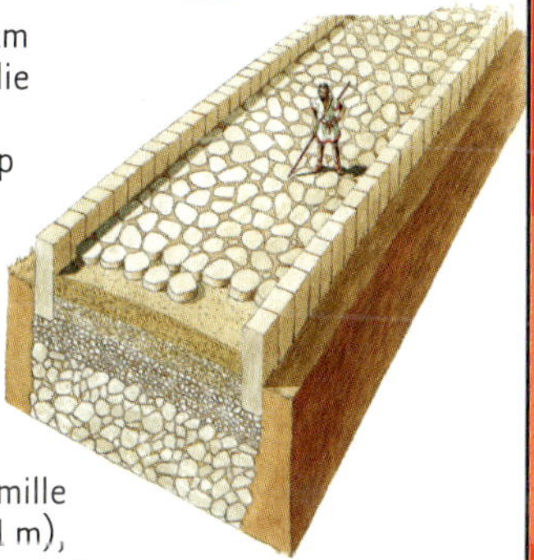

À chaque mille (soit 1 481 m), **des bornes** en pierre sont plantées le long de toutes les voies romaines. Elles indiquent la distance depuis Rome.

Des conduites d'eau acheminent l'eau vers les villes. Pour franchir les obstacles naturels, elles sont placées sur des ponts en arcades. Ce sont **les aqueducs.**

« DU PAIN ET DES JEUX ! »

C'est ce que réclame le peuple romain à son empereur qui organise presque chaque jour des pièces de théâtre, des courses de chars et des combats de gladiateurs.

En piste !

Les combats d'animaux (ours, lions, hippopotames...) ouvrent le spectacle. Puis arrivent les gladiateurs qui saluent l'empereur avant de se livrer des duels impitoyables : « Salut, César, ceux qui vont mourir te saluent » *(Ave Caesar, morituri te salutant).*

À MORT !

Quand un gladiateur gît à terre, l'empereur donne son verdict. S'il lève le pouce, le blessé a la vie sauve. S'il l'abaisse, c'est la mort.

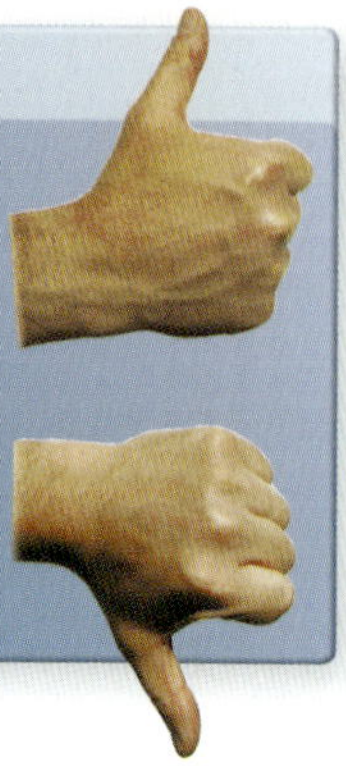

AVANT LE COMBAT

Les gladiateurs sont des esclaves, des prisonniers de guerre ou des criminels. Privés de liberté, ils logent dans des casernes qui ressemblent à des prisons. Là, des moniteurs les entraînent. La veille du combat, ils participent à un banquet et les Romains peuvent venir les admirer.

Le bestiaire lutte avec une lance contre des bêtes fauves : des lions, des panthères ou des ours.

Le mirmillon porte un casque surmonté d'un poisson et se défend avec un bouclier rond.

Le rétiaire est protégé par une épaulière. Ses armes sont un filet qui sert à emprisonner l'adversaire et un trident pour l'immobiliser au sol.

LES COURSES DE CHAR

Au signal, les auriges, debout sur leur char, s'élancent sur la piste. Ils doivent faire sept tours au grand galop. On jette de l'eau froide sur les roues pour éviter qu'elles ne prennent feu. Les spectateurs hurlent. Ils ont parié beaucoup d'argent !

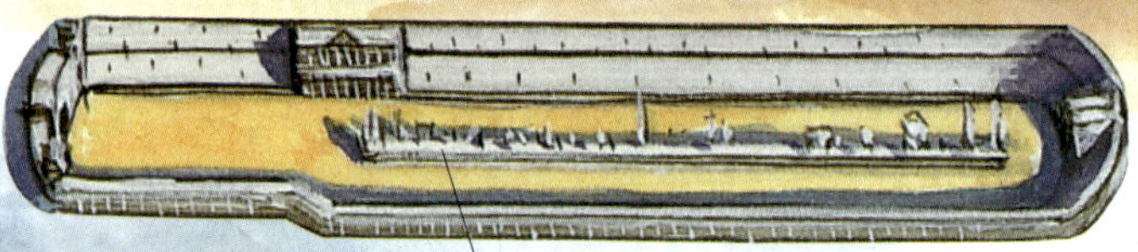

Au centre de la piste, des autels, des colonnes et des obélisques forment **la spina.** Aux extrémités se trouvent des bornes que les chars doivent contourner. Attention, risque d'accident !

LA FIN DE L'EMPIRE

À partir du IIIe siècle, les Romains ne peuvent plus contenir les Barbares qui se bousculent aux frontières. L'empire se disloque...

À la fin du IVe siècle, les Germains pénètrent l'empire romain, poussés par les Huns, redoutables cavaliers venant d'Asie centrale. Ils franchissent le Rhin et ravagent la Gaule. Rome est pillée en 410 puis en 455.

L'empire démantelé

En 395, pour mieux faire face aux invasions barbares, l'empereur Théodose partage l'empire en deux : l'empire d'Orient regroupé autour de la ville de Constantinople et l'empire d'Occident avec Rome pour capitale. Cette décision ne parvient pas à contenir le flot des invasions dans l'empire d'Occident qui éclate en plusieurs royaumes barbares. En 476, le dernier empereur à Rome est détrôné. L'empire d'Orient, lui, subsiste jusqu'en 1453.

LE CHRISTIANISME

Cette nouvelle religion issue de l'enseignement d'un juif, Jésus de Nazareth, se répand dans l'Empire romain à partir du Ier siècle. Ses adeptes les chrétiens subissent des persécutions avant de voir leur religion tolérée en 313, puis reconnue.

Ichtus siginifie poisson en grec. Chaque lettre de ce mot est l'abréviation de : « Jésus-Christ fils de dieu, sauveur ». **Le poisson** est un des premiers symboles chrétiens.

EN GAULE ROMAINE

Dans les villes, les Gallo-Romains vivent à la mode romaine. Beaucoup deviennent même des citoyens romains. Mais dans les campagnes, ils continuent à parler gaulois, à honorer leurs anciens dieux, les dieux celtes. Leur vie est dure car les impôts sont lourds et leurs produits subissent la concurrence de ceux cultivés dans les grands domaines. En 260, la Gaule se révolte avec l'Espagne et la Bretagne pour fonder un empire indépendant.

pour finir...

À VOIR

GLADIATOR
de Ridley Scott (2000)

SPARTACUS
de Stanley Kubrick (1961)

À LIRE

CONTES ET RÉCITS DES HÉROS DE LA ROME ANTIQUE
de Jean-Pierre Andrevon coll. Contes et légendes, Nathan.

LA ROME ANCIENNE
coll. Miroirs de la connaissance, Nathan

À VISITER

MUSÉE CALVET
65 rue Joseph Vernet, 84000 Avignon

THÉÂTRE ANTIQUE D'ARLES
Boulevard des Lices, jardin d'été 13200 Arles

ARÈNES ANTIQUES DE NÎMES
4, Rue de la Violette 30000 Nîmes

ET SUR LE WEB

HTTP://TONY.BEA.FREE.FR/ACCUEIL.HTML

HTTP://WWW.UNICAEN.FR/ROME/INDEX.PHP?LANGUE=FRANCAIS

HTTP://WWW.CURIOSPHERE.TV/ROMAINS/ACCUEIL.HTML

496 → 1772

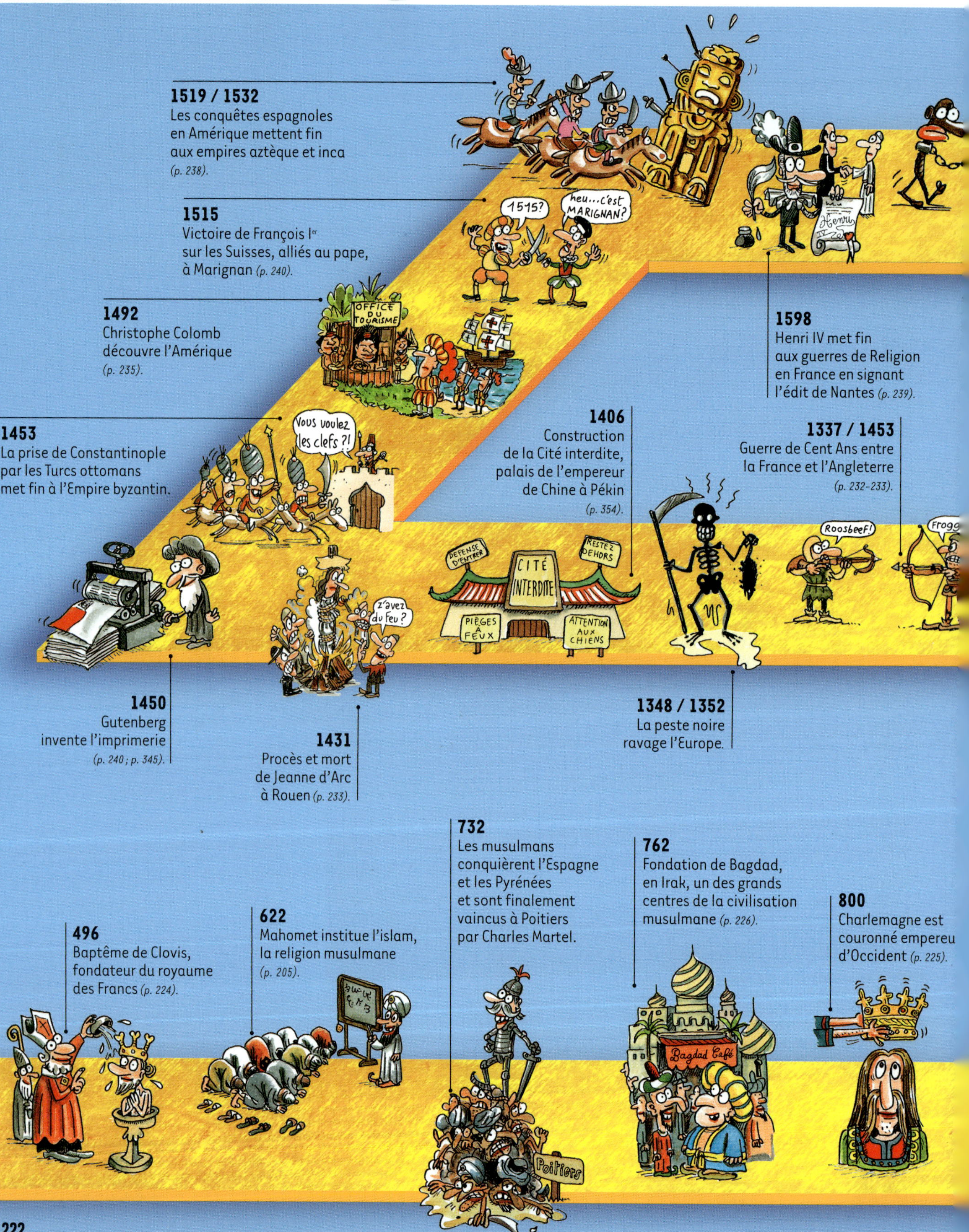

496
Baptême de Clovis, fondateur du royaume des Francs *(p. 224)*.

622
Mahomet institue l'islam, la religion musulmane *(p. 205)*.

732
Les musulmans conquièrent l'Espagne et les Pyrénées et sont finalement vaincus à Poitiers par Charles Martel.

762
Fondation de Bagdad, en Irak, un des grands centres de la civilisation musulmane *(p. 226)*.

800
Charlemagne est couronné empereu d'Occident *(p. 225)*.

1337 / 1453
Guerre de Cent Ans entre la France et l'Angleterre *(p. 232-233)*.

1348 / 1352
La peste noire ravage l'Europe.

1406
Construction de la Cité interdite, palais de l'empereur de Chine à Pékin *(p. 354)*.

1431
Procès et mort de Jeanne d'Arc à Rouen *(p. 233)*.

1450
Gutenberg invente l'imprimerie *(p. 240 ; p. 345)*.

1453
La prise de Constantinople par les Turcs ottomans met fin à l'Empire byzantin.

1492
Christophe Colomb découvre l'Amérique *(p. 235)*.

1515
Victoire de François Ier sur les Suisses, alliés au pape, à Marignan *(p. 240)*.

1519 / 1532
Les conquêtes espagnoles en Amérique mettent fin aux empires aztèque et inca *(p. 238)*.

1598
Henri IV met fin aux guerres de Religion en France en signant l'édit de Nantes *(p. 239)*.

Du baptême de Clovis au siècle des Lumières

1619
Les premiers esclaves africains sont déportés en Amérique du Nord
(p. 242-243).

1620
Les premiers colons, les Pères pèlerins, arrivent en Amérique à bord du *Mayflower*
(p. 248).

1630
Début de la construction du Taj Mahal en Inde
(p. 354).

1685
Louis XIV révoque l'édit de Nantes et interdit aux protestants de pratiquer leur religion.

1751 / 1772
Diderot et d'Alembert dirigent l'*Encyclopédie,* l'un des principaux moyens de diffusion des idées des « Lumières ».

Vers 1230
Fondation de l'empire du Mali, en Afrique.

Vers 1200
Manco Capac Ier crée l'Empire inca au Pérou
(p. 237).

1113
Construction du temple d'Angkor Vat au Cambodge
(p. 257).

1325
Édification de Tenochtitlán, capitale …Empire aztèque …ctuelle Mexico
(p. 236).

1206 / 1227
Gengis Khan forme l'Empire mongol en Asie, le plus vaste du monde.

1110
Création des premières universités en Europe.

1096 / 1270
Croisades. Les chevaliers européens se battent pour reconquérir Jérusalem occupée par les musulmans
(p. 232).

982
Les Vikings colonisent le Groenland.

1066
Bataille d'Hastings. Guillaume, duc de Normandie, devient roi d'Angleterre.

Vers 1000
Premières statues de l'île de Pâques, en Polynésie (p. 352).

LES GRANDES INVASIONS

Au ve siècle, des peuples germaniques, mi-guerriers mi-paysans, franchissent les frontières romaines. Chassés par de féroces cavaliers, les Huns venus d'Asie, ils cherchent vers l'ouest du butin et des terres fertiles.

Les nouveaux maîtres de la Gaule

Vers 460, un peuple germanique divisé en tribus, les Francs, s'installe au nord de la Gaule. En 481, Clovis succède à son père, Childéric, et devient roi. En 486, il réalise l'unité des Francs. Mais pour asseoir son pouvoir, il a besoin des évêques, qui sont très puissants.

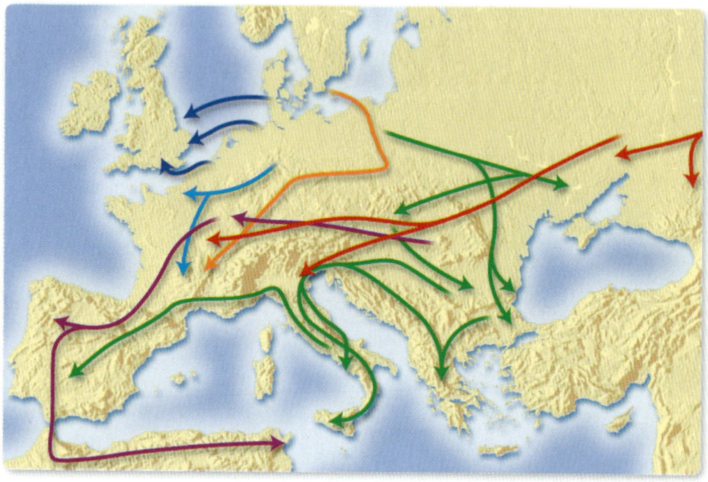

Les Burgondes s'installent en Bourgogne. **Les Angles et les Saxons** chassent les Romains de l'île de Bretagne qui devient l'Angleterre. **Les Goths** se divisent en deux clans pour peupler l'Espagne et l'Italie. **Les Francs** conquièrent la Gaule.

question d'enfant

Étaient-ils vraiment barbares ?

Les Romains ont nommé « barbares » ces intrus qui ne parlaient pas latin, n'écrivaient pas, ne construisaient pas de villes. Le nom, issu du grec, signifiait « étranger ». En réalité, depuis le ive siècle, de nombreux Germains combattaient dans les armées impériales. Une fois installés, ils s'allient avec les grandes familles romaines et adoptent leurs coutumes. De cette fusion naît une nouvelle culture, qui prend son essor au Moyen Âge.

LE BAPTÊME DE CLOVIS

La nuit de Noël 496, à Reims, Clovis reçoit le baptême. En devenant chrétien, il devient aussi l'allié des puissants évêques qui vont favoriser ses conquêtes. À la mort de Clovis, en 511, le royaume franc possède les deux tiers de la Gaule et une partie de la Germanie.

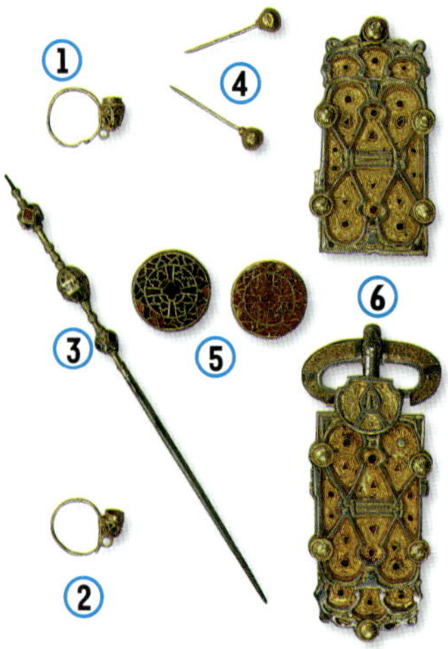

L'ART DES BARBARES

En 1959, à l'abbaye de Saint-Denis, près de Paris, des archéologues ouvrent un tombeau. Au doigt du squelette, une bague porte le nom latin Arnegundis. La reine Arégonde ! Elle fut enterrée avec de somptueux bijoux, vêtue d'une robe de soie et d'un voile de satin. Raffinés, les barbares !

(1) et (2) boucles d'oreilles
(3) grande épingle
(4) paire d'épingles
(5) paire de fibules (sortes de broches) rondes
(6) boucle de ceinture

LE BON ROI DAGOBERT...

Entre 623 et 638, Dagobert réunit sous une seule couronne les trois royaumes des descendants de Clovis. Les barbares du Nord et les Gallo-Romains du Sud se retrouvent alors à sa cour, près de Paris.

Le Moyen Âge

Le Moyen Âge désigne l'époque placée entre la fin de l'Empire romain (476) et la Renaissance (1450 env.). Mais, pour bien des historiens, les grandes invasions font partie de l'Antiquité et le XVe siècle s'inscrit dans l'époque moderne. Le Moyen Âge s'étend alors de l'époque de Charlemagne à la guerre de Cent Ans et couvre donc 7 siècles.

Charlemagne

(Charles le Grand)

PRÉNOM : Charles (Karolus en latin)

DATES : 742-814

DYNASTIE : Carolingienne

ETUDES : ne sait pas écrire mais lit le latin et le grec

EMPLOI : roi des Francs et des Lombards (Italie) dès 774

RESIDENCE : palais d'Aix-la-Chapelle (Allemagne)

RESIDENCE : reçoit en 800 du pape la couronne d'empereur d'Occident, que personne n'avait portée depuis 476 !

Grand guerrier : de 774 à 797, il lance ses armées contre la Germanie, conquiert d'immenses territoires.

Grand chrétien : la religion chrétienne fait l'unité de son empire. Il a besoin de gens instruits pour la développer et crée des écoles dans les abbayes. Il fait baptiser de force les populations.

Grand organisateur : il divise son vaste empire en comtés sous l'autorité d'un comte et d'un évêque. Il envoie ses agents, les *missi dominici*, pour les surveiller.

Un peu plus tard...

... pendant que les successeurs de Charlemagne se disputent le pouvoir, des envahisseurs surgissent à l'horizon : les Vikings ! Dès 786, ils sont en Angleterre. En 842 ils atteignent la Loire. En 857 ils s'attaquent à Paris. Leurs assauts contribuent à la chute de l'empire carolingien.

Excellents marins, formidables guerriers, **ces païens venus du Nord** cherchent de l'or et des terres. Ils pillent les villes et les abbayes.

L'EMPIRE MUSULMAN

Les envoyés de Charlemagne vont jusqu'à Bagdad (Irak) rencontrer un puissant souverain musulman : Harun al-Rachid (786-809)qui tient dans cette ville la cour la plus raffinée de son temps.

La conquête d'immenses territoires

Du VIIIe au XIe siècle, deux dynasties se succèdent dans l'Empire musulman. Les Omeyades (661-750) conquièrent la péninsule arabique. Mais c'est sous la dynastie des Abbassides (750-1055) que le monde islamique atteint son apogée. Dans les pays conquis, les musulmans impriment une nouvelle civilisation.

LES MILLE ET UNE NUITS

Chaque soir, Chahriyar, roi de Perse, prend une épouse qu'il fait étrangler au petit matin. Survient Schéhérazade. Elle invente pour lui une histoire si belle qu'il veut connaître la fin, le soir suivant... Pendant mille et une nuits, elle raconte, jusqu'à ce que le roi, conquis, lui laisse la vie sauve. Les contes des *Mille et une nuits,* inspirés de la cour de Bagdad, furent écrits au XIIe siècle.

Les murs des palais et des mosquées sont couverts de carreaux de faïence, **les zelliges,** selon une construction très stricte.

La représentation de l'homme est interdite par la religion islamique. L'écriture est donc privilégiée. L'art de **la calligraphie,** fondé sur le texte du Coran, se développe.

En 756, les Maures, habitants du nord de l'Afrique, envahissent l'Espagne. Aujourd'hui, de nombreuses traces subsistent de cette conquête, notamment **la mosquée de Cordoue,** en Andalousie.

DES VILLES RICHES ET PEUPLÉES

Avec ses jardins et ses palais, Bagdad, fondée en 762, est un modèle pour toutes les villes musulmanes. Chacune d'elles possède des bains, une mosquée pour la prière et les débats politiques et d'immenses marchés, les souks, où s'échangent des marchandises du monde entier. Dans les universités, les madrasas,les musulmans enseignent la science des Grecs de l'Antiquité. Leurs hôpitaux et leurs laboratoires d'astrologie sont très réputés.

LA FÉODALITÉ

Les seigneurs distribuent leurs fiefs (leurs terres) aux chevaliers qui guerroient pour eux. Le mot « fief » a donné « féodalité » : une organisation sociale basée sur l'engagement entre un puissant seigneur et son vassal.

FER ET SAVOIR-FAIRE

L'armure complète, façonnée sur mesure et faite de plaques articulées apparaît vers 1400. Avant, la mode était plutôt aux mailles de fer. Dans les deux cas, l'équipement complet atteignait les 30 kg.

CHEVALIER DU XIe SIÈCLE

CHEVALIER DU XVe SIÈCLE

3 GRANDS MOMENTS DANS LA VIE D'UN CHEVALIER

L'ADOUBEMENT

– Je te fais chevalier. Voici ton épée que tu mettras au service de Dieu et des causes justes, énonce l'évêque. « J'ai 20 ans et je sais me battre. Voici enfin le jour de mon adoubement », se disent les nouveaux chevaliers, agenouillés devant l'évêque.

L'HOMMAGE

– Je suis ton homme, tu es mon seigneur ; je te donne mon aide et ma fidélité, affirme le vassal.
– Je te cède un fief : une terre et un château en échange de ton aide et de ta fidélité, répond le seigneur à son vassal.

LE TOURNOI

« Il faut à tout prix que je désarçonne mon adversaire. S'il perd, il sera mon prisonnier et je gagnerai une rançon », pense chaque chevalier.

il était une fois...

Les chevaliers de la Table Ronde

Au château du roi Arthur, en Bretagne, douze valeureux chevaliers prennent place autour de la Table Ronde qu'a dressée l'enchanteur Merlin. La place à la droite d'Arthur reste vide. Seul pourra s'y asseoir le chevalier qui aura trouvé le Graal, vase sacré ayant recueilli le sang du Christ. Quel preux chevalier s'en emparera ? Perceval, le chevalier naïf qui sort à peine du giron de sa mère ? Gauvain ? Ou encore Galaad ? Et pourquoi pas Lancelot du Lac, élevé par la fée Viviane ? Amoureux de la reine Guenièvre, il est prêt à se battre pour elle jusqu'à la mort, s'il le faut...

SEIGNEURS ET PAYSANS

Sur leur seigneurie comprenant le château, les terres et les villages alentour, les grands seigneurs disposent du droit de ban : ils recrutent des guerriers, perçoivent les impôts, rendent la justice et fabriquent parfois la monnaie.

① Vers l'an 1000

Les seigneurs dressent des tours sur des buttes de terre, appelées mottes, pour surveiller au loin et imposer leur autorité.

En bas, dans la cour, une palissade protège le logis du seigneur, l'écurie et la chapelle.

Le seigneur fait payer sa protection

Les paysans lui versent plusieurs types d'impôts : la taille, puis le cens ou le champart qui sont le loyer de la terre ; des péages pour circuler sur les routes ; des « banalités » (du droit de ban) pour utiliser le moulin... Les serfs, qui eux ne sont pas libres, paient d'autres taxes.

CÔTÉ SEIGNEURS

Le seigneur **contrôle tout :** il touche les redevances, fait engranger les récoltes et rend la justice.

Il possède **des faucons** dressés pour capturer les oiseaux. Les dames participent volontiers à cette chasse au vol.

Les filles cousent et brodent, tandis que **les garçons** s'entraînent à manier l'épée. Les enfants nobles savent lire, compter, chanter et danser.

La grande salle est la pièce principale réservée aux banquets, aux assemblées et à la justice. Souvent, le seigneur dispose d'autres pièces.

Les jours de fête, on met de **beaux vêtements** aux couleurs vives. Les soieries sont importées d'Orient à prix d'or.

LES ARMES OFFENSIVES

L'énorme cuillère de **la catapulte** lance des boulets de 100 kg qui ébranlent les murailles.

Le trébuchet est une sorte de fronde. Muni d'un contrepoids de 1 tonne, il tire jusqu'à 200 m un boulet par heure.

SUR LA TABLE DU MAÎTRE

Chapon à la cannelle
Poule aux herbes
Pâtés de venaison
Amandes sucrées
Crème frite
Noix et poires crues

① Le parapet du chemin de ronde est creusé de **créneaux.**

② **Les mâchicoulis** sont des galeries en surplomb pour le tir vertical (pierres, sable brûlant, mais pas d'huile bouillante !).

② À partir du XIIe siècle

C'est la mode des tours rondes, plus résistantes que les anciens donjons quadrangulaires. Certaines sont habitées par les seigneurs et leur famille, d'autres par les garnisons du roi.

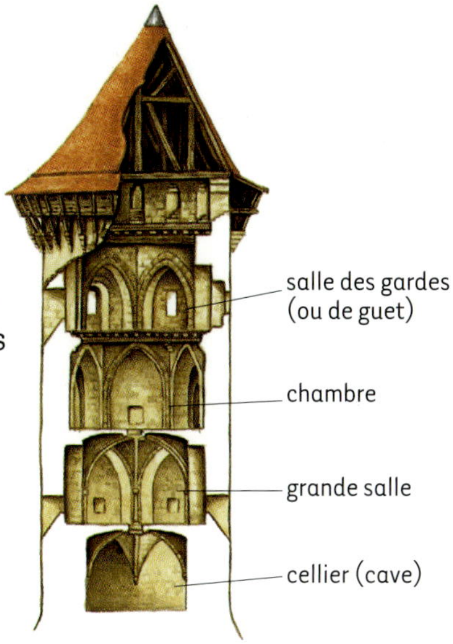

À LA SOUPE !

Pain, lard
Potée mijotée
avec des pois, des raves,
des poireaux ou des bettes

Voilà de quoi faire rêver plus d'un paysan ! Même si, aux XIe et XIIe siècles, les famines s'espacent en Europe, elles réapparaissent vers 1300 quand les hommes deviennent trop nombreux pour les rendements de la terre.

CÔTÉ PAYSANS

Les paysans **cultivent** les terres du seigneur. Ils paient aussi sa protection en monnaie, en denrées ou en journées de travail.

Chaque famille a **son courtil,** ou potager, pour faire pousser légumes et plantes médicinales. Elle élève aussi un cochon et quelques volailles.

Les enfants aident leurs parents aux travaux des champs et gardent les troupeaux. Ils apprennent parfois un autre métier.

Les demeures sont petites et mal chauffées. La famille loge souvent dans une seule pièce.

Les hommes portent une tunique courte sur des braies (sorte de caleçon) ; les femmes **une robe longue** et un fichu sur la tête.

③ Au XVe siècle

Les châteaux forts deviennent d'agréables résidences. À l'extérieur, tout est conçu pour résister à l'ennemi mais bientôt, le canon saura abattre ces géants de pierre.

③ Les soldats s'abritent derrière **les merlons.**

④ Les tours sont percées d'**archères** pour le tir à l'arc.

⑤ À partir du XIIe siècle, **la porte** est munie d'une herse, sorte de grille, et d'un pont-levis.

⑥ Les attaquants s'abritent sous **des toits amovibles** ou derrière de larges boucliers, les mantelets.

CHASSE GARDÉE

Une partie de la forêt est réservée aux chasses du seigneur : avec ses chevaux et ses chiens, il court le gros gibier (cerf, sanglier, loup) que l'on tue à l'épieu, à l'arc ou à l'arbalète. Ce sport violent est aussi un entraînement à la guerre.

LES GRANDES POINTURES

BERNARD DE CLAIRVAUX
(1090-1153)

Il a 25 ans lorsqu'il devient abbé de Clairvaux, une abbaye cistercienne où les moines suivent une règle stricte. Il conseille les rois et les papes. C'est lui qui prêche la seconde croisade, en 1146.

ALIÉNOR D'AQUITAINE
(1122-1204)

Héritière du duché d'Aquitaine, elle épouse le roi de France en 1137 puis, en 1152, Henri Plantagenêt qui est aussi duc de Normandie et roi d'Angleterre. L'Aquitaine devient donc anglaise…

RICHARD CŒUR DE LION
(1157-1199)

Roi d'Angleterre en 1189, ce géant à la crinière rousse participe à la troisième croisade où il se couvre de gloire en prenant la ville d'Acre (1191). Il représente le chevalier parfait ; il est aussi troubadour et nous a laissé de belles chansons.

INNOCENT III
(1160-1216)

Élu en 1198, c'est le pape le plus puissant du Moyen Âge. Il aide les chrétiens à reprendre l'Espagne, occupée par les musulmans depuis 711, et organise la croisade contre les cathares qui s'opposent à l'Église dans le sud de la France.

LOUIS IX (1214-1270)

Sacré roi à 12 ans, il veut la justice dans son royaume : il interdit les guerres entre seigneurs et renforce l'autorité du roi. Il est reconnu saint en 1297. Son prestige est si grand que le XIIIe siècle s'appelle le « siècle de saint Louis ».

THOMAS D'AQUIN (1225-1274)

Moine italien, il étudie dans toutes les universités d'Europe puis enseigne à Paris. Il développe le savoir grec et la logique dans une pensée toute entière soumise à la foi en Dieu.

FRÉDÉRIC DE HOHENSTAUFEN
(1194-1250)

Roi de Sicile, il est élu empereur en 1212 par les princes allemands. Très intelligent et érudit, il sait parler le grec et l'arabe. Juifs et musulmans sont acceptés dans son royaume, ce qui est rare à son époque. Il a beaucoup d'ennuis avec le pape !

MARCO POLO
(1254-1324)

Il quitte Venise en 1271, destination : la Chine. Là-bas, l'empereur en fait son conseiller et le garde pendant vingt ans. Il est le premier Européen à décrire la civilisation chinoise dans son *Livre des Merveilles.*

BERTHE AUX GRANDS PIEDS
(?-783)

Ainsi surnommée à cause de la taille de ses pieds, elle eut l'honneur d'être la mère de Charlemagne. Mais quelle était réellement sa pointure ? Le mystère reste entier.

MONASTÈRES ET CATHÉDRALES

Contrôlant chaque instant de la vie, du baptême à la mort, présents aux côtés des rois comme au fond des campagnes, les hommes d'Église encadrent la société du Moyen Âge.

Une Église puissante

Sauver les âmes de ceux qui se battent, de ceux qui travaillent, telle est la mission de l'Église. Mais en échange, elle perçoit des revenus qui vont l'enrichir considérablement.

Dans le scriptorium, **les moines copistes** passent leur journée à recopier, en silence, des œuvres de philosophie, d'histoire...

GARDIENS DU SAVOIR

Les moines ont pour principale tâche de transcrire les livres saints ; ils réalisent de magnifiques manuscrits ornés d'enluminures qu'ils prêtent à d'autres monastères afin que progresse le savoir.

DEUX CLERGÉS POUR UNE ÉGLISE

• **Le clergé régulier** est composé de moines qui obéissent à une règle de vie stricte, basée sur la prière et le partage. Ils vivent à l'écart du monde, dans des monastères ou des abbayes, sous l'autorité d'un abbé. Il existe aussi des monastères pour les femmes.

• **Le clergé séculier** vit « dans le siècle », c'est-à-dire dans le monde. Il regroupe :

les prêtres des paroisses

les chanoines de la cathédrale

les évêques qui dirigent les chanoines

Le pape, résidant à Rome, est le chef de l'Église tout entière.

Notre-Dame de Paris

Les cathédrales se dressent au centre des villes depuis le Ve siècle. Ornées de vitraux et de statues, elles sont rebâties à partir du XIIe siècle. Le style gothique se développe en Europe. Il permet de construire des cathédrales plus élevées et d'aménager de grandes fenêtres qui laissent passer la lumière.

LES PÈLERINS DE DIEU

Des milliers de pèlerins cheminent vers le tombeau du Christ à Jérusalem ou vers Saint-Jacques de Compostelle (Espagne). Ils vont là-bas s'incliner devant les reliques, les restes saints, implorer une guérison ou prier pour le salut de leur âme. Ils apportent des offrandes qui enrichissent les monastères.

LES CROISADES

« Dieu le veut ! » Ce cri, lancé en 1095 par le pape, est repris par des milliers de chevaliers : Dieu veut qu'ils aillent délivrer Jérusalem, la Terre sainte, prise par les Turcs musulmans depuis 1070.

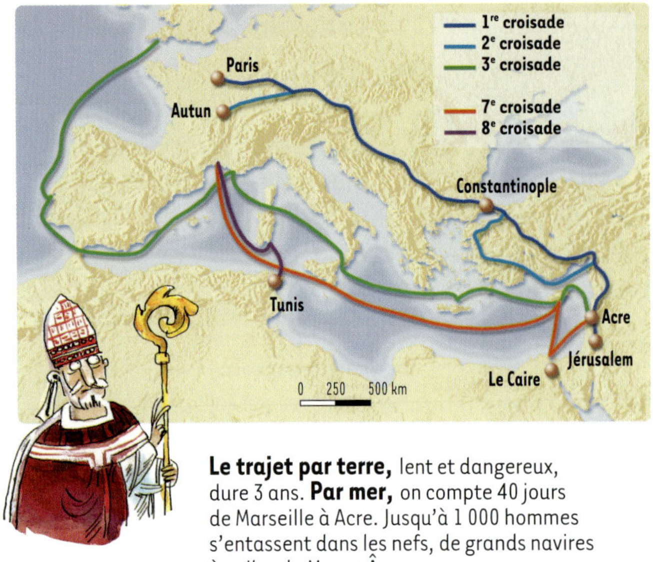

Le trajet par terre, lent et dangereux, dure 3 ans. **Par mer,** on compte 40 jours de Marseille à Acre. Jusqu'à 1 000 hommes s'entassent dans les nefs, de grands navires à voiles du Moyen Âge.

Au nom de la religion

Les chevaliers européens qui s'engagent sont animés par la foi chrétienne mais ils sont aussi avides de conquêtes. La croix des pèlerins cousue sur leurs vêtements a donné le nom de « croisades » aux 8 expéditions militaires organisées vers la Terre sainte de 1096 à 1291.

Jérusalem
En 1099, 1 200 chevaliers et 10 000 hommes d'armes atteignent Jérusalem et s'emparent de la ville. Puis ils s'établissent sur 4 territoires pris aux musulmans : le royaume de Jérusalem, le comté de Tripoli, le comté d'Édesse et la principauté d'Antioche.

Le Krak des Chevaliers
Les armées sont constituées de moines soldats : ceux de l'ordre des chevaliers de Saint-Jean-de-Jérusalem (ou Hospitaliers), fondé en 1113, et celui des Templiers, créé en 1120. Grâce à leur richesse, ils entretiennent des forteresses. Elles servent à protéger les pèlerins qui se rendent à Jérusalem. La forteresse la plus connue est le Krak des chevaliers, en Syrie.

Le siège d'Acre
Le 11 juillet 1191, après deux ans de siège, les drapeaux croisés flottent sur les remparts d'Acre. « Dans notre camp, tout le monde était hébété, les soldats pleuraient… Quant au sultan Saladin, il était comme une mère qui vient de perdre son enfant » écrit le chroniqueur arabe Bahaeddin.

Tunis
En juillet 1270, la flotte de France cingle vers l'Égypte pour y convertir l'émir avant de gagner Jérusalem. Mais la dysenterie ravage le camp et le roi Louis IX meurt le 25 août. Avec lui s'éteint en Occident l'élan des croisades.

LA GUERRE DE CENT ANS

Cent Ans ? En réalité, ce conflit entre la France et l'Angleterre a duré de 1337 à 1453 : 116 ans pendant lesquels les batailles et les trêves se succèdent.

POURQUOI LA GUERRE ?

Depuis 1152, l'Aquitaine est anglaise et le roi de France tolère mal qu'un roi étranger possède des terres sur son royaume. Les choses se gâtent lorsque Charles IV de France meurt sans héritier en 1328. Le roi anglais Édouard III, son neveu, réclame alors la couronne de France. C'est le début de la guerre.

la France en 1360

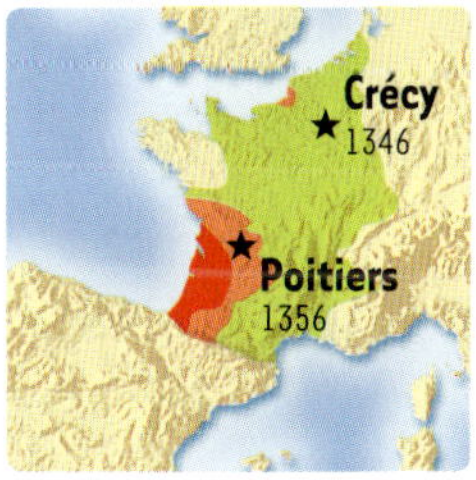

Le traité de Brétigny a été signé en 1360 après la défaite française de Poitiers.

la France en 1415

Après la défaite d'Azincourt, le traité de Troyes prend au futur Charles VII une grande partie de son royaume.

DES ARCS CONTRE LES LANCES

En 1346, l'armée anglaise pille la Normandie et rencontre les Français à Crécy. Ses archers abattent la cavalerie française qui charge dans le désordre. Le temps des chevaliers est révolu. Les Anglais, qui l'ont compris plus tôt, seront longtemps les vainqueurs des batailles.

JEANNE D'ARC ET CHARLES VII

Peu à peu, la situation se renverse en faveur de la France. Grâce à Jeanne d'Arc, Charles VII est sacré roi en 1429 et commence la reconquête de son royaume. Mais Jeanne, capturée par les Anglais, est brûlée vive le 30 mai 1431. Elle devient vite le symbole de la libération de la France.

VILLES…

À l'abri des murailles se serrent des logements où s'entassent les ouvriers, les artisans. Seuls les riches bourgeois possèdent leur maison, s'habillent de soie et gouvernent la ville. De plus en plus puissants, ils deviennent les conseillers ou les banquiers des rois.

- **Le beffroi** abrite la cloche de la ville : celle du travail et non celle de la prière qui sonne aux monastères.
- **Les bourgeois** obtiennent des libertés pour le commerce. Ils ont leur « maison commune », ancêtre de la mairie.
- Au XIIIe siècle, **les universités** se multiplient en Europe. Celle de Paris accueille 10 000 étudiants.
- **Un hôpital,** l'hôtel-Dieu, dépend de la cathédrale. Les vagabonds y sont accueillis mais les soins sont rudimentaires.
- **Le puits et la fontaine** fournissent l'eau. Des porteurs d'eau la vendent dans les rues.
- **Les portes** sont surveillées et fermées la nuit. Les hommes du guet veillent à tour de rôle.
- Chaque ville a sa halle au blé, aux draps…

Des foires annuelles complètent les marchés ordinaires.

Vers 1450, **Venise** compte 150 000 habitants et ses revenus égalent presque ceux du royaume de France. Bâtie sur la côte est de l'Italie, elle a le monopole en Europe du commerce avec l'Orient. C'est une république indépendante, gérée par les familles riches.

LA BANLIEUE NE DATE PAS D'HIER

Hors les murs, commence la banlieue : une ceinture d'une lieue (4 km) où s'exerce l'autorité du seigneur de la ville, parfois de l'évêque.

ET COMMERCES

Dans les rues, **les artisans** sont groupés en associations ou métiers. Vers 1270, Paris compte 120 métiers différents.

Les marchandises voyagent en tonneaux par bateau. Les fleuves sont plus sûrs que les routes.

Le drap est une étoffe de laine pour les vêtements. Sa fabrication emploie de nombreux métiers et enrichit les villes.

Du bétail, des charrettes de légumes arrivent chaque jour. Il y a tant de bouches à nourrir : 30 000 habitants à Rouen, 50 000 à Bruges…

Des changeurs changent la monnaie, qui varie d'une ville à l'autre. À partir du XIIIe siècle, la monnaie royale domine les autres.

La rue spectacle : vu l'étroitesse des logis, on vit dans la rue. Des farces appelées **soties** y sont données et font beaucoup rire.

LES GRANDES EXPLORATIONS

« Dans la nuit du 12 octobre, l'homme de vigie a hurlé : "Terre!" En effet, la Lune éclairait une côte, droit devant nous ! Après deux mois de traversée, je savais que nous touchions au but, malgré a peur de mon équipage ! Au petit matin, nous avons débarqué... »

CHACUN SA ROUTE !

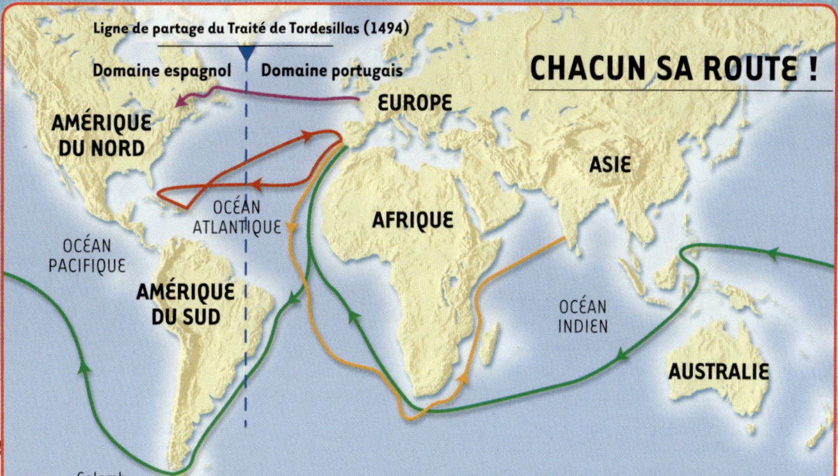

Les Portugais sont les premiers à se lancer sur l'océan Atlantique grâce à l'aide financière et scientifique du prince Henri le Navigateur. Au traité de Tordesillas en 1494, Portugais et Espagnols se partagent les pays découverts à l'est et à l'ouest d'une ligne imaginaire traversant l'Atlantique.

Un nouveau continent !

En 1492, Christophe Colomb (1451-1506) marin génois au service du roi d'Espagne, croit toucher l'Inde. Lancé sur ses traces, Amerigo Vespucci (1454-1512) pensera qu'il s'agit d'une nouvelle terre. Le mot Amérique, issu de son nom, apparaît en 1507.

Le Portugais **Vasco de Gama** (1469-1524) entre dans le port de Calicut (Inde) en mai 1498. Après 2 ans et 2 mois de navigation, il vient de trouver la route maritime vers l'Orient fabuleux.

En 1519, on sait qu'à l'ouest, un continent barre la route de l'Inde. Le Portugais **Magellan** (1480-1521) trouve le passage et débouche dans l'océan Pacifique. En 1522, un seul de ses navires, avec 18 hommes sur 265, rentre au port après avoir effectué le premier tour du monde.

Jacques Cartier (1491-1557), envoyé par François Ier chercher un passage vers l'Inde par le nord-ouest, explore le Canada à partir de 1534.

pour finir...

À VOIR

LE NOM DE LA ROSE
de Jean-Jacques Annaud (1986)

À LIRE

CONTES ET LÉGENDES DU MOYEN ÂGE
de Jacqueline Mirande coll. Contes et légendes, Nathan

LE MOYEN ÂGE
coll. Miroirs de la connaissance, Nathan

LA DANSE DES MAUDITS, DIX HISTOIRES DU MOYEN ÂGE
coll. Magnum, Rageot

À VISITER

MUSÉE NATIONAL DU MOYEN ÂGE
6, Place Paul Painlevé 75005 Paris

MUSÉE DE LA TAPISSERIE
13, rue de Nesmond 14400 Bayeux

ET SUR LE WEB

HTTP://WWW.SAINT-DENIS.CULTURE.FR/FR/JEUX.HTM
HTTP://WWW.GUEDELON.FR/PHP?MENU=MAISON
HTTP://WWW.MUSEE-MOYENAGE.FR/HOMES/HOME_ID20392_U1L2.HTM
HTTP://WWW.CURIOSPHERE.TV/MOYENAGE/

MAYAS, AZTÈQUES, INCAS

Quand, au XVIe siècle, les Espagnols mettent le pied sur le continent américain, ils découvrent des peuples inconnus, coupés du monde : les Mayas, les Aztèques en Amérique centrale et les Incas dans la cordillère des Andes vivent dans de puissants États qui sont des foyers de brillantes civilisations.

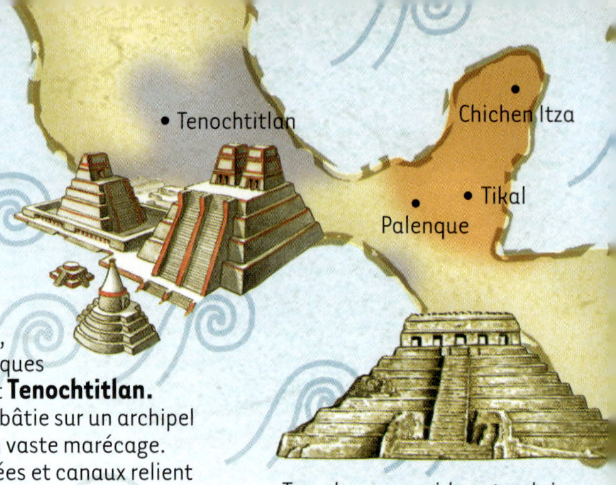

En 1325, les Aztèques fondent **Tenochtitlan.** Elle est bâtie sur un archipel dans un vaste marécage. Chaussées et canaux relient les quartiers entre eux. Des aqueducs alimentent la ville en eau douce.

Temples, pyramides et palais de princes et de prêtres sont nombreux à **Palenque,** une cité-État maya. Leur construction durait longtemps : à chaque événement important, on ajoutait un étage ou un bâtiment nouveaux.

Légende de la carte :

- Aztèques
- Mayas
- Incas

LES AZTÈQUES

Depuis le XIVe siècle, ce peuple guerrier installé au centre du Mexique a fondé un État craint et haï par les populations conquises. L'empereur gouverne son empire depuis sa capitale Tenochtitlan (l'actuelle Mexico). Avec ses 700 000 habitants, celle-ci est alors la plus grande ville du monde. Elle abrite en son centre des pyramides surmontées de temples : c'est là qu'ont lieu les sacrifices humains nécessaires selon les Aztèques à leur survie.

Le marché de Tlatelolco accueille jusqu'à 60 000 personnes.

1 On y achète et on y vend **des esclaves.**

2 En haut de la pyramide, les prêtres **sacrifient** à leurs dieux des prisonniers de guerre.

3 Dans leurs hottes, les artisans apportent **poteries,** haches de cuivre qu'ils ont fabriquées.

4 Des pièces d'étoffe ou des fèves de cacao tiennent lieu de **monnaie.**

5 **Les femmes mariées** se distinguent des célibataires par leur coiffure.

6 Bijoux, **masques en or** sont façonnés par des orfèvres.

7 **Les nobles** se reconnaissent à leurs parures en plumes.

8 À côté du **maïs,** culture de base, sont vendus des fruits inconnus en Europe (tomate, avocat...).

9 **Des plantes médicinales** sont vendues pour soigner toutes sortes de maux.

Les dates des cérémonies religieuses sont fixées d'après le mouvement des astres étudié dans des observatoires, comme celui de **Chichen Itza,** par des prêtres-astronomes.

LES MAYAS

Apparus il y a 2 000 ans, les Mayas connaissent leur heure de gloire entre 300 et 900 ap. J.-C. Ils vivent en Amérique centrale, au sud du Mexique et du Guatemala actuels et édifient des cités-États, des centres culturels et religieux. Celles-ci sont gouvernées par un chef héréditaire appelé « Grand Soleil ». Les paysans cultivent le maïs qui donne son nom à la civilisation maya. Ils produisent aussi du cacao dont ils font une boisson.

Le centre de **Tikal,** une cité maya, comprend plus de 3 000 constructions. Les pyramides hautes de 40 m sont peintes en rouge. À leur sommet, un temple est surmonté d'une stèle sculptée.

LES INCAS

En Amérique du Sud, le long de la cordillère des Andes, le vaste empire inca connaît son apogée au XVe siècle. Il est gouverné par un empereur qui se proclame fils du Soleil et instaure le culte du Soleil comme religion officielle. De sa capitale Cuzco part un réseau de routes de 16 000 km sillonnées par des coureurs à pied chargés de transmettre les messages officiels.

• Machu Picchu

• Cuzco

À 2 400 m d'altitude, le **Machu Picchu** est une place forte surmontée d'un temple-observatoire. Les murs de ces bâtiments sont faits d'énormes blocs de pierre encastrés sans ciment.

Les paysans incas aménagent les **pentes en terrasses** qu'ils irriguent avec des cours d'eau détournés. Au sommet sont cultivées les pommes de terre résistantes au froid. À mi-pente, le maïs et le haricot. En bas, les fruits et les épices.

Deux **routes** principales courent du nord au sud. Elles sont traversées par des routes secondaires et entrecoupées de ponts suspendus, de tunnels creusés dans le roc ou d'escaliers. Comme les Incas ne connaissent pas la roue, tous les voyages se font à pied.

il était une fois...

Le serpent à plumes

Selon les Aztèques, le plus grand des dieux est Quetzalcoatl. Il est aussi appelé « serpent à plumes », car son nom associe celui du quetzal, un oiseau au magnifique plumage, et celui du serpent. Dieu de la lumière et du Soleil, il aurait créé l'homme avec son propre sang et lui aurait offert le maïs pour nourriture. Puis il lui aurait enseigné la manière de polir le jade et donné le calendrier afin que soient fixés les jours consacrés aux prières et aux sacrifices. Quetzalcoatl doit réapparaître un jour pour régner sur un royaume heureux...

LES CONQUISTADORS

Hernan Cortés s'empare de l'empire aztèque en 1519.

Francisco Pizarro détruit l'empire inca en 1533 après avoir fait étrangler son empereur.

Bardés de fer et armés de canons, ils se lancent à l'assaut de l'Amérique. Un seul mot les hante : l'or ! Pour ce métal jaune qu'ils espèrent trouver à foison, les conquérants espagnols sont prêts à toutes les audaces, toutes les brutalités.

LA SOIF DE L'OR

Le roi d'Espagne s'est réservé 1/5e du butin. L'or des Aztèques et des Incas, chargé sur les galions, traverse l'océan vers le port de Séville. Dès 1545, l'argent extrait des mines de Potosi (Bolivie) prend le même chemin.

arrivée de **Pizarro** au Pérou

LA MORT DES INDIENS

Les indigènes ne connaissent ni la poudre ni le cheval des conquérants. Fascinés par ces inconnus qu'ils prennent pour des dieux, ils offrent peu de résistance. Massacrés, réduits en esclavage, travaillant durement dans les mines d'or et d'argent, décimés par les maladies européennes, ils meurent par milliers.

UNE VOIX CONTRE TOUS

À partir de 1514, un prêtre espagnol, Bartolomé de Las Casas, dénonce le massacre des Indiens et de leur culture. En 1542, il amène même Charles Quint à promulguer des lois visant à améliorer le sort des Indiens. Mais la fièvre de l'or l'emporte : grâce aux richesses du Nouveau Monde, l'économie européenne est en plein essor.

Se convertir ou mourir

1492 : la ville de Grenade (Espagne) vient d'être reprise par les chrétiens. La population musulmane qui l'occupait depuis sept siècles doit fuir ou se convertir ; 500 000 juifs soumis au même choix optent pour l'exil. Le tribunal de l'Inquisition pourchasse les « mauvais chrétiens » et dresse des bûchers. Le christianisme triomphe en Espagne.

L'affaire des placards

18 octobre 1534 : des « placards » critiquant l'Église catholique sont affichés dans les villes françaises et… sur la porte de la chambre du roi François Ier ! Excédé, le monarque, qui tolérait jusque-là les idées de la Réforme, décide de punir sévèrement les protestants. La tension monte, les arrestations se multiplient… Jean Calvin, un prêtre qui développe les idées de Luther à Paris depuis 1533, se réfugie en Suisse où il continue son action.

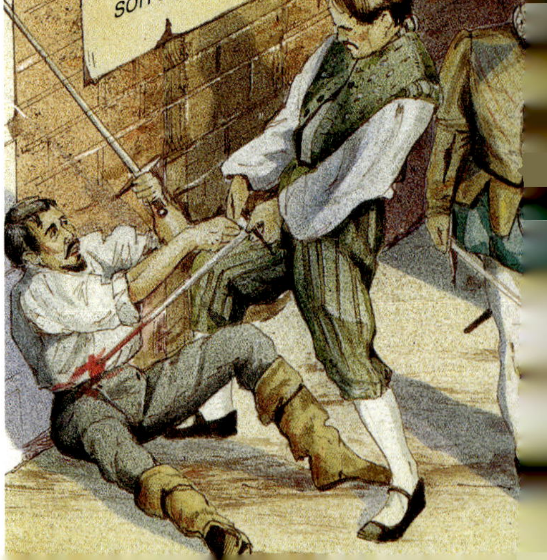

LES GUERRES DE RELIGION

Au XVIe siècle, l'Europe est profondément chrétienne ; la religion encadre la vie privée des hommes, la vie politique des États. Au nom de la foi, on persécute et on commet des abus. L'Église chrétienne est déchirée par de violentes guerres de Religion.

La révolte d'un moine

En 1517, un moine allemand, Martin Luther, s'oppose au commerce des indulgences, des sommes d'argent versées à l'Église contre la promesse d'aller au paradis. Excommunié par le pape en 1521, Luther propose une forme nouvelle du christianisme, plus proche de la Bible. En 1529, les princes allemands protestent en faveur du moine. Ils donnent leur nom aux nouveaux partisans de cette Église réformée : les protestants.

Un roi contre le pape

Le roi d'Angleterre Henri VIII « collectionne » les épouses : 6 reines se succèdent durant son règne (1509-1547). En 1529, il divorce pour épouser Anne Boleyn. Ceci contre l'avis du pape qui l'excommunie. Le roi se proclame alors chef suprême de l'Église d'Angleterre. À partir de 1547, va naître une religion influencée par le protestantisme : l'anglicanisme.

DES CADAVRES FLOTTENT SUR LA SEINE

Dans la nuit du 23 au 24 août 1572, 3 000 protestants sont tués à Paris avec l'accord de la reine Catherine de Médicis. Le massacre de la Saint-Barthélemy, qui fera des milliers de morts, est l'épisode le plus sanglant des guerres de Religion en France.

LA RENAISSANCE

À partir du XIVe siècle, artistes et penseurs italiens s'inspirent de l'Antiquité grecque et romaine. Ce mouvement, appelé Renaissance, gagne bientôt toute l'Europe. Nombreux sont les chefs-d'œuvre et les découvertes qui témoignent de cette soif de connaissance tous azimuts des hommes de la Renaissance et de la confiance qu'ils accordent à l'esprit humain.

Michel-Ange, *Esclave mourant*

Pour Michel-Ange (1475-1564), sculpteur, architecte et peintre de génie, la représentation du **corps humain** est essentielle. Dénigré par les hommes du Moyen Âge, le corps est chez lui idéalisé en une image de grâce et d'harmonie. Il fait ainsi écho à la pensée humaniste qui insiste sur la perfection humaine et place l'homme au centre de l'Univers.

Voler comme l'oiseau... ! **Léonard de Vinci** (1452-1519) invente une machine volante et s'élance avec en 1505. Patatras ! La conquête du ciel sera pour demain... Mais Léonard reste un inventeur, un peintre, un sculpteur, un architecte qui incarne avec génie l'esprit de la Renaissance.

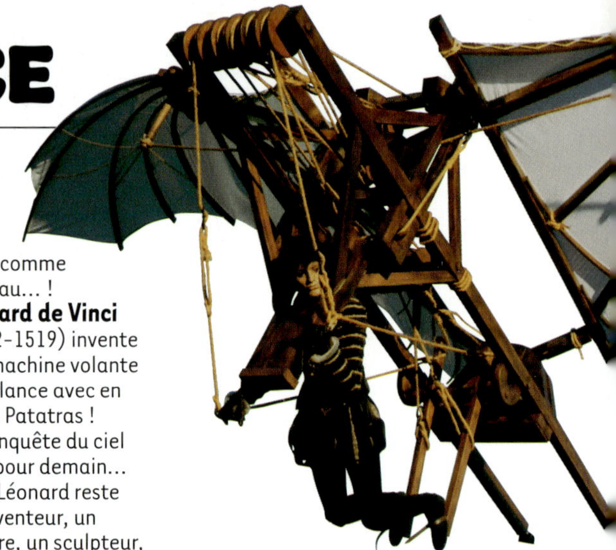

maquette de la **machine volante** conçue par Léonard de Vinci

Les premières **montres** apparaissent au XVe siècle. Grâce au ressort inventé par Huygens (1629-1695), l'exactitude n'est plus un luxe.

Piero della Francesca, *La flagellation du Christ*

L'invention de **la peinture à l'huile** (de lin ou de noix) par les frères Van Eyck permet de mieux exprimer la lumière, de nuance les couleurs, de peindre sur le boi ou la toile. Autre révolution pour la peinture : la découverte de la perspective.

page de l**a Bible de Gutenberg** imprimée en 1455

presse à imprimer de Gutenberg

Des caractères métalliques mobiles une presse, de l'encre et du papier ces éléments, réunis par l'orfèvre allemand Gutenberg en 1455, donnent naissance à **l'imprimerie.**

Les premiers livres sont appelés les incunables. Ce sont essentiellement des livres religieux et des Bibles. Mais très vite, les imprimeries (70 à Paris au XVe siècle) se multiplient et les humanistes peuvent utiliser ce média pour diffuse leur pensée.

42 m de portée sans échafaudages ! En 1436, Brunelleschi (1377-1446) dresse la coupole de **la cathédrale de Florence.** Une prouesse technique inégalée depuis le Panthéon romain.

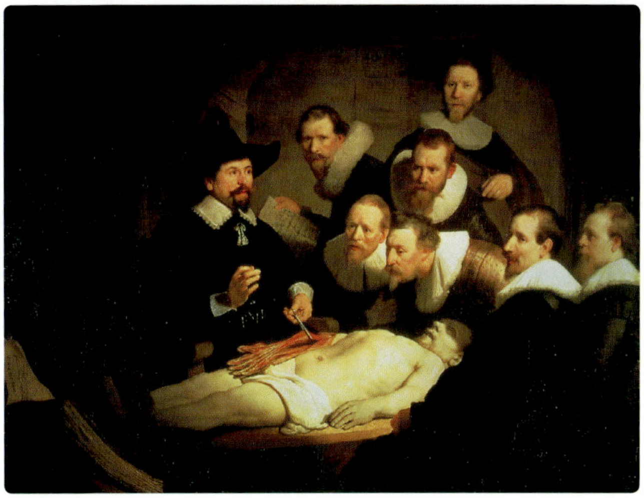

Rembrandt, *Leçon d'anatomie du docteur Nicolas Tulp*

Bernard Palissy (1510-1589) découvre la composition chimique des émaux et fabrique en **céramique** des plats incrustés d'animaux et de plantes aussi vrais que nature.

La fourchette, venue des cours catalane et italienne, fait son entrée en Europe du Nord.

Malgré les interdits de l'Église, le médecin flamand Vésale (1514-1564) ose disséquer les morts. Le corps humain livre ses secrets et **la médecine** ne s'étudie plus seulement dans les livres…

Chirurgien militaire, **Ambroise Paré** (1509-1590) stoppe les hémorragies en ligaturant les veines et les artères. Avant lui, les blessures étaient cautérisées au fer rouge.

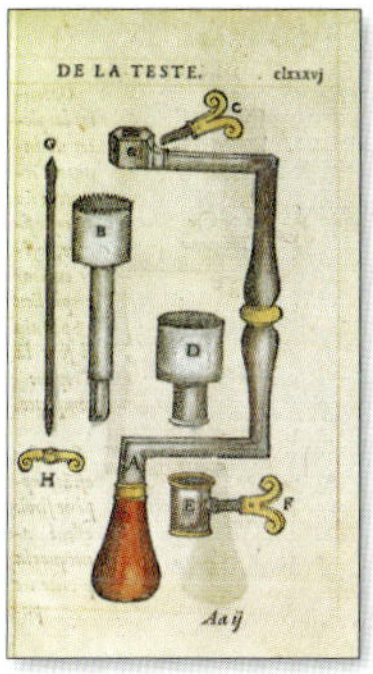

Matériel de chirurgie d'Ambroise Paré

À Marignan en 1515, **les canons** français écrasent l'infanterie italienne ennemie. L'artillerie prend place au cœur de toutes les batailles.

Le Polonais **Nicolas Copernic** (1473-1543) découvre que la Terre tourne autour du Soleil. Il réfute la théorie du géographe grec Ptolémée (90-168), adoptée par l'Église chrétienne, qui mettait la Terre au centre de l'Univers. En 1616, le pape condamne ses idées.

Déjà connue des Arabes, **l'astrolabe** permet de calculer la hauteur des astres sur l'horizon et de mesurer la latitude ; l'immensité de l'océan n'effraie plus. Vasco de Gama, Magellan et d'autres explorateurs partent à la découverte du monde et de terres inconnues.

Entre 1450 et 1550, les rois de France s'installent sur les rives de la Loire. Leurs châteaux s'ouvrent à la lumière et s'inspirent de l'architecture italienne. **Chambord,** entrepris sous le règne de François Ier, est le plus grand des châteaux de la Loire.

LE COMMERCE TRIANGULAIRE

Entre le XVIe et le XVIIIe siècle, l'Europe domine le monde. Portugal, Espagne, France, Hollande et Grande-Bretagne contrôlent des colonies qui leur assurent puissance et richesse.

Des cales toujours pleines

Le commerce triangulaire fait la fortune de quelques marchands européens. Ils arment des navires dont les cales ne sont jamais vides. Dans les ports de l'Atlantique, ils sont chargés de produits de « pacotille », des pièces de tissus, des fusils ou des couteaux qui sont échangés sur les côtes de l'Afrique contre des esclaves noirs. En Amérique, ils sont débarqués et remplacés par des produits coloniaux (sucre, café, coton, tabac) qui partent pour l'Europe où ils sont très demandés.

chiffres

Entre **15 et 25 millions,** c'est le nombre de captifs noirs transportés en Amérique entre le XVIe et le XVIIIe siècle.

600, c'est le nombre d'esclaves entassés dans un navire négrier censé en contenir 400.

220 000, c'est le nombre d'esclaves travaillant dans les colonies françaises en 1844.

16 heures, c'est la durée moyenne de la journée de travail d'un esclave dans une plantation.

9 400 c'est en livres le capital de départ de la société fondée en 1720 par un négociant de Bordeaux spécialisé dans le commerce colonial. 40 ans après, il se monte à 200 000 livres.

Des produits du Nouveau Monde vendus en Europe :

le coton

le café

le sucre de la canne à sucre

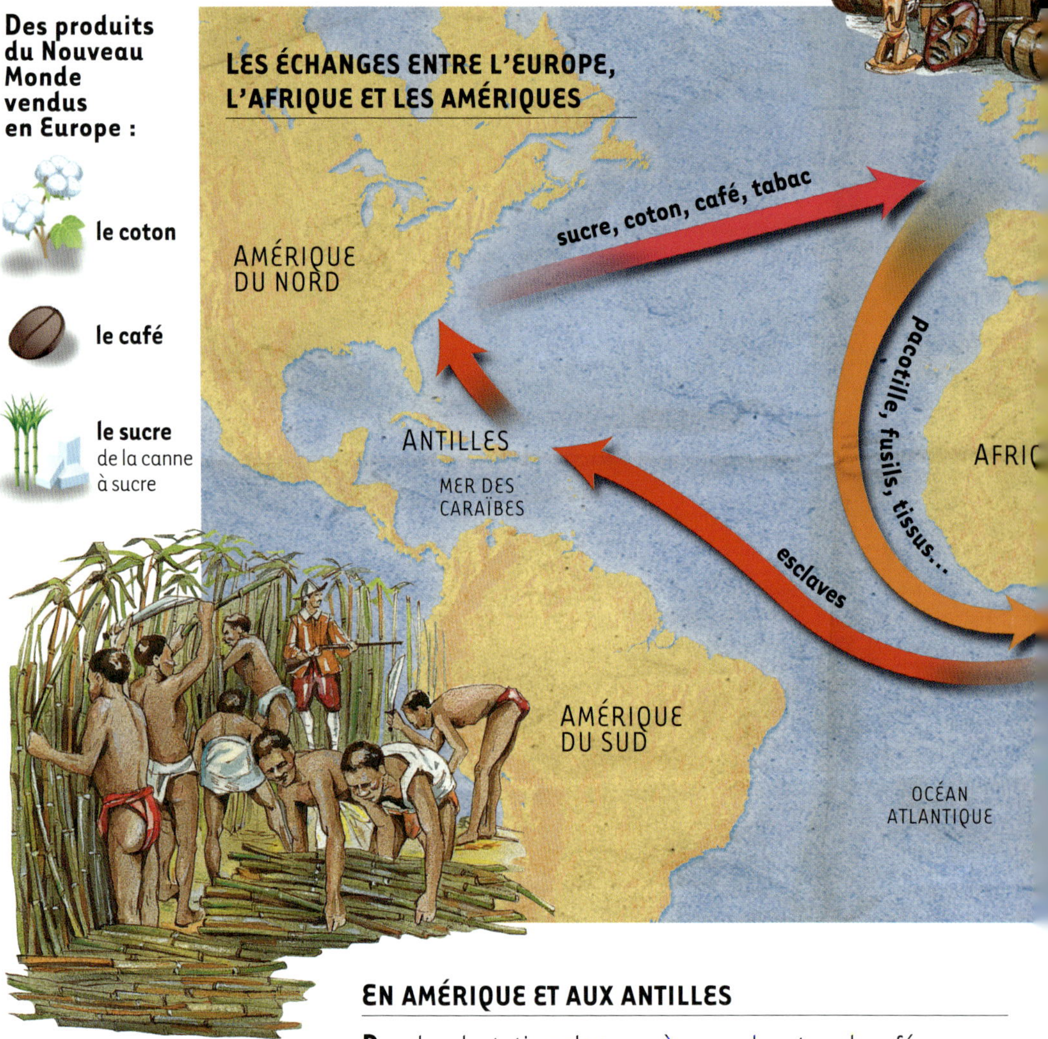

En 1685, **le « code noir »** promu par Colbert définit la condition de l'esclave : un « meuble » qui peut être acheté, vendu, échangé. Repris après une première évasion, l'esclave aura les oreilles coupées et sera marqué d'une fleur de lys à l'épaule. Au bout de deux récidives, il sera puni de mort.

EN AMÉRIQUE ET AUX ANTILLES

Dans les plantations de canne à sucre, de coton, de café ou de tabac, la main-d'œuvre doit être nombreuse et résistante. Sous la menace permanente du fouet des surveillants blancs chargés d'obtenir un rendement maximal, les esclaves sont soumis à de rudes traitements. Les punitions sont fréquentes et les révoltes brutalement réprimées. Il existe deux moyens pour échapper à cet enfer : l'affranchissement ou la fuite.

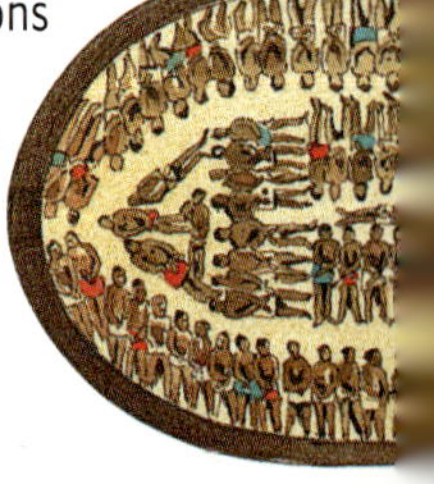

EN EUROPE

Des ports de l'Atlantique doivent leur fortune à ce sinistre trafic : Liverpool en Angleterre, La Rochelle ou Bordeaux en France. Les armateurs, redoutables hommes d'affaires, ne se contentent pas d'armer leurs navires : ils détiennent des fabriques d'indiennes où on tisse les cotonnades échangées en Afrique contre les esclaves et possèdent en Amérique des plantations. Leurs bénéfices sont énormes même si, parfois, des bateaux attaqués par des pirates ne reviennent jamais.

Les négriers, ces commerçants de « bois d'ébène », nom qu'ils donnent aux esclaves, viennent s'approvisionner sur toute **la côte occidentale de l'Afrique** (de la Mauritanie jusqu'à l'Angola). Parmi les nombreux lieux de traite, l'île de Gorée, au large du Sénégal, est l'un des plus importants. Des millions de Noirs ont été parqués là dans de terribles conditions, avant d'être déportés et vendus comme esclaves dans le Nouveau Monde. Cette île a été inscrite en 1978 sur la Liste du patrimoine mondial de l'UNESCO afin que soit gardé en mémoire ce trafic inhumain.

Dans **les cales des navires,** les captifs enchaînés sont entassés par centaines pendant 40 à 90 jours de traversée, au prix de grandes souffrances.

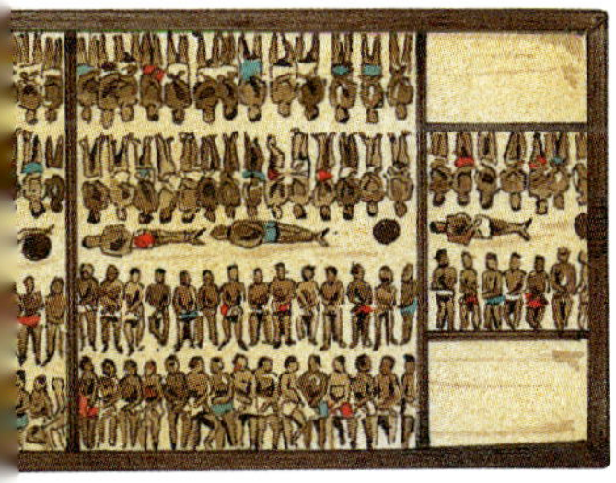

EN AFRIQUE

Les futurs esclaves sont des prisonniers de guerre. Ils sont capturés lors de conflits qui déchirent les tribus africaines entre elles. Le long de la côte occidentale, ils sont parqués, réunis par lots et proposés à la vente par des chefs de tribus. Commence alors une longue discussion sur les prix avec les négriers. Quand le marché est conclu, on déballe les articles de troc.

il était une fois...

À l'abordage !

Dans un terrible fracas, le bateau pirate vient d'accoster la *Sainte-Marie*. Les brigands suspendus aux cordages se ruent, au signal, sur les marins français. Leur chef surgit. Il donne des ordres brefset empoigne son couteau pour transpercer le capitaine qui, à genoux, implore sa grâce. Ce chef n'est autre que Mary Read, une pirate anglaise qui, déguisée en homme, fait régner la terreur sur la mer des Caraïbes. Mais en 1720, la chance tourne : la pirate est capturée avec deux de ses « collègues » : Anne Bony et Rackham le Rouge. Les deux femmes échappent à la pendaison, car elles sont enceintes. Pour Rackham, la justice est moins clémente et il est condamné à mort.

chiffres

20 millions, c'est le nombre de Français au temps de Louis XIV.

3 millions, c'est le nombre de Français morts de faim en 1694 à cause d'une mauvaise récolte.

1,62 m, c'est la taille du Roi-Soleil. Avec ses chaussures à hauts talons et son chapeau, il mesure plus de 1,80 m !

54, c'est le nombre d'années du règne personnel de Louis XIV : le plus long de l'histoire de France.

15 000, c'est le nombre de personnes présentes chaque jour au château de Versailles. Toutes n'y logent pas, mais la plupart y travaillent.

LOUIS XIV

De 1661 à 1705, Louis XIV règne seul sur la France, l'État le plus peuplé d'Europe. Son pouvoir est absolu. Parce qu'il veut être aussi puissant que le Soleil, on le surnomme le « Roi-Soleil ».

Louis XIV en tenue de sacre. Portrait de **Rigaud.**

LES HOMMES FORTS DE LOUIS XIV

En 1661, à la mort de Mazarin, Louis XIV décide d'exercer seul son métier de roi. Il s'entoure malgré tout de collaborateurs efficaces.

Colbert est l'homme de confiance de Louis XIV. Il est Contrôleur des finances, intendant des Bâtiments du roi... Il centralise l'administration.

Vauban est l'ingénieur militaire, puis le maréchal de France qui fait construire 33 places fortes aux frontières entre 1655 et 1707.

Louvois est secrétaire d'État à la guerre. Il réorganise l'armée, il généralise le port de l'uniforme, loge les soldats dans des casernes...

UNE JOURNÉE DE LOUIS XIV

À Versailles, une cour nombreuse entoure le roi. Les membres de sa famille, les ministres, les conseillers et les grands seigneurs servent sa gloire. La vie de tous ces courtisans est soumise à un cérémonial, « l'étiquette », fait de multiples règles. Chacun est tenu de le suivre, à l'image du roi, qui le respecte scrupuleusement. Qu'importe que cela soit pesant ! « Loin de vous, Sire, on n'est pas seulement malheureux, on est ridicule ! » avoue un jour un courtisan.

8 h Un valet réveille le roi, puis son médecin, sa nourrice et son chirurgien arrivent et lui présentent une bassine où il se trempe les mains. C'est là toute sa toilette ! On ouvre les portes : des courtisans bien choisis vont assister au « grand lever » du roi.

11 h Louis XIV travaille dans son cabinet du conseil avec ses ministres qui donnent leur avis et font exécuter ses ordres. Le roi, pensant tenir son pouvoir de Dieu, affirme : « L'État, c'est moi ! ». Seul, il prépare le budget, contrôle l'armée, l'Église...

LES IMPÔTS

Les impôts directs exigés par l'État, comme la taille, et par l'Église, comme la dîme, pèsent sur la majorité des Français qui constitue le tiers état. Mais les plus riches (nobles et gens d'Église) ne les paient pas. Les impôts indirects sont payés par tous. Ce sont des taxes qui s'ajoutent aux prix des produits. Ainsi, les aides portent sur les boissons des tavernes, le papier timbré, le tabac, les jeux de cartes... La gabelle porte sur le sel et son montant est variable selon les provinces.

LE REVERS DE LA MÉDAILLE

90 % des Français sont alors paysans et leur vie misérable contraste avec les fastes de la cour. Les guerres fréquentes les obligent à payer des impôts toujours plus lourds, provoquent l'enrôlement par la force des jeunes gens et dévastent des régions entières. Les famines sont régulières : elles jettent sur les routes une foule de miséreux ou suscitent des révoltes. Mais les jours de fête, les paysans oublient la dureté de leur vie en dansant autour de feux de joie.

Famille de paysans dans un intérieur de Louis Le Nain

VERSAILLES, UN DÉCOR DE ROI

Pour offrir un décor prestigieux à son règne, Louis XIV ordonne la construction d'un château gigantesque à Versailles. Pendant 47 ans, les architectes Le Vau et Mansart, le peintre Le Brun et le jardinier Le Nôtre transforment le simple pavillon de chasse de Louis XIII en un somptueux palais. La galerie des Glaces décorée de 400 miroirs donne sur les jardins où les fontaines se déversent dans de grandes pièces d'eau. Un chef-d'œuvre de l'art classique !

14h Par tous les temps, le roi chasse. À cheval, avec une meute de chiens, il poursuit le cerf ou tire la perdrix et le faisan dans les épaisses forêts de Versailles, de Marly ou de Rambouillet. Des dames en calèche l'accompagnent.

21h Debout autour de la table royale, les courtisans assistent au souper du roi servi en musique. Sous l'œil du grand chambellan, une foule de serviteurs apportent une quinzaine de plats que le roi goûte avec ses doigts.

22h Trois jours par semaine, le roi invite ses courtisans à se divertir. Concerts, loteries et bals se succèdent. Il arrive que le roi participe à des spectacles de danse. Louis XIV se veut aussi protecteur des artistes, auxquels il alloue des pensions.

1776 → 2008

1776
Déclaration d'Indépendance des États-Unis d'Amérique *(p. 249).*

1789
Révolution française *(p. 250-251).*

1792
Proclamation de la Ire République française *(p. 250-251).*

1804
Napoléon Bonaparte est sacré empereur *(p. 252-253).*

1816 / 1825
Les pays d'Amérique du Sud s'affranchissent de la tutelle portugaise et espagnole et deviennent indépendants.

1914 / 1918
Première Guerre mondiale *(p. 258-259).*

1917
La révolution communiste met fin au régime du tsar en Russie *(p. 260).*

1918
Le droit de vote est accordé aux femmes pour la première fois en Angleterre *(p. 260).*

1922
Création de l'URSS, l'Union des républiques socialistes soviétiques *(p. 260).*

1929
Crise économique mondiale *(p. 261).*

1936
Les lois du Front populaire instaurent la semaine de 40 heures et les congés payés en France.

1936 / 1939
Guerre civile en Espagne entre les nationalistes menés par Franco et les Républicains *(p. 261 ; p. 269).*

1939 / 1945
Seconde Guerre mondiale *(p. 262-263).*

Août 1945
Les Américains lancent des bombes atomiques sur Hiroshima et Nagasaki au Japon *(p. 262-263).*

1964 / 1973
Guerre du Vietnam *(p. 268).*

1969
Neil Armstrong fait le premier pas sur la Lune *(p. 264).*

1969
Invention d'Internet *(p. 370).*

1976 / 1990
Guerre civile au Liban.

1981
Premiers cas détectés du virus du Sida.

1990
Réunification de l'Allemagne *(p. 270-271).*

1990 / 1991
Guerre du Golfe *(p. 270-271).*

1991
Abolition officielle de l'apartheid en Afrique du Sud *(p. 370).*

1991
Effondrement de l'URSS et du communisme en Europe *(p. 270-*

De l'Indépendance américaine à l'euro

1848
Ruée vers l'or en Californie *(p. 257)*.

1861 / 1865
Guerre de Sécession aux États-Unis entre les États esclavagistes du Sud et ceux du Nord prônant la liberté et l'égalité des hommes.

1865
Abolition de l'esclavage aux États-Unis.

1868
Début de l'ère Meiji qui vise à faire du Japon un État moderne.

1870 / 1871
Guerre franco-allemande et création de l'Empire allemand.

1882
L'école devient laïque, gratuite et obligatoire en France *(p. 255)*.

1885
Louis Pasteur crée le vaccin contre la rage.

1889
Construction de la tour Eiffel pour l'Exposition universelle *(p. 254)*.

1909
Louis Blériot traverse la Manche en avion.

1945
Fondation de l'ONU, organisme destiné à préserver la paix internationale *(p. 265)*.

1948
Naissance de l'État d'Israël *(p. 266-267)*.

1949
Les communistes proclament la République populaire de Chine *(p. 266-267)*.

1957
Le traité de Rome crée la Communauté économique européenne *(p. 321)*.

1957
Les Russes lancent le premier satellite dans l'espace, *Spoutnik 1* *(p. 264)*.

1er janvier 2002
L'euro devient la monnaie unique dans les pays de la zone euro *(p. 319)*.

1959
Fidel Castro prend le pouvoir à Cuba et instaure une dictature communiste.

1961
Construction du mur de Berlin *(p. 270)*.

1962
L'Algérie devient indépendante *(p. 266)*.

1992
Début des conflits en Yougoslavie *(p. 270-271)*.

1992
Le traité de Maastricht fonde l'Union européenne *(p. 321)*.

1993
Ouverture du tunnel sous la Manche *(p. 326-327)*.

à suivre...

LA RÉVOLUTION FRANÇAISE

En 1789, en France, les caisses de l'État sont vides. Les paysans et les bourgeois du tiers état refusent de payer de nouveaux impôts. La colère gronde...

5 MAI 1789 : LES ÉTATS GÉNÉRAUX

Cette assemblée est réunie par Louis XVI à Versailles pour résoudre la crise. Mais les députés des trois ordres de la société française – le clergé, la noblesse et le tiers état – ne trouvent pas d'accord. Le tiers état qui représente 97 % de la population veut faire entendre sa voix et se proclame « Assemblée nationale ».

Le 20 juin 1789, les députés du tiers état jurent dans la salle du Jeu de paume à Versailles qu'ils ne se s épareront qu'après avoir donné une constitution à la France. C'est **le serment du Jeu de paume.**

14 juillet 1789 : la prise de la Bastille

Depuis des heures, la foule piétine devant la masse imposante de la forteresse où, paraît-il, est cachée une réserve de poudre. Elle brandit piques et armes pillées aux Invalides, mais la peur la gagne. Les chefs partis discuter avec le gouverneur ne sont pas ressortis. Sont-ils faits prisonniers ? Soudain, le pont-levis s'abaisse. Leurs chaînes viennent d'êtres brisées. C'est l'assaut ! Des Parisiens tombent sous le feu nourri des soldats. La nouvelle se répand très vite dans Paris et des renforts affluent pour venir en aide aux Parisiens. La prison de la Bastille, symbole du pouvoir absolu du roi, est aux mains du peuple !

LES SANS-CULOTTES

Ces artisans et petits commerçants parisiens sont des révolutionnaires acharnés. Réunis en sections par quartier, ils poussent les gouvernements successifs à prendre des mesures radicales. Ils portent la cocarde tricolore et un pantalon ; la culotte étant réservée aux nobles. D'où leur nom...

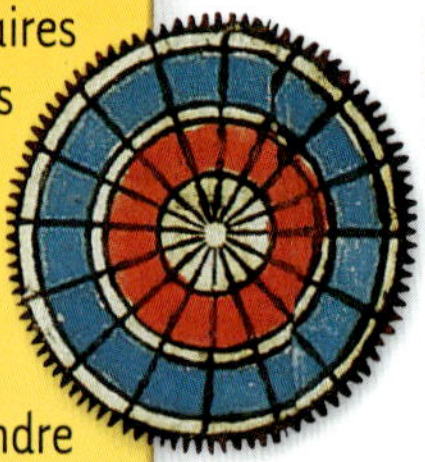

Le 17 juillet 1789, La Fayette remet à Louis XVI **une cocarde tricolore :** le blanc, couleur royale, est associé au bleu et au rouge de la ville de Paris.

LES ACQUIS DE LA RÉVOLUTION

Pendant la Révolution, de nombreuses réformes sont adoptées, de nouvelles institutions sont créées... qui sont encore d'actualité. Notre fête nationale, le 14 juillet, commémore ainsi la fête de la Fédération qui a eu lieu le 14 juillet 1790.

Les couleurs du **drapeau français** datent de juillet 1789.

La Marseillaise devient l'hymne national le 14 juillet 1795. Ce *Chant de guerre pour l'armée du Rhin,* composé par Rouget de Lisle en 1792 à la demande du maire de Strasbourg, a été popularisé par un bataillon marseillais...

AOÛT 1789 : LA FIN DES PRIVILÈGES

Pendant l'été 1789, la révolution gagne les campagnes. Les paysans prennent les armes et attaquent les maisons des seigneurs. À Versailles, les députés ont peur. Dans la nuit du 4 août, les nobles et les gens d'Église abolissent les droits seigneuriaux et les privilèges. Le 26 août est votée la Déclaration des droits de l'homme et du citoyen.

4 RÉVOLUTIONNAIRES

C. Desmoulins
Avocat et journaliste, il appelle les Parisiens à prendre les armes le 12 juillet 1789. Il meurt sur l'échafaud en 1794, à 34 ans.

J.-P. Marat
Médecin, puis journaliste, il fonde *L'Ami du peuple.* Âgé de 50 ans, il est assassiné par Charlotte Corday en 1793.

G. Danton
Avocat et excellent orateur, il prend la tête de journées révolutionnaires en 1792. Âgé de 35 ans, il est guillotiné en 1794.

M. Robespierre
Avocat, surnommé « l'Incorruptible », il instaure en 1793 une dictature, la Terreur. Âgé de 36 ans, il est guillotiné en 1794.

Le 11 juillet 1792, l'Assemblée déclare la patrie en danger. On recrute des volontaires pour combattre : à Paris 1 800 soldats sont enrôlés chaque jour. **Cette armée révolutionnaire** est bientôt grossie d'hommes désignés par tirage au sort. En 1793, elle compte 1,2 million de soldats.

1792 : LA FIN DE L'ANCIEN RÉGIME

La France entre en guerre contre l'Autriche et la Prusse. Mais les défaites s'accumulent et les ennemis avancent. Le 10 août, le peuple de Paris envahit les Tuileries et arrête le roi et sa famille. Le 21 septembre, le lendemain de la victoire de Valmy qui stoppe l'invasion prussienne, la Ire République est proclamée.

1793 : LA TERREUR

C'est l'année de tous les dangers. Les ennemis se pressent aux frontières, la Vendée se révolte et à Paris le pain manque. Des milliers de suspects sont guillotinés. La Terreur sévit. À la tête du Comité de salut public, Robespierre a tous les pouvoirs.

Le 21 janvier 1793, le roi Louis XVI est **guillotiné** sur l'actuelle place de la Concorde à Paris.

LES CHOUANS

En 1793, les paysans vendéens, catholiques et royalistes, se soulèvent contre la Révolution et s'organisent en armées. Parce que certains chefs vendéens rallient leurs hommes en imitant le cri du chat-huant, on les surnomme « chouans ». Armés de faux, ils combattent les soldats révolutionnaires. Une répression terrible fait périr le quart de la population de Vendée.

En 1790, **le système métrique** (kilogramme, litre, mètre) est imposé sur tout le territoire pour unifier les poids et les mesures.

À partir du 26 septembre 1790, la France est divisée en 83 **départements.** Les provinces de l'Ancien Régime n'existent plus.

La devise de la France « Liberté, Égalité, Fraternité » inscrite au fronton des mairies s'inspire des principes fondamentaux de la Déclaration des droits de l'homme et du citoyen.

NAPOLÉON

Après la tourmente révolutionnaire, un jeune général corse ambitieux s'impose en France. C'est Napoléon Bonaparte.

Objectif : maître de l'Europe !

Formé par les guerres de la Révolution, il accumule les victoires avant de s'emparer du pouvoir par la force en 1799. D'abord Premier consul, il se proclame empereur sous le nom de Napoléon Ier en 1804. Il gouverne seul et cherche à conquérir l'Europe. En 1811, son empire, composé de 130 départements et d'États vassaux, couvre en partie l'Europe de l'Ouest. En 1812, la retraite de Russie amorce son déclin et il doit abdiquer en 1814. Après un retour au pouvoir de 100 jours en 1815, il est exilé à Sainte-Hélène, où il meurt en 1821.

chiffres

120, **c'est le nombre** de canons pris à l'ennemi à la bataille d'Austerlitz. Ils sont fondus pour former la colonne Vendôme à Paris.

3 000 000, **c'est le nombre** de soldats recrutés entre 1799 et 1814.

3, **c'est en années** la durée passée à la guerre par l'Empereur qui ne se déplace jamais sans sa tente, son bureau, ses meubles pliants, sa bibliothèque... et sa cuisine.

800 000 c'est le nombre de soldats morts pendant les guerres impériales.

L'HÉRITAGE DE NAPOLÉON

Les lycées, créés en 1802, sont chargés de former l'élite de l'État.

Le Code civil (appelé aussi Code Napoléon et rédigé de 1800 à 1804) organise une partie du droit français.

Le franc germinal, une monnaie stable dont la valeur correspond à un poids fixe en or, est institué en 1803.

La Légion d'honneur, créée en 1802, récompense les civils et les militaires.

Info

Utile, la betterave !

C'est des guerres napoléoniennes que date l'habitude de consommer du sucre extrait de la betterave à sucre. Napoléon Ier ordonne de développer sa culture pour remplacer le sucre de canne produit aux Antilles. Le blocus des Anglais empêche en effet son acheminement vers la France.

(1) **La veille du combat,** l'Empereur vient saluer ses soldats. La Grande Armée est composée de recrues françaises et étrangères.

(2) **À sept heures du matin,** le soleil perce le brouillard. 45 000 soldat[s] français se massent et attendent le signal de l'attaque. Les troupes de l'infanterie précèdent la cavalerie.

(4) Sur un front de 6 km, le combat fait rage **toute la journée.** La victoire française est totale, les ennemis deux fois plus nombreux ont été repoussés. Le génie militaire de Napoléon s'est une fois de plus illustré, et l'Empereur déclare : « Soldats, je suis content de vous ! »

Ce corps d'élite est formé des meilleurs soldats de l'Empereur. Il lui sert aussi de garde personnelle.

LA BATAILLE D'AUSTERLITZ

Le 2 décembre 1805, en Autriche, à 100 km au nord de Vienne, les soldats français affrontent les troupes russes et autrichiennes commandées par les empereurs Alexandre Ier et François II. D'où le surnom de bataille des Trois Empereurs. Grand stratège, Napoléon a soigneusement préparé les plans de la bataille à venir. Elle aura lieu le 2 décembre, jour anniversaire de son sacre qui s'est déroulé un an plus tôt à Notre-Dame de Paris.

3 **À midi,** Napoléon donne l'ordre de charger aux cavaliers de la Garde impériale.

Madame Sans-Gêne

Quand « madame Sans-Gêne » paraît au palais des Tuileries où vit Napoléon entouré de sa cour, les nobles de l'ancienne société s'esclaffent. Au bras de son époux, le maréchal Lefebvre, anobli par l'Empereur, elle accumule les gaffes et les grossièretés. Et ce ne sont pas ses beaux habits de duchesse qui pourraient faire oublier son passé de cantinière dans la Grande Armée quand elle vendait aux troupes alcool, sucre et tabac...

LA RÉVOLUTION INDUSTRIELLE

Au XIXe siècle, le progrès technique bouleverse en profondeur la vie des hommes : des usines sortent de terre, des villes s'agrandissent et de grosses locomotives se lancent sur les voies ferrées.

TOUT CHANGE !

La machine à vapeur est une invention clé. C'est la force de la vapeur, produite par l'eau bouillant dans une chaudière à charbon, qui active les machines, les steamers (des bateaux à vapeur) et les roues des premières locomotives.

C'est l'âge du **fer.** Ce matériau très résistant est fabriqué dans les hauts-fourneaux des usines à partir du minerai de fer et de la houille. On l'utilise pour construire les rails et les machines, et pour ériger d'audacieux monuments, comme la tour Eiffel à Paris ou le viaduc de Garabit (Cantal) long de 560 m.

Une société plus urbaine

Des milliers de paysans à la recherche de travail quittent leurs campagnes pour venir grossir les villes. Si les centres-ville se modernisent, les faubourgs regroupent des logements insalubres où s'entassent les ouvriers.

Dans **les grands magasins,** on vend de tout, il n'y a pas d'obligation d'achat, les prix sont affichés et il existe même des soldes annuels. Quelle nouveauté !

Les immeubles sont à l'image de la société divisée en classes. Plus on monte dans les étages plus les appartements sont petits, occupés par des domestiques et des pauvres.

Dans les ports, près des mines de fer et de charbon, dans les faubourgs des villes, **les usines** s'installent. Elles regroupent machines et ouvriers. Grâce à l'importance de leur production, elles prennent le pas sur les petits ateliers.

Dans **les restaurants,** la bonne société soupe et danse. Les pauvres se contentent de la soupe populaire et des restes des restaurants, les arlequins, revendus à bas prix.

Le confort des citadins s'améliore grâce à des réseaux d'éclairage au gaz, d'eau courante et d'égouts. Les ordures sont déposées dans des poubelles, au pied des immeubles qui portent souvent l'écriteau : « Gaz à tous les étages ».

À partir de 1840, des lois interdisent ou réglementent **le travail des enfants,** mais elles ne sont guère appliquées. Et certains enfants sont embauchés dès l'âge de 7 ans.

Dans les rues, les passants croisent une foule de **marchands ambulants,** des porteurs d'eau, des ramoneurs, des livreurs de bûches. Ils crient pour annoncer leur passage.

Les ouvriers profitent peu du progrès. Souvent, le chômage, les accidents et les maladies les menacent… Leurs journées sont longues et épuisantes (13 à 14 heures) et leurs salaires très bas. Pour obtenir de meilleures conditions de travail, certains d'entre eux se regroupent en syndicats et font grève.

Les grands industriels empruntent aux banques ou mettent leurs capitaux en commun pour construire des usines. Ils règnent sur de véritables empires économiques. La grande bourgeoisie d'affaires triomphe. C'est l'essor du capitalisme.

Dans **la gare,** quelle agitation ! Les curieux se mêlent aux voyageurs et aux cheminots pour admirer les belles locomotives et s'attabler au buffet de la gare. Les peintres, comme Monet, représentent aussi ces symboles de modernité.

Le chemin de fer tisse sa toile à travers les territoires à coup de rails, de traverses, de viaducs et de tunnels. À plus de 50 km/h, il transporte marchandises et voyageurs.

Sur **les grands boulevards,** les plus riches s'attardent aux terrasses des cafés ou dans les pâtisseries avant d'aller au bal ou au théâtre assister aux comédies… de boulevard qui mettent en scène des histoires d'argent et de maris trompés.

Les femmes élégantes portent de belles toilettes ornées de nœuds et de volants. Elles ont une taille fine serrée par un corset et ne sortent jamais sans leur chapeau.

Composition française

Sujet : ma première journée d'école

Je m'appelle Etienne Rivet et j'ai 10 ans. Comme tous les petits Français, je me souviens encore de ma première journée d'école, il y a quatre ans, le 2 octobre 1882. Le ministre de l'Éducation de l'époque Jules Ferry avait décidé que l'école serait désormais gratuite et obligatoire. Avec l'aide de mon instituteur, j'ai appris à lire, à écrire et à compter. Cela n'a pas été facile, mais je suis tellement fier !

LA COLONISATION

Au XIXe siècle, les États européens se taillent à travers le monde de vastes empires coloniaux. Partout, leur présence s'impose.

Une domination européenne

Pour satisfaire leur orgueil national, obtenir des matières premières à bas prix et trouver des débouchés à leurs produits, les Européens se jettent dans l'aventure coloniale. Ils sont convaincus qu'ils doivent apporter le progrès aux indigènes dont la culture est considérée comme inférieure.

chiffres

23 millions de km² et 40 millions d'habitants, c'est, en 1914, la surface et la population de l'empire britannique, le premier empire colonial du monde.

11 millions de km² et 48 millions d'habitants, c'est, en 1914, la surface et la population de l'empire français, le deuxième empire colonial du monde.

150 000, c'est le nombre de forçats anglais envoyés en Australie de 1788 à 1850.

LA CONQUÊTE DE L'OUEST AMÉRICAIN

Au XIXe siècle, dans l'espoir de vivre mieux, les pionniers s'aventurent toujours plus à l'ouest des États-Unis. Là, ils colonisent les terres des Indiens. Ils sont rejoints par le flot des immigrants venus des pays pauvres d'Europe.

COW-BOYS ET INDIENS

De longs convois de chariots tirés par des bœufs ou des chevaux s'ébranlent. Pendant 5 ou 6 mois, ils franchissent d'immenses plaines désertes, puis les montagnes Rocheuses. Les pionniers ne peuvent rien contre les attaques surprises des Indiens qui cherchent à défendre leurs territoires. Depuis toujours, ils les parcourent en chassant le bison.

ès un voyage exténuant,
nley finit par découvrir
ingstone, malade mais
près du lac Tanganyika.
salue par cette phrase
ue célèbre : « Docteur
gstone, je suppose ? »

EN INDOCHINE

Les Français établis en Indochine sont rares. Fonctionnaires, officiers ou planteurs vivent dans des maisons coloniales confortables, servis par de nombreux domestiques.

Dans les villes comme Saïgon, les colons sont transportés en pousse-pousse par les indigènes.

Des archéologues explorent le site d'Angkor Vat, la capitale de l'ancien royaume khmer.

EN AFRIQUE DU SUD

e 1899 et 1902, les Britanniques livrent une guerre sanglante ux Boers, des colons protestants d'origine hollandaise, afin nnexer leurs États, le Transvaal et l'Orange, riches en or et en diamants. Ils détruisent rs récoltes ou les internent dans des camps et finissent par conquérir leurs territoires.

EN AUSTRALIE

La colonisation de l'Australie commence en 1788 avec l'arrivée de forçats anglais. Ils sont bientôt suivis par des colons libres et des chercheurs d'or qui s'approprient les terres des Aborigènes, la population indigène de l'Australie.

LA RUÉE VERS L'OR

Elle est due à la découverte d'or en Californie en 1848. Des cités minières sont édifiées et San Francisco grossit…

LA BATAILLE DU RAIL

Pour relier l'est et l'ouest des États-Unis, le chemin de fer est construit entre 1865 et 1893 par des ouvriers irlandais et chinois.

LA PREMIÈRE GUERRE MONDIALE

Des rivalités économiques, coloniales et militaires opposent les grands États européens et avivent les tensions. En 1914, l'Europe bascule dans une guerre terrible qui ne ressemble à aucune autre. Deux camps s'affrontent jusqu'en 1918.

30 avril 1915

Chers parents,

Ce petit mot écrit à la hâte pour vous remercier de m'avoir envoyé le colis rempli de bonnes choses. Ici seul le pain est mangeable. Le pinard est une vraie piquette et la soupe arrive toujours froide. En dépit de la fatigue, le moral est bon. Combien de temps encore faudra-t-il tenir ? À bientôt la victoire !

Émile

chiffres

65 millions, c'est le nombre d'hommes mobilisés.

9 millions, c'est le nombre total de morts.

4 par minute, c'est le nombre de morts en Europe, pendant la guerre.

1,3 million, c'est le nombre de soldats français morts au combat. La France est le pays le plus meurtri.

Les forces en présence

Il y a d'un côté l'Allemagne, l'Autriche-Hongrie et l'Italie, de l'autre, la France, la Russie et le Royaume-Uni. Sur le front de l'ouest, après l'avancée des Allemands jusqu'à la Marne, les combats se stabilisent sur une ligne continue de la mer du Nord à la Suisse où les soldats s'enterrent dans des tranchées. Sales et mal rasés, on les surnomme « les poilus ».

En Belgique et dans le nord de la France où ont lieu les combats, des millions d'hectares de champs cultivés, des villages et des villes sont **dévastés,** voire rasés, par les bombardements.

Chaque jour, sur le front, **le courrier** est attendu avec impatience. Il donne des nouvelles de l'arrière.

Profondes de 2 m, **les tranchées** sont creusées en zigzag pour éviter les tirs d'enfilade. Elles sont protégées par des sacs de terre et des rouleaux de fil barbelé. Pour empêcher les éboulements, les parois sont consolidées avec des rondins et le fond est couvert de traverses en bois.

Les blessés sont évacués par des brancardiers vers le poste de secours le plus proche, puis dirigés vers les hôpitaux surpeuplés.

LES FEMMES AU TRAVAIL

Aux champs, dans les usines, bureaux et ateliers, les femmes prennent la relève des hommes, partis au front. Certaines conduisent autobus et tramways.
Les « munitionnettes » travaillent dans les usines d'armement.

HALTE À LA GUERRE !

En 1917, certains soldats, épuisés, font « la grève de la guerre ». Les Allemands désertent. Les Français se révoltent. Les responsables militaires jugent et condamnent à mort les mutins qui sont fusillés.

25 mars 1916

Cher Franz,

Si je te racontais dans le détail tout ce que je vis, tu ne me croirais pas. Hier, deux de mes camarades se sont fait évacuer car ils avaient les pieds gelés. Je ne sais pas par quel miracle je suis sorti de l'enfer de Verdun. Huit jours sans boire et presque sans manger, à attendre la mort au milieu des cadavres. Quand finira cette boucherie ?

Bien à toi,

Ludwig

Au-dessus des lignes, **les avions de chasse** équipés de mitrailleuses se livrent des duels acharnés.

Très meurtriers, **les assauts terrestres** sont précédés par le feu des mitrailleuses et le tir des canons. Au signal, c'est la charge : les soldats surgissent des tranchées la baïonnette au bout de leur fusil.

En hiver, les tranchées se remplissent d'eau et de boue glaciale. Elles grouillent de **rats** nourris par les cadavres.

Dans l'armée française combattent des soldats venus des **colonies** (Maroc, Algérie, Sénégal ou Indochine). Ils ont du mal à s'adapter aux rigueurs du climat.

Les Allemands utilisent pour la première fois **les gaz asphyxiants** en 1915. Pour se protéger, les soldats portent des masques qui ressemblent à des groins de cochon.

À LA MÉMOIRE DE...

L'Allemagne et ses alliés sont vaincus et l'armistice est signée le 11 novembre 1918. Mais les horreurs de la Grande Guerre hantent encore les mémoires : le 11 novembre, on évoque ainsi le souvenir des victimes dont les noms sont inscrits sur les monuments aux morts de tous les villages français.

PREMIÈRE GUERRE MONDIALE

L'ENTRE-DEUX-GUERRES

Après 1918, des bouleversements sociaux, économiques et politiques agitent le monde. La paix ne sera que de courte durée.

La révolution russe

En 1914, l'immense Empire russe est fragile. Dans les campagnes, les paysans vivent difficilement. Avec la guerre, la tension monte. Les pertes humaines sont importantes et la misère sévit. Le pouvoir autoritaire du tsar Nicolas II est critiqué. En février 1917, les manifestations se multiplient et le tsar doit abdiquer. Un gouvernement provisoire est mis en place, mais son action est faible. Avec son slogan « paix et terre aux paysans », le parti bolchévique de Lénine devient populaire. Le 25 octobre 1917, il s'empare du pouvoir. C'est la révolution d'Octobre...

Lénine, chef du parti bolchévique, adhère aux idées communistes de Karl Marx. Souhaitant mettre en place une dictature du prolétariat, il dirige la Russie jusqu'à sa mort en 1924.

Le tsar **Nicolas II** est assassiné avec sa famille en 1918. Une guerre civile oppose les Russes blancs, partisans du tsar, à l'Armée rouge révolutionnaire. Elle prend fin en 1921 avec la victoire des bolchéviques. L'URSS est créée en 1922.

Image tirée du film *Octobre* de Serguei Eisenstein.

Dans la nuit du 24 au 25 octobre 1917, une insurrection éclate à Pétrograd, menée par **des Gardes rouges.** Les bolchéviques au pouvoir distribuent les terres aux paysans et promettent la paix.

Les années folles

Après la guerre, dans les pays occidentaux souffle un vent d'insouciance. Nés aux États-Unis, le jazz et des danses, comme le Charleston, se diffusent dans les cabarets. Paris réunit les artistes du monde entier : ils proposent d'autres formes d'expression (cubisme, surréalisme...) qui rejettent la tradition. La prospérité économique fait croire à un nouvel âge d'or et les États-Unis affirment leur puissance. C'est l'heure de gloire des entreprises géantes et des *business men*. Téléphone, automobile, radio transforment la vie des Américains. Mais des inégalités existent...

New York connaît une véritable fièvre de la construction. **Les gratte-ciels** sont les symboles de l'Amérique triomphante. Le Chrysler Building, haut de 319 m, est caractéristique du style Art déco des années 1920.

Les femmes cherchent à faire entendre leur voix. En Grande-Bretagne, en 1918, elles obtiennent le droit de vote. C'est la mode des cheveux courts « à la garçonne » et des robes au tissu léger qui dévoilent les jambes. La couturière Coco Chanel les aide à s'émanciper en leur proposant des vêtements plus confortables.

L'Américain **Louis Armstrong** (1901-1971), virtuose de la trompette et talentueux chanteur à la voix rauque, popularise le jazz à travers le monde.

La crise de 1929

Le jeudi 24 octobre 1929, un krach boursier (chute du cours des actions) éclate à Wall Street, la bourse de New York. Ce « jeudi noir » plonge les États-Unis dans une grave crise économique. Plusieurs milliers de banques et d'entreprises font faillite. Le chômage augmente dangereusement et les conditions de vie deviennent difficiles pour de nombreux Américains. Les agriculteurs, incapables de rembourser leurs dettes, sont ainsi expulsés de leurs terres. Très vite, cette crise s'étend à l'Europe…

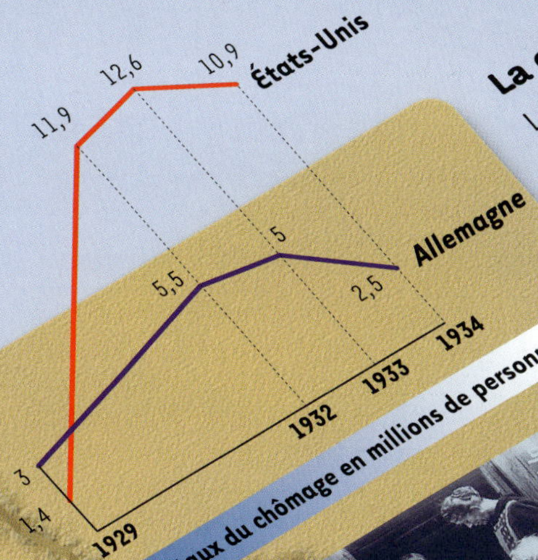

Les taux du chômage en millions de personnes

La misère frappe la plupart des Américains : ouvriers, agriculteurs, petits commerçants et épargnants sont réduits à **la soupe populaire** pour se nourrir.

L'Allemagne, affaiblie économiquement à la suite de la guerre, bascule dans une crise grave. La monnaie, le mark, s'effondre et perd toute valeur. Il faut payer les commerçants avec **des liasses de billets…**

Francisco Franco
Arrivée au pouvoir en Espagne : 1936. Prend le titre de Caudillo (guide).

Benito Mussolini
Arrivée au pouvoir en Italie : 1922. Prend le titre de Duce (guide).

Adolf Hitler
Arrivée au pouvoir en Allemagne : 1933. Prend le titre de Führer (guide).

Lors de défilés ou de parades, des masses innombrables se réunissent pour glorifier leur chef. Ici une foule allemande fait le salut nazi devant des drapeaux ornés de croix gammées, l'emblème **nazi**.

La montée des fascismes

En Europe, les rancœurs d'une paix imposée par le traité de Versailles de 1919 et la crise économique provoquent l'éclosion de dictatures fascistes. Opposées à la démocratie, elles maintiennent l'ordre en imposant un parti unique qui exalte des idées nationalistes, des thèses racistes et le culte du chef. Elles s'appuient sur l'embrigadement et la terreur. L'Italie suit cette voie avec Mussolini. Puis c'est au tour de l'Allemagne avec Hitler, chef du parti national-socialiste (nazi), du Portugal avec Salazar, de l'Espagne avec Franco… L'idéal démocratique est fragile.

LA SECONDE GUERRE MONDIALE

Le **1er septembre 1939,** les troupes allemandes envahissent la Pologne. L'attaque surprise des chars, appuyés par 2 000 avions, est foudroyante. La France et l'Angleterre, alliées de la Pologne, déclarent la guerre à l'Allemagne.

De 1939 à 1945, le monde est déchiré par de terribles combats qui feront des millions de victimes, dont de nombreux civils. C'est le conflit le plus meurtrier de tous les temps.

La marche à la guerre

En 1918, l'Allemagne n'a pas accepté l'humiliation de la défaite qui a amputé son territoire. Dès 1933, Adolf Hitler se lance dans une politique d'expansion de plus en plus agressive que la France et la Grande-Bretagne ne peuvent contrecarrer. À partir de 1938, la marche à la guerre semble irréversible.

L'Angleterre reste seule face à l'Allemagne. À partir de **juillet 1940,** Hitler, décidé à débarque en Grande-Bretagne, lance la bataille aérienne d'Angleterre. Les villes so bombardées par les avion de la **Luftwaffe,** l'armée de l'air allemande. Mais les Anglais, dirigés par Churchill, résistent, et Hitler doit renoncer.

Le 2 février 1943, à Stalingrad, l'armée allemande est vaincue pour la première fois depuis son invasion de l'URSS en **1941.** L'Armée rouge, l'énorme machine de guerre soviétique, parvient bientôt à repousser les Allemands.

Cette photo a été prise le 12 avril 1945 lors de la libération, par les Américains, du camp de **Buchenwald,** en Allemagne.

Le port de **l'étoile jaune** est imposé aux Juifs de France à partir de 1942.

Dans les pays occupés, les Allemands réquisitio nent la production agric et les matières première Les populations civiles ont faim. Elles achètent les produits courants avec **des tickets de rationnement.** Les files d'attente devant les magasins sont très longues.

Persécutés en raison de leurs opinions ou de leurs races jugées inférieures, plus de 9 millions d'Européens (résistants, antinazis, homosexuels, Slaves, Tziganes et surtout Juifs) périssent dans les camps de concentration nazis. En 1942, l'État nazi opte pour la « solution finale » et décide d'éliminer tous les Juifs d'Europe. Déportés dans des camps d'extermination comme celui d'Auschwitz en Pologne, ils meurent asphyxiés dans des chambres à gaz. C'est le plus grand **génocide** de l'histoire humaine.

chiffres

1 100, c'est, en milliards de dollars, le coût des dépenses militaires de la guerre.

50 millions, c'est le nombre de victimes de la Seconde Guerre mondiale.

6 millions, c'est le nombre de Juifs morts, victimes des Nazis.

135 000, c'est le nombre de soldats qui débarquent en Normandie le 6 juin 1944.

Après avoir soumis le Danemark et la Norvège, en **mai 1940,** l'armée allemande mène une nouvelle guerre éclair **(Blitzkrieg)** et envahit les Pays-Bas, la Belgique, le Luxembourg, puis la France. Les civils fuient : c'est l'exode. Le 14 juin, les Allemands sont à Paris.

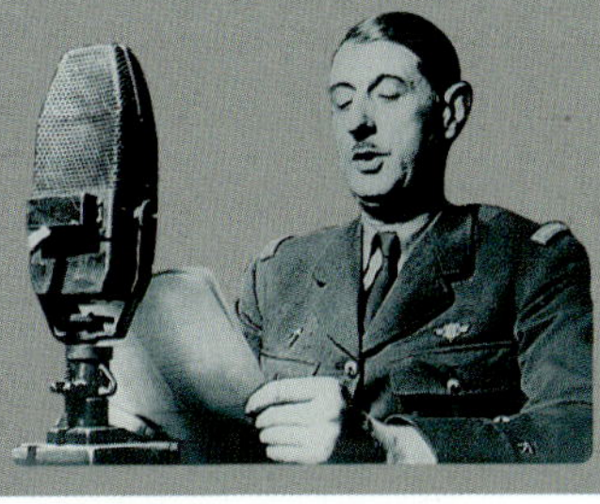

Le 17 juin, le maréchal Pétain, chef du gouvernement, demande l'armistice. Le **18 juin 1940,** le général de Gaulle lance un appel à la résistance à la radio de Londres. L'armistice est signé le 22 juin. Une partie du pays est occupée. La république est supprimée et remplacée par un nouveau régime, l'État français, dirigé par Pétain à Vichy. C'est le début de la collaboration avec l'État nazi.

Le **7 décembre 1941,** le Japon, allié de l'Allemagne, attaque par surprise la flotte américaine dans le port de Pearl Harbor, à Hawaii. Avec l'entrée en guerre des États-Unis, le conflit devient mondial. Il oppose l'Allemagne, l'Italie, le Japon et les pays qu'ils contrôlent, aux Alliés (Angleterre, URSS, États-Unis, Canada).

Le terrible combat que se livrent Japonais et Américains dans le Pacifique s'appuie sur un puissant armement (avions, porte-avions, cuirassés, **sous-marins** équipés de radars et de lance-torpilles...).

À partir de **1942** avec les victoires de la mer de Corail (mai) et des Midway (juin), les Américains stoppent l'expansion japonaise dans le Pacifique. En dernier recours, en 1944, les Japonais lancent des kamikazes, des avions-suicides, contre les navires américains.

En Europe, les mouvements de **résistance** s'organisent. Ils s'opposent à l'occupant en commettant des attentats, en sabotant des usines, en faisant dérailler des trains... En **1943,** Jean Moulin est chargé par le général de Gaulle d'unifier les différents groupes de résistance français.

En France, **la Gestapo,** la police allemande aidée par la Milice française, arrête, torture, déporte ou fusille les résistants. Elle discrédite leur action par des moyens de propagande, comme cette affiche représentant les membres du réseau Manouchian.

Le 10 juillet 1943, les Alliés débarquent en Sicile. **Le 6 juin 1944,** en Normandie, a lieu le débarquement anglo-américain dirigé par le général Eisenhower. Un second débarquement a lieu en Provence le 15 août. Les résistants sortent de l'ombre et s'opposent à l'occupant. Paris est libéré le 25 août 1944.

En avril 1945, les troupes anglo-américaines et soviétiques se rejoignent sur l'Elbe en Allemagne. Le 30 avril, Hitler se suicide. L'Allemagne est occupée. Elle capitule les **7 et 8 mai 1945.**

Pour mettre un terme à la guerre dans le Pacifique, les États-Unis lancent une bombe atomique sur la ville japonaise d'Hiroshima (6 août 1945), puis sur celle de Nagasaki (9 août). Le **2 septembre 1945,** le Japon capitule.

Dans la ville allemande de Nuremberg, de **novembre 1945 à octobre 1946,** 24 membres du parti nazi, parmi lesquels Hermann Göring, ministre de Hitler, sont jugés pour crimes de guerre ou crimes contre la paix et l'humanité. 12 d'entre eux sont condamnés à mort.

LA GUERRE FROIDE

En 1945, les États-Unis et l'URSS sont les deux grands vainqueurs de l'Allemagne nazie. Ces alliés d'hier vont vite s'opposer dans une guerre froide, larvée, et jamais déclarée.

Churchill, Roosevelt et Staline à Yalta (Crimée, URSS).

Est/Ouest

Lors de la conférence de Yalta, en février 1945, Roosevelt, Churchill et Staline, dirigeants respectifs des États-Unis, de la Grande-Bretagne et de l'URSS, décident du partage de l'Europe. Deux blocs émergent : les pays communistes de l'Est dominés par l'Union soviétique et les pays capitalistes de l'Ouest soutenus par les États-Unis.

ÉTATS-UNIS

★ Le 5 juin 1947, le général américain Marshall propose un prêt à tous les pays européens, afin de les aider à financer leur reconstruction. Les États d'Europe de l'Ouest acceptent ce « plan Marshall ».

★ Les États-Unis créent en 1949 l'OTAN, l'Organisation du Traité de l'Atlantique Nord, qui assure à l'Europe de l'Ouest un appui militaire permanent contre une éventuelle attaque de l'URSS.

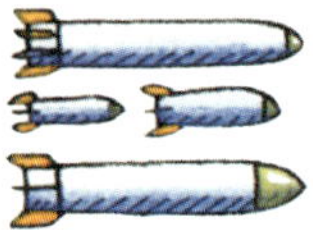

★ Engagés dans une course aux armements avec l'URSS, les États-Unis, qui possèdent la bombe atomique depuis1945, se dotent d'armes toujours plus puissantes : sous-marins à propulsion nucléaire, fusées intercontinentales, missiles...

★ Entre 1950 et 1953, le sénateur américain McCarthy mène une violente campagne contre des fonctionnaires, des hommes politiques, des gens de cinéma communistes ou supposés l'être. C'est la « chasse aux sorcières ».

★ Dans la course à l'espace, les Américains sont vainqueurs. En 1969, l'astronaute Neil Armstrong est le premier homme à marcher sur la Lune.

URSS

★ L'URSS refuse le plan Marshall pour elle et ses alliés. Selon l'expression de Churchill, un « rideau de fer » sépare désormais l'Europe en deux. Les pays de l'Est, communistes, deviennent des « démocraties populaires ».

★ Le pacte de Varsovie signé en 1955 est le pendant de l'OTAN : les armées d'Europe de l'Est sont rassemblées sous le commandement soviétique.

★ À partir de 1949, l'URSS rattrape les États-Unis en fabriquant l'arme nucléaire. Dès lors, c'est la surenchère. Un « équilibre de la terreur » s'établit entre les deux camps.

★ La chasse aux opposants est sans pitié. Ils sont réduits au silence après avoir été victimes de la censure ou de campagnes de presse. D'autres sont jugés lors de procès, internés dans des camps, les goulags, ou bannis de leur pays.

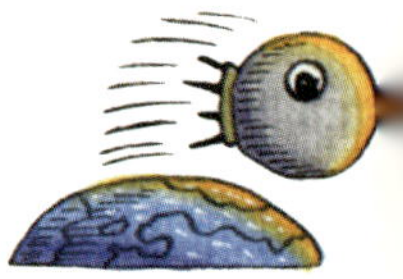

★ Cette course à l'espace commence en 1957 avec le lancement du satellite **Spoutnik.** En 1961, Youri Gagarine est le premier homme de l'espace.

La crise des fusées

En 1962, des navires soviétiques livrent à Cuba des missiles longue portée capables d'atteindre la côte est des États-Unis. La tension entre les États-Unis et l'URSS est à son comble. Jamais le risque de guerre nucléaire n'a été aussi réel. Finalement, les bateaux soviétiques font demi-tour et les Américains promettent de ne pas tenter d'attaquer Cuba.

1947-1967 p.266
1968-1975 p.268
1978-2000 p.270
2001-2008 p.272

Entre guerres et paix : l'après 1945

Le 26 juin 1945, 50 États fondent l'Organisation des Nations unies (ONU) dans le but de « préserver les générations futures du fléau de la guerre ».

Mais très vite, cette généreuse ambition se révèle difficile à réaliser et les conflits se multiplient. Pourtant, un désir de paix et de justice persiste, des démocraties naissent et de nombreux organismes luttent pour faire respecter partout les droits de l'homme.

Des institutions pour la paix…

L'ONU a pour mission de maintenir la paix et la sécurité internationales, de développer la coopération entre les nations et de défendre les droits de l'homme.

L'OMS (Organisation Mondiale de la Santé) est une institution de l'ONU siégeant à Genève qui a pour but d'améliorer la santé dans le monde.

L'UNICEF (Fonds International d'Aide à l'Enfance) aide les enfants des pays en voie de développement (médicaments, nourriture, hôpitaux, écoles…).

L'UNESCO (agence spécialisée des Nations unies pour l'éducation, la science et la culture) a pour but de développer l'enseignement et de lutter contre les inégalités.

Le Tribunal pénal international, installé à La Haye (Pays-Bas), est seul compétent pour juger les crimes de guerre et les crimes contre l'humanité.

… mais des conflits partout

Si pendant la guerre froide, les États-Unis et l'URSS ne s'affrontent pas directement, leur rivalité entretient partout la guerre. Vers 1960, en Afrique et en Asie, des États obtiennent leur indépendance, mais ils peinent à établir un équilibre économique et politique. Au Moyen-Orient, le conflit entre Israéliens et Palestiniens s'éternise. En Yougoslavie, les peuples s'entre-déchirent. En Amérique latine, les inégalités engendrent la violence…

La détermination individuelle est parfois plus forte que les armes, les gouvernements, les organisations… En 1989, un jeune homme empêche les chars chinois d'avancer contre les manifestants étudiants, place **Tian'anmen, à Pékin.**

1947-1967

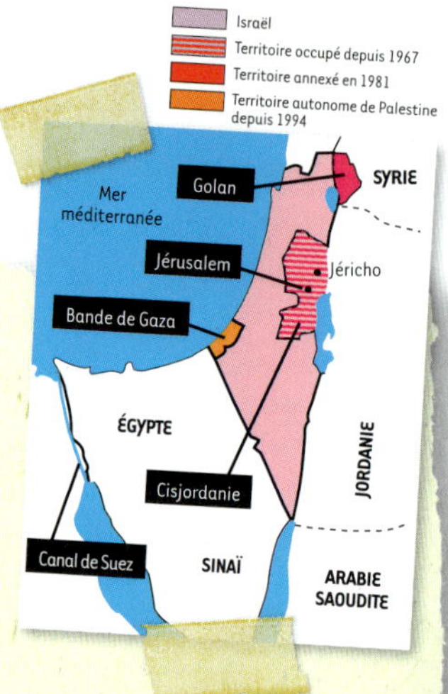

1948

ISRAËL, LA PAIX IMPOSSIBLE ?

L'État d'Israël, fondé pour donner une patrie aux juifs, occupe un territoire habité depuis des siècles par les Palestiniens. Entre les deux communautés, un long conflit s'installe : la guerre des Six Jours (1967) et la guerre du Kippour (1973) contre l'Égypte donnent la victoire aux Israéliens, avec l'appui des États-Unis. De leur côté les Palestiniens, soutenus par les pays arabes, ont fondé en 1964 l'OLP (Organisation de Libération de la Palestine), réfugiée au Liban d'où elle conduit des actions contre Israël. Le Président égyptien Sadate et le Premier ministre israélien Begin concluent la paix en 1978. Mais, en 1982, Israël envahit le Sud-Liban, déchiré entre pro-Israéliens et pro-Palestiniens. L'OLP et son chef Yasser Arafat se réfugient en Tunisie. Un nouvel accord, conclu en 1993, paraît difficile à appliquer. L'intifada, la « guerre des pierres », continue et les violences se poursuivent. À quand la paix en Israël ?

■ Les juifs s'installent dans la joie…

■ … pendant que les Palestiniens quittent leurs terres.

1949

Les Gardes rouges et les étudiants manifestent à Pékin en brand
sant le *Petit livre rouge* de Mao au début de la Révolution culture

1962

■ Alger le jour de la proclamation de l'indépendance

OUI À L'INDÉPENDANCE

Huit ans d'une guerre pleine d'atrocités ont abouti aux accords d'Évian : le 18 mars 1962, l'Algérie est devenue un État indépendant, doté d'une constitution démocratique, mais soumis à l'armée et gouverné par un parti unique, le FLN (Front de Libération Nationale). Contre le chômage et la pauvreté des années 1980, la religion paraît un secours. Le Front Islamique du Salut (FIS), fondé en 1989, s'oppose violemment au pouvoir en place et massacre bientôt tous ceux qu'il nomme les « ennemis de l'islam ». En face, l'armée répond par des tortures et des représailles. Bilan de ces années d'horreur : 100 000 morts. En l'absence d'une solution politique, les violences continuent.

1947 L'Inde, ex-colonie britannique, devient indépendante et donne naissance à deux pays : l'Inde hindouiste et le Pakistan musulman.

1948 Création de l'État d'Israël.

1949 Proclamation de la République populaire de Chine.

1949 Création de l'OTAN (Organisation du Traité de l'Atlantique Nord), alliance militaire entre 12 pays du bloc de l'Ouest.

1949 L'Allemagne est coupée en 2 (RFA occidentale et RDA communiste).

1950 Légalisation de l'apartheid par le gouvernement d'Afrique du Sud.

1950 Guerre de Corée entre la Corée du Nord soutenue par l'URSS et la Chine, et la Corée du Sud soutenue par les États-Unis.

★★★ LA LONGUE MARCHE DE LA CHINE ★★★

★1949 Le chef communiste Mao Zedong proclame la République populaire de Chine.

★1958 Mao s'éloigne de l'URSS communiste et lance le « Grand Bond en avant » : dans des équipes de production très surveillées, chacun travaille pour tous. Les rendements agricoles s'écroulent. La famine fait 15 millions de morts.

★1966 La Révolution culturelle menée par les Gardes rouges s'attaque à toutes les traditions de la Chine ancienne et, au-delà, aux opposants de Mao.

★1976 Mort de Mao Zedong. La Chine se tourne vers le libéralisme économique mais sans progrès notables en matière de libertés individuelles.

★1989 L'armée lance ses chars contre les étudiants manifestant à Pékin. La répression fait des milliers de victimes. L'Occident tente d'exprimer son désaccord mais reste impuissant : la Chine fait partie de l'ONU et tient une grande place dans l'équilibre mondial.

1964

NELSON MANDELA EST ARRÊTÉ

...ne école de policiers noirs en Afrique ...ud, sous les ordres d'un officier blanc

En Afrique du Sud, Nelson Mandela est arrêté et condamné à la prison à vie. La justice de son pays lui reproche de diriger l'ANC (African National Congress) qui arme des militants contre l'apartheid. Cette ségrégation raciale établie en 1948 par le gouvernement accorde aux seuls blancs le droit de vote, le droit au savoir, aux soins médicaux... Il faudra 25 ans pour que l'Afrique du Sud évolue vers la démocratie, sous la pression de nombreux pays. En 1990 l'apartheid est officiellement aboli. En 1994, Mandela, libéré, est élu président. Mais il reste tant à faire pour que noirs et blancs soient vraiment égaux...

Martin Luther King s'adresse aux 250 000 personnes rassemblées à Washington dans une marche pour la reconnaissance des droits civiques des Noirs.

1963

« Je fais un rêve... »

« Je fais un rêve qu'un jour les fils d'esclaves et les fils de propriétaires d'esclaves pourront s'asseoir ensemble à la table de la fraternité », clame en 1963 le pasteur noir américain Martin Luther King. Aux États-Unis, l'abolition officielle de la ségrégation raciale en 1954 n'a pas effacé le racisme au quotidien. Les Noirs veulent les mêmes droits civiques que les Blancs. Refusant la révolte armée, Luther King prêche la non-violence ; il est assassiné en 1968. Trente ans plus tard, certains Noirs ont accès au savoir et à la politique mais bien des inégalités raciales subsistent.

1955 Conférence de Bandung : 29 pays du Tiers-Monde se réunissent pour affirmer leur identité contre la logique des blocs.

1955 Pacte de Varsovie : signature d'un traité d'assistance mutuelle par l'URSS et ses alliés communistes du bloc de l'Est.

1949-1962 Décolonisation : les colonies des pays européens prennent leur indépendance, pacifiquement (Afrique noire) ou après des guerres meurtrières (Vietnam, Algérie).

1957 Le traité de Rome établit la CEE (Communauté économique européenne) qui compte 6 membres.

1961 Construction du mur de Berlin.

1962 Crise de Cuba : l'île communiste dirigée par Castro est l'enjeu d'un dangereux affrontement États-Unis/URSS.

1967 Guerre des Six Jours : Israël s'empare de territoires arabes : Sinaï, Cisjordanie, Gaza, Golan, Jérusalem-Est.

1968-1975

1968

LE VIETNAM BRÛLE

■ Une petite fille de 10 ans, brûlée par des bombes au napalm, s'enfuit. Cette photo de 1972 fera vivement réagir les Américains contre la guerre.

Ancienne colonie française, le Vietnam est divisé depuis 1954 en deux États : le Vietnam du Nord, communiste, allié à l'URSS et à la Chine, et le Vietnam du Sud, capitaliste, soutenu par les États-Unis. Cela fait cinq ans que les premiers soldats américains y ont débarqué, croyant mener une brève croisade contre le communisme. Malgré les 3 millions de tonnes de bombes lancées en trois ans sur le Nord, ils se heurtent à la résistance acharnée des soldats communistes, les Viêt-congs. En 1968, 500 000 soldats américains sont engagés au Vietnam. Aux États-Unis, 78 % de la population refuse désormais cette guerre inutile et réclame le retour des troupes. Un cessez-le-feu est signé en 1973. En 1975, les Viêt-congs envahissent Saïgon, la capitale du Sud. Le Vietnam réunifié devient une république socialiste.

À PARIS, EN MAI 1968...

■ Manifestation dans les rues de Paris en mai 68 : les policiers tentent de disperser la foule étudiante avec des gaz lacrymogènes.

Dans une société en pleine évolution, les étudiants français manifestent pour un enseignement plus ouvert et plus démocratique. Ils occupent la Sorbonne, élèvent des barricades dans les rues et organisent le 13 mai une gigantesque manifestation où les rejoignent les ouvriers en colère. La grève générale qui paralyse alors la France débouche sur les accords de Grenelle (27 mai 1968) améliorant les salaires et les conditions de travail. Une réforme de l'enseignement intervient peu après.

1968

FLOWER POWER

Le « pouvoir des fleurs » doit son nom aux fleurs que les pacifistes brandissaient en manifestant contre la guerre du Vietnam. Les jeunes Américains cherchent une nouvelle manière de vivre en prônant l'amour et la paix contre la violence, le racisme et le capitalisme. Ils créent vers 1965 le mouvement hippie, qui rassemble des millions de jeunes aux États-Unis puis en Europe. San Francisco, en Californie, attire des hippies du monde entier. L'un des moments forts de cette nouvelle culture a lieu à Woodstock en août 1969, où un festival de musique rock réunit 800 000 personnes.

■ Au concert de Woodstock, *peace and love* (paix et amour).

1968 Mai 68 en France.

1968 Fin du Printemps de Prague.

1969 Les premiers hommes marchent sur la Lune.

1969 Festival de Woodstock.

1973 Coup d'État de Pinochet au Chili.

1973 Choc pétrolier : le prix du pétrole double, l'économie des pays importateurs chute.

1968

■ Un étudiant tchèque brandit son drapeau contre les chars russes qui occupent Prague.

À PRAGUE, FIN DU PRINTEMPS

En août 1968, les chars russes envahissent la capitale de la Tchécoslovaquie. Ils viennent renverser le « Printemps de Prague », mouvement créé en mars pour établir un communisme adouci, avec une presse plus libre et une police moins dure. En janvier 1969,un jeune homme, Jan Palach, s'immole par le feu pour exprimer sa révolte contre l'occupation russe. Les partis communistes européens marqueront désormais une distance par rapport à l'URSS.

AU CHILI, LA DÉMOCRATIE EST EN DEUIL

Le président Salvador Allende trouve la mort le 11 septembre 1973 en défendant le palais présidentiel de Santiago contre l'attaque de l'armée. Élu démocratiquement en 1970, il avait entrepris de réduire les inégalités sociales. Ses réformes sont brisées par le coup d'État militaire d'Augusto Pinochet, avec l'aide secrète des Américains. La dictature de Pinochet, accompagnée de tortures et de brutalités policières, ne s'assouplira qu'en 1990.

■ le général Pinochet

1973

LE NOUVEAU VISAGE DE L'ESPAGNE

Le 11 novembre 1975, le général Franco meurt à l'âge de 83 ans. Vainqueur de la guerre civile (1936-1939) qui opposait ses partisans, les Franquistes, aux Républicains, il gouvernait l'Espagne depuis près de quarante ans en s'appuyant sur l'Église, l'armée et un parti unique d'inspiration fasciste. Le roi Juan Carlos proclame une nouvelle constitution qui abolit la peine de mort et autorise les libertés syndicales ainsi que le divorce.

■ L'enterrement de Franco, salué ici par ses partisans, ouvre la voie à l'Espagne libre et démocratique.

1975

1975

CAMBODGE : ENVIRON 3 MILLIONS DE MORTS

Le nombre des victimes de la guerre civile au Cambodge est si terrible que l'on parle de génocide. Telle est l'œuvre des Khmers rouges qui s'emparent du pouvoir en 1975. Ils assassinent les intellectuels, raflent les enfants... 50 % des étudiants et 91 % des médecins disparaissent. La monnaie est abolie. La terreur et la misère au Cambodge sont encore aggravées par la guerre entre les Khmers rouges, alliés de la Chine, et les troupes du Vietnam, soutenues par les Russes, qui envahissent le pays en 1979.

■ Le musée du Génocide à Phnom Penh, ancienne prison où des milliers de gens ont été torturés et assassinés pendant le règne de terreur des Khmers rouges.

1973
Guerre du Kippour : l'Égypte et la Syrie attaquent Israël le jour de la fête juive de Yom Kippour.

1974
Révolution des Œillets au Portugal : un coup d'État renverse le dictateur Salazar pour établir enfin une démocratie et entamer la décolonisation.

1975
Mort de Franco.

1975
Guerre civile au Liban : catholiques et musulmans s'affrontent autour du problème palestinien.

1975
Après 10 ans de guerre et malgré l'intervention massive des Américains pour aider le Vietnam du Sud, le Vietnam du Nord l'emporte : le pays est réunifié sous un gouvernement communiste.

1975
Début de la dictature des Khmers rouges au Cambodge.

1978-2000

1979

EN IRAN, LE VOILE EST OBLIGATOIRE

■ À Téhéran en 1979, des femmes voilées passent devant le portrait de l'Ayatollah Khomeiny.

En 1979, l'Iran devient une république islamique, dirigée par un religieux, l'imam Khomeiny (1900-1989). Il déclenche le Jihad, la guerre sainte contre « le grand Satan » américain et ses alliés occidentaux. Il fait aussi la chasse aux communistes qui ne croient pas en Dieu. La religion contrôle tout, surveille la population, la presse, les universités… Les femmes sont privées des libertés accordées aux hommes. L'Irak, se sentant menacé par l'intégrisme de l'Iran, lui déclare la guerre en 1980. Ce conflit inutile épuise les deux pays et s'achève en 1988, sans vainqueur.

1979

AFGHANISTAN : UNE DÉFAITE POUR L'URSS

Le 27 décembre 1979, l'URSS envahit l'Afghanistan où le régime socialiste est menacé par des islamistes. Les Soviétiques sont très critiqués pour cette ingérence et s'enlisent dans la guerre. Ils quittent le pays en 1989. En 1994, les Talibans, islamistes intégristes soutenus par le Pakistan, occupent petit à petit le pays. Ils interdisent de jouer aux cerf-volant, d'écouter de la musique, d'aller au cinéma… Les femmes n'ont pas le droit de travailler, les filles d'aller à l'école. Ils massacrent tous ceux qui osent s'élever contre eux.

9 novembre 1989

NUIT DE FÊTE À BERLIN

Le mur qui coupait la ville en deux s'est ouvert ce soir. Pour la première fois depuis 28 ans, des familles se retrouvent. Berlin n'est plus déchiré entre l'Est communiste et l'Ouest capitaliste. Les deux Allemagne retrouvent leur unité en 1990. L'ouverture du bloc communiste s'est amorcée dès 1987. L'URSS, démantelée en plusieurs États indépendants, disparaît en 1991. Le Pacte de Varsovie, qui liait les pays communistes, est dissous la même année.

■ La chute du mur : un symbole s'effondre, l'allégresse est partout.

1988

LE DÉGEL, ENFIN !

Au Kremlin, une poignée de main historique pour sceller un accord fondateur et mettre fin à la guerre froide.

Le 1er juin 1988, Mikhaïl Gorbatchev (URSS) et Ronald Reagan (États-Unis) signent le premier accord pour le désarmement nucléaire. Les Russes retirent leurs missiles tournés vers l'Ouest et les Américains ceux qu'ils ont placés vers l'Est. Entre les deux grandes puissances, la guerre froide se termine, et la détente s'installe enfin.

1978
Accords de Camp David entre Begin et Sadate, dirigeants israélien et égyptien : début d'un processus de paix dans le monde arabe.

1978-1979
L'URSS envahit l'Afghanistan.

1980-1988
Guerre Iran-Irak, (enjeux territoriaux et religieux).

1982
Israël envahit le Liban, où s'est réfugiée l'OLP.

1986
Explosion d'un réacteur à la centrale nucléaire de Tchernobyl en URSS.

1988
Début de l'Intifada, résistance à la domination israélienne dans les Territoires occupés.

1989
Chute du mur de Berlin et fin de la guerre froide. L'Allemagne est réunifiée en 1990.

JANVIER 1991
TEMPÊTE DANS LE DÉSERT

■ Ravitaillement d'un avion furtif américain en mission durant la guerre du Golfe.

En 1990, le Conseil de sécurité de l'ONU condamne l'Irak qui vient d'envahir le Koweït. Les États-Unis et les États européens, prêts à défendre ce riche pays producteur de pétrole, organisent une riposte militaire groupant 28 nations. L'opération « Tempête du désert » mobilise 500 000 hommes et 2 800 avions qui bombardent les bases militaires irakiennes mais aussi des zones civiles. Ces actions sont diffusées en direct sur les télévisions du monde entier. La guerre deviendrait-elle une sorte de spectacle ?

Sarajevo, un champ de ruines

LA YOUGOSLAVIE DÉCHIRÉE

La Yougoslavie a toujours été formée de peuples différents : Serbes orthodoxes, Croates catholiques, Bosniaques musulmans. L'unité de cette fédération a été maintenue tant que son père fondateur communiste, Tito, a dirigé le pays. Mais après sa mort en 1980, les nationalismes se réveillent un à un : durant les années 1990, la Slovénie, la Croatie, la Bosnie proclament successivement leur indépendance. La vague de répression menée par Slobodan Milosevic, le chef des Serbes, peuple dominant la fédération et visant l'élimination des autres nations, est terrible. Dernier conflit en date : le Kosovo. L'ONU intervient en 1999, et le pouvoir de Milosevic s'écroule enfin…

Yougoslavie actuelle

Ancienne frontière de la Yougoslavie

1994
L'HORREUR AU RWANDA

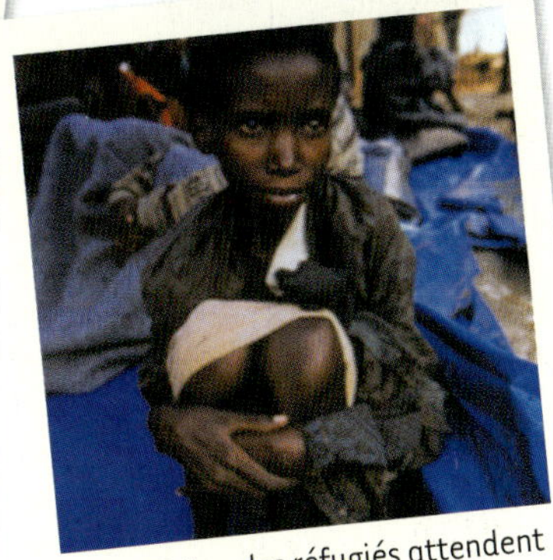

Au Zaïre, des réfugiés attendent une aide médicale dans un camp.

Au Rwanda, les Hutus ont programmé l'extermination des Tutsis. Les enfants sont particulièrement touchés parce qu'ils représentent l'avenir d'un peuple qui dominait autrefois le Rwanda. Un à un, les villages tutsis sont détruits et la population entièrement massacrée. L'ONU envoie 55 000 Casques bleus et une aide humanitaire qui fait cesser l'horreur. Mais le bilan est terriblement lourd dans l'histoire du Rwanda et du monde entier : 1 million de morts.

1989 Les étudiants chinois manifestant place Tian'anmen (Pékin) pour plus de liberté sont massacrés par l'armée.

1990-1991 Guerre du Golfe.

1991 Fin de l'URSS après l'indépendance de plusieurs Républiques soviétiques.

1991-1995 Guerre en Yougoslavie.

1992 Naissance de l'Union européenne suite au traité de Maastricht (1991).

1994 Mandela élu président de l'Afrique du Sud.

1994 Génocide au Rwanda.

1995 Terrorisme islamiste en Algérie.

1999 Guerre au Kosovo.

2001-2008

2001

LES ÉTATS-UNIS, CIBLE DU TERRORISME

Le 11 septembre, des avions détournés par des terroristes détruisent les tours du World Trade Center, un centre d'affaires à New York, et atteignent le Pentagone, le département de la défense des États-Unis à Washington, tuant près de 3000 personnes. L'organisation terroriste Al Qaïda est reconnue responsable de ces actes. À la demande des États Unis, l'ONU exige que les talibans, intégristes islamistes au pouvoir en Afghanistan, livrent Oussama Ben Laden, le leader d'Al Qaïda, installé dans ce pays. Mais les talibans protègent leur leader. Le gouvernement américain ainsi que quelques pays de l'Otan, lancent alors une offensive militaire contre l'Afghanistan, qui provoque la chute des talibans. Mais les dirigeants d'Al Qaïda restent introuvables...

■ Le 11 septembre, à 9h30, un autre avion vient percuter la deuxième tour du World Trade Center. À cette heure, la plupart des personnes qui travaillent dans ce quartier d'affaires sont arrivées...

2002

UN ENJEU POUR L'AVENIR : LE DÉVELOPPEMENT DURABLE

Dix ans après le premier Sommet de la Terre, organisé par les Nations Unies à Rio de Janeiro (Brésil), le Sommet de Johannesburg (Afrique du Sud) énonce les principes d'un développement « durable », qui tienne compte de l'équilibre écologique de la planète pour les générations futures. Une centaine de chefs d'État et des dizaines de milliers de responsables gouvernementaux et d'ONG du monde entier s'engagent à cette occasion à respecter l'environnement et à réduire la pauvreté. Les principaux thèmes abordés sont l'accès à l'eau et à la santé pour tous, les économies d'énergie, la lutte contre la pollution, le maintien de la biodiversité (ensemble des espèces vivantes présentes sur Terre) et l'équilibre de la production agricole.

■ Au Tchad, en Afrique, ce puits qui pompe l'eau dans la nappe phréatique est alimenté par l'énergie solaire.

2000
Vladimir Poutine est élu président de la Fédération de Russie : il veut redonner à la Russie la puissance qu'elle avait perdue après l'effondrement de l'URSS.

2000
Début de la seconde Intifada, résistance palestinienne à la présence d'Israël dans les Territoires (Cisjordanie et Gaza).

2000
Violents conflits dans la région des Grands Lacs Africains en République démocratique du Congo.

2001
Attentats du 11 septembre aux États-Unis.

2002
Le gouvernement israélien fait construire un mur de séparation entre Israël et les Territoires palestiniens.

2002
Le président américain George W. Bush désigne l'Irak, l'Iran, la Corée du Nord et la Syrie comme « Axe du mal » : ces pays collaboreraient selon lui avec des organisations terroristes.

■ La guerre dure : les enfants iraquiens s'habituent à la présence des soldats américains.

2003
LES ÉTATS-UNIS ET LA GRANDE-BRETAGNE EN GUERRE CONTRE L'IRAK

Le président américain George W. Bush, accuse le dictateur irakien, Saddam Hussein, d'être lié à Al Qaïda et de détenir des armes de destruction massive (armes nucléaires, bactériologiques ou chimiques). Les experts de l'Agence internationale de l'énergie atomique déclarent qu'il n'existe aucune preuve de la détention d'armes nucléaires par l'Irak. Mais contre l'avis de la France, de l'Allemagne, de la Russie et de la Chine, les États-Unis et la Grande-Bretagne attaquent l'Irak : le gouvernement est renversé, Saddam Hussein est arrêté (il sera exécuté en 2006). Menée au nom de la défense de la liberté et de la démocratie, ce conflit a débouché sur une violente guerre civile dont la principale victime est la population. Des manifestations pacifistes ont condamné cette guerre, mais en 2008, le pays est toujours occupé par des troupes américaines.

2006
SOS DARFOUR

La guerre civile au Darfour (un conflit entre des rebelles et l'armée gouvernementale) a fait 200 000 morts et près de 2 millions de déplacés, dont 250 000 au Tchad voisin. Le Conseil de sécurité des Nations unies vote le déploiement de vingt mille Casques bleus (forces militaires de maintien de la paix) au Darfour, pour tenter de mettre fin aux affrontements. Le gouvernement soudanais refuse. Le 17 septembre 2006 est déclaré « Journée mondiale pour le Darfour », afin de sensibiliser l'opinion publique mondiale sur la situation tragique des populations de la région.

■ Comme dans beaucoup de pays à forte démographie, au Soudan, des enfants sont contraints à participer aux combats.

2008
ÉLECTION DE BARACK OBAMA

Barack Obama est le premier président afro-américain à accéder à la présidence des États-Unis. Son élection suscita l'intérêt du monde entier. Dix mois après son investiture, le 9 octobre 2009, il reçoit le prix Nobel de la Paix. Il est récompensé pour ses efforts en matière de diplomatie internationale et de coopération entre les peuples.

- **2003** George W. Bush décide l'invasion de l'Irak.
- **2003** Début de la guerre civile au Darfour (ouest du Soudan).
- **2004** 11 mars : attentats à Madrid, en Espagne (191 morts, 1 500 blessés).
- **2005** 7 juillet : quatre attentats à Londres (Grande-Bretagne) dans les transports publics. 23 juillet : sept attentats à Charm-el Cheikh (Egypte).
- **2007** Le parti islamiste Hamas s'empare de la bande de Gaza (un territoire de la Palestine).
- **2008** 2 juillet : libération d'Ingrid Bettancourt, prisonnière des Farc depuis 2002. 17 février : le Kosovo proclame son indépendance.
- **2008** 15 septembre : faillite de Lehman Brothers, banque d'investissement multinationale. Début d'une grave crise financière mondiale.
- **2009** Épidémie mondiale de grippe A (H1N1).
- **2010** Tremblement de terre à Haïti.

Ils ont marqué L'HISTOIRE

Ils ont vécu à toutes les époques, de l'Antiquité à aujourd'hui. Ils viennent du monde entier. Ils ont agi dans tous les domaines. Ils sont réels ou parfois imaginaires. Ils ont un point commun : ils ont marqué l'histoire par leur personnalité, leurs actes, leurs découvertes, leurs créations.

Abraham (vers 2000 av. J.-C.)

Pour les juifs, les musulmans et les chrétiens, ce personnage biblique est le premier patriarche, l'ancêtre du peuple hébreu et de tous les croyants. Selon le livre qui ouvre la Bible, la Genèse, Dieu lui accorde d'avoir un fils, Isaac, de sa femme Sara, que l'on croyait stérile… mais lui demande de le sacrifier ! Au moment où le couteau s'abat sur l'enfant, Dieu arrête le geste du père : il voulait seulement éprouver sa foi et son obéissance.

Confucius (VIe-Ve siècle av. J.-C.)

Ce philosophe chinois fut le maître à penser de la Chine ancienne. Son véritable nom est Kong-fou-tseu, « vénérable maître Kong », traduit plus tard en « Confucius » par les missionnaires européens. Sa doctrine exige la générosité, la sincérité et le respect des rites. Durant près de 2 500 ans – jusqu'au début du XXe siècle –, elle a servi de modèle à la société de la Chine impériale.

Ramsès II (vers 1300-1235 av. J.-C.)

Grand stratège et grand bâtisseur, c'est le plus célèbre pharaon de l'ancienne Égypte. À Qadesh, il réussit à vaincre les Hittites, ouvrant une période de paix de quarante ans. Il fait alors agrandir des temples (Karnak et Louxor, dont un des obélisques se trouve aujourd'hui place de la Concorde à Paris) et construire tout le long du Nil des monuments splendides (Tanis, Abydos, Thèbes, Abou-Simbel).

Bouddha (vers 560-480 av. J.-C.)

À l'âge de 29 ans, Siddharta Gautama, prince de l'Inde du Nord, abandonne son palais et part sur les routes à la recherche de la Vérité. Il vit pauvrement et se soumet à de durs exercices pour supprimer ses désirs. Sous le nom de Bouddha (c'est-à-dire « l'Éveillé » en sanscrit), il enseigne sa sagesse à des disciples qui, après sa mort, feront de cet enseignement une des plus grandes religions du monde, le bouddhisme.

Homère (IXe siècle av. J.-C.)

C'est le plus grand poète de l'Antiquité grecque, mais on n'est même pas sûr qu'il ait vraiment existé ! En tout cas, on lui attribue deux chefs-d'œuvre de la littérature universelle : l'*Iliade* raconte la guerre de Troie, avec ses deux héros le Grec Achille et le Troyen Hector ; l'*Odyssée* narre les aventures du héros grec Ulysse, qui, après cette guerre, met dix ans pour rentrer à Ithaque, sa patrie.

Socrate (470-399 av. J.-C.)

C'est le philosophe grec le plus connu de l'Antiquité et pourtant il n'a jamais écrit une ligne ! Le contenu de son enseignement, toujours oral, nous a été transmis par son disciple Platon (428-348 av. J.-C.) : dans de célèbres *Dialogues*, il met en scène son maître discutant avec ses élèves ou ses adversaires. Accusé par certains de « corrompre la jeunesse » avec ses idées, Socrate est condamné à mort et doit boire un poison, la ciguë.

Alexandre le Grand (356-323 av. J.-C.)

Ce conquérant fabuleux, fils du roi de Macédoine, déjà maître de la Grèce, s'empare de l'Empire perse, puis de l'Égypte. Partout il fonde des villes, dont Alexandrie. Il atteint l'Inde, mais meurt sur le chemin du retour : il n'a que 33 ans et a conquis tout le monde connu à l'époque ! Ses généraux se partagent alors son empire, créant les royaumes « hellénistiques », de la Méditerranée à l'Asie centrale.

Jésus (5 ou 6 av. J.-C. - 30)

Appelé « Christ », il fonde la religion chrétienne, qui en fait le « fils de Dieu ». Il est né en Palestine, occupée par les Romains, quelques années semble-t-il avant la date qui ouvre notre calendrier. On connaît sa vie par les Évangiles (« la bonne nouvelle ») écrits par ses disciples, les apôtres. Condamné à mort et crucifié sur ordre du gouverneur romain Ponce Pilate, il serait, selon ces textes, ressuscité trois jours après sa mort.

Archimède (287-212 av. J.-C.)

Ce Grec de Sicile, inventeur du levier, de la roue dentée et de la vis sans fin, est le plus célèbre savant de l'Antiquité. En prenant son bain, dit-on, il découvre le « principe d'Archimède » : tout solide plongé dans un liquide reçoit une pression verticale de bas en haut égale au poids du liquide déplacé. Il s'écrie alors : « Eurêka » (« J'ai trouvé » en grec). Il est tué durant la prise de Syracuse par les Romains.

Attila (395-453)

Venant d'Asie centrale, ce roi des Huns, à la tête de ses sauvages guerriers, envahit l'Empire romain d'Orient et l'Europe centrale. Progressant vers l'ouest, il pénètre en Gaule, mais ne peut s'emparer de Lutèce, qui résiste sous la conduite de sainte Geneviève. Arrêté par les Romains à la bataille des Champs catalauniques (près de Troyes) en 451, il part vers le sud, s'empare de Milan, puis se retire dans l'actuelle Hongrie.

Jules César (101-44 av. J.-C.)

Ce grand général romain, conquérant de la Gaule, est aussi un homme politique très ambitieux. Après sa victoire sur le chef gaulois Vercingétorix, il tente de prendre le pouvoir à Rome et déclenche une guerre civile. Ayant triomphé de son rival Pompée, il se fait nommer dictateur à vie et rêve de devenir empereur, mettant fin à la République romaine. Mais à la suite d'un complot, il est assassiné par son fils adoptif Brutus.

Clovis (466-511)

Ce roi des Francs, redoutable conquérant, dessine les premiers contours de ce qui deviendra la France : il repousse les frontières de son petit royaume des bords de la mer du Nord jusqu'aux Pyrénées et au Rhin, en battant les Romains à Soissons en 486, puis les Alamans, les Burgondes et les Wisigoths. À la demande de sa femme, Clotilde, il se fait baptiser en 496 par l'évêque Remi, gagnant ainsi à sa cause les Gallo-Romains chrétiens.

Vercingétorix (vers 72-46 av. J.-C.)

Chef des Arvernes (Auvergnats), il rassemble autour de lui les autres tribus gauloises pour affronter Jules César, le conquérant romain, qui vient de réprimer brutalement une révolte. À la tête des Gaulois, il gagne la bataille de Gergovie (52 av. J.-C.), mais il est encerclé par César à Alésia. Malgré le soutien de troupes venues de toute la Gaule, il doit se rendre et sera exécuté à Rome.

Justinien (482-565) / Théodora (500-548)

Cet empereur d'Orient épouse une très belle danseuse et forme avec elle un couple remarquable. Théodora devient sa principale conseillère. Intelligente et ambitieuse, elle inspire toutes ses grandes décisions politiques et religieuses : défense de l'orthodoxie, application du droit romain et construction des plus belles églises byzantines, à Ravenne et Constantinople (Sainte-Sophie).

Mahomet (570-632)

Se disant inspiré par Dieu à la suite d'un songe, il fonde une religion nouvelle, l'islam, qui va devenir la religion la plus répandue dans le monde après le christianisme. Dans un livre, le Coran, il rassemble les révélations qu'il aurait reçues de Dieu. Obligé de quitter sa ville natale, La Mecque, il se réfugie à Médine avec ses fidèles, en 622 : c'est l'« hégire », date de départ du calendrier musulman.

Saint François d'Assise (1182-1226)

Rien ne disposait ce jeune homme riche et ami des plaisirs à fonder l'ordre des moines franciscains, dont la règle est une vie de prière et de pauvreté. C'est à 24 ans qu'il quitte tout, avec quelques compagnons, pour prêcher l'amour de Dieu, des hommes et de la nature, loin des villes et en vivant de mendicité. Sa vie a inspiré de nombreux artistes.

Charlemagne (742-814)

Son nom signifie « Charles le Grand ». Roi des Francs, il remporte victoire sur victoire contre ses puissants voisins : les Saxons de Germanie (ancienne Allemagne) et les Lombards d'Italie. À la tête d'un vaste empire qui va de l'Atlantique au Danube et de la mer Baltique à Rome, il se fait couronner empereur d'Occident par le pape en l'an 800. Ce grand conquérant est aussi un remarquable organisateur, qui crée des écoles pour former ceux qui vont l'aider à administrer ses territoires.

Marco Polo (1254-1324)

Ce voyageur italien fait connaître la Chine à l'Europe médiévale. Quittant Venise à 17 ans, il arrive en Chine après trois ans de voyage à travers l'Asie. Protégé par l'empereur Koubilaï Khan, il y devient fonctionnaire et parcourt le pays. Seize ans plus tard, fortune faite, il rentre à Venise. Ses découvertes, racontées dans le *Livre des merveilles du monde*, stupéfient ses compatriotes, qui croient qu'il a tout inventé !

Guillaume Ier le Conquérant (vers 1027-1087)

Duc de Normandie, il devient roi d'Angleterre après sa victoire à la bataille d'Hastings en 1066 (la célèbre tapisserie de Bayeux illustre cette conquête de l'Angleterre). Il organise une société féodale solide tout en respectant les usages anglais et crée une administration efficace en faisant le recensement de tous les domaines anglais, qu'on appellera le *Domesday Book*.

Dante Alighieri (1265-1321)

Ce poète italien du Moyen Âge est l'auteur de l'un des chefs-d'œuvre de la littérature de tous les pays et de tous les temps : *La divine comédie*. Après avoir été un magistrat important à Florence, sa ville natale, il s'exile à Ravenne après des querelles politiques et consacre sa vie à la poésie. Toute son œuvre est inspirée par son amour d'enfance pour la belle Béatrice, qui est morte très jeune.

Gengis Khan (1167-1227)

Chef *(khan)* de toutes les tribus mongoles, il crée à leur tête le plus grand empire de tous les temps. L'Empire mongol s'étendait de l'océan Pacifique à la mer Noire et à la Méditerranée, c'est-à-dire d'Asie en Europe, le long de la Route de la soie qui reliait la Chine productrice de soie à l'Occident. On y transportait aussi des pierres précieuses, de l'or et des épices.

Gutenberg (1398-1468)

Orfèvre à l'origine, cet imprimeur allemand (de son vrai nom Johannes Genfleisch) a une idée de génie : remplacer les caractères en bois des anciennes presses par des caractères en métal. Ce procédé permet de fabriquer un grand nombre d'exemplaires du même livre : l'imprimerie moderne était née, permettant la diffusion des ouvrages auprès d'un public beaucoup plus large ! Le premier livre imprimé selon cette technique est une Bible, en 1456.

Jeanne d'Arc (1412-1431)

Cette jeune fille, née en Lorraine pendant la guerre de Cent Ans, se dit inspirée par Dieu pour combattre les Anglais, qui occupent alors la France. Le dauphin Charles VII lui confie une armée. Elle délivre Orléans, puis restaure le royaume, en faisant sacrer Charles VII à Reims. Capturée par ses ennemis, elle est brûlée vive à Rouen comme sorcière. Mais son exemple rend courage aux Français, qui chassent enfin les Anglais de leur pays.

Michel-Ange (1475-1564)

Peintre, sculpteur et architecte, Michelangelo Buonarroti est l'un des artistes les plus géniaux de la Renaissance italienne. Il travaille pour tous les grands personnages de son époque. Les plus importants sont la famille des Médicis à Florence et le pape Jules II à Rome, qui lui commande les fresques de la chapelle Sixtine, la coupole de la basilique Saint-Pierre et son tombeau, chefs-d'œuvre que le monde entier admire.

Léonard de Vinci (1425-1519)

C'est l'un des hommes les plus créatifs de la Renaissance : inventeur génial, ingénieur, poète… et peintre, bien sûr (tout le monde connaît *La Joconde,* achevé en 1506) ! Né près de Florence, il devient, à l'âge de 17 ans, le peintre personnel du duc de Milan. En 1517, il est invité en France par François Ier comme artiste, ingénieur et architecte du roi.

Fernand de Magellan (1480-1521)

À la suite de Christophe Colomb, ce navigateur portugais qui sert le roi d'Espagne traverse l'Atlantique, mais vers l'Amérique du Sud. Il découvre en 1520 un détroit – qui porte aujourd'hui son nom – permettant de passer dans le Pacifique en évitant le dangereux cap Horn : la route vers l'Asie par l'ouest est ouverte ! En arrivant aux Philippines, il est tué par les indigènes.

Christophe Colomb (1450-1506)

Naviguant pour le compte du roi d'Espagne, cet Italien découvre l'Amérique… sans le savoir. En 1492, il traverse l'Atlantique avec trois caravelles, cherchant par l'ouest une route maritime vers les Indes. Arrivé en Haïti et à Cuba, il croit avoir atteint la péninsule indienne. Il fera encore trois voyages, découvrant la Guadeloupe, la Jamaïque, puis la côte du Venezuela. Nommé vice-roi de toutes ces terres, puis destitué, il meurt en ignorant qu'il vient de découvrir le Nouveau Monde.

Martin Luther (1483-1546)

Grand réformateur de la religion chrétienne, ce moine allemand n'était pas d'accord avec le pape sur certaines pratiques de l'Église catholique. En 1517, il publie ses fameuses 95 thèses, qui fondent la religion protestante. Il est excommunié, mais ses idées trouvent de nombreux adeptes. Hélas, catholiques et protestants n'arrivent pas à s'entendre, d'où, plus tard, les « guerres de Religion ».

Nicolas Copernic (1473-1543)

Cet astronome polonais révolutionne notre conception de l'Univers. Il démontre que, contrairement aux idées de son époque, la Terre tourne sur elle-même et autour du Soleil et n'est pas immobile au centre de l'Univers ! Mais ce n'est qu'au milieu du XVIIe siècle, grâce à un autre grand savant, Galilée, que ses idées seront peu à peu acceptées…

Henri VIII (1491-1547)

Ce roi d'Angleterre et d'Irlande, après un désaccord avec le pape, se proclame chef suprême de l'Église d'Angleterre en 1534, s'opposant aussi bien aux catholiques qu'aux protestants. C'est ainsi que naît la religion anglicane, sorte d'intermédiaire entre le catholicisme et le calvinisme, et toujours religion officielle de l'Angleterre.

Gargantua

Ce géant, énorme et bon vivant, et son fils Pantagruel, tout aussi gigantesque, sont les héros des livres de l'écrivain français François Rabelais (1494-1553). À travers les aventures burlesques de ses personnages, l'auteur critique les mœurs et les idées de son époque (la fin du Moyen Âge) en matière d'éducation, de politique, de religion, et condamne la violence guerrière, notamment dans le récit des *Guerres picrocholines*.

Catherine de Médicis (1519-1589)

Fille d'un noble italien, elle devient reine de France par son mariage avec Henri II, puis régente au début du règne de son fils Charles IX, pendant les guerres de Religion. Sans scrupules, cherchant à préserver par tous les moyens le pouvoir royal, elle est l'une des responsables du massacre de la Saint-Barthélemy (nuit du 23 au 24 août 1572) durant lequel des Parisiens tuent 3 000 protestants !

François Ier (1494-1547)

Ce roi de France est à l'origine de l'extension de la langue française : par l'ordonnance de Villers-Cotterêts (1539), il remplace le latin par le français dans tous les écrits officiels. Il favorise le développement artistique de la Renaissance en aidant des artistes, comme Léonard de Vinci ou Rabelais, et en faisant construire ou modifier de nombreux châteaux : Chambord, Fontainebleau, le Louvre…

Don Quichotte

Ce personnage très célèbre de la littérature, inventé par l'écrivain espagnol Cervantès (1547-1616) dans son roman *Don Quichotte de la Manche*, est un héros un peu ridicule, qui rêve d'égaler les exploits des chevaliers du Moyen Âge. Grand, maigre, monté sur sa vieille jument Rossinante et portant une antique cuirasse, il est accompagné de son valet Sancho Pança, qui, plein de bon sens, ne comprend rien aux rêves un peu fous de son maître !

Soliman le Magnifique (1494-1566)

Son surnom convient tout à fait à ce sultan ottoman. À la tête de ses armées, il étend son empire de la Hongrie à la Mésopotamie (Irak actuel). Il administre efficacement ces vastes territoires, où s'épanouit une civilisation brillante, dont témoignent les plus beaux monuments de sa capitale, Istanbul. Avec les pays d'Europe occidentale, notamment la France de François Ier, il établit des relations diplomatiques et commerciales.

Henri IV (1553-1610)

Au moment des guerres de Religion, il abandonne le protestantisme pour que la noblesse le reconnaisse comme roi et pour se faire sacrer à Chartres, en 1594. C'est sous son règne qu'est proclamé l'Édit de Nantes (13 avril 1598) qui accorde la liberté religieuse aux Français. Aidé par son ministre Sully, il donne une économie saine au royaume. Il est assassiné par un fanatique, Ravaillac, en 1610.

Charles Quint (1500-1558)

Roi d'Espagne, prince des Pays-Bas, roi de Sicile, empereur d'Allemagne, c'est le plus puissant souverain de son époque. Son rêve est d'établir en Europe une « monarchie universelle » dont il serait le chef. Mais les princes allemands et les rois de France François Ier, puis Henri II, s'y opposent. De plus, il doit combattre les Turcs, qui menacent l'Europe. Vaincu, il abdique en 1556 et se retire dans un monastère espagnol.

Galilée (1564-1642)

Mathématicien, astronome et physicien italien, Galileo Galilei est le premier à voir les satellites de Jupiter et les anneaux de Saturne ! Perfectionnant les outils d'observation – microscope et lunette astronomique –, il fonde la science expérimentale. Comme Copernic, il pense que la Terre n'est pas le centre de l'Univers et qu'elle tourne autour du Soleil. Cette idée est jugée hérétique par l'Église : pour échapper au bûcher, il est obligé d'y renoncer publiquement en 1633.

William Shakespeare (1564-1616)

Acteur, il écrit aussi de très nombreuses pièces de théâtre (farces, comédies, tragédies, féeries, drames), notamment *Roméo et Juliette*, *Le Songe d'une nuit d'été*, *Hamlet*, *Macbeth*, *Le Roi Lear*, *La Tempête*... Certains doutent qu'il en soit l'auteur car on ne possède aucun manuscrit de lui et il ne publiait pas sous son nom ! Pourtant, il s'agit bien d'une œuvre immense due à la plume d'un même écrivain.

Louis XIV (1638-1715)

Surnommé le Roi-Soleil, ce roi de France est le représentant de la monarchie absolue. Dans le but d'imposer la prédominance française, il mène quatre grandes guerres dont la France sort appauvrie. Il soumet la noblesse au pouvoir royal et dépense des sommes énormes en menant une vie luxueuse à Versailles, dans le château qu'il a fait construire. Il met de nombreux artistes et écrivains à son service : Molière, Racine, Lully...

Rembrandt (1606-1669)

Ce peintre et graveur hollandais est le maître incontesté du « clair-obscur », l'art de jouer de l'ombre et de la lumière dans les tableaux. Très apprécié par ses contemporains, il reçoit de nombreuses commandes de sujets religieux (*Les Pèlerins d'Emmaüs*, par exemple) ou de portraits des maîtres artisans des corporations d'Amsterdam, dont le plus fameux est sans doute *La Ronde de nuit*.

Isaac Newton (1642-1727)

Ce grand savant anglais aurait, dit-on, compris les lois de la pesanteur en recevant une pomme sur la tête ! En fait, c'est par un travail acharné qu'il découvre la gravitation universelle, qui lui permet d'expliquer pourquoi la Lune ne tombe pas sur la Terre. Ses découvertes en mathématiques et en optique (il donne l'explication des sept couleurs de l'arc-en-ciel) lui apportent célébrité et honneurs à la fin de sa vie.

Molière (1622-1673)

Sous ce nom, Jean-Baptiste Poquelin fait une brillante carrière d'acteur et d'auteur comique. Après des années de tournées en France, il joue devant Louis XIV, à Paris, puis à Versailles : le succès est triomphal ! Composant des farces, des comédies et des comédies-ballets pour les fêtes royales, il fait rire, mais critique aussi les mœurs de son temps : cela lui vaudra bien des ennuis, notamment avec *Tartuffe*.

Jean-Sébastien Bach (1685-1750)

Ce musicien allemand, qui joue de l'orgue, du clavecin et du violon, est aussi professeur de musique. Mais il est surtout l'un des plus grands compositeurs de tous les temps, avec, entre autres, *Le Clavecin bien tempéré*, les *Concertos brandebourgeois*, la *Passion selon saint Jean*, la *Passion selon saint Mathieu*, *L'art de la fugue*, ses *Cantates*... Marié à la charmante Maria-Magdalena, il a eu vingt enfants, dont quatre deviendront eux aussi des musiciens célèbres !

Johannes Vermeer (1632-1675)

Les œuvres de ce peintre hollandais, très appréciées aujourd'hui, n'ont été redécouvertes qu'à la fin du XIXe siècle : pendant 200 ans, on l'avait oublié et on sait peu de choses de sa vie ! Mais les 40 tableaux que l'on connaît de lui sont admirables : compositions savantes dans des couleurs douces et lumineuses, intérieurs tirés de la vie quotidienne ou paysages de sa ville natale, Delft.

Denis Diderot (1713-1784)

Ce philosophe français est un pionnier des idées novatrices des « Lumières » qui, au XVIIIe siècle, inspirent la Révolution française. À la fois penseur, romancier, critique d'art et auteur de pièces de théâtre, il dirige avec d'Alembert l'*Encyclopédie*, vaste ouvrage qui fait le tour des connaissances de son temps et auquel participent tous les savants et intellectuels : Voltaire, Rousseau, Montesquieu...

James Cook (1728-1779)

Grand navigateur, cet Anglais est aussi un explorateur hors pair de l'océan Pacifique. En trois expéditions, il découvre d'abord la Nouvelle-Zélande (archipel où une île et un détroit portent son nom), puis les îles Marquises, les Nouvelles-Hébrides et le continent antarctique et, enfin, les îles Hawaï. C'est là qu'il meurt, tué par les populations locales.

Maximilien Robespierre (1758-1794)

Ce avocat d'Arras est un acteur important de la Révolution française. Membre du club des Jacobins, les adversaires les plus radicaux de la monarchie, il instaure le règne de la Terreur, qui vise l'élimination des opposants et fera des milliers de morts. Il est surnommé « l'Incorruptible ». Il sera à son tour guillotiné en 1794, ce qui, entre autres, mettra fin à la Terreur.

Catherine II (1729-1796)

La Grande Catherine, princesse allemande devenue impératrice de Russie, est une « souveraine éclairée », qui reçoit à sa cour les philosophes français des Lumières, Voltaire et Diderot. Ambitieuse et autoritaire, elle agrandit ses États, procède à nombre de réformes et crée des manufactures… Mais, s'appuyant sur la noblesse, elle aggrave les conditions de vie des paysans soumis au servage !

Nicéphore Niépce (1765-1833)

Ce physicien français est considéré comme l'inventeur de la photographie. C'est lui qui, dès 1812, parvient à réaliser des négatifs et des positifs. En 1816, il obtient les premières photographies sur du papier enduit de chlorure d'argent. Il permet ainsi à Louis Daguerre (1787-1851) de fixer en 1829 les premières images de chambres noires : les daguerréotypes.

Johann Wolfgang von Goethe (1749-1832)

Véritable génie universel, cet écrivain allemand est à la fois poète (*Le roi des aulnes*), romancier (*Les souffrances du jeune Werther, Les affinités électives*), auteur dramatique (*Faust*), essayiste et critique. Pionnier des idées romantiques, il invente des héros malheureux et révoltés contre l'ordre établi. Il devient quant à lui une sorte de patriarche, maître reconnu par tous de la littérature allemande.

Napoléon Ier (1769-1821)

Génie militaire et politique, le Corse Napoléon Bonaparte fait d'abord une brillante carrière de soldat. Il renverse le Directoire en 1799. Le 2 décembre 1804, il se proclame empereur des Français sous le nom de Napoléon Ier. Il domine l'Europe de 1799 à 1814, date à laquelle il doit abdiquer. Après un bref exil à l'île d'Elbe, il tente de revenir lors de la période des Cent-Jours, mais après la défaite de Waterloo, il est exilé à Sainte-Hélène, où il mourra en 1821.

Wolfgang Amadeus Mozart (1756-1791)

Ce compositeur autrichien extraordinaire commence très tôt sa brillante carrière : à 4 ans, il donne déjà des concerts de clavecin et, à 6 ans, il compose ses premières œuvres ! Il meurt jeune, après une vie de création très intense : opéras (*Don Giovanni, La flûte enchantée*…), symphonies, concertos, sonates, messes… Son immense talent est reconnu dans le monde entier, où il est très souvent joué.

Ludwig Van Beethoven (1770-1827)

Influencé à ses débuts par Mozart et Haydn, ce compositeur allemand est le pionnier de la musique romantique. Bien que célèbre, il mène la vie la plus douloureuse qui soit pour un musicien : vers 30 ans, il devient sourd. Auteur de neuf symphonies (dont la *Pastorale*, l'*Héroïque* dédiée à Bonaparte et la *Neuvième*), il composa aussi des concertos, des sonates, des messes, un opéra (*Fidelio*) et le fameux *Hymne à la joie*, devenu l'hymne européen.

William Turner (1775-1851)

Célèbre peintre britannique de paysages, il cherche, comme plus tard les impressionnistes qu'il a influencés, à rendre les mouvements de la lumière, les atmosphères... Il est l'auteur de plus de 20 000 peintures, dessins, aquarelles et estampes, dont *Flotte amarrée de nuit* (1835), *Pluie, vapeur, vitesse* (1844), *L'incendie du Parlement de Londres* (1835)...

Abraham Lincoln (1809-1865)

Son élection à la présidence des États-Unis, en 1860, déclenche la guerre de Sécession entre les États du Nord qui veulent l'abolition de l'esclavage et ceux du Sud qui s'y opposent et continuent à employer les Noirs comme esclaves. Lincoln mène l'Union des États du Nord à la victoire, mais sera assassiné peu de temps après. En 1865, l'esclavage est aboli dans tout le pays.

Jacob (1785-1863) et Wilhem (1786-1859) Grimm

Tout le monde connaît les frères Grimm, sans toujours le savoir : ils ont transmis aux enfants du monde entier *Blanche-Neige et les sept nains, Hansel et Gretel,* et de nombreux autres contes. Linguistes allemands, auteurs de dictionnaires et d'ouvrages très savants, ils ont aussi recueilli de vieilles légendes orales germaniques qu'ils ont publiées pour le plaisir de tous.

Charles Darwin (1809-1882)

Savant anglais, il bouleverse les données des sciences naturelles avec sa théorie de l'évolution : il montre que les espèces vivantes se transforment à travers le temps par la sélection naturelle des animaux et des plantes les mieux adaptés à l'environnement. Ses travaux ont permis de grands progrès dans l'agriculture et l'élevage, avec la création d'espèces plus résistantes et plus productives.

Jean-François Champollion (1790-1832)

Archéologue et historien français, il entreprend de déchiffrer l'ancienne écriture égyptienne, les hiéroglyphes. Après des années de travail acharné, notamment sur la pierre de Rosette où est gravée la même inscription en grec et en égyptien, ses efforts sont couronnés de succès ! Une nouvelle science est née : l'égyptologie, l'étude de l'Égypte ancienne.

Otto von Bismarck (1815-1898)

Cet homme politique prussien organise l'unité de l'Allemagne, alors divisée en plusieurs États, en créant une confédération sous la tutelle de la Prusse, l'un des principaux États allemands. Il gagne la guerre contre l'Autriche en 1866, puis contre la France en 1870, et annexe l'Alsace et la Lorraine. Il fait proclamer l'Empire allemand à Versailles en 1871.

Victor Hugo (1802-1885)

Ce très célèbre écrivain français, qui est aussi poète, romancier, auteur dramatique et dessinateur, prend la tête du mouvement romantique avec son drame *Hernani* et écrit des chefs-d'œuvre (*Les misérables* et *Notre-Dame de Paris*). C'est aussi un homme politique : élu député en 1848, il s'oppose au coup d'État de Napoléon III en 1852. Après un exil de vingt ans, il rentre en France couvert de gloire.

Karl Marx (1818-1883)

Philosophe et économiste allemand, il a surtout vécu en Angleterre. Révolté par les conditions de vie très dures des ouvriers, il pense qu'ils doivent prendre le pouvoir et transformer la société. Son œuvre, écrite souvent en collaboration avec son ami Engels, inspira les mouvements socialiste et communiste, puis la révolution russe d'octobre 1917, qui donna naissance à l'Union soviétique.

Victoria (1819-1901)

À 18 ans, elle devient reine de Grande-Bretagne et d'Irlande et impératrice des Indes. Sous son long règne (64 ans), son pays est une importante puissance économique et politique (malgré la misère suscitée par l'essor industriel du XIXe siècle) et surtout un grand empire colonial. Victoria a eu neuf enfants qui se sont mariés dans toutes les familles régnantes d'Europe.

Claude Monet (1840-1926)

Peintre français, il est, avec Renoir, l'un des inventeurs de l'impressionnisme, technique picturale qui cherche à rendre les « impressions » visuelles, dont les variations de la lumière. Il a peint *Déjeuner sur l'herbe, Impressions, soleil levant,* la série des *Cathédrales de Rouen*... En 1833, il s'installe à Giverny où il crée son célèbre jardin. Il y réalisera de très nombreuses toiles, dont les *Nymphéas*.

Louis Pasteur (1822-1895)

Il est le premier à découvrir les microbes et leur rôle dans l'apparition de certaines maladies infectieuses. C'est aussi l'inventeur de la méthode dite de la « pasteurisation » qui permet de conserver boissons et aliments en les chauffant. Sa célébrité est surtout due à la mise au point du principe du vaccin : il invente le vaccin contre la rage, sauvant en 1885 un enfant mordu par un chien enragé.

Thomas Alva Edison (1847-1931)

Cet Américain autodidacte a déposé plus d'un millier de brevets pour des inventions diverses ! Certaines ont eu plus de succès que d'autres : en 1877, le phonographe – l'ancêtre de l'électrophone – et, en 1879, l'ampoule électrique à incandescence. Il est aussi à l'origine de l'« effet thermoélectronique » qui a permis la mise au point d'un composant électronique très courant, la diode.

Geronimo (1829-1908)

Ce chef apache est un des héros de la résistance des Indiens à la colonisation de leur territoire par les nouveaux Américains, avec Cochise qui l'aida à unir la nation apache, ou Sitting Bull, chef sioux. Il se battit pour que l'on ne cantonne pas son peuple dans les réserves et obtint un territoire pour les Apaches dans l'Oklahoma.

Alexander Graham Bell (1847-1922)

Nous ne saurions plus nous passer du téléphone... et pourtant, l'invention du microphone utilisé dans le premier téléphone ne date que de 1876 ! C'est en travaillant à un projet d'oreille artificielle pour sourds que cet ingénieur écossais parvient à transmettre par codage la voix humaine le long d'un câble électrique et invente ainsi le téléphone.

Auguste Rodin (1840-1917)

Célèbre sculpteur français, il s'est attaché à rendre les mouvements et les attitudes du corps (*Le baiser, Les bourgeois de Calais, Balzac, Le penseur*...). S'éloignant du romantisme, il est l'un des créateurs de la sculpture moderne. Un musée, situé dans sa dernière habitation, lui est consacré à Paris.

Vincent Van Gogh (1853-1890)

Ce peintre hollandais gagne d'abord sa vie comme marchand de tableaux. Il s'installe ensuite à Arles, dans le Midi de la France, où il peint de nombreuses toiles très colorées et tourmentées (*Les tournesols, L'Arlésienne, Autoportrait à l'oreille coupée, La chambre de Van Gogh*...). Pauvre, souffrant de troubles mentaux, il se suicide à l'âge de 37 ans, à Auvers-sur-Oise.

Arthur Rimbaud (1854-1891)

C'est une étoile filante dans le ciel de la poésie française ! Avec ses premiers poèmes écrits à 17 ans (*Une saison en enfer, Illuminations*), il révolutionne l'art poétique par ses visions puissantes et son imagination. À 19 ans, il cesse d'écrire et part courir l'aventure en Europe, à Chypre, puis dans le Harar (Afrique de l'Est), où il tente de faire fortune. Hospitalisé à Marseille, il meurt à 37 ans.

Louis (1864-1948) et Auguste (1862-1954) Lumière

Chimistes, ils sont les inventeurs du cinématographe, un appareil permettant à la fois la prise de vues et la projection de films. Le 28 décembre 1895 a lieu leur première projection publique. Ils réalisent ensuite de nombreux films, notamment *La sortie des usines Lumière, L'arroseur arrosé, L'arrivée du train en gare de La Ciotat*...

Sigmund Freud (1856-1939)

Ce neurologue juif et autrichien a essayé de comprendre des troubles que ne pouvaient guérir les médecins. En utilisant l'hypnose, les souvenirs, les rêves, les actes manqués, il établit l'existence de l'inconscient, la partie mentale de l'homme qui lui échappe. Cela l'amène à mettre au point une nouvelle méthode de traitement des maladies mentales, passant par la parole : la psychanalyse.

Rudyard Kipling (1865-1936)

Écrivain anglais né en Inde, alors colonie britannique, il passe sa vie à parcourir le monde. Cette existence inspire son œuvre, traduite dans toutes les langues et prix Nobel de littérature en 1907 : les deux *Livres de la jungle* évoquent le pays de son enfance et les *Histoires comme ça* recueillent entre autres des contes africains. Ses livres font connaître à l'Europe les autres continents.

Henry Ford (1863-1947)

C'est le pionnier des constructeurs américains d'automobiles. Il réalise lui-même sa première voiture en 1892, puis crée une entreprise industrielle, la Ford Motor Company. Il y met au point de nouvelles méthodes de production en série pour économiser les coûts : c'est la naissance du travail à la chaîne dans les usines. Doué d'un grand sens du commerce, il est le premier à exporter ses modèles dans le monde entier.

Wassily Kandinsky (1866-1944)

C'est l'un des inventeurs de la peinture abstraite. Né à Moscou, en Russie, il est l'un des fondateurs, avec Paul Klee, du mouvement « Blau Reiter ». Puis il enseigne en Allemagne à l'école d'art du Bauhaus. À l'arrivée au pouvoir des nazis, il se réfugie en France. Parmi ses œuvres principales, on compte *Improvisation 35, Composition VIII, Développement en brun*...

Pierre de Coubertin (1863-1937)

En 1896, à Athènes, il crée les jeux Olympiques modernes pour faire revivre les jeux de la Grèce antique et leurs idéaux. Il constitue le CIO (Comité international olympique) qu'il dirigera jusqu'en 1925. Depuis 1896, les Jeux ont lieu tous les quatre ans dans une ville différente et regroupent une vingtaine de sports. Les jeux Olympiques d'hiver ont été établis en 1924.

Marie Curie (1867-1934)

Cette physicienne d'origine polonaise découvre, en 1898, le polonium et le radium, éléments radioactifs. En 1903, elle obtient le prix Nobel de physique avec son mari, Pierre Curie – lui-même physicien –, mais celui-ci meurt en 1906 et elle poursuit seule leurs recherches. Prix Nobel de chimie en 1911, elle organise un service de radiographie mobile pendant la Première Guerre mondiale. Elle meurt d'un cancer dû aux substances radioactives.

Gandhi (1869-1948)

Partisan de la non-violence, ce philosophe lutte pour la libération de son pays, l'Inde, alors colonie britannique. Il invente pour son peuple une résistance très originale : grèves de la faim, boycott des produits anglais, manifestations pacifiques devant l'armée occupante. Sa méthode aboutit, en 1947, à la proclamation de l'indépendance. Victime de la violence, il est assassiné un an plus tard par un fanatique religieux.

Albert Einstein (1879-1955)

Ce grand savant allemand, devenu suisse, puis américain, est le fondateur de la physique moderne. Sa théorie de la relativité bouleverse les idées scientifiques de son époque. En 1921, il obtient le prix Nobel de physique pour ses découvertes. Bien que son travail ait ouvert la voie aux recherches sur l'énergie nucléaire, il s'est résolument opposé à l'emploi de la bombe atomique.

Lénine (1870-1924)

De son vrai nom Vladimir Ilitch Oulianov, Lénine est le principal meneur de la révolution russe. Il étudie les théories de Karl Marx et prend la tête du mouvement social-démocrate en Russie. Il s'empare du pouvoir avec les bolcheviques lors de la révolution d'octobre 1917 et restera à la tête de l'Union soviétique jusqu'à sa mort.

Joseph Staline (1879-1953)

À la mort de Lénine, il met en place un régime totalitaire en Union soviétique. Il fait condamner à mort les autres dirigeants du Parti communiste et envoie dans des camps de travail forcé (goulags) près de dix millions de Soviétiques. Il impose l'étatisation des usines et la collectivisation des terres agricoles. Après la défaite nazie, il soumet l'Europe de l'Est au pouvoir soviétique et engage la « guerre froide » contre l'Occident.

Winston Churchill (1874-1965)

Premier ministre britannique pendant la Seconde Guerre mondiale, il a soutenu le moral des Anglais pendant les attaques nazies. Son discours du 13 mai 1940 en faveur de la résistance est célèbre : « Je n'ai rien d'autre à offrir que du sang, des peines, des larmes et des sueurs. » Il a joué un rôle important dans la victoire des Alliés sur l'Allemagne et dans la préparation de l'après-guerre (conférence de Yalta).

Alexander Fleming (1881-1955)

C'est en 1928 que ce savant anglais trouve la pénicilline, une moisissure produite par un champignon qui joue un rôle dans la lutte contre les infections bactériennes. Cette découverte est en fait celle des antibiotiques, sans lesquels nous n'envisagerions pas de nous soigner aujourd'hui et qui ne se sont pourtant répandus que dans les années 1940 !

Jack London (1876-1916)

De son vrai nom John Griffith, cet écrivain américain, grand voyageur, a commencé par faire un peu tous les métiers : docker, marin, garde-côtes, chercheur d'or… C'est sans doute cette vie d'aventures qui a inspiré nombre de ses livres : *(L'appel de la forêt, Le loup des mers, Croc-Blanc, Martin Eden…).* Tous exaltent la bravoure, l'audace et l'amour de la liberté.

Pablo Picasso (1881-1973)

Ce peintre génial, né en Espagne, s'installe en France dès l'âge de 23 ans. C'est l'un des inventeurs de la peinture cubiste, technique qui fait figurer sur une même toile les sujets vus sous des angles différents. Il mourra à 92 ans, riche et célèbre, auteur d'innombrables toiles *(Les Demoiselles d'Avignon,* 1907 ; *Guernica,* 1937…), de sculptures et de céramiques.

Franklin Delano Roosevelt (1882-1945)

Président des États-Unis, il sort son pays de la crise économique de 1929 en faisant voter en 1933 les lois du New Deal : grands travaux qui réduisent le chômage, aides aux paysans et régularisation des salaires. Réélu deux fois, il décide l'entrée des États-Unis dans la Seconde Guerre mondiale contre les nazis et, après la victoire des Alliés, il sera aux côtés de Staline et Churchill à la conférence de Yalta (février 1945).

LAUREL (1890-1965) ET HARDY (1892-1957)

Indissociables, ces deux acteurs américains forment à partir de 1927 le duo comique le plus célèbre du cinéma. Stan Laurel, clown triste, rêveur et poète, contraste avec la rondeur et l'esprit logique d'Oliver Hardy. Ils ont tourné un grand nombre de courts et moyens métrages à l'humour décapant, plein de rebondissements, dont *Les deux légionnaires, Fra Diavolo* ou *Têtes de pioches.*

Coco Chanel (1883-1971)

De son vrai nom Gabrielle Bonheur-Chasnel, elle fonde une maison de haute couture mondialement célèbre et règne sur la mode pendant près de 60 ans. À une époque où les vêtements étaient peu pratiques, elle crée une ligne simple et confortable qui suit l'évolution de la place de la femme dans la société : tailleur, matières souples et la célèbre « petite robe noire »...

Charles de Gaulle (1890-1970)

Dans la France occupée par les Allemands en 1940, ce général français refuse la défaite ! Parti à Londres, il organise la résistance à l'occupant. Après la Libération, il devient chef du gouvernement provisoire, puis se retire de la vie politique en 1946. En 1958, il revient au pouvoir et fait voter une nouvelle Constitution : c'est la Ve République (dont il sera deux fois élu président), qui régit toujours la France.

CHARLES CHAPLIN (1889-1977)

Très doué, cet Anglais, qui a beaucoup travaillé aux États-Unis, est tout autant comédien, réalisateur et scénariste que musicien. Ses courts et longs métrages, surtout muets, où il joue le rôle de Charlot, le rendent vite célèbre : de *L'émigrant* (1917) au *Dictateur* (1940), son premier film parlant, le succès est garanti. Dans ses derniers films, dont *Un roi à New York* (1957), Charlot n'apparaît plus...

Mao Zedong (1893-1976)

Créateur du parti communiste chinois en 1921, il mène la lutte contre le gouvernement puis, durant la Seconde Guerre mondiale, contre l'envahisseur japonais. D'une énergie et d'une autorité redoutables, il entraîne alors la population dans la guerre civile. Après la Longue Marche, il proclame en 1949 la République populaire de Chine, avec un régime communiste dont, jusqu'à sa mort, il reste le maître absolu.

Adolf Hitler (1889-1945)

Fondateur du parti national-socialiste (nazi), cet Autrichien d'origine devient chancelier d'Allemagne en 1933 et installe un régime dictatorial. En 1939, il envahit la Pologne, ce qui entraîne la Seconde Guerre mondiale. Son régime est responsable de la mort de plus de 50 millions de personnes, à cause entre autres de sa politique d'extermination des Juifs, des Tziganes et de tous les opposants au régime nazi. Vaincu par les Alliés, il se suicide en 1945.

Duke Ellington (1899-1974)

Pianiste et chef d'orchestre, ce musicien noir est un des plus grands compositeurs de jazz américain. Il invente un style, le « jungle », adapté à un grand orchestre : sa musique est très cadrée tout en laissant part à l'improvisation. Les meilleurs jazzmen américains ont adoré travailler avec lui et enregistrer des succès comme *Mood Indigo* ou *Black, Brown and Beige.*

ALFRED HITCHCOCK (1899-1980)

Cinéaste britannique naturalisé américain, il est considéré comme le maître du mystère et du suspense. Il a réalisé un très grand nombre de films mondialement connus, dont *Les 39 marches* (1935), *L'inconnu du Nord-Express* (1951), *La mort aux trousses* (1959), *Psychose* (1960), *Les oiseaux* (1963)…

Andy Warhol (1928-1987)

Peintre et cinéaste, cet Américain s'attaque à l'art traditionnel. Esprit inventif et souvent provocateur, il est un des pionniers du Pop Art, inspiré par la publicité : représentation d'objets de la vie quotidienne, couleurs fluo, répétition d'images (portrait de Marilyn Monroe, en 1962). Il est aussi un des fondateurs du cinéma expérimental « underground », pour lequel il tourne ou produit de nombreux films.

WALT DISNEY (1901-1966)

Les dessins animés de cet Américain ont séduit le monde entier. Dans les années 1930, il fera jouer Mickey, Donald, Pluto et les autres dans 400 courts métrages ! Puis il réalisera des longs métrages tout aussi fameux, de *Blanche-Neige* aux *101 Dalmatiens.* Après des débuts difficiles, Disney se retrouve très vite à la tête d'une entreprise gigantesque, de la production de films à la presse pour la jeunesse et aux célèbres parcs d'attractions.

Martin Luther King (1929-1968)

Ce pasteur noir américain lutte, dès 1955, pour les droits des Noirs américains… mais dans la non-violence. Il organise, en 1963, une marche vers Washington afin d'obtenir pour les Noirs une loi sur les droits civiques. Un prix Nobel de la paix, en 1964, rend hommage à son rêve d'une Amérique respectueuse de l'égalité de tous. Il meurt pourtant assassiné…

Charles Lindbergh (1902-1974)

Cet aviateur américain réussit la première traversée sans escale de l'Atlantique Nord à bord du monoplan *Spirit of Saint Louis.* Parti de New York le 20 mai 1927, il atterrit au Bourget près de Paris le lendemain, après un vol de 33 h 30. Le vol du premier avion à moteur, piloté par les frères Wright, ne datait que de 1903 !

Tintin

De 7 à 77 ans, tout le monde connaît le héros du créateur de bande dessinée Hergé (1907-1983). Ce personnage de reporter, créé en 1929, toujours accompagné de son fidèle chien Milou, résout les énigmes les plus complexes à travers le monde, avec le capitaine Haddock, les Dupond et Dupont, le professeur Tournesol : *Tintin en Afrique, en Amérique, au Tibet, au pays de l'Or noir*… et même *sur la Lune* ! Ses aventures sont traduites en près de 40 langues !

Robert Doisneau (1912-1994)

Ce photographe français a commencé par travailler aux usines Renault avant de devenir reporter. Il a surtout photographié Paris, sa banlieue et la vie quotidienne des gens du peuple, en cherchant à exprimer leurs sentiments, leurs joies et leurs peines. Certaines de ses photos sont connues dans le monde entier !

Neil Armstrong (né en 1930)

Astronaute américain, c'est « l'homme qui a marché sur la Lune », pour la première fois, le 21 juillet 1969 ! Arrivé dans la fusée Apollo 11, il est l'auteur de cette phrase célèbre : « Un petit pas pour l'Homme, un grand bond pour l'Humanité ! » Il resta 2 h 35 sur le sol lunaire… Après lui, entre 1969 et 1972, douze autres hommes ont aluni.

Elvis Presley (1935-1977)

Le « King », comme on le surnommait, fut d'abord un des pionniers du *rock and roll* et l'idole d'une génération. Influencé par le blues et la musique country, il a vendu des millions de disques (*Jailhouse Rock, Blue Suede Shoes...*). Il fut également acteur de cinéma.

STEVEN SPIELBERG (né en 1946)

Ce réalisateur américain a alterné les films d'aventures et de science-fiction : *Rencontre du troisième type, E.T., Indiana Jones, Jurassic Park...* Il a abordé aussi des thèmes historiques : *La Liste de Schindler, Il faut sauver le soldat Ryan.* Il a fondé, avec George Lucas, l'industrie hollywoodienne d'aujourd'hui : films à gros budgets, effets spéciaux, produits dérivés, public international...

Bob Marley (1945-1981)

Guitariste et compositeur jamaïcain, il a popularisé le reggae dans le monde entier. C'est aussi un des créateurs du mouvement rasta, mouvement politique et culturel né dans les années 1960 et regroupant des Noirs des Antilles et de la Jamaïque. Ses chansons mêlent des thèmes pacifistes et mystiques (*Soul Rebel, Jammin'...*).

Bill Gates (né en 1955)

Ce génie de l'informatique, né à Seattle, aux États-Unis, est l'homme le plus riche du monde ! Il invente son premier système à 13 ans et, à 20 ans, crée avec son ami Paul Allen la société Microsoft. Pour concurrencer Apple, il met au point le système Windows et, comme il est aussi bon vendeur qu'inventeur, il réussit à en faire équiper les PC du monde entier, révolutionnant l'informatique... et gagnant beaucoup d'argent !

The Beatles (1962-1970)

Ce groupe de quatre musiciens anglais (Ringo Starr à la batterie, John Lennon à la guitare d'accompagnement, Paul McCartney à la guitare basse et George Harrison à la guitare solo) est le plus célèbre de toute la musique pop, et toujours en tête des ventes 30 ans après ses premiers succès ! Leurs textes sont pour la plupart écrits par Lennon, et les musiques par McCartney : *Yesterday, Let it be, Yellow Submarine, Hey Jude...*

Dolly (née en 1996)

Produit d'une véritable révolution scientifique, cette jolie brebis est un clone ! Elle est née de la fécondation d'une brebis adulte... par ses propres cellules. La naissance a eu lieu à l'Institut de Roslin, en Écosse, où les chercheurs Ian Wilmut, Keith Campbell et Bill Ritchie ont travaillé pendant des années pour mettre au point la technique du clonage. Mais le cas de Dolly inquiète beaucoup de gens : à quand le clonage humain ?

Nelson Mandela (né en 1918)

Leader du grand parti noir sud-africain, l'ANC, il organise la lutte contre l'apartheid, régime raciste installé par les Blancs en Afrique du Sud. En 1964, il est arrêté et condamné à perpétuité. De sa cellule, il mène des négociations avec le pouvoir blanc, qui aboutiront à la fin de l'apartheid. Libéré après 26 ans en prison, il reçoit le prix Nobel de la paix en 1993. Élu président de la République sud-africaine en 1994, il quitte son poste en 1999, pour se consacrer à la promotion de la paix, particulièrement en Afrique.

Et aussi...

Cléopâtre (reine de légende), Nabuchodonosor (dernier roi de Babylone), Darius (grand roi de Perse), Lao Tseu (fondateur du taoïsme), Moïse (plus grand prophète d'Israël), Saladin (sultan chevaleresque), Giotto (premier peintre moderne), Bosch (peintre de la folie des hommes), Vasco de Gama (premier sur la route des Indes), Ivan le Terrible (premier tsar russe et tyran sanguinaire), La Fontaine (auteur des célèbres fables), Racine (tragédien classique), Pierre le Grand (tsar réformateur), Voltaire (philosophe des Lumières), Frédéric II de Prusse (roi-philosophe), Jefferson (auteur de la déclaration d'Indépendance des États-Unis), Balzac (auteur de *La Comédie humaine*), Dostoïevski (écrivain russe du déchirement entre le bien et le mal), Lamarck (fondateur de la biologie), Verne (premier auteur de science-fiction), Ferry (fondateur de l'école publique laïque, gratuite et obligatoire en France), Cézanne (précurseur de la peinture moderne), Proust (auteur d'*À la recherche du temps perdu*), Kafka (écrivain de l'absurde), Peary et Amundsen (découvreurs des pôles), Mussolini (dictateur fasciste italien), Franco (dictateur fasciste espagnol), Kennedy (président américain de légende), Castro (dirigeant de Cuba), Che Guevara (révolutionnaire d'Amérique latine), Arafat (président de l'OLP), Nasser (partisan de l'unité arabe), Mère Teresa (prix Nobel de la paix), Madonna (pop star internationale)...

monde d'aujourd'hui

SE REPÉRER SUR LE GLOBE

La Terre est une sphère. Pour s'y repérer, les géographes ont imaginé des lignes et des points fictifs sur le globe.

Les pôles sont les points situés aux extrémités nord et sud de l'axe de rotation de la Terre.

L'équateur est le cercle qui découpe le globe en deux parties identiques : les hémisphères nord et sud.

Les tropiques (du Cancer au nord et du Capricorne au sud) sont deux lignes parallèles le long desquelles le Soleil passe au zénith à chaque solstice.

L'ARCTIQUE OU LE GRAND NORD

L'Arctique n'est pas une terre mais un océan, l'océan Glacial Arctique. Il est bordé par les terres du nord de l'Amérique (Canada), de l'Europe et de l'Asie. Durant les 6 mois d'hiver, l'océan gèle, forme la banquise et le Soleil ne se lève jamais. Depuis 5 000 ans, les Inuits et les nomades sibériens y vivent de chasse et de pêche.

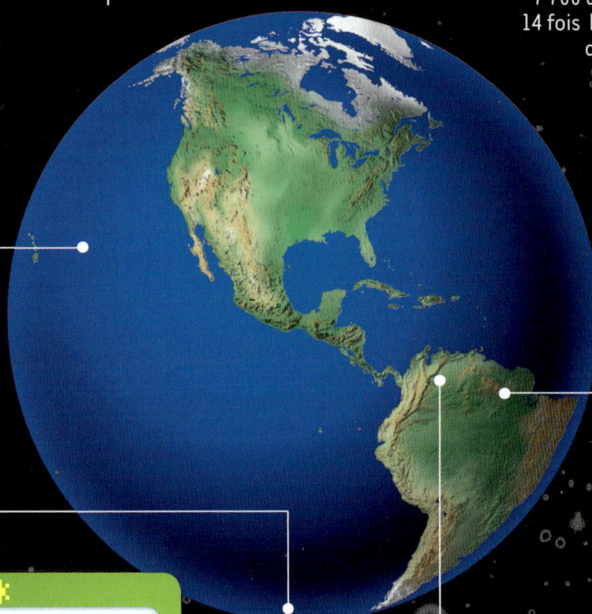

Le plus vaste océan : le Pacifique, 180 millions de km². Il représente 35 % de la surface de la Terre.

Le plus grand iceberg : 330 km de long sur 300 km de large, dans l'océan Antarctique, soit plus de 3 fois la surface de la Belgique.

Le fleuve le plus long : l'Amazone, 6 762 km, soit plus de 8 fois la longueur de la Seine.

Les chutes d'eau les plus hautes : les chutes Salto del Angel, au Venezuela, à 979 m, soit près de 30 fois la hauteur de la statue de la Liberté.

Le plus grand glacier : le Groenland, 2 186 000 km², ou plus de 3 fois la superficie de la France.

L'État le plus petit du monde : le Vatican, en Italie, 44 ha, soit 6 fois la surface de la place de la Concorde à Paris.

Le désert le plus étendu : le Sahara, 7 700 000 km², soit 14 fois la superficie de la France.

question d'enfant

Y a-t-il 5 ou 6 continents ?

On distingue couramment 5 continents : l'Afrique, l'Amérique, l'Asie, l'Europe et l'Océanie. Ces continents sont représentés sur le drapeau olympique par 5 anneaux. En réalité, il faudrait rajouter l'Antarctique, ce vaste continent glacé, et rassembler l'Europe et l'Asie qui sont attachées. Les 5 continents seraient alors : l'Antarctique, l'Amérique, l'Afrique, l'Eurasie et l'Océanie.

TOUT AUTOUR DE LA TERRE

Depuis toujours, les hommes ont cherché à représenter l'espace où ils habitaient. Au fil des siècles, ils ont localisé la position exacte des continents sur des cartes et mesuré les records de leur fabuleuse planète.

Les parallèles sont des cercles parallèles à l'équateur. Ils servent à mesurer la latitude d'un lieu, sa position par rapport à l'équateur.

Les méridiens sont des cercles qui passent par les deux pôles. Ils servent à mesurer la longitude d'un lieu, l'angle qu'il forme par rapport au méridien d'origine.

L'État le plus vaste : la Russie, 17 millions de km², soit 34 fois la superficie de la France.

La fosse océanique la plus profonde : la fosse des Mariannes, dans le Pacifique. Avec ses 11 000 m, elle pourrait contenir l'Everest.

Le désert le plus froid : Le désert de Gobi, en Mongolie, où l'écart de température entre le jour (+45° C) et la nuit (-30°C) est le plus grand du monde.

La montagne la plus élevée : l'Everest, 8 848 m d'altitude, soit 26 fois la hauteur de la tour Eiffel.

Le plus long récif corallien : le récif de la Grande Barrière, en Australie : 2 027 km, soit environ 2,5 fois la distance entre Paris et Marseille.

La mer fermée la plus grande : la mer Caspienne, 420 000 km², est alimentée par la Volga, un des plus grands fleuves russes.

La mer la plus salée : la mer Morte en Israël. Elle contient entre 288 et 325 g de sel par litre d'eau (35 g par litre environ dans les autres mers).

L'ANTARCTIQUE, TERRE DES CHERCHEURS

L'Antarctique, est une terre recouverte en permanence d'une couche de glace de 2,4 km d'épaisseur. À cause de cette altitude, il y fait plus froid qu'au pôle Nord : parfois jusqu'à -88°C ! On pense que cette terre s'est détachée des autres continents il y a 65 millions d'années et a dérivé vers le sud. Aujourd'hui c'est un continent international où des scientifiques résident le temps d'effectuer leurs recherches.

CARTES MENTEUSES ?

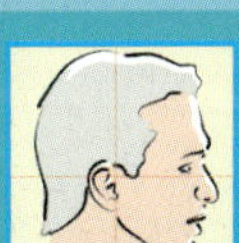

La forme des continents et la distance qui les sépare les uns des autres sont faussées sur les cartes à plat. Seul le globe en volume donne une représentation fidèle des distances réelles qui séparent les continents les uns des autres.

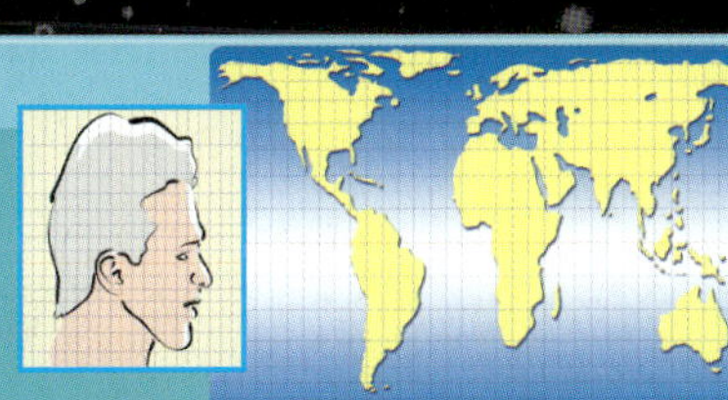

Carte de Peters
Sur ce type de cartes, les pays de l'hémisphère Sud, comme l'Afrique et l'Amérique du Sud, sont très étirés et l'Antarctique exagérément élargi. Ils paraissent tous trois fois plus vastes qu'ils ne sont en réalité.

Carte de Mercator
Sur ces planisphères, les pôles n'apparaissent pas, les pays de l'hémisphère Nord, comme la Russie, l'Europe et les États-Unis, sont très étirés en largeur, au détriment des pays de l'hémisphère sud.

6  D'HOMMES

La Terre abrite aujourd'hui 6,7 milliards d'hommes, soit 2 fois plus qu'il y a 40 ans. Dans 100 ans, la population pourrait atteindre 10 milliards !

Dans tous les pays du monde ?

Partout, les progrès de la médecine ont fait baisser la mortalité. La population a alors augmenté. Dans les pays développés, les gens se sont mis à avoir moins d'enfants, contrairement aux pays pauvres.

① **Pologne**
Les familles ont peu d'enfants. La population augmente très lentement.

② **Japon**
Dans ce pays très développé, l'espérance de vie bat des records, mais le nombre de naissances diminue.

③ **Irak**
La mortalité infantile est élevée, les familles continuent d'avoir beaucoup d'enfants.

④ **Rwanda**
Les mauvaises conditions sanitaires provoquent une forte mortalité des enfants et des adultes. Le taux de natalité est très haut.

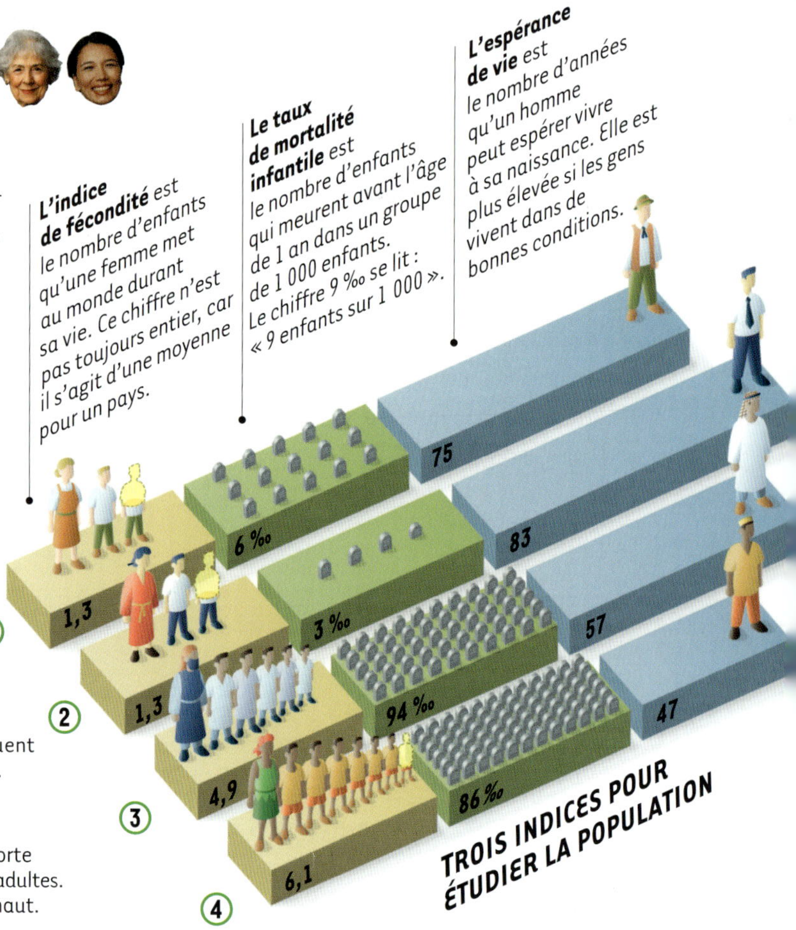

Où vivent les hommes ?

60 % des terres émergées sont inhabitées. La population mondiale est regroupée près des fleuves et des côtes, favorables à l'agriculture et aux échanges. Il y a aujourd'hui dans le monde 6 principaux foyers de peuplement où la densité, le nombre d'habitants par km², est 10 à 100 fois plus élevée qu'ailleurs !

À la Une
L'INFO CHOC AU QUOTIDIEN

Prix France Métropolitaine : 1 €

EN CHINE, 1 SEUL ENFANT PAR FAMILLE

La Chine, le pays le plus peuplé du monde (1,29 milliard en 2004) a réussi a freiner l'augmentation de sa population. Pour cela, à partir de 1980, le gouvernement chinois a imposé aux couples d'avoir un seul enfant. De plus, il a été interdit aux femmes de se marier avant l'âge de 23 ans et aux hommes avant l'âge de 25 ans. Enfin, le gouvernement a désavantagé les couples qui osaient malgré tout avoir un 2e enfant. On pense que 300 millions de naissances auraient ainsi été évitées. Le niveau de vie s'est élevé et la pauvreté a reculé.

Aujourd'hui, cette politique de l'enfant unique s'est un peu assouplie. Ainsi, avoir un 2e enfant est autorisé pour les familles qui vivent dans les campagnes. En revanche, la Chine prévoit pour 2 025 de ne pas dépasser 1,6 milliard d'habitants.

■ affiche pour la campagne de l'enfant unique.

10 000 000 000 — *2100*

9 000 000 000 — *2050*

8 600 000 000 — *2025*

6 700 000 000 — *2008*

5 000 000 000 — *1988*

4 000 000 000 — *1980*

3 000 000 000 — *1964*

2 000 000 000 — *1930*

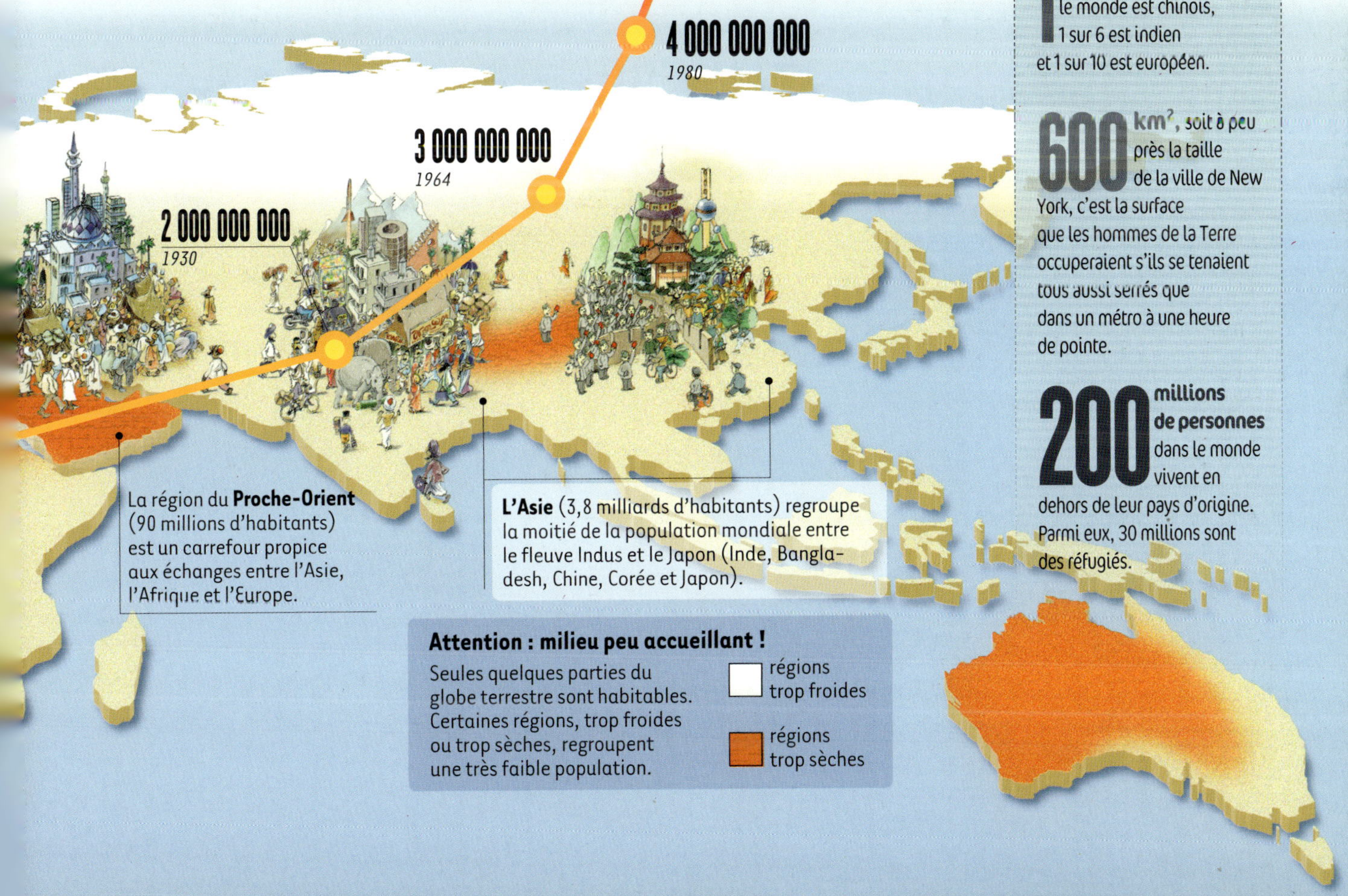

La région du **Proche-Orient** (90 millions d'habitants) est un carrefour propice aux échanges entre l'Asie, l'Afrique et l'Europe.

L'Asie (3,8 milliards d'habitants) regroupe la moitié de la population mondiale entre le fleuve Indus et le Japon (Inde, Bangladesh, Chine, Corée et Japon).

Attention : milieu peu accueillant !

Seules quelques parties du globe terrestre sont habitables. Certaines régions, trop froides ou trop sèches, regroupent une très faible population.

- régions trop froides
- régions trop sèches

chiffres

3 % seulement de la surface de la Terre sont occupés par l'homme.

49,6 % des bébés qui naissent dans le monde sont des filles, et 50,4 % des garçons.

4 naissances et 2 décès se produisent en moyenne chaque seconde dans le monde.

1 homme sur 5 dans le monde est chinois, 1 sur 6 est indien et 1 sur 10 est européen.

600 km², soit à peu près la taille de la ville de New York, c'est la surface que les hommes de la Terre occuperaient s'ils se tenaient tous aussi serrés que dans un métro à une heure de pointe.

200 millions de personnes dans le monde vivent en dehors de leur pays d'origine. Parmi eux, 30 millions sont des réfugiés.

LES LANGUES

Plus de 5 000 langues différentes sont parlées dans le monde, sans compter les langues régionales et les dialectes.

LES LANGUES LES PLUS PARLÉES DU MONDE

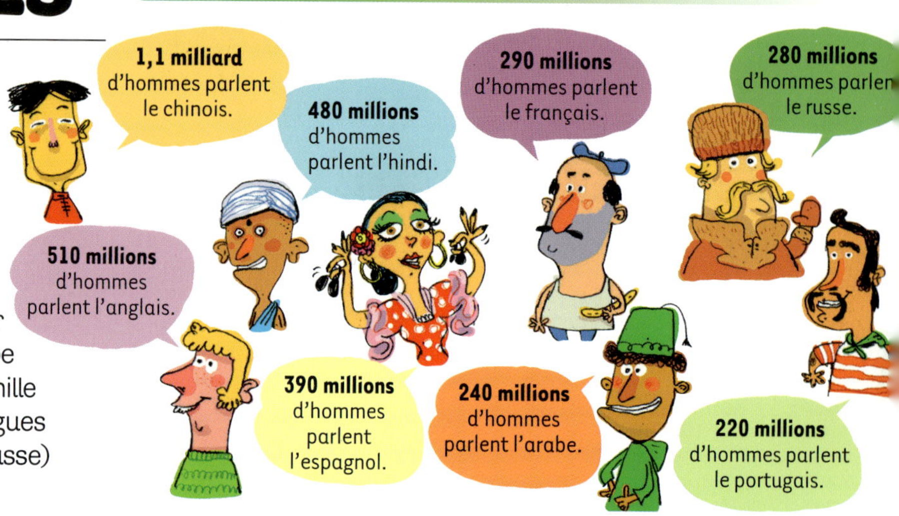

Histoires de famille

Les langues du monde sont classées par familles. La plupart des langues d'Europe sont par exemple issues de la même famille indo-européenne. Elle comprend les langues romanes (français, espagnol), slaves (russe) et germaniques (anglais, allemand).

LES RELIGIONS

Il existe des centaines de croyances, mais les 5 religions les plus répandues au monde sont le christianisme, l'islam, l'hindouisme, le bouddhisme et le judaïsme.

Obligé d'y croire ?

Dans plusieurs pays du Moyen-Orient et d'Afrique, l'islam est obligatoire. Mais dans la plupart des États, les hommes peuvent choisir leur religion et même choisir de ne croire en aucun dieu.

CHRISTIANISME

2,1 milliard de croyants

Les chrétiens croient en Jésus-Christ, mort et ressuscité il y a 2 000 ans en Palestine. Mais les églises catholiques (1,4 milliard de croyants), orthodoxes (250 millions de croyants) et protestantes (450 millions de croyants) n'ont pas tout à fait les mêmes croyances.

Pays où le catholicisme est très pratiqué : Mexique, Espagne, Italie, Irlande, Pologne.

Pays où le protestantisme est très pratiqué : États-Unis, Allemagne, Danemark, Royaume-Uni.

Pays où la religion orthodoxe est très pratiquée : Russie, Grèce.

① C'est à **Rome,** en Italie, qu'est mort saint Pierre, le chef des premiers chrétiens. Ses successeurs, les papes, vivent à côté de la basilique Saint-Pierre, au Vatican.

①

②

③

question d'enfant

1 seul ou plusieurs dieux ?

Le judaïsme, le christianisme et l'islam sont les trois grandes religions monothéistes : leurs pratiquants croient en un seul dieu. En revanche, l'hindouisme est une religion polythéiste où il existe des milliers de dieux.

② **Le Mur des lamentations,** à Jérusalem, est le grand lieu de prière des juifs. Jérusalem est une ville sainte à la fois pour les musulmans, les chrétiens et les juifs. Sur l'esplanade de l'ancien temple des juifs s'élève une grande mosquée où les musulmans viennent en pèlerinage. Les chrétiens, eux, se recueillent sur les lieux de la mort de Jésus-Christ.

③ **La Mecque,** en Arabie Saoudite, est la ville sainte où tout musulman doit aller en pèlerinage une fois dans sa vie.

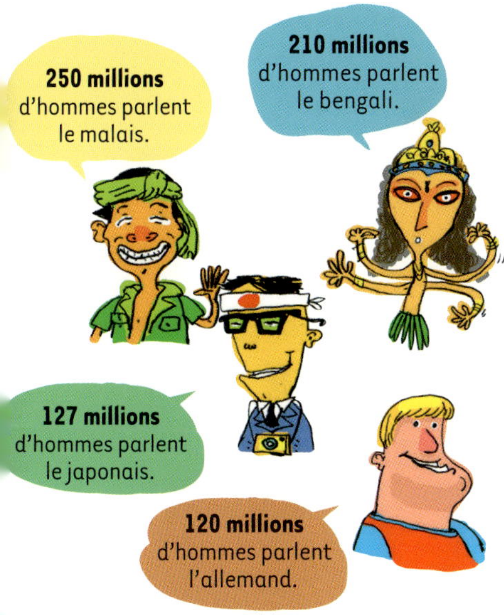

Info

Des langues par milliers

L'Afrique compte 53 pays et des milliers de langues différentes. Chaque pays a une langue officielle (français, anglais, arabe, espagnol, portugais, ou une langue africaine comme le swahili au Kenya), enseignée à l'école et utilisée dans les bureaux. Mais il existe des milliers d'autres langues, comme le mandé, le songhaï, le dogon,le bambara, le berbère... Le Nigeria, avec ses 134 millions d'habitants et ses 470 langues, est ainsi le pays d'Afrique où sont parlées le plus de langues différentes.

ISLAM

Pays où l'islam est très pratiqué : Afghanistan, Iran, Indonésie, Arabie Saoudite, Égypte, Maroc, Soudan, Pakistan.

1,5 milliard de croyants
C'est la religion fondée par le prophète Mahomet, en Arabie, au VIIe siècle, qui demande la soumission à Allah.

BOUDDHISME

Pays où le bouddhisme est très pratiqué : Chine, Thaïlande, Vietnam, Birmanie.

350 millions de croyants
Les bouddhistes ne croient en aucun dieu. Ils suivent le chemin de sagesse de Bouddha, un prince indien qui vécut il y a 2 500 ans.

HINDOUISME

Pays où l'hindouisme est très pratiqué : Inde, Népal.

905 millions de croyants
Les principaux dieux sont Brahmâ, Vishnou et Shiva. Les hindous croient en la réincarnation de l'âme après la mort.

ANIMISME ET AUTRES RELIGIONS

Pays où l'animisme est présent : Afrique noire, Haïti, Australie.

environ 800 millions de croyants
Pour les animistes, la nature est animée d'esprits qu'il faut rendre favorables par des chants et des sacrifices.

④ **À Lhassa,** au Tibet, les bouddhistes honorent l'ancien palais du dalaï-lama, leur chef religieux.

JUDAÏSME

Pays où le judaïsme est très pratiqué : Israël, États-Unis, Russie.

environ 14,5 millions de croyants
Née en Palestine, c'est la religion du peuple juif qui a reçu les dix commandements et écrit l'Ancien Testament.

⑤ **À Bénarès,** en Inde, les hindous se baignent dans les eaux sacrées du Gange, et y dispersent les cendres de leurs morts.

il était une fois...

Babel

La Bible raconte qu'il y a très longtemps, les hommes parlaient tous la même langue. Un jour, ils décident de bâtir une ville et au centre, une tour qui monte jusqu'au ciel. Sans relâche, ils cuisent des briques, et élèvent la tour. Dieu regarde la tour et s'indigne de l'orgueil des hommes : « Plus rien ne les arrête, ils se croient aussi grands que moi ! » Pour les punir, le Tout-Puissant introduit la diversité des langues : les hommes ne parlent plus un, mais des centaines de langages différents. N'arrivant plus à se comprendre, ils abandonnent leur construction, et se dispersent aux quatre coins de la Terre. Ainsi les anciens expliquaient-ils l'incroyable diversité des langues et des peuples...

DES VILLES GÉANTES

Aujourd'hui, 1 homme sur 2 dans le monde, soit 3,3 milliards d'êtres humains, vit en ville. En 2025, ils seront 5 milliards, 2 hommes sur 3, et beaucoup habiteront une grande ville d'un pays pauvre.

LES 6 PLUS GRANDES VILLES DU MONDE
(en millions d'habitants)

Tokyo, Japon	35
Mexico, Mexique	20
New York, États-Unis	19
Mumbai, Inde	19
São Paulo, Brésil	18,5
Delhi, Inde	16

(10) Tout espace libre et visible par le plus grand nombre de passants est rapidement occupé par **les panneaux publicitaires.**

(1) Dans la partie la plus ancienne de la ville subsistent encore **des maisons basses** traditionnelles avec des cloisons en paille de riz.

(2) Il y a si peu de place que les chambres de certains **hôtels capsules** ressemblent à de grands tiroirs où l'on peut juste s'allonger pour dormir.

(3) **Les rocades** contournent le centre de la ville pour que la circulation y soit moins dense.

(4) Comme dans les autres villes du monde, il existe **des fast-food.** À Tokyo, prendre l'entrée, le plat et le dessert dans 3 endroits différents est habituel.

(5) Le centre d'affaires du quartier Shinjuku abrite le siège des grandes entreprises dans **les gratte-ciels.**

VILLE GÉANTE

Tokyo est une mégalopole surpeuplée, à l'image du Japon. Elle s'étend sur plus de 120 km, avec une seule logique : gagner de l'espace sur l'eau, sur terre et sous terre.

6 Construit très rapidement au fil de la croissance fulgurante de la ville, **le réseau d'égout** de Tokyo aurait besoin d'être reconstruit en entier.

7 **Des pousseurs** sont chargés de «tasser» les voyageurs pour que chaque wagon soit rempli au maximum.

8 Le réseau du métro est très développé à Tokyo. **Le monorail** et le métro suspendu sont les plus élaborés au monde.

9 **Les magasins d'électronique** sont tous rassemblés dans un même quartier, Akihabara.

LES VILLES ONT LEUR HISTOIRE

Le plan des villes dépend souvent de leur histoire. Beaucoup de villes ont un centre ancien construit par les premiers habitants. Les autres quartiers se sont développés peu à peu autour : centre des affaires pour les bureaux modernes, banlieues riches, bidonvilles…

Ville européenne
Autour du vieux centre historique s'est développé le quartier des affaires. Viennent ensuite les zones industrielles, les banlieues pavillonnaires, puis les grands ensembles d'habitation.

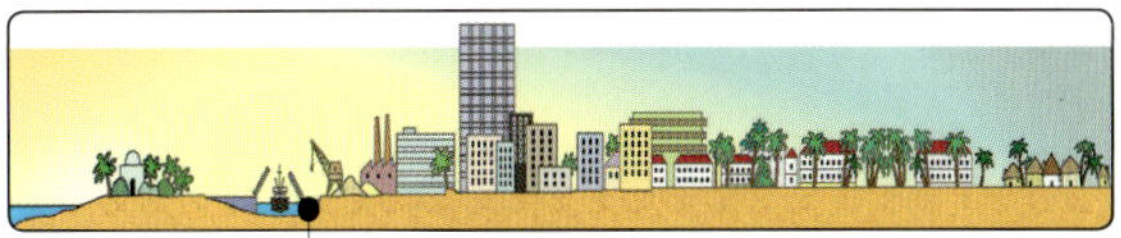

Ville africaine
Après le port, symbole de l'exportation, s'opposent l'ancien quartier colonial et le nouveau centre des affaires. Autour, les bidonvilles construits par des paysans venus s'installer en ville.

Ville d'Amérique du Sud
Le quartier des affaires entoure le centre colonial aux bâtiments historiques. Puis les bidonvilles et les habitations luxueuses se côtoient.

IL N'Y A PLUS QU'À CREUSER !

Le projet *Alice City*, à Tokyo, promet d'offrir une multitude de galeries marchandes et de bureaux, ainsi qu'une gare centrale. Tout cela sera enfoui à 50 m de profondeur.

Info

Les enfants des grandes villes pauvres

À Recife, au Brésil, des milliers d'enfants vivent avec leur famille dans l'un des 600 bidonvilles souvent sans eau ni électricité. Tous ne vont pas à l'école. Au Caire, en Égypte, des enfants fouillent les ordures, récupèrent des déchets recyclables et les revendent à des usines. Non scolarisés et livrés à eux-mêmes, les enfants sont les premiers à souffrir de la pauvreté dans ces grandes villes.

L'AFRIQUE

CARTE D'IDENTITÉ

Superficie : 30 300 000 km^2

Population : 950 millions d'habitants

Densité : 32 habitants au km^2

Religions : islam, christianisme, animisme

1 Le Sahara est le plus grand désert du monde : il couvre presque le tiers de l'Afrique d'une mer de sable où le vent dessine des dunes.

Alger s'étend comme beaucoup d'autres villes d'Afrique du Nord en terrasses sur le littoral, entre les montagnes et la mer.

2 DES PRODUITS POUR L'EXPORTATION

Dans les hangars du port d'Abidjan en Côte-d'Ivoire, des sacs de café ou de cacao sont prêts à partir pour être vendus dans le monde entier. Les pays du golfe de Guinée pratiquent eux aussi une agriculture moderne d'exportation dont le niveau de développement est avancé. Parmi eux, le Nigeria produit par ailleurs du pétrole.

3 Le Sahel, qui signifie « rivage », borde tout le sud du Sahara. Les pluies y sont irrégulières, la végétation maigre et clairsemée.

4 Le Cap est un port commercial important où les navires se sont toujours arrêtés en passant le cap de Bonne-Espérance, non loin de l'extrême pointe du continent.

Le Nil prend sa source dans le lac Victoria et traverse le désert pour finir par un grand delta : il apporte l'eau et le limon qui rendent les terres fertiles sur l'ensemble de son cours.

(5) LE CAIRE

Avec 15 millions d'habitants, la capitale égyptienne est la plus grosse ville d'Afrique. La population souffre du manque de logements et d'eau potable. Les plus pauvres s'installent dans les bidonvilles, sur les toits ou dans les cimetières. Ils récupèrent les ordures et vivent de petits métiers.

(6) **La Rift Valley** est une très longue faille située à la frontière de deux plaques de la croûte terrestre. Les restes de l'australopithèque Lucy, qui a vécu il y a 3,7 millions d'années, y ont été retrouvés.

(7) LA MENACE DE LA FAIM

En Afrique de l'Est, les familles pratiquent une agriculture vivrière : les paysans cultivent de petites parcelles qui produisent du mil, du sorgho, du maïs, des bananes. Les récoltes suffisent à peine à les nourrir, et le moindre événement comme une mauvaise récolte ou un conflit provoque la famine.

Dans plusieurs millions d'années, **la « corne de l'Afrique »** se détachera du reste du continent. La région de Djibouti sera alors recouverte par la mer.

(8) Autour de l'équateur s'étendent de vastes **forêts équatoriales.** La végétation est dense et étagée, depuis le sol où la lumière ne pénètre pas, jusqu'au sommet des arbres.

(10) LA CAPITALE DU DIAMANT

Le centre de Johannesburg, en Afrique du Sud, ressemble à une grande ville européenne. Ce pays est le plus riche d'Afrique grâce à ses ressources d'or, de fer, d'uranium, de cuivre et surtout de diamant, exploité dans de vastes mines.

(9) Peuplée d'animaux sauvages **la savane** est une prairie sèche couverte de hautes herbes, d'acacias et de baobabs, ces arbres qui stockent l'eau dans leur tronc.

VIVRE AU SÉNÉGAL

Adama vit à Sédhiou, un village de brousse dans la région de la Casamance.

Adama a 4 sœurs et 1 frère. Son père cultive la terre.

Autour du village, la terre est souvent divisée en 3 parties égales : le riz, l'arachide et la jachère (terre non cultivée, au repos).

Pendant la saison sèche, pas une goutte de pluie ne tombe. Adama aide alors sa mère à aller chercher l'eau au puits du village.

Les greniers sur pilotis préservent les réserves de riz ou d'arachide des rongeurs et conservent ces denrées jusqu'à la prochaine récolte.

La case d'Adama est en banco (terre séchée et paille) et le toit en chaume. Au milieu du toit, il y a un trou pour recueillir la pluie qui tombe à la saison humide.

Tout près des cases, les femmes cultivent de petits jardins où elles font pousser haricots et tomates. Ce qui pousse dans ces jardins leur appartient : elles peuvent le vendre.

Adama mange tous les jours du riz. Au dessert, c'est mangues, arachides ou papayes.

Les jours de fête, on se régale avec du riz au poisson, piments et patates douces, ou du « poulet yassa », parfumé au citron.

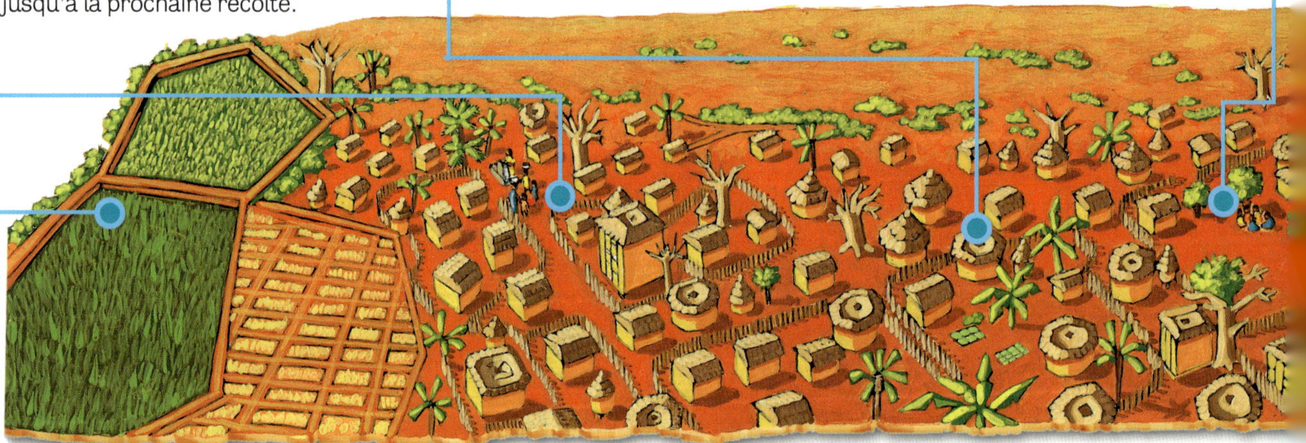

33 **pays d'Afrique sur 53** font partie du groupe des Pays les moins avancés (PMA), c'est-à-dire les plus pauvres du monde.

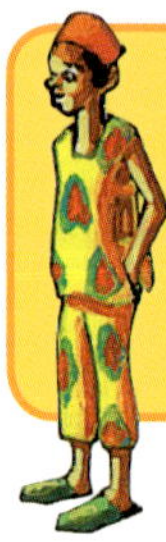

34 **habitants au km²** **en Afrique noire**
CONTRE
355 **habitants au km²** **en Inde.**

L'Afrique est en fait un continent sous-peuplé, car beaucoup de régions y sont trop sèches, donc inhabitables.

Ici, c'est le centre de soins. L'agent de santé explique aux mères comment mieux nourrir leurs enfants et pourquoi il faut les vacciner.

Dans les pays pauvres d'Afrique comme l'Angola ou le Mali, peu d'enfants sont vaccinés contre le tétanos, la rougeole, la polio.

À l'école, il n'y a qu'1 instituteur pour 50 écoliers. Adama fait partie de l'ethnie Diola, mais les leçons se font en français.

Le français est la langue officielle du Sénégal, mais le ouolof est la langue la plus parlée. Un petit Africain parle souvent couramment 3 ou 4 dialectes de son pays.

Dramane, le grand frère, arrive juste de Dakar. Toute sa famille l'écoute raconter la ville.

La famille africaine est nombreuse et très soudée. Les personnes âgées sont respectées. Dans les familles musulmanes, les hommes ont souvent plusieurs femmes.

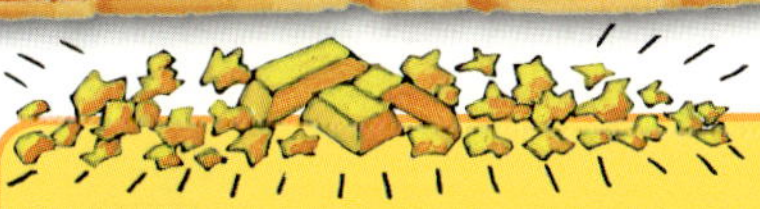

300 **tonnes d'or,** c'est ce que l'Afrique du Sud, le plus gros producteur d'or du monde, extrait chaque année de ses mines.

7 Africains sur 10 vivent encore à la campagne appelée la brousse.

Mais de plus en plus de jeunes partent en ville.

MONDE VISIBLE, MONDE INVISIBLE

Dans de nombreux villages d'Afrique, on croit aux esprits qui animent la nature. Les mauvais esprits sont par exemple responsables de malheurs comme la sécheresse, une mauvaise récolte, la maladie ou l'absence de fécondité. Pour conjurer ces mauvais sorts, le magicien entre en contact avec le monde invisible au cours de cérémonies et de danses rituelles.

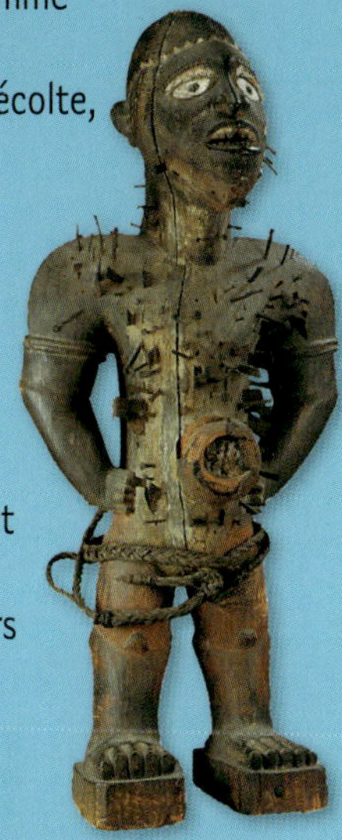

La « charge » magique située au centre de **ces fétiches** peut servir à faire du bien ou du mal. C'est selon la volonté du sorcier qui l'utilise.

LE DRAPEAU DU SÉNÉGAL

La couleur verte symbolise l'islam, première religion du pays. Le jaune évoque l'or et symbolise l'ambition de richesse du Sénégal.

Le rouge est la couleur du courage, du sacrifice et de la vaillance. L'étoile verte évoque l'espoir du peuple en sa république.

L'AMÉRIQUE DU NORD

CARTE D'IDENTITÉ

Superficie : 21 560 000 km²

Population : 442 millions d'habitants

Densité : 21 habitants au km²

Religions : christianisme (catholiques et protestants), judaïsme

Langues : anglais, espagnol

(1) **L'État d'Alaska,** qui fait partie des États-Unis, connaît de longs hivers glacés. Le sous-sol, gelé en permanence, est riche en pétrole.

(2) Les forêts couvrent la moitié du **Canada,** l'un des plus grands pays producteurs de bois et de papier du monde.

(3) **Les montagnes Rocheuses** sont les plus hauts reliefs de l'Amérique du Nord. Le Colorado y prend sa source et s'écoule vers le Pacifique à travers le Grand Canyon.

Au centre des États-Unis, d'immenses **plaines** fertiles permettent la culture extensive du blé, du maïs et du soja.

Le nord du Mexique est occupé par de **hauts plateaux** secs à moitié désertiques où poussent de grands cactus.

Le fleuve Mississippi, long de 3 766 km, sert de voie navigable à d'énormes cargos chargés de marchandises.

(4) LES *MAQUILLADORAS* AU MEXIQUE

Beaucoup d'entreprises américaines installent leurs usines dans des zones appelées **maquilladoras,** à la frontière entre le Mexique et les États-Unis. Elles y emploient des ouvriers mexicains et les conditions administratives y sont très avantageuses.

Les chutes du **Niagara,** hautes de 50 m, relient les lacs Érié et Ontario et marquent la frontière entre les États-Unis et le Canada.

La plus grande île du monde, **le Groenland,** appartient au Danemark. En hiver ce territoire est recouvert en partie d'une calotte de glace de 2 à 3 km d'épaisseur, *l'inlandsis*, et le soleil ne s'y lève pas.

6 INUITS DU GRAND NORD

La plupart des Canadiens sont les descendants d'immigrants britanniques et français. Les Indiens et les Inuits, les premiers habitants du Canada, représentent encore 1,5 % de la population. Les Inuits ont obtenu en 1999 le droit de gouverner eux-mêmes le territoire appelé *Nunavut* («Notre Terre»), dans le grand Nord.

7 En Floride, où le climat est tropical, **les Everglades** sont des marais humides peuplés d'alligators.

8 Le volcan **Popocatépetl,** au Mexique, s'élève à 5 452 m. Son sommet est recouvert de neiges éternelles bien qu'il soit toujours en activité.

9 LES QUARTIERS DE LOS ANGELES

Le peuple américain s'est formé avec des immigrants de toutes origines. Comme d'autres villes d'Amérique du Nord, Los Angeles abrite plusieurs quartiers communautaires. Il y existe ainsi des quartiers noirs, latinos avec leurs immigrants originaires d'Amérique latine, ou encore chinois ou coréens.

VIVRE À NEW YORK

Une journée de Steve, écolier américain aux États-Unis, le pays le plus puissant de la planète.

07:00

Dans l'État du New Jersey, près de New York, tout le monde se réveille chez Steve.

La famille de Steve habite dans une maison de banlieue. C'est le rêve de la majorité des Américains. Les jardins, sans clôtures, sont très bien entretenus.

08:00

Steve part pour l'école en bus. Il retrouve ses copains de toutes origines.

Les États-Unis sont un pays d'immigrants.

10:00

Cours de maths sur ordinateur. Quand Steve se sent prêt, il peut passer son contrôle sur son ordinateur.

Les Américains sont à la pointe du progrès pour le matériel informatique. Les nouveaux systèmes sont mis au point sur la côte pacifique dans de grands centres de recherche.

12:00

Déjeuner rapide. Chacun apporte son repas dans une mallette *(lunch-box).*

Les Américains sont les champions de la restauration rapide (*fast-food*).

1er **rang mondial** en production de maïs, lait, viande, aéronautique et informatique.

250 000 000 c'est le nombre **d'ordinateurs** pour 305 000 000 habitants.

20 % des Américains sont **obèses** !

71 % de la population est d'origine **européenne.**

11 % est noire, et descend des anciens esclaves venus d'Afrique.

13 % est hispanique, et vient principalement du Mexique.

5 % est asiatique ou indienne, descendant des Indiens américains.

18:00

Steve lave la voiture de sa mère pour se faire quelques dollars d'argent de poche.

Dans les banlieues américaines, qui sont très étendues, tout se fait en voiture : les courses, les promenades. Mais, quand Steve part en vacances chez ses grands-parents à 4 000 km de chez lui, il prend l'avion.

19:30

Ce soir, la série préférée de Steve passe à la télévision. Il se prépare un plateau-dîner (salade, pop-corn, tartines au beurre de cacahuète).

Les programmes américains sont diffusés dans le monde entier.

5:00

L'école est finie. Steve va jouer au base-ball, son sport favori.

Les Américains adorent le sport, surtout le base-ball, le basket-ball et le football américain. Faire du sport, c'est aussi apprendre à gagner.

7 c'est le nombre d'heures par jour passées en moyenne **devant la télé** par les Américains.

1 000 **c'est le nombre de chaînes locales** en plus des quatre grandes chaînes nationales.

25 **% des voitures** roulant sur la planète appartiennent à des Américains.

50 **% des avions volant** dans le ciel appartiennent à des compagnies américaines.

THANKSGIVING DAY : LE JOUR DU REMERCIEMENT

En 1620, des émigrants anglais partis sur le bateau le *Mayflower* débarquèrent en Amérique. L'hospitalité des Indiens qui leur apprirent à cultiver les plantes locales (le potiron, les haricots, le maïs...) leur permit de survivre aux épidémies et à la faim.

On célèbre ce souvenir dans tous les États-Unis **le 4e jeudi du mois de novembre.** Au menu : dinde rôtie, sauce aux airelles, pain de maïs, tarte au potiron.

LE DRAPEAU DES ÉTATS-UNIS

Les étoiles correspondent aux 50 États qui constituent actuellement les États-Unis.

Les bandes rouges et blanches représentent les 13 colonies qui ont mené la guerre d'Indépendance contre la Grande-Bretagne et proclamé l'indépendance des États-Unis le 4 juillet 1776.

1 Depuis 1914, **le canal de Panama** permet aux navires de passer de l'Atlantique au Pacifique sans avoir à contourner l'Amérique du Sud.

Les Andes couvrent le tiers de l'Amérique du Sud en une cordillère d'environ 8 000 km de long.

2 LES MINES D'OR DU BRÉSIL

Dans cette mine à ciel ouvert de la Sierra Pelada, des milliers d'hommes transportent durant des journées entières de lourds sacs de boue. De ces milliers de sacs, les plus chanceux extrairont, après un pénible labeur, quelques rares pépites d'or.

3 Au Chili, **le désert d'Atacama** s'étend jusqu'à la frontière péruvienne. C'est l'un des lieux les plus secs de la Terre. Il est si aride qu'il devient désert de sel par endroits.

4 UN ENVIRONNEMENT MENACÉ

Dans la forêt amazonienne, l'équivalent de la surface de la Belgique part en fumée chaque année ! Les paysans défrichent la forêt pour avoir des terres à cultiver. La construction de routes contribue aussi à détruire la forêt.

L'AMÉRIQUE CENTRALE ET DU SUD - LES CARAÏBES

5 **Le fleuve Amazone** arrose un territoire de la taille de l'Europe et traverse l'immense forêt équatoriale amazonienne. Cette dernière abrite des milliers d'espèces animales et végétales.

6 La ville de **Rio** s'ouvre sur une baie, dominée par **le Corcovado,** piton de 710 m, surmonté d'un Christ en croix de 30 m de haut.

CARTE D'IDENTITÉ

Superficie : 20 700 000 km²

Population : 462 millions d'habitants

Densité : 22 habitants au km²

Religion : catholicisme

Langues : espagnol, portugais

7 LE BARRAGE D'ITAIPU

C'est l'un des plus puissants barrages hydroélectriques du monde. Il utilise l'énergie du fleuve Paraná et fournit de l'électricité au Brésil et au Paraguay. Le Brésil s'est beaucoup endetté pour achever la construction de ce barrage.

8 En Argentine, une riche prairie, **la « Pampa »,** permet de gigantesques élevages de bœufs.

9 L'île appelée **« Terre de Feu »** est un désert glacé battu par les vents polaires : la pointe sud du continent fait face à l'Antarctique !

VIVRE AU BRÉSIL

Angelo a 12 ans. Il vit en Amérique du Sud près de Rio de Janeiro, une grande ville aux plages magnifiques.

Ce matin, le soleil tape déjà fort sur les collines de la Serra Carioca et sur la cabane de la famille d'Angelo.

Les grandes villes d'Amérique du Sud comportent souvent des zones d'habitation de cabanes en tôles, les *favelas*, où s'entassent des familles très pauvres.

Angelo ne va plus à l'école. Ses parents préfèrent qu'il gagne un peu d'argent. Alors tous les matins, il prend le tramway en direction du centre-ville !

Entre 12 et 17 ans, 1 jeune Brésilien sur 4 ne va plus à l'école.

Pour gagner quelques reals (la monnaie brésilienne), Angelo cire les chaussures en bas d'une tour dans le quartier des affaires.

30 % des Brésiliens vivent avec moins de l'équivalent de 107 euros par mois.

300 millions de tonnes de minerai de fer, c'est ce que le Brésil produit par an. C'est le premier producteur mondial de fer après la Chine.

207 000 000 bovins (1er producteur mondial de viande). Il y a plus de bovins que d'habitants au Brésil !

Pedro l'accompagne jusqu'au téléphérique du « Pain de sucre ». Ce rocher en granit de 395 m surplombe la baie de Rio et ses villas de milliardaires.

Dans beaucoup de villes du Brésil, l'écart entre le niveau de vie des pauvres et celui des riches est l'un des plus grands au monde.

Angelo siffle Pedro, un de ses copains qui vit seul dans la rue.

Au Brésil, 10 millions d'enfants, soit 1 enfant sur 6, habitent dans la rue. La plupart d'entre eux vivent du trafic de la drogue.

Le soir, Angelo retrouve ses parents et ses 4 sœurs. Après le dîner, il joue au foot ou apprend de nouvelles figures de capoeira, un art martial acrobatique originaire du Brésil.

Le Brésil est le seul pays du monde à avoir gagné 5 fois la Coupe du monde de football.

60 % des 176,5 millions de Brésiliens ont moins de 29 ans : la population est très jeune.

60 % de l'énergie du Brésil vient de l'hydroélectricité produite par les grands barrages.

1er producteur mondial de café et de sucre.

2e producteur mondial de cacao : les produits agricoles brésiliens sont exportés dans le monde entier.

LE CARNAVAL DE RIO

Une fois par an, du dimanche au Mardi gras, c'est la plus grande fête du pays et le plus grand carnaval du monde. Pendant 4 jours, la ville entière est dans la rue : il y a plus de 200 bals dans les différents quartiers, des défilés de figurants déguisés et surtout, la grande compétition des écoles de samba.

Des milliers de supporters encouragent chaque **école de samba.** Les écoles « championnes » ont le droit de défiler de nouveau 8 jours plus tard.

LE DRAPEAU DU BRÉSIL

Le fond vert évoque la forêt amazonienne, les feuilles de tabac et de café. Le losange jaune est un diamant qui rappelle les richesses naturelles du pays.

La sphère bleu ciel au centre du drapeau porte la devise « ordre et progrès ». Les étoiles correspondent aux 27 régions du Brésil.

② L'OR NOIR DU MOYEN-ORIENT

L'Arabie Saoudite, le Koweït, l'Iran, l'Irak et d'autres pays d'Asie centrale disposent d'importants gisements de pétrole qui leur ont permis de développer leur richesse. Mais des conflits, comme la guerre du Golfe, ont freiné le développement de certains.

① **La Mer d'Aral** est une ancienne mer intérieure aujourd'hui en voie d'assèchement. Les rivières qui l'alimentaient ont été détournées vers les champs de coton du Kazakhstan et de l'Ouzbékistan.

③ **Un désert de sable** brûlant occupe une grande partie de la péninsule arabique : seuls quelques Bédouins le parcourent.

④ En Inde, **la culture du thé** est une activité traditionnelle, principalement dans le Kérala.

Fleuve sacré, **le Gange** descend de l'Himalaya, irrigue une plaine très peuplée au nord de l'Inde et s'achève en une multitude de bras.

La chaîne de l'Himalaya abrite les plus hauts sommets du monde et fait barrage aux pluies en provenance de l'océan Indien.

⑤ ALERTE AUX INONDATIONS !

Le Bangladesh, l'un des pays les plus pauvres du monde, est régulièrement submergé par de terribles inondations. Son territoire, une immense plaine basse, est en effet arrosé par les nombreux cours d'eau, parfois gonflés par les pluies de mousson, qui forment le delta du Gange.

L'ASIE

CARTE D'IDENTITÉ

Superficie : 41 000 000 km^2

Population : 4,1 milliards d'habitants

Densité : 125 habitants au km^2

Religions : hindouisme, bouddhisme, islam, confucianisme, taoïsme, shintoïsme, christianisme, judaïsme

⑥ L'ANCIENNE ROUTE DE LA SOIE

La « route de la soie » était autrefois une voie commerciale qui allait de la Chine à l'Arabie, en passant par des villes comme Samarkand, en Ouzbékistan. Sur ce marché du Tadjikistan, on continue à échanger de splendides tapis et des soieries fabriqués à la main selon la tradition.

⑦ Le plus haut sommet du Japon, **le Fuji Yama** (3 776 m), est un splendide volcan. De nombreux autres volcans en activité menacent les îles japonaises.

⑧ SINGAPOUR

Ce petit État limité à une ville fait partie des « quatre dragons d'Asie » avec Taïwan, la Corée du Sud et Hong Kong. Ces pays se sont rapidement enrichis et vendent dans le monde entier des produits fabriqués à bas prix, comme les appareils électroniques. Aujourd'hui, des banques et des entreprises du monde entier viennent s'installer à Singapour, ou y placer de l'argent.

⑨ La Malaisie abrite de vastes **forêts d'hévéas.** Cet arbre contient du latex, dont on extrait le caoutchouc.

VIVRE EN CHINE

La semaine de Lin-Lin, (*Petite Beauté* en chinois), qui habite la Chine des rizières.

Les jours d'école, elle part à pied à travers les rizières. Elle consacre beaucoup de temps à apprendre les milliers de caractères chinois.

La langue la plus répandue en Chine est le mandarin. Certaines minorités ethniques parlent d'autres langues, comme les Mongols, les Tibétains les Cantonais ou les Hui.

La famille de Lin-Lin vit près de Fujian dans le sud-est de la Chine. Des millions de paysans y travaillent, surtout pour la culture du riz.

En Chine, dans la région des plaines, on cultive le blé et le soja. Plus au sud, on cultive le riz, le thé, le bambou, car le climat y est chaud et humide.

Aujourd'hui, Lin-Lin prépare les légumes du jardin pour aller les vendre avec sa mère à la ville. Lin-Lin est attirée par les vitrines des nouveaux magasins.

En 1970, dans la Chine des campagnes, les familles avaient du mal à s'approvisionner. Depuis, le pays s'ouvre au commerce avec le reste du monde.

55 % de la population chinoise **vit encore à la campagne.**

1 Chinois sur 5 a moins de 15 ans : la population est jeune. En ville, la Chine encourage les familles à avoir 1 seul enfant.

1 Chinois sur 2 n'a pas de réfrigérateur.

106 kg, c'est la consommation de riz par an et par habitant en Chine.

Lin-Lin et sa mère croisent une seule voiture sur leur passage : celle d'un ingénieur qui travaille à la construction du barrage.

Il y a 300 millions de vélos en Chine. C'est le moyen de transport numéro 1, en ville ou à la campagne.

Le samedi, elle va chez son vieil ami Chang et décore des cerfs-volants en l'écoutant lui raconter l'histoire de la Chine.

Mao Zedong a dirigé la Chine pendant 27 ans, de 1949 à 1976. Il a aidé la Chine à se moderniser et fait reculer la misère, mais il a aussi fait régner la terreur.

Un jour, les parents de Lin-Lin partiront pour trouver un autre travail à Shanghai. Le labeur est trop dur dans les rizières !

Shanghai, avec ses 15 millions d'habitants, est la capitale de l'économie chinoise. De grandes entreprises s'y installent.

3000, c'est le nombre d'étudiants tués en mai 1989 par l'armée chinoise place Tian'anmen. Les manifestants réclamaient plus de liberté et de démocratie.

1 Chinois sur 140 seulement possède 1 voiture.

LA GRANDE MURAILLE

Elle a été construite aux IVe et IIIe siècles av. J.-C. pour protéger le pays des invasions, notamment celles des Hiong-Nou. Uniquement bâtie en pierre, brique et terre sa construction s'est poursuivie tout au long de l'histoire. D'une hauteur moyenne de 10 m, et large de 6 à 10 m, elle a aussi servi de route aux Chinois.
Elle s'étend aujourd'hui sur environ 6 700 km et l'on dit que c'est une des seules constructions humaines que l'on discerne de la Lune.

LE DRAPEAU DE LA RÉPUBLIQUE POPULAIRE DE CHINE

Il a été adopté par la Chine en 1949. La grande étoile dorée représente le parti communiste chinois.

Les 4 petites étoiles symbolisent les paysans, les petits bourgeois, les intellectuels et les ouvriers : 4 catégories du peuple chinois censées avoir soutenu la Révolution.

VIVRE AU JAPON

L'emploi du temps de Hiro, un enfant japonais qui habite dans la banlieue de Tokyo.

06:00

Hiro roule son futon dans un placard pour laisser sa mère installer le petit déjeuner sur le tatami.

À l'intérieur de la maison traditionnelle en bois de la famille de Hiro, tout est aménagé à la japonaise.

07:00

Hiro va prendre le bus puis le train. Son école est réputée mais très éloignée : il faut 1 heure pour y aller !

Tokyo abrite la plupart des grandes entreprises japonaises. Les gens empruntent donc chaque jour les dizaines de lignes de métro et de train qui relient le centre-ville à la banlieue.

9:30

À l'école, après une courte pause de gym collective, le maître rappelle le dicton : « Il faut lutter pour réussir ! »

Dans les écoles japonaises, il y a beaucoup de devoirs et de discipline. Il faut être le meilleur pour réussir le concours d'entrée à l'université.

12:00

Les élèves déjeunent dans la classe. Au menu, des sushis, des boulettes de riz et de poisson cru trempées dans une sauce au soja.

50 kg : c'est en moyenne la quantité de poisson avalée par 1 Japonais en 1 an, soit 10 fois plus qu'1 Français !

337, c'est le nombre d'habitants au km² au Japon. Pour comparer, le nombre d'habitants au km² aux États-Unis est de 30.

32 % seulement du territoire japonais est habitable à cause du relief montagneux.

49 heures, c'est la durée de travail par semaine d'1 Japonais sur 2.

3 400, c'est le nombre d'îles qui constituent le Japon. Les quatre principales sont Honshu, Hokkaido, Shikoku et Kyushu.

19:30

Hiro se détend une demi-heure avant le dîner devant un dessin animé ou la dernière version de son jeu vidéo préféré.

Les dessins animés et les jeux vidéo japonais sont vendus dans le monde entier.

Ce samouraï a été représenté par Hiroshige Utagawa au XIXe siècle.

:00

En éducation physique, le maître organise une lutte à la corde, puis un match de base-ball.

Les sports de combat comme le judo, le karaté, l'aïkido sont nés au Japon. Les Japonais pratiquent aussi le football et le ski.

Les samouraïs

Ces guerriers étaient chargés, à partir du XIIe siècle, de protéger les domaines des seigneurs. Ils sont devenus peu à peu l'emblème de la rigueur morale, de la simplicité et du maintien des traditions.
Les samouraïs n'existent plus depuis le XIXe siècle, mais leur souvenir entretient le sentiment de hiérarchie, très fort dans la société japonaise actuelle.

18:00

Hiro se dépêche pour arriver à l'heure au juku.

La plupart des enfants japonais se rendent après l'école à des cours privés, les « jukus », pour obtenir de meilleurs résultats scolaires.

Le drapeau du Japon

Le gros cercle rouge sur fond blanc représente le Soleil. Le Japon, qui est situé tout à l'est de l'Asie, est en effet appelé « pays du Soleil-Levant ».

Le drapeau national japonais est connu sous le nom d'« Hinomaru », qui signifie disque solaire. C'est le drapeau du Japon depuis le XVIIe siècle.

1er pays au monde pour la production et l'exportation d'automobiles, d'appareils photo et vidéo, d'appareils électroménagers, d'informatique, de robots. C'est l'un des pays les plus riches et les plus industrialisés au monde.

80 % de l'énergie est importée.

Le Japon possède peu de sources d'énergie et doit acheter du pétrole, du gaz et du charbon à d'autres pays du monde.

LA RUSSIE ET L'EUROPE DE L'EST

CARTE D'IDENTITÉ DE LA RUSSIE

Superficie : 17 075 000 km² (plus grand pays d'Europe)

Population : 141 millions d'habitants (dont 70 % en Russie d'Europe)

Continents : Europe et Asie

Densité : 8,6 habitants au km²

Religions : orthodoxie, islam, catholicisme, bouddhisme, judaïsme

① **Une grande plaine** occupe la plus grande partie du territoire de la Pologne et se prolonge jusqu'en Allemagne.

Une longue chaîne montagneuse, **l'Oural,** riche en ressources naturelles, marque la limite entre l'Europe (à l'ouest) et l'Asie (à l'est).

Un semi-désert borde le nord de **la mer Caspienne :** les températures descendent sous 0 °C en hiver et montent à 30 °C en été.

Deuxième fleuve d'Europe, **le Danube** prend sa source en Allemagne, traverse 8 pays et se jette enfin dans la mer Noire en Roumanie.

② PRAGUE, LA « VILLE AUX CENT FLÈCHES »

La capitale tchèque est une des plus belles et des plus anciennes villes d'Europe. Le centre est hérissé de clochers d'églises, d'où son surnom, et abrite de beaux monuments baroques. Autour, on trouve les quartiers industriels et les grands ensembles construits au temps où la Tchécoslovaquie était un « satellite » de l'URSS.

La chaîne des Carpates est un prolongement des Alpes en Europe centrale. Pétrole et gaz naturel y sont exploités.

(3) De l'Oural au Pacifique, c'est le royaume de **la taïga** : une grande forêt d'arbres à feuilles persistantes comme des sapins et des épicéas.

(4) SIBÉRIE : DES RICHESSES ENFOUIES

La Sibérie est une gigantesque région riche en ressources naturelles. En plus d'immenses forêts, on y trouve des gisements de pétrole, de charbon, de gaz naturel, d'or, de diamant, de fer... Seuls le charbon et le pétrole y sont exploités, à cause de la rudesse du climat (- 40°C en hiver !).

(5) Soumis à un climat polaire, le nord de la Russie se couvre en été de **toundra** : une mince couche d'herbe et de lichens, sans aucun arbre.

La Russie de climat continental connaît 7 mois de gel. En profondeur, le sol est gelé en permanence : c'est **le « permafrost »**.

(6) La steppe, une vaste prairie, couvre la plaine russe. Son sol très fertile est appelé **tchernoziom** (« terre noire » en russe).

DES DIZAINES DE PEUPLES

Jusqu'en 1991, la Russie faisait partie de l'Union des républiques socialistes soviétiques (URSS). Aujourd'hui, la Russie est une fédération qui regroupe 89 républiques aux peuples variés, ayant souvent leur propre langue. Les Slaves sont les plus nombreux, mais les Tchétchènes, Tatares, Iakoutes, Bouriates et encore bien d'autres, représentent 15 % de la population totale.

(7) DES MENACES POUR L'ENVIRONNEMENT

En 1986, un grave accident dans la centrale nucléaire de Tchernobyl, en Ukraine, a contaminé toute une région jusqu'à 800 km aux alentours ! 300 000 personnes ont dû être déplacées. La Russie manque encore d'argent pour assurer une sécurité suffisante dans ses centrales. En Sibérie, des déchets radioactifs ont été rejetés dans des lacs, et les eaux se sont infiltrées dans les sols.

L'OCÉANIE

minerai

ambre

perle

tourisme

noix de coco

bétail

mouton

blé

CARTE D'IDENTITÉ

Superficie : 8 560 000 km²

Population : 34 millions d'habitants (dont 21 millions en Australie)

Densité : 4 habitants au km²

Religions : christianisme, animisme et totémisme

Signe particulier : 25 000 îles éparpillées dans le Pacifique

② LA CULTURE D'HUÎTRES PERLIÈRES

La perliculture est très développée dans les îles du Pacifique Sud. En 2 ans, 30 huîtres adultes sur 100 huîtres greffées de l'espèce *Pinctada margaritifera* auront fabriqué 1 perle. Sur ces 30 perles, seules 2 répondront aux critères de qualité du label « perle de culture de Tahiti ».

① **Uluru** ou Ayers Rock est un monolithe rocheux haut de 348 m et long de 3,6 km qui se dresse en plein désert. Ce lieu est sacré pour les Aborigènes.

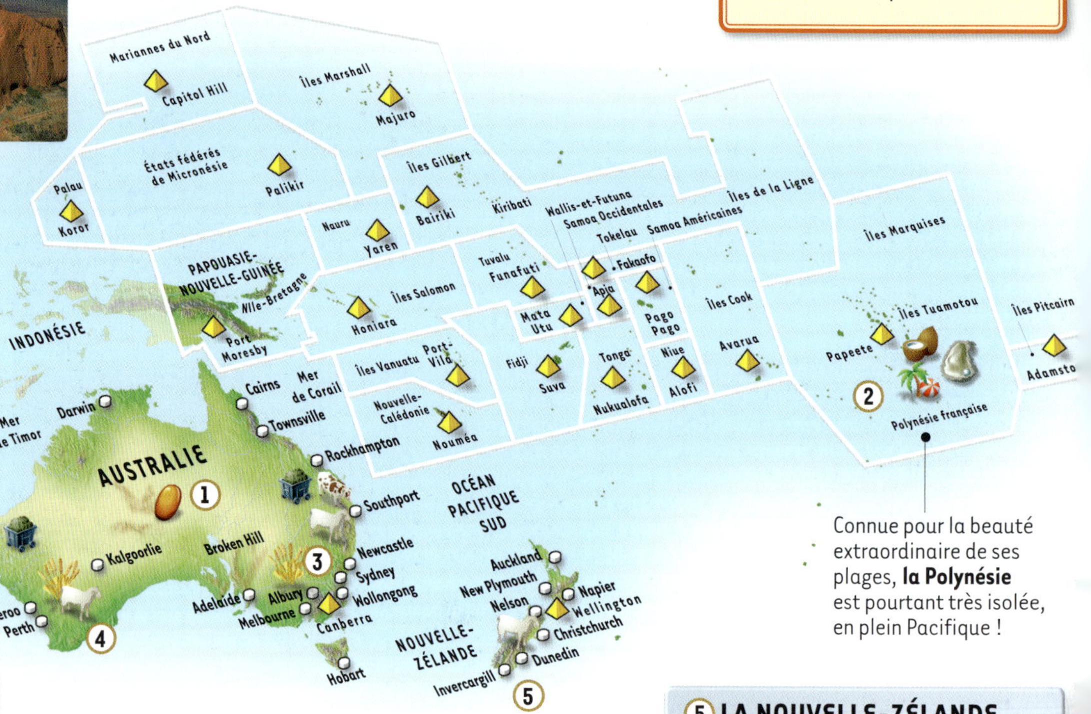

Connue pour la beauté extraordinaire de ses plages, **la Polynésie** est pourtant très isolée, en plein Pacifique !

③ **Sydney,** la plus grande ville d'Australie, est une cité très moderne célèbre pour son opéra qui imite les voiles d'un bateau.

⑤ LA NOUVELLE-ZÉLANDE

Ses deux îles principales ont un climat doux et humide favorable à l'élevage. On compte 18 moutons et 2 bovins par habitant. Sa laine, sa viande et son beurre sont exportés dans le monde entier. L'île a été découverte par un Hollandais en 1642, puis colonisée par les Anglais. Certains Maoris ont néanmoins gardé leur langue et leurs traditions.

④ L'AUSTRALIE

Découverte en 1770 par James Cook, l'Australie a été peuplée par des immigrants anglais. Ils ont exploité les richesses naturelles de l'île : le fer, le cuivre, l'argent, le charbon, la laine et la viande des moutons… Les premiers habitants, les Aborigènes, ont été chassés de leurs terres et souvent réduits à la pauvreté.

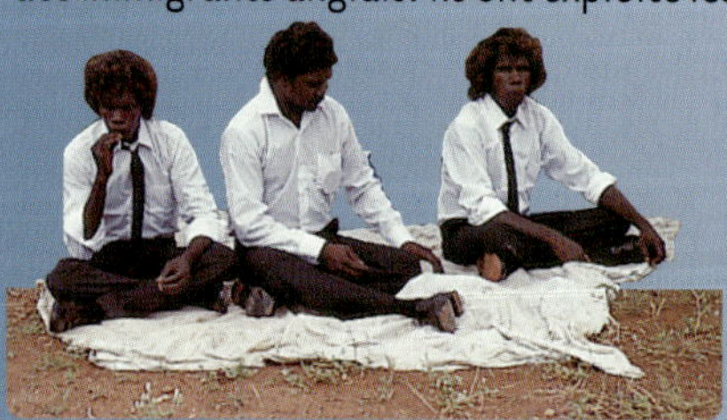

L'Union européenne

L'Europe est le plus petit de tous les continents, mais c'est l'un des plus riches et peuplés au monde.
Malgré leur histoire commune, les Européens se sont souvent fait la guerre. Mais depuis 1950, des hommes travaillent à rapprocher les États européens. Aujourd'hui, 27 pays d'Europe sont liés par de nombreux accords : c'est l'Union européenne.

Unir les États d'Europe est une vieille idée, que des hommes défendent depuis longtemps.

Victor Hugo en 1849 :
« Un jour viendra où l'on verra ces deux groupes immenses, les États-Unis d'Amérique et les États-Unis d'Europe, placés l'un en face de l'autre, se tendant la main par-dessus les mers… »
(Congrès de la Paix)

Richard Coudenhove-Kalergi en 1923 :
« Une Europe divisée conduit à la guerre, à l'oppression, à la misère ; une Europe unie à la paix, à la prospérité. »
(Manifeste paneuropéen)

Winston Churchill en 1946 :
« … il nous faut édifier une sorte d'États-Unis d'Europe. »
(Discours de Zurich)

HISTOIRE DE L'UNION EUROPÉENNE

Il a fallu plus de 50 ans pour construire l'Union européenne telle que nous la connaissons aujourd'hui.

À la Une
L'INFO CHOC AU QUOTIDIEN
Prix France Métropolitaine : 1 €

18 AVRIL 1951 : LA CECA EST NÉE !

Robert Schuman a annoncé dans une déclaration publique la création de la Communauté européenne du charbon et de l'acier (CECA). Le ministre français des Affaires étrangères avait proposé en 1949 que les pays européens, à commencer par l'Allemagne et la France, puissent mettre en commun leur production et leur vente de charbon et d'acier. Ce discours, préparé par Jean Monnet, a reçu un accueil enthousiaste en France et en Allemagne : pour la première fois, des pays européens qui se sont fait la guerre vont parvenir à s'entendre et devenir plus puissants ensemble. « Cette mise en commun des productions est une première étape de la Fédération européenne », a expliqué Robert Schuman. Six pays sont candidats à la CECA : la République fédérale d'Allemagne (RFA), la France, l'Italie, la Belgique, le Luxembourg et les Pays-Bas.

Une économie commune pour la paix

Après la Seconde Guerre mondiale, des hommes comme Jean Monnet, en France, ou Konrad Adenauer, en Allemagne, veulent reconstruire l'Europe. Pour assurer la paix, ils pensent que les pays européens doivent d'abord se rapprocher sur le plan économique. Ainsi naît la CECA en 1951, puis la CEE en 1957, qui devient l'Union européenne en 1992.

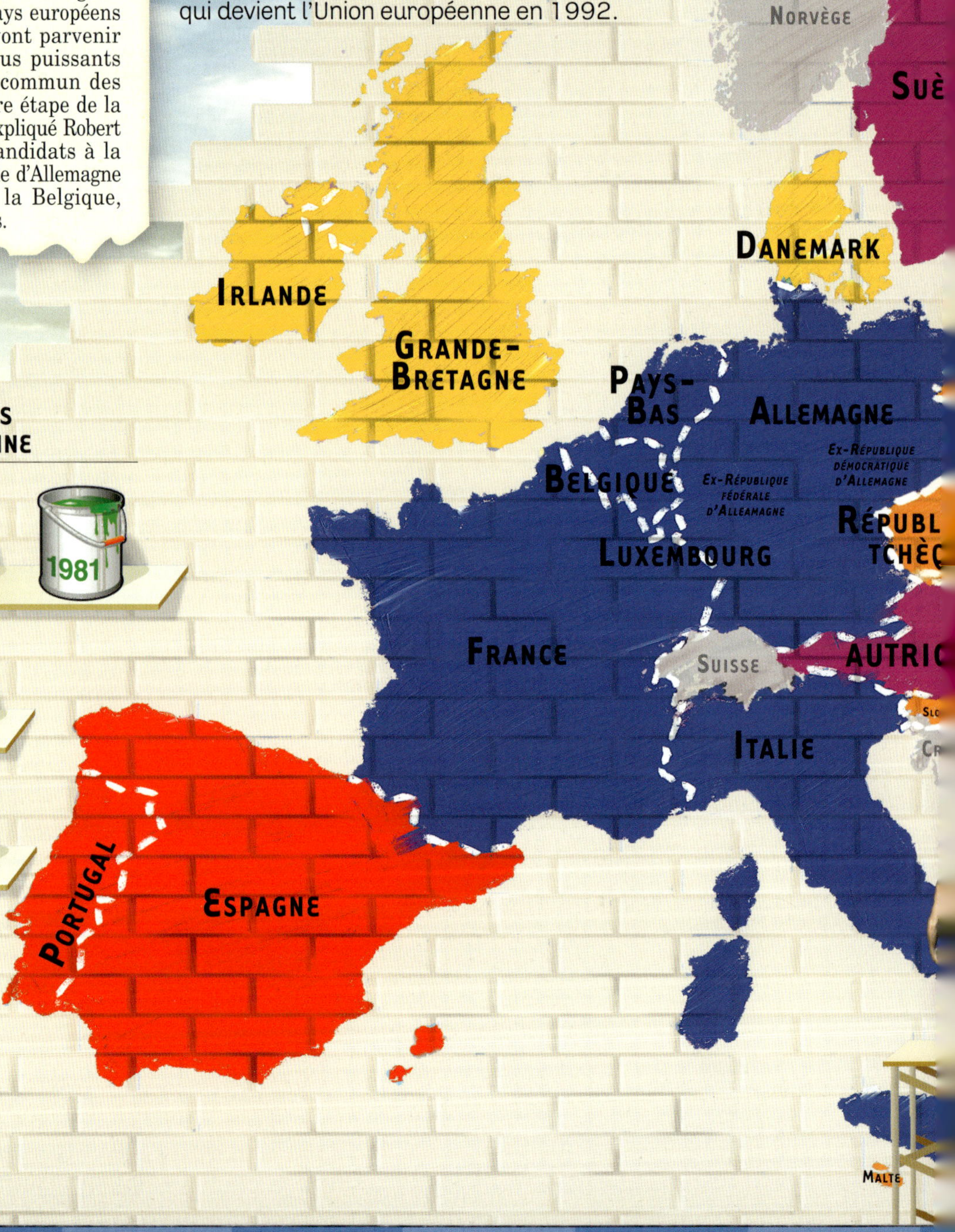

DATES D'ENTRÉE DES PAYS DANS L'UNION EUROPÉENNE

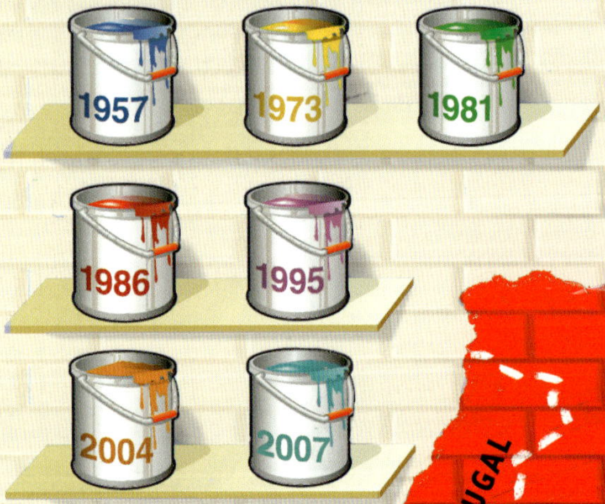

Pays candidats pour entrer dans l'UE :
Croatie, Macédoine, Monténégro, Turquie.

TOUS UNIS ?

L'Union européenne rassemble sous les mêmes symboles une partie des pays du continent Europe. Ces pays gardent pourtant leur identité propre.

1957 : LE TRAITÉ DE ROME CRÉE LA CEE

Le 25 mars 1957, les 6 pays européens de la CECA signent à Rome un nouveau traité. Ainsi naît la Communauté économique européenne (CEE). La République fédérale d'Allemagne, la Belgique, la France, l'Italie, le Luxembourg et les Pays-Bas décident ainsi d'avoir un « marché commun » pour tous leurs produits, et plus seulement pour le charbon et l'acier. Les marchandises pourront être vendues d'un pays à l'autre, sans que des droits de douane soient ajoutés à leur prix.

1985-1990 : LA CONVENTION DE SCHENGEN

La convention de Schengen a d'abord été signée par l'Allemagne, la Belgique, la France, les Pays-Bas et le Luxembourg. Puis l'Italie, l'Espagne, l'Autriche, le Portugal et la Grèce l'ont ratifiée. Aujourd'hui, il y a libre circulation des biens et des personnes entre les pays de « l'espace Schengen ».

1992 : LE TRAITÉ DE MAASTRICHT

L'Union européenne remplace la CEE. Le traité signé à Maastricht par 12 pays imagine une Union européenne qui ne concerne plus le seul domaine économique, mais aussi l'éducation, la santé, la protection de l'environnement… Les citoyens européens auront les mêmes droits dans tous les pays de l'Union. Le lancement de l'euro, la monnaie européenne, est planifié.

2007 : LE TRAITÉ DE LISBONNE

À la suite de l'échec en France et aux Pays-Bas, en 2005, du référendum sur le Traité Constitutionnel européen, le traité de Lisbonne (13 décembre 2007) réaffirme la volonté de l'UE de se doter d'une Constitution fondée sur : la personnalité juridique de l'Union ; la charte des droits fondamentaux ; la création d'une présidence stable du Conseil européen (pour 2 ans et demi) ; la création d'un Haut représentant pour les affaires étrangères.

Choisi en 1986 quand la CEE comportait 12 pays, le nombre d'étoiles du **drapeau** de l'UE ne changera plus à l'avenir.

DRAPEAU, HYMNE ET MONNAIE

Le drapeau étoilé, l'Hymne à la joie et l'euro sont les 3 symboles adoptés par la majorité des pays de l'UE. L'euro, qui facilite la circulation des biens et des personnes à l'intérieur de l'UE, lui permet aussi de mieux jouer son rôle dans le monde.

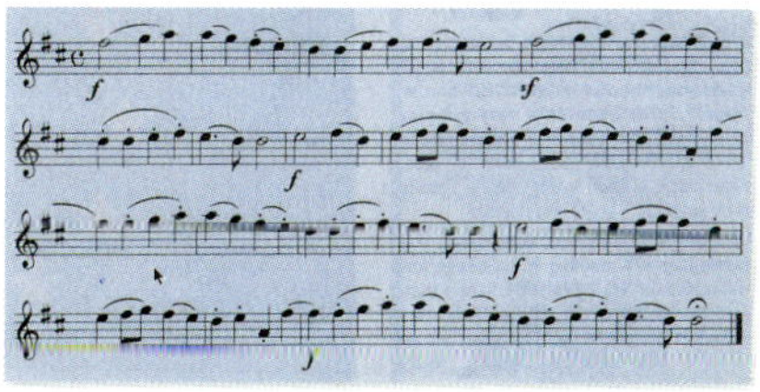

Son hymne, l'***Hymne à la joie***, est le final de la 9e *symphonie* de Beethoven.

question d'enfant

Tous les pays d'Europe dans l'Union européenne ?

L'objectif de l'Union européenne est d'accueillir un jour l'ensemble des pays européens pour donner au continent Europe une place plus importante dans le monde. Mais il faut remplir certaines conditions pour faire partie de l'Union européenne, comme respecter les droits de l'homme (abolir la peine de mort, par exemple) et accéder à un niveau de développement économique minimum. Les pays candidats doivent aussi accepter le fonctionnement administratif de l'Union.

27 PAYS, 1 GRANDE PUISSANCE

27 pays font partie de l'Union européenne; ils occupent la première place dans le commerce mondial.

Une certaine unité

Chaque pays de l'UE conserve sa langue et son propre gouvernement. Mais tous sont des États démocratiques dont le niveau de développement économique est suffisamment élevé.

*LEXIQUE

- **Le PIB,** ou **Produit Intérieur Brut,** est l'ensemble des richesses produites dans un pays en un an.
- Dans une **Monarchie parlementaire,** un roi ou une reine représentent le pays. Le pouvoir est assuré par un Premier ministre et un parlement élu.

ALLEMAGNE

Capitale Berlin • **Superficie** 357000 km² • **Population** 82,4 millions • **Langue principale** allemand • **Régime politique** République fédérale (avec plusieurs États) • **Produit Intérieur Brut (PIB)*** 1900 milliards d'euros

- 1ʳᵉ puissance mondiale dans la construction mécanique
- Industries traditionnelles : production de bière

Patrick Süskind est écrivain. Son 1ᵉʳ roman, *Le parfum*, est un best-seller mondial.

BULGARIE

Capitale Sofia • **Superficie** 110910 km² • **Population** 7,7 millions • **Langue principale** bulgare • **Régime politique** République • **Produit Intérieur Brut (PIB)*** 22 milliards d'euros

- Une population vieillissante et une économie encore fragile (très agricole)
- Le pays développe son tourisme sur la mer Noire (Varna) et dans les monts Rhodopes, à la frontière avec la Grèce

Veselin Topalov a été champion du monde d'échecs en 2005.

ROUMANIE

Capitale Bucarest • **Superficie** 238 390 km² • **Population** 21,6 millions • **Langue principale** roumain • **Régime politique** République • **Produit Intérieur Brut (PIB)*** 69 milliards d'euros

- Une forte croissance économique : industries et services (tourisme) en plein développement
- Un pays où la francophonie est très importante.

Nadia Comaneci a obtenu la médaille d'or en gymnastique aux Jeux Olympiques de 1976 et 1980.

BELGIQUE

Capitale Bruxelles • **Superficie** 30 513 km² • **Population** 10,6 millions • **Langue principale** flamand (en Flandre), français (en Wallonie) • **Régime politique** Monarchie parlementaire* • **Produit Intérieur Brut (PIB)*** 280 milliards d'euros

- Pays le plus urbanisé de toute l'Europe : 97 % des habitants vivent en ville
- Industries traditionnelles : textile, verre

André Franquin est l'auteur de nombreuses BD, dont *Gaston Lagaffe.*

AUTRICHE

Capitale Vienne • **Superficie** 83858 km² • **Population** 8,3 millions • **Langue principale** allemand • **Régime politique** République • **Produit Intérieur Brut (PIB)*** 220 milliards d'euros

- 1ᵉʳ importateur de produits en provenance de l'UE
- Industries traditionnelles : porcelaine, verrerie, instruments de musique

Hermann Maier a été 35 fois champion du monde de ski alpin.

PAYS-BAS

Capitale Amsterdam • **Superficie** 34 000 km² • **Population** 16,4 millions • **Langue principale** néerlandais • **Régime politique** Monarchie parlementaire* • **Produit Intérieur Brut (PIB)*** 470 milliards d'euros

- 1ᵉʳ producteur mondial de fleurs (70 % de la production mondiale)
- Industries traditionnelles : lait, élevage bovin

Willem Nijholt, acteur, a notamment joué dans la série pour enfants *Sesame's Street.*

PORTUGAL

Capitale Lisbonne • **Superficie** 92 080 km² • **Population** 10,7 millions • **Langue principale** portugais • **Régime politique** République • **Produit Intérieur Brut (PIB)*** 125 milliards d'euros

- 1ᵉʳ producteur mondial de liège (50 % de la production mondiale)
- Artisanat traditionnel : dentelles, céramique, bois peint

Amalia Rodriguez a été une grande chanteuse de fado, chant traditionnel portugais.

ESTONIE

Capitale Tallinn • **Superficie** 45 277 km² • **Population** 1,3 million • **Langue principale** estonien • **Régime politique** République • **Produit Intérieur Brut (PIB)*** 10 milliards d'euros

- 25ᵉ rang mondial (1ᵉʳ pays de l'Est) pour les nouvelles technologies (équipement, utilisation, infrastructures...)
- Industries traditionnelles : machines-outils, bois, textile.

Arvo Pärt est un célèbre compositeur contemporain, né en 1935.

SLOVÉNIE

Capitale Ljubljana • **Superficie** 20 273 km² • **Population** 2 millions • **Langue principale** slovène • **Régime politique** République • **Produit Intérieur Brut (PIB)*** 25 milliards d'euros

- Le plus fort pouvoir d'achat d'Europe centrale et orientale
- Industries traditionnelles et services : métallurgie, matériaux électroniques, moteurs électriques, tourisme

Brina Svit, cette écrivain slovène a reçu un prix de l'Académie française pour son roman *Moreno.*

MALTE

Capitale La Valette • **Superficie** 316 km² • **Population** 400 000 • **Langues principales** maltais, anglais • **Régime politique** République • **Produit Intérieur Brut (PIB)*** 4,4 milliards d'euros

- Position privilégiée entre Europe et Proche-Orient
- Industries traditionnelles et services : tourisme, pêche, apiculture, fruits

Corto Maltese, le héros de BD créé par Hugo Pratt, est né à La Valette à la fin du XIXᵉ siècle d'une mère gitane et d'un père breton.

ROYAUME-UNI

Capitale Londres • **Superficie** 245 000 km² • **Population** 61 millions • **Langue principale** anglais • **Régime politique** Monarchie parlementaire* • **Produit Intérieur Brut (PIB)*** 1 750 milliards d'euros

- 1ʳᵉ place mondiale pour le transit aérien : 75 millions de passagers/an
- Industries traditionnelles : textile, construction navale

Ellen Mac Arthur, navigatrice de 25 ans, est arrivée 2ᵉ au Vendée Globe Challenge 2000.

HONGRIE

Capitale Budapest • **Superficie** 90 030 km² • **Population** 10,1 millions • **Langue principale** hongrois • **Régime politique** République • **Produit Intérieur Brut (PIB)*** 70 milliards d'euros

- Depuis les années 90, les investissements étrangers ont permis le développement des industries automobile et électronique
- Industries traditionnelles : métallurgie, chimie, vins de Tokay

Ernö Rubik inventa en 1974 le Rubik's cube, un casse-tête coloré connu dans le monde entier.

IRLANDE /EIRE

Capitale Dublin • **Superficie** 70 282 km² • **Population** 4,4 millions • **Langue principale** anglais • **Régime politique** République • **Produit Intérieur Brut (PIB)*** 125 milliards d'euros

- Le plus petit kilométrage d'autoroutes de l'UE : à peine 40 km !
- Industries traditionnelles : produits alimentaires, papier

Mairead Corrigan et Betty Williams ont été prix Nobel de la paix en 1976.

LUXEMBOURG

Capitale Luxembourg • **Superficie** 2600 km² • Population 470 000 • **Langue principale** français, luxembourgeois • **Régime politique** Monarchie parlementaire* • **Produit Intérieur Brut (PIB)*** 25 milliards d'euros

- PNB par habitant le plus élevé
- Industries traditionnelles : fer, acier

Robert Schuman, président du Parlement européen en 1958, est considéré comme l'un des pères de l'Europe.

ITALIE

Capitale Rome • **Superficie** 301 255 km² • **Population** 59,3 millions • **Langue principale** italien • **Régime politique** République • **Produit Intérieur Brut (PIB)*** 1 250 milliards d'euros

- 1er producteur mondial d'olives
- Industries traditionnelles : verre Murano, pâtes, textile

Roberto Benigni, acteur et réalisateur, a reçu le Grand prix du jury à Cannes en 1998 pour *La vie est belle*.

FINLANDE

Capitale Helsinki • **Superficie** 338 142 km² • **Population** 5,3 millions • **Langue principale** finnois • **Régime politique** République • **Produit Intérieur Brut (PIB)*** 140 milliards d'euros

- 1er producteur mondial de déchets par habitant : environ 650 kg par an
- Industries : bois, téléphonie mobile

Mika Häkkinen est double champion du monde de Formule 1 (1998 et 1999).

SUÈDE

Capitale Stockholm • **Superficie** 449 964 km² • **Population** 9,1 millions • **Langue principale** suédois • **Régime politique** Monarchie parlementaire* • **Produit Intérieur Brut (PIB)*** 250 milliards d'euros

- 1er pays de l'UE en surface de forêts : 28 millions de km² soit 62 % du pays
- Industries traditionnelles : scieries, pâte à papier

Björn Borg, tennisman, a remporté 5 victoires à Wimbledon et 6 à Roland-Garros.

RÉPUBLIQUE TCHÈQUE

Capitale Prague • **Superficie** 78 880 km² • **Population** 10,3 millions • **Langue principale** tchèque • **Régime politique** République • **Produit Intérieur Brut (PIB)*** 87,5 milliards d'euros

- 1er producteur automobile des pays d'Europe centrale et orientale
- Industries traditionnelles et services : automobile, télécoms, tourisme, industrie mécanique

Milan Kundera est devenu célèbre avec son roman *L'insoutenable légèreté de l'être*.

GRÈCE

Capitale Athènes • **Superficie** 131 44 km² • **Population** 11,2 millions • **Langue principale** grec moderne • **Régime politique** République • **Produit Intérieur Brut (PIB)*** 162 milliards d'euros

- 1re marine marchande du monde (la moitié de celle de l'UE.
- Industries traditionnelles : huile d'olive, vin, fruits

Maria Callas, « la voix du XXe siècle », a chanté les plus grands rôles d'opéra.

FRANCE

Capitale Paris • **Superficie** 549 000 km² • **Population** 63 millions • **Langue principale** français • **Régime politique** République • **Produit Intérieur Brut (PIB)*** 1 562 milliards d'euros

- 1er pays du monde pour le tourisme : 70 millions de touristes par an
- Industries traditionnelles : vin, fromages...

Zinedine Zidane a gagné la Coupe du monde de football avec son équipe en 1998.

POLOGNE

Capitale Varsovie • **Superficie** 312 680 km² • **Population** 38,1 millions • **Langue principale** polonais • **Régime politique** République • **Produit Intérieur Brut (PIB)*** 203 milliards d'euros

- Une population jeune : 40 % des Polonais ont moins de 26 ans
- Industries traditionnelles : bois, papier, textile, électromécanique

Lech Walesa, prix Nobel de la Paix en 1983, est devenu président en 1990.

CHYPRE

Capitale Nicosie • **Superficie** 9 251 km² • **Population** 1 million • **Langues principales** grec et turc • **Régime politique** République • **Produit Intérieur Brut (PIB)*** 11,5 milliards d'euros

- Au carrefour commercial de l'Europe, du Moyen-Orient et de l'Afrique
- Industries traditionnelles et services : agrumes, vignes, céréales, tourisme

George Michael, originaire de Chypre, est une star mondiale de la chanson.

SLOVAQUIE

Capitale Bratislava • **Superficie** 49 035 km² • **Population** 5,4 millions • **Langue principale** slovaque • **Régime politique** République • **Produit Intérieur Brut (PIB)*** 37,5 milliards d'euros

- Émergence d'un secteur de services dynamique
- Industries traditionnelles : sidérurgie, raffineries, automobile

Alexander Dubcek a été à la tête du « Printemps de Prague » en 1968.

LETTONIE

Capitale Riga • **Superficie** 64 589 km² • **Population** 2,3 millions • **Langue principale** letton • **Régime politique** République • **Produit Intérieur Brut (PIB)*** 12,5 milliards d'euros

- La plus forte croissance des pays d'Europe centrale et orientale en 2000 et 2001
- Industrie traditionnelle : bois

Sergueï Eisenstein a marqué l'histoire du cinéma avec des films comme *Le cuirassé Potemkine*.

DANEMARK

Capitale Copenhague • **Superficie** 43 070 km² • **Population** 5,5 millions • **Langue principale** danois • **Régime politique** Monarchie parlementaire* • **Produit Intérieur Brut (PIB)*** 181 milliards d'euros

- 1er pays européen pour la pêche : 2 millions de tonnes de poisson par an
- 1er exportateur de bacon

Jørn Utzon est l'architecte qui a imaginé l'opéra de Sydney, en Australie.

ESPAGNE

Capitale Madrid • **Superficie** 504 580 km² • **Population** 45,3 millions • **Langue principale** espagnol • **Régime politique** Monarchie parlementaire* • **Produit Intérieur Brut (PIB)*** 770 milliards d'euros

- 1er producteur mondial de raisin
- Industries traditionnelles : agrumes, vin, charbon, olives

Manolete est un matador au style très novateur, mort en 1947 à l'issue d'une corrida.

LITUANIE

Capitale Vilnius • **Superficie** 65 300 km² • **Population** 3,4 millions • **Langue principale** lituanien • **Régime politique** République • **Produit Intérieur Brut (PIB)*** 19 milliards d'euros

- Le plus grand et le plus méridional des pays Baltes
- Industries traditionnelles : agroalimentaire, bois, raffinage, nouvelles technologies

Mikalojus Konstantinas Ciurlionis, musicien et peintre, a fondé l'art moderne lituanien.

L'UNION, COMMENT ÇA MARCHE ?

Pour préparer et voter des lois, gérer sa monnaie et prendre des décisions, l'Union européenne utilise ses institutions.

À quoi sert l'Union européenne ?

L'UE permet par exemple à ses pays de vendre leur production agricole à un meilleur prix dans le monde, encourage la mobilité des jeunes dans l'Union et appose un sigle de qualité CE sur des produits qu'elle a contrôlés. Pour cela, elle conçoit, vote, puis applique des lois.

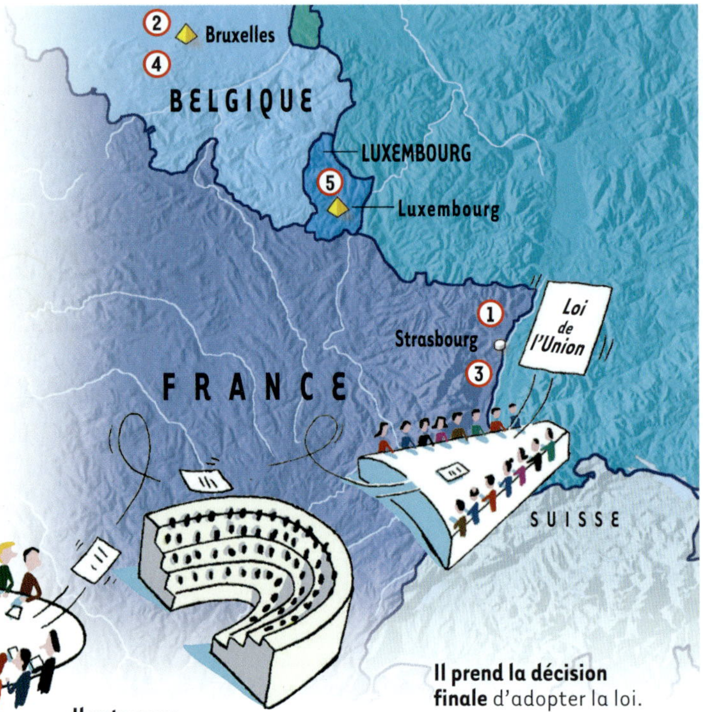

Il définit **les grandes orientations** de l'UE.

Elle propose un texte de la loi.

Il vote pour ou contre la loi.

Il prend la décision finale d'adopter la loi.

1 LE CONSEIL EUROPÉEN

Il rassemble 2 fois par an les chefs d'État et de gouvernement des pays membres.

2 LA COMMISSION EUROPÉENNE

Formée, à partir de 2005, d' 1 commissaire nommé pour 5 ans par chaque État, elle gouverne l'UE. Elle fait appliquer les grandes décisions du Conseil européen.

3 LE PARLEMENT EUROPÉEN

Ses députés (785) sont élus par les citoyens des pays membres. Le nombre de députés dépend de la population du pays. Le Parlement contrôle d'action de la Commission.

4 LE CONSEIL DES MINISTRES

Appelé aussi Conseil de l'Union européenne, il réunit les ministres du ministère de chaque État membre concerné par la loi . Il examine la loi après le Parlement ou sans lui.

5 LA COUR DE JUSTICE DES COMMUNAUTÉS EUROPÉENNES

Composée d'un juge par État membre et de 9 avocats généraux, elle juge les personnes qui ne respectent pas les lois européennes.

1er JANVIER 2002 : VIVE L'EURO !

Depuis cette date, les 7 billets et les 8 pièces de la monnaie européenne fabriqués par la Banque centrale de Francfort sont valables en France. Les billets sont tous identiques, les pièces ont une face particulière à chaque pays.

1 € = 6,55957 F

pour finir...

À LIRE

L'EUROPE SUR UN PLATEAU
de Madeleine Deny, Nathan

DE L'EUROPE À L'EURO
de Magali Clausener, coll. Essentiels Milan junior

À VISITER

CENTRE D'INFORMATION SUR L'EUROPE (CIE)
288, bd Saint-germain - 75006 Paris

ET SUR LE WEB

HTTP://WWW.TOUTELEUROPE.FR/
HTTP://WWW.CURIOSPHERE.TV/EUROPE/
HTTP://EC.EUROPA.EU/INDEX_FR.HTM

POPULATION ET ÉCONOMIE p. 326

QUI DIRIGE LA FRANCE ? p. 328

TRANSPORTS ET VILLES p. 330

La France

Avec 549 000 km², la France est le plus vaste pays d'Europe après la Russie.
La France est bordée par l'océan Atlantique, la Manche, la mer du Nord et la Méditerranée. Cette situation très variée explique qu'on trouve en France un grand panorama des paysages et des climats d'Europe.

(2) C'est en France que les sommets de la chaîne des **Alpes** sont les plus hauts : 4 807 m au mont Blanc.

La région Est, avec le massif des Vosges, est celle qui comporte le plus de forêts, notamment de conifères.

(1) **Le Bassin parisien** est une immense zone de plaines et de plateaux formée de sédiments favorables à l'agriculture. Il s'étend de l'Île-de-France à la Manche.

Le delta du Rhône forme **la Camargue,** une région d'étangs marécageux et de marais. On y élève des taureaux et des chevaux.

(3) Le Centre a un relief accidenté. Dans **le Massif central,** une chaîne de volcans endormis constitue les monts d'Auvergne.

LES CLIMATS DE LA FRANCE

Située dans la zone tempérée du globe, la France a 4 saisons bien marquées et 3 types de climat, qui peuvent provoquer de nombreux changements de temps.

Climat océanique
hivers et étés doux, pluies très fréquentes

Climat méditerranéen
étés chauds et secs, hivers doux, orages violents

Climat semi-continental
chaud en été, froid en hiver, neige en altitude

LES 4 DÉPARTEMENTS D'OUTRE-MER (DOM)

La Guadeloupe - La Martinique
Ces deux îles, très touristiques, forment les Antilles françaises au sud-est de l'Amérique centrale.

La Réunion
Dans l'océan Indien, c'est une île volcanique dont les habitants sont originaires d'Afrique, d'Asie et de France.

La Guyane
Située en Amérique du Sud, au nord du Brésil, la Guyane française abrite la base spatiale de Kourou.

chiffres

68 % du territoire de la France se situe en dessous de 260 m d'altitude. C'est dans l'ensemble un pays au relief bas.

1 020 km, c'est la longueur du cours de la Loire, le plus long fleuve français. Elle traverse les plus célèbres villes de France.

6500 km, c'est la longueur de toutes les côtes françaises. La France est le pays d'Europe qui a le plus d'ouvertures sur les mers.

POPULATION ET ÉCONOMIE

Avec ses 64 millions d'habitants, la France dispose d'une agriculture riche, d'industries anciennes et de technologies de pointe.

Un pays riche

La France exporte une partie de sa production agricole, ses produits de haute technologie, ses trains et ses avions.
Elle importe surtout de l'énergie (pétrole, gaz...). Sa population augmente très lentement et vieillit de plus en plus.

COCORICO !

Les chercheurs et les ingénieurs français ont contribué à la réalisation de grands projets connus et admirés dans le monde entier.

La fusée Ariane lance des satellites du monde entier depuis sa base de Kourou, en Guyane française, depuis 1979.

Le TGV, inauguré en 1981 sur le trajet Paris-Lyon, se vend en Europe et dans plusieurs pays du monde.

L'avion Airbus, monté à Toulouse, et auquel collaborent plusieurs pays d'Europe, est un grand succès depuis 1974.

Le tunnel sous la Manche, réalisé avec les Britanniques, mesure 49,26 km, dont 39 km sous la mer.

Le pont de Normandie, construit en 1995, a détenu le record mondial de portée centrale jusqu'en 1999.

CAMPAGNES DÉSERTES

La population de la France est très inégalement répartie. Elle se concentre dans les villes, surtout les plus grandes comme Paris et sa banlieue, Marseille ou Lyon... Au centre, une partie du territoire est faiblement peuplée.

LES PRINCIPALES AGGLOMÉRATIONS (VILLES + BANLIEUES) FRANÇAISES

- + de 1 million d'habitants
- De 400 000 à 1 million d'habitants
- De 200 000 à 400 000 habitants
- De 100 000 à 200 000 habitants

À la Une

L'INFO CHOC AU QUOTIDIEN

PRIX FRANCE MÉTROPOLITAINE : 1 €

« J'AI CHOISI D'ÊTRE FRANÇAISE. »

Malika vit en région parisienne avec sa famille d'origine algérienne. Son père est arrivé en 1965 pour travailler dans une usine automobile. À cette époque et jusqu'en 1980, des milliers de personnes sont venues comme lui d'Algérie, de Tunisie, du Portugal ou d'Afrique noire pour travailler en France. Malika a 5 frères et 3 sœurs, qui sont tous nés en France. C'est un peu grâce aux familles comme la sienne que la population française a augmenté ces dernières années. Malika est allée 2 fois en Algérie, mais son pays est la France : c'est là qu'elle a grandi, qu'elle est allée au lycée et qu'elle souhaite vivre. C'est pour cela qu'à 16 ans, elle a choisi de demander la nationalité française comme la loi française l'autorise pour les enfants d'immigrés nés en France.

1RE PUISSANCE EUROPÉENNE AGRICOLE

La France est la 1re puissance européenne en matière d'agriculture et d'élevage. Sa production se diversifie en céréales, lin, colza, fourrage, betteraves sucrières, fruits et légumes, vins et produits laitiers. Une grande partie du territoire y est consacrée.

À chaque région sa spécialité : les céréales et les betteraves dans les grandes plaines ; les fruits et légumes à proximité des grandes villes et dans le Midi ; l'élevage dans l'Ouest ; le vin dans le Bordelais, en Bourgogne et en Alsace.

chiffres

70 % des Français travaillent dans les services : commerces, bureaux, banques, informatique, transports...

2, c'est le nombre moyen d'enfants par femme actuellement en France. Si ce chiffre diminuait encore, la population n'augmenterait plus en France.

3 % seulement des Français travaillent dans l'agriculture. Ils cultivent de grandes surfaces avec des machines très puissantes.

9 Français sur 10 habitent dans une ville ou sa banlieue. 1 Français sur 5 habite en Région parisienne.

84 ans, c'est l'espérance de vie moyenne pour les femmes en France. Pour les hommes, elle est de 77 ans.

80 millions, c'est le nombre de touristes qui viennent chaque année en France. La France occupe la 1re place en Europe pour le tourisme.

8, c'est le nombre de pays, dont la France, qui appartiennent au G8, le groupe des pays les plus riches du monde.

Info

Beaucoup de services

La part de l'économie assurée par les services est de plus en plus élevée. Les grands secteurs de ces activités comportent le commerce, l'informatique, les banques, l'enseignement, la santé, les assurances et les transports. Ce sont aussi les réseaux très denses de lignes aériennes et de chemin de fer, de voies navigables, de lignes de transport d'électricité, de pipelines de gaz ou encore de produits pétroliers.

DES INDUSTRIES TRÈS DIVERSES

Le textile, la sidérurgie et l'extraction du charbon ont fortement régressé depuis trois décennies. Ils ont été remplacés par l'industrie automobile et aéronautique, les constructions navale et ferroviaire, la production d'électricité (centrales nucléaires et barrages hydrauliques), le raffinage du pétrole et la pétrochimie.

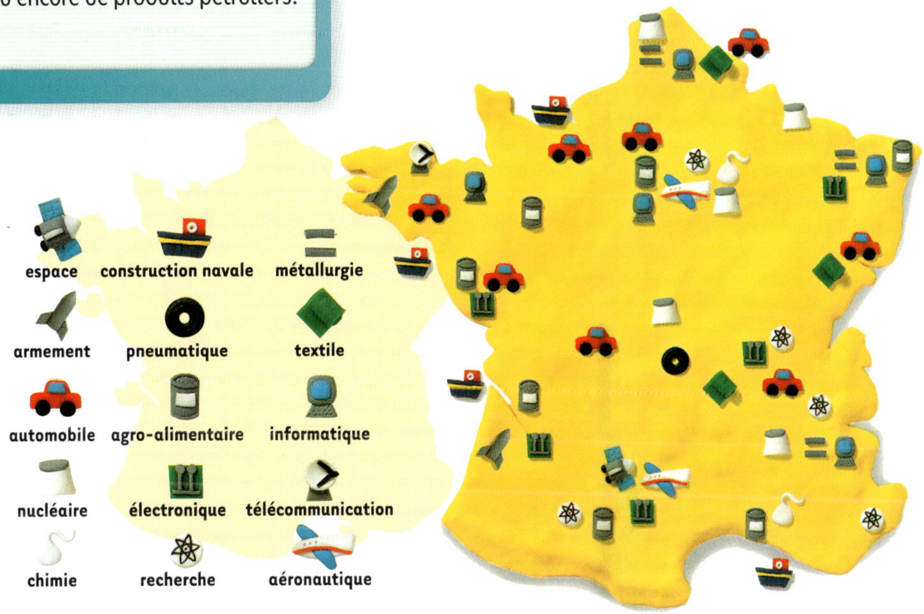

QUI DIRIGE LA FRANCE ?

La France est une république démocratique, souvent considérée à ce titre comme un modèle dans le monde. Par les élections, chaque citoyen participe au fonctionnement de son pays.

(01) Ain
(02) Aisne
(03) Allier
(04) Alpes-de-Haute-Provence
(05) Hautes-Alpes
(06) Alpes-Maritimes
(07) Ardèche
(08) Ardennes
(09) Ariège
(10) Aube
(11) Aude
(12) Aveyron
(13) Bouches-du-Rhône
(14) Calvados
(15) Cantal
(16) Charente
(17) Charente-Maritime
(18) Cher
(19) Corrèze
(2A) Corse-du-Sud
(2B) Corse (Haute-)
(21) Côte-d'Or
(22) Côtes-d'Armor
(23) Creuse
(24) Dordogne
(25) Doubs
(26) Drôme
(27) Eure
(28) Eure-et-Loir
(29) Finistère
(30) Gard
(31) Haute-Garonne
(32) Gers
(33) Gironde
(34) Hérault
(35) Ille-et-Vilaine
(36) Indre
(37) Indre-et-Loire
(38) Isère
(39) Jura
(40) Landes
(41) Loir-et-Cher
(42) Loire
(43) Haute-Loire
(44) Loire-Atlantique
(45) Loiret
(46) Lot
(47) Lot-et-Garonne
(48) Lozère
(49) Maine-et-Loire
(50) Manche
(51) Marne
(52) Haute-Marne
(53) Mayenne
(54) Meurthe-et-Moselle
(55) Meuse
(56) Morbihan
(57) Moselle
(58) Nièvre
(59) Nord
(60) Oise
(61) Orne
(62) Pas-de-Calais
(63) Puy-de-Dôme
(64) Pyrénées-Atlantiques
(65) Hautes-Pyrénées
(66) Pyrénées-Orientales
(67) Bas-Rhin
(68) Haut-Rhin
(69) Rhône
(70) Haute-Saône
(71) Saône-et-Loire
(72) Sarthe
(73) Savoie
(74) Haute-Savoie
(75) Paris
(76) Seine-Maritime
(77) Seine-et-Marne
(78) Yvelines
(79) Deux-Sèvres
(80) Somme
(81) Tarn
(82) Tarn-et-Garonne
(83) Var
(84) Vaucluse
(85) Vendée
(86) Vienne
(87) Haute-Vienne
(88) Vosges
(89) Yonne
(90) Territoire-de-Belfort
(91) Essonne
(92) Hauts-de-Seine
(93) Seine-Saint-Denis
(94) Val-de-Marne
(95) Val-d'Oise
(971) Guadeloupe
(972) Martinique
(973) Guyane
(974) Réunion

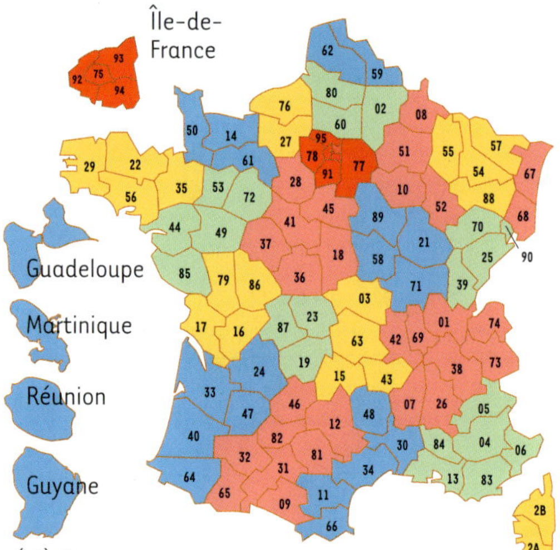

Région, département, commune…

Le pays est découpé en 26 régions, 100 départements, des milliers de villes et de villages qui forment des communes. À chaque niveau, les citoyens élisent leurs représentants.

Le président de la République siège au palais de l'Élysée à Paris. Élu au suffrage universel par les Français, son mandat est de 5 ans. Chef de l'État et des armées, il représente la France dans le monde et nomme le Premier ministre.

Le Premier ministre siège à l'hôtel Matignon, à Paris. Il nomme les différents ministres et les secrétaires d'État qui forment avec lui le gouvernement.

La justice À côté du pouvoir exécutif, assuré par le gouvernement, et du pouvoir législatif détenu par le Parlement, le pouvoir judiciaire fait respecter les lois. Il est administré par les tribunaux et les magistrats (parquet), nommés par le ministre de la Justice (ou garde des Sceaux).

LES 26 RÉGIONS FRANÇAISES

22 régions en métropole :

- **Alsace** (67, 68)
- **Aquitaine** (24, 33, 40, 47, 64)
- **Auvergne** (03, 15, 43, 63)
- **Basse-Normandie** (14, 50, 61)
- **Bourgogne** (21, 71, 58, 89)
- **Bretagne** (22, 29, 35, 56)
- **Centre** (18, 28, 36, 37, 41, 45)
- **Champagne-Ardenne** (08, 10, 51, 52)
- **Corse** (2A, 2B)
- **Franche-Comté** (25, 39, 70, 90)
- **Haute-Normandie** (27, 76)
- **Île-de-France** (75, 78, 91, 92, 93, 94, 95)
- **Languedoc-Roussillon** (11, 30, 34, 48, 66)
- **Limousin** (19, 23, 87)
- **Lorraine** (54, 55, 57, 88)
- **Midi-Pyrénées** (09, 12, 31, 32, 46, 65, 82)
- **Nord-Pas-de-Calais** (59, 62)
- **Pays-de-la-Loire** (44, 49, 53, 72, 85)
- **Picardie** (02, 60, 80)
- **Poitou-Charentes** (16, 17, 79, 86)
- **Provence-Alpes-Côte d'Azur** (04, 05, 06, 13, 83, 84)
- **Rhône-Alpes** (01, 07, 26, 38, 42, 69, 73, 74)

4 départements d'outre-mer (DOM) qui ont aussi le statut de région :

- Guadeloupe
- Guyane
- Martinique
- Réunion

QUI FAIT QUOI ?

La Constitution est un ensemble de textes qui règlent les rapports entre le gouvernement et les citoyens, et déterminent l'organisation des pouvoirs publics. C'est un peu comme une grande règle du jeu. La Constitution en vigueur en France date de la création de la Vᵉ République en 1958. Des modifications peuvent y être apportées par le Parlement réuni en congrès, ou par voie de référendum.

LA LONGUE JOURNÉE D'UN MAIRE EN FRANCE

Depuis quelques années, beaucoup de décisions de fonctionnement du pays sont décentralisées. Elles sont reportées de Paris vers les régions, les départements et les communes. À la tête des communes, les maires assument ainsi des responsabilités de plus en plus lourdes.

9 h 00
Monsieur le maire visite l'école en travaux. Tout
être prêt pour la rentrée

LES 6 PRÉSIDENTS DE LA Vᴱ RÉPUBLIQUE

Charles de Gaulle
1958 à 1969

Georges Pompidou
1969 à 1974

Valéry Giscard d'Estaing
1974 à 1981

François Mitterrand
1981 à 1995

Jacques Chirac
1995 à 2007

Nicolas Sarkozy
depuis 2007

MARIANNE

Son buste est dans toutes les communes de France depuis 1877. Elle est coiffée du bonnet phrygien, anciennement porté par les esclaves affranchis de Rome. Symbole de liberté, elle évoque aussi la révolution de 1789 et le triomphe de la Iʳᵉ République en 1792.

L'ÉTAT FRANÇAIS : UNE GROSSE MACHINE

Les responsables du pays mettent à la disposition des habitants de nombreux services qui appartiennent à l'État : les services publics. Les personnes qui y travaillent sont des fonctionnaires, payés par les impôts que versent les Français. Mais l'État possède aussi, totalement ou en partie, certaines grandes entreprises « nationalisées ».

Le Parlement

Le gouvernement prépare les projets de lois qui seront votés par le Parlement et décide des réformes. Une fois la loi votée, il précise à ses préfets comment l'exécuter par des décrets d'application.

L'Assemblée nationale, au Palais-Bourbon à Paris, compte 577 députés élus pour 5 ans. Ils proposent, discutent et votent les lois et le budget. Ils peuvent « renverser » le gouvernement.

Le Sénat, au palais du Luxembourg à Paris, est composé de 321 sénateurs élus pour 9 ans par les maires, les conseillers municipaux et régionaux. Ils discutent et votent les lois en concertation avec les députés.

Les citoyens français élisent directement le président de la République, les députés, les conseillers municipaux, généraux, régionaux. Ils peuvent donner leur avis lors des référendum.

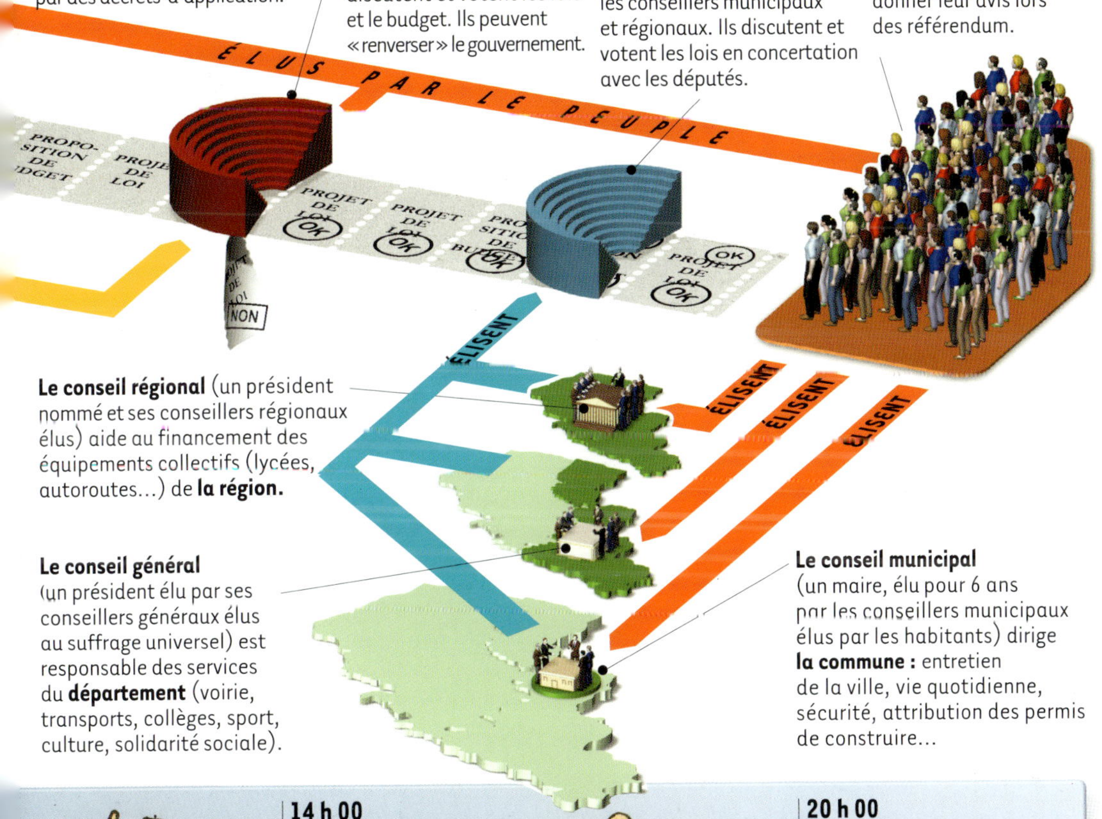

Le conseil régional (un président nommé et ses conseillers régionaux élus) aide au financement des équipements collectifs (lycées, autoroutes…) de **la région.**

Le conseil général (un président élu par ses conseillers généraux élus au suffrage universel) est responsable des services du **département** (voirie, transports, collèges, sport, culture, solidarité sociale).

Le conseil municipal (un maire, élu pour 6 ans par les conseillers municipaux élus par les habitants) dirige **la commune :** entretien de la ville, vie quotidienne, sécurité, attribution des permis de construire…

10 h 00
Il reçoit des agriculteurs en colère : ils ont perdu leurs récoltes à cause des inondations.

14 h 00
Il part demander au conseil régional, situé à 100 km de là, une aide pour sa commune.

18 h 00
Il réunit son conseil municipal. Ordre du jour : les dégâts des inondations et la sécurité dans la commune.

20 h 00
Il fait un discours pour le départ des colonies de vacances et la remise des médailles du travail.

Des entreprises nationalisées :

la SNCF qui appartient à l'État depuis 1945

certaines chaînes de **télévision** et de **radio**

Aréva, qui est spécialisé dans la production d'énergie et l'acheminement de l'électricité.

Des services publics :

l'Éducation nationale (écoles, collèges, lycées…)

la Poste (avec plus de 89 000 facteurs)

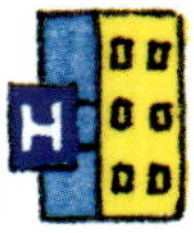
certains hôpitaux : **les Centres Hospitaliers Universitaires**

la police (environ 130 000 fonctionnaires)

TRANSPORTS ET VILLES

La France compte 4 grandes villes de plus de 400 000 habitants et des centaines de villes moyennes.

Une organisation efficace

1 Français sur 3 habite dans la banlieue d'une ville dans laquelle il se rend tous les jours. Aussi un important réseau de routes, autoroutes et transports en commun performants a été aménagé.

LUNDI MATIN, 8 H 15

Une grande ville s'anime. Les habitants de la périphérie rejoignent les bureaux. Puis les commerces ouvrent leurs portes.

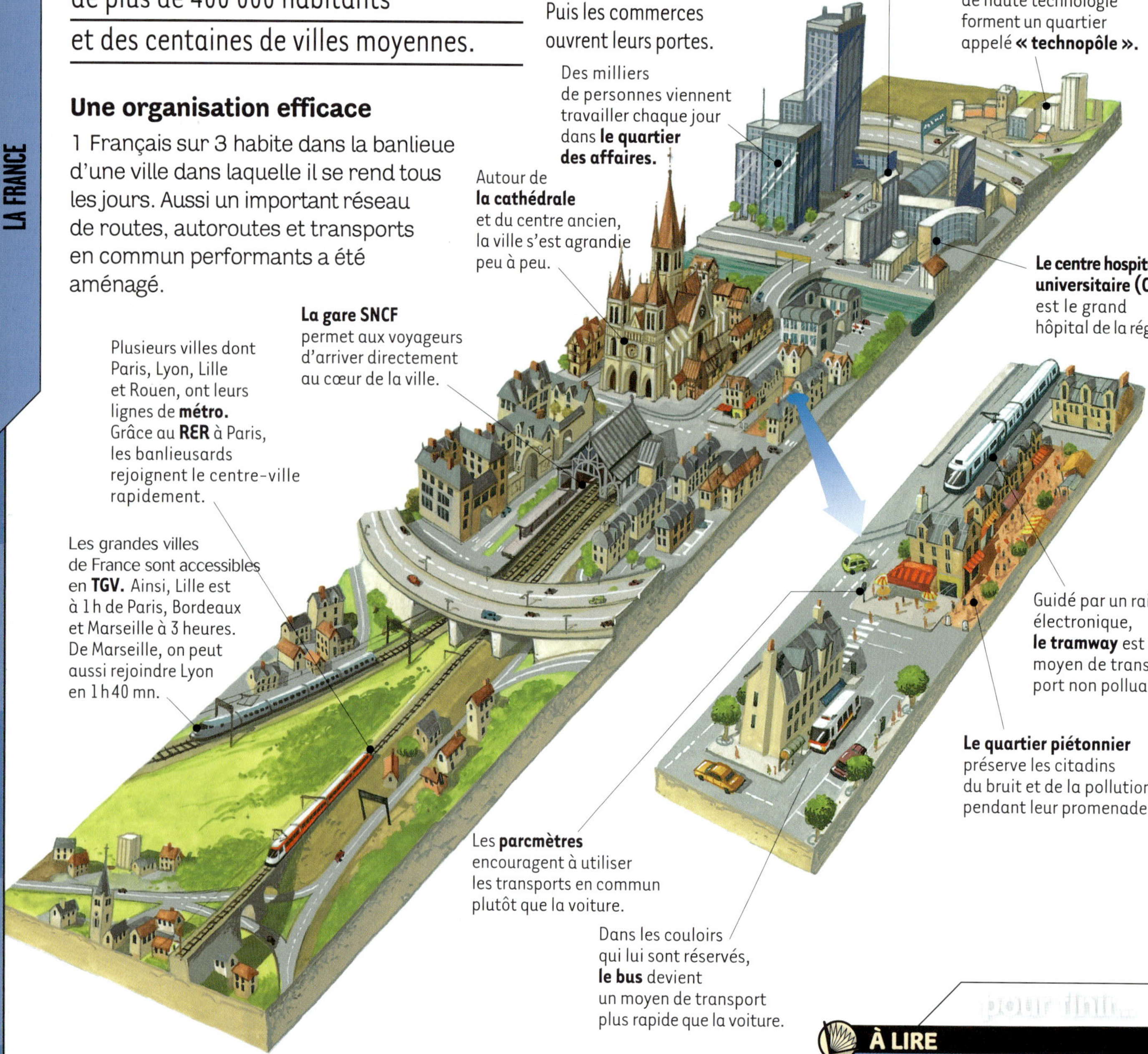

chiffres

11 000 km, c'est la longueur totale des autoroutes. La France a le 2e réseau autoroutier européen, juste après l'Allemagne.

2 millions, c'est le nombre de personnes qui se déplacent chaque jour en moyenne vers Paris. Plus de la moitié utilise sa voiture.

1 h 12 mn, c'est le temps de trajet moyen des Franciliens (les habitants de l'Île-de-France) pour se rendre chaque jour à leur travail.

pour finir...

À LIRE

ROIS ET REINES DE FRANCE
de Brigitte Coppin, coll. Contes et légendes, Nathan

VIVE LA RÉPUBLIQUE
de Marie-Aude Murail, Pocket Jeunesse

À VISITER

FRANCE MINIATURE,
25, route du Mesnil, 78 990 Élancourt

ASSEMBLÉE NATIONALE,
33 quai d'Orsay, 75 007 Paris

ET SUR LE WEB

HTTP://ENFANTS.QUIELIRE.FR/

HTTP://WWW.CURIOSPHERE.TV/JUSTICE/HOME.HTM

Comprendre le monde d'aujourd'hui

Le monde dans lequel nous vivons est complexe. Il s'y passe sans cesse des événements importants, il s'y dessine aussi des tendances moins visibles, mais majeures. Pour le comprendre, pour y trouver sa place, il faut en percevoir les enjeux, il faut avoir des repères. Et la réflexion compte autant que l'information et la maîtrise du vocabulaire…

Enfants attendant leur repas dans un camp de réfugié en Mozambique, en 2000, après les inondations provoquées par le passage du cyclone Eline.

Les droits de L'HOMME

DROITS DE L'HOMME ET DROITS DE L'ENFANT

1776

La déclaration d'Indépendance américaine reconnaît à tous les hommes « des droits inaliénables (dont personne ne peut être privé) parmi lesquels sont la vie, la liberté, la recherche du bonheur ».

26 août 1789

En France, l'Assemblée nationale constituante vote la Déclaration des droits de l'homme et du citoyen, dont le premier article affirme : « Tous les hommes naissent et demeurent libres et égaux en droit. »

10 décembre 1948

L'Assemblée générale des Nations unies vote la Déclaration universelle des droits de l'homme : elle énonce les principes fondamentaux qui devront être appliqués par tous les pays et les organismes internationaux. Elle réaffirme, entre autres, la suppression de l'esclavage.

20 novembre 1989

191 pays ont signé la Convention des droits de l'enfant (de 0 à 18 ans) : ils s'engagent, sous le contrôle de l'ONU, à protéger et à respecter les enfants, à leur garantir la santé et l'éducation, pour qu'ils puissent grandir dans les meilleures conditions.

TOUS DIFFÉRENTS, TOUS HUMAINS

Tous les êtres humains ne sont pas pareils : il y a des vieux et des jeunes, des hommes et des femmes, des Blancs, des Noirs, des Jaunes, des forts et des faibles... Mais tous ont en commun une « humanité » qui les distingue des animaux, des plantes, des objets.

Or l'appartenance de tous à l'humanité n'a pas toujours été reconnue. Certains, parce qu'ils étaient plus forts ou avaient de meilleures armes, se sont attribué le droit de dominer les autres. Ils ont pensé alors qu'eux seuls étaient les « vrais » hommes et que les autres n'en étaient pas : on pouvait donc les réduire en esclavage et les traiter comme des animaux ou des objets.

Certains ont pensé aussi que les femmes, parce qu'elles étaient moins fortes physiquement, devaient être soumises aux hommes, seuls capables de les protéger.Certains encore ont pensé que les enfants, fragiles et dépendants des adultes pour vivre, n'étaient pas non plus complètement des êtres humains et étaient en quelque sorte la propriété des « grands », qui pouvaient en faire ce qu'ils voulaient.

DES DROITS POUR TOUS

Toute l'histoire de l'humanité a été marquée par des idées de ce genre: la loi du plus fort, le mépris des faibles ou de ceux qui sont différents – par leurs origines, leur sexe, la couleur de leur peau – et la volonté de les dominer ou de les asservir par tous les moyens, même les plus violents. Mais il y a toujours eu aussi des gens pour dire qu'il faut respecter la dignité de la personne humaine en chacun, quel qu'il soit. D'où l'idée de «droits fondamentaux» pour chaque être humain : droit à la vie, droit à la liberté de penser et de croire, de s'exprimer et de se déplacer, droit au travail, droit à la santé, droit à l'éducation...

Quelles sont les atteintes aux droits de l'homme dans le monde ?

En dépit de la Déclaration universelle des droits de l'homme, les violations sont constantes : génocide et purification ethnique, esclavage, politiques racistes ou xénophobes (fondées sur la haine de l'étranger), torture, censure, inégalité de l'homme et de la femme, exploitation des enfants, privation de travail, de protection de la santé et d'éducation…

Il n'empêche qu'aujourd'hui, en ce début de XXIe siècle, les droits de l'homme sont devenus une référence pour tous (même pour ceux qui ne les respectent pas !) : dans les États démocratiques, au nom des droits de l'homme, on peut juger et condamner les actions d'individus, de groupes et de pays.

L'esclavage n'a-t-il pas été complètement aboli ?

L'esclavage, qui consiste à faire d'un être humain la propriété d'un autre, est une grave atteinte aux droits de l'homme. Après la déportation, durant 300 ans, de plus de 20 millions d'Africains en Amérique, où ils étaient vendus comme des animaux ou des objets, l'esclavage a enfin été aboli au XIXe siècle. Mais dans certaines parties du monde, on continue à le pratiquer : au Soudan, par exemple, il existe encore des marchés d'esclaves… Et dans bien des pays, des enfants, orphelins ou éloignés de leur famille, sont forcés de travailler 12 ou 14 heures par jour. Sans parler des enfants-soldats dans certains pays en guerre. Privés de toute protection et de toute éducation, ces enfants-là sont comme des esclaves qui appartiennent à un maître.

CONTRE LE RACISME

• DES LOIS

En France, la loi du 13 juillet 1990, dite « loi Gayssot » (du nom de l'homme politique qui l'a proposée), complète des lois antérieures (1881, 1972) et désigne les actes et comportements racistes qui doivent être condamnés et punis : incitations à la haine raciale, injures racistes, manifestations de racisme dans les magasins, les cafés ou les restaurants, dans l'emploi ou le logement, et, bien entendu, les violences et les crimes racistes. Par ailleurs, l'Organisation des Nations unies (ONU) a adopté en 1965 une convention internationale demandant aux pays membres d'éliminer toutes les formes de discrimination raciale.

• DES ASSOCIATIONS

En France, comme dans d'autres pays, des associations luttent contre le racisme : par exemple, la Ligue internationale contre le racisme et l'antisémitisme (LICRA), le Mouvement contre le racisme et pour l'amitié entre les peuples (MRAP) ou SOS Racisme. Elles offrent des moyens de se défendre à tous ceux qui sont victimes de discriminations raciales et vérifient que les lois contre le racisme sont bien appliquées.

• PARLER ET RÉFLÉCHIR ENSEMBLE

En s'intéressant à ses origines et à celles des autres, en réfléchissant sur les crimes racistes commis dans l'histoire (la traite des Noirs ou l'extermination des Juifs par exemple), chacun peut participer à faire reculer le racisme, cette maladie de l'humanité.

Vivre ENSEMBLE

UNE NÉCESSITÉ : LA LOI

Aucun être humain ne peut vivre seul. Cependant, il n'est pas facile de vivre ensemble. On a souvent du mal à respecter celui qui est en face de soi, à comprendre ce qu'il veut et à lui faire comprendre ce que l'on veut. Les plus forts ont toujours envie de soumettre les plus faibles, les plus faibles de se venger.

Pour qu'une société humaine fonctionne, il faut se mettre d'accord sur des règles, des limites, des protections, sinon la bagarre généralisée menace ! C'est pour cette raison que les humains ont inventé les lois : pour maintenir l'ordre, contenir la violence, indiquer les devoirs et protéger les droits de chacun.

Dans chaque pays, une loi fondamentale (ou Constitution) établit la règle générale qui doit être respectée par tous. Quand les modes de vie changent, il faut parfois faire de nouvelles lois : le Pacs, par exemple, définit les droits de couple de gens non mariés qui peuvent être du même sexe.

L'ÉTAT DE DROIT

Les pays démocratiques, comme la France, sont des États de droit. Les lois, élaborées et votées par les représentants du peuple (sénateurs et députés), servent l'intérêt général et protègent les droits de chacun. Le gouvernement (président de la République, ministres) est chargé d'appliquer ces lois, que tous les citoyens, y compris les dirigeants, doivent respecter, sous peine de sanctions.

Mais certains pays ne sont pas des États de droit : dans les dictatures ou les pays totalitaires, les lois, quand elles existent, n'expriment souvent que la volonté des gens au pouvoir. Certains proposent alors de désobéir aux lois pour lutter contre un pouvoir injuste : c'est la « désobéissance civile ».

UNE TRISTE RÉALITÉ : L'EXCLUSION

Aujourd'hui, même dans des pays développés et démocratiques, comme la France ou les États-Unis, une partie de la population vit dans des conditions très difficiles.

Sans ressources suffisantes (souvent à cause du chômage), impossible de se loger et de manger correctement, de se soigner, de s'instruire : la misère est un engrenage qui isole, qui abîme ceux qui y vivent. Et quand on ne sait jamais de quoi sera fait le lendemain, on a du mal à faire des projets, à construire librement sa vie et celle de ses enfants.

Les gens les plus pauvres sont de fait, sinon en droit, exclus de la société. Cette injustice sociale, contraire aux principes de liberté et d'égalité, constitue une atteinte aux droits de l'homme.

La prison est-elle une solution pour faire respecter la loi ?

La sanction la plus courante contre les atteintes à la loi est la privation de liberté par l'emprisonnement. Mais on commence à se rendre compte qu'elle est peu efficace : les conditions de vie dans les prisons sont si mauvaises que les détenus ne peuvent réfléchir sur leur responsabilité ou essayer de devenir meilleurs. Au contraire : on dit souvent que « la prison est l'école du crime ». Les plus faibles sont complètement détruits et les plus forts deviennent encore plus violents. 60 % des détenus libérés récidivent, c'est-à-dire commettent un nouvel acte de délinquance !

Les responsables de la justice réfléchissent aujourd'hui à d'autres sanctions : travaux d'intérêt général (le délinquant doit travailler gratuitement pour la collectivité), réparation (le coupable doit rembourser l'objet volé ou dégradé) ou encore peines de liberté surveillée...

CONTRE L'EXCLUSION

. LA SOLIDARITÉ

Au nom de l'égalité et de la fraternité, il est injuste que dans une société riche, certains soient dépourvus de tout. De nombreuses associations se sont créées autour de l'idée que tous les humains doivent être solidaires, c'est-à-dire s'aider à vivre mieux. En 1994, la lutte contre la pauvreté et l'exclusion a été déclarée «grande cause nationale», soutenue par 70 associations, dont ATD-Quart monde, les Restos du cœur, le Secours populaire, les Compagnons d'Emmaüs, Médecins du monde.

. LA LOI

Le 9 juillet 1998, une loi contre l'exclusion a été adoptée par les députés et les sénateurs, visant à garantir à chacun des moyens d'existence corrects : droits à une vie familiale, à un logement, à la protection de la santé, à l'éducation, à la justice. Depuis le 1er janvier 2000, la Couverture maladie universelle protège gratuitement toute personne vivant en France et ne bénéficiant pas de la Sécurité sociale.

Pourquoi a-t-on aboli la peine de mort en France?

La peine de mort existe depuis très longtemps pour punir les crimes très graves, notamment les meurtres. Ceux qui sont pour la peine de mort disent : « Tu as tué, tu dois mourir. » Ils pensent aussi que la peur de la mort dissuadera les éventuels criminels. Or il n'y a pas plus de meurtres dans les pays où la peine de mort a été abolie. Plus grave : des innocents ont été exécutés pour des crimes qu'ils n'avaient pas commis !

De plus, on s'est rendu compte que c'était la société tout entière qui devenait meurtrière à son tour en exécutant un être humain, même meurtrier. C'est donc par respect de la vie humaine que de nombreux pays, dont la France en 1981, ont aboli la peine de mort. Les pays qui continuent à y avoir recours (États-Unis, Chine, Arabie Saoudite...) peuvent être considérés comme portant atteinte aux droits de l'homme.

Construire la PAIX

UNE PAIX SOUVENT BAFOUÉE

La Charte des Nations unies, signée en 1945, énonce des règles destinées à assurer la paix et la sécurité internationales. Le monde a réussi, jusqu'à aujourd'hui, à éviter un nouveau conflit mondial. Mais les guerres n'ont pas cessé pour autant : Vietnam, Afghanistan, Iran-Irak, puis guerre du Golfe, Proche-Orient, Rwanda, Sierra Leone, Yougoslavie.... On compte 81 conflits aujourd'hui dans le monde.

Pourquoi ? Sans doute parce que la violence existe toujours dans le cœur des hommes, mais surtout parce que certains trouvent leur intérêt (puissance, argent) à pousser les autres à se battre.

DES INÉGALITÉS ENTRE LE NORD ET LE SUD

Les pays du Sud, colonisés depuis le XIXe siècle, sont devenus indépendants. Un grand espoir est né alors : ces pays, dits du «tiers-monde» ou «en développement», allaient rattraper leur retard économique sur les pays riches grâce à l'argent prêté par des organismes internationaux comme la Banque mondiale ou le Fonds monétaire international (FMI). Mais cet espoir a été déçu : si certains pays, notamment en Asie, ont réussi à émerger, les écarts n'ont pas cessé de se creuser entre un Nord riche et un Sud pauvre, grand « exclu » du progrès et de la civilisation moderne.

À quoi s'ajoutent, dans certaines régions du monde, des catastrophes naturelles (sécheresses, inondations, tornades) et des épidémies. Les pays en voie de développement connaissent enfin de terribles inégalités sociales et économiques : un petit nombre de dirigeants, dictateurs peu soucieux de démocratie, se construisent des fortunes fabuleuses au détriment de leur peuple ou l'entraînent dans la guerre.

VERS UNE JUSTICE INTERNATIONALE

En dépit des violences et des injustices, les droits de l'homme progressent. Un certain nombre de dictatures se sont effondrées en Europe, en Afrique, en Amérique latine et en Asie. De plus en plus fortes, des voix s'élèvent partout pour dénoncer la torture, les génocides, les crimes de guerre et les crimes contre l'humanité.

À la suite des atrocités commises au Rwanda (1994) et en ex-Yougoslavie, tout le monde s'est senti concerné : les responsables devaient être jugés et punis. Les Tribunaux pénaux internationaux (TPI), constitués de magistrats désignés par l'ensemble des pays, ont été créés pour enquêter sur les événements, puis faire arrêter et juger les coupables de ces crimes (dictateurs, chefs de guerre, auteurs de génocides). Une justice internationale pourra ainsi défendre les droits des populations victimes.

Quelle protection pour les populations des pays en guerre ?

La situation de ces populations, surtout dans les pays pauvres, est terrible : les gens fuient, abandonnant leur maison, leurs terres, ou sont expulsés par la force. On compte aujourd'hui dans le monde 50 millions de personnes réfugiées ou déplacées. Soit elles trouvent asile dans un autre pays – mais cela devient de plus en plus difficile –, soit elles sont accueillies dans des camps de réfugiés, où les conditions de vie sont très précaires. C'est le Haut Commissariat aux Réfugiés (HCR) de l'ONU qui a la difficile mission de protéger ces populations.

Pourquoi le terrorisme ?

Les terroristes appartiennent à des groupes politiquement engagés qui, sous prétexte de défendre une cause, provoquent la terreur par des actes de violence : prises d'otages, attentats, détournements d'avions… Ils agissent soit dans leur propre pays, soit, le plus souvent, à l'étranger. Même si leur but peut apparaître juste (défense de groupes opprimés, lutte contre l'exploitation), les moyens utilisés, qui atteignent les populations civiles, tuant ou handicapant des innocents, sont absolument inadmissibles. Là encore, les victimes de la folie des adultes sont souvent des enfants.

chiffres

130 milliards d'euros, c'est ce que les hommes dépensent chaque année pour faire la guerre… soit 45 fois plus que pour se nourrir.

2 millions, c'est le nombre d'enfants tués par les guerres depuis 10 ans.

842 millions, c'est le nombre d'adultes qui ne savent ni lire, ni écrire.

1 milliard de personnes souffrent encore de la faim ou de malnutrition.

7 millions d'enfants en meurent chaque année.

CONTRE LA VIOLENCE ET L'INJUSTICE

• LA RESPONSABILITÉ DE CHACUN

Chaque être humain peut contribuer au combat contre la violence, en essayant, quotidiennement, de lutter contre sa propre agressivité en préférant le dialogue à l'affrontement. Des citoyens non violents, c'est une garantie pour la paix. Ce ne sont pas les armes, en effet, mais les populations civiles américaine et russe, avides de paix, qui ont mis fin aux guerres du Vietnam et d'Afghanistan !

• LE TRAVAIL DES ORGANISATIONS NON GOUVERNEMENTALES (ONG)

Ces organisations privées travaillent dans les pays les plus pauvres pour aider les populations dans les domaines de la santé, de l'éducation, de l'agriculture, de l'artisanat et de la défense des droits de l'homme. Elles s'occupent aussi d'aide humanitaire dans les camps de réfugiés, ou d'urgence dans les régions en guerre ou soumises à des catastrophes naturelles. Les premières ONG viennent des pays du Nord (Médecins sans frontières, par exemple), mais aujourd'hui de plus en plus d'ONG locales se sont créées dans les pays du tiers monde.

. LES DÉCISIONS INTERNATIONALES

Selon la Convention des droits de l'enfant, les États doivent assurer protection et soins aux enfants victimes de la guerre et s'engager à ne pas faire participer les enfants de moins de 15 ans aux conflits armés. Et tous les États de la planète, réunis dans l'ONU, ont décidé que la décennie 2000-2010 serait celle de « la culture de la paix et de la non-violence pour les enfants du monde ».

Lexique de l'ACTUALITÉ

Quelques mots clés pour comprendre le monde qui nous entoure et déchiffrer l'actualité…

☛ Les mots **en gras** renvoient à d'autres mots de ce lexique.

Aide humanitaire ❶

Toute aide, économique ou autre, apportée aux personnes qui souffrent à cause de la guerre, de la pauvreté, de la faim ou d'une catastrophe naturelle. Elle est fournie par des associations humanitaires, qui procurent de la nourriture, des abris, des médecins… Voir **ONG.**

Balance commerciale

Équilibre ou déséquilibre entre les **importations** et les **exportations** d'un pays. Si un pays importe plus qu'il n'exporte, il est en déficit.

Bourse

Lieu où se rencontrent acheteurs et vendeurs de toutes sortes de produits (monnaies, matières premières, parts de sociétés ou actions…). L'importance des échanges indique la santé de l'économie d'un pays.

Casques bleus ❹

Soldats des unités militaires agissant au nom de l'ONU pour maintenir la paix, protéger les populations civiles… Ils peuvent être de toutes nationalités. On les reconnaît à leur casque de couleur bleue.

Clandestin ❺

Personne étrangère qui n'est pas en règle, qui n'a pas les papiers l'autorisant à vivre ou à travailler dans le pays où elle se trouve. On parle aussi de sans-papiers.

Clonage ❷

Procédé par lequel les scientifiques peuvent fabriquer un être vivant exactement semblable à un autre à partir de ses cellules, avec le même code génétique. On a réalisé des clones d'animaux, mais jamais encore d'êtres humains.

Communauté internationale

Groupe formé par l'ensemble des pays du monde. On dit qu'ils forment une communauté parce qu'ils se réunissent souvent pour se mettre d'accord sur de nombreux sujets concernant l'avenir des hommes.

Couche d'ozone ❸

C'est une couche de gaz très fine située dans l'atmosphère, à quelques kilomètres de la Terre. Elle arrête les rayons ultra-violets du Soleil, dangereux pour les cellules vivantes, et est donc très utile. Mais elle est attaquée et trouée par les gaz que les usines ou les voitures relâchent dans l'air et remplit donc moins bien son rôle de protection.

Coup d'État

Acte commis par un individu ou un groupe qui chasse par la force le(s) dirigeant(s) d'un pays et prend leur place.

Crimes contre l'humanité

Violences ou massacres commis contre des populations, pendant une guerre, une dictature ou une période de trouble. Ils peuvent être jugés et punis par les tribunaux internationaux, comme celui de La Haye.

Crise économique

Brusque chute de l'activité économique, provoquant différents troubles : augmentation du chômage, baisse des revenus des personnes et des entreprises, variations de valeur des monnaies.

Déficit budgétaire

Situation où un pays dépense plus d'argent qu'il n'en acquiert.

Déforestation 6

C'est le fait d'abattre des forêts pour construire à la place des villes, des routes ou pour cultiver des terres. Cette destruction, si elle est massive, abîme les sols et met en péril les équilibres naturels.

Démocratie 9

Système politique dans lequel la population peut choisir son gouvernement et s'exprimer librement sur les décisions politiques. Les citoyens y sont libres et égaux, les lois sont les mêmes pour tous.

Démographie

Science qui étudie les populations, leur structure et leur évolution. Dans un pays de démographie galopante, la population augmente très vite, car il naît beaucoup d'enfants par famille.

Développement

Processus de croissance économique (enrichissement) d'un pays, accompagné d'une modernisation de l'agriculture, de l'industrie et des services ainsi que de progrès dans la vie politique et les droits de l'homme.

Dictature 7

Système de gouvernement dans lequel un seul homme, le dictateur, a tous les pouvoirs : il ne laisse pas le peuple donner son avis ou élire ses représentants, et réprime par la force les contestations et les révoltes.

Dopage 8

Utilisation d'un produit chimique pour augmenter les performances du corps. En sport, le dopage est interdit car il fausse la compétition et est dangereux pour la santé des athlètes.

Écologie

Science des relations que l'homme entretient avec son milieu naturel.

Effet de serre

Phénomène permettant à la Terre de garder sa chaleur, même la nuit : l'air qui entoure la Terre laisse passer les rayons du Soleil comme les vitres d'une serre. Mais les gaz émis par l'activité des hommes en quantité excessive restent bloqués, et conduisent à un réchauffement dangereux pour l'équilibre climatique de la Terre.

Émigration

C'est le fait pour des gens de quitter leur pays pour aller vivre ailleurs, pour des raisons économiques ou politiques. Ceux qui partent sont des émigrés. Voir **immigration**.

Ethnie

Quand des hommes ont la même origine, la même langue et les mêmes traditions, ils font partie de la même ethnie. Il peut y avoir plusieurs ethnies dans un seul pays. On parle de minorité ethnique quand une ethnie ne représente qu'une petite partie de la population à laquelle elle appartient.

Euro 12

Monnaie utilisée dans les pays d'Europe faisant partie de la zone euro. Depuis le 1er janvier 2002, l'euro a remplacé les monnaies de chacun de ces pays.

Exportations 10

Tous les produits ou les services qu'un pays vend à l'étranger.

Extradition (11)

Un gouvernement fait une extradition quand il livre une personne à la justice d'un autre pays parce qu'elle a commis un crime dans ce pays.

G8

Groupe des 8 pays les plus industrialisés et donc les plus riches du monde : États-Unis, Grande-Bretagne, France, Allemagne, Japon, Canada, Italie, Fédération de Russie.

Génocide (13)

Élimination systématique d'un groupe pour la seule raison de son identité ethnique, politique ou religieuse.
Voir **crimes contre l'humanité.**

Guérilla (18)

Actions militaires menées par des petits groupes armés contre un gouvernement. C'est une autre forme de guerre sans grande bataille, où les combattants se cachent et attaquent par surprise ou en commettant des attentats.

Guerre civile

Guerre qui oppose deux camps à l'intérieur d'un même pays : les populations de deux régions, de deux **ethnies,** de deux religions ou de deux groupes politiques opposés.

Immigration

Entrée de personnes venant s'installer provisoirement ou définitivement dans un pays qui n'est pas le leur. Elles sont venues en général pour y trouver un travail et avoir une vie meilleure. Voir **émigration.**

Importations

Tous les produits ou les services qu'un pays achète à l'étranger.

Impôts (14)

Somme payée à l'État par des personnes ou des sociétés et utilisée pour financer les services publics qu'il assure : éducation, police, entretien des routes, propreté des villes...

Ingérence (droit d')

Droit pour un pays ou un organisme d'intervenir dans un autre pays dont la population est maltraitée ou menacée du fait de guerres ou de violations connues des droits de l'homme. L'ingérence vise à protéger les personnes et leurs droits, mais peut entraver l'indépendance d'un pays.

Intégrisme (17)

Obéissance farouche à une religion et intolérance totale envers tout autre attitude ou croyance. La religion est utilisée pour justifier tous les actes, même les plus barbares. On parle surtout d'intégrisme islamique.

Malnutrition (16)

Alimentation déséquilibrée, manquant de vitamines ou de protéines, qui peut provoquer de graves maladies.

Mandat

Durée pendant laquelle un élu (maire, président de la République...) exerce une responsabilité publique.

Matière première (15)

Produit qui vient du sol cultivé, comme le blé, ou du sous-sol, comme le charbon, le pétrole ou les pierres précieuses, et qui n'a pas encore été transformé par l'industrie.

Mondialisation (25)

Généralisation d'un même mode de vie lié à l'augmentation du commerce international, aux communications et à la diffusion des technologies. Elle contribue à diminuer les différences et donc les spécificités de chaque pays.

ONG (Organisation Non Gouvernementale)

Toute organisation qui n'est pas liée à un État et a une action politique, humanitaire, culturelle ou religieuse au niveau international.

ONU (Organisation des Nations Unies)

Organisation internationale créée au lendemain de la Seconde Guerre mondiale pour favoriser le dialogue entre les nations et les aider à trouver une solution pacifique à leurs conflits. Voir **Casques bleus.**

Parti politique

Groupement de personnes autour d'un programme, c'est-à-dire un ensemble d'idées sur la façon de gouverner un pays.

Plante transgénique 24

Plante (le maïs par exemple) dont on a amélioré les qualités en apportant dans ses gènes les caractéristiques d'une autre plante : on obtient ainsi une plante qui pousse plus vite ou résiste mieux aux maladies. Mais on ne mesure pas aujourd'hui les conséquences éventuellement négatives de ces manipulations pour l'homme.

Pluies acides 22

L'eau qui forme ces pluies contient des gaz qui proviennent de l'activité des usines, des voitures, des engrais chimiques ou du chauffage des habitations. Elles abîment les arbres et polluent les rivières.

Produit intérieur brut (PIB)

Chiffre qui permet de mesurer la richesse d'un pays, en se basant sur les productions agricole, industrielle et commerciale.

Purification ethnique

Élimination par une population dominante d'une ou de plusieurs ethnies vivant sur son territoire. Voir **génocide.**

Référendum 23

Vote dans lequel les citoyens doivent répondre par oui ou par non à une question posée par le chef de l'État.

Réfugiés

Personnes chassées de leur maison ou de leur pays par la guerre, la famine ou une catastrophe naturelle.

Seuil de pauvreté

Somme d'argent qu'une personne ou une famille doit gagner pour pouvoir vivre correctement, sans être pauvre.

Sous-nutrition 20

Manque de nourriture qui peut entraîner la mort s'il se prolonge.

Terrorisme 21

Action violente commise par une organisation afin de terroriser ses ennemis et d'alerter l'opinion publique sur une revendication politique, nationaliste ou religieuse. Elle frappe souvent des civils, par des bombes, des détournements d'avions, des enlèvements...

Tiers Monde

Terme désignant les pays en voie de développement, c'est-à-dire les pays pauvres exclus de la croissance et conjuguant de nombreux problèmes.

Union européenne 19

Union politique, économique et monétaire rassemblant 27 pays membres : Allemagne, Autriche, Belgique, Bulgarie, Chypre, Danemark, Espagne, Estonie, Finlande, France, Grèce, Hongrie, Irlande, Italie, Lettonie, Lituanie, Luxembourg, Malte, Pays-Bas, Pologne, Portugal, République tchèque, Roumanie, Royaume-Uni, Slovaquie, Slovénie, Suède. Voir **euro.**

Urbanisation

Développement des villes en nombre et en taille.

ACK

arts, loisirs, sports

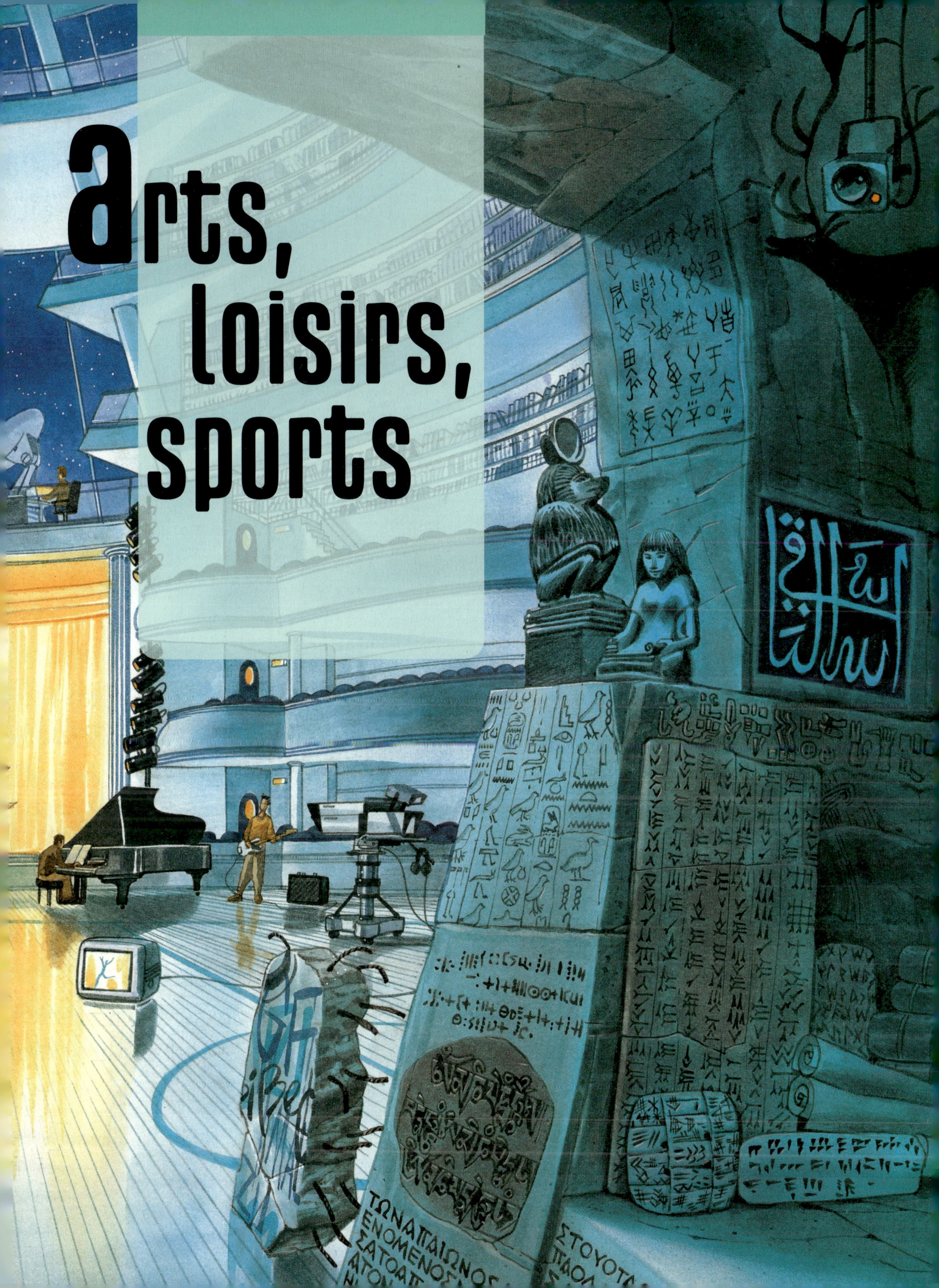

IL ÉTAIT UNE FOIS L'ÉCRITURE

Les Sumériens inventent l'écriture pour se repérer dans la gestion de leurs stocks de blé ! Avec cette invention commence l'histoire. Chaque civilisation a développé son système d'écriture…

L'écriture naît chez **les Sumériens,** en Mésopotamie, il y a 5 000 ans. Ces derniers utilisent des dessins qui vont peu à peu se styliser et prendre la forme de clous. D'où le nom d'écriture cunéiforme.

Peu de temps après, **les Égyptiens** commencent à écrire en hiéroglyphes. Ceux-ci symbolisent un objet, un son ou une syllabe. Le sens de lecture se fait de droite à gauche ou de gauche à droite. Pour écrire plus rapidement, les scribes inventent une écriture simplifiée : le démotique.

L'ÉCRITURE

Le français s'écrit à l'aide d'un alphabet. Mais ce n'est pas le cas de toutes les langues. À travers le monde, il existe trois systèmes d'écriture pour transcrire le langage.

Signes, lettres, dessins…

Les alphabets regroupent des signes ou des lettres qui symbolisent un son. Les systèmes syllabaires utilisent des signes qui représentent des syllabes. Dans les systèmes pictographiques ou idéographiques, on se sert d'un dessin ou pictogramme pour désigner un objet ou d'une combinaison de dessins pour exprimer une idée.

Info

Totalement illisibles, ces écritures !

Depuis 200 ans, quelques chercheurs de génie s'évertuent à déchiffrer des écritures oubliées : écriture cunéiforme, hiéroglyphes ou encore runes scandinaves. Mais quelques écritures perdues n'ont pas encore livré leur secret : le linéaire A de Crête, l'écriture maya ou celle de l'île de Pâques.

Les Japonais utilisent 2 systèmes d'écriture syllabaires : katagana et hiragana. Mais ils utilisent aussi quelques idéogrammes chinois ! Pour lire un magazine japonais, on commence par la dernière page.

bonbons japonais au litchi

harissa tunisienne

L'alphabet arabe s'est diffusé avec l'islam. Aussi, il est aujourd'hui utilisé pour écrire des langues non arabes, comme le persan. Cette écriture sacrée qui se lit de droite à gauche a inspiré un art de la calligraphie extraordinaire.

CHIFFRES ARABES…
… OU CHIFFRES ARABES ?

Au XVe siècle, les Européens abandonnent les chiffres romains (I, II, III, IV, V…) pour les « chiffres arabes » (venus d'Inde !). Ils leur font subir d'importantes modifications graphiques.

١٢٣٤٥٦٧٨٩٠

« les » chiffres arabes

1 2 3 4 5 6 7 8 9 0

« nos » chiffres arabes

pain azyme israélien

haricots blancs en sauce israéliens

Comme l'alphabet arabe, **l'alphabet hébreu** ne comporte que des consonnes. Longtemps réservé aux textes sacrés, il est aujourd'hui couramment utilisé en Israël.

DES OUTILS POUR ÉCRIRE

Au fil du temps et selon les lieux, les outils et les supports d'écriture se sont transformés, par souci d'efficacité et de rapidité.

Le scribe **sumérien** écrit sur de l'argile avec un calame, une pointe de roseau taillé.

Le scribe **égyptien** utilise aussi un calame pour écrire à l'encre noire ou rouge sur une feuille de papyrus.

À **Rome** ou à **Athènes,** on écrit encore sur du papyrus. Les textes officiels sont gravés dans la pierre.

Au **Ier siècle,** les Chinois fabriquent du papier avec des écorces d'arbre.

Vers 1000 av. J.-C., **les Phéniciens** sont les premiers à codifier un alphabet. Il est fait de 22 consonnes représentant toutes les articulations possibles du langage. Ils écrivent de droite à gauche.

Trois siècles plus tard, **les Grecs** créent leur propre alphabet à partir de l'alphabet phénicien. Ils transforment certaines consonnes en voyelles et inventent la ponctuation. La lecture se fait de gauche à droite. Les deux premières lettres, *alpha* et *beta*, sont à l'origine du mot… alphabet.

Les Romains se dotent d'un alphabet assez proche de celui des Grecs et formé de 26 lettres. Dès sa création au Ier siècle av. J.-C., cet alphabet latin va s'imposer presque partout en Europe, souvent de force. Il est aujourd'hui le plus répandu dans le monde.

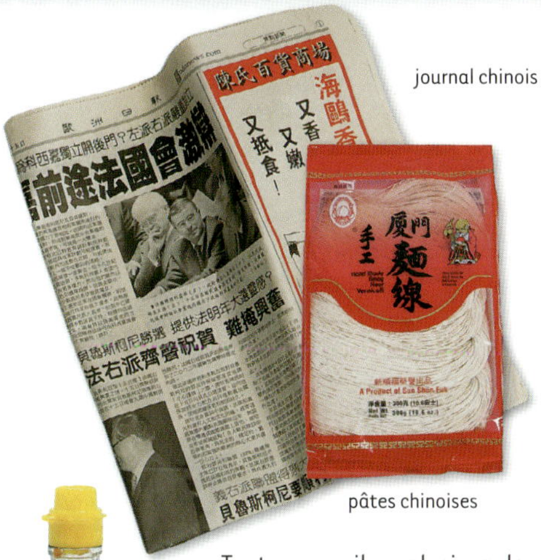

journal chinois

pâtes chinoises

Pour écrire un mot **chinois,** on le représente par un symbole ou idéogramme. Chaque nouveau mot donne naissance à un symbole, souvent formé par addition d'idéogrammes déjà existants. Le plus gros dictionnaire de chinois recense ainsi 44 500 idéogrammes différents !

sauce nuoc mam vietnamienne

Tout comme il y a plusieurs langues, il existe, en **Inde,** plusieurs alphabets : devanagari, bengali, gurmukhi, brahmi, tamoul… Le bouddhisme s'est diffusé en écriture brahmi dans plusieurs pays d'Asie. Aussi les alphabets tibétains, **thaïlandais,** khmers ou birmans appartiennent-ils à la même famille, même s'ils sont très différents.

bétel indien

poisson fumé en poudre thaïlandais

Pour évangéliser les Vietnamiens, les Jésuites portugais ont transcrit **le vietnamien** à l'aide d'un alphabet latin légèrement transformé. L'écriture « chu' quôc-ngu » est devenue officielle au Vietnam.

thé russe

C'est aussi pour évangéliser les population slaves que l'évêque Cyrille a forgé, au IXe siècle, un alphabet adapté à leurs langues. **Le cyrillique** est notamment utilisé en Russie, en Serbie et en Bulgarie.

DE L'ORAL À L'ÉCRIT

L'écriture n'est pas universelle. Parmi les 3 000 langues encore parlées dans le monde, seule une petite minorité s'écrit. Les autres restent simplement orales. Par ailleurs, uniquement 1 adulte sur 2 est à même de lire et d'écrire sa langue. Et quelle différence entre les pays : l'analphabétisme touche 83 % de la population du Niger et 0,5 % de la population suédoise !

Au **Moyen Âge,** en Europe, les moines écrivent avec des plumes taillées sur des parchemins faits avec des peaux de mouton ou de chèvre.

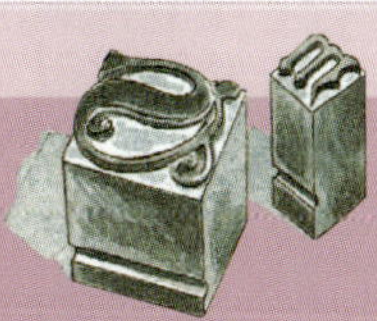

Les Européens inventent l'imprimerie en **1455** et utilisent le papier, qu'ils fabriquent surtout à partir de chiffons.

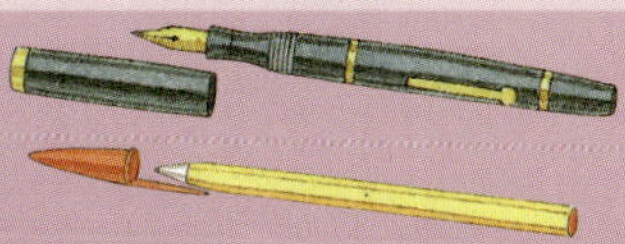

Au **XIXe siècle,** le stylo à plume de métal est inventé. En **1938,** nouvelle révolution : le stylo à bille !

Aujourd'hui, le disque dur de l'ordinateur ou la clé USB tendent à remplacer le papier. Et le clavier cède la place au stylo optique.

UN LIVRE, ÇA SE FAIT COMMENT ?

Pour que son idée se transforme en livre, l'éditeur doit réunir des compétences extrêmement diverses. Prenons l'exemple d'une page de cette encyclopédie. Elle est passée dans bien des mains avant d'échouer entre les tiennes...

(1) L'éditeur a **l'idée** de publier une nouvelle encyclopédie. Il choisit les thèmes abordés et l'angle de traitement. Il définit le nombre de pages et le format. Pour réaliser son projet, il constitue une équipe d'auteurs et de maquettistes.

(2) Éditeur, auteur et maquettiste se réunissent pour **définir** précisément le contenu et l'organisation des pages de l'ouvrage, du point de vue du texte et de l'image.

(3) L'auteur écrit alors **un synopsis,** une sorte de plan détaillé, qui résume les sujets de la page.

(4) À partir de ce synopsis, le maquettiste dessine **un rough,** ou esquisse crayonnée, de la future page. Il permet d'organiser les illustrations (photos, dessins) et les blocs de textes sur la page et de définir l'esprit des illustrations (humoristique, réaliste...).

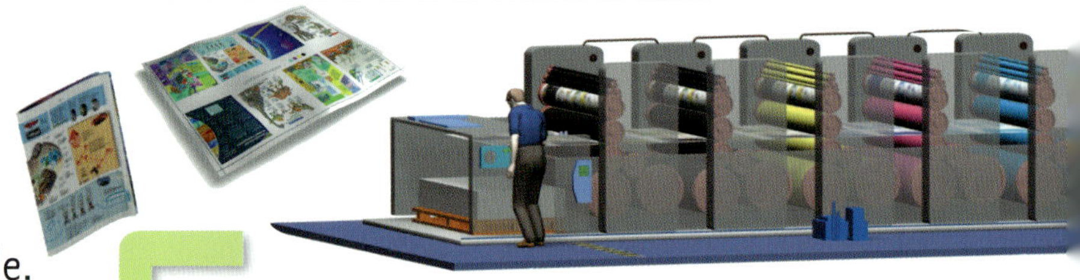

cyan + magenta + jaune + noir | cyan + magenta + jaune | cyan + magenta

(13) Le traceur a été validé. On peut **imprimer** sur une grande feuille les pages d'un même cahier. La feuille traverse quatre « groupes ». Chaque groupe imprime une couleur différente (cyan, magenta, jaune, noir). À la sortie, la feuille a pris toutes ses couleurs.

(14) On découpe la grande feuille pour faire **un cahier** de 32 pages. On le coud aux autres cahiers de l'encyclopédie. *Dokéo* est ainsi composé de 12 cahiers de 32 pages et de 1 cahier de 16 pages.

(15) Dernière étape de fabrication : **la couverture** en carton est recouverte d'une feuille imprimée. Les pages de garde sont collées à la couverture pour fixer le premier et le dernier cahier.

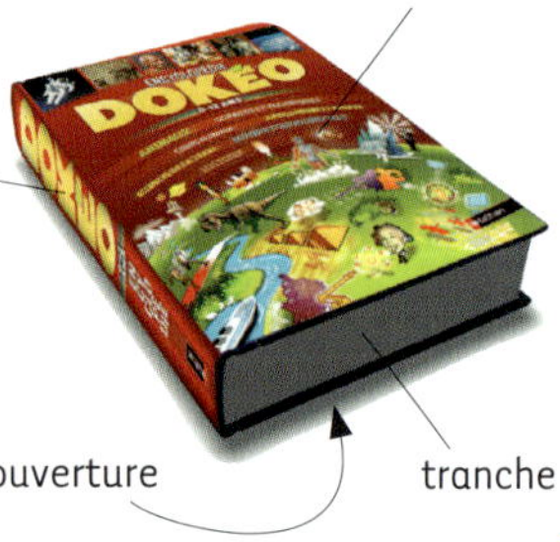

Dokéo est **prêt !**

(16) En attendant leur sortie sur le marché, on **stocke** les encyclopédies chez un distributeur. Le tirage (le nombre d'encyclopédies imprimées) a été défini au départ.

5a Le maquettiste envoie le rough à l'illustrateur, qui commence par dessiner au crayon les illustrations : ce sont **des crayonnés.**

6a Une fois validés par le maquettiste, ces dessins sont mis en couleur par l'illustrateur : **les illustrations** sont réalisées sur ordinateur ou sur papier.

7 Sur son ordinateur, le maquettiste ordonne les différents éléments de la page : dessins, photos et textes. Il a choisi les caractères, leur taille… **Sa maquette** doit être claire et attrayante.

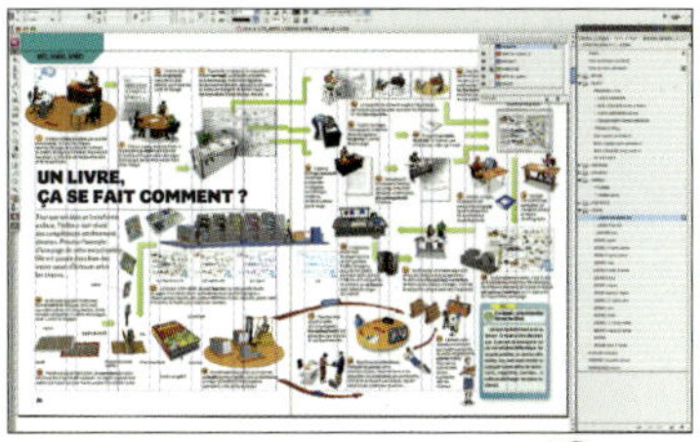

5b L'éditeur envoie à **l'iconographe** une liste de **photos** à chercher.

6b L'iconographe retourne **un choix de photos** à l'éditeur, qui sélectionne celles qu'il **préfère.**

5c L'auteur écrit **son manuscrit** en veillant à respecter la longueur, ou calibrage, des blocs de textes prévus par le rough.

6c Ce manuscrit est envoyé à l'éditeur qui corrige le texte et demande, si nécessaire, **des aménagements** à l'auteur.

9 Une fois corrigée, la maquette est envoyée au graveur par **Internet** (File Transfer Protocol).

8 La page est confiée à **un correcteur** qui corrige les erreurs et fautes d'orthographe.

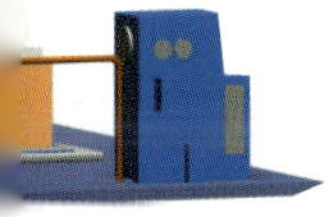

cyan

12 L'imprimeur positionne les pages du livre sur des grandes feuilles de papier, qui, une fois pliées, deviendront les cahiers. L'éditeur et le maquettiste vérifient sur **ce traceur** que l'ordre des pages est correct.

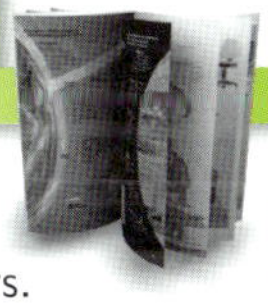

11 Les épreuves de chaque page sont relues par l'éditeur et le maquettiste. Ils demandent **les dernières corrections** de texte ou de couleurs d'images. Le CD de la maquette corrigée part chez l'imprimeur.

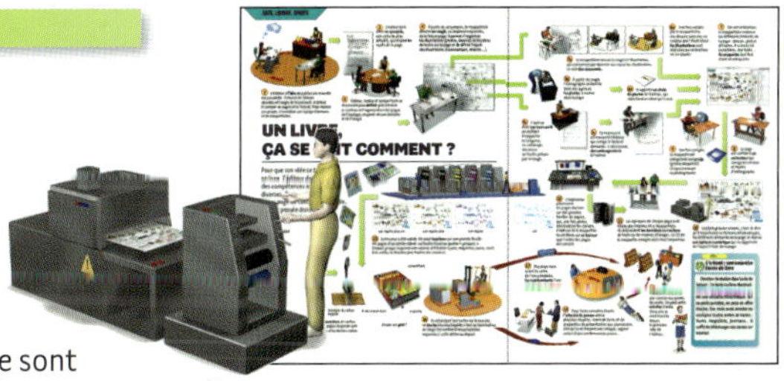

10 Le photograveur scanne, c'est-à-dire qu'il transforme en fichiers informatiques, les différents éléments de la page et réalise **une épreuve numérique** qui se rapproche de l'aspect final de la page.

17 Plusieurs mois avant la sortie de l'encyclopédie, **les représentants** l'ont prévendue aux libraires et aux hypermarchés.

18 Pour faire connaître *Dokéo*, **l'attaché de presse** utilise plusieurs moyens : envoi de livres et de plaquettes de présentation aux journalistes afin qu'ils en fassent une critique, organisation d'une conférence de presse…

19 Les livres commandés ont été livrés par camion aux points de vente. On peut enfin **acheter** *Dokéo*. Deux ans se sont écoulés depuis la première idée de l'éditeur…

Info

L'e-book : une nouvelle forme de livre

Dernière révolution dans la vie du lecteur : l'e-book ou livre électronique. Il permet de transporter sur soi une véritable bibliothèque. On peut en effet stocker, lire, mais aussi annoter ou souligner toutes sortes de textes : livres, magazines, journaux… De nombreuses bibliothèques et librairies numériques sont ainsi apparues sur Internet.

DES HÉROS PLEIN LES PAGES

Conte, fable, roman d'aventures, fantastique ou policier : tous les genres littéraires font naître des héros. Pour certains, la gloire est éphémère. Pour d'autres, plus universels, elle demeure à travers les siècles...

Frankenstein
- Œuvre : *Frankenstein ou le Prométhée moderne* de Mary Shelley (1817)
- Genre : roman de science-fiction
- Signes particuliers : homme artificiel construit par le docteur Frankenstein à partir de morceaux de cadavres.

Alice
- Œuvre : *Alice au pays des merveilles* de Lewis Caroll (1865)
- Genre : récit fantastique
- Signes particuliers : dès qu'elle ferme les yeux, cette petite Anglaise bien élevée a beaucoup d'imagination.

Sherlock Holmes
- Œuvre : *Les aventures de Sherlock Holmes* (1891-1927) de Sir Arthur Conan Doyle
- Genre : roman policier
- Signes particuliers : méthodique et très énigmatique, ce détective excelle dans les révélations-coups de théâtre.

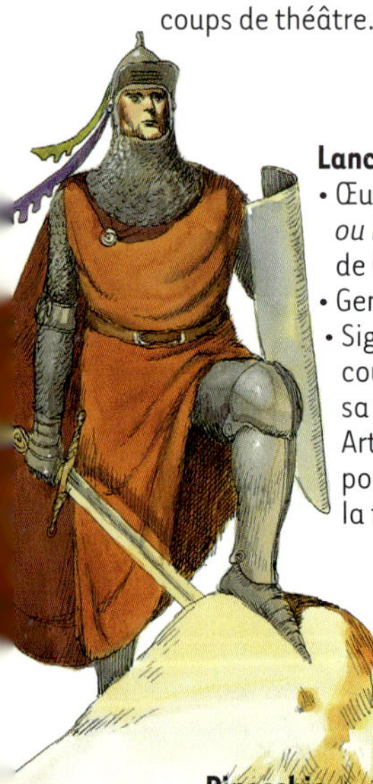

Lancelot du Lac
- Œuvre : *Lancelot ou le Chevalier à la Charette* de Chrétien de Troyes (XIIe siècle)
- Genre : roman de chevalerie
- Signes particuliers : chevalier courtois partagé entre sa volonté de servir le roi Arthur et son amour pour Guenièvre, la femme du roi.

Pinocchio
- Œuvre : *Les aventures de Pinocchio* de Carlo Collodi (1878)
- Genre : roman fantastique
- Signes particuliers : marionnette en bois dont les mensonges sont trahis par un nez qui s'allonge.

Aladin

Rusé et agile, Aladin sait se débrouiller dans la vie. Ces qualités n'échappent pas à un magicien africain qui l'engage pour récupérer une lampe à huile cachée au fond d'une grotte. En un rien de temps, le jeune garçon la retrouve. Il la frotte pour l'essuyer. Miracle ! Un génie apparaît, prêt à satisfaire tous les vœux d'Aladin. Voici une aubaine que le jeune miséreux ne veut pas laisser passer. Mais le vieil enchanteur ne l'entend pas de cette oreille et va tout faire pour reprendre la lampe merveilleuse...

- Œuvre : *Les mille et une nuits* (haut Moyen Âge)
- Genre : conte

Note : Aladin est toujours un personnage exotique : les Arabes en ont fait un Chinois et les Européens un Arabe !

Dracula

Jeune clerc de notaire britannique, Jonathan Arker se rend dans les Carpathes roumaines, répondant ainsi à l'invitation du comte Dracula, qui désire acheter une abbaye en Angleterre. Mais Jonathan se sent vite menacé dans le lugubre château du comte. Il y a de quoi : Dracula est un vampire, un suceur de sang immortel qui vit dans le monde des ténèbres. Et le monstre a un projet : séduire Mina, la fiancée de Jonathan, qui lui rappelle la défunte épouse qu'il aimait tant...

- Œuvre : *Dracula* de Bram Stoker (1897)
- Genre : roman d'épouvante

Note : *Dracula* a inspiré plus de 160 films.

Robinson Crusoé
- Œuvre : *Robinson Crusoé* de Daniel Defoe (1720)
- Genre : roman d'aventures
- Signes particuliers : obligé de survivre sur une île perdue pendant 28 ans, à la suite d'un naufrage.

Tristan et Iseut
- Œuvre : légende courtoise (XIIe siècle)
- Signes particuliers : amants dont la passion scellée par un philtre d'amour brave tous les interdits.

Don Quichotte
- Œuvre : *Don Quichotte* de Cervantès (1605-1615)
- Genre : roman épique
- Signes particuliers : gentilhomme espagnol généreux et idéaliste. Grand amateur de romans de chevalerie, il n'hésite pas à combattre les moulins à vent qu'il prend pour des géants.

Ulysse

Après avoir participé à la victoire des Achéens contre Troie, Ulysse tente de rejoindre son oyaume, l'île grecque d'Ithaque. Mais le chemin st rude et particulièrement riche en aventures : Ulysse combat avec succès des monstres marins, ue un cyclope, résiste aux sirènes, tombe amoureux l'une magicienne, puis d'une nymphe... Parviendra-t-il à rejoindre Ithaque et Pénélope, 'épouse qu'il n'a pas revue depuis tant d'années ?

- Œuvre : *L'Odyssée* attribuée à Homère (env. IXe siècle av. J.-C.)
- Genre : épopée

Note : *L'Iliade* et *L'Odyssée* sont considérés comme les deux premiers chefs-d'œuvre de la littérature occidentale.

Gargantua
- Œuvre : *La vie inestimable du grand Gargantua* de François Rabelais (1534)
- Genre : farce
- Signes particuliers : un géant qui vit, boit, mange démesurément...

D'Artagnan

Gentilhomme gascon sans fortune, le jeune d'Artagnan croise un jour a route d'Athos, Porthos et Aramis, rois vaillants mousquetaires au service u roi Louis XIII. Après l'avoir défié l'épée, ils comprennent que le petit Gascon est de leur trempe et décident e faire équipe avec lui. « Un pour tous, ous pour un » : c'est le début 'une grande aventure.

- Œuvre : *Les trois mousquetaires* d'Alexandre Dumas (1844)
- Genre : roman de cape et d'épée

Note : D'Artagnan est un personnage réel dont Dumas s'est inspiré pour créer ce héros de fiction, beau parleur mais extraordinairement courageux.

Tarzan
- Œuvre : *Tarzan, roi des singes* de E.R. Burroughs (1912)
- Genre : roman d'aventures
- Signes particuliers : comte de Greystoke. Bébé recueilli et élevé par des singes à la suite d'un accident d'avion, il devient roi de la jungle sous le nom de Tarzan.

Tom Sawyer
- Œuvre : *Les aventures de Tom Sawyer* de Mark Twain (1876)
- Genre : roman d'aventures
- Signes particuliers : jeune garçon impertinent du Mississippi doté d'un ami inséparable : Huckleberry Finn.

TECHNIQUES DES ARTS PLASTIQUES

Pour s'exprimer, peintres et sculpteurs ont le choix entre plusieurs techniques. Ce choix n'est pas neutre, car chaque technique imprimera aux formes, aux mouvements et aux couleurs une nature différente.

La peinture à l'huile

Au XVe siècle, les frères Van Eyck ont l'idée d'utiliser l'huile pour lier les pigments broyés. Cette innovation a bien des avantages. La peinture à l'huile sèche lentement, ce qui permet de retoucher certaines parties du tableau. Et elle est assez compacte et souple pour que l'on puisse superposer plusieurs couches de peinture et créer ainsi du relief.

Le Radeau de la Méduse DE GÉRICAULT ÉTUDE D'UN TABLEAU

Ce tableau raconte une histoire vraie : après une dérive longue et meurtrière, les rescapés du *Radeau de la Méduse* aperçoivent un bateau au loin. Ils tentent désespérément d'attirer son attention. Une tragédie que Géricault met savamment en scène…

1 En arrière-plan, presque invisible, **le bateau** souligne avec une cruelle ironie la détresse des naufragés.

2 **Le clair-obscur** met en valeur les masses saillantes. Pour obtenir un tel brun, Géricault utilise du bitume.

3 Grâce à **la diagonale** lumineuse qui parcourt le tableau, le regard progresse des morts vers les rescapés. Géricault veut-il ainsi faire passer le spectateur de l'horreur à l'espoir ?

4 Pour peindre ses morts avec réalisme, Géricault garde **des cadavres** dans son atelier pendant plusieurs jours.

5 Il écarte certains détails afin de ne pas trop choquer le spectateur. Mais l'horreur de la situation est bien soulignée par **l'enchevêtrement** des masses et des corps.

DES OUTILS POUR PEINDRE

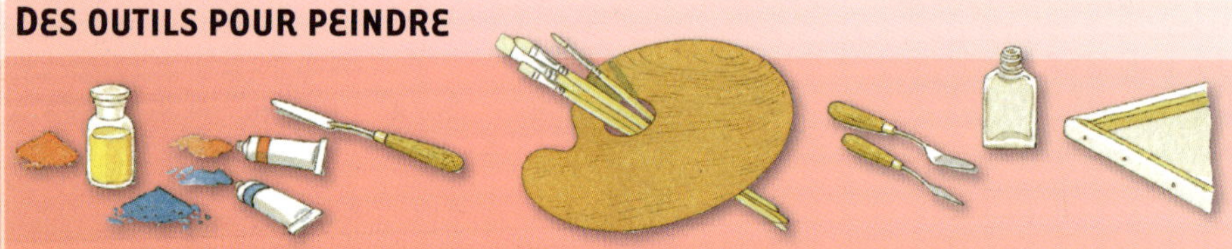

Pour lier **les pigments** colorés issus de métaux, terres ou bois, on utilise souvent de l'huile de lin.

Sur **la palette,** on mélange les couleurs qui seront posées sur la toile avec **couteaux, brosses, pinceaux** et doigts.

On peint sur **une toile** recouverte d'un enduit. Une fois la peinture sèche, on applique **un vernis** mat ou brillant.

L'aquarelle

Fabriquée à partir de pigments et de gomme arabique, l'aquarelle se dissout très facilement dans l'eau. Sa caractéristique : la transparence.

W. Turner, *Coucher de soleil sur le Grand Canal à Venise*

Le pastel

Le pastel était très à la mode au XVIIIe siècle. Simple d'utilisation, il était aussi très apprécié par les impressionnistes du XIXe siècle pour la douceur de ses tons, la fraîcheur de ses couleurs.

E. Degas, *Deux danseuses au repos ou Danseuses en bleu*

Le dessin préparatoire

Avant de peindre leur œuvre sur la toile, les artistes dessinent souvent un croquis, une ébauche ou une esquisse. Le matériel du dessin est plus maniable et plus pratique que celui de la peinture.

Pendant sept mois, Géricault réalise pour son tableau 28 **études** de composition et 80 études de figures. Il finit par réaliser à l'encre ce dessin préparatoire.

1

Le dessin de création

Le dessin peut être une fin en soi, une œuvre à part entière. Au fusain, au crayon ou à l'encre, on peut décrire avec infiniment de nuances le jeu des ombres et des lumières.

Dessin chinois à l'encre de la dynastie Tang, *Caravane sur la route de la soie.*

DES OUTILS POUR DESSINER

On classe **les crayons** selon la qualité de leur mine en graphite, du plus dur (8H) au plus gras (8B).

On dessine à **l'encre** plus ou moins délavée avec une plume, un calame ou un pinceau.

Le bâtonnet de **sanguine** est fabriqué à partir d'hématite rouge.

On fabrique **le fusain** avec du bois brulé. Il peut être estompé à l'aide d'une gomme.

Le collage

Adopté par les surréalistes au xxe siècle, le collage permet d'associer à la peinture les éléments les plus divers (papier, carton, métaux...).

G. Braque, *Le quotidien*

La sculpture

La sculpture, c'est l'art des formes et des volumes. La technique la plus ancienne est la taille du bloc de pierre. Mais au cours du temps sont nées d'autres techniques : modelage de la glaise, moulage de métaux, soudage, compression...

Michel-Ange, *David*

LA TAILLE

Pour les matières dures (bois, pierre, marbre), il faut tailler. On commence par dégrossir le bloc avant de sculpter au ciseau, à la gradine ou à la gouge. On peut également polir avec de la pierre abrasive.

Des outils pour sculpter

On utilise un **marteau** en bois ou en métal pour taper sur le ciseau et la gouge.

La gouge, arrondie, sert à tailler le bois.

Le ciseau ordinaire et **le ciseau rondelle** sont utilisés pour tailler le marbre ou la pierre.

LE MOULAGE

C. Brancusi, *Muse endormie*

Les sculptures en métal (bronze, étain, argent, or...) sont généralement fabriquées à partir d'un moule dans lequel on coule le métal en fusion. Le moule peut parfois être de nouveau utilisé pour des reproductions.

LE MODELAGE

On peut modeler une sculpture à partir d'une matière souple (terre, cire, plâtre). On façonne avec les mains. On sculpte avec l'ébauchoir, la spatule, la mirette. On peaufine à la lime.

H. Daumier, *Jean-Marie Harlé dit Harlé père, député*

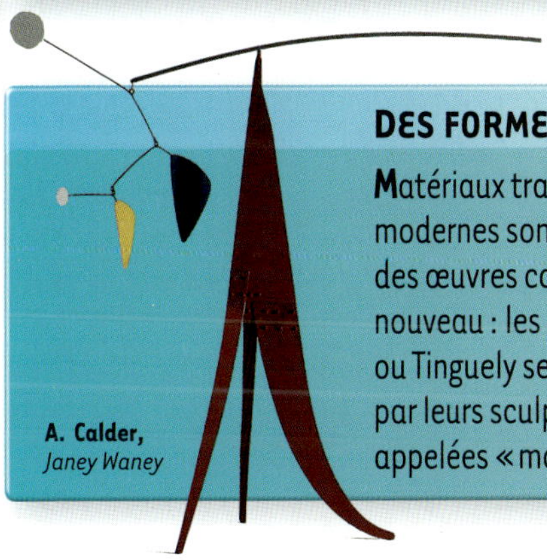

A. Calder, *Janey Waney*

DES FORMES NOUVELLES

Matériaux traditionnels et modernes sont assemblés dans des œuvres composites d'un genre nouveau : les « volumes ». Calder ou Tinguely se sont ainsi illustrés par leurs sculptures animées appelées « mobiles ».

1

LA PRÉHISTOIRE

L'homme de Cro-Magnon invente le dessin et la peinture sur les parois de grottes. Cet art rupestre met en scène des animaux, de mystérieuses figures géométriques, des empreintes de mains, mais très peu d'humains. Les contours sont dessinés au charbon, les peintures soufflées ou étalées.

2

L'ANTIQUITÉ

S'il reste peu de peintures de l'Antiquité grecque et romaine, les ruines de Pompéi témoignent du goût des Romains pour la fresque murale et les peintures décoratives en trompe-l'œil. La mosaïque, assemblage de fragments de pierres, est aussi utilisée

LE MUSÉE IMAGINAIRE

Techniques, thèmes, supports et lieux d'exposition : que de changements depuis les premières œuvres rupestres ! Ce musée nous offre un aperçu de l'histoire de la peinture et nous permet d'admirer les sculptures des civilisations anciennes ou primitives.

En plein océan Pacifique, les 60 **moai** de l'île de Pâques taillés da le tuf, une roche volcanique, gardent tout leur mystère. Les plus anciens ont été érigés au IXe siècle.

LE CUBISME

Au début du XXe siècle, Cézanne propose de traiter la nature par des formes géométriques. Il est entendu par Braque et Picasso qui, dans leurs tableaux, représentent alors toutes les faces des objets sur un même plan. Ces formes épurées s'inspirent de celles des masques africains et océaniens.

8

L'IMPRESSIONNISME

À la fin du XIXe siècle, les impressionnistes (Monet, Manet, Degas...) peignent en plein air grâce à l'invention de la peinture en tube qui leur permet de quitter leur atelier. Ils veulent représenter la nature telle qu'ils la voient. Pour rendre l'impression de changement des couleurs et de la lumière, ils fragmentent le motif ou font des effets de pâte au grand dam des critiques d'art de leur époque.

7

L'ART ABSTRAIT

En 1910, Kandinsky déclare avoir peint une aquarelle abstraite. Par ce terme, il désigne un art qui rompt avec la tradition figurative et qui ne cherche plus à représenter la réalité ni à imiter la nature. Il joue avec les couleurs et les formes pour exprimer des émotions.

9

10

LE POP ART

Représenté par Warhol ou Lichtens c'est le courant pictural le plus marquant de la seconde moitié du XXe siècle. Par la peinture, la sérigraphie, la photographie, le collage, les artistes exploitent de nouveaux sujets, puisés dans une culture populaire (publicité, BD, produits de consommation... jusque-là méprisée.

LE MOYEN ÂGE

À cette époque, la peinture est surtout religieuse. On la retrouve donc sur les murs des églises, sur les retables en bois (tableaux d'église à trois volets) ou dans les splendides enluminures des livres de prières. Les peintres sont des artisans anonymes qui vont de chantier en chantier. Dragons et autres personnages fabuleux animent leur vision de l'enfer et du paradis.

3

LA RENAISSANCE

La peinture à l'huile sur toile fait son apparition. Les thèmes ne sont plus exclusivement religieux. L'artisan d'autrefois se transforme en artiste reconnu (Raphaël, Léonard de Vinci, Michel-Ange). La découverte de la perspective et du point de fuite permet de restituer sur la toile ce que voit l'œil du peintre et de donner l'illusion d'une troisième dimension, la profondeur.

4

LE BAROQUE

Les peintres baroques du XVIIe siècle puisent souvent leur inspiration dans la vie quotidienne. Ils se distinguent par leurs clairs-obscurs, qui résultent d'un travail très approfondi sur la lumière. Du Caravage à Jordaens, on notera aussi une exubérance des formes, un goût pour le spectaculaire et l'expression des émotions.

5

LE ROMANTISME

L'exotisme, le fantastique et la nature sont les thèmes priviligiés par les peintres romantiques du XIXe siècle comme Delacroix. Pour exprimer leurs sentiments, ils n'hésitent pas à utiliser des formes hardies et torturées.

6

Chez les Indiens d'Amérique du Nord, **les totems** sont des sculptures en bois peint qui racontent l'histoire d'une famille ou d'une tribu.

Cette femme **portant un enfant** est une statuette en bois baoulé de Côte d'Ivoire.

LES TABLEAUX DU MUSÉE

1. Aurochs de la grotte de Lascaux, 17000 av. J.-C.
2. Fresque de Pompéi : *Lecture pour l'initiation dionysiaque*, Ier siècle av. J.-C.
3. **Les Frères de Limbourg,** *Les très riches heures du duc de Berry : le mois de février*, 1413-1416.
4. **Raphaël,** *La vierge à l'enfant avec le petit saint Jean-Baptiste* dit *La belle jardinière*, 1507.
5. **Jacob Jordaens,** *Le roi boit*, 1640.
6. **Eugène Delacroix,** *Femmes d'Alger dans leur appartement*, 1834.
7. **Claude Monet,** *La cathédrale de Rouen, harmonie bleu et or, plein soleil*, 1893.
8. **Pablo Picasso,** *Portrait de Marie-Thérèse Walter*, 1937.
9. **Wassily Kandinsky,** *Aquarelle (avec tache rouge)*, 1911.
10. **Andy Warhol**, *Campbell's Soup Can 1*, 1969.

L'ARCHITECTURE

C'est l'art de construire des bâtiments. À travers le monde, selon les connaissances techniques des hommes et les matériaux dont ils disposaient (pierre, terre, bois, ciment...), les styles architecturaux ont évolué, permettant toutes les audaces et tous les chefs-d'œuvre !

Des livres de pierres...

Des maisons pour vivre, des palais pour gouverner, des lieux saints pour célébrer les dieux, des mausolées pour honorer leurs morts et des bâtiments pour se distraire : selon leurs besoins quotidiens et leur culture, les hommes ont bâti des édifices variés. Autant de lieux qui témoignent de leur histoire.

HABITER

À **Bangkok** (Thaïlande), une ville surpeuplée, on bâtit sur les canaux des maisons en bois sur pilotis.

Au pied des falaises, **les Dogons du Mali** vivent dans des maisons quadrangulaires en terre crue.

GOUVERNER

Construit en hauteur, le **château fort de Coca** (Espagne – xve siècle) était censé résister à tous les assauts.

Depuis 1837, **Buckingham Palace** est la résidence officielle des souverains britanniques.

Érigée au xve siècle dans un immense rectangle protégé par une muraille et un fossé, **la Cité interdite** était la résidence de l'empereur chinois et de sa cour.

PRIER

Au ive siècle à **Teotihuacan,** deux grandes pyramides à degrés ont été édifiées pour honorer la Lune et le Soleil.

Commencée en 1088, l'église abbatiale de **Cluny** est un chef-d'œuvre de l'art roman.

Le Parthénon d'Athènes a été construit en l'honneu de la déesse Athéna au ve siècle av. J.-C.

HONORER LES MORTS

Au milieu du désert syrien surgissent les tours funéraires de la vallée des tombeaux de **Palmyre** (iie siècle).

En 1630, Shah Jahn fit construire **le Taj Mahal** à Agra (Inde) pour honorer la mémoire de son épouse défunte.

Sur 44 ha, depuis 1804, le cimetière du **Père-Lachaise,** à Paris, abrite de nombreux mausolées (ici celui de Rossini).

SE DISTRAIRE

Au ive siècle, le théâtre grec d'**Épidaure** pouvait accueillir 14000 spectateurs. L'acoustique y est exceptionnelle.

Conçu par Frank Gehry, le lumineux **musée Guggenheim de Bilbao** (Espagne) a été inauguré en 1998.

Pour accueillir la Coupe du monde de football en 1998, le **Stade de France** a été construit à Saint-Denis.

métier Architecte

En fonction des volontés du client et des contraintes techniques, je dessine, sur une planche à dessin ou directement sur ordinateur, un avant-projet. Celui-ci est nécessaire pour obtenir un permis de construire. Je surveille ensuite les travaux sur le chantier, après avoir sélectionné les entreprises qui réaliseront le projet. Comme la plupart des architectes, je travaille dans une agence.

■ Un architecte peut être amené à dessiner les plans d'une maison, d'un musée, d'une piscine ou encore d'un centre commercial.

Ce type de maisons en briques de terre cuite est très courant à **Amsterdam**.

Cette maison paysanne **irlandaise** est recouverte d'un toit de chaume (paille).

Les grands ensembles des années 1960 ont souvent été construits en béton armé. Ici l'Habitat 67 de Montréal.

JUSQU'AU CIEL !

Exception faite des cathédrales de Rouen et Lincoln (Angleterre), la pyramide de Khéops était encore le plus haut monument du monde en 1850, près de 4 500 ans après sa construction ! Mais depuis lors, une vague de gigantisme a saisi les grandes capitales. Voici les « monstres » les plus célèbres.

Les beffrois des bâtiments publics européens étaient utilisés comme tours de surveillance. Ici **le beffroi de l'hôtel de ville de Gand** (Belgique – XIIIe-XIVe siècles).

Construit du XIIIe au XIVe siècle, **l'Alhambra,** véritable palais-forteresse, abritait les rois maures de Grenade (Espagne).

Depuis 1800, le président américain réside à Washington dans **la Maison-Blanche.**

Il a fallu 65 ans, de 1160 à 1225, pour construire la grande cathédrale gothique de **N.-D. de Paris.**

Cette cathédrale orthodoxe tout en bois de l'île de **Kizhi** (Russie) date du XVIIIe siècle.

La mosquée **du Dôme du rocher** à Jérusalem (Israël) célèbre l'ascension de Mahomet vers le ciel. Elle date du VIIe siècle.

Construit au XIe siècle, le temple bouddhique d'**Ananda,** à Pagan (Birmanie), est dominé par une splendide stupa de marbre.

Située à Gizeh (Égypte), la grande pyramide de **Khéops** (2600 av. J.-C.) est la plus célèbre des demeures funéraires des pharaons.

Le mausolée **Gour Emir** à Samarkand (Ouzbékistan – XVe siècle) est le tombeau du chef turco-mongol Tamerlan.

L'opéra de Sydney a été dessiné en 1957. Cet édifice en béton préfabriqué est recouvert de tuiles en céramique.

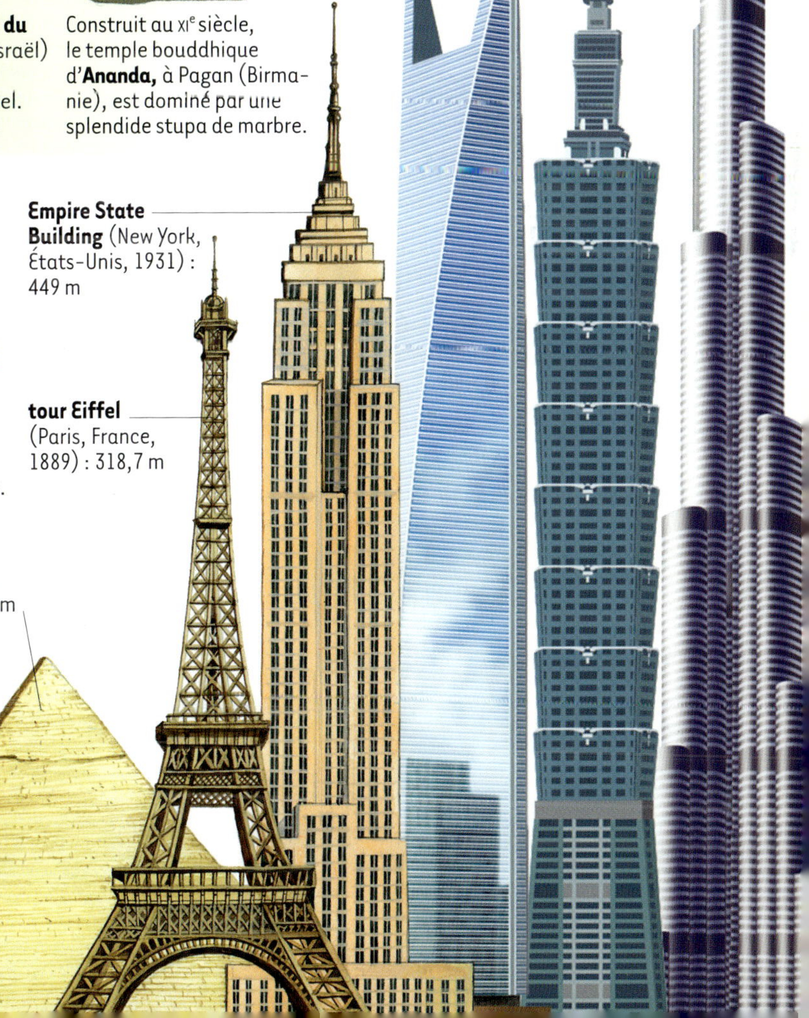

À la Une

L'INFO CHOC AU QUOTIDIEN

PRIX FRANCE MÉTROPOLITAINE : 1 €

LA PHOTO EST NÉE !

C'est en 1816, à l'âge de 51 ans, que le Français Nicéphore Niépce se lance un pari fou : capturer une image saisie à travers un objectif. Mais pour cela, il lui faut trouver la formule magique : le bon support, recouvert de la substance la plus sensible à la lumière. Après 10 ans de travaux, il parvient enfin à ses fins en utilisant de l'étain recouvert de bitume de Judée.

■ *La table servie* de Nicéphore Niépce est **la première nature morte photographique** du monde.

LES APPAREILS PHOTO AU FIL DU TEMPS

Le daguerréotype de Daguerre, vendu dès 1839, permet un temps de pose réduit et une meilleure définition de l'image.

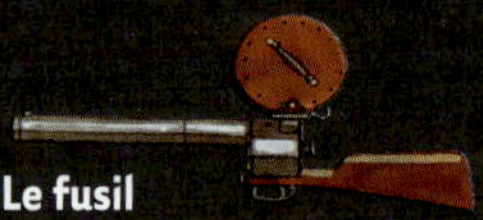

Le fusil photographique inventé par Jules Marey en 1882 prend 12 images par seconde.

Avec **le Leica** de 1923, les appareils au format 24 x 36, beaucoup plus maniables, vont s'imposer rapidement.

DE LA PHOTO...

Fixer la vue, fixer la vie sur un support : c'est le miracle de la photo. Dans l'information comme dans l'art, ces nouvelles images ont révolutionné notre vision du monde.

... AU CINÉMA

En 1895, les frères Lumière inventent le cinématographe, un appareil capable de fixer sur une pellicule les images successives d'une action, puis de les projeter, dans l'ordre, sur un écran. L'illusion est si parfaite que les premiers spectateurs sont effrayés.

Lifeboat d'A. Hitchcock (1943)

Au début des années 1930 naît la technique de **la rétroprojection :** on place les acteurs devant un écran translucide sur lequel est projeté, depuis l'arrière, un décor animé. Ce procédé est très utilisé pour filmer les personnages en voiture ou dans un autre moyen de transport.

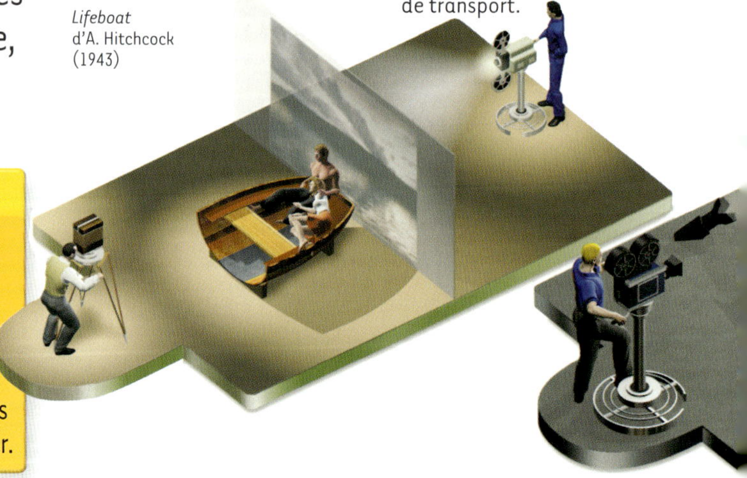

DÉCORS ET EFFETS SPÉCIAUX

C'est Georges Méliès qui crée le cinéma de fiction avec plus de 500 films entre 1896 et 1913. Ce magicien, inventeur des 1ers trucages, a contribué à faire du cinéma un art de l'illusion. En ralentissant, en accélérant, en superposant ou en coloriant les images sur pellicule, cet entrepreneur a changé le destin du cinéma, transformant une technique en véritable spectacle. Les effets spéciaux doivent beaucoup à l'ingéniosité de ce pionnier.

LE CINÉMA AU FIL DU TEMPS

1895 : 1re projection publique au Grand Café à Paris des films des frères Lumière dont *L'arroseur arrosé*.

1896 : 1re salle de cinéma à Lyon.

1897 : 1er studio de cinéma créé par Georges Méliès à Montreuil.

1911 : 1er studio à Hollywood, le studio Nestor.

1927 : 1er film parlant et chantant, *Le chanteur de jazz* d'Alan Crosland.

Le Polaroïd « imprime » une épreuve instantanée sur papier. Le 1er appareil apparaît en 1948 ; il est popularisé en 1970.

En 1986 apparaît le 1er **appareil jetable.** Une seule utilisation pour ces appareils simples et légers au prix minimal.

En 1990, **l'appareil numérique** sans pellicules enregistre les photos sous forme de fichiers informatiques. Un écran permet de les visionner aussitôt.

numérique de poche

numérique professionnel

DE L'IMAGE FIXE À L'IMAGE ANIMÉE

Au début, les photographes ne saisissent qu'une réalité figée. Et pour cause ! Du temps des daguerréotypes, le sujet devait poser, immobile, près de 2 mn, pour que la pellicule soit impressionnée et qu'on obtienne une image précise. Mais peu à peu, le temps de pose diminue et des photographes comme Marey ou Muybridge réussissent à photographier des sujets en mouvement. Ces progrès conduisent à l'invention du cinéma qui capture et reproduit le mouvement au rythme de 24 images par seconde.

Sujet, angle et composition font la valeur de la photo d'art, que ce soit dans le photo-reportage (Robert Capa), dans la photo sur le vif (Robert Doisneau) ou dans la mise en scène picturale (Man Ray). Ici, *Central Park, New York* d'**Elliott Erwitt.**

En 1878, l'Américain **Muybridge** prend une série d'images d'un cheval au galop avec 12 appareils.

Superman de R. Donner (1978)

À la fin des années 1970, le trucage numérique permet de mélanger les images. Ainsi, pour créer l'illusion qu'il vole, Superman, attaché à des câbles, est filmé devant un fond bleu. Un ventilateur agite sa cape. Puis cette scène est mixée sur ordinateur avec des prises de vue de New York. C'est la technique du **« Blue screen ».**

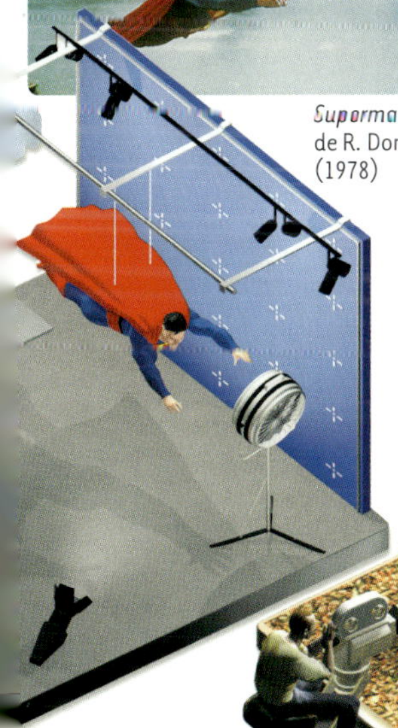

Dans les années 1980, le trucage numérique évolue. Ici, le personnage a été filmé en décor naturel. Sur ordinateur, des **« tracés filaires »** des dinosaures sont dessinés en 3 dimensions. Les animaux sont ensuite recouverts de leur peau, puis, toujours sur ordinateur, insérés dans la 1ère scène qui a pu être retouchée, afin de rendre le trucage invisible.

Jurassik Park de S. Spielberg (1993)

Y A UN TRUC !

Pour envoûter le spectateur, il faut jouer avec ses yeux, mais aussi avec ses oreilles. C'est le travail du bruiteur, qui crée et amplifie les effets sonores à l'aide d'astuces. En voici quelques-unes !

En froissant une bande magnétique, on obtient le bruit de **l'incendie.**

La manivelle du vieux moulin à café imite à la perfection le roulis **des vieilles charrettes.**

En compressant un paquet de maïzéna, on simule le bruit **des pas dans la neige.**

Rien ne vaut le bruit des timbales en plastique frappées sur du lino pour imiter **le pas du cheval.**

1932 : 1er film technicolor (procédé trichrome) : le dessin animé *Flowers and trees* de Walt Disney.

1953 : 1er film en Cinémascope et son stéréophonique, *La Tunique* d'Henry Coster.

1971 : 1er film en son Dolby stéréo, *Orange mécanique* de Stanley Kubrick.

1996 : 1er long métrage tourné en DV (caméra numérique).

LE CINÉMA : ON TOURNE !

Pellicule, personnel, matériel, promotion : pour faire un film, il faut mobiliser des moyens gigantesques. Ainsi, un film français coûte en moyenne 5,43 millions d'euros !

AVANT

Le scénario
Le scénario dialogué conte l'histoire du film. L'idée de départ peut être proposée par le producteur, le réalisateur ou le scénariste lui-même.

La production
Intéressé par cette idée, le producteur tente de rassembler des financements : prêts bancaires, aides publiques, prévente aux chaînes de télévision...

Le casting
Les acteurs (premiers et seconds rôles, figurants) sont sélectionnés lors du casting. Les grandes stars permettent d'attirer des financements.

PENDANT

Le film a trouvé un financement. Le tournage peut commencer. Il dure généralement 4 à 10 semaines, en studio ou en décor naturel. Il réunit les talents de nombreux intervenants.

1. **Le machiniste** pose les rails pour le travelling, déplace les caméras, installe les panneaux réfléchissant la lumière...
2. **Le cadreur** actionne la caméra et règle ses déplacements, sous les ordres du réalisateur.
3. **La maquilleuse** peut utiliser des ajouts en latex pour les transformations complexes.
4. **Le réalisateur,** également appelé « metteur en scène », doit interpréter en images les mots du scénario.
5. **L'assistant-réalisateur** apprend le métier de réalisateur en préparant le travail du metteur en scène (repérage des lieux de tournage, gestion du plan de tournage...).

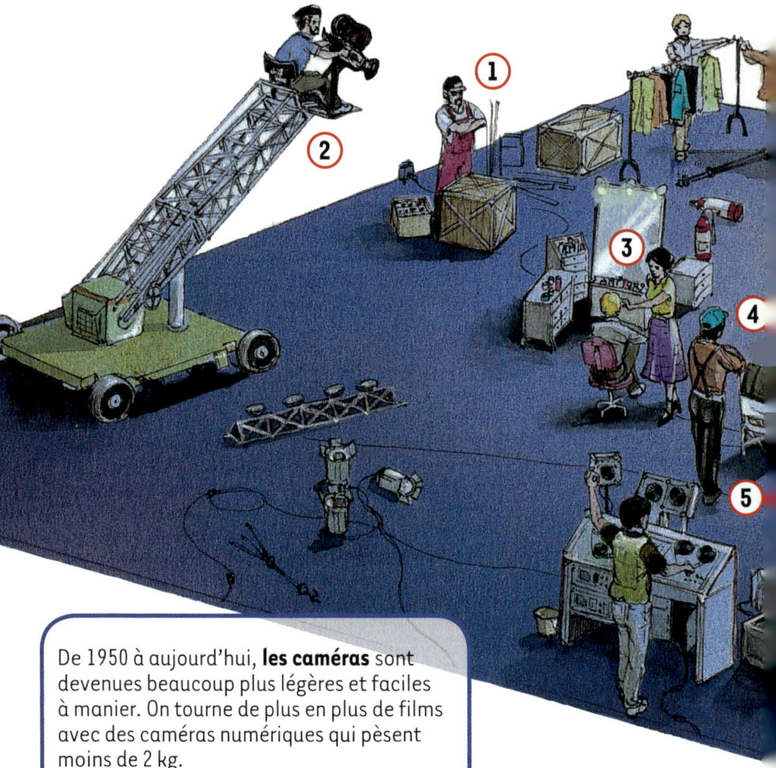

De 1950 à aujourd'hui, **les caméras** sont devenues beaucoup plus légères et faciles à manier. On tourne de plus en plus de films avec des caméras numériques qui pèsent moins de 2 kg.

LE DESSIN ANIMÉ

Ce genre cinématographique connaît un grand succès depuis 1928 et les premiers *Mickey Mouse* de Walt Disney. Pour décomposer, dessiner, puis photographier les mouvements des personnages fictifs, on réunit aujourd'hui des équipes gigantesques qui font un travail de plus en plus minutieux. En voici les grandes étapes à partir du dessin animé *Tarzan* (Walt Disney, 1999).

1. Le croquis est dessiné au crayon. On reporte sur des calques les mouvements des différentes figures animées.

2. Les « traceurs » reportent le dessin des figures animées sur un « cellulo », une feuille transparente. Les « gouacheurs » le colorient.

3. Les dessins sont plaqués sur la partie immobile du décor dessiné. Une caméra photographie l'ensemble. Il faut 24 photos pour faire 1 seconde de dessin animé !

(6) **L'accessoiriste** est chargé de fournir tous les accessoires, mais aussi de créer un certain nombre d'effets : vent, pluie, neige…

(7) **Le chef opérateur** gère les lumières et choisit les objectifs des caméras.

(8) **L'ingénieur du son** coordonne tout le travail de l'équipe son (assistants, perchiste).

(9) **Le perchiste** suit le mouvement des acteurs avec son micro qui ne doit jamais entrer dans le champ de la caméra.

(10) **Les acteurs** doivent s'armer de beaucoup de patience car, sur un plateau, on passe toujours plus de temps à attendre qu'à tourner.

Un studio, c'est une véritable usine à cinéma. Une usine composée de bâtiments couverts, mais aussi de terrains en plein air, sur lesquels sont reconstitués, en façades, des rues entières ou des grands monuments. Les plus célèbres studios (Warner, Universal…) sont installés à Hollywood (Los Angeles, États-Unis). Mais les plus productifs se trouvent en Inde, où 750 films sont réalisés par an.

chiffres

1,84 **milliards** de dollars : c'est le record de recettes (revenus issus de la vente de billets) pour un film étranger en France. Il est détenu par *Titanic* (1998) de James Cameron.

60 **millions** de dollars, c'est le montant des droits perçus par Jack Nicholson pour son rôle dans *Batman* (1989) de Tim Burton.

300 000, c'est le record du plus grand nombre de figurants pour la scène de funérailles de *Gandhi* (1982) de Richard Attenborough.

DES GENRES VARIÉS

Le cinéma s'est développé par genres : western, comédie, comédie musicale, science-fiction, policier… Chaque genre a ses codes que le scénariste et le réalisateur utilisent avec plus ou moins d'originalité.

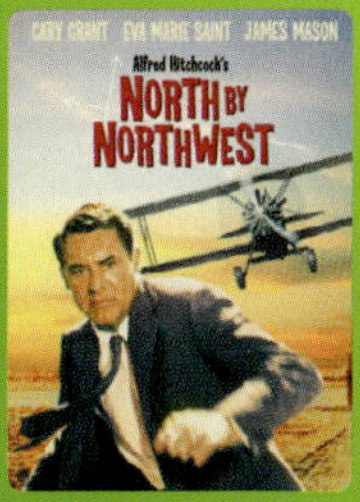

espionnage

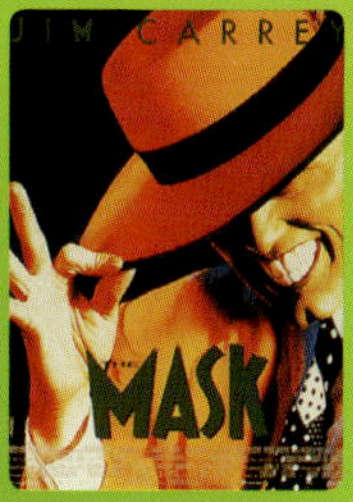

fantastique

science-fiction

APRÈS

Le tirage

On développe et on tire les prises utiles. Chaque jour, on visionne ces « rushs » pour repérer les défauts et, le cas échéant, tourner de nouveau les prises ratées.

Le montage

Le monteur fait un « bout à bout » des prises utiles puis affine la bande-son et la transition entre les plans.

La sortie en salles

Une fois le montage achevé, des affiches envahissent la ville pour préparer le public à la sortie du film en salles.

La sortie en DVD et à la TV

Le film sort 1 an après en DVD et vidéo. Après 2 années, il peut être diffusé sur une grande chaîne de télévision.

LE FILM D'ANIMATION

Dans les films d'animation (*Toy Story, Fourmiz, Chicken run, Shreck…*), on décompose et photographie les mouvements des différents personnages (marionnettes en bois et en tissu ou figurines modelées dans une matière souple, comme la pâte à modeler). Depuis quelques années, l'utilisation des images de synthèse révolutionne ce genre.

une scène de *Wallace et Gromit* de Peter Lord et Nick Park

LE THÉÂTRE

Né dans la Grèce antique, le théâtre est l'aîné des spectacles vivants. Depuis cette époque, les genres théâtraux, les lieux de représentation, les règles de jeu et d'écriture ont beaucoup évolué. L'objectif reste le même : mettre en scène une vision du monde et de l'homme en distrayant le spectateur et en suscitant chez lui des émotions.

DANS LA GRÈCE ANTIQUE

Les tragédies de Sophocle et d'Eschyle ou les comédies d'Aristophane sont jouées en plein air dans des théâtres en pierre. Les rôles sont tenus par des hommes qui portent des masques.

Des loges au paradis

Le modèle du théâtre dit « à l'italienne » est encore celui de nombreux théâtres actuels. Une caractéristique principale : la nette séparation de la salle et de la scène par un rideau et une fosse d'orchestre. La scène est surélevée et en pente pour donner aux spectateurs l'illusion de la profondeur. Devant les acteurs : le public de l'orchestre. Plus haut : celui des galeries semi-circulaires superposées ; la plus haute, où les places sont les moins chères, est surnommée le paradis ou le poulailler.

④ **Le rideau d'avant-scène** permet de cacher, entre deux actes, les changements de décors ou les sorties des comédiens.

⑤ **Le rideau de fer** sert à séparer la scène de la salle en cas d'incendie.

⑥ Les changements de décors se font grâce à un système de poulies, **les cintres** ou **« dessus »**.

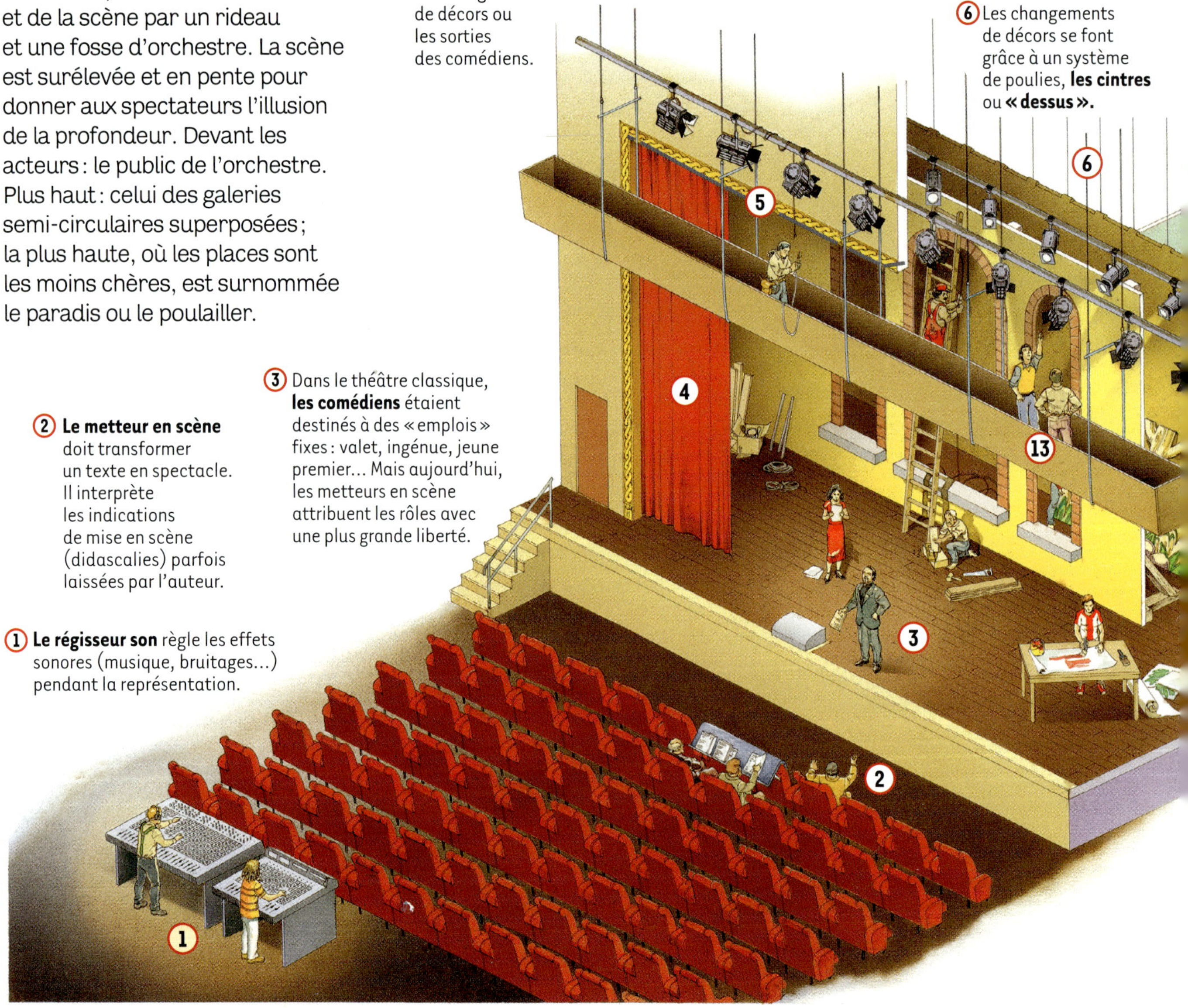

③ Dans le théâtre classique, **les comédiens** étaient destinés à des « emplois » fixes : valet, ingénue, jeune premier... Mais aujourd'hui, les metteurs en scène attribuent les rôles avec une plus grande liberté.

② **Le metteur en scène** doit transformer un texte en spectacle. Il interprète les indications de mise en scène (didascalies) parfois laissées par l'auteur.

① **Le régisseur son** règle les effets sonores (musique, bruitages...) pendant la représentation.

AU MOYEN ÂGE

Pour agrémenter la messe, on monte des spectacles en latin mettant en scène la vie religieuse. Ces miracles et ces mystères gagnent bientôt le parvis de l'église et la rue, dont ils prennent le langage.

LE THÉÂTRE CLASSIQUE

Au XVIIe siècle, les tragédies de Corneille et de Racine, les comédies de Molière sont écrites en vers et jouées dans des salles couvertes. Elles respectent une règle stricte : l'unité de lieu, de temps et d'action.

(7) L'éclairage des **herses** est dissimulé dans les cintres.

(8) On ne trouve pas que des vêtements dans **la garde-robe** de la costumière, mais aussi tous les accessoires (masques, perruques, bijoux, armes...) nécessaires au réalisme ou à la beauté du spectacle.

(9) Le travail de **la maquilleuse** a changé depuis l'époque de Molière, où tous les comédiens avaient le visage blanchi à la céruse, l'œil noir, les joues et la bouche rouges.

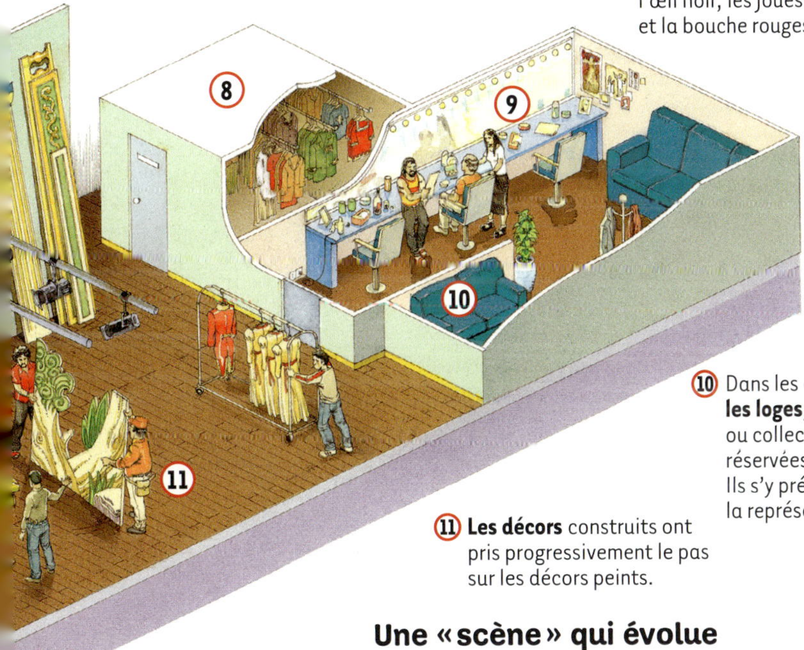

(10) Dans les coulisses, **les loges,** individuelles ou collectives, sont réservées aux artistes. Ils s'y préparent pour la représentation.

(11) **Les décors** construits ont pris progressivement le pas sur les décors peints.

(12) En jouant de manière de plus en plus sophistiquée avec la profondeur de la scène, **le décorateur** s'est transformé en véritable scénographe.

(13) Depuis le XIXe siècle et la disparition des bougies, **le régisseur lumière** est devenu un véritable artiste électrique.

Une « scène » qui évolue

Au XIXe siècle, les pièces romantiques de Hugo ou de Musset rompent avec les règles classiques. Elles présentent les différents traits de la nature humaine avec un souci de réalisme. Labiche ou Feydeau, eux, la décrivent d'une manière plus comique et inventent ainsi le « théâtre de boulevard ». Au XXe siècle, Beckett et Ionesco mettent l'accent sur l'absurdité du monde et la difficulté à communiquer. C'est le « théâtre de l'absurde ».

AUTRES SCÈNES, AUTRES SPECTACLES

Né au XVIIIe siècle, **le cirque** s'est vite trouvé ses héros : dompteurs, clowns, écuyères, fildeféristes... Les numéros qui s'enchaînent sous le chapiteau ont tous un point commun : l'acrobatie.

Les histoires contées par **les marionnettes de Java** (Indonésie) sont généralement inspirées du *Mahābhārata* ou du *Rāmāyana*, deux grandes épopées indiennes. Il existe plusieurs écoles. Dans celle du Wayang Golek, la plus célèbre, les marionnettes sont en bois peint.

Cats, Jesus-Christ Superstar, A Chorus Line, Grease : c'est sur Broadway, un quartier au cœur de New York, que naissent les plus grands succès de **la comédie musicale** qui mélange théâtre, chant et danse moderne.

Gardiens de la tradition orale et musicale de l'Afrique noire, **les griots** content et chantent en s'accompagnant au balafon ou à la kora. De génération en génération se transmettent ainsi histoires et légendes.

LES INSTRUMENTS DE MUSIQUE

On a retrouvé des instruments de musique sumériens vieux de 5 000 ans. Mais la naissance des premiers instruments est sans doute plus ancienne. Dans le monde, il existe des milliers d'instruments adaptés à toutes les musiques et toutes les occasions. Aujourd'hui 1 Français sur 10 joue d'un instrument.

LA VOIX

La tessiture indique l'étendue des sons que l'on peut chanter. Du plus aigu au plus grave, on distingue les sopranos, les mezzo-sopranos et les contraltos chez les femmes ; les ténors, les barytons et les basses chez les hommes.

LE HOME STUDIO : UN STUDIO CHEZ SOI !

L'ordinateur s'est imposé dans l'univers de la production musicale. Consoles, processeurs d'effets (distorsion, écho, réverbération...), banques de sons : certains logiciels permettent de concentrer tous les outils sur un simple écran. Ils sont complétés par :

le sampler : c'est une banque de sons.

le séquenceur : il organise les différentes parties instrumentales entre elles.

la table de mixage : elle règle le volume de chaque partie instrumentale.

la boîte à rythme : c'est une banque de percussions.

LES PERCUSSIONS

Frappées, raclées, secouées, pilonnées, les percussions impriment depuis toujours le rythme des chants et des danses. Elles peuvent être en bois (balafon, castagnettes), en métal (grelots, triangle, cymbales), à membrane (tambours).

1. xylophone
2. cabacca (Brésil)
3. djembé (Afrique)
4. derbouka (Maghreb)
5. kalungu (Nigéria)
6. balafon (Afrique)
7. congas (Antilles)

8. steel drums (Trinidad)
9. triangle
10. grosse caisse
11. maracas (Amérique du Sud)
12. batterie

L'ORCHESTRE SYMPHONIQUE

Il se compose de 100 à 150 instruments répartis en 4 sections : cordes, bois, cuivres et percussions. Les musiciens jouent sous la conduite d'un chef d'orchestre. Du bras ou de l'archet, celui-ci imprime le tempo, souligne les nuances et indique l'entrée des instruments.

- 1ers violons
- 2ds violons + harpe
- altos
- violoncelles
- contrebasses
- clarinettes
- bassons + contrebasson
- flûtes traversières
- hautbois
- cors
- trompettes
- trombones + tuba
- percussions

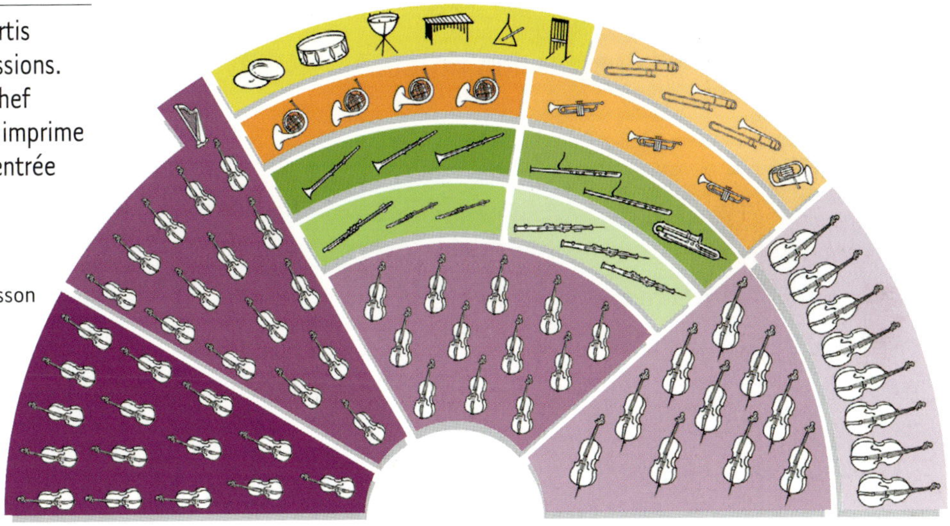

LES INSTRUMENTS À VENT

Sans anche (flûte) ou avec anche (clarinette), ils sont en forme de tube. C'est la vibration de l'air soufflé à l'intérieur qui produit le son. Plus le tube est long, plus le son est grave. Les bois et les cuivres sont les deux grands groupes d'instruments à vent.

LES INSTRUMENTS À CORDES

Les cordes sont pincées avec les doigts (guitare, harpe, sitar), frottées avec une baguette (koto) ou un archet (violon, alto, violoncelle) ou frappées avec un marteau (piano). Plus la corde est épaisse, longue et détendue, plus elle sonne grave. La caisse de résonance donne du volume au son.

13 saxophone
14 tuba
15 trompette
16 hautbois
17 flûte traversière
18 accordéon
19 flûte de Pan (Amérique du Sud)
20 flûte nasale (Fidji)
21 cornemuse (Écosse)
22 didjeridoo (Australie)
23 piano
24 guitare
25 banjo
26 balalaïka (Russie)
27 sitar (Inde)
28 kora (Sénégal / Guinée)
29 oud (Moyen-Orient)
30 violon
31 koto (Japon)
32 violoncelle
33 contrebasse

LA MUSIQUE CLASSIQUE

Longtemps, la voix a primé sur les instruments. Ce n'est qu'à la fin du XVIe siècle que naissent les premières partitions purement instrumentales, et avec elles, la musique dite classique. Un terme qui englobe des genres bien différents.

H. Berlioz (1803-1869)

F. Chopin (1810-1849)

LA MUSIQUE ROMANTIQUE

Qu'elles soient pour solistes ou pour orchestres symphoniques, les compositions romantiques s'adressent au cœur plutôt qu'au cerveau. Selon la personnalité du compositeur, le résultat est contrasté : mélancolique chez Chopin, fougueux chez Berlioz.

É. Satie (1866-1925)

LA MUSIQUE CONTEMPORAINE

Après l'emphase romantique, certains musiciens (Satie, Debussy) créent une musique plus aérienne et dépouillée. Mais le XXe siècle connaît bien d'autres écoles et recherches expérimentales, comme les musiques dodécaphonique ou aléatoire.

J. Cage (1912-1992)

W. A. Mozart (1756-1791)

J.-S. Bach (1685-1750)

LA MUSIQUE CLASSIQUE

L'orchestre symphonique, la musique de chambre et le piano : voilà les grandes nouveautés du XVIIIe siècle. On y entend des mélodies plus sentimentales qu'à l'époque baroque. Le piano offre en effet un éventail de sons plus nuancé.

Aretha Franklin (née en 1942)

LA SOUL

Ray Charles, James Brown, Marvin Gaye et Otis Redding inventent la *soul music* dans les années 1960. Suave et syncopée, elle donnera naissance au funk, au disco et au rap.

James Brown (1933-2006)

LA CHANSON DE GESTE ET DE COUR

Avec les troubadours et les trouvères, le chant gagne les rues et les cours princières. Au XIVe siècle, les premières partitions instrumentales apparaissent, même si elles servent simplement à accompagner le chant.

C. Monteverdi (1567-1643)

H. Purcell (1659-1695)

LA MUSIQUE BAROQUE

Tout change au XVIIe siècle. En Italie surgissent les premières pièces chantées de l'opéra. Surtout, l'apparition des orgues, violons et clavecins donne naissance à la musique instrumentale sous différentes formes : sonate, fugue, suite, concerto.

LE CHANT GRÉGORIEN

Dans les abbayes et les églises du haut Moyen Âge retentissent les chants grégoriens et leurs savants arrangements vocaux. L'accompagnement instrumental, quand il existe, est secondaire : on ne prend même pas la peine de le noter !

BLUES, JAZZ, ROCK ET Cie

Le premier gospel chanté par les esclaves noirs américains a donné le jour à de nombreux genres musicaux. Au terme d'un métissage entre répertoires blanc et noir, ces musiques populaires occupent aujourd'hui le devant de la scène.

Robert Johnson (1911-1938)

LE BLUES

Il est inventé par les Noirs américains à la fin du XIXe siècle. Simplement chanté au départ, il s'accompagne ensuite à la guitare dans un rythme envoûtant et répétitif qui influencera le jazz, puis le rock.

Duke Ellington (1899-1974)

LE JAZZ

En 1917 est enregistré le premier disque de jazz. Ces premières notes syncopées donneront naissance à d'innombrables styles : Nouvelle-Orléans, be-bop, cool-jazz, West Coast puis free-jazz, jazz-rock…

Miles Davis (1926-1992)

Chuck Berry (né en 1926)

LE ROCK

Étrange mélange de musique noire (Rhythm and blues) et blanche (country), le rock'n roll explose au début des années 1950. Il va définitivement conquérir le grand public grâce à un jeune camionneur du Tennessee : Elvis Presley.

Elvis Presley (1935-1977)

LA POP

Au début des années 1960, le monde est pris d'assaut par les groupes anglais : *The Animals*, *Herman Hermit's* et surtout *The Beatles*. Ils jouent une musique plus mélodique, moins agressive que le rock. On l'appelle « popular music » ou pop.

David Bowie (né en 1947)

The Beatles (1960-1970)

Bob Marley (1945-1981)

LE REGGAE

Mélange de calypso, de soul et de ska, le rythme reggae est facilement reconnaissable. Il a été popularisé à travers le monde dans les années 1970 par un artiste exceptionnel : Bob Marley.

Donna Summer (née en 1948)

Kool and the Gang (débuts en 1969)

LE DISCO

À la fin des années 1970 naît une musique très dansante et rythmée appelée « disco ». Son rythme plein d'allant et ses habits à paillettes seront rapidement adoptés par les industries du disque et de la mode.

Public Enemy (débuts en 1987)

LE RAP

En 1979, le *Rapper's Delight* de Sugarhill Gang fait naître un nouveau genre musical. Le chant mi-parlé, mi-scandé du rap va connaître un succès extraordinaire dans les années 1990.

Kraftwerk (débuts en 1968)

LA TECHNO

Le développement des instruments électroniques et des échantillonneurs donne naissance à la techno au début des années 1990. Plusieurs sous-genres se sont développés depuis lors : jungle, dance, house…

LA DANSE

Célébrer les dieux, honorer les morts, invoquer les forces de la nature, préparer au combat ou séduire : il y a autant de danses que de raisons de danser.

Né à New York dans les années 1970, le spectaculaire **breakdance** a contribué au développement du mouvement hip-hop.

Apparu aux États-Unis dans les années 1950, **le rock** a rapidement envahi les pistes de danse du monde entier.

Accompagnés par les guitares, les danseurs de **flamenco** espagnols jouent de leurs semelles cloutées comme de percussions.

Chez **les Gnawas** du Maroc, une confrérie de musiciens-guérisseurs anime un rite de désenvoûtement au cours de fêtes nocturnes appelées *lilas*.

Née en Allemagne, **la valse** fut reine du bal pendant tout le XIXe siècle. Elle reste la danse de couple la plus romantique.

La musique américano-cubaine des années 1970, **la salsa,** a donné son nom à une danse sensuelle très à la mode aujourd'hui.

Dérivé du quadrille, **le square dance** était la danse des pionniers américains. On y change souvent de partenaire.

En tournant comme des toupies, **les derviches tourneurs** musulmans du Proche-Orient espèrent entrer en contact avec le Tout-Puissant.

Pendant le carnaval de Rio (Brésil), le grand défilé du Sambodromo permet de désigner la meilleure école de **samba.**

Apparu à Buenos Aires (Argentine) à la fin du XIXe siècle, **le tango** a conquis l'Europe dans les années 1920.

Lors de **cette danse funéraire dogon** (Mali), le danseur costumé et masqué incarne un personnage mythologique pour rendre hommage au défunt.

Avant de partir en guerre, **les Zoulous** d'Afrique du Sud, le corps couvert de peintures, dansent au rythme des tambours.

LA MODE

Depuis la confection du premier vêtement, les hommes inventent par leur tenue un bien savant langage.

Moyen Âge : coiffure savante pour madame, longues poulaines pointues pour monsieur : voici un couple modèle de seigneurs médiévaux.

Renaissance : fraise au cou et crevés (fentes aux manches avec doublure apparente) pour monsieur. Décolleté et lourd brocart (soie ornée de fils d'or) pour la robe de madame.

XVIIIe siècle : un courtisan perruqué et fardé accompagne sa dame, dont la robe à panier peut atteindre, au sol, une ampleur de 5 m !

Futile ou utile ?

Réservé durant plusieurs siècles à une élite, le jeu de la mode est devenu universel. Mais ce jeu oblige à bien des contorsions : fraises, robes à panier, corsets, talons aiguilles et perruques nous rappellent que l'histoire de la mode n'a que bien peu à voir avec celle de l'utilité !

La polka, cette danse de couple originaire d'Europe centrale, était très populaire au XIXe siècle.

Dans ce spectacle japonais, **le bugaku,** les danseurs sont accompagnés par des musiques d'origine chinoise et coréenne.

Torse nu et visage peint, les Maoris de Nouvelle-Zélande dansaient et chantaient **le haka** avant d'aller au combat.

Les gracieuses danseuses **khmères** reproduisent les mouvements du Grand Naga, le serpent créateur du Cambodge.

La danse classique indienne s'inspire de récits mythologiques interprétés par le langage codé des corps et des mains.

Ornés de peintures et de plumes, **les danseurs aborigènes** (Australie) sont accompagnés par le son envoûtant du didjeridoo.

Le ballet

Au XVe siècle apparaît un nouveau type de spectacle, le ballet, où se mêlent musique, chant, poésie et danse.

Au XVIIe siècle, à la cour de Louis XIV, le ballet est très apprécié. Le roi lui-même danse dans des ballets célébrant sa gloire et chorégraphiés par Lully. La pantomime prend peu à peu le pas sur le chant.

Giselle d'Adam, *Le lac des cygnes* et *Casse-noisette* de Tchaïkovski : les codes de **ces ballets romantiques** du XIXe siècle, avec leur danseuse en ballerines et tutu blanc, régissent encore le monde de la danse dite classique.

En marge du « ballet blanc », des chorégraphes contemporains (Marta Graham, Merce Cunningham, Philippe Decouflé...) inventent de nouveaux styles de **danse moderne.**

XIXe siècle : redingote sombre, pantalon à carreaux et favoris pour les hommes. Robe imprimée, crinoline et supplice du corset pour les femmes.

Années 1920 : une silhouette droite, soulignée par une robe à taille basse pour les femmes. Pour les hommes, le pantalon de golf se porte avec un complet-veston.

Années 1940-50 : le *New Look* de Dior réinvente la féminité : jupes amples coupées à mi-mollet, épaules carrées, souliers à talons. Pour monsieur : le costume classique.

Années 1960 : des *mods* aux hippies, la mode change en permanence et se diffuse tous azimuts. Une grande innovation pour les femmes : la mini-jupe.

Années 1970 : peau de mouton, chemise africaine, foulard afghan, pantalon unisexe à pattes d'éléphant sur des sandales en cuir : voilà un parfait couple baba.

2000 : Quelques grandes marques internationales fournissent, les « nouveaux uniformes » urbains. Dans ce monde, le jean tient plus que jamais une place centrale.

L'INFORMATION À TRAVERS LES ÂGES

Les premiers « journaux » s'adressaient à un public restreint : celui qui avait les moyens de les acheter et surtout de les lire. Avec la baisse du coût de fabrication et le développement de l'éducation, ils touchent le grand public au XIXe siècle et se multiplient au XXe siècle. C'est aussi à cette époque que naissent d'autres médias (radio, TV...) : plus faciles d'accès, ils réagissent rapidement à l'événement.

Au XIVe siècle : 1res feuilles manuscrites de la ville de Venise.

Au XVIIe siècle : 1ers journaux réguliers imprimés à diffusion restreinte et tirage limité.

Au XIXe siècle : 1ers journaux grand public à gros tirage.

L'INFORMATION

Aujourd'hui, on peut recevoir de très nombreuse **chaînes de TV.** Au début des années soixante, en France, il n'existait qu'une seule chaîne, gérée par l'ORTF (l'Office de Radiodiffusion Télévision Française)

Ludique ou sérieuse, amusante ou tragique, l'information fait aujourd'hui partie de notre vie. Difficile, même, de faire le tri parmi les milliers de messages que diffusent quotidiennement les médias.

À la Une

L'INFO CHOC AU QUOTIDIEN

PRIX FRANCE MÉTROPOLITAIN

Dans les starting-blocks ①

Les Français ont tranché, même si ce fut avec la plus courte des majorités qu'ait connue la Ve République. Dès demain, Jean-Bernard Dupuis devra s'atteler aux grands chantiers de la France du IIIe millénaire : le chômage, l'insécurité, l'élargissement de l'Union européenne. Autant de thèmes qui ont dominé la campagne présidentielle et sur lesquels Jean-Bernard Dupuis a parfois fait preuve d'avis contrastés, si ce n'est contradictoires.

② **Jean-Bernard Dupuis élu avec 50,01 % des voix !**

Au cœur de la campagne de l'APP (Alliance Pour le Progrès) suspens jusqu'au bout de la nuit...

Au QG de campagne de Jean-Bernard Dupuis, il a fallu attendre 5 heures du matin pour voir enfin sauter les premiers bouchons de champagne. Du jeune artiste bohème à la retraitée en tailleur chic, tout le monde était certain de boire sa première coupe dès 20 heures, au vu des derniers sondages. C'est pourtant le plus grand des suspens qui tint en haleine les militants de l'APP pendant près de 9 heures. Un suspens difficilement soutenable dans une salle, il est vrai, chauffée à bloc.

Comment se fait un quotidien ?

Il existe des quotidiens du matin (*Le Parisien*, *Libération*, *Le Figaro*...) et des quotidiens du soir (*Le Monde*). Mais dans les deux cas, les étapes de confection restent les mêmes.

① Le journaliste recherche un sujet. **Les sources d'information** sont nombreuses : les dépêches des agences de presse, les communiqués des services de presse des grandes entreprises... Il a aussi un réseau d'informateurs qui peut lui révéler des scoops, des nouvelles en exclusivité. Il se réfère également aux autres médias (TV, radio et journaux).

② Lors de **la conférence de rédaction,** les directeurs des différents services (étranger, politique intérieure, sport...) se réunissent sous l'autorité du rédacteur en chef. On choisit les sujets, les angles et le mode de traitement (interview, enquête, reportage...) en veillant à respecter la maquette du journal. Pour écrire son article, le journaliste doit respecter le « calibrage » défini (nombre de lettres maximum).

③ Le journaliste, permanent ou non permanent (pigiste), mène une enquête, croise ses sources ou fait interview avant de rédiger **son artic** Celui-ci peut être accompagné de photographies, de cartes, de graphi ou de dessins humoristiques.

En 1920 : 1re émission d'information radio en Grande-Bretagne.

En 1943 : 1er journal télévisé aux États-Unis.

En 1991 : création du World Wide Web (Internet).

INTERVIEW EXCLUSIVE DU NOUVEAU PRÉSIDENT

Jean-Bernard Dupuis : « Nous avons gagné avec le cœur ! »

Marc Hermann : Cette courte majorité est pour le moins inattendue, si l'on se réfère aux derniers sondages. Avez-vous craint de voir la victoire vous échapper, monsieur le Président ?

Jean-Bernard Dupuis : *Quels qu'aient été les résultats, j'aurais respecté le choix des Françaises et des Français. Cependant, nous avons gagné avec le cœur. Car depuis nombre d'années, au travers de mes différentes fonctions, dont celle de députémaire, j'ai toujours été à l'écoute des besoins et des demandes de mes compatriotes. C'est ce travail de proximité qui porte aujourd'hui ses fruits.* **(suite page 2)**

Brèves... (4)

Un incendie au bureau de vote d'Ars-en-Ré

La Rochelle (AFP) : Un incendie s'est déclaré peu après 19 heures au bureau de vote n° 3 d'Ars-en-Ré, alors que les scrutateurs s'apprêtaient à dépouiller les bulletins. D'après les premiers éléments de l'enquête, la thèse de l'acte criminel est écartée.

Sur le fil... (5)

Les croche-pieds et les coups bas verbaux des deux derniers candidats nous ont donné l'impression d'assister à une bagarre de cours de récré. Avec cette victoire sur le fil de Jean-Bernard Dupuis, les Grecs de l'Antiquité, inventeurs de la démocratie, ont dû se retourner dans leurs tombes. Est-il, en effet, possible de reconnaître le leader de l'APP comme le représentant de tous les Français ?

Enquête au sein de la galaxie APP (6)

Une banque, une société d'assurances, des villages de vacances, des bureaux de Stockholm à Naples, telle est l'ampleur des biens détenus par Jean-Bernard Dupuis. Un véritable empire ! Sous couvert de l'anonymat, un ancien collaborateur de Jean-Bernard Dupuis décrit le leader de l'APP comme un fauve prêt à tout pour régner dans la jungle politique... ***(suite page 4)***

UN JOURNAL, DES ARTICLES

Découvre dans ce faux journal les différents articles d'un vrai quotidien.

(1) **L'éditorial ou « édito »** est écrit par un membre de la rédaction du journal. Il définit l'orientation générale du quotidien.

(2) Par **le reportage,** le journaliste témoigne de ce qu'il a vu ou entendu.

(3) **L'interview** permet de relater un événement du point de vue d'un protagoniste ou d'un observateur.

(4) **La brève** décrit un événement en peu de mots.

(5) **La chronique,** souvent écrite sur un ton humoristique ou décalé, donne un point de vue sur un sujet d'actualité.

(6) **L'enquête** traite d'un sujet précis, en s'appuyant sur plusieurs sources : étude de dossier, reportage, témoignage.

(4) Les articles sont **maquettés** avec les supports visuels. Puis ils sont **corrigés** par le secrétaire de rédaction (SR) : il aménage leur longueur, rédige les titres, les chapeaux (introductions), et les légendes des photos.

(5) Le fichier informatique de la maquette est confié à l'imprimeur. Quelques minutes après la fin de **l'impression,** les journaux sont transportés vers les points de vente. Pendant ce temps, à la rédaction, on prépare déjà l'édition du lendemain.

chiffres

14 millions d'exemplaires, c'est le record mondial de tirage détenu par le quotidien japonais *Yomiuri Shimbun.*

793 790 d'exemplaires, c'est le tirage moyen de *Ouest-France,* le quotidien français le plus diffusé.

34 %, c'est le pourcentage de Français déclarant lire un quotidien « tous les jours ou presque ». Ils étaient 60 % en 1967.

5,4 kg, pour 1 612 pages, c'est le poids du journal le plus lourd, le *Sunday New York Times* du 14/09/1987. Les éditions de fin de semaine des journaux américains et anglais sont toujours très volumineuses.

LA DÉSINFORMATION

Il ne suffit plus de voir pour croire. Des logiciels informatiques permettent en effet de manipuler l'image en la retouchant pour embellir, enlaidir ou même supprimer un personnage ou un objet. En voici un exemple avec une photo du procès de Nüremberg (1945-1946).

Avant retouche

Après retouche

INTERNET

En aidant à accéder rapidement à l'information, et surtout à la puiser à différentes sources, Internet a révolutionné le monde des médias.

Des militaires au monde entier

C'est en 1969 qu'apparaît ARPANET, le premier réseau informatique. Les militaires américains l'utilisent pour faire communiquer leurs ordinateurs entre eux. Dans les années 1970, chercheurs et universitaires créent d'autres réseaux, sur le même modèle. En 1991, le « réseau des réseaux », le World Wide Web ou « toile mondiale », voit le jour. Le grand public a désormais accès à Internet.

Dans **ce cybercafé** parisien, 375 ordinateurs sont utilisés par les clients pour surfer sur le Web.

Nombre d'ordinateurs connectés à Internet (en millions)
Le nombre d'internautes augmente chaque année. On en comptait moins d'un milliard en 2004 ; on en attend 1,5 milliard dès 2010. Aujourd'hui, plus du tiers des internautes habite en Asie.

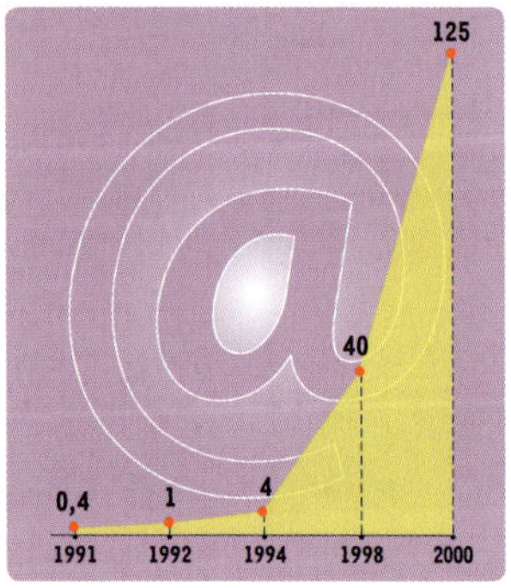

Que trouve-t-on sur Internet ?

LES SITES

Une entreprise, une institution ou même un individu : tout le monde peut créer son propre site, sa propre adresse sur Internet, pour diffuser des informations (texte, image, son), faire de la promotion ou vendre des produits.

À chaque site correspond **une adresse URL.** Cette adresse mène à la page d'accueil (*homepage*) du site.

Cette barre d'outils permet une meilleure navigation. Elle sert à imprimer la page consultée, à constituer un répertoire d'adresses, à revenir à la page précédente…

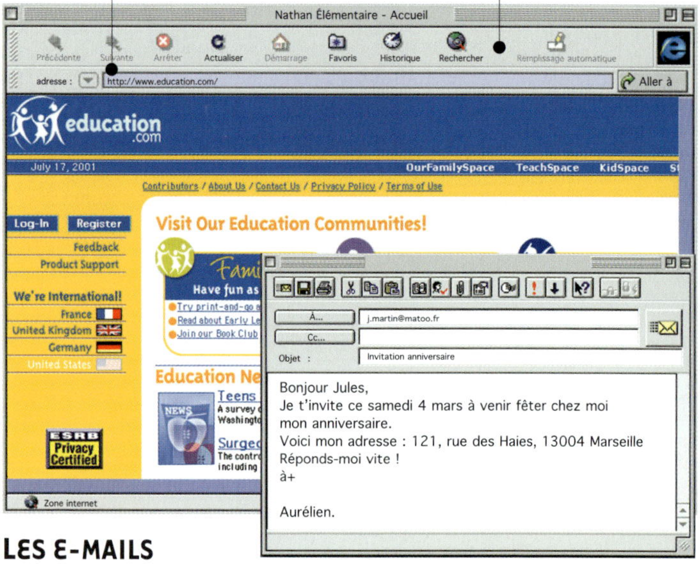

LES E-MAILS

Ce sont des messages écrits électroniques auxquels on peut joindre des fichiers sonores ou visuels.

LES CHATS

Ce sont des espaces de dialogue virtuels où les internautes communiquent entre eux en direct.

LES NEWSGROUPS

Ce sont des forums de discussion virtuels où les internautes peuvent débattre et échanger des informations sur un sujet précis.

LES SMILEYS

Penche la tête vers la gauche et découvre ces smileys, utilisés par les internautes pour communiquer.

:-)	sourire	:-x	muet
:D	rire	:-*	bisous
:-(	triste	:-0	surpris
:-S	j'ai dit une bêtise	:-~)	enrhumé
;-)	complice	I-0	je bâille
:-))	très heureux	:]	soyons amis

chiffres

4, c'était le nombre d'ordinateurs connectés en décembre 1969 à Arpanet.

31,5 millions : c'est le nombre de Français qui ont utilisé Internet en janvier 2008. On n'en comptait que 11,9 millions en mai 2001.

3 millions, c'est le nombre de questions adressées en 30 mn à Paul McCartney lors d'une interview en ligne organisée en mai 1997.

88 % des Islandais et 81 % des Finlandais sont connectés au Web. Les Scandinaves sont les plus gros utilisateurs d'Internet en Europe.

2 039 dollars : c'est le montant échangé chaque seconde sur ebay, le principal site de vente aux enchères du monde.

LE SPORT

En haut du podium !

« Plus vite, plus haut, plus fort ! » : c'est la devise des jeux Olympiques. C'est aussi l'objectif de ces grands champions qui ont marqué le xxe siècle. S'ils se sont illustrés dans des sports très divers, ils sont au moins unanimes sur un point : pour en arriver là, ils ont dû repousser leurs limites et faire de nombreux sacrifices.

5 millions de Français pratiquent un sport.

Quelques-uns décident même de lui consacrer leur vie. Ils réalisent parfois leur rêve : devenir un champion.

Rod Laver
(Australien, né en 1938)
Tennisman. Exploit : a réalisé 2 fois le Grand Chelem en 1962 et 1969.

Pelé
(Brésilien, né en 1940)
Footballeur. Exploit : 3 coupes du monde, 1 281 buts inscrits en matchs officiels.

Carl Lewis
(Américain, né en 1961) Athlète (sprint et saut en longueur).
Exploit : 9 médailles d'or aux J.O. de 1984, 1988, 1992, et 1996
8 titres de champion du monde.

Jesse Owens
(Américain, 1913–1982)
Athlète (sprint et saut en longueur). Exploit : 4 médailles d'or aux J.O. de Berlin en 1936.

Michael Jordan
(Américain, né en 1963)
Basketteur. Exploit : 6 fois champion NBA avec son équipe des *Chicago Bulls* entre 1991 et 1998.

Juan-Manuel Fangio
(Argentin, 1911–1995)
Pilote de Formule 1. Exploit : 5 titres de champion du monde entre 1951 et 1957, un record absolu.

Nadia Comaneci
(Roumaine, née en 1961) Gymnaste. Exploit : médaille d'or aux J.O. de Montréal, en 1976, avec une succession de 10/10.

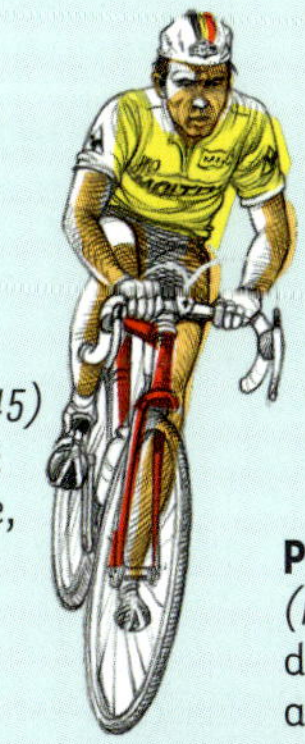

Eddy Merckx
(Belge, né en 1945)
Cycliste. Exploit : 5 tours de France, 5 tours d'Italie, 3 championnats du monde entre 1967 et 1974.

Paavo Nurmi
(Finlandais, 1897–1973) Coureur de fond. Exploit : 9 médailles d'or aux J.O. de 1920, 1924 et 1928.

Muhammad Ali
(Américain, né en 1942)
Boxeur. Exploit : champion du monde des poids lourds de 1964 à 1967 et de 1974 à 1978.

LES JEUX OLYMPIQUES

Le rêve de tout champion : décrocher une médaille d'or aux jeux Olympiques, le grand rendez-vous sportif.
J.O. d'hiver et J.O. d'été sont organisés tous les quatre ans, chaque fois dans une ville différente. Voici quelques symboles des J.O.

Sur **le drapeau olympique,** les 5 anneaux symbolisent les 5 continents.

Allumée lors de la cérémonie d'inauguration, **la flamme olympique** ne s'éteint qu'à la fin des Jeux.

Au nom de tous, un athlète jure de concourir « dans un esprit de sportivité ». C'est **le serment olympique.**

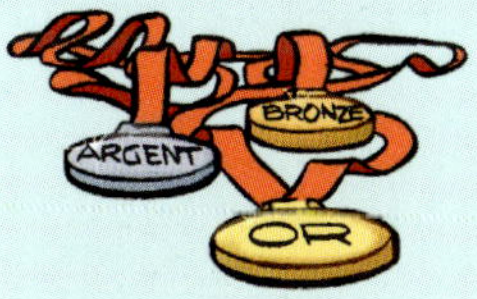

Récompenses : **médaille** d'or pour le vainqueur, d'argent pour le deuxième, de bronze pour le troisième.

GYMNASTIQUE

Durant une compétition les gymnastes exécutent des exercices au sol et aux agrès (poutre, anneaux...).

Réservé aux hommes :

Réservé aux femmes :

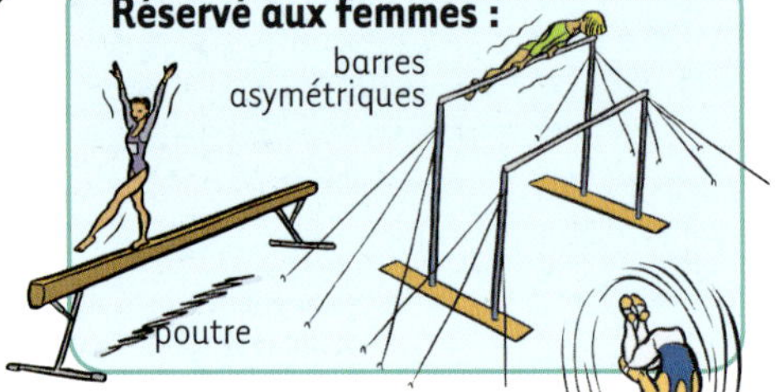

Mixtes :

métier Gymnaste

■ En gymnastique, pour devenir championne il faut commencer à s'entrainer dès l'âge de 6 ans !

Je suis élève en seconde à l'INSEP (Institut National du Sport et de l'Éducation Physique). Chaque jour de la semaine, j'ai 4 heures de cours et 5 heures et demie d'entraînement. Aux exercices aux 4 agrès s'ajoutent les séances de préparation physique, surtout des assouplissements. Avant les grandes compétitions, on s'entraîne 7 jours sur 7, en insistant sur les mouvements du programme. 3 fois par semaine, un kinésithérapeute vient nous masser.

ATHLÉTISME

Hérité de la Grèce antique, l'athlétisme reste le sport roi des jeux Olympiques. Il se divise en 3 catégories.

LES COURSES

DU SPRINT AU FOND

- **Sprint** (courses de vitesse) : 100, 200, 400 m.
- **Demi-fond et fond** (courses d'endurance) : 800, 1 500, 5 000 et 10 000 m.
- **Autres** : 20 km marche, marathon (42,195 km)...

LE RELAIS

4 sportifs se relaient en se passant un bâton, le témoin. Chacun court 100 ou 400 m.

LES HAIES

- **Hommes :** 110 et 400 m, 3 000 m steeple (haies + rivière).
- **Femmes :** 100 et 400 m.

LES SAUTS

À LA PERCHE

Dans les années 1960, les perches en fibre de verre ont aidé à gagner près de 1 m en 10 ans.

EN HAUTEUR

Avant 1968, on sautait en ciseau ou sur le ventre. Aujourd'hui, on saute en fosbury, sur le dos.

TRIPLE SAUT

Après la « planche », l'athlète fait deux grands bonds avant de sauter dans le bac à sable.

EN LONGUEUR

Si le sauteur prend son appui après la planche, on dit qu'il a « mordu » et son saut n'est pas validé.

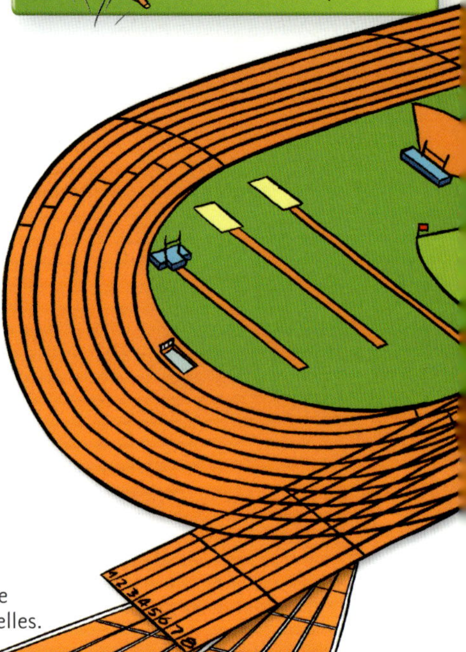

TECHNIQUES DE POINTE

Depuis les coureurs grecs s'élançant sur les pistes en sable, que d'innovations techniques... et de records battus !

Le pistolet donne le départ de la course. Ce pistolet électronique ne tire pas de balles réelles.

Les starting-blocks sont munis d'un détecteur qui permet de repérer les « faux départs » : ceux qui ont lieu moins d'un dixième de seconde après le coup de pistolet.

Les chaussures de course sont conçues sur mesure pour mieux s'adapter à la morphologie des pieds des champions.

Les maillots flottants et les shorts d'hier ont été remplacés par **des combinaisons** moulantes, plus aérodynamiques. Le dossard est accroché au dos pour les courses de sprint, sur la poitrine pour les courses de fond.

À la Une

L'INFO CHOC AU QUOTIDIEN

Prix France Métropolitaine : 1 €

BOB BEAMON : LE SAUT DU SIÈCLE !

Le vendredi 18 octobre 1968, aux J.O. de Mexico, toutes les conditions sont réunies pour un concours de saut en longueur d'une qualité exceptionnelle : température idéale, vent favorable et air très peu dense (2 350 m d'altitude). Personne ne s'attendait néanmoins à l'incroyable performance de Bob Beamon qui, à son premier essai, réalise un saut à 8,90 m, soit 55 cm de mieux que le précédent record du monde ! Ce record inattendu ne sera battu qu'en 1991 par Mike Powell (8,95m).

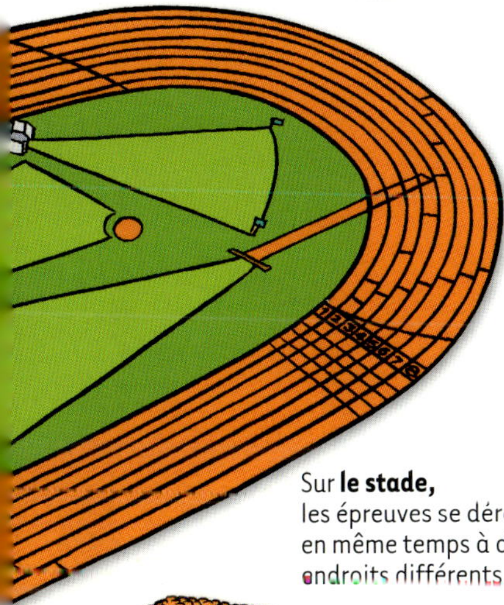

Sur **le stade,** les épreuves se déroulent en même temps à des endroits différents.

Depuis 1968, **les pistes** sont recouvertes d'un revêtement synthétique en tartan. Elles sont plus rapides et sèchent plus vite en cas de pluie.

LES LANCERS

MARTEAU

Le marteau est un poids attaché à un câble de près de 1 m.

POIDS

Le poids est une boule en métal d'au moins 7,2 kg (hommes) ou 4 kg (femmes).

DISQUE

Comme les lanceurs de poids et de marteau, le discobole ne doit pas sortir d'un cercle d'élan de 2,135 m de diamètre.

JAVELOT

L'athlète peut prendre son élan sur près de 30 m avant de lancer son javelot.

LE 100 m IMAGINAIRE

Pour cette épreuve de sprint légendaire, nous avons réuni les quatre derniers recordmen du monde :

Leroy Burell (États-Unis) : 9''85 en 1994

Donovan Bailey (Canada) : 9''84 en 1996

Maurice Greene (États-Unis) : 9''79 en 1999

Asafa Powell (Jamaïque) : 9''74 en 2007

SPORTS DE COMBAT

Ils ne servent plus à préparer les hommes au combat, mais plutôt à leur apprendre à maîtriser leur force.

JUDO

- **Origine :** Japon (dérivé du ju-jitsu).
- **Mots clés :** judoka (pratiquant du judo), dojo (salle d'entraînement), tatami (tapis sur lequel a lieu le combat), judogi (vêtement du judoka).

BOXE ANGLAISE

- **Origine :** Grande-Bretagne.
- **Mots clés :** uppercut (coup par en dessous), crochet (coup par le côté), knock-out ou K.-O. (boxeur groggy « au tapis » pendant 10 s), ring (aire de combat entourée de cordes).

LUTTE

- **Origine :** Grèce.
- **Mots clés :** lutte gréco-romaine (prises aux jambes interdites), lutte libre (prises aux jambes autorisées), tombé (avantage définitif par projection au sol des deux épaules de l'adversaire).

ESCRIME

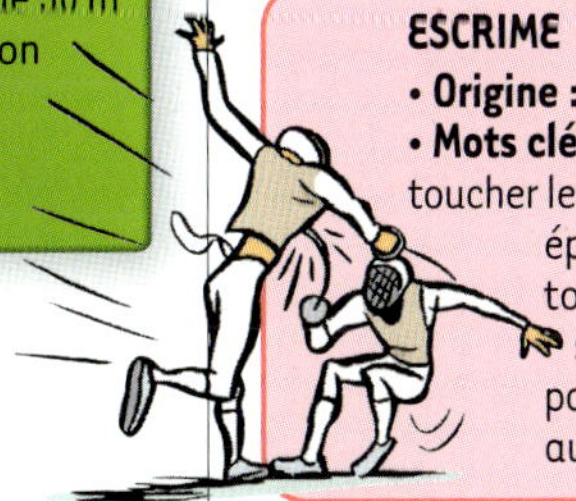

- **Origine :** Espagne.
- **Mots clés** : fleuret (la pointe peut toucher le tronc de l'adversaire), épée (la pointe peut toucher toutes les parties du corps), sabre (n'importe quelle partie de la lame peut toucher au-dessus de la ceinture).

KARATÉ

- **Origine :** Chine/Japon.
- **Mots clés :** kiaï (cri), mawashi geri (coup de pied circulaire au visage), kisami tsuki (coup de poing au corps), yoko geri (coup de pied latéral), mae geri (coup de pied direct).

SPORTS DE BALLON

Les règles du football et du rugby ont été codifiées au XIXe siècle dans les *public schools* anglaises. Le ballon, rond ou ovale, est devenu l'élément indispensable des sports collectifs les plus populaires.

HANDBALL

- **Équipe :** 7 joueurs.
- **Durée :** 2 mi-temps de 30 mn.
- **But du jeu :** marquer des buts en envoyant le ballon dans la cage adverse avec n'importe quelle partie du corps, sauf la partie inférieure de la jambe.
- **Principaux interdits :** pénétrer dans la surface de but, faire plus de 3 pas avec le ballon.

VOLLEY-BALL

- **Équipe :** 6 joueurs.
- **Durée :** illimitée.
- **But du jeu :** gagner 3 sets (2 premiers sets = 25 points, troisième set= 15 points) ; marquer des points en envoyant le ballon à la main par-dessus le filet sur le sol du camp adverse.
- **Principaux interdits :** toucher le filet, dépasser la ligne médiane, toucher le ballon avec la jambe.

BASKET

- **Équipe** : 5 joueurs.
- **Durée :** 2 mi-temps de 20 mn.
- **But du jeu :** marquer des points en envoyant le ballon à la main dans le panier adverse. Un panier vaut 2 ou 3 points, un lancer franc 1 point.
- **Principaux interdits :** faire plus d'un pas sans dribbler, garder le ballon plus de 30 secondes sans tenter un tir, toucher l'adversaire.

RUGBY

- **Équipe :** 15 joueurs.
- **Durée :** 2 mi-temps de 40 mn.
- **But du jeu :** marquer des points grâce à des essais (plaquer le ballon derrière la ligne d'en-but adverse) ou à des tirs au pied au-dessus de la barre.
- **Principal interdit :** passer le ballon en avant à la main.

FOOTBALL AMÉRICAIN

- **équipe :** 11 joueurs.
- **Durée :** 4 quart-temps de 15 mn.
- **But du jeu :** marquer des points grâce à des *touch-downs* (balle déposée derrière la ligne d'en-but adverse) ou des coups de pied au but.
- **Principal interdit :** plaquer un joueur qui n'a pas le ballon.

FOOTBALL

- **Équipe :** 11 joueurs.
- **Durée :** 2 mi-temps de 45 mn.
- **But du jeu :** marquer des buts avec n'importe quelle partie du corps, mis à part les mains, en envoyantle ballon dans la cage adverse.
- **Principales compétitions :** Coupe du monde (compétition ayant lieu tous les 4 ans entre les équipes nationales du monde entier), Championnat d'Europe (compétition ayant lieu tous les 4 ans entre les équipes nationales européennes), Ligue des champions (compétition annuelle entre les meilleurs clubs européens).

Au football, la tactique la plus courante est aujourd'hui celle du **« 4-4-2 » :** 4 défenseurs, 4 milieux de terrain et 2 attaquants.

Un arbitre, aidé par deux juges de touche, fait respecter les règles. En cas de faute, il peut sortir un carton jaune (avertissement) ou rouge (expulsion).

DES FAUTES...

Touche
Un joueur bleu a envoyé le ballon hors des limites latérales du terrain. Un joueur rouge vient remettre le ballon en jeu, à la main.

Corner
Un joueur rouge a envoyé le ballon derrière sa ligne de but. Un joueur bleu vient remettre le ballon en jeu, au pied, depuis le point de corner.

Hors-jeu
Il y a hors-jeu si, au moment où son coéquipier lui fait la passe, le joueur bleu est derrière le dernier défenseur de l'équipe rouge.

... DES SANCTIONS

Coup franc
Un joueur bleu a commis une faute sur un joueur rouge. L'arbitre siffle : « Coup franc ! » Un joueur rouge vient tirer le coup franc, toujours au pied, à l'endroit où la faute a été commise.

Penalty
Un joueur rouge a fait une faute sur un joueur bleu, dans la surface de réparation. L'arbitre siffle : « Penalty ! » Un joueur bleu vient tirer le penalty à 11 m du but adverse.

SPORTS DE BALLE

Pour pratiquer un sport de balle, il faut généralement s'équiper d'un instrument : raquette, batte, club...

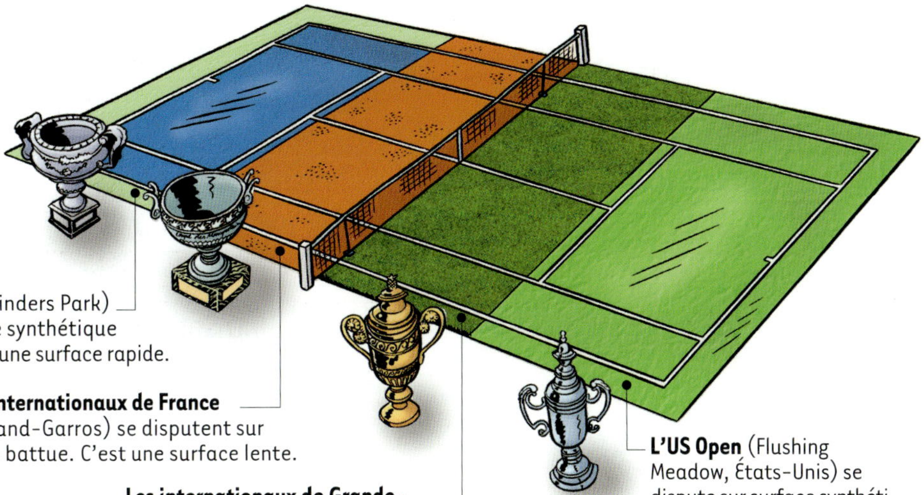

L'Open d'Australie (Flinders Park) se déroule sur surface synthétique (Rebound Ace). C'est une surface rapide.

Les internationaux de France (Roland-Garros) se disputent sur terre battue. C'est une surface lente.

Les internationaux de Grande-Bretagne (Wimbledon) se disputent sur gazon. C'est une surface très rapide.

L'US Open (Flushing Meadow, États-Unis) se dispute sur surface synthétique (Decoturf). C'est une surface rapide, mais plus lente que le gazon.

LE GRAND CHELEM

Quand un joueur gagne ces 4 tournois de tennis dans la même année, on dit qu'il a réussi le « Grand Chelem ».

① **Le service :** si l'adversaire n'arrive pas à toucher la balle, on dit que le serveur a fait un *ace*.

② **La montée au filet avec revers :** c'est un coup d'attaque qui permet au joueur de monter à la volée.

③ **La volée :** en cassant légèrement le poignet, le volleyeur pourra réaliser un bel amorti. Les volées basses, très difficiles, nécessitent de bien plier les genoux.

④ **Le smash :** c'est un coup particulièrement puissant, joué au-dessus de la tête.

TENNIS

- **Règle du jeu :** 2 (ou 4) joueurs se renvoient la balle au-dessus du filet, dans les limites du terrain. Chaque échange gagné donne des points, puis des jeux, et enfin des sets (ou manches). Le match se joue en 2 sets chez les femmes, 2 ou 3 sets selon le règlement du tournoi chez les hommes.
- **Principaux pays :** États-Unis, Suède, Australie, France, Grande-Bretagne, Espagne.

SQUASH

- **Règle du jeu :** 2 joueurs côte à côte se renvoient une balle qui rebondit sur les 4 murs de la salle. Il faut gagner 3 jeux pour remporter le match.
- **Principaux pays :** Grande-Bretagne, États-Unis, Allemagne, Australie, Égypte.

TENNIS DE TABLE

- **Règle du jeu :** pour remporter une manche, il faut faire 21 points, avec 2 points d'écart sur son adversaire. Pour gagner une partie, il faut gagner parfois 2, parfois 3 manches.
- **Principaux pays :** avec 10 millions de licenciés, la Chine est le grand pays du ping-pong.

GOLF

- **Règle du jeu :** pour gagner une compétition de golf, il faut jouer le moins de coups possible sur un parcours de 18 trous.

Principaux pays : États-Unis, Japon, Canada, Grande-Bretagne.

BASE-BALL

- **Règle du jeu :** 2 équipes de 9 joueurs s'affrontent, chaque équipe jouant alternativement en attaque et en défense.
- **Principaux pays :** États-Unis, Cuba, Japon.

chiffres

79 mn, c'est la durée du plus long échange de l'histoire du tennis. Il a eu lieu entre Mlles Marot et Ricard, le 28 mars 1981 à Roland-Garros.

246,9 km/h, c'est le service le plus rapide enregistré par radar. L'Américain Andy Roddick en est l'auteur.

32, c'est le nombre de Coupe Davis (compétition entre équipes nationales) remportées par les États-Unis de 1900 à 2007. L'Australie suit derrière avec 28 victoires.

8,4 millions de dollars, c'est le montant record de gains en une seule saison. L'heureux lauréat : Roger Federer, qui a accumulé ces gains en 17 tournois joués.

SPORTS D'EAU

À la nage, à la rame, à la voile : les sportifs sont partis à la conquête de l'eau.

Surf
Originaire de Polynésie, le surf est aujourd'hui pratiqué sur tous les gros « rouleaux » du monde.

Ski nautique
Dernière mode : le ski pieds nus ou *barefoot*.

PLUSIEURS TYPES DE BATEAUX

Suivant les courses, on utilise des voiliers monocoques ou multicoques.

Planche à voile
Le planchiste dirige sa voile à l'aide du *wishbone*, une sorte de barre qui entoure la voile.

LES 4 NAGES OLYMPIQUES

La brasse est comparable à la nage de la grenouille (record 100 m : 59'13'').

Le crawl, inventé par les Aborigènes, est la plus rapide (record 100 m : 47'50'').

Le dos est un crawl nagé sur le dos (record 100 m : 52'98'').

Le papillon est aussi appelé dauphin (record 100 m : 50'40'').

Plongée
À travers le monde, 4,5 millions de passionnés se donnent rendez-vous sous l'eau pour explorer les fonds sous-marins, leur faune et leur flore, découvrir des épaves, chasser ou tester leur capacité à descendre de plus en plus profond.

Avec bouteille
Depuis 1930, on utilise des bouteilles de plongée remplies de divers gaz (hydrogène, hélium, azote, oxygène). Mais attention à l'« ivresse des profondeurs » !

En apnée
L'apnée, c'est la plongée sans bouteille. En apnée statique, on cherche à rester le plus longtemps sous l'eau. Le record est de 14'12''.

SPORTS D'HIVER

Depuis 1924, les jeux Olympiques d'hiver proposent des épreuves de ski, de patinage, de glisse, de hockey sur glace... spectaculaires !

Ski acrobatique
Qu'il s'agisse de l'épreuve de saut ou de bosses (une piste de 250 m couverte de bosses de 1 m de haut !), le ski acrobatique est très impressionnant.

Slalom
Lors de sa descente, le slalomeur doit contourner toutes les « portes » (piquet de 1,80 m) sous peine d'être disqualifié.

Descente
Le tracé est aussi délimité par des portes, mais le dénivelé est plus important et l'allure plus rapide qu'en slalom : jusqu'à 117 km/h de moyenne !

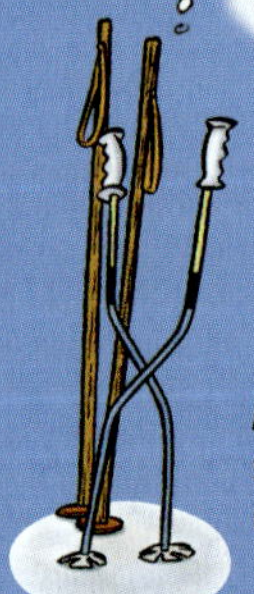

Avant 1960, on glissait sur des skis en bois, dans des chaussures souples à lacets.

Par la suite sont apparus les chaussures en cuir plastifié et les skis en fer, puis en fibre de carbone.

Le surf des neiges connaît un succès moins éphémère que celui du monoski.

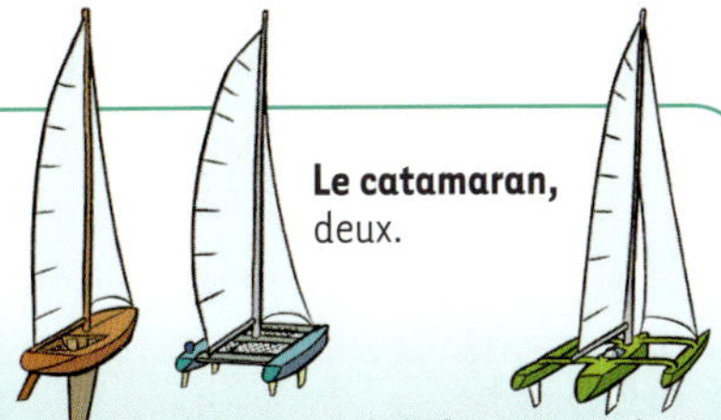

Le catamaran, deux.

Le monocoque n'a qu'une coque.

Le trimaran, trois. C'est le plus rapide.

Aviron
Sur le bateau, 2, 4 ou 8 rameurs, avec ou sans barreur.

Canoë-kayak
Le canoë se pratique avec une pagaie simple et le kayak avec une pagaie double, en eaux vives ou en eaux calmes.

Dériveurs
Les dériveurs se dirigent grâce à une dérive mobile plongée dans l'eau.

À la Une

L'INFO CHOC AU QUOTIDIEN

PRIX FRANCE MÉTROPOLITAINE : 1 €

UN TOUR DU MONDE À L'ENVERS !

Avec 151 jours de traversée sur un monocoque, Philippe Monnet a battu, le 9 juin 2000, le record du tour du monde le plus difficile : celui qui se fait contre les vents dominants. Mais il a dû au passage affronter bien des épreuves : tempêtes, icebergs, crise de paludisme et même éruption volcanique sous-marine ! Son record a été battu 4 ans plus tard par Jean-Luc Van Den Heede (122 jours).

■ Philippe Monnet lors de sa course.

LES COURSES

Elles prennent différentes formes :

- **Les régates,** comme l'America's Cup, se déroulent près des côtes sur un parcours délimité par des bouées.
- **Les courses transatlantiques** (ou transats) peuvent se faire en équipage ou en solitaire. La Route du Rhum relie Saint-Malo à Pointe-à-Pitre (7 200 km).
- **Les courses autour du monde** peuvent se faire avec ou sans escales (Vendée Globe).

Des outils de navigation

Saut
Sans bâtons et accroupi, le sauteur s'élance d'un tremplin et doit sauter le plus loin possible. Le jury prend en compte la longueur mais aussi le style du saut.

Luge et bobsleigh
La luge se pratique seul ou à 2, et le bobsleigh à 2 ou à 4, avec toujours un pilote à l'avant et un freineur à l'arrière. Objectif : descendre le plus vite possible une piste de glace.

Ski de vitesse
La piste rectiligne permet d'atteindre des vitesses époustouflantes : jusqu'à 248 km/h (Harry Egger).

Hockey sur glace
Deux équipes de 6 joueurs s'affrontent en essayant de faire entrer le plus souvent possible le palet dans le but adverse.

SKI NORDIQUE

Le ski nordique se pratique sur des pistes moins accidentées que celles du ski alpin. Ce terme recouvre le ski de fond mais aussi des épreuves mixtes comme le biathlon (fond et tir) ou le combiné nordique (fond et saut).

Patinage artistique
Il regroupe 3 épreuves : le patinage individuel, le patinage par couple et la danse sur glace.

À CHEVAL

Du cheval, le plus vieux moyen de transport, on a fait l'un des premiers sports : l'équitation.

LES COURSES

Il existe 3 types de courses : les courses de plat (chevaux de 2 à 4 ans), les courses de trot (chevaux de 3 à 10 ans) et les courses d'obstacles (haies, rivières...).

LE SAUT D'OBSTACLES (OU JUMPING)

Le cavalier doit exécuter un parcours d'obstacles. Chaque fois que son cheval bute sur un obstacle ou refuse de l'affronter, il est pénalisé. Le plus difficile : franchir deux ou même trois obstacles à la suite.

Le cheval peut avoir **3 allures :** **le pas** (6 à 8 km/h)

LES COURSES SUR PISTE

Keirin, poursuite individuelle et par équipe et « kilomètre contre la montre » sont les principales compétitions organisées sur la piste des vélodromes. Certaines courses se déroulent sur plusieurs jours : c'est le cas des « Six Jours ». Avec leurs vélos sans freins ni dérailleur, les cyclistes peuvent atteindre la vitesse de 80 km/h.

À VÉLO

Sur piste comme sur route, l'ancêtre des sports mécaniques a gardé nombre d'admirateurs fascinés par la légende de la « petite reine » (la bicyclette).

LES COURSES SUR ROUTE

Il y a les « classiques », qui se déroulent sur une journée. Il existe aussi les courses à étapes. Les plus célèbres sont le Tour d'Italie (le Giro), le Tour d'Espagne (la Vuelta) et surtout le Tour de France.

SPORTS EXTRÊMES

Depuis quelques années, la mode est aux sports extrêmes. Réservés aux amateurs de sensations fortes !

Parapente
Grâce à sa voilure rectangulaire très fine, le parapente peut décoller depuis les pentes moyennes ou fortes.

Hydrospeed
Sur son flotteur en polyéthylène, le nageur descend les torrents avec casque, gilet, gants, palmes et combinaison.

Escalade à mains nues
Pas de cordes, pas de piolet, mais juste une paire de chaussures et un peu de magnésie (poudre blanche sur les mains pour assurer les prises.

LE DRESSAGE

Sous les ordres d'un cavalier qui doit montrer sa capacité à faire obéir sa monture, le cheval enchaîne une vingtaine de figures.

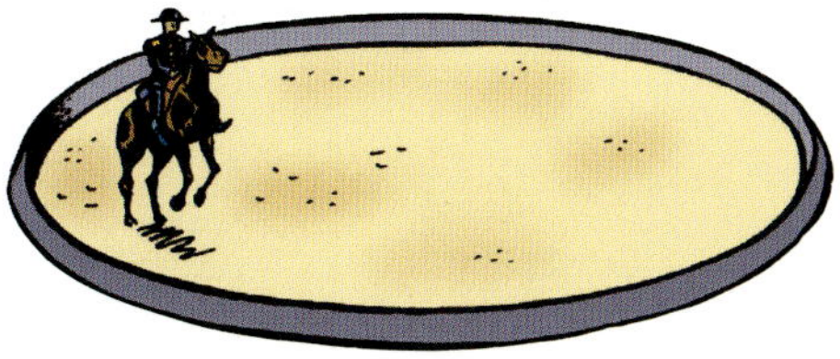

le trot (10 à 48 km/h)

le galop (15 à 62 km/h)

DES MAILLOTS GAGNANTS !

Le maillot à pois est porté par le meilleur grimpeur du Tour de France.

Depuis 1919, **le maillot jaune** permet de distinguer le leader du Tour de France.

Le vainqueur du Championnat du monde sur route reçoit **le maillot arc-en-ciel.**

LE VTT

Depuis leur apparition en 1983, les Vélos Tout Terrain ont permis aux cyclistes d'explorer des chemins jusque-là inaccessibles. Les épreuves de VTT se font sur des terrains accidentés… et sont très physiques.

LES RAIDS ET RALLYES

Les raids et les rallyes sont des courses à étapes qui se déroulent sur route avec des voitures de tourisme. Les raids (comme celui de Monte-Carlo) sont souvent plus longs et plus accidentés que les rallyes, par exemple le rallye Dakar.

Lors d'un raid, le pilote est assisté d'**un copilote** pour s'orienter.

EN AUTO

Dangereux, mais grisants et spectaculaires, les sports automobiles constituent une fantastique vitrine pour les constructeurs de voitures.

chiffres

305 km, c'est la longueur moyenne d'un circuit de Grand Prix. Seul le Grand Prix de Monaco, plus dur, est beaucoup plus court (262,6 km).

257,320 km/h, c'est le tour de piste le plus rapide en course, réalisé en 2004 par Rubens Barrichello sur Ferrari, à Monza (Italie).

LA FORMULE 1

En 1949, on a créé le championnat du monde de formule 1, réservé aux voitures les plus rapides. À chaque épreuve (Grand Prix), les écuries, l'ensemble des voitures courant sous la même marque, sont représentées par 2 pilotes. Les écuries les plus célèbres sont Ferrari, Renault, McLaren et Williams.

Rafting
Les 6 passagers de ce radeau pneumatique tentent d'éviter les mille pièges des rivières et torrents.

Luge sur route
Un drôle d'engin sur roues dérivé du skate. Très impressionnant quand il atteint sa vitesse de pointe : 110 km/h !

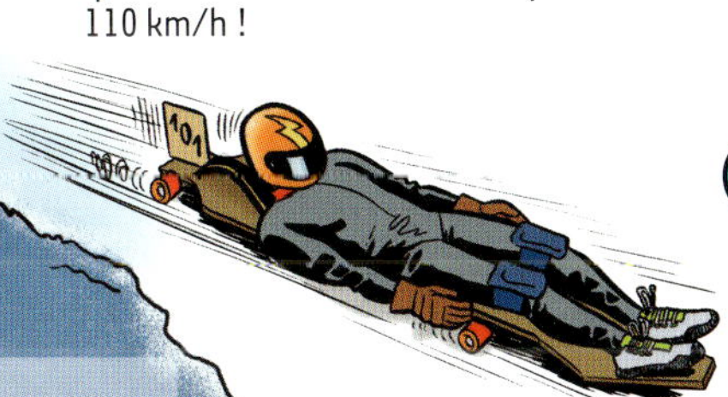

pour finir…

À VOIR

ALI
de Michael Mann (2001)

LES CHARIOTS DE FEU
de Hugh Hudson (1981)

À LIRE

PREMIER DE CORDÉE
de Roger Frison-Roche, coll. Livre de Poche, Hachette

JEUX OLYMPIQUES
de Clive Gifford, coll. Guides passion, Nathan

À VISITER

STADE DE FRANCE
93200 Saint-Denis

MUSÉE ALPIN
La Résidence, Avenue M. Croz
74400 Chamonix Mont-Blanc

ET SUR LE WEB

HTTP://WWW.LEQUIPEJUNIOR.FR/

HTTP://WWW.OLYMPIC.ORG/FR/

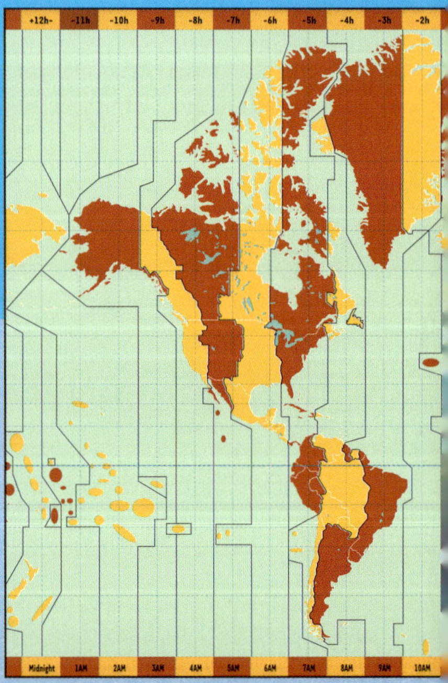

Lorsqu'il est midi à Paris, il est :

3 h à Los Angeles (États-Unis)

5 h à Mexico (Mexique)

6 h à New York (États-Unis)

8 h à Rio de Janeiro (Brésil)

11 h à Londres (Grande-Bretagne)

11 h à Dakar (Sénégal)

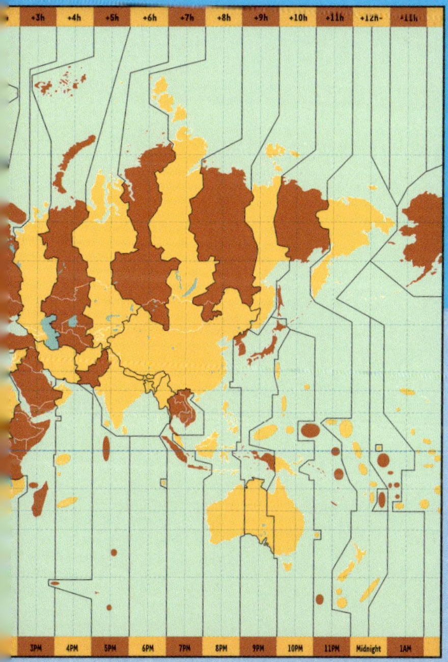

13 h au Caire (Égypte)

14 h à Moscou (Fédération de Russie)

17 h à Bangkok (Thaïlande)

20 h à Tokyo (Japon)

21 h à Sydney (Australie)

23 h à Auckland (N^{elle}-Zélande)

PETIT DICTIONNAIRE DES LANGUES

*** : transcription phonétique (prononciation) des expressions**

Français	Bonjour / Bonsoir	Bienvenue	Comment t'appelles-tu ?	Je m'appelle…	Je suis franç
Allemand	Guten Tag / Guten Abend	Willkommen	Wie heißt du ?	Ich heiße…	Ich bin Franzo
Anglais	Good morning / Good evening	Welcome	What's your name ?	My name is…	I am Frencl
Espagnol	Buenos días / Buenas tardes	Bienvenido	¿ Cómo te llamas ?	Me llamo…	Soy francé
Grec	Kalimèra / Kalispèra*	Kalos irthatè*	Pos sè lènè ?*	Mè lènè*	Imè ghalos
	Καλημέρα / Καλησπέρα	Καλώς ήρθατε	Πως σε λένε;	Με λένε…	Ειμαι Γάλλ
Italien	Buongiorno / Buonasera	Benvenuti	Come ti chiami ?	Mi chiamo…	Sono france
Portugais	Bom dia / Boa noite	Bem vindo	Qual é o seu nome ?	Eu chamo me…	Eu sou franc
Japonais	Ohayou gozaimasu / Kombanwa*	Irashaimasu*	Anata no namae wa nan desuka*	Watashi no namae wa … desu*	Watashi wa furansujin*
	おはようございます こんばんわ	ようこそ	とおっしゃ いますか	私の名前は ジャンです	フランス
Chinois	Nǐ hǎo / Wǎn ān*	Huā nyíng*	Nǐ jiào shénme míngzi ?*	Wǒ jiào…*	Wǒ shì fǎ guó
	你好 / 晚安	欢迎	你叫什么 名字？	我叫…	我是法国
Arabe	Sabah el kheir / Msa el kheir*	Ahlan*	Ma houa ismak ?*	Ismi…*	Ana farans
	صباح الخير .مساء الخير	مرحبا	ما اسمك	اسمي	أنا من
Russe	Dobriy vietcher / Dobroié outro*	Priviet*	Kak vass zavout ?*	Menia zavout…*	Ia Frantsou
	Добрый вечер Доброе утро	Привет	Как Вас зовут?	Меня зовут	Я францу
Indien (hindi)	Namaste / Shubh ratri*	Svagatam*	Ap ka shubh nam kya hai ?*	Mera nam…hai*	Mai yurop (Eur
	नमस्ते शुभ रात्रि	स्वागतम्	आप का शुभ नाम क्या है	मेरा नाम … है।	मैं … [का रहनेवा रहनेवाली] हूँ।

omment vas-tu ?	S'il vous plaît	Excusez-moi	Quelle heure est-il ?	Oui / Non / Merci	Au revoir
Wie geht es dir ?	Bitte	Entschuldigung	Wieviel Uhr ist es ?	Ja / Nein / Danke	Auf Wiedersehen
How are you ?	Please	Excuse me	What time is it ?	Yes / No / Thank you	Goodbye
¿ Cómo estás ?	Por favor	Perdone	¿ Qué hora es ?	Sí / No / Gracias	Adiós / Hasta la vista
Ti kanis ?*	Parakalo*	Sighnomi*	Ti ora inè ?*	Nè / ochi / èfcharisto*	Yia sas*
Τι κάνεις ;	Παρακαλώ	Συγνώμη	Τι ώρα είναι ;	Ναι / όχι / ευχαριστώ	Γειά σας
Come stai ?	Per favore	Mi Scusi	Che ore sono ?	Sì / No / Grazie	Arrivederci
omo você está ?	Por favor	Desculpe	Que horas são ?	Sim / Não / Obrigado	Adeus
Genki desuka*	Onagaishimasu*	Sumimasen*	Ima nanji desuka*	Hai / Iie / Arigatou gozaimasu*	Sayounara*
お元気ですか	お願いします	すみません	今何時ですか	はい いいえ ありがとう	さようなら
Nǐ hǎo ma ?*	Qǐng*	Duì bù qǐ *	Jǐ diǎn zhōng le ?*	Shì de / Bú Shì / Xiè xiè*	Zài jiàn*
你 好吗 ?	请	对不起	几点钟了 ?	是的 / 不是 / 谢谢	再见
Kaifa halak ?*	Afak*	Afwan*	Kam esaha ?*	Naam / La / Shukran*	Besslama*
كيف حالك	من فضلك	عفوا	كم الساعة	نعم لا شكرا	مع السلامة
Kak diela ?*	Pajalousta*	Izvinitié*	Katoriy tchass ?*	Da / Niet / Spasiba*	Dasvidania*
Как дела?	Пожалуйста	Извините	Который час?	да нет спасибо	До свидания
kaise/kasi hai ?*	Kripaya*	Kshama kijiye*	Kitne baje hai ?*	Ji ha / Ji nahi / Dhanyavad*	Namaskar*
ाप [कैसे/कैसी] हैं	स्वागतम्	क्षमा कीजिये	कितने बजे हैं	जी हाँ जी नहीं धन्यवाद	नमस्कार

LES PAYS DU MONDE

AFRIQUE — AMÉRIQUE — ASIE — EUROPE — OCÉANIE

Pays adhérents à l'Organisation des Nations Unies (ONU).

Afghanistan
Capitale : Kaboul
20 291 000 hab.
652 090 km^2
Monnaie : afghani

Afrique du Sud
Capitale : Prétoria
48 577 000 hab.
1 221 040 km^2
Monnaie : rand

Albanie
Capitale : Tirana
3 069 275 hab.
28 750 km^2
Monnaie : lek

Algérie
Capitale : Alger
29 100 000 hab.
2 381 741 km^2
Monnaie : dinar algérien

Allemagne
Capitale : Berlin
82 400 000 hab.
357 030 km^2
Monnaie : euro[1]

Andorre
Capitale : Andorre-la-Vieille
81 222 hab.
450 km^2
Monnaie : euro[2]

Angola
Capitale : Luanda
17 024 000 hab.
1 246 700 km^2
Monnaie : kwanza réajusté

Antigua et Barbuda
Capitale : Saint John's
70 900 hab.
440 km^2
Monnaie : dollar[3]

Arabie Saoudite
Capitale : Riyad
16 000 000 hab.
2 149 700 km^2
Monnaie : riyal

Argentine
Capitale : Buenos Aires
36 260 000 hab.
2 780 400 km^2
Monnaie : peso argentin

Arménie
Capitale : Erevan
3 912 600 hab.
29 800 km^2
Monnaie : dram

Australie
Capitale : Canberra
21 097 100 hab.
7 741 220 km^2
Monnaie : dollar australien

Autriche
Capitale : Vienne
8 300 000 hab.
83 860 km^2
Monnaie : euro[4]

Azerbaïdjan
Capitale : Bakou
8 239 600 hab.
86 600 km^2
Monnaie : manat

Bahamas
Capitale : Nassau
298 100 hab.
13 880 km^2
Monnaies : dollar[5]

Bahreïn
Capitale : Manama
650 604 hab.
710 km^2
Monnaie : dinar de Bahreïn

Bangladesh
Capitale : Dacca
124 355 263 hab.
144 000 km^2
Monnaie : taka

Barbade
Capitale : Bridgetown
267 400 hab.
430 km^2
Monnaie : dollar de la Barbade

Belgique
Capitale : Bruxelles
10 584 534 hab.
30 500 km^2
Monnaie : euro[6]

Belize
Capitale : Belmopan
243 800 hab.
22 960 km^2
Monnaie : dollar de Belize

Bénin
Capitale : Porto Novo
9 033 000 hab.
112 620 km^2
Monnaie : franc CFA

Bhoutan
Capitale : Thimbou
1 500 000 hab.
47 000 km^2
Monnaies : ngultrum

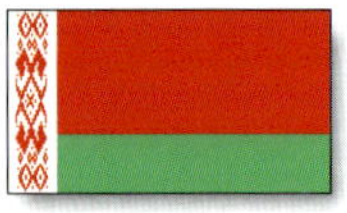

Biélorussie
Capitale : Minsk
10 044 800 hab.
207 600 km^2
Monnaie : rouble biélorusse

Birmanie (Myanmar)
Capitale : Rangoon (Yangon)
44 600 000 hab.
676 580 km^2
Monnaie : kyat

Bolivie
Capitale : La Paz
9 427 219 hab.
1 098 580 km^2
Monnaie : boliviano

Bosnie-Herzégovine
Capitale : Sarajevo
4 365 639 hab.
51 130 km^2
Monnaie : mark convertible

Botswana
Capitale : Gaborone
1 882 000 hab.
581 730 km^2
Monnaie : pula

Brésil
Capitale : Brasilia
169 799 000 hab.
8 547 400 km^2
Monnaie : real

Brunéi
Cap. : Bandar Seri Begawan
342 000 hab.
5 770 km^2
Monnaie : dollar de Brunéi

Bulgarie
Capitale : Sofia
7 700 000 hab.
110 910 km^2
Monnaie : lev

Burkina Faso
Capitale : Ouagadougou
14 784 000 hab.
274 200 km^2
Monnaie : franc CFA

Burundi
Capitale : Bujumbura
8 508 000 hab.
27 830 km^2
Monnaie : franc burundais

Cambodge
Capitale : Phnom Penh
11 426 223 hab.
181 040 km^2
Monnaie : riel

Cameroun
Capitale : Yaoundé
18 549 000 hab.
475 440 km^2
Monnaie : franc CFA

Canada
Capitale : Ottawa
31 612 897 hab.
9 970 610 km^2
Monnaie : dollar canadien

1. anciennement mark allemand – 2. anciennement franc français, peseta espagnole – 3. dollar des Caraïbes orientales – 4. anciennement schilling – 5. dollar des Bahamas, dollar américain – 6. anciennement franc belge

Cap-Vert
Capitale : Praïa
530 000 hab.
4 030 km^2
Monnaie : escudo cap-verdien

Centrafrique
Capitale : Bangui
4 343 000 hab.
622 980 km^2
Monnaie : franc CFA

Chili
Capitale : Santiago
15 116 000 hab.
756 630 km^2
Monnaie : nouveau peso

Chine
Capitale : Beijing (Pékin)
1 265 000 000 hab.
9 598 050 km^2
Monnaie : yuan

Chypre
Capitale : Nicosie
1 000 000 hab.
9 250 km^2
Monnaie : livre chypriote

Colombie
Capitale : Bogota
41 468 384 hab.
1 138 914 km^2
Monnaie : peso colombien

Comores
Capitale : Moroni
839 000 hab.
2 230 km^2
Monnaie : franc comorien

Congo
Capitale : Brazzaville
3 768 000 hab.
342 000 km^2
Monnaie : franc CFA

Congo (République démocratique du)[7]
Capitale : Kinshasa
62 636 000 hab.
2 345 000 km^2
Monnaie : Franc congolais

Corée (République populaire démocratique de)
Capitale : Pyongyang
21 770 000 hab.
120 538 km^2
Monnaie : won

Corée (République de)
Capitale : Séoul
47 275 000 hab.
99 260 km^2
Monnaie : won

Costa Rica
Capitale : San José
3 810 179 hab.
51 100 km^2
Monnaie : colon

Côte-d'Ivoire
Capitale : Abidjan
19 262 000 hab.
322 460 km^2
Monnaie : franc CFA

Croatie
Capitale : Zagreb
4 437 460 hab.
56 548 km^2
Monnaie : kuna

Cuba
Capitale : La Havane
11 239 043 hab.
110 861 km^2
Monnaie : peso cubain

Danemark
Capitale : Copenhague
5 447 084 hab.
43 090 km^2
Monnaie : couronne danoise

Djibouti
Capitale : Djibouti
833 000 hab.
23 200 km^2
Monnaie : franc de Djibouti

Dominique
Capitale : Roseau
76 000 hab.
750 km^2
Monnaie : dollar[8]

Égypte
Capitale : Le Caire
66 900 000 hab.
1 001 449 km^2
Monnaie : livre égyptienne

Émirats arabes unis
Capitale : Abu Dhabi
4 106 427 hab.
83 600 km^2
Monnaie : dirham

Équateur
Capitale : Quito
12 156 608 hab.
283 580 km^2
Monnaie : dollar américain

Érythrée
Capitale : Asmara
4 401 000 hab.
117 600 km^2
Monnaies : nakfa

Espagne
Capitale : Madrid
45 200 737 hab.
505 990 km^2
Monnaie : euro[9]

Estonie
Capitale : Tallinn
1 268 300 hab.
45 100 km^2
Monnaie : couronne estonienne

États-Unis
Capitale : Washington D.C.
281 421 906 hab.
9 629 090 km^2
Monnaie : dollar

Éthiopie
Capitale : Addis-Abéba
83 099 000 hab.
1 104 300 km^2
Monnaie : birr éthiopien

Fidji (îles)
Capitale : Suva
827 900 hab.
18 270 km^2
Monnaie : dollar fidjien

Finlande
Capitale : Helsinki
5 300 484 hab.
338 150 km^2
Monnaie : euro[10]

France
Capitale : Paris
64 100 000 hab.
551 500 km^2
Monnaie : euro[11]

Gabon
Capitale : Libreville
1 131 000 hab.
267 670 km^2
Monnaie : franc CFA

Gambie
Capitale : Banjul
1 709 000 hab.
11 300 km^2
Monnaie : dalasi

Géorgie
Capitale : Tbilissi
4 394 700 hab.
69 700 km^2
Monnaie : lari

Ghana
Capitale : Accra
23 478 000 hab.
238 540 km^2
Monnaie : nouveau cedi

Grèce
Capitale : Athènes
11 200 000 hab.
131 960 km^2
Monnaie : euro[12]

Grenade
Capitale : Saint-George's
100 000 hab.
340 km^2
Monnaie : dollar[13]

Guatémala
Capitale : Guatémala
11 237 196 hab.
108 890 km^2
Monnaie : quetzal

Guinée
Capitale : Conakry
9 370 000 hab.
245 860 km^2
Monnaie : franc guinéen

Guinée-Bissau
Capitale : Bissau
1 695 000 hab.
36 120 km^2
Monnaie : franc CFA

Guinée Équatoriale
Capitale : Malabo
507 000 hab.
28 500 km^2
Monnaie : franc CFA

Guyana
Capitale : Georgetown
781 400 hab.
214 970 km^2
Monnaie : dollar de Guyana

7. ex-Zaïre – 8. dollar des Caraïbes orientales – 9. anciennement peseta – 10. anciennement mark finlandais ou markka – 11. anciennement franc – 12. anciennement drachme – 13. dollar des Caraïbes orientales

Haïti
Capitale : Port-au-Prince
8 374 000 hab.
27 750 km^2
Monnaie : gourde

Honduras
Capitale : Tegucigalpa
6 535 344 hab.
112 090 km^2
Monnaie : lempira

Hongrie
Capitale : Budapest
10 100 000 hab.
93 030 km^2
Monnaie : forint

Inde
Capitale : New Delhi
1 028 610 328 hab.
3 287 260 km^2
Monnaie : roupie indienne

Indonésie
Capitale : Jakarta
203 465 000 hab.
1 904 570 km^2
Monnaie : roupie

Irak
Capitale : Bagdad
21 000 000 hab.
438 320 km^2
Monnaie : dinar irakien

Iran
Capitale : Téhéran
60 055 488 hab.
1 648 200 km^2
Monnaie : rial

Irlande
Capitale : Dublin
4 400 000 hab.
70 270 km^2
Monnaie : euro(14)

Islande
Capitale : Reykjavik
313 376 hab.
100 300 km^2
Monnaie : couronne islandaise

Israël
Capitale : Jérusalem
7 116 700 hab.
21 600 km^2
Monnaie : shekel

Italie
Capitale : Rome
59 300 000 hab.
301 255 km^2
Monnaie : euro(15)

Jamaïque
Capitale : Kingston
2 607 632 hab.
10 990 km^2
Monnaie : dollar jamaïcain

Japon
Capitale : Tokyo
123 700 000 hab.
377 750 km^2
Monnaie : yen

Jordanie
Capitale : Amman
4 207 411 hab.
89 000 km^2
Monnaie : dinar jordanien

Kazakhstan
Capitale : Astana
14 168 300 hab.
2 717 300 km^2
Monnaie : tengué

Kenya
Capitale : Nairobi
37 538 000 hab.
582 640 km^2
Monnaie : shilling kenyan

Kirghizstan
Capitale : Bichkek
5 218 900 hab.
199 900 km^2
Monnaie : som

Kiribati
Capitale : Tarawa
92 533 hab.
717 km^2
Monnaie : dollar australien

Koweït
Capitale : Koweït
2 016 037 hab.
17 800 km^2
Monnaie : dinar

Laos
Capitale : Vientiane
5 572 000 hab.
236 800 km^2
Monnaie : kip

Lésotho
Capitale : Maseru
2 008 000 hab.
30 350 km^2
Monnaies : loti(16)

Lettonie
Capitale : Riga
2 375 300 hab.
64 600 km^2
Monnaie : lats

Liban
Capitale : Beyrouth
3 600 000 hab.
10 400 km^2
Monnaie : livre libanaise

Libéria
Capitale : Monrovia
3 750 000 hab.
111 370 km^2
Monnaie : dollar libérien

Libye
Capitale : Tripoli
5 600 000 hab.
1 759 500 km^2
Monnaie : dinar libyen

Liechtenstein
Capitale : Vaduz
35 168 hab.
157 km^2
Monnaie : franc suisse

Lituanie
Capitale : Vilnius
3 491 500 hab.
65 200 km^2
Monnaie : litas

Luxembourg
Capitale : Luxembourg
470 000 hab.
2 600 km^2
Monnaie : euro(17)

Macédoine
Capitale : Skopje
2 022 547 hab.
25 710 km^2
Monnaie : denar

Madagascar
Capitale : Antananarivo
19 683 000 hab.
587 040 km^2
Monnaie : franc malgache

Malaisie
Capitale : Kuala Lumpur
22 202 614 hab.
329 750 km^2
Monnaie : ringgit

Malawi
Capitale : Lilongwé
13 925 000 hab.
118 480 km^2
Monnaie : kwacha du Malawi

Maldives (îles)
Capitale : Malé
298 968 hab.
300 km^2
Monnaie : rufiyaa

Mali
Capitale : Bamako
13 518 000 hab.
1 240 000 km^2
Monnaie : franc CFA

Malte
Capitale : La Valette
404 962 hab.
320 km^2
Monnaie : livre maltaise

Maroc
Capitale : Rabat
29 891 708 hab.
450 000 km^2
Monnaie : dirham

Marshall (Rép. des îles)
Capitale : Majuro
50 840 hab.
180 km^2
Monnaie : dollar

Maurice (île)
Capitale : Port-Louis
1 262 000 hab.
2 045 km^2
Monnaie : roupie mauricienne

Mauritanie
Capitale : Nouakchott
3 124 000 hab.
1 030 700 km^2
Monnaie : ouguiya

Mexique
Capitale : Mexico
81 249 645 hab.
1 967 183 km^2
Monnaie : nouveau peso

14. anciennement livre irlandaise – 15. anciennement lire – 16. et rand sud-africain – 17. anciennement franc luxembourgeois

Micronésie
Capitale : Palikir
107 008 hab.
700 km^2
Monnaie : dollar américain

Moldavie
Capitale : Chisinau
4 229 700 hab.
33 700 km^2
Monnaie : leu moldave

Monaco
Capitale : Monaco
32 020 hab.
1,8 km^2
Monnaie : euro[18]

Mongolie
Capitale : Oulan-Bator
2 662 000 hab.
1 565 000 km^2
Monnaie : tugrik

Monténégro (Rép. du)
Capitale : Podgorica
627 000 hab.
13 810 km^2
Monnaie : euro[19]

Mozambique
Capitale : Maputo
21 397 000 hab.
801 590 km^2
Monnaie : metical

Namibie
Capitale : Windhoek
2 074 000 hab.
824 790 km^2
Monnaies : dollar[20]

Nauru
Capitale : Yaren
10 065 hab.
21 km^2
Monnaie : dollar australien

Népal
Capitale : Katmandou
22 736 934 hab.
147 180 km^2
Monnaie : roupie népalaise

Nicaragua
Capitale : Managua
5 142 098 hab.
130 000 km^2
Monnaie : cordoba or

Niger
Capitale : Niamey
14 226 000 hab.
1 266 700 km^2
Monnaie : franc CFA

Nigéria
Capitale : Abuja
148 093 000 hab.
923 768 km^2
Monnaie : naira

Norvège
Capitale : Oslo
4 681 134 hab.
324 220 km^2
Monnaie : couronne[21]

Nouvelle-Zélande
Capitale : Wellington
3 737 277 hab.
268 000 km^2
Monnaie : dollar[22]

Oman
Capitale : Mascate
2 300 000 hab.
212 500 km^2
Monnaie : riyal d'Oman

Ouganda
Capitale : Kampala
30 884 000 hab.
236 040 km^2
Monnaie : shilling ougandais

Ouzbékistan
Capitale : Tachkent
21 363 000 hab.
447 400 km^2
Monnaie : som

Pakistan
Capitale : Islamabad
162 992 500 hab.
796 100 km^2
Monnaie : roupie pakistanaise

Palau
Capitale : Koror
14 208 hab.
460 km^2
Monnaie : dollar américain

Panama
Capitale : Panama
2 839 177 hab.
77 080 km^2
Monnaies : balboa[23]

Papouasie Nouvelle-Guinée
Capitale : Port Moresby
3 689 038 hab.
462 840 km^2
Monnaie : kina

Paraguay
Capitale : Asunción
4 280 000 hab.
406 752 km^2
Monnaie : guarani

Pays-Bas
Capitale : Amsterdam
16 357 992 hab.
41 530 km^2
Monnaie : euro[24]

Pérou
Capitale : Lima
23 000 000 hab.
1 285 216 km^2
Monnaie : nouveau sol

Philippines
Capitale : Manille
76 498 735 hab.
300 000 km^2
Monnaie : peso philippin

Pologne
Capitale : Varsovie
38 115 967 hab.
312 677 km^2
Monnaie : zloty

Portugal
Capitale : Lisbonne
10 700 000 hab.
92 080 km^2
Monnaie : euro[25]

Qatar
Capitale : Doha
744 029 hab.
11 000 km^2
Monnaie : riyal du Qatar

Rép. dominicaine
Saint-Domingue
8 562 541 hab.
48 730 km^2
Monnaie : peso dominicain

Rép. tchèque
Capitale : Prague
10 328 000 hab.
78 864 km^2
Monnaie : couronne tchèque

Roumanie
Capitale : Bucarest
21 537 563 hab.
237 500 km^2
Monnaie : leu

Royaume-Uni
Capitale : Londres
61 000 000 hab.
242 910 km^2
Monnaie : livre sterling

Russie (Fédération de)
Capitale : Moscou
145 181 900 hab.
17 075 400 km^2
Monnaie : rouble

Rwanda
Capitale : Kigali
9 725 000 hab.
26 340 km^2
Monnaie : franc rwandais

Saint-Kitts-et-Nevis
Capitale : Basseterre
42 500 hab.
360 km^2
Monnaie : dollar[26]

Sainte-Lucie
Capitale : Castries
156 733 hab.
620 km^2
Monnaie : dollar[26]

Saint-Marin
Capitale : Saint-Marin
23 000 hab.
61 km^2
Monnaie : euro[27]

Saint-Vincent[28]
Capitale : Kingstown
112 000 hab.
388 km^2
Monnaie : dollar[26]

Salomon (îles)
Capitale : Honiara
495 026 hab.
28 446 km^2
Monnaie : dollar des Salomon

Salvador (el)
Capitale : San Salvador
5 800 000 hab.
21 040 km^2
Monnaie : colón[23]

18. anciennement franc français – 19. anciennement mark allemand – 20. dollar namibien et rand sud-africain – 21. couronne norvégienne – 22. dollar de Nouvelle-Zélande – 23. et dollar américain – 24. anciennement florin – 25. anciennement escudo – 26. dollar des Caraïbes orientales – 27. anciennement lire italienne – 28. -et-les Grenadines

Samoa
Capitale : Apia
176 710 hab.
2 842 km²
Monnaie : tala

São Tomé et Principe
Capitale : Sao Tomé
158 000 hab.
960 km²
Monnaie : dobra

Sénégal
Capitale : Dakar
12 379 000 hab.
196 720 km²
Monnaie : franc CFA

Serbie
Capitale : Belgrade
9 778 991 hab.
102 200 km²
Monnaie : dinar

Seychelles
Capitale : Victoria
84 000 hab.
453 km²
Monnaie : roupie des Seychell

Sierra Léone
Capitale : Freetown
5 866 000 hab.
71 740 km²
Monnaie : leone

Singapour
Capitale : Singapour
4 017 733 hab.
618 km²
Monnaie : dollar de Singapour

Slovaquie
Capitale : Bratislava
5 379 455 hab.
49 016 km²
Monnaie : couronne slovaque

Slovénie
Capitale : Ljubljana
1 948 250 hab.
20 251 km²
Monnaie : tolar

Somalie
Capitale : Mogadiscio
8 699 000 hab.
637 660 km²
Monnaie : shilling somali

Soudan
Capitale : Khartoum
38 560 000 hab.
2 505 810 km²
Monnaie : livre soudanaise

Sri Lanka
Capitale : Colombo
18 797 300 hab.
65 610 km²
Monnaie : roupie de Sri Lanka

Suède
Capitale : Stockholm
9 113 257 hab.
449 964 km²
Monnaie : couronne suédoise

Suisse
Capitale : Berne
7 508 739 hab.
41 288 km²
Monnaie : franc suisse

Surinam
Capitale : Paramaribo
492 829 hab.
163 270 km²
Monnaie : dollar du Surin

Swaziland
Capitale : Mbabane
1 141 000 hab.
17 360 km²
Monnaies : lilangeni[29]

Syrie
Capitale : Damas
15 200 000 hab.
185 180 km²
Monnaie : livre syrienne

Tadjikistan
Capitale : Douchanbé
6 435 300 hab.
143 100 km²
Monnaie : samani

Tanzanie
Capitale : Dodoma
40 454 000 hab.
945 090 km²
Monnaie : shilling tanzanien

Tchad
Capitale : N'Djamena
10 781 000 hab.
1 284 000 km²
Monnaie : franc CFA

Thaïlande
Capitale : Bangkok
60 800 000 hab.
514 000 km²
Monnaie : baht

Timor-Leste
Capitale : Dili
923 198 hab.
14 870 km²
Monnaie : dollar américain

Togo
Capitale : Lomé
6 585 000 hab.
56 000 km²
Monnaie : franc CFA

Tonga (îles)
Capitale : Nuku'alofa
97 784 hab.
700 km²
Monnaie : pa'anga

Trinidad et Tobago
Capitale : Port of Spain
1 114 772 hab.
5 130 km²
Monnaie : dollar de Trinidad

Tunisie
Capitale : Tunis
9 910 872 hab.
163 610 km²
Monnaie : dinar tunisien

Turkménistan
Capitale : Achkhabad
5 650 400 hab.
488 100 km²
Monnaie : manat

Turquie
Capitale : Ankara
67 803 927 hab.
774 820 km²
Monnaie : livre turque

Tuvalu (îles)
Capitale : Funafuti
9 561 hab.
30 km²
Monnaies : dollar[30]

Ukraine
Capitale : Kiev
47 637 300 hab.
603 700 km²
Monnaie : hryvnia

Uruguay
Capitale : Montevideo
3 241 003 hab.
176 215 km²
Monnaie : peso

Vanuatu
Capitale : Port-Vila
186 678 hab.
12 200 km²
Monnaie : vatu

Vénézuela
Capitale : Caracas
20 000 000 hab.
910 250 km²
Monnaie : bolivar

Vietnam
Capitale : Hanoi
72 000 000 hab.
333 000 km²
Monnaie : dong

Yémen
Capitale : Sanaa
15 800 000 hab.
527 970 km²
Monnaie : riyal yéménite

Zambie
Capitale : Lusaka
11 922 000 hab.
752 610 km²
Monnaie : kwacha zambien

Zimbabwé
Capitale : Hararé
13 349 000 hab.
390 580 km²
Monnaie : dollar du Zimbabwé

29. et rand sud-africain – 30. dollar des Tuvalu, dollar australien

L'as-tu bien lu... DOKÉO ?

QUIZZ DOKÉO

Combien mesure un Tyrannosaurus rex ?

- 60 cm de long ?
- 9 m de long ?
- 15 m de long ?

Solution : pages 15 et 17

Quel âge a le plus vieil arbre ?

- 400 ans ?
- Plus de 5 000 ans ?
- 1 million d'années ?

Solution : page 56

Combien de muscles travaillent lorsque tu fais un bisou ?

- 1 ?
- 12 ?
- Tous ?

Solution : page 105

Le son circule plus vite...

- ... dans l'air ?
- ... dans l'eau ?
- ... dans l'acier ?

Solution : page 136

Pourquoi, pendant la Révolution française, les chouans ont-ils été surnommés ainsi ?

- Parce qu'ils échouaient tout le temps ?
- Parce qu'ils imitaient le cri du chat-huant pour se rassembler ?
- Parce qu'ils ne portaient pas de culotte ?

Solution : page 251

Que symbolisent les étoiles sur le drapeau des États-Unis ?

- Les étoiles dans le ciel ?
- Les États qui constituent les États-Unis ?
- Les personnes les plus connues du pays ?

Solution : page 303

Combien d'années a-t-il fallu pour construire Notre-Dame de Paris ?

- 1 an ?
- 65 ans ?
- 112 ans ?

Solution : page 353

Qui est l'inventeur de la pile ?

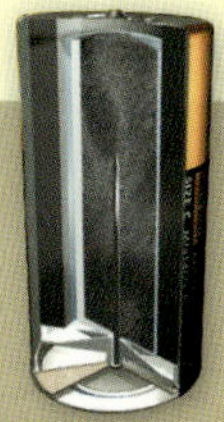

- M. Volta ?
- M. Watt ?
- M. Ampère ?

Solution : page 144

Quelle est la vitesse de l'air projeté lors d'un éternuement ?

- 50 km/h ?
- 120 km/h ?
- 170 km/h ?

Solution : page 116

Qui étudie les êtres vivants de la Préhistoire ?

- Un géologue ?
- Un paléontologue ?
- un ornithologue ?

Solution : page 18

Qui est Dolly ?

- Une actrice américaine du début du xxe siècle ?
- Une brebis clonée ?
- Une australopithèque retrouvée
- en Éthiopie ?

Solution : page 285

Combien de kilomètres mesure la Grande Muraille de Chine ?

- 1 000 ?
- 6 700 ?
- 7 600 ?

Solution : page 313

Quel est le premier homme à savoir faire du feu ?

- L'australopithèque ?
- L'Homo erectus ?
- L'Homo sapiens sapiens ?

Solution : page 182

Au tennis, le smash, c'est ...

- ... un coup d'attaque qui permet au joueur de monter à la volée ?
- ... un coup très puissant joué au-dessus de la tête ?
- ... un service non rattrapé par l'adversaire ?

Solution : page 375

Lors de quelle phase de sommeil rêves-tu ?

- L'endormissement ?
- Le sommeil profond ?
- Le sommeil paradoxal ?

Solution : page 121

Qu'est-ce qu'une oasis ?

- Un mirage dans le désert ?
- Une boisson aux fruits ?
- Un endroit avec un point d'eau dans le désert ?

Solution : page 87

Quelles fourmis cultivent des champignons ?

- Les fourmis noires ?
- Les fourmis Atta ?
- Les fourmis d'Argentine ?

Solution : page 41

Quel est le plus riche pays d'Afrique ?

- Le Maroc ?
- Le Kenya ?
- L'Afrique du Sud ?

Solution : page 299

Pourquoi les glaçons flottent-ils ?

- Parce qu'ils sont plus lourds que l'eau ?
- Parce qu'ils sont plus légers que l'eau ?
- Parce qu'ils sont creux ?

Solution : page 147

Quel est le poids de la langue ?

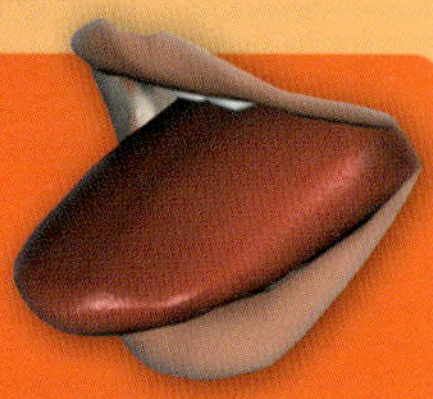

- 2 g ?
- 50 g ?
- 100 g ?

Solution : page 116

À quel courant artistique appartient Picasso ?

- L'impressionnisme ?
- L'art abstrait ?
- Le cubisme ?

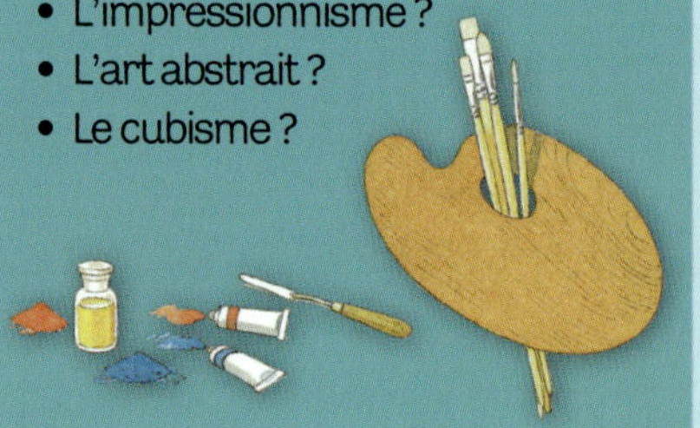

Solution : page 352

Dans quelle position accouche la girafe ?

- Assise ?
- Debout ?
- Couchée ?

Solution : page 22

Combien de pharaons ont régné sur l'Égypte ?

- Environ 500 ?
- Environ 1 000 ?
- Environ 2 500 ?

Solution : page 195

Combien de litres d'eau peut contenir un canadair ?

- 1 000 ?
- 3 000 ?
- 5 000 ?

Solution : page 148

Comment se positionne un loup dominé qui a peur ?

- Il a les oreilles rabattues et la queue entre les pattes ?
- Il est couché sur le dos ?
- Il agite la queue ?

Solution : page 26

Combien d'idéogrammes différents recense le plus gros dictionnaire chinois ?

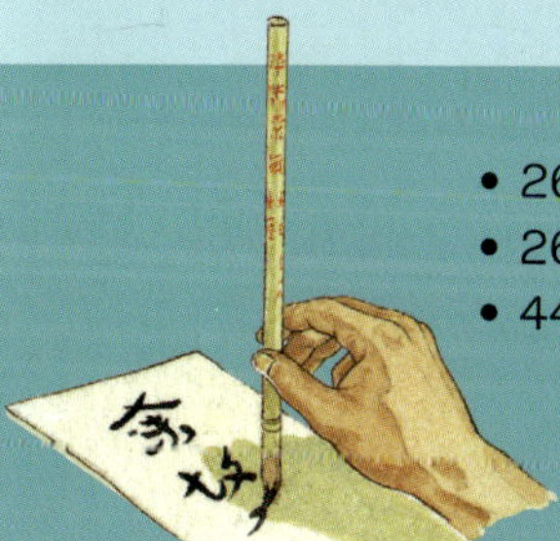

- 26 ?
- 260 ?
- 44 500 ?

Solution : page 345

Quel général carthaginois a traversé les Alpes avec 37 éléphants ?

- César ?
- Hannibal ?
- Hadrien ?

Solution : page 216

En combien de temps une bouteille en plastique se dégrade-t-elle ?

- 10 ans ?
- 1 000 ans ?
- 1 500 ans ?

Solution : page 92

Comment le Japon est-il surnommé ?

- Le pays du Soleil-Levant ?
- Le pays du Soleil-Couchant ?
- Le pays du Soleil-Dormant ?

Solution : page 315

Quand dépenses-tu le plus de calories ?

- Quand tu dors une nuit entière ?
- Quand tu fais une heure de marche ?
- Quand tu fais une heure de ménage ?

Solution : page 118

Qui a inventé la dynamite ?

- Albert Einstein ?
- Nicolas Flamel ?
- Alfred Nobel ?

Solution : pages 166 et 172

Quel oiseau a inspiré les inventeurs de l'hélicoptère ?

- Le colibri ?
- Le toucan ?
- Le coucou ?

Solution : page 31

Combien y a-t-il eu de victimes lors de la Seconde Guerre mondiale ?

- 9 millions ?
- 20 millions ?
- 50 millions ?

Solution : page 262

Quelle est la devise des jeux Olympiques ?

- « Nés pour gagner » ?
- « Plus vite, plus haut, plus fort ! » ?
- « Repousser les limites pour gagner » ?

Solution : page 371

La Petite Ourse est une constellation d'étoiles en forme de...

- ... marmite ?
- ... casserole ?
- ... poêle ?

Solution : page 97

Dans un théâtre, quel endroit est surnommé le paradis ?

- Les galeries supérieures ?
- Les loges ?
- La scène ?

Solution : page 360

Comment s'appelle le « cerveau » de l'ordinateur ?

- L'unité centrale ?
- Le microprocesseur ?
- La mémoire morte ?

Solution : page 159

Comment appelle-t-on les premiers livres imprimés ?

- Des incurables ?
- Des incunables ?
- Des incollables ?

Solution : page 240

Combien y a-t-il d'hommes sur Terre ?

- 60 millions ?
- 6 milliards ?
- 10 milliards ?

Solution : page 292

Pourquoi la Terre est-elle surnommée la « planète bleue » ?

- Parce qu'elle est essentiellement formée de mers et d'océans ?
- Parce que le ciel est bleu ?
- Parce qu'il pleut beaucoup ?

Solution : page 60

Quelle est la plus grande ville du monde ?

- New York ?
- Tokyo ?
- Mexico ?

Solution : page 296

Quel matériau d'aujourd'hui imite la soie « d'hier » ?

- Le Goretex® ?
- Le Nylon® ?
- Le coton ?

Solution : page 171

À quelle vitesse peut courir un guépard ?

- 50 km/h ?
- 100 km/h ?
- 200 km/h ?

Solution : pages 27 et 50

Quel est le livre saint de la religion juive ?

- Le shabbat ?
- La Torah ?
- La pessah ?

Solution : page 203

Combien de travaux, le héros grec Hercule a-t-il dû accomplir ?

- 10 ?
- 12 ?
- 20 ?

Solution : page 210

Quelle est la température de la lave qui sort d'un volcan en éruption ?

- 120 °C ?
- 1 200 °C ?
- 12 000 °C ?

Solution : page 68

Quelle est la date de naissance de l'euro ?

- 1er janvier 2000 ?
- 1er janvier 2001 ?
- 1er janvier 2002 ?

Solution : page 324

Au cinéma, le bruiteur froisse une bande magnétique pour imiter…

- … la pluie ?
- … le bruit de l'incendie ?
- … le pas du cheval ?

Solution : page 357

INDEX

Les mots ou expressions apparaissant en caractères gras font l'objet d'une biographie, constituent le sujet d'une page ou sont traités sous forme de dossier (précisé entre parenthèses).

A

B

C

D

E

F

G

H

L

M

Q

R

S

W

X

Y

Z

CRÉDITS PHOTOGRAPHIQUES

Couverture : Toutes les photographies proviennent des Archives Nathan et de Photodisc Inc à l'exception de VANDYSTADT/N. Gouhier

19 EXPLORER/Mary Evans ; **23** bas Photodisc Inc ; **23** ht JACANA/Yoff ; **23** m JACANA/Lepore-Phr ; **25** Photodisc Inc ; **26** SUNSET/Lacz ; **27** bas SUNSET/Lacz ; **27** ht d BIOS/Harvey ; **27** ht g BIOS/Pons ; **27** m d SUNSET/Horizon Vision ; **27** m g BIOS/D. Huot ; **28** SUNSET/horizon Vision ; **32** bas d PHO.N.E./Ferrero-Labat ; **32** g BIOS/Ausloos ; **32** ht g BIOS/D. Huot ; **32** m d PHO.N.E./Ferrero-Labat ; **41** bas SUNSET/NHPA ; **41** bas m JACANA/Photo Researchers ; **41** ht SUNSET/NHPA ; **41** ht m BIOS/Heuclin ; **42** ht d SUNSET/Horizon vision ; **44** bas g BIOS/Visage-P.Arnold ; **46** COSMOS/SPL-Scharf ; **53** d COSMOS/SPL/Dr Tony Brain ; **53** g COSMOS/SPL/J.Reader ; **53** m COSMOS/SPL/J.Burgess ; **54** bas JACANA/Pat Wild ; **54** ht BIOS/A.Compost ; **54** m Photodisc Inc ; **54** m bas JACANA/H.Dalton ; **54** m ht Photodisc Inc ; **57** bas © Meilland/E.Ulzega ; **60** ht g Photodisc Inc ; **60** m g SHUTTERSTOCK / Liudmila Gridina ; **61** ht g SHUTTERSTOCK / Donald R. Swartz ; **61** ht g SHUTTERSTOCK / Carlos Sanchez Pereyra ; **61** ht g SHUTTERSTOCK / coko ; **61** ht g SHUTTERSTOCK / Tatiana Grozetskaya ; **61** m g Photodisc Inc ; **61** bas g SHUTTERSTOCK / Specta ; **61** ht d AKG Paris ; **64** ht g ARCHIVES LARBOR ; **65** bas CORBIS/Y.Arthus-Bertrand ; **65** ht RAPHO/J.Balog ; **66** ht EXPLORER/T.Laird ; **69** bas d TATE GALLERY PUBLICATIONS, Londres ; **69** bas g COSMOS/Woodfin Camp/R.Werth ; **69** ht d HOA QUI/I et V Krafft ; **69** ht g RAPHO/Jonasson ; **69** m g RAPHO/Friedel ; **72** bas d CAT'S COLLECTION ; **72** ht d AFP/J.Campos ; **72** ht g AFP/Salah Malkawi / Getty Images ; **72** m AFP/Weber ; **78** bas g JACQUES ROUGERIE ARCHITECTE ; **79** ht d RAPHO/RMS Titanic ; **81** m d METEO France/J.M. Destruel ; **82** g Photodisc Inc ; **82** m bas RAPHO/X.Desmier ; **82** m ht COSMOS/SPL/Keith Kent ; **83** d EXPLORER/Sylvain Cordier ; **83** d COSMOS/B.C. Alexander ; **83** d Photodisc Inc ; **83** d Photodisc Inc ; **83** d COSMOS/aurora/J.Azel ; **83** d RAPHO/X. Desmier ; **83** d Photodisc Inc ; **83** d Photodisc Inc ; **84** bas d HOA QUI/Ph. Body ; **84** bas g Photodisc Inc ; **84** ht d HOA QUI/Wojtek Buss ; **84** ht g Photodisc Inc ; **85** bas d Photodisc Inc ; **85** bas g Photodisc Inc ; **85** ht d Photodisc Inc ; **85** ht g Photodisc Inc ; **87** ht COSMOS/F. Perri ; **92** ht EXPLORER/CNES/Dist Spot Image ; **94** bas g CORBIS-Sygma/R. Ressmeyer ; **94** g Photodisc Inc ; **94** ht d Photodisc Inc ; **95** bas g CIEL ET ESPACE / J.L. Davergne ; **95** bas m ARCHIVES LARBOR/NASA ; **95** d Photodisc Inc ; **95** m d ARCHIVES LARBOR/NASA ; **96** ht g Photodisc Inc ; **96** m Photodisc Inc ; **97** bas g DAGLI ORTI G. ; **97** bas m Photodisc Inc ; **97** ht d CIEL ET ESPACE/AAO/D.Malin ; **97** m Photodisc Inc ; **98** ht g ARCHIVES NATHAN / Digitalvision (2 photos) ; **100** ht g ARCHIVES LARBOR ; **100** m Collection VIOLLET ; **100** m d RIA-NOVOSTI AGENCE/APN ; **100** m g Lapi- VIOLLET ; **100** bas g COSMOS/SPL/NASA ; **100** bas g COSMOS/SPL/NASA ; **100** bas g COSMOS/SPL/NASA ; **101** m COLLECTION VIOLLET ; **101** m g DAGLI ORTI G. ; **101** m d CHRISTOPHE L. ; **101** m d CHRISTOPHE L. ; **101** m d CHRISTOPHE L. ; **107** bas d Photodisc Inc ; **107** ht d EURELIOS/P.H.Plailly ; **111** d ENGUERAND/M.Horne ; **113** bas d CNRI ; **115** bas g BSIP/CHNO/ Liotet ; **117** bas d Photodisc Inc ; **123** bas PETIT FORMAT/Y.Bié ; **123** ht d BSIP/Estiot ; **123** ht g BSIP/Vem ; **123** m g PETIT FORMAT/INRA/Claude Edelman ; **123** m ht PETIT FORMAT/C. Edelman ; **125** bas d Photodisc Inc ; **126** ht g Photodisc Inc ; **126** m Photodisc Inc ; **127** bas d Photodisc Inc ; **127** d EURELIOS/L'OREAL/H.Raguet ; **127** g EURELIOS/Ph.Plailly ; **135** bas PHANIE/H. Raguet ; **135** ht EURELIOS/PH.Plailly ; **138** bas La Médiathèque EDF/C.Pauquet ; **138** bas g SHUTTERSTOCK / Anatoliy Samara ; **138** ht La Médiathèque EDF/G.Halary ; **139** bas Photodisc Inc. ; **139** bas d SHUTTERSTOCK / Christopher King ; **139** bas g SHUTTERSTOCK / Kirsty Pargeter ; **139** ht d La Médiathèque EDF/M.Morceau ; **139** ht g La Médiathèque EDF/J.P.Kern ; **139** m ht Photodisc Inc. ; **139** ht d Photodisc Inc. ; **141** ht g La Médiathèque EDF/M.Morceau ; **143** bas d COSMOS/SPL/J.Baum ; **143** bas g CNRS ; **143** ht g CIEL ET ESPACE/P.Parviainen ; **144** d ARCHIVES LARBOR/CNAM/Musée des Arts et Métiers/F. Delastre ; **145** bas La Médiathèque EDF/M.Morceau ; **147** m Photodisc Inc. ; **152** bas d CENTRE HISTORIQUE MINIER, Lewarde ; **154** ht g Photodisc Inc. ; **155** bas d Photodisc Inc. ; **155** ht d Photodisc Inc. ; **156** m RENAULT COMMUNICATION ; **157** bas d RENAULT COMMUNICATION ; **157** bas g RENAULT COMMUNICATION ; **157** ht d RENAULT COMMUNICATION ; **158** bas m STONE/L. A. Peck ; **158** ht g GAMMA/Palumbo-Liaison ; **165** ht g AIRBUS INDUSTRIE ; **165** m g AIRBUS INDUSTRIE ; **166** bas Photodisc Inc. ; **171** ht g Photodisc Inc. ; **174** ht m CHRISTOPHE L. ; **175** ht ARCHIVES NATHAN ; **175** ht d ARCHIVES NATHAN ; **175** ht g ARCHIVES LARBOR/DR ; **175** m Photodisc Inc. ; **175** m hd KHARBINE / TAPABOR ; **178** bas d EURELIOS/Ph. Plailly ; **179** bas d RMN/F. Raux ; **179** bas g ARCHIVES NATHAN/musée de l'Homme ; **179** bas m Cosmos/SPL/J. Reader ; **179** g ARCHIVES NATHAN ; **179** ht d COSMOS/SPL/J.Reader ; **179** ht g ARCHIVES NATHAN/Musée des Antiquités nationales ; **179** ht m ARCHIVES NATHAN ; **186** g Photodisc Inc. ; **190** d RMN/F.Raux ; **190** g ARCHIVES NATHAN ; **190** m d ARCHIVES NATHAN ; **190** m g RMN/R.G.Ojeda ; **191** d ARCHIVES LARBOR/H.Josse ; **191** ht AKG Paris ; **191** m g RMN ; **192** bas AKG Paris/W.Forman ; **192** ht NATIONAL GEOGRAPHIC SOC./Christopher A.Klein ; **194** g ARCHIVES NATHAN/B.Sonneville ; **195** bas RMN/H.Lewandowski ; **195** ht DAGLI ORTI G. ; **195** m bas DAGLI ORTI G. ; **195** m ht DAGLI ORTI G. ; **195** m m ARCHIVES NATHAN/ B.Sonneville ; **197** d DAGLI ORTI G. ; **202** g CORBIS/Hulton-Deutsch ; **202** ht RMN/R.G. Ojeda ; **203** bas RAPHO/Spiegel ; **203** ht RMN/J.G.Berizzi ; **203** m bas CIRIC/S.Lehr ; **204** bas TOP/H.Daries ; **204** d CIRIC/M.Crozet ; **204** ht g RMN/Beck-Coppola ; **204** m bas CIRIC/S.lehr ; **205** bas g AFP/M.Fedouach ; **205** ht g RMN/H.Cangkoçe-C.Ceti ; **205** m g AFP/A.Senna ; 206 bas d COSMOS/Anzenberger/S.Scata ; **206** bas m CORBIS/C.J.Lenars ; **206** g COSMOS/P.Menzel ; **206** ht RMN/H.Lewandowski ; **206** ht d COSMOS/B.Vikander ; **206** m bas RMN/T.Ollivier ; **206** m ht RMN/H.Lewandowski ; **206** m m RMN/T. Ollivier ; **207** g ARCHIVES NATHAN ; **208** bas d ARCHIVES NATHAN ; **211** bas d ARCHIVES NATHAN ; **212** ht AKG Paris/Erich Lessing ; **214** d ARCHIVES NATHAN ; **214** g BRIDGEMAN ART LIBRARY PARIS ; **215** ht d ARCHIVES NATHAN ; **215** m ARCHIVES NATHAN ; **216** bas ARCHIVES NATHAN ; **216** ht g DAGLI ORTI G. ; **217** bas ARCHIVES NATHAN ; **224** bas g RMN/C.Jean ; **225** ht d ARCHIVES LARBOR ; **225** m d ARCHIVES LARBOR ; **226** ht g DAGLI ORTI G. ; **226** m d DAGLI ORTI G. ; **231** ht ARCHIVES NATHAN ; **231** m bas Photodisc Inc. ; **232** d DAGLI ORTI G. ; **233** bas d ARCHIVES NATHAN ; **234** g DAGLI ORTI G. ; **236** bas A.G.E. ilustracion, Barcelone ; **238** ht g ARCHIVES NATHAN ; **240** bas HOA QUI/W. Buss ; **240** bas d ARCHIVES LARBOR/© Musée de l'Imprimerie, Lyon ; **240** ht d ADEREM/Concepteur Jean-Pierre Anchisi ; **240** m RMN/J. Schormans ; **240** m bg AKG Paris ; **240** m d SCALA ; **241** bas d RMN/G. Blot ; **241** bas g ARCHIVES NATHAN ; **241** ht d BRIDGEMAN ART LIBRARY ; **241** ht g RMN/Arnaudet ; **241** ht m RMN/R.G. Ojeda ; **241** m g RMN/J.G. Berizzi ; **244** g ARCHIVES LARBOR/H.Josse ; **244** ht d RMN ; **245** m d ARCHIVES NATHAN ; **246** m ARCHIVES NATHAN ; **248** g BRIDGEMAN ART LIBRARY ; **249** bas g ARCHIVES NATHAN ; **249** ht d EXPLORER/FPG International ; **249** ht g ARCHIVES NATHAN ; **249** m g ARCHIVES NATHAN ; **250** bas d ARCHIVES NATHAN ; **250** g DAGLI ORTI G. ; **250** ht ARCHIVES NATHAN ; **250** m ARCHIVES NATHAN ; **251** bas d ARCHIVES NATHAN ; **251** bas g ARCHIVES NATHAN ; **251** ht ARCHIVES NATHAN ; **251** ht g BRIDGEMAN ART LIBRARY ; **251** m d DAGLI ORTI G. ; **252** ht g ARCHIVES NATHAN ; **256** bas d CHRISTOPHE L. ; **257** bas d CORBIS/Bettmann ; **257** m bas EXPLORER/Mary Evans ; **258** bas d CHRISTOPHE L. ; **258** bas g ARCHIVES LARBOR/© L'Illustration Keystone ; **259** bas RAPHO/Pasquier ; **260** bas d CORBIS/Bettmann ; **260** bas g AKG Paris ; **260** ht ARCHIVES NATHAN ; **260** m bd CORBIS/Bettmann ; **260** m g CHRISTOPHE L. ; **260** m hd ARCHIVES NATHAN ; **261** bas AKG Paris ; **261** ht d ARCHIVES NATHAN ; **261** ht g CORBIS/Bettmann ; **261** m bas ARCHIVES NATHAN ; **261** m ht CORBIS/Bettmann ; **261** m m ARCHIVES NATHAN ; **261** bas d HARLINGUE VIOLLET ; **262** g Photodisc Inc ; **262** ht d ARCHIVES NATHAN ; **262** m bd ROGER VIOLLET ; **262** m hd Photodisc Inc ; **263** bas d Photodisc Inc ; **263** bas g Photodisc Inc ; **263** ht d ARCHIVES NATHAN ; **263** ht g ARCHIVES NATHAN ; **263** m LAPI VIOLLET ; **263** m bd Photodisc Inc ; **263** m bg Photodisc Inc ; **263** m g ARCHIVES NATHAN ; **263** m hd Photodisc Inc ; **263** m hg Photodisc Inc ; **264** ht Photodisc Inc ; **265** bas MAGNUM/Franklin Stuart ; **266** bas d MAGNUM/Marc Riboud ; **266** bas m CORBIS/Bettmann ; **266** ht d AFP/Jean Vincent ; **266** ht g AFP/Files ; **267** bas g MAGNUM/Abbas ; **267** ht d CORBIS/Flip Schulke ; **268** bas g CORBISHulton-Deutsch ; **268** d SIPA PRESS ; **268** ht BOOMERANG/Nick Ut ; **269** bas d AFP/Philippe Lopez ; **269** bas g SYGMA/D. Goldberg ; **269** ht d SIPA PRESS ; **269** ht g MAGNUM/Josef Koudelka ; **270** bas d SYGMA/R. Bossu ; **270** bas g AFPMike Sargent/files ; **270** ht g MAGNUM/Marc Riboud ; **271** ht d Sygma/L. Gilbert ; **271** ht g CORBIS/Bettmann ; **271** ht m SYGMA/Jon Jones ; **272** ht d SIPA / Tamara Beckwith / rex Features ; **272** bas FEDE PHOTO / TORREGANO Jacques ; **273** bas g AFP / Joe Raedle ; **273** ht d EYEDEA / Le Tourneur d'Ison Cyreil - Gamma ; **273** bas d SIPA / AP / Nasser Nasser ; **274** bas d RMN/H.Lewandowski ; **274** bas g DAGLI ORTI G. ; **274** ht d AKG Paris ; **274** ht g DAGLI ORTI G. ; **274** m d ARCHIVES NATHAN/B.Sonneville ; **274** m g ARCHIVES NATHAN/B.Sonneville ; **275** bas d DAGLI ORTI G. ; **275** bas g ARCHIVES NATHAN ; **275** ht d ARCHIVES NATHAN ; **275** ht g DAGLI ORTI G. ; **275** m bd ARCHIVES NATHAN ; **275** m bg ARCHIVES NATHAN ; **275** m hd ARCHIVES NATHAN ; **275** m hg ARCHIVES NATHAN ; **276** bas d ARCHIVES NATHAN ; **276** bas g AKG Paris ; **276** ht d ARCHIVES LARBOR/H.Josse ; **276** ht g AKG Paris ; **276** m bd ARCHIVES NATHAN ; **276** m bg AKG Paris/Erich Lessing ; **276** m hd ARCHIVES NATHAN ; **276** m hg RMN ; **277** bas d GIRAUDON ; **277** bas g ARCHIVES NATHAN ; **277** ht d AKG Paris ; **277** ht g RMN/H. Lewandowski ; **277** m bd DAGLI ORTI G. ; **277** m bg ARCHIVES NATHAN ; **277** m hd ARCHIVES NATHAN ; **277** m hg AKG Paris ; **278** bas d ARCHIVES NATHAN ; **278** bas g AKG Paris/Erich Lessing ; **278** ht d LAUROS-GIRAUDON ; **278** ht g ARCHIVES NATHAN ; **278** m bd ARCHIVES NATHAN ; **278** m bg Rapho/Michaud ; **278** m hd RMN/Arnaudet ; **278** m hg ARCHIVES NATHAN ; **279** bas d ARCHIVES NATHAN ; **279** bas g AKG Paris/Erich Lessing ; **279** ht d ARCHIVES NATHAN , **279** ht g RMN/H.Lewandowski ; **279** m bd DAGLI ORTI G. ; **279** m bg ARCHIVES NATHAN ; **279** m hd ARCHIVES NATHAN ; **279** m hg ARCHIVES NATHAN ; **280** bas d DAGLI ORTI G. ; **280** bas g DAGLI ORTI G. ; **280** ht d ARCHIVES NATHAN ; **280** ht g ARCHIVES NATHAN ; **280** m bd ARCHIVES NATHAN ; **280** m hd ARCHIVES NATHAN ; **280** m hg ARCHIVES NATHAN ; **281** bas d COLLECTION- VIOLLET ; **281** bas g ARCHIVES NATHAN ; **281** ht d ARCHIVES NATHAN ; **281** ht g AKG Paris/Erich Lessing ; **281** m bd ARCHIVES NATHAN ; **281** m bg RMN/R.G. Ojeda ; **281** m hd ARCHIVES NATHAN ; **281** m hg ARCHIVES NATHAN ; **282** bas d RMN/G.Blot ; **282** bas g GIRAUDON/Archives Larousse ; **282** ht d RMN/J.G.Berizzi ; **282** ht g ARCHIVES NATHAN ; **282** m bd COSMOS/SPL ; **282** m bg ARCHIVES NATHAN/Usis ; **282** m hd ARCHIVES NATHAN ; **282** m hg RMN/J.G.Berizzi ; **283** bas d ARCHIVES NATHAN ; **283** bas g BRANGER-VIOLLET ; **283** ht d ARCHIVES NATHAN ; **283** ht g RMN/H. Lewandowski ; **283** m bd LIPNITZKI/VIOLLET ; **283** m hg ARCHIVES NATHAN ; **283** m hd ARCHIVES NATHAN ; **283** m hg ARCHIVES LARBOR ; **284** bas d ARCHIVES NATHAN/Pablo Picasso : «Autoportrait»1901© Succession Picasso, Paris 2001 ; **284** bas g ARCHIVES NATHAN ; **284** ht d ARCHIVES NATHAN ; **284** ht g ARCHIVES NATHAN ; **284** m bd ARCHIVES NATHAN ; **284** m hg ARCHIVES NATHAN ; 284 m hd ARCHIVES NATHAN ; **284** m hg ARCHIVES NATHAN ; **285** bas d COSMOS/LFI/Herb Snitzer ; **285** bas g ARCHIVES NATHAN ; **285** ht d ARCHIVES NATHAN ; **285** ht g ARCHIVES NATHAN ; **285** m bd ARCHIVES NATHAN ; **285** m bg © ROY EXPORT COMPANY ESTABLISHMENT 2001 , **285** m hd DOCUMENTATION FRANCAISE/J.M.Marcel ; **285** m hg LIPNITZKI- VIOLLET ; **286** bas d ARCHIVES NATHAN ; **286** bas g RAPHO/J.L.Courtinat ; **286** ht d AKG Paris/Andy Warhol «Autoportrait», 1967© Adagp, Paris 2001 ; **286** ht g ARCHIVES NATHAN ; **286** m bd © Hergé/Moulinsart 2001 ; **286** m bg COLLECTION- VIOLLET ; **286** m hd ARCHIVES NATHAN/ADNP ; **286** m hg AKG Paris ; **287** bas g AKG Paris ; **287** ht d ARCHIVES NATHAN ; **287** ht g COSMOS/Snap/Chapman collection ; **287** m bd PPCM ; **287** m bg COSMOS/LFI/HA ; **287** m hd PPCM ; **287** m hg CORBIS/Daniel Lainé ; **292** ht Photodisc Inc ; **293** ht g CORBIS/A. Le Garsmeur ; **294** d EXPLORER/Photo researchers ; **294** m HOA QUI/P. Duval ; **295** bas CORBIS/C. & J. Lenars ; **295** g RMN/h.Lewandowski ; **295** ht d RMN/Th. Ollivier ; **295** m bas HOA QUI/C. & J. Lenars ; **297** bas GAMMA/Wada ; **297** ht EXPLORER/Dist Spot Image ; **298** bas CORBIS/gallo Images ; **298** g ANA/M. & A. Kirtley ; **298** ht Photodisc Inc ; **298** m d HOA QUI/Manaud ; **299** bas d CORBIS/Charles O'Rear ; **299** bas g Photodisc Inc ; **299** ht d COSMOS/Focus/T.Hegenbart ; **299** ht g ALTITUDE/Yann Arthus-Bertrand ; **299** m bas CORBIS/F. Lane Picture Agency ; **299** m d CORBIS/Yann Arthus-Bertrand ; **301** d RMN ; **302** bas ©Hutchinson ; **302** ht d CORBIS/K.T.Gilbert ; **302** m g Photodisc Inc ; **302** m ht RAPHO/M.Godfrey ; **303** bas d CORBIS ; **303** bas g HOA QUI/P. de Wilde ; **303** ht d ANA/G.Planchenault ; **303** ht g Photodisc Inc ; **303** m bas HOA QUI/Grandadan ; **306** bas d HOA QUI/F. Gohier ; **306** bas g CORBIS/Stéphanie Maze ; **306** ht g CORBIS/D. Lehman ; **306** m g Photodisc Inc ; **307** bas g COSMOS/J.Warden ; **307** d CORBIS/Eye Ubiquitous ; **307** ht Photodisc Inc ; **307** ht m Photodisc Inc ; **307** m hg CORBIS/Fluvio Roiter ; **309** d RAPHO/Setboun ; **310** bas d CORBIS/Yann Arthus-Bertrand ; **310** bas g RAPHO/ghislaine Bras ; **310** ht d RAPHO/PPS ; **310** ht g Photodisc Inc ; **311** bas d Photodisc Inc ; **311** bas g HOA QUI/M. Renaudeau ; **311** ht CORBIS/K.M. Westermann ; **311** ht d HOA QUI/Zefa-Raga ; **313** ht d Photodisc Inc ; **315** ht d RMN/Th. Ollivier ; **316** bas Photodisc Inc ; **316** ht RAPHO/G. Gerster ; **317** bas CORBIS/Yann Arthus-Bertrand ; **317** bas d ANA/M. Steinbock ; **317** ht d CORBIS/D. & P Turnley ; **317** ht g COSMOS/ B & C Alexander ; **317** m hd COSMOS/Anzenberger/R. Haidinger ; **317** m ht EXPLORER/S. Cordier ; **318** bas d CORBIS/P. A. Souders ; **318** bas g ANA/G. Deichmann ; **318** ht LONELY PLANET IMAGES/J.-B. Carillet ; **318** m bas Photodisc Inc ; **318** m g Photodisc Inc ; **319** bas ARCHIVES NATHAN ; **319** ht d ARCHIVES NATHAN ; **319** ht g KEYSTONE/L'Illustration ; **324** bas Photodisc Inc ; **325** bas HOA QUI/Boisberranger ; **325** d Photodisc Inc ; **325** ht EXPLORER/P.Pilloud ; **329** bas d DOCUMENTATION FRANCAISE / Ph. Warrin ; **329** bas g DOCUMENTATION FRANCAISE/J.-H. Lartigue ; **329** bas m DOCUMENTATION FRANCAISE/Gisèle Freund ; **329** ht d DOCUMENTATION FRANCAISE ; **329** ht g DOCUMENTATION FRANCAISE/J.-M. Marcel ; **329** ht m DOCUMENTATION FRANCAISE/F. Pagès/Paris -Match ; **331** GETTY IMAGES / Pers-Anders Pettersson ; **344** ht d ARCHIVES NATHAN/B.Sonneville ; **344** ht g ARCHIVES NATHAN ; **345** ARCHIVES LARBOR ; **345** bas d SHUTTERSTOCK / Aurelio ; **345** ht d ARCHIVES NATHAN ; **345** ht m RMN/R.G.Ojeda ; **345** m d CIRIC/S.Sprague ; **350** bas d RMN/Schormans ; **350** bas g AKG Paris ; **350** ht d ARCHIVES LARBOR/photo H.Josse ; **351** bas d ARCHIVES LARBOR © Adagp, Paris 2001, Calder :»Janey Waney», 1969 ; **351** bas g ARCHIVES LARBOR/photo L.Joubert © Adagp, Paris 2001, G.Braque : «Le quotidien», 1912-1913 ; **351** ht d GIRAUDON/Alinari ; **351** ht g MUSEE BEAUX-ARTS, ROUEN/photo D.Tragin-C.Lancien ; **351** m d RMN/H.Lewandowski ; **351** m g AKG Paris/Werner Forman ; **351** m m Photo CNAC/MNAM Dist.RMN © Adagp, Paris 2001, Brancusi :» Muse endormie», 1910 ; **352** bas d AKG Paris/© Adagp, Paris 2001, A.Warhol : «Campell's Soup can 1», 1969 ; **352** bas g COURTESY GALERIE DANIEL MALINGUE, Paris/© Adagp, Paris 2001, W.Kandinsky : Aquarelle (avec tache rouge), 1911 ; **352** ht d RMN/Bulloz ; **352** ht g ARCHIVES LARBOR/photo.C.Roux ; **352** m d ARCHIVES LARBOR/H.Josse ; **352** m g ARCHIVES NATHAN/© Succession Picasso, Paris 2001, P.Picasso : «Portrait de Marie-Thérèse Walter», 1937 ; **352** m hd CORBIS/Charles et Josette Lenars ; **353** bas d DIAF/Eurasia Press ; **353** bas g RMN/Labat/CFAO ; **353** ht d ARCHIVES LARBOR ; **353** ht g RMN/R.G.Ojeda/Chantilly Musée Condé ; **353** m d ARCHIVES LARBOR/photo H.Josse ; **353** m g RMN ; **354** JERRICAN/de Hogues ; **356** bas Collection CHRISTOPHE L ; **356** ht Ville de Chalon-sur-Saône, France/MUSEE NICEPHORE NIEPCE ; **356** m BRIDGEMAN ART LIBRARY/Stapleton collection ; **356** bas Collection CHRISTOPHE L. ; **356** ht MAGNUM/Elliot Erwitt E «Miscellaneous» United States. New York City. ; **357** m Collection CHRISTOPHE L./Superman de Richard Donner, 1978 ; **358** bas © WALT DISNEY FEATURE ANIMATION/TWDCF ; **359** ht d Collection CHRISTOPHE L. ; **359** ht g DR ; 359 ht m Collection CHRISTOPHE L. ; **361** bas RAPHO/Manaud ; **361** bas m BERNAND/Pascal Gely ; **361** ht ENGUERAND/Agostino Pacciani ; **361** ht m ENGUERAND/Masson ; **367** bas BERNAND ; **367** ht MARY EVANS PICTURE LIBRARY ; **367** m ENGUERAND/Colette Masson ; **368** STONE ; **370** GAMMA/David Lefranc ; **371** AFP ; **373** CORBIS/Bettmann ; **377** VANDYSTADT/T.Martinez

CRÉDITS DES ILLUSTRATEURS

Anne Abile-Gal : 58-59 ; 72 ; 81 ; 136-141 ; 144-145 ; 148 ; 150-151 ; 153 ; 389
Art Presse : couv. ; 12-13 ; 18 ; 20 ; 32-33 ; 46-47 ; 62-65 ; 73 ; 76-79 ; 82-85 ; 92 ; 94 ; 134-135 ; 138-139 ; 142 ; 146-147 ; 152 ; 156-161 ; 164-165 ; 168-171 ; 179 ; 180 ; 185 ; 190 ; 192-193 ; 207 ; 212-213 ; 215-217 ; 221 ; 232-233 ; 235-237 ; 242-243 ; 249 ; 288-293 ; 296-297 ; 300-301 ; 304-305 ; 308-309 ; 314-319 ; 322-324 ; 355 ; 390-392
François Ayroles : 243
Didier Balicevic : 146-147 ; 166-167
Pascal Baltzer : 322 ; 356-357 ; 366-367
Robert Barborini : 113 ; 114 ; 264 ; 324 ; 326-327 ; 358-359 ; 392
Denise Bazin : 12-13 ; 21-29 ; 33-35 ; 42-48 ; 50 ; 104-125 ; 128 ; 389
Yves Beaujard : 328 ; 352 ; 369 ; 389
Yves Besnier : 178
Christophe Blain : 50-51 ; 390 ; 392
Mathieu Blanchin : 248-249
Stéphane Blanquet : 130-131 ; 336-339
Buster Bone : 266 ; 268 ; 270 ; 306-307 ; 310-311 ; 320-321 ; 354-355 ; 362-367 ; 371 ; 382-383
Mathieu Bonhomme : 75
Marc Botta : 255
Philippe Candé : 80 ; 194-195 ; 203-206 ; 213 ; 217 ; 219 ; 221 ; 228
Benjamin Chaud : 114 ; 389
Cécile Chaumet : couv. ; 369-377 ; 390-391 ; couleurs
Amandine Ciosi : 252-253
Gismonde Curiace : 72
Jacques Dayan : 106-107 ; 109 ; 112-113 ; 116 ; 121-123 ; 134-135 ; 140 ; 142-143 ; 151 ; 157-159 ; 164-165 ; 171 ; 173 ; 190 ; 288-289 ; 355
Ludovic Debeurme : couv. ; 25 ; 226-227 ; 346-347
Guillaume Decaux : couv. ; 60-61 ; 174-175 ; 194 ; 200-202 ; 302-303 ; 390
Pierre De Hugo : 218
Nicolas Duffaux : 65 ; 167 ; 210 ; 237 ; 253
Emmanuelle Étienne : 40-41 ; 44-45 ; 118
William Fraschini : 24-25 ; 32-33 ; 44-45
Louis Galante : 233 ; 235 ; 238-239 ; 242-243
Béatrice Garel : 325
Philippe Gauckler : couv. ; 10-11 ; 52-53 ; 102-103 ; 132-133 ; 149 ; 176-177 ; 286-287 ; 329 ; 340-341
Tony Grippo : couv. ; 312-313 ; 391
Daniel Guerrier : 290-291 ; 390
Jean-Jacques Hatton : 30-31 ; 43 ; 80 ; 86 ; 190-191 ; 215 ; 224-225 ; 228-229 ; 231 ; 236-237 ; 391
Christian Heinrich : 198
Inklink : couv. ; 68-71 ; 136-137 ; 226-227 ; 234 ; 248-251 ; 258-259 ; 356-361
Christian Jégou : 211 ; 256-257
Jacky Jousson : 54-59 ; 390
Killofer : 90-91
Christian Kingué Epanya : 298-299
Stéphane Lacroix : 254-255 ; 330-335
Bruno Liance : 82-83 ; 101 ; 145 ; 154-155 ; 294-295
Nathalie Locoste : 118-119
Laurent Lolmède : 188-189 ; 222-223 ; 230-231 ; 246-247 ; 364-365 ; 390-392
Renaud Marca : 193 ; 207
Philippe Mignon : 342-343 ; 348-349 ; 390-391
Olivier Nadel : 18-20 ; 23-25 ; 34-39 ; 43 ; 47 ; 49 ; 86-87 ; 178 ; 186-187 ; 196-199 ; 213 ; 214 ; 248-249 ; 389
Alexis Nesme : 106-107
Jean-François Pénichoux : 26 ; 30-31 ; 48 ; 62-63 ; 66-68 ; 74-75 ; 77 ; 80 ; 82-85 ; 87-89 ; 95-101 ; 202 ; 353
Phong : 117
Claude Quiec : 208-209
Rocco : couv. ; 67 ; 119 ; 128-129 ; 392
Jong Romano : 293
Jean-François Saada : 162-163
Rémi Saillard : 244-245
David Sala : 65
Bruno Salamone : 18 ; 35 ; 49 ; 51 ; 68 ; 70-71 ; 87 ; 90-91 ; 101 ; 104 ; 107 ; 111 ; 116-118 ; 121 ; 125 ; 126 ; 140-141 ; 148 ; 150 ; 152 ; 162 ; 168-169 ; 172-173 ; 184 ; 212 ; 224 ; 228-229 ; 245 ; 252 ; 292-293 ; 360 ; 389-392
Olivier Schwartz : couv. ; 369-377 ; 390-391
Benoît Springer : 209-211
Nicolas Thers : 210-211 ; 392
Marie-Geneviève Thoisy : 61 ; 98-99 ; 203-205
Michael Welply : couv. ; 13-17 ; 22 ; 28-29 ; 48 ; 148 ; 192 ; 207 ; 216-217 ; 220-221 ; 389 ; 391
Anne Wilsdorf : 47 ; 92 ; 121 ; 126-127 ; 173 ; 214 ; 227 ; 232 ; 390
Nicolas Wintz : 93 ; 218-219
Tal Zana : 104-105 ; 108-111 ; 114-115 ; 118-121 ; 124-128 ; 130-131 ; 198-199 ; 260-261 ; 326-327 ; 344-345 ; 350-351 ; 362-363 ; 389-390

ARCHIVES LAROUSSE :
12 ; 21 ; 23 ; 24 ; 25 ; 27 ; 29 ; 34 ; 37 ; 42 ; 46 ; 54-55 ; 56-57 ; 58-59 ; 361

Éric Alibert : 12
Chantal Beaumont : 54-57 ; 59
Blondel : 19
Paul Bontemps : 21 ; 23 ; 24 ; 27 ; 34 ; 45 ; 46
Franck Bouttevin : 25 ; 46 ; 54
Jacques Cartier : 22-23 ; 26 ; 31 ; 42 ; 46
Fabrice Dadoun : 26
Christian Godard : 25 ; 54 ; 56-57 ; 59
Philippe Guinot : 40
Michel Janvier : 35
Daniel Jourdrand : 58
Yves Larvor : 59 ; 226
Marc Legrand : 55-59
Emmanuel Mercier : 23 ; 35 ; 40 ; 46 ; 55-59
Patrick Morin : 30 ; 36-37 ; 40 ; 57 ; 59
Jocelyne Ortega : 54
Jean-Marc Pariselle : 22 ; 26 ; 56 ; 58
Jean-Marie Poissenot : 20
Claude Poppé : 55
François Poulain : 23 ; 31
Bernard Rocamora : 56 ; 58
Dominique Roussel : 57 ; 59
Richard Roussel : 57 ; 59
Dominique Sablons : 31 ; 34 ; 57 ; 59
Michael Saeman : 24 ; 42
Tom Sam You : 23 ; 30 ; 40 ; 45
Léonie Schlosser : 56 ; 58
Jean-Claude Sénée : 46
Masako Taëron : 56-59
Patrick Taëron : 30 ; 57
Amélie Veaux : 20
Denise Weber : 57

ARCHIVES KINGFISHER :
30 ; 34-35

Loi n° 49.956 du 16 juillet 1949 sur les publications destinées à la jeunesse.
N° de projet : 10179430 - Dépôt légal : octobre 2011
Imprimé en Espagne par GRAPHICA-ESTELLA